吴鹏森学术自选集

吴鹏森 著

复旦大学出版社

2019·上海

校庆筹备工作领导小组

组　长：夏小和　刘晓红
副组长：潘牧天　刘　刚　关保英
　　　　胡继灵　姚建龙
成　员：高志刚　韩同兰　石其宝
　　　　张　军　郭玉生　欧阳美和
　　　　王晓宇　周　毅　赵运锋
　　　　王明华　赵　俊　叶　玮
　　　　祝耀明　蒋存耀

总序

三十五年的峥嵘岁月,三十五载的春华秋实,转眼间,上海政法学院已经走过三十五个年头。三十五载年华,寒来暑往,风雨阳光。三十五年征程,不忘初心,砥砺前行。三十五年中,上海政法学院坚持"立足政法、服务上海、面向全国、放眼世界",秉承"刻苦求实、开拓创新"的校训精神,走"以需育特、以特促强"的创新发展之路,努力培养德法兼修、全面发展,具有宽厚基础、实践能力、创新思维和全球视野的高素质复合型应用型人才,在中国特色社会主义法治建设征程中留下了浓墨重彩的一笔。

学校主动对接国家和社会发展重大需求,积极服务国家战略。2013年9月13日,习近平主席在上海合作组织比什凯克峰会上宣布,中方将在上海政法学院设立"中国—上海合作组织国际司法交流合作培训基地"(以下简称"中国—上合基地"),愿意利用这一平台为其他成员国培养司法人才。此后,2014年、2015年和2018年,习主席又分别在上合组织杜尚别峰会、乌法峰会、青岛峰会上强调了中方要依托中国—上合基地,为成员国培训司法人才。2017年,中国—上合基地被上海市人民政府列入《上海服务国家"一带一路"建设、发挥桥头堡作用行动方案》。五年来,学校充分发挥中国—上合基地的培训、智库和论坛三大功能,取得了一系列成果。

入选校庆系列丛书的三十五部作品印证了上海政法学院三十五周年的发展历程,也印证了中国—上合基地五周年的内涵提升。儒家经典《大学》开篇即倡导:"大学之道,在明明德,在亲民,在止于至善。"三十五年的刻苦,在有良田美池桑竹之属的野马浜,学校历经上海法律高等专科学校、上海政法管理干部学院、上海大学法学院和上海政法学院等办学阶段。三十五年的求实,上政人孜孜不倦地奋斗在中国法治建设的道路上,为推动中国的法治文明、政治进步、经济发展、文化繁荣与社会和谐而不懈努力。三十五年的开拓,上海政法学院学科门类经历了从单一性向多元性发展的过程,形成了以法学为主干,多学科协调发展的学科体系,学科布局日臻合理,学科交叉日趋完善。三十五年的创新,在我国社会主义法治建设进程中,上海政法学院学科建设与时俱进,为国家发展、社会进步、人民福祉献上累累硕果和片片赤诚之心!

"所谓大学者,非谓有大楼之谓也,有大师之谓也。"三十五部作品,是我校学术实力的一次整体亮相,是对我校学术成就的一次重要盘点,是上政方家指点江山、激扬文字的历史见证,也是上海政法学院学科发展的厚重回声和历史积淀。上海政法学院教师展示学术风采、呈现学术思想,如一川清流、一缕阳光,为我国法治事业发展注入新时代的理想与精神。三十五部校庆系列作品,藏诸名山,传之其人,体现了上海政法学院教师学术思想的精粹、气魄和境界。

红日初升,其道大光。迎着佘山日出的朝阳,莘莘学子承载着上政的学术灵魂和创新精神,走向社会,扎根司法,面向政法,服务社会国家。在佘山脚下这座美丽的花园学府,他们一起看情人坡上夕阳抹上夜色,一起欣赏天鹅一家漫步在中国—上合基地河畔,一起奋斗在落日余晖下的图书馆。这里记录着他们拼搏的青春,放飞着他们心中的梦想。

《礼记·大学》曰:"古之欲明明德于天下者,先治其国。"怀着修身、齐家、治国、平天下理想的上政师生,对国家和社会始终怀着强烈的责任心和使命感。他们积极践行,敢为人先,坚持奔走在法治实践第一线;他们秉持正义,传播法义,为社会进步摇旗呐喊。上政人有着同一份情怀,那就是校国情怀。无论岁月流逝,无论天南海北,他们情系母校,矢志不渝,和衷共济,奋力拼搏。"刻苦、求实、开拓、创新"的校训,既是办学理念的集中体现,也是学术精神的象征。

路漫漫其修远兮,吾将上下而求索。回顾三十五年的建校历程,我们有过成功,也经历过挫折;我们积累了宝贵的办学经验,也总结了深刻的教训。展望未来,学校在新的发展阶段,如何把握机会,实现新的跨越,将上海政法学院建设成一流的法学强校,是我们应当思考的问题,也是我们努力的方向。不断推进中国的法治建设,为国家的繁荣富强做出贡献,是上政人的光荣使命。我们有经世济民、福泽万邦的志向与情怀,未来我们依旧任重而道远。

天行健,君子以自强不息。著书立说,为往圣继绝学,推动学术传统的发展,是上政群英在学术发展上谱写的华丽篇章。

上海政法学院党委书记　夏小和　教授
上海政法学院校长　刘晓红　教授
2019 年 7 月 23 日

目 录 CONTENTS

总序 ………………………………………………………………… 001

第 1 章

差序和隶属：中国社会的潜结构 ………………………………… 003
传统社会秩序的建构及其特点 …………………………………… 013
传统邻里在城市变迁中解体的后果、原因和对策 ……………… 021
小康社会的来临与生活方式的选择 ……………………………… 030
社会重建视阈下的公民精神培育 ………………………………… 038
中国家庭的两次转型及其影响
　　——1900 年以来中国家庭变迁的理论解释 ………………… 042

第 2 章

围绕社会主义市场经济重建公平 ………………………………… 051
世界各国现代化进程中的公平问题 ……………………………… 060
公平：和谐社会的柱石 …………………………………………… 067

第 3 章

战后世界发展观与发展战略的历史演变 ………………………… 077
我国跨世纪发展战略的科学依据 ………………………………… 085
中国 20 年社会改革的基本经验 …………………………………… 097
创建中国迈向"发达"的战略高地
　　——21 世纪我国经济特区及沿海经济发达地区的战略定位 ………… 108

第 4 章

"乡村建设运动"和"村民自治" …………………………………………… 117

"民工潮"形成原因的社会结构分析 ……………………………………… 132

进城农民:中国社会特殊的身份群体 …………………………………… 137

农民工社会保障的理念创新与发展思路 ………………………………… 148

第 5 章

中国就业的基本国情 ……………………………………………………… 157

我国劳动就业问题的战略分析 …………………………………………… 192

向下挤压还是向上提升
　　——城市失业下岗职工与进城农民工就业替代关系的理论分析 ………… 202

第 6 章

现代社会保障制度的政治学分析 ………………………………………… 215

现代社会保障制度建设的三个理论问题 ………………………………… 223

论中国社会保障制度理念的演变与创新 ………………………………… 231

中国城市贫困问题及其现代保障体系的建构 …………………………… 241

改革开放以来上海社会救助事业发展研究报告 ………………………… 254

第 7 章

培育中国特色的中间阶层,构建一个和谐的小康社会 ………………… 285

全面理解"共同富裕"思想,正确认识当代中国的社会分化 ………… 295

全球化进程中的世界社会结构变动 ……………………………………… 303

第 8 章

新中国成立初期维护社会稳定的历史经验 ……………………………… 319

"十二五"期间影响上海社会稳定的若干重大因素研究 ……………… 325

中国社会稳定形势的基本评价
　　——兼与国内一些学者商榷 …………………………………………… 345

第 9 章

论社会管理创新的理念与路径 …………………………………………… 359

大城市实有人口管理的难点及其破解
　　——以上海为例 ································· 367
中国城市住宅建设中的弱势关怀 ······················· 383
中国高考改革新思路 ································· 391

第 10 章

中国反腐败的制约因素与应对策略 ····················· 407
非传统腐败：中国面临的新挑战 ······················· 419
干部腐败行为的社会心理初探 ························· 426

第 11 章

中国刑事犯罪 60 年：犯罪与社会的互动
　　——兼论当代犯罪现象的历史分期 ················· 435
改革开放以来的中国城市化与犯罪变化
　　——基于一种比较的视角 ························· 460
新中国刑释人员社会政策的历史演变 ··················· 473

第 12 章

史学范式的转换与中国近代社会主要矛盾新说 ··········· 493
传统社会主义理念与农业合作化运动
　　——对农业合作化运动动因的再认识 ··············· 503

第 13 章

论邓小平的治国新思维 ······························· 519
从"纠偏论""补缺论"到"本质论"
　　——和谐社会理论的内涵拓展与科学定位 ··········· 534
和谐社会主义是中国特色社会主义理论的成熟形态 ······· 543
在兼顾各阶层利益的基础上突出弱势关怀 ··············· 556

后　　记 ··· 566

第 1 章
DI YI ZHANG

差序和隶属：中国社会的潜结构

一、社会结构：显结构与潜结构

在社会现代化过程中，如何认识传统和对待传统是非常重要的课题。本文为此提出一个简明的理论构架作为分析工具，对中国社会的潜结构作出较为系统的解释，力图整合中外学者长久以来从不同侧面所提出的有关中国人的国民性格、行为模式等方面的理论。

"结构"通常指一种形态学的构造形式和内部关系网络。"社会结构"是构成社会的各种要素之间相对稳定的关系组合模式，一般认为，社会结构主要有实体性社会结构、规范性社会结构和关系性社会结构，它们是认识社会结构的三个不同层面和不同角度[1]。但是这些结构都是社会的显结构。此外，社会还有一种潜结构，它是和社会的显结构相对应的，是社会成员在心理上所认同的人际关系模式。显结构是一种外在的正式结构，潜结构是一种内在的非正式结构，显结构通过一种正式的角色关系表现出来，潜结构则维持在人们的心理活动层面，但它可以通过人们具体的社会互动得到间接的反映。显结构的基本构成要素是角色，而潜结构的基本构成要素则是具体的人。一个企业、一级政府，其"领导班子"的组成就是一个正式结构和显结构，而组成这个"领导班子"的若干个具体的人之间那种无形的看不见摸不着的人际关系则是一种非正式的潜结构。显结构和潜结构既可能是一致的，也可能是不一致的。二者一致的情况下有助于社会结构整体功能的发挥；二者错位的情况下则会降低效率，形成各种内耗，损害

中国社会心理学会"第二届中国人社会心理研讨会"（呼和浩特，1994）会议论文，原载于《安徽师大学报（哲学社会科学版）》1995年第1期。

[1] 陆学艺主编：《社会学（中高级读本）》，知识出版社，1991年，第284—288页。

社会结构的整体功能;二者关系若严重错位,甚至可能导致组织的整体瘫痪和功能的完全丧失。

关于社会潜结构的研究很早就有。最显著的例子就是20世纪30年代的梅奥在霍桑实验中发现的组织内部的非正式结构,实际上就是一种组织潜结构。1934年,莫雷诺用其首创的社会测量法所测量出来的团体结构也是这种非正式的潜结构。社会潜结构不仅存在于组织内部,而且广泛存在于人们的社会生活之中,在非组织状态下,它成了唯一的"社会结构",主宰着人们的社会生活。

社会潜结构在不同的民族中表现形式是不同的,它是影响国民性格的主要的和直接的因素。研究中国人,特别是当代中国人的社会心理和社会行为,不能不研究中国人之中这种潜形的社会结构。单纯地从书本上来研究中国人和中国社会,往往会误入歧途,必须注重从活生生的现实生活中人的社会心理和行为等方面来研究。

二、差序和隶属

中国社会的潜结构可以用"差序"和"隶属"两个概念来表达。

"差序"反映的是一种横向的人际关系,即人们在社会交往活动中,并不是对所有的交往对象一视同仁,而是按情感、利益等特殊因素分出亲疏远近,予以差别对待,形成"有差等的次序"。差序概念最早是费孝通先生提出来的,他在《乡土中国》中以轻松活泼的文字为我们展示了所谓"差序格局":

> 以"己"为中心,像石子一般投入水中,和别人所联系成的社会关系,不像团体中的分子一般大家立在一个平面上,而是像水的波纹一般,一圈圈推出去,愈推愈远,也愈推愈薄。

费孝通先生所提出的"差序格局"主要指由血缘、婚姻、家族乃至地缘等正式的社会关系所构成的"社会关系网络"。这对于我们认识传统的乡土社会无疑是很恰当的。问题是,这种人与人之间正式社会关系的"差别性"对中国和西方社会来说都是存在的,为何独独只在中国形成"差序格局"呢?还有,除传统的乡土社会外,城里的中国人有没有这种差序格局?此外,当代中国的亲属关系网、家族观念与传统中国人相比已发生了巨大的变化,这种差序格局还存在吗?如果存在,它又发生了哪些变化?我的基本看法是,差序格局可能根源于传统的乡土社会,由于长期的历史文化积淀,差序性的社会关系已成为中国人普遍的人际关系模式,但是这种差序性社会关系网络在今天并非单纯以亲属关系为标准区分亲疏远近,而是以情感、利益等特殊因素确定其差序的。换句话说,费孝通先生所描述的"差序格局"是传统乡土社会中一种正式的、外在的显结构,我这里所说的"差序"则是指一种无形的、非正式的潜结构。

台湾学者黄光国先生把中国人可能拥有的人际关系分成三大类,即情感性关系(expressive ties)、工具性关系(instrumental ties)和混合性关系(mixed ties)。所谓情感性关系指一种长久而稳定的社会关系,如家庭、密友等初级群体(primary groups)中的人际关系;工具性关系与情感性关系相对,是个人在生活中与家庭外的其他人建立的主要是为了获得他所希冀的物质利益目标的社会关系,这种关系短暂而不稳定。如店员与顾客、医生与病人、司机与乘客等。混合性关系介于二者之间,交往双方彼此认识,而且有一定的情感关系基础,如亲戚、邻居、师生、同学、同事、同乡等不同的非正式角色关系。[1] 实际上,这三种关系反映了在差序性社会关系网络中的三个层次,如图1。情感性关系是最内层的关系,工具性关系是最外层的关系,混合性关系则居中间层次。

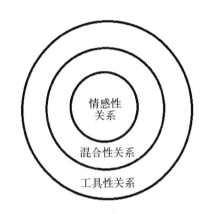

图1　差序性人际关系的三个层次

在情感性关系中,维持这种关系的存在本身就是目的,而在工具性关系中,维持这种关系只是为获得某种利益或其他目标服务的一种工具和手段。在混合性关系中则较为复杂,维持关系与获得某种利益目标互为因果、互相依赖。

这种差序性人际关系具有个别性,即每个人都不相同。费孝通先生提出,亲属关系维系的差序格局是各不相同的,我的父母不是你的父母,我的妻子儿女不是你的妻子儿女。实际上,在各种以情感为基础的私人生活圈子里,每个人所联结的人际关系都具有这种非己莫属的个别性特征。正是这种各不相同的各自唯一的差序性人际关系相互重叠、相互交错,织成了一张极为复杂的人际关系网络。

"隶属"反映的是一种纵向的人际关系,即人们在社会交往过程中所形成的

---

[1] 黄光国:《中国人的权力游戏》,巨流图书公司,1989年,第14—19页。

各种环环相扣的垂直权力结构。这里的权力不是指正式结构中职位所赋予的权力,而是指一方以人格力量、道德因素、群体压力等因素来影响另一方,使其服从自己意愿,改变自身的态度、动机或行为的可能性。按照 M.韦伯的经典定义,权力指"某一社会关系内的行动者取得贯彻实现自己意志的职位的可能性,而对那种无视此种可能性存在的基础的抗拒行为置之不理"[1]。这种权力与其说是权力,不如说是权威,即"有权者和无权者都共同承认其道义上是正当的、合法的权力"[2]。这种特殊权力的形成,伴随着一连串极为复杂、微妙的社会互动过程。随着这种社会互动过程的完成和人与人之间隶属关系的形成,一种"纵向社会结构"就此展现。

对这种纵向社会结构的特征,日本著名社会学家中根千枝曾作过详细的描述[3]。在纵向结构中,社会成员之间缺乏密切的横向联系,而只有相互隶属关系,如图2(A)所示。

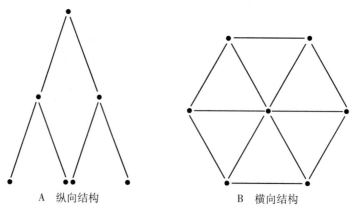

A 纵向结构　　　　B 横向结构

图2　人际关系中的纵向结构与横向结构

但是,这并不等于说中国和日本的社会结构是一样的,恰恰相反,中国和日本的社会权力结构有着重大的不同。日本的纵式社会结构是建立在正式的"职位—角色"关系的基础之上的,中国的纵向权力结构则并不依赖于正式的权力结构,而是建立在社会互动和心理征服的基础之上。因此,日本的纵式结构导致

---

[1] 迈克尔·曼主编:《国际社会学百科全书》,袁亚愚等译,四川人民出版社,1989年,第33、521页。
[2] 同上。
[3] 中根千枝:《日本社会》,许真、宋峻岭译,天津人民出版社,1982年,第40页。

一种"组合社会",形成一种强烈的集团意识;而中国的纵向结构只是一种潜结构、一种特定的人际关系,因此,它只会导致人们对特定"权力"拥有者的忠诚,而不会导致对集团的忠诚,这种纵向隶属关系一旦形成,就会导致人与人之间权利与义务的分离,从而也使他们之间的平等地位彻底丧失(见图3)。

$$A \underset{义务}{\overset{权利}{\rightleftarrows}} B \underset{义务}{\overset{权利}{\rightleftarrows}} C \underset{义务}{\overset{权利}{\rightleftarrows}} D$$

图3 人际关系纵向结构权利与义务分离

在这种隶属性纵向人际关系之中,很难形成真正的合作精神和团结精神。合作是彼此平等的两个伙伴各自让出一部分利益,形成整体利益,它是建立在契约关系基础之上的。但这并不是说中国人永远都是一盘散沙,中国人是否能成为一个"整体",关键看他们之间是否形成高强度的隶属性人际关系。柏杨先生说,一个中国人是一条龙,三个中国人在一起就变成一条虫。这只说对了一半。如果这三个中国人是孤立的,又没有情感性关系,那么由于他们之间缺乏合作精神,极易造成所谓"窝里斗",形成内耗,削弱整体的力量。如果在三个人的相互作用中形成了一种高强度的相互隶属关系,那么三个中国人又可能变成一条大龙。中国历史上确也曾多次出现过举国上下万众一心,众志成城的局面。

"差序"和"隶属"是两种性质不同的社会关系,二者之间又密切相关,相互交织,从而形成一种立体的社会潜结构,一种独特的人际关系组合模式和处理人际关系的思维方式。这种立体的社会潜结构已成为传统文化中最深层的内核,成为中国人行为中的一种文化基因,人们的行为几乎都要受到这种潜结构的作用和影响。这种作用和影响最集中地反映在人们进行社会交往和社会评价的思维方式和价值观念上。

三、自我中心主义

自我中心主义是一种价值观念,这种价值观念是从差序性人际关系结构中滋生出来的。长期以来,我们总是认为,西方社会是个人主义,而中国社会则是集体主义。当我看到日本学者松本一男在《中国人与日本人》中提出"个人主义的中国人"时,委实吃了一惊。认识的差异何以如此之大呢?这个问题引起我的浓厚兴趣。经过一番研究,我认为美国是典型的个人主义,日本是典型的团体主义,中国既不是个人主义,也不是团体主义,而是自我中心主义。

其实,费孝通先生在《乡土中国》中已经提出,在差序格局这种伸缩自如的关系网络里,随时随地有一个"己"作中心的,这并不是个人主义,而是自我主义,一切价值是以"己"作为中心的主义。费孝通先生指出的自我主义不仅适用于传统的乡土社会,而且对于分析今天的中国人国民性格特征仍是富有启迪的。

现代新儒学重要代表人物余英时先生也曾提出类似的思想。他在《从价值系统看中国文化的现代意义》一文中写道:"近代中国知识分子常常根据西方的标准,追问中国传统社会是'集体主义'还是'个人主义'。这个问题不容易答复,因为西方标准在此并不十分适用。"按照他的观点,在中国历史上,真正有代表性而且发生了实际作用的儒家思想,一方面强调"为仁由己",即个人的价值自觉,另一方面又强调人伦秩序,并把二者有机结合起来。人伦秩序并不是从外面强加于个人的,而是从个人这一中心自然地推广起来的。"礼"便是和这一推广程序相应的原则。"礼虽然有重秩序的一面,但其基础却在个人,而且特别考虑到个人的特殊情况。从这一点说,我们不妨称它为个人主义。不过这里所用的名词不是英文的 individualism,而是 personalism。""这一形态的个人主义使中国人不能适应严格纪律的控制,也不习惯于集体的生活。这种精神落实下来,必然有好有坏。从好处说是中国人爱好自由,但是其流弊便是'散漫'、是'一盘散沙'。"[1]余英时先生所说的"个人主义"其实就是"自我中心主义"。

自我中心主义与个人主义、团体主义有什么不同呢?这就需要对三者作些比较。

美国是典型的个人主义社会,在这个社会里,强调个人具有最高的价值,个人的权利神圣不可侵犯。每个社会成员都是独立的、自由的、平等的,社会、国家不过是每个人让出部分权利通过契约的形式结成的。社会不过是实现个人幸福的手段,社会与个人的关系和界限是清楚的。为了维护每个人的权利和利益,必然同时要求每个社会成员尊重他人和社会的权利和利益,尽应尽的义务。这种社会,从好的方面看,特别强调平等的观念、权利和义务的观念、公共利益和公德的观念。从坏的方面看,这种个人主义发展到极端,便成了人人为自己,上帝为大家,以致整个社会道德沦丧,人欲横流。从社会交往行为和社会评价行为看,个人主义社会强调"普遍主义"行为规范和评价标准,即在社会交换行为中,支

---

[1] 辛华、任菁编:《内在超越之路:余英时新儒学论著辑要》,中国广播电视出版社,1992年。

配着社会交换行为双方彼此取向的标准不依赖存在于他们之间的种种特殊关系。[1] 简单地说,就是人们在社会交往中对所有的交往对象一视同仁,按相同的标准对待。因此,在这种社会交往和交换行为中,第一步要确定的是社会交换的性质,然后了解这种性质的交换行为的社会规范,最后执行规范、付诸行动。这种社会的正面表现是崇尚法制,负面则是人情冷漠。

日本是典型的团体主义社会,在这种社会里,每个人都属于某个固定的团体,个人淹没在团体之中。中根千枝对此有很详尽的探讨。她指出:"日本人划分人的社会分群的标准,倾向于这个人所属的具体机构。"[2]"集团意识高度发展的结果,使集团除自身内部的社会生活外,就几乎不再有任何与其成员的重大经济生活有关的外界的社会生活。"[3]在这种团体主义社会里,人们在社会交换和社会交往行为中,必然要求和采用"特殊主义"规范和标准,即在社会交往和社会评价过程中,第一步是判断对方所属团体与我是否为同一团体,然后以此为依据选择行为规范,最后执行规范付诸行动。因此,这种"特殊主义"是以是否同属"我团体"为标准的。"这种'外人'与'我们'之别的观念甚而可以发展到极端,把同一社会中的'非我'者不以人相待。""在日本,对非'我'世界的人的疏远态度,已被社会视为当然。"[4]

自我中心主义社会与上述两种情形都迥然不同。在这里,个人与社会的界限模糊不清,社会不是作为个人的对立物或另一极,而是个人向外不断推展出来的无数私人关系所织成的关系网。离开了人与人之间的交往,人们再没有那种超越个人而独立存在的"社会"和"公共"意识。反映在社会道德意识上就是只有"私德"而没有"公德"。在社会交换和社会评价活动中,自我中心主义采取"个别主义"的行为规范和评价标准,即对相同的行为、事物,由于当事人与自己的关系不同而采取不同的标准,不是一视同仁,而是因人而异。这种"个别主义"是毫无普遍性的"特殊主义","它是特殊主义的极致形式"[5],在这种"个别主义"意识支配下,人们在社会交换和社会评价过程中,第一步是关系判断,即判断当事人或交往对象与自己有无关系?什么关系?关系的程度如何?这是一

---

[1] 郑也夫:《特殊主义与普遍主义》,《社会学研究》1993年第4期。
[2] 中根千枝:《日本社会》,许真、宋峻岭译,第3页。
[3] 同上书,第10页。
[4] 同上书,第20页。
[5] 郑也夫:《特殊主义与普遍主义》,《社会学研究》1993年第4期。

件十分复杂的心理判断过程,但却是首要的重要的一步,然后才能决定选择什么样的行为标准和评价标准,最后付诸行动。

只有在两种情况下例外,其一是在交往对象与己属于纯粹工具性关系的情况下,中国人倾向"个人主义"和"普遍主义"。有实验表明,在与陌生人交往时,中国人比美国人更客观更公平。[1] 其二是在最亲密的初级群体中,即在与交往对象处于纯粹情感性关系中,中国人倾向于"团体主义"和"特殊主义",如家庭和最核心的朋友群体。家庭是典型的甚至可以说是中国人唯一的隶属团体。忠于家庭,在家庭成员之间一视同仁地无条件地施之以仁爱,仿佛是中国人团体精神的唯一表现。中国人对家庭内与家庭外的严格区分,类似于日本人对"我团体"与"外人"的区分。这是因为在家庭内,差序和隶属的潜结构与显结构高度吻合。家庭既是由最亲近的人组成的,又有天然的隶属关系,子女隶属父母,妻子隶属丈夫。

四、"士为知己者死"

"士为知己者死"是和隶属性人际关系结构相联系的一种忠于个人而不忠于团体的价值观念。"知己者"不是一般的了解自己的人,要成为一个人的知己者,必须经过一番复杂的社会互动过程才能形成。前面说过,隶属反映的是纵向权力结构中的人际关系。在未建立起隶属关系之前,参与社会互动的双方都是"平等"的,但是这些"平等"的人并无平等的观念,他们不可能以平等的身份通过合作建立一个团体,而是从自我中心意识出发,希望在社会互动过程中建立起让对方隶属自己的一种纵向人际关系。当然,结果不可能人人如愿以偿。这种复杂的社会互动过程只有两种结果,一种是互动双方建立起一种隶属关系,则他们之间便成为一个"整体";另一种是"隶属"失败,彼此谁也不服谁,"一盘散沙"通常指这种状况。因此,有人认为,中国人只有从属性,缺乏平等性。每个人要么从属别人,要么让别人从属自己。在未建立起隶属关系之前,都想支配别人,而在隶属关系建立起来之后,则又甘心情愿地服从别人。这种支配性与服从性在一个人身上往往同时存在,奇妙结合,浑然天成。而在这种支配与服从的双重心理驱动下,必然无法养成平等合作的精神,而只有"隶属合作"现象的存在。

当隶属关系建立起来之后,社会交往双方便不再是平等的合作伙伴,而是一

---

[1] 黄光国:《中国人的权力游戏》,第16页。

方"属于"另一方的关系。二者之间形成一种纵向的"权力关系",即一方对另一方有了"天然"影响力。这种影响力虽然具有相互性,但绝不是对等的。

在这种隶属关系支配下,人们效忠的对象便是他所"属于"的那个人,而不是双方共处的那个团体。在这种隶属性权力结构支配下,团体观念、组织观念、国家观念必然淡薄,法理权威作用式微。一方面,同样的团体、组织,甚至国家,一旦"核心"人物更换了,人们便对这种团体、组织、国家失去忠心,甚至作鸟兽散。另一方面,只要核心人物不倒,即使团体失去合法性和存在价值,仍会有人紧追其后,死而后已。历史上经常看到王朝覆灭了,新的国家政权建立起来了,可许多"不识时务者"仍然追随没落主子,忠心不二。日本的松本一男曾奇怪,为什么像蒋介石作为国家领袖,在国共内战中惨遭失败,丢失了国家政权,仍能紧抓最高领导权,不被追及责任,而且那么多部下仍追随他去台湾。其实这正是隶属性人际关系结构所起的作用。

五、传统与现代的对接

"差序"和"隶属"作为一种社会潜结构,左右着人们的社会交往和社会评价活动。这一社会潜结构的形成,无疑是在漫长的历史过程中,由各种因素综合作用并经过长期文化积淀的结果,它最终成为一种文化基因,活跃在中国人的文化"细胞"中,通过心理定势和行为习惯一代代传下来,形成一种独特的心理的、行为的和价值的文化模式。这种文化模式反映了中国人在个人与社会的相互关系中的一种价值意识和价值取向,反映了中国人在与他人打交道时的一种价值偏好和价值倾向性,反映了中国人在这一问题上的价值思维规律性。这种价值偏好、倾向性、规律性导致中国人在与他人发生交往、交换、评价等社会相互作用时,总是按照差序和隶属这一社会潜结构所决定的特殊路线引导的方向进行思维和行动。

现在的问题是,在现代化过程中,如何看待这种社会潜结构?如何对待这种社会潜结构?也就是说,如何实现传统与现代的对接?

首先,我们要认识到,有关差序和隶属的心理社会结构和价值思维倾向并非中国仅有,外国人毫不沾边。实际上,它在各个民族中具有一定的普遍性,包括讲人情、讲面子这些被认为是中国独有的东西,其实在其他国家人民身上也经常发生。其次,我们还要认识到,这些东西并非"十恶不赦",毫无价值可言,而是具有存在的必然性和必要性。我赞成郑也夫先生的一个观点,特殊主义和普遍主义都是人类所必需的。它们之间"不是简单的谁消灭谁的问题,二者各有其社会功能"。因此,这种差序和隶属的社会潜结构就其本身来说,无所谓优劣,即通常所说的积极意义和消极意义,关键在于它在现代化过程中如何与现代社会机制对接。对接成功,可能产生非常积极的效果;对接失败,则可能产生可怕的消极后果。

在上述两点认识的基础上,我们也要看到,差序和隶属、自我中心主义、极端的特殊主义、忠于个人而不忠于团体等一些国民性及其心理和行为模式,在中国人身上更为突出,并且由于我们过去忽视这种传统因素而使其严重损害、侵蚀着中国社会在现代化过程中所需要的平等意识、权利和义务观点、普遍主义交换规则等。因此,在现代化过程中必须对这种差序和隶属结构进行研究,促进传统与现代的对接。对待这种传统性的社会潜结构,只能因势利导,在承认和尊重传统因素的前提下加以现代化的利用。

传统社会秩序的建构及其特点

社会秩序是指社会系统在运行变化过程中,各种构成要素在结构和功能上处于相对平衡、稳定和协调状态。任何社会都必须具备一定的社会秩序,但不同的社会有不同的社会秩序,各有其表现形式、构序方式和维持机制。对这些差异的形成,有两种解释意见。一是强调文化类型、文化传统在构成社会秩序方面的决定性作用,并由此特别强调东方社会和西方社会在构序方面的巨大差异性。二是更强调社会经济性质和社会发展阶段在社会构序方面的决定作用,并认为,社会秩序的差别首先不是东方社会与西方社会之间的差别,而是传统社会与现代社会之间的差别。本文正是从后一种观点出发,对传统社会里社会秩序的构序方式及其维持机制作些探讨。

一、中国传统社会的构序方式

所谓传统社会是相对于后来的工业化现代社会而言的。在人类社会发展史上,传统社会占据了从原始社会解体以后到资本主义社会诞生以前的漫长历史时期。传统社会发育最充分、最成熟的是中国的封建社会[1]。传统社会的共同特点是:(1)以农业为主的自给自足的自然经济占统治地位,农业文明是传统社会的文明基础;(2)劳动分工不发达,社会分化程度低,社会的结构和功能处于混同状态;(3)政治上实行专制统治,君主制和家长制相互支持;等等。

由于地理环境和文化背景的不同,传统社会的具体形式是多种多样的。但

原载于《安徽师大学报(哲学社会科学版)》1993年第3期。

[1] 封建社会一词是近代通行的说法,今天学术界许多人认为,中国的西周时期更像西方的封建社会。因此,对秦汉以后的中国社会人们不再称其为封建社会,而称之为帝国时代。但这只是从国家政权的属性来说的,而对这一时代的社会层面的属性,至今并没有更好的理论解释。

是,这些各具特色的传统社会在其构序方式上却具有共同性。这就是师法自然的自然主义构序方式。所谓师法自然,就是以"天秩"构造"人秩",按自然界的自然秩序构造人类社会的社会秩序。在中国古代,汉代班固就已经明确地指出了这一点。"圣人既躬明哲之性,必通天地之心,制礼作教,立法设刑,动缘民情,而则天象地。……故圣人因天秩而制五礼,因天讨而作五刑。"[1]明初刑部尚书刘维谦在《进〈大明律〉表》中也写道:"陛下圣虑渊深,上稽天理,下揆人情,成此百代之准绳。"[2]这种自然主义构序方式又分为两种类型,其一是按照自然界中的自然现象,构筑社会生活中的规则和程序,确立社会秩序。这一点在传统哲学的自然主义社会观中得到充分反映。在东西方的传统哲学中,不论是"天""上帝"还是"自然",其实质所指都是当时人们所无法理解的那些主宰人类命运的神秘的自然力量。按照这些哲学观点,人类社会只是自然界的派生物,自然界的完善和谐是人类社会确立自身秩序的初始依据。古罗马哲学家西塞罗就提出,人类要"依照自然而生活"。在西方法律思想史上,也一直强调人类社会的实在法要以自然法为最终依据,自然法高于实在法,也优于实在法。实在法只有符合自然理性和自然公正的自然法最高原则,才能成为真正的法律,才能化为真正的社会秩序。在中国的夏商周时代,强调自然之天是人类社会政治道德的立法者。宇宙之秩序,万物之生长,乃至军国大事、王朝更替,一听于"天"。圣人者,无非"顺天命"而已。连孔子也强调,要"畏天命","获罪于天,无所祷也"。孔子后学更是强调要以"天道"制约"人道",以"人道"上达"天道"。汉代大儒董仲舒则直接指出:"道之大原出于天。"[3]其二,按照人与人之间的生理差别和自然差别,构筑人与人之间的社会关系,并由此而确立社会行为的道德准则,形成社会秩序。人与人之间的生理差别和自然差别,无非指性别、种族、年龄、血统等方面的不同。在传统社会里,这些差别都可能成为确立人们社会关系的原始依据。所谓父慈子孝、夫唱妇随、兄友弟恭等最基本的人伦关系,正是建立在他们之间的生理差别和自然差别基础之上,而其他更为复杂的社会关系又是从基本的人伦关系中推演而来。

由此可见,传统社会的构序方式还没有脱离以外物为摹本的思维模式,还处于人类理性秩序的初级阶段。这是当时社会生产力水平低下在社会构序方面的

---

[1] 《汉书·刑法志》。
[2] 《大明律》卷一。
[3] 《春秋繁露·深察名号》。

一种反映。自然界对人类早期社会的巨大制约作用决定了人类对自然界的依附和敬畏。正如马克思所说:"人们对自然界的狭隘的关系制约着他们之间的狭隘的关系,而他们之间的狭隘的关系又制约着他们对自然界的狭隘的关系。"[1]

二、中国传统社会秩序的维持机制

传统社会秩序有一套与之相适应的维持机制,这就是先赋角色、首属关系、伦理本位和同质结构。它们从不同的角度和不同的层面确保了传统社会秩序得以维系延续、历久不衰。

(一) 先赋角色

任何社会秩序都表现为某种结构安排,先赋角色正是维持传统社会结构秩序的重要社会机制。所谓先赋角色是指人们随着生命的诞生自然获得的社会角色,如家庭、民族、性别、种族角色等。但在传统社会里,人们所获得的先赋角色还包括阶级、职业、等级等角色。例如,欧洲中世纪的领主、农奴、准农奴以及各种王公贵族都是世袭先赋的。最为典型的是印度古代的种姓制度。

先赋角色对于传统社会秩序的意义在于:第一,它使传统社会的社会结构封闭化和稳态化,确保社会秩序得以长期不变和顺利传承。在传统社会里,社会结构比较简单,低下的社会生产力客观地制约着各种社会机构的膨胀限度。在这种社会结构中,如果实行开放的社会结构,对社会流动不加任何限制,必然导致社会秩序的混乱,使社会永远处于不稳定状态。只有实行封闭的社会结构,才能维持传统社会的结构秩序。而先赋角色把社会结构中的角色关系固定下来,并使角色传承建立在血缘关系基础上,从而有效地阻止了为获得这些角色而展开的社会竞争,使社会结构封闭化、稳态化,确保了社会秩序的自然稳定。以中国历史上的皇位继承为例,不仅实行皇位世袭,而且实行长子继承制。这是现代民主制度出现以前国家最高权力最稳定的移交制度。历史上凡是破坏这一制度的时候,往往带来的都是动乱、流血和宫廷政变。

第二,先赋角色不仅避免了社会陷入各种争权夺利的纷争困扰状态,而且有利于传统社会的社会成员形成以占统治地位的政治文化为特征的政治信念、政治准则和政治价值观。在传统社会里,由于人们所承担的政治角色是先赋的,因而在人

---

[1]《马克思恩格斯选集》第1卷,人民出版社,1972年,第35页。

生早期即对未来的角色位置具有很高的预期性,并相应有针对性地和系统地接受专门的教育和训练,这是保证传统社会上层结构质量的重要因素。当然,先赋角色由于阻止了社会流动,特别是精英人才的向上流动,从而导致社会统治层的腐败和质量下降,并最终引起社会结构周期性的崩溃解体。这是问题的另一方面。

(二)首属关系

注重首属关系,是维持传统社会秩序的又一重要机制。首属关系指人与人之间直接的具有亲密感情色彩的人际关系。它是形成首属群体的基础。在传统社会里,社会是按照首属关系组织起来的。

首属关系主要有血缘关系和地缘关系。血缘关系是最早的社会关系,在氏族社会里甚至是唯一的社会关系。在私有制出现以后,血缘关系被提到了历史的最高点。血缘关系形成血缘群体,人们对血缘关系的重视,具体地体现在对家庭和家族的重视。而这种对家庭和家族的重视和忠诚,无疑有助于社会秩序的维持和稳定。因为家庭和家族"以缩影的形式包含了一切后来的社会及国家中得以广泛发展起来的对立"[1]。家庭中的各种功能涉及社会的各个方面,家庭和家族的稳定本身就意味着社会的基本稳定。

地缘关系是仅次于血缘关系的首属关系。在以农业劳动为基本劳动方式的传统社会里,它是最重要的社会关系。地缘关系所形成的地缘群体,主要表现为村落和乡村社区两种形式。人们重视地缘关系,建立良好的村落和乡村社区生活,不仅对自身的微观社会秩序是至关重要的,而且对整个社会的宏观秩序也具有极其重要的意义。

传统社会注重首属关系和首属群体,并不等于传统社会没有次属社会群体和社会组织。但是,在传统社会里,这些次属社会群体和社会组织仍然带有鲜明的首属关系特征,或者可以说,传统社会使次属关系首属化了。例如,中国古代社会的行会组织、学校、秘密结社等都带有明显的首属群体的性质和特征。

首属关系对于维护传统社会的社会秩序的意义在于:第一,有效地阻止了人口流动,把全体社会成员按照血缘关系和地缘关系有效地组织起来,有利于建立对社会成员的直接控制机制,同时,也有助于对社会成员顺利实施社会化,使人们接受社会的主导文化和价值观念;第二,确保社会成员对国家的忠诚,在传

---

[1] 马克思:《摩尔根〈古代社会〉一书摘要》,人民出版社,1956年,第18页。

统社会里,国家不仅是家庭的放大,而且也是最完整的地缘组织。这就使人们很容易把对血缘群体和地缘群体的重视转化为对国家的忠诚,把对血缘群体和地缘群体的依恋感情转化为对国家的义务。

(三) 伦理本位

所谓伦理本位,是指整个社会以人伦关系作为其他社会关系的基础,并把人与人之间的道德规范作为建构整个社会规范体系的核心。社会秩序的形成与维持,不仅依赖社会的结构安排和组织状况,而且更直接地落实到人们的社会行动上来。只有人们的社会行为都符合社会的规范,才会形成社会秩序。社会规范包括风俗习惯、道德法律、宗教教义、组织纪律等。在传统社会里,道德是一切社会规范的核心。风俗习惯源于道德并服务于道德,法律同样是为道德服务的。法律的制定以道德为依据,实质上是道德规范的提升,即道德法律化。法治过程不过是运用国家机器维护道德的过程。同样,道德与宗教的关系也体现了道德的核心地位。在世界三大宗教(基督教、伊斯兰教、佛教)教义中,基本内容都是当时社会各种世俗的道德规范。

那么,作为社会规范体系核心的道德是如何形成的呢? 通观人类社会各种传统道德的起源,不难发现,传统社会里各种道德从直接的渊源来看,都是从当时社会中的人伦关系推演而来的。所谓人伦关系,也就是人与人之间在直接交往过程中的社会关系。最基本的人伦关系是建立在姻缘、血缘基础之上的人际关系。人们"亲切相关之情,发乎天伦骨肉",如夫妇、父子、兄弟姐妹等。[1] 其他的社会关系都以此为基础进行推演。中国古代最重要的人伦关系有君臣、父子、夫妇、长幼、朋友。孟子云:"使契为司徒,教以人伦:父子有亲,君臣有义,夫妇有别,长幼有序,朋友有信。"[2] 实际上人伦关系比此复杂得多,它蕴含着一种由近及远的人际关系推演过程。自然经济、私有制度带来了父系制和家长制,这种父系制和家长制必然要求家庭中男女不平等、长幼不平等,从而带来了夫唱妇随、父慈子孝、兄友弟恭。这种家庭关系向社会推演的结果便出现了传统社会里的君臣关系、师生关系、师徒关系、朋友关系……从而形成整个社会关系和社会行为的基本秩序。"伦"就是表示"条理、类别、秩序的意思"[3]。

---

[1] 梁漱溟:《中国文化要义》,学林出版社,1987年。
[2] 《孟子·滕文公上》。
[3] 费孝通:《乡土中国》,三联书店,1985年,第25页。

这种从近亲人伦关系中推演出社会道德,并把它作为整个社会规范的核心的伦理本位社会机制,对于维护传统社会的社会秩序具有重要的意义。它使社会的秩序要求与人们的日常生活密切相关,很容易被人们所理解并认同接受,从而使传统社会中的行为规范、价值准则能够顺利通过社会化途径内化为一般社会成员的主观信念,使道德的控制功能得到最大的发挥。同时,它也有利于形成一种积极的社会控制机制,即通过正面行为的示范、引导,使人们自然适应各种社会规范的要求,把社会秩序建立在人们的社会习惯基础之上。

(四) 同质结构

所谓同质结构是指传统社会的各种结构单位之间具有同质性。这种同质性最突出地表现在人口的社会特征和家庭、村落、社区等社会结构单位方面,从而使传统社会里,不仅人口的社会特征具有高度同质性,而且家庭与家庭、村落与村落、社区与社区之间在结构和功能上具有相同性和相似性。这种具体结构单位的同质性使传统社会的整体结构缺乏有机的内在联系,而表现为某种简单结构的机械组合,它是传统社会里社会分工不发达、社会分化程度低的反映。同质结构的直接后果是,每个社会结构单位内人们的社会生活都表现出高度的自足性、封闭性和自治性。每个家庭、每个村落、每个社区都是相对独立的社会生活单元。

这种同质结构是维护传统社会秩序的重要机制。首先,它能确保社会即使在宏观经济秩序和政治秩序遇到严重危机的情况下,仍然能够维持社会生活的长期稳定而不会崩溃。因此,古代各国政府都很注意保护这种地方社会的自足和自治传统,尽量减少政府对民间社会生活的干预。中国的明朝甚至明令禁止县官下乡扰民。[1] 其次,同质结构在定居格局和区位结构方面也显示出维护社会秩序的功能。不同社区居民在职业结构、劳动方式、技术水平和生活方式上的相同或相似,使得社会丧失了人口流动和人口迁移的内在冲动,除非发生严重的天灾人祸,否则每个社会成员都被局限于特定的社区生活。再次,同质结构孕育了同质文化,使得传统社会在文化上没有现代社会普遍存在的各种亚文化和反文化,从而提高了文化在传统社会里的社会整合作用,并使文化传承过程变成了文化代际复制过程,确保了文化社会化的顺利进行。

---

[1] 岳庆平:《中国的家和国》,吉林文史出版社,1990年,第70页。

三、中国传统社会秩序的基本特点

传统社会是具体的和多种多样的，正是这些差异和不同之处，形成了各国传统社会秩序维持机制上的特点，并对其现代化过程产生了直接或间接的影响。中国传统社会的特点是：

(一) 长期性和历史继承性

自原始社会末期中国进入以农业为基础的传统社会以来，其间虽不乏改朝换代政权易帜，但传统社会秩序历经几千年而未受到大的触动，保持了极强的历史继承性，一直维持以汉民族为主体、以儒家文化为主流、以农耕文明为基础的社会基本格局。这一特点和西欧的历史发展加以比较更加鲜明突出。在欧洲，地理环境的复杂性，使得其社会发展从一开始就具有复杂性和多元化的特点。早在古希腊时代，就有了农耕文明与商业文明并存、乡村文明与城邦文明并存、内陆文明与海洋文明并存的局面。这种早期社会文明的多元化，为后来的历史变迁提供了多种选择的可能性，为中世纪之后的"文艺复兴"提供了历史前提和基础。同时，欧洲传统社会的历史变迁也与中国不同，它不是简单的政权易帜改朝换代，而是一个具体社会完全取代了另一个具体社会。无论在古罗马人那里，还是在日耳曼民族和斯拉夫民族那里，我们都看到了这一历史图景。

(二) 变异性和自我调适性

中国传统社会的社会秩序在总的性质上长期延续、历久不衰，但在具体内容上却又发生了较大的变化，不断地进行着自我调适和自我完善。例如先赋角色在以农业为基础的传统社会里，一直是维护既定秩序的重要社会机制。但在中国历史上，它却不断地发生着变化，以便更好地实现自身的社会功能。在中国传统社会的早期，先赋角色十分严格，西周社会最为典型。它的具体表现形式是严格的宗法制度，首先区分天子和诸侯，然后在诸侯中又分成公、侯、伯、子、男五级，最后在各级诸侯中再分出国君、卿（上大夫）、大夫（下大夫）、上士、中士、下士六等。这些不同的角色都是世袭先赋的，从而维护了当时的社会结构。但是经过战国之乱后，这种严格的先赋角色和典型的宗法制度逐渐解体，到魏晋南北朝时期，即为世族制所取代，选官用人，采用"九品中正制"。隋以后，世族制又日趋瓦解，"九品中正制"为"科举制"所取代。唐以后，科举制不断完善，一直延续到清。

很显然,"九品中正制"和"科举制"都不是严格的先赋角色制度,人们通过这种制度可以进行向上流动和向下流动,从而在社会结构不同楼层中间保持了一条狭隘的"通道"。美国的中国问题专家吉尔伯特·罗兹曼对此大加赞赏。他认为,在中国的传统社会里,"参加科举、买卖土地和经商致富这三条主要进身途径,对每个社会阶层都是畅通的","中国对社会流动的认可和鼓励,就其程度而言,实非任何其他前现代社会能与之媲美。不管出身背景如何,一个男子只要肯下功夫,在颇为公平的科试中成就出众,就能在政府中获得官职","个人或飞黄腾达或沦为乞丐,实在没有什么约束"[1]。罗氏的观点只看到了问题的表面。虽然从法律上讲,科举制为当时社会的大多数男子提供了公平的竞争机会,但实际上,这种机会仅具一纸法律空文意义而已。统治阶级通过各种经济的、政治的和社会的手段,把被统治阶级的生活水平压到最低生存线上,这足以束缚所有被统治阶级的社会成员无法参与向上流动的社会竞争。统治阶级还通过文化教育和宗教迷信手段对普通社会成员进行奴化教育和愚化教育,同时把科学和其他正规教育局限于统治阶级内部,从而使绝大多数下层社会成员根本没有能力参与向上流动的社会竞争。因此,科举制只是降低了先赋角色的严格程度,并未改变传统社会里先赋角色的秩序维持机制。科举制所带来的社会竞争并非全社会的,而是统治阶级的内部竞争。至于科举制之前的过渡性制度"九品中正制",更没有改变先赋角色的特点。所谓"上品无寒门,下品无世族,高门华阀有世及之荣,庶姓寒人无寸进之路"[2],正是当时社会的真实写照。

尽管我们说"九品中正制""科举制"并未根本改变传统社会里先赋角色的社会结构秩序,但也不能不看到,它相对于早期的宗法制度而言是一个重大变化。这种变化在传统社会的秩序维持机制的其他方面也表现出来。它反映了中国传统社会的自我修正、自我调节、自我适应,增强了中国传统社会的生存能力和发展弹性。但是,这种变化仍然是传统社会内部的变化。它不仅不会导致中国传统社会的解体,相反,却成了中国传统社会长期延续、历久不衰的重要原因,这也使得中国封建社会内部的资本主义萌芽极难破土而出,发育成为一种新型文明。

---

[1] 吉尔伯特·罗兹曼:《中国的现代化》,"比较现代化"课题组译,江苏人民出版社,1988年,第229、231页。
[2] 周谷城:《中国政治史》,中华书局,1982年,第150—154页。

传统邻里在城市变迁中解体的后果、原因和对策

一

许多社会学家都注意到,在传统社会向现代社会嬗变过程中,出现了初级群体普遍衰落的趋势。这种趋势在城市变迁中的一个突出表现,就是传统邻里群体的解体。它通过邻里关系次级化、邻里观念的淡化和邻里互动频率的减少三个方面表现出来。

首先,邻里关系普遍次级化。邻里关系是人们基于地缘因素而产生的一种社会关系。在传统社会里,这种邻里社会关系是一种初级关系或称首属关系。也就是说,在邻里生活中,人与人之间的关系是全面的和个性化的。邻里成员总是作为一个完整的个人出现在他或她的邻居面前。在邻里活动中,人们的人格可以全面投入并得到充分表现。每个邻里成员都在邻里群体中占有特定的位置而不可替代。随着城市文明的发展和城市社区的变迁,传统邻里群体日趋解体,人们在邻里关系中不再具有完整的人格和不可替换的社会位置。过去那种彼此熟悉、互知底细的初级关系不见了,邻里之间亲亲热热、和和气气的氛围不见了,"张大妈""李大伯"的亲切特称不见了,取而代之的是陌生的眼光、礼貌的交往和节制的客气。过去那种特定的称谓变成了"5号""8号"等抽象化数字符号和"叔叔""阿姨"等普遍化称呼。邻里关系普遍次级化了。"邻里"的全部内涵仅仅在于人们比邻居住而已。

其次,邻里观念全面淡化。在传统社会里,人们的邻里观念非常浓厚。"每

原载于《江汉论坛》1992年第6期。

因暂出犹思伴,岂得安居不择邻","远亲不如近邻"。现在情况正好相反,随着人的主体意识的觉醒和独立性的不断加强,人们已经很难接受传统邻里中那种不分彼此、人员混杂的公共生活环境,普遍希望建立起属于个人小天地的"私生活"。人们不再愿意把什么都暴露在他人面前,而希望在平等的社会生活中保持相互尊重、互不妨碍的新行为习惯。在这种交往思想指导下,当代城市居民的社交观念发生了根本性变化,主要表现为从求同交往转向求异交往,从自然交往转向选择交往,从亲情交往转向功利交往。人们的社交行为已不是非理性的习惯行为和情感行为,而是具有明确的主观动机的理性行为。人们希望在社会交往过程中满足自己无法解决的物质和精神需要。这就必然使人们的社会交往范围迅速向广阔的社会空间和地理空间扩张,形成一种"宁交远方客、不结身边亲"的社会格局。而传统的邻里群体因其成员的同质性强,无法满足现代人的社交需要,必然处于被冷落状态,邻里观念全面淡化了。

最后,邻里互动频率急剧减少。邻里互动是形成邻里群体的基础。没有较高频率的邻里互动,就不可能形成初级社会关系和初级社会群体。在传统社会里,邻里互动是居民社会交往活动的主要形式,其重要性甚至超过了家庭。这种注重邻里互动的交往模式维系着传统邻里群体的长盛不衰。但是,随着城市化的发展和城市社区的变迁,这种渊源于乡土社会的邻里交往模式已经消失。邻里互动频率越来越小。过去,邻里之间常来常往、互帮互助是极普遍和极平常的事情,现在已难得一见。即使偶尔有事需人帮助,也宁可舍近求远,请同学、请同事、请朋友,就是不愿惊动自己的邻居。简直是"卿卿"之声相闻,老死不相往来。这说明,现代城市居民的邻里关系是冷淡疏远的。极为有限的邻里互动至多只能显示邻里之间的表面容纳和相互接受,根本不可能传递多少思想情感,更不可能形成初级群体。

二

传统邻里群体在城市变迁中的衰落解体,对社会产生了多方面的影响。这种影响既有积极的,也有消极的。从积极的角度看,传统邻里的衰落解体,使人们摆脱了传统的地缘关系束缚,淡化了乡土意识,从而适应商品经济和现代化大生产的需要,保证生产要素特别是劳动力这个最活跃的要素,能够在全社会范围内迅速有效地优化组合。也有利于人们冲破传统的封闭天地,在更广阔的空间中以更大的规模组织起来,形成更为复杂的社会分工协作体系,从而提高人类社会活动的效率。但是,传统邻里群体解体的直接和突出的表现是各种邻里功能的丧失,并由此引起了各种消极的社会后果。

第一,安全防范功能的丧失。在传统社会里,邻里之间相互关照,是保障居民人身安全和财产安全的重要社会机制。随着传统邻里的解体,毗邻而居的城市市民之间出现了一种陌生化、匿名化的身份环境。人们既缺乏邻里守望相助的安全互助意识,也无法进行邻里安全防范。由于邻里之间安全防范功能的丧失,居民的社会安全感急剧下降。许多双职工家庭上班期间提心吊胆,担心家中财物被盗;许多老人、妇女和儿童单身在家时害怕陌生人来访,唯恐遭到坏人袭击而得不到邻里的及时救助。

第二,思想情感交流功能的丧失。在传统邻里群体中,思想情感的交流占有十分重要的地位。人们从各自不同的劳动岗位回到邻里之中,犹如分头出海的渔船收帆归港,互相倾吐着彼此的顺利和挫折、激动和沮丧。邻里群体起到了重要的情感宣泄作用,并由此带来了思想、信息和技术的交流。随着传统邻里群体的解体,邻里这一功能丧失殆尽。这对于那些老人们尤其悲哀。他们往往只能守候在高层建筑里的狭小空间里,忍受着无尽的孤独、寂寞和惶恐。随着我国人口老化的"白发浪潮"的到来,这种老年社会问题将越来越突出。

第三,调解纠纷功能的丧失。传统邻里的一个重要功能是调解各类纠纷,避免矛盾激化,无论是夫妻反目、兄弟阋墙、邻里口角,都可以在邻里群体中得到及时调解与缓和。随着传统邻里的解体,人们的日常生活主要局限于家庭。而现代家庭的核心化趋势又使家庭的基础完全落实到夫妇之间。这样,一旦家庭内部发生矛盾,很难得到及时的调解。其结果往往不是大事化小、小事化了,而是无事生非、因小失大,以至怨结越系越牢,矛盾愈演愈烈,最后结果不是家庭长期处于冷漠气氛之中,就是夫妻走上离异之路。近年来,我国离婚率直线上升,与上述邻里变迁所引起的传统调解功能的丧失,显然有着重要的关系。而在邻里之间,由于地缘关系仍然存在,因而造成邻里冲突和矛盾的机会并没有减少。由一些日常生活琐事所引发的邻里纠纷时有发生,在邻里之间缺乏思想情感交流、彼此容忍度很低的情况下,这类矛盾极易尖锐和激化。如果得不到邻里群体其他成员的及时调解,这种邻里矛盾和邻里冲突很容易由民事纠纷转化为刑事犯罪。

第四,控制监督功能的丧失。社会控制是任何社会不可或缺的构成要素。它不仅包括政治控制和社会组织控制,而且包括社会的自律控制,即社会场的控制。所谓"社会场",就是由人们周围的社会环境综合形成的社会心理压力。它能迫使人们遵从社会规范,保证人们的社会行为合规,从而使社会秩序得到维护。这种"社会场"的形成,必须以社会成员关系的"熟人化"为前提条件。而这种"熟人化"正是传统邻里群体的基本特征。在"熟人化"的社会环境中,每个人的行为都处于一种被"盯住"的受控状态。因此,人们在自己的社会行为中必须考虑到这种熟人环境的存在而"瞻前顾后"。这正是传统社会极少发生越轨犯罪行为的结构性原因。随着传统邻里群体在城市变迁中衰落解体,城市居民之间的匿名化程度大大提高了。传统邻里之间那种相互监督、相互约束机制悄然消失,从而为那些越轨者提供了新的安全系数。比如,一些家庭成为犯罪场所或窝赃销赃的场所,邻居则往往难以及时察觉。

第五,儿童社会化功能的丧失。传统邻里群体是儿童社会化的重要机构。在传统社会里,儿童通过邻里关系结成了各种"儿童游嬉伙伴",并在这种儿童游嬉伙伴中预习着未来社会生活中所必需的角色扮演。同时,由于儿童游嬉伙伴是由同龄儿童或年龄相近的儿童组成的,因而有利于随着年龄的增长而带动儿童心理的梯度推进。另外,由于儿童的天真纯洁,通过较长时期的儿童互动,有利于形成坚实的接受社会思想文化的心理基础。所有这些,都对儿童的健康成长、顺利完成社会化过程起着极为重要的作用。随着传统邻里群体的消失,儿童也丢失了这种社会化的重要机制和条件。在现代社会妇女生育率不断下降的条件下,特别是在我国城市家庭高一胎率的生育模式下,这一问题更为突出。儿童除了在学校组织中与同龄儿童有一些正规化的接触之外,主要时间是在家庭内部与成年人一起度过的。这种过早与成年人发生互动的社会化模式,容易促成儿童的心理早熟,导致"少年老成"的儿童成人化趋向。在一些双职工家庭,出现了所谓"挂钥匙的孩子",他们更是只能与电视机做伴,与自己的玩具或书中人交流思想感情,从而使这批少年儿童容易养成内向、孤僻、自我封闭的性格和心理。总之,邻里群体的解体对儿童社会化来说是个巨大的损失。人们对独生子女的种种忧虑不能不说与传统邻里群体的衰落、解体有很大关系。

三

传统邻里群体为什么会在城市变迁中衰落解体?这种静悄悄的社会变迁过程是如何发生的?人们可以从不同的角度寻找自己的答案。

从最直接的原因看,传统邻里之所以解体,是因为它赖以形成的两个基本条件——隔墙而居的地域条件和长久相邻的时间条件——丧失了。所谓地域条件,就是构成邻里的住户不能相距太远,从而使他们之间能够进行直接接触和面对面互动。所谓时间条件,就是构成邻里的成员,能够长期居住在一起,通过较长时间的互动,邻里之间相互熟悉和了解,从而形成初级社会关系。只有这两个条件都具备了,邻里群体才能形成并稳固下来。但是,现代城市的变迁恰恰导致这两个条件消失了。

首先,由于高层建筑和单元住房的普遍兴起,城市邻里之间丧失了公共活动场所。单元住房及其内部设施的不断齐全,是人类居住方式的一次重要变革。它使人们的家务劳动和家庭生活完全封闭起来。住宅的高层化又把每个家庭的空间位置在三维坐标中固定起来。尽管邻居之间仍然只隔一堵"墙",可是他们却无法聚到一起发生社会互动。他们失去了传统居住格局中特有的公共活动场所。

其次,现代社会人们居住地址的变动不居,导致邻里关系处于不断的分化组合之中。人们不能长久地保持邻里关系,必然无法使之初级群体化。而且随着邻里关系的变动不居,他们子女的儿童伙伴关系也处于不停的变动之中,因而也不可能随着世代的交替,把邻里关系承继下来。

空间条件的丧失和毗邻时间的短暂,既是传统邻里群体衰落解体的直接原因,也是一种表层原因。在这些原因的背后,还有更深刻的社会因素,这就是席卷当今世界的现代化浪潮。现代化是人类历史上少数几个最深刻、最重大的社会变迁之一,是传统社会向现代社会的全面跃迁过程。它不仅意味着工业化和经济持续而迅速的增长,而且意味着社会构序方式的质的飞跃,意味着社会系统的整体更新。如果说,传统社会是以秩序为中心组织起来的,那么现代社会则是以发展为中心组织起来的。可以说,效率优先是现代社会构序过程中的首要原则。在这种效率冲击作用下,人类社会的结构和运行机制都发生了历史性变化。现代化所带来的社会结构和社会运行机制的转换,正是传统邻里群体衰落解体最深刻的社会根源。

首先是社会组织的兴起。社会组织是一种为实现特定目标、发挥特定功能而发展起来的社会结群形式。现代社会组织的广泛兴起,是为了适应效率的现实要求而由人类理性选择的结果,是社会分工大发展的必然产物。在现代社会中,社会组织已经包揽了我们社会生活的大部分内容。人们往往同时要参加若干个不同的社会组织。这种多重化的社会组织生活,吸引和占据了人们社会生活的大部分时间,从而无暇参与邻里互动。同时,现代人的需求和利益,从物质财富到权力、声望,都是通过社会组织获得的。这种利益的获得机制也有效地阻止人们恢复传统的重视邻里的生活方式。

其次是家庭的变迁。在现代化过程中,家庭这种古老的群体形式发生了巨大变化。核心化成为家庭结构变化的普遍趋势。这种核心家庭与传统社会里劳动人民阶层中广泛存在的小家庭不同。它不再是传统家庭的一个组成单元,而是一种完全独立的社会单位。它既适应了现代化社会对劳动力自由流动的要求,又为人的解放特别是男女平等创造了微观结构条件。在核心家庭中,夫妻关系是家庭的唯一基础。一旦夫妻感情破裂,家庭就要解体。从维护家庭的角度看,这足以使人们重视家庭生活,把大部分闲暇时间投入家庭成员间的活动中去,而不能像传统社会那样,把邻里作为度过余暇活动的主要场所。同时,现代社会生活节奏的加快,职业技能的多样化及其要求的不断提高,也改变了人们的闲暇利用方式。家庭电器的普及和家用设施的不断齐全,使多数家庭在物质上无求于邻居,而夫妇同时工作的双职工就业模式,使夫妻双方对家务劳动负有同等的责任和义务,从而束缚着任何一方对邻里活动的时间投入。

再次是大众传媒的发达和大众社会的形成。大众传播媒介的产生和发展,是促使传统邻里群体消失的重要因素之一。由于报纸、图书、广播事业的发展,特别是电视的普及,给人们的生活方式以巨大的冲击,形成了所谓"电视时代"。它使每个家庭都成了可以单独获得各种社会信息的封闭单元,而不需要像传统社会那样通过邻里活动中的人际交流才能了解社会动态。同时也使人们在电视与图书等大众传媒的利用中度过了大部分余暇时光。大众传媒的发达造就了大众社会。这种大众社会以大众传播媒介为手段,通过日益发达的竞技体育、雅俗共赏的大众文化、千奇百怪的社会新闻、变幻莫测的世界形势,强烈地吸引着普通群众,使他们自己从邻里群体等传统的共同体中挣脱出来,形成超越空间限制的社会大众。这种大众人对天下事的了解往往超过了对身边事的了解。许多人捐衣捐款去救济千里万里之外的灾民,却不知道也不关心自己身边人的疾苦。不论人们对此作出的评价是褒是贬,这种大众社会强有力地替代了传统的邻里社会,却是毋庸置疑的历史事实。

最后是社会流动的频繁,也有力地冲击着传统的邻里群体。为了适应现代社会的效率要求,必须要通过社会流动保证劳动力能够不受时空限制地自由优化组合。社会结构的不断分化、各种社会机构的与日增长,也为人们提供了更多的发展机会。随着教育的普及、人的素质的提高、主体意识的觉醒和生活观念的改变,人们对工作性质和工作环境的选择性越来越强。这种客观与主观的合拍,便促成了现代社会的开放与流动,它虽然有利于人才的合理分布和个人潜能的充分发挥,但是会导致人们居住地址的经常更换,使邻居关系处于不停的分化组合之中,从而无法形成稳定的邻里关系和以感情为基础的关系亲密的邻里群体。

以上几点仅仅是现代化过程中导致传统邻里群体衰落解体的主要因素。在现实过程中,这些因素并非孤立地起作用,而是一种综合的过程。这些因素的变化和作用与传统邻里群体消失之间的关系也并不是一维指向的因果关系,而是相互交织、互为因果、连锁反应的过程。正因为如此,才使传统邻里群体的解体过程变得极为复杂难解。

此外,在我国,还有一些导致邻里群体迅速解体的特殊因素。其中比较突出的是住房分配制度。以前,我国城市职工的住房是由职工所在单位统一解决的。往往是一个单位职工居住在一起,并且随着年资和地位的变化而不断调整住房。这样,人们即使不改变工作单位,也要不断打破原来的邻里关系。而且由于同一工作单位的职工共同居住,很自然地把工作中的正式角色关系原封不动地搬到人们的日常生活之中,使社会组织的控制功能延伸到私人生活领域。以致人们在日常生活中的表现都可能成为影响到人们职业前途的有利或不利因素。因此,大多数职工都不愿意在私人生活中重复工作中的正式角色扮演,从而促使人们采取了邻里回避对策。

四

面对传统邻里群体在城市变迁中的急剧解体,人们不禁要问,这一趋势是否绝对不可避免?人类有没有办法既享用现代化所带来的积极成果,又能减轻它给人类造成的消极影响?这里不妨提出一些初步的设想。

犯罪学界的比较学者发现,欧洲的瑞士和瑞典是两个可比性很强的国家。150年来,它们都奉行中立政策,没有介入任何一场战争;人口几乎相等;生活水平都很高;而且都输入了大量外籍劳工。但是,这两个国家的犯罪率却差别很大。瑞典犯罪率很高,青少年违法案件很多,暴力犯罪十分突出,居民的公共安全感很低;而瑞士的情况恰好相反,传统性的犯罪率低,违法案件少,暴力犯罪尤为鲜见。为了揭开这一难解之谜,北美犯罪学家马歇尔·B.克林纳德在瑞士进行了8个月的"蹲点研究",为人们提供了一份很有意思的答卷。在克林纳德列举的形成瑞士低犯罪率的诸因素中,传统邻里在城市化过程中得以保持是首要的和核心的因素。他认为,瑞士人眷恋故土,好几代人都住在同一地区。因此大家都认识自己的邻居,并感到自己是所在集体的一部分,对集体负有责任。尽管居民密度高,大城市里匿名化倾向却不那么普遍,也没有导致对青少年非正式社会控制体系的瓦解。

这个事例说明:首先,传统邻里的解体与犯罪,特别是与青少年犯罪之间有着内在的联系;其次,传统邻里群体的解体并非绝对不可避免,至少可以在城市化过程中把传统邻里群体部分地保存下来。尽管瑞士的例子有些特殊,但它仍给人类在城市文明中如何保持乡村传统带来了一束微弱的希望之光。

事实上,世界各国都在自觉不自觉地采取各种对策,尽量保持传统的邻里结构或者通过其他方法弥补传统邻里群体衰落所造成的社会结构"真空",克服其社会消极影响。我们把这些不同的努力加以概括,称之为挽救方案和替代方案。

所谓挽救方案,就是通过各种途径和措施,在城市化和城市变迁过程中为保持传统邻里群体创造必要的条件,避免传统社会结构的彻底解体。主要思路有:

第一,在人口城市化过程中,保持乡村人口向城市转移的渐进性和就近性,避免世界各国常见的城市化过程中人口大范围迁移浪潮,确保乡村社会结构在城市化过程中免遭大的破坏。

第二,在城市规划、城市改造和城市建设过程中,要注意维护居民间已经形成的社会关系和社会结构。根据我国文化传统和人民的现实意愿,可以考虑适当提高亲属群体的居住密集度,满足城市居民在直系亲属间"分开住,常来往"的要求。

第三,在城市住宅区建设中,应考虑为形成邻里群体创造必要的空间条件。对中低层住宅,主要采取在楼幢之间预留活动场所的办法,为邻里互动提供必要的条件。对高层住宅区和高楼密集区,可以考虑预设楼内空间的办法。

第四,减少城市居民的搬家次数,延长人们在同一地址的居住时间。要根据我国家庭结构的变化趋势、国际上关于住宅的文明舒适标准以及国家经济发展的状况等因素进行综合考虑,设计出适合我国城市居民的住宅方案,通过住房商品化,力争城市居民住房分配一次到位。

第五,在社会主义精神文明建设过程中,通过舆论宣传和有意识、有计划地开展邻里文明建设活动,增强居民的邻里意识,培养居民的邻里认同和邻里归属心理,提高居民的邻里责任感。

所谓替代方案,是指在邻里之外,寻找和建立新的能够实现传统邻里功能的社会组织和社会单位,实现社会转型过程中的结构替代。根据世界各国的经验和我国近年来的改革实践,搞好城市社区建设,发展社区服务系统是对传统邻里比较好的替代方案。因为邻里和社区都是由于地缘关系而形成的社会单位,都具有满足居民多方面需要的综合功能。所以,在世界上,不仅欧洲、美国、日本等发达国家积极开展社区建设和社区服务活动,而且像韩国、新加坡、泰国、马来西亚和印度等国也都十分重视并广泛开展社区服务活动。在我国,社区建设和社区服务是近年来城市改革和城市发展中的一项重要内容,是社会保障体制改革和城市基层组织——居民委员会改革的基本方向。

所谓社区服务,有广义和狭义之分。狭义的社区服务,主要包括家庭照料、咨询服务、老人活动中心、社区互助活动等。对此,世界各国都有自己的一些特点和适合本国国情的具体做法。广义的社区服务,是和社区发展相并列的范畴,内容十分广泛,如社区工作、社区教育、社区保健、社区文化活动等。我们这里要强调的是,社区服务的关键是形成一个综合性的生活服务中心,满足居民从物质到精神的多方面实际需要。特别是要注意解决那些政府顾不上、工作单位不好办,而群众又迫切需要解决的实际问题,并通过社区实实在在的服务活动把城市居民重新按地缘关系在现代社会生活中组织起来,使人们在自助活动和互助活动中形成互助合作、互相扶持、团结自治的社区集体意识,增强人们的社区认同感和社区归属心理,形成各有特色的社区文化和社区凝聚力,从而真正发挥对传统邻里群体的替代作用。

小康社会的来临与生活方式的选择

一、到20世纪末我国将稳步进入小康社会

中国共产党第十二次全国代表大会曾经提出一项重大的战略决策,即从1981年到20世纪末,我国经济建设总的奋斗目标是,在不断提高经济效益的前提下,力争使全国工农业的年总产值(比1980年)翻两番。以后,我国领导人又多次提出,我国现代化建设的战略部署分三步走:第一步战略目标是1981年到1990年,实现我国国民生产总值比1980年翻一番,解决人民的温饱问题;第二步战略目标是1991年到20世纪末,我国的国民生产总值再翻一番,人民生活达到小康水平;第三步战略目标是到21世纪中叶,人均国民生产总值达到中等发达国家水平,基本实现现代化。

那么,现在这些战略目标实现的情况怎样了呢?从目前情况看,第一步战略目标已经基本实现,第二步战略目标正在稳步到来。1980年,我国工农业总产值为7 100亿元,1990年,我国国民生产总值已达17 686亿元,按可比价格计算,比1980年增长了1.36倍,平均每年增长9%,人均国民生产总值比1980年增长1.08倍,平均每年增长7.6%。1990年比1980年翻一番的目标顺利实现。经济的发展,使我国城乡居民的收入水平和消费水平都有大幅度提高,长期困扰我国的温饱问题基本解决。1990年,我国城镇居民人均生活费收入已达1 387元,扣除物价上涨因素,比1981年增长56%,农村居民人均纯收入已达630元,扣除物价上涨因素,比1980年增长1.4倍。全国居民的消费水平平均已达713元。全国居民收入水平在贫困线以下的比例到1990年已下降到3.6%,温饱型占

原载于《徐州师范学院学报(哲学社会科学版)》1992年第4期。

77.9%。此外大约 18.5% 的人已提前达到小康水平。与此同时,我国社会在居民消费结构、受教育水平、文化生活、交通邮电、卫生医疗条件、社会保障、环境保护等各方面都有较大提高。[1]

从 1991 年到 20 世纪末,是我国实现第二步战略目标的既定期限。从目前情况看,尽管我国在实现第二步战略目标中还存在各种各样的困难,但总的来说,目标是现实可行的。从经济发展速度来看,只要保持每年有 6% 的增长速度,我们就可以到 20 世纪末实现既定的战略目标,完成国民生产总值第二个翻番任务。而从现实发展情况看,除 1990 年前后在经济调整时期速度低于 6% 以外,我国的经济发展速度都超过 6%。由于 20 世纪 80 年代我国人均国民生产总值的增长已经超额完成了预定目标,因而在第二步战略中,人均国民生产总值只需递增 4.4%,即可完成翻两番的目标。从社会发展指标来看,在 20 世纪末,我国进入小康社会困难要大一些,但只要进行科学决策,正确安排,仍然是可以实现的。

二、小康社会需要与之相适应的生活方式

生活方式是指人们围绕自己的生命存在,为满足自身生存和发展的需要而展开的各种实践活动的典型样式和总体特征。从主体讲,生活方式是多层次的,既可以是指个人的,也可以指群体的、阶层的、民族的。一种生活方式总是与一定的文化体系相联系,在某种意义上讲,生活方式就是文化。在相同的文化背景下生活的人们,总是有相同或相似的生活方式。从领域讲,生活方式涉及人们社会生活的各个方面,主要有劳动生活方式、家庭生活方式、闲暇生活方式、宗教生活方式、消费生活方式、精神生活方式等。对生活方式的理解,不在于它的具体范围,而在于它的特有角度。生活方式所涉及的社会生活领域,也不是包括其所有方面,而是从人们怎样生活的角度涉及这些不同的领域的。所以,概括地说,生活方式主要包括两个方面:一是人的生命时间的利用方式,二是人在生命时间中所创造与获得的物质与精神生活条件的利用方式。人的生命时间虽有长短不同,但总的来说都是有限的。这有限的生命时间,主要有两大组成部分:一是生理机能恢复时间,如睡眠、进食等;二是社会活动时间。在社会活动时间中,又可分为劳动时间(如工作时间、家务劳动时间、上下班往返时间等)和闲暇时间(由人们自由支配的时间)。人的生命时间的分配,就构成了人的生命时间结

---

[1] 朱庆芳:《小康社会指标体系及 2000 年目标的综合评价》,《中国社会科学》1992 年第 1 期。

构。人的生命时间结构的变动是社会变迁的重要表现,也是社会发展还是衰落的重要指标。所以,生活方式对时间的研究,绝不仅仅指闲暇时间,而要涉及人的全部生命时间。人们的劳动生活、家庭生活、社交生活、宗教生活、精神生活等,都是对生命时间的不同利用方式。

生活方式的第二方面内容是关于人们在生命活动中所创造和获得的物质生活资料的利用方式。它是人所特有的一种消费活动,主要包括消费水平、消费结构和消费的具体方式三个方面。不论是物质生活资料的消费活动还是生命时间的"消费"活动,都受一定的观念支配。所以,生活观念不仅是生活方式的重要组成部分,而且在生活方式中居于核心地位。有什么样的生活观念,就有什么样的生活行为和生活方式。但生活观念本身又受人们的世界观、人生观、价值观和道德观的制约,而世界观、人生观、价值观和道德观又是一定的文化背景、社会制度、经济状况等多种因素的产物。所以,生活方式与社会发展有不可分割的内在联系,它们之间相互制约、相互影响、相互作用。社会发展状况决定了生活方式的总体水平、质量与性质特征。生活方式对社会发展同样有重要的影响和作用,社会发展需要与之相适应的生活方式。中国传统的小农社会不仅决定了传统的节衣缩食、安贫乐道的生活方式,而且这种传统生活方式反过来又成了维持传统社会的重要支柱。而在现代发达国家,高消费、超前消费则成了这些国家生活方式的重要特征,同时这种生活方式也是刺激经济发展的重要手段。我国要进入小康社会,也必须有与之相适应的生活方式。只有建立与小康社会相适应的生活方式,才能加速小康社会的到来,并为未来的第三步战略目标的实现创造条件。

所谓与小康社会相适应的生活方式,既不是传统的小农生活方式,也不是像西方发达国家那样的生活方式,而是与我国目前社会生产力发展水平、与我国的社会制度和文化传统相适应的新型生活方式。它既包括物质生活,也包括精神生活、政治生活、家庭生活,既包括个人消费水平的提高,也包括社会福利和劳动环境的改善。《中共中央关于制定国民经济和社会发展十年规划和"八五"计划的建议》提出,到 2000 年要实现"人民生活水平从温饱达到小康,生活资料更加丰裕,消费结构趋于合理,居住条件明显改善,文化生活进一步丰富,健康水平继续提高,社会服务设施不断完善"。这是对小康社会生活的概括,也是与小康社会相适应的生活方式的蓝图。

为什么必须建立与小康社会相适应的生活方式?首先,生活方式是社会发展与社会进步的综合性指标。经济的发展转化为社会的进步,必须通过生活方式反映出来。我国是社会主义国家,生产的最终目的是满足人民日益增长的物质与文化生活的需要。因此,大力发展经济,实现国民生产总值翻两番只是我国现代化建设的阶段性战略目标,其本身并不是最终目的,最终目的在于把这些经济成就转化为社会福利,促进人民社会生活水准的提高,实现经济与社会的协调发展。其次,建立与经济状况相适应的生活方式,反过来也有利于经济的进一步发展。仅就消费一项来看,传统社会的小农生活方式实际上是滞后消费,发达国家则是超前消费,我们需要的与小康社会相适应的生活方式应当是适时消费和适度消费。如果中国人都仍然像传统社会那样"新三年,旧三年,缝缝补补又三年",即使人口再多,也不能形成巨大的市场;而没有消费,没有布场,当然也就无法牵动经济的发展。如果中国人都像发达国家那样超前消费,又将带来各种另外的弊端和问题,20世纪80年代后期,我们已有深刻的教训。

　　从世界各国的经验来看,苏联和东欧国家在实现国民经济翻两番过程中,由于忽视人民生活水平的相应提高,农产品和人民生活必需品严重短缺,结果不仅造成国民经济比例的严重失调,而且严重损害了群众对社会主义制度的信念,并最终导致20世纪80年代末90年代初的巨变。近年来,我国人民生活方式发生了巨大的变化,有人认为,就其深刻性来说,这十来年的变化超过了过去一个世纪的变化。这方面的成就已经有不少文章作了专门的论述,在此只作简略的概括。在消费生活方式方面,10多年来,我国人民的生活水平和生活质量有了普遍的提高,这是有目共睹的事实。仅从家用电器的普及程度来看,10年前,大多数中国人还不敢问津电视机。而今,电视机已进入大多数家庭。1990年我国每百户家庭电视机拥有量已达到64.8台,电冰箱的普及率也达到每百户10.4台。这一比例已经超过了小康型国家的平均水平。如果仅就城市计算,这一比例还要大得多。在职业生活方式方面,我国各阶层居民正在努力摆脱传统的身份限制,把过去单纯的谋生性劳动变为自我实现、自我肯定性的社会实践活动。身份自由是我国近年来经济改革所带来的重大社会进步。在家庭生活方式上,核心家庭已成为家庭的主要类型,从而为人的自主性的提高,为男女平等和妇女独立人格的获得提供了制度化基础。家庭也不再单纯是"经济共同体"和"生育合作社",而正在走向充满温情、充满生机的"文化—心理群体"。家庭的价值取向也从传统的老人中心转向孩子中心,使家庭从传统的等级森严的氛围中解放出来,为人间天伦之乐增添了新的内涵。最深刻的变化还是生活观念的变化。无论是人们的存在发展观、婚姻家庭观、需求消费观、人际交往观,都发生了历史性的转变。这种生活观念的巨大变化,必然在人们的社会行为中表现出来。

从人民生活方式的巨大变化中可以看到,我国人民正在迅速而强有力地摆脱传统的小农生活方式,向着现代化的社会生活方式迈进。但是,在这些巨大的变化中,不仅有耀眼的光环,也存在着令人担忧的问题,需要社会进行引导和干预。否则将与我国正在奋斗的小康社会相脱节,给以后的长期发展和社会的进步造成巨大的障碍。

我国当前生活方式中最突出的问题是超前消费、奢侈消费。被时人讥为"穷国得了富贵病",形成"初级阶段,高级消费"的局面。有些地区,穷得叮当响,是有名的贫困地区,长期靠国家补贴过日子,可是穷摆阔的情况却毫不逊色,超计划购买小汽车,公款大吃大喝到了令人怵目惊心的地步。如果说上述现象属于不正之风,是特权人物用公款开支的话,那么在平常百姓家情况又是怎样呢?令人吃惊的是,奢侈消费与超前消费同样是十分严重的。婚事大操大办,结婚费用不断上涨。各种人情礼节更是奢侈成风,名目越来越多,价码越涨越高。在这种奢侈消费中,饮食消费的奢侈性尤其令人担忧。这种奢侈消费、超前消费,不仅给经济发展带来困难,而且可能滋生出严重的政治后果,对社会的稳定构成巨大威胁。它使政府的任何成功努力都被看成微不足道,而使任何失误和挫折都将变得难以承受,形成一种"成就缩小效应"和"问题放大效应"。前几年流行的所谓"端起碗来吃肉,放下筷子骂娘"的现象,正是这一社会心理的反映。美国政治学家缪塞尔·亨延顿在《变化社会中的政治秩序》一书中提出,革命(即动乱)最容易在一个国家情况好转的时候爆发,这其实就是基于现代化初期极易形成的"需求的形成"与"需求的满足"之间的巨大反差而言的。

我国当前生活方式中存在的第二个方面的突出问题是各种落后的、腐朽的和封建性的生活方式正在抬头,特别是精神生活方式质量不高。陈规陋习日益抬头是近年来的突出问题。封建迷信十分猖獗,许多孝子贤孙不再满足于用花圈纸寄托哀思,而要按照人间现代化标准,给去世的人安排现代化生活方式,纸人纸马变成电视冰箱、轿车楼房。雕刻精美的墓碑、耗资逾万的"椅子坟",也已多得使人由惊奇变得习惯了。在精神生活方式中,也很令人担忧。人们的闲暇时间多了,但用于发展和充实自己才能的时间极少,传统的赌博风屡禁不止。也有许多人抱着一种极端消极的人生观,认为人生一世,吃喝一世,生不带来,死不带去,吃光花光,只顾自己,不顾子孙后代。还有些人受腐朽生活方式的影响,思想空虚,意志消沉,追求各种怪诞放荡和具有强烈刺激性的生活方式,对婚姻和家庭生活持极不严肃的态度。所有这些,都是与我国的国情和社会主义的生活方式、价值观念违背,需要引起社会的重视,加以正确的引导。

三、建立符合国情的小康型生活方式

无论是从生活方式与经济社会发展的关系来看,还是从目前我国生活方式中存在的问题来看,都有必要对生活方式的发展趋向加以选择设计和正确引导,建立符合我国国情的与小康社会相适应的生活方式。这对于我国顺利实现小康和把小康社会推向更高的发展阶段都具有重要的意义。

第一,必须使我国的生活方式与社会生产力发展水平相适应,适度控制人民的消费欲望,引导人民树立正确的消费观念。中国是个发展中国家,长期没有摆脱贫穷的困扰。因此,在现代化初期,以改善人民生活为中心是必要的。十几年改革,成功的经验就在于紧紧围绕人民生活的改善做文章,极大地调动了广大人民群众的积极性,促进了生产的发展,也带来了人民生活水平的迅速提高。但在温饱问题解决以后,就必须注意问题的另一方面,防止各种过度的消费欲望吞噬改革和发展的成果,而使人民生活水平的提高与整个国家经济发展水平相适应。具体地说,就是使社会物质消费的增长速度不高于物质财富的增长速度,并保持与之相适应的消费观念和生活态度。从"二战"后各国情况来看,适当抑制国内消费水平,是一条重要的成功经验。日本的经济发展水平不亚于美国,人均国民生产总值、人均收入等项均超过美国,经济规模已超过德、法、英三国总和,但其国民生活水平与欧美相比却低得多。1987年,日本人均最终消费支出只及美国的62.3%;在住的方面,1988年,日本平均每户实际居住面积只有25.2 m^2,不到美国的一半。但日本国民的储蓄率却极高,1987年达18.5%,是美国的2倍,英国的2.5倍,德法的1.5倍。这种高储蓄率为日本经济发展提供了宝贵的资本积累。而且日本人民的生活满意度也很高。据1989年5月日本总务厅《月刊世论调查》报告显示,日本国民认为自己生活"充实"者占70.7%,对生活现状表示"满足"者占63.1%。[1] 这种生活态度与消费观念,无论对经济发展还是对社会稳定都具重要意义。韩国的情况也是这样,一个突出的例子是,韩国彩电出口到世界各国时,本国还没有彩色电视发射台。

---

[1] 郭士征:《日本的国民生活现状分析》,《外国问题研究》1991年第3期。

第二,必须在生活方式的选择上考虑到我国的人口与资源状况。也就是说,必须从中国的国情出发建构我国人民的生活方式。我国人口已达 11 亿以上,到 20 世纪末将超过 13 亿;我国的资源虽然总量可观,但人均占有量却很少。如果我国建立欧美高消费型生活方式,必然使我国的资源无法承受。据有的学者测算,即使到 2060 年,中国实现了高度现代化,人均国民生产总值达到 10 240 美元(1980 年美元值),我们也无法以美国方式甚至也不能以日本方式生活。以能源消耗为例,按美国方式,中国人均耗能 10.87 吨标准燃料;按日本方式,中国人均耗能 4 吨标准燃料。如果这些能源全部使用石油,则中国的石油地质储量不足 10 年之需。[1] 实际上,西方国家一些物质消费并非必要。如果对生活方式进行合理选择,完全可能以较低的收入水平获得较高的生活质量。

第三,必须把我国的生活方式建立在社会主义制度基础上。我国是社会主义国家,生活方式的选择必须与社会主义价值准则一致,从社会主义制度来选择生活方式,关键是建立公平合理的社会分配结构。合理的社会分配结构不仅可以调动劳动者的工作积极性,而且有利于建立合理的生活方式结构。在十几亿人口的大国,如果像西方国家那样的两极分化,虽然少数人的生活水平和生活质量会迅速提高,但整个国家和大多数普通劳动者的生活水平和生活质量的提高必然落空。我们之所以在目前人均收入不高的情况下,有多项生活指标达到了国际中等偏上的水平,主要是我国的社会主义制度带来的积极后果。今后我们仍需要坚持这一方向,用社会主义价值准则来建构我国人民的生活方式。

第四,必须考虑我国的文化传统。文化传统是一个民族在独特的自然环境和社会环境中形成的独特的民族心理、风俗习惯、行为准则、审美观念和活动方式。它反映在生活活动中就形成了一个民族特有的生活方式。所以,生活方式与文化传统是密切相连的。在现代化建设和迈向小康社会的过程中,生活方式的变革不可避免,但这并不意味着对传统的背离。恰恰相反,生活方式与文化传统越是吻合,越有利于社会的协调发展和秩序稳定。生活方式越是背离文化传统,越会加剧文化冲突和社会冲突,从而导致社会秩序的紊乱,反过来阻碍着生活质量的提高。所谓在生活方式的变革中重视文化传统的保持,其内容是多方面的,最主要的是保持中华民族勤劳、刻苦、节俭等美德,热爱生活,重视家庭,重视伦理道德,讲究人与自然的融洽,物质与精神的和谐等优良的生活观念和生活

---

[1] 邓英淘:《新发展方式与中国的未来》,《未来与发展》1989 年第 5 期。

态度。

第五，必须有利于社会主义精神文明建设。社会主义精神文明既包括教育科学文化，也包括思想、道德、观念。建立与小康社会相适应的生活方式，必须重视精神生活方式。而物质生活的丰裕，无疑是小康社会生活的基础和重要特征，但幸福不仅指物质丰裕，只有物质生活和精神生活的和谐发展，才是小康社会所需要的生活方式。

以上所及，只是如何建立与我国小康社会相适应的生活方式的基本原则。关键是要根据我国国情，建立与我国国情相符合、有我国特色的生活方式。这种生活方式的实质在于用较少的资源和较低的条件实现较高的生活质量，形成一种文明、健康、科学、合理、实惠的社会主义小康型生活方式。在小康社会来临的过程中，使我国人民不仅物质生活水平不断提高，而且精神生活也很充实，使人民对自己的生活水平、生活环境具有较高的满意度和幸福感，并由此激发出高昂的社会积极性，推动我国社会主义现代化事业的更快发展。

社会重建视阈下的公民精神培育

随着改革开放的深入和社会主义现代化进程的推进,社会建设越来越受到重视。在当下的社会建设中,有三种观念非常值得讨论。

第一,将社会建设等同于社会福利和社会保障制度建设。当代,社会建设的内容包含各种社会保障制度,但是,社会建设的根本不在于增加一些具体的社会福利,而是要在国家政治体系之下恢复其一个独立的社会空间。中国改革开放前,国家权力渗透于社会的各个层面,直达最底层,社会空间被严重压缩,以至趋无。这种高度政治化的社会在转型过程中,已经无法适应当代社会变迁中的市场化、全球化、民主化、网络化环境,必须通过重建社会来建构新的社会管理模式。

第二,将社会建设理解为中国传统的"民间社会"的恢复。中国传统的社会结构虽然也是一种"国家—社会"双层结构,但它的社会基本面不是现代意义上由公民及其相关的现代社会组织构成的社会,而是由家庭、家族、宗族等初级社会组织构成的传统的以血缘、准血缘和类血缘关系组织起来的社会。因此,一些学者将传统的家族、庙会、手工业者协会等视为社会建设的重要内容,特别是一些地方热衷于对传统家族的重建,以为恢复了传统的家族组织,就是社会的重建,这是极为错误的观念。今天,我们要进行的社会建设,不能简单地回归传统,而是要建立一种在民主和法治基础上的新型社会结构。

第三,将社会建设归结为各种社会组织建设。一些学者喜欢突出各种行业协会、民办非企业单位和各种基金会在社会建设中的作用,将这类社会组织的数量多少作为社会建设的衡量指标。这种观点同样是有问题的。虽然这些社会组

原载于《探索与争鸣》2013年第8期。

织在现代社会中的确有其特殊的作用,但不等于有了这种社会组织,就意味着社会重建的成功。我们看到,在当今的中国,许多应该发挥其独立作用的社会组织完全依附于政治体系,根本没有发挥其应有的功能。

以上三种不同的观点,在当今的中国学术界都有相当的影响。虽然他们之间的观点各异,甚至是尖锐对立,但有一个共同点,就是忽略了"人"在社会重建过程中的作用。今天中国的社会建设的根本不是制定几项社会政策,不是恢复传统的"民间社会",甚至也不是建立几个社会组织,而是重建社会与个人的关系。这里的社会不是现实社会中的政治社会,也不是传统意义上的民间社会,而是一种有别于政治体系的具有相对独立性的现代社会体系。这种社会体系的构成要素是"公民"而非"臣民",是具有独立人格的社会成员,而不是依附于组织的"组织人"或"单位人",甚至也不是作为集体概念的"人民"。也就是说,公民才是构建现代社会的最核心元素,各种传统的"民间组织"和现代"社会组织"不过是不同时代的人所联结起来的外在的社会存在形式。

从法律上说,公民是与国籍相联系的,只要拥有一个国家的国籍,就是这个国家的公民,或者说,国民即公民。只要是一个国家的公民,就拥有相应的权利与义务。然而,在实际社会生活中,很多人并没有成为真正意义上的"公民",他们既没有实际享有公民的权利,也没有尽公民应尽的义务,更重要的是,他们根本没有相应的公民意识,他们是一群没有"公民化"的"公民",而这种没有"公民化"的公民是不能成为现代社会的基础的。

从社会学意义上看,真正的公民应当是一种走出"私域"境界的国民。公民的生命意义远远超出了传统的生命意义范畴,公民应当是一个有公共意识、公民精神,具备从事公民运动能力的人。有了这样的公民意识和公民能力,不管其是否参与了某种社会组织,都是公民社会的基础,他们随时可以"挺身而出",为维护社会公共利益而行动,相反,如果没有这种"公民意识"和"公民精神",即使参加了各种各样的"社会组织",也算不上是现代意义上的公民。从这个意义上讲,中国那些传统的家族、宗族、庙会组织、民间结社、手工业者协会等,是否属于现代社会组织的范畴,不在于他们自身的实际存在与否,而在于他们是否在中国的社会转型中完成了现代转向,具有某种"公共意识"和公共精神。无论是传统的社会组织,还是现代社会组织,只有建立在现代社会的"公民"基础之上,才可能成为真正意义上的现代社会的基础。

因此,现代社会建设的关键是公民精神的培育。正如美国思想家希尔斯所说,一个现代社会就是社会成员相互之间的行为能够体现公民精神的社会。可以说,公民精神才是现代社会的生命所在,没有公民精神,即使有再多的社会组织,只是徒具现代社会的形式或外壳,或者说只是一具现代社会的"僵尸"而已。真正决定社会性质的不是社会的组织形式,甚至也不是有没有各种相应的法律,而是有没有具备适应这种社会性质的"人",而这种"人"的形成与成长又取决于其背后的精神建构。决定社会性质的是这个国家的个人、社团、政府之中普遍存在的一种价值和精神。个人、社团、组织不过是这种精神的载体。现代社会形成的最重要的体现,在于一个社会共同体内,社会成员之间能够真正以公民精神严待自己、善待他人,尤其是能够善待自己的对立面。建立各种现代社会组织不过是公民为了更好地践行社会价值的行动方式。只有一个国家的公民在社会事务参与中真正奉行"公民价值"和"公民精神",这样的社会才具有了现代性,才是真正意义上的"现代社会"。

何谓"公民精神"?不同的学者可能会有不同的看法。但有两种精神是可以排除在公民精神之外的。第一,那种只为个人、家庭或小集团利益考虑的,肯定不是公民精神,它始终是私民或放大了的私民精神而已。第二,那种彻底的完全无"我"的精神也不是公民精神,那是一种宗教献身精神。公民精神是一种将个人与社会的关系高度理性化的精神,一方面,它超越传统的私域范畴,认识到个体离不开社会,社会的良好秩序是个人存在的重要条件;另一方面,它又是"利己"的,它强调人与人之间的自由、平等、合作、共赢。因此,公民精神的重要体现就是自主意识、自治意识、参与意识、权利意识和民主精神、平等精神、社会责任感等。当代中国的社会建设有赖于具有自主意识、自律态度、公益精神的公民的成长,有赖于社会生活中公域和私域二元界分的形成,有赖于人们自觉自愿的社会参与和共同协作,更有赖于国家通过法律制度和法治机制的建设,使个人利益与群体利益、私人利益与公共利益之间的关系高度地明晰化、法治化,并在法治基础上实现个人、家庭、社会和国家之间的和谐统一。

在中国这样一个极具传统色彩的社会里,如何才能培育出"公民精神"?首先要顺应社会构成个体化的时代潮流,把社会成员从各种传统的群体桎梏中解放出来。社会的个体化意味着制约个体行为的传统社会结构的不断解体与最终失效,从而使每个社会成员都从所属的共同体中挣脱出来,成为一个高度独立的个体,一个在社会的海洋中能够自谋出路的行动主体,并对传统的思想意识和行为方式有足够的怀疑、反思与批判能力。个体的身份不再由某个"集体"来界定,只能在统一的社会结构中求同存异,自我塑造。个体化的过程具有双重属性,一方面是社会越来越原子化;另一方面,人们又在整个社会的层面上日益紧密地联系起来,通过法律、制度和政策把社会成员联结为一个整体,而不是传统意义上的各种小的"私域社会"。现代社会中的个人是一个不依赖于任何传统的初级群体,他所获得的帮助应该来自整个社会,通过社会的制度体系获得各种社会的保障。

中国离建立一个真正意义上的现代社会还有很长的路要走。无论是梁漱溟的"伦理本位",还是费孝通的"差序格局",他们关于中国社会公私边界的分析基点却不约而同,均认为中国人在私域中是无私的,甚至是"各尽所能、各取所需"的,但在超出私域的"公域"内,中国人又是自私的,只讲权利不讲义务。这种传统的公私观念仍是中国人行动逻辑的深层基础,并生成了中国人的特殊主义行动逻辑,它也是中国人培育公民精神、促进公民参与的严重文化障碍。因此,要培育中国人的公民精神必须通过公民教育和公民实践,帮助社会成员从传统的私域中解放出来,完成从传统的家庭、家族角色向现代公民角色的转变。从特殊主义走向普遍主义,从差序格局转变为团体格局,从血缘地缘群体转变为利益群体和价值群体。

要完成这种公民教育,有两点非常关键。一是重视学校在公民教育中的作用。必须要增强当前学校政治教育的针对性和有效性,从身边小事说起,从日常生活做起,重视学生的行为操守。二是加强社会活动中的公民实践教育。现代社会的民主意识和政治参与在很大程度上不是取决于政府的培育,而是通过社会的自我组织、自我管理,在社会自治过程中逐步养成的,"在参与中成长","在合作中双赢"。因此,能否培养出具有合作精神、团结精神、民主精神、自治精神的一代公民,才是当代中国社会建设的关键。

中国家庭的两次转型及其影响

——1900 年以来中国家庭变迁的理论解释

20 世纪是中国社会发生天翻地覆变迁的一个世纪,在这一个世纪内,中国家庭也发生了前所未有的深刻变化。当人类刚刚走进 20 世纪时,中国的社会和家庭都还沉睡在古老传统的梦乡中。数代同堂的家庭崇拜、男尊女卑的性别安排、父慈子孝的人伦根本、多子多孙的生育观念是这个社会的普遍家庭价值观。但是,到了中国社会从 20 世纪跨入 21 世纪的时候,人们已经很难找到 20 世纪初中国家庭的影子,家庭学者、社会学者、伦理学者普遍关心的已经不是中国家庭的封建性和保守性,而是家庭的变迁是否会威胁到家庭制度自身的存在。这样一种深刻的社会变迁是如何发生的,如何转型的,过程如何,有何特点,等等,都是引人好奇的地方。本文正是基于好奇和兴趣,不揣冒昧,就这一宏大问题作一个粗浅的理论分析,希望能够引起学者同仁的兴趣,特别是希望能够引起有条件的学者对此方面进行实证分析的兴趣。

家庭的内涵有广义和狭义两种。从广义上说,家庭是人口再生产的社会组织形式,是人类建立在性和生育行为等基础之上的一种社会共同体。正是在这个意义上,我们把人类自古以来的各种性结合群体统统称之为"家庭"。在各种家庭社会学教材中,学者们都在谈论所谓"血缘家庭""普那鲁亚家庭""对偶家庭""专偶家庭"等。如果没有广义的家庭概念,这些讨论都不能成立。但是,家庭还有第二种含义,就是基于婚姻关系和血缘关系的社会组织,是指以婚姻关系为基础、以血缘关系为纽带的社会群体和组织形式。正如马克思、恩格斯所说,

---

中国家庭问题国际研讨会(广州,2005)会议论文,系首次公开发表,部分内容参见 2005 年《南方人物周刊》的人物专访。

"每日都在重新生产自己生活的人们开始生产另外一些人,即增殖。这就是夫妻之间的关系,父母和子女之间的关系,也就是家庭"[1]。这也就是我们今天所讨论的家庭。家庭的两种含义正是我们讨论 1900 年以来中国家庭所发生的社会变迁的学理基础。

从家庭的价值基础来看,有三种不同的家庭:以家族为本位的家庭;以婚姻为本位的家庭;以个人为本位的家庭。这三种不同的家庭在社会基础、组织形态、家庭关系和婚姻稳定性等方面都有重大的差别。

一、中国传统的家族制度

中国传统的家族制度存在了几千年,也经历了漫长的历史变迁。古代文献、甲骨卜辞、铜器铭文都能印证,中国早在殷商时期就已经存在宗族社会组织。[2]到了周代,宗族制度被制度化为宗法制度,形成了一整套完备的嫡庶系统法则,并在此基础上形成了"家国一体"的社会与政治结构,真正实现了"以天下为一家,以中国为一人"[3]。

直到 20 世纪初,中国的"家庭"都是以家族为本位的。这种家族是以血缘关系为基础,通过若干个婚姻单元联结而成的社会组织,它是人类社会结合形式在长期的演化过程中逐步形成的,是由氏族、部落、宗族等社会组织形式逐步蜕变演化而来的。中国传统的家族形式是一种父系家族。血缘关系是这种家族的唯一基础。但这种家族的规模大小和结合的具体形式则要视其经济、政治等其他社会因素。在有些大家族中,若干代家庭共同生活在一起,形成了几代同堂的大家庭格局。中国有记载的最大家庭是唐代的张公易九代同居。但更多的家族并不是完全生活在一起,而是由若干个小家庭单元组成。但这种分散的小家庭生活并未改变传统的家族本位特质。每一个独立的家庭单元都是一个有形家族的组成部分。因此,有许多家庭社会学者通过统计,得出中国古代家庭也是以核心家庭为主的结论,实为大谬。虽然这些古代或传统的家庭在形式上和今天的核心家庭或主干家庭没有太大的区别,但本质上却是完全不同的两种家庭概念。

以家族为本位的家庭,虽然在日常生活形态上也是分散的,甚至多为小家庭,但每个家族实质上是一个有机整体,只要有需要,它们随时可以作为一个统

---

[1] 《马克思恩格斯全集》第 3 卷,人民出版社,1960 年,第 32 页。
[2] 李卓:《中日家族制度比较研究》,人民出版社,2004 年,第 47 页。
[3] 《礼记·礼运》。

一的整体展开任何必要的活动。在这种家族中,每个具体的家庭单元都不过是实现家族目标的一种工具。这种家族本位的家庭必然要重视血缘关系,因此也必然以男女两性不平等为基础,因为在这种家庭中,婚姻只是实现家族目标的必要途径,妇女只是作为一种生育工具而存在和体现其意义,为了解决家族的香火绵续问题,各种婚姻形式都是可以接受的,如买卖婚、交换婚、童养婚等。在这种家庭中,离婚几乎是不可能的,即使有离婚现象也必然出自家族的需要而非婚姻当事人的意志,中国古代的"七出""三不去"大体上可以反映这一点。

随着中国延续2000多年的帝国解体,中国的家庭制度也开始发生根本性变化。20世纪以来,中国家庭所发生的变化不仅是深刻的,也是复杂的。但是,这种变化又是有迹可循的。如果我们从理论上对1900年以来中国家庭所发生的变化进行理论概括的话,那么就可以将其归结为两次转型:第一次是从家族本位向婚姻本位的转型,第二次是从婚姻本位向个人本位的转型。

二、从家族本位到婚姻本位

中国家庭发生的第一个重大变迁,就是从家族本位转向婚姻本位。这第一次的家庭转型是在20世纪初开始的。期间经历了大约两个阶段:第一个阶段是20世纪初到20世纪50年代;第二阶段是从20世纪50年代到20世纪80年代。第一阶段的变化主要发生于精英阶层,并对社会主流观念产生影响,形成了整个社会家庭变迁的观念基础,为新中国成立后整个社会的变迁奠定了基础。第二阶段是新中国成立后,以第一部《婚姻法》颁布为标志,使婚姻本位的观念普及于整个社会,并得到社会的法律、道德的支持,进而逐渐涵化到社会习俗之中。

以1900年为中国家庭变迁的起点,并无什么标志性事件,也没有什么特别的含义和理论依据,仅仅因为它是一个世纪的初元而已。但是,也并非完全随意确定。在1900年前后,中国社会在家庭领域,无论是理论和思想,还是人们的行为,又确确实实发生了种种变化,代表着一种社会变迁的初露端倪。早在19世纪90年代初,康有为就对传统的婚姻模式进行了激烈抨击,认为父母包办的婚姻,男女不平等的婚姻,一夫多妻的婚姻,"与几何公理不合,无益人道"[1]。后来,康有为、梁启超等维新派人士不断撰文呼吁,主张"一夫一妻""自主婚姻"。1900年,蔡元培元配病逝,他在再娶时提出了五项原则:(1)女子须天足;

---

[1] 转引自刘新平:《百年时尚(1900—2000)——婚姻中国》,中国工人出版社,2002年,第2页。

(2)女子须识字;(3)男方不娶妾;(4)男死后女可再嫁;(5)男女双方意见不合可离婚。蔡元培可谓中国精英阶层摆脱传统婚姻家庭模式的先驱。1902年,天津《大公报》、上海《中外日报》开始出现征婚广告[1],可谓中国报纸征婚广告的滥觞。这些林林总总的事件汇合成一种新的趋势、新的气象,标志着中国传统的婚姻家庭模式开始动摇,一种新的婚姻家庭文化正在开始发育。这种新的婚姻家庭模式在"五四"时期达到一个新的高度。但是,截至1949年中华人民共和国成立,这种新型的婚姻家庭始终游离于普通民众之外。

新中国成立后,中国开始了万象更新的新纪元。中国共产党将20世纪前半个世纪各界精英所向往的社会理想付诸实践。新中国颁布的第一部法律便是《婚姻法》。中国家庭从家族本位演变为婚姻本位的第一次深刻变迁真正开始了。经过几十年的不懈努力,这种变迁终于从精英阶层落实到普通民众之中,成为整个社会的普遍行为。这个过程在城市中大约在20世纪50年代基本完成,在农村则在60年代"四清运动"以后开始实现,经过"文革"洗礼,这种以婚姻为本位的家庭最终在价值观上得以定型。

经过这次转型,中国社会的家庭真正从传统的家族式家庭演变为现代家庭。婚姻成为家庭的基础,夫妻成了家庭的重心,核心家庭和主干家庭成为这个时代家庭的绝大多数。

随着家族的解体,家庭开始成为独立的社会组织,而不再是组成家族的一个单元和实现家族目标的工具,它本身就是存在的目的和根据。家庭基础的变化必然会引发一系列相应的变化:婚姻关系在家庭中的意义第一次被提到家庭的最高地位;妇女在家庭的地位发生了根本性的变化,婆媳关系发生了历史性的逆转;每一个家庭都是一个独立的组织,对重大问题可以自己作决策;离婚不再是不可能,更不会由非当事人决定,离婚的发生主要取决于婚姻双方的感情和意志。家庭的权力结构也在发生悄悄的变化,家庭的重心开始从第一代转向第二代,家庭的民主化进程不可逆转地开始了。

三、从婚姻本位到个人本位

中国家庭发生的第二个重大变迁,就是从婚姻本位转向个人本位。不同的

---

[1] 征婚广告原文:"今有南清志士某君,北来游学。此君尚未娶妇,意欲访求天下有志女子,聘定为室。其主义如下:一要天足,二要通晓中西学术门径,三聘娶仪节悉照文明通例,尽除中国旧有之陋俗。如有能以上诸格及自愿出嫁,又有完全自主权者,毋论满汉新旧,贫富贵贱,长幼妍媸,均可。……"

历史时期,家庭会呈现出这样那样的形式和结构。然而不管是什么结构,一个家庭至少应该包括两个由婚姻联结的不同性别的成年人,以及他们的子女。这才符合传统意义上的家庭的基本定义。然而,在个人本位的家庭文化模式中,家庭的这个基本含义正在受到冲击,传统的家庭及其生活方式面临着一系列革命性的挑战:为什么不可以不结婚?为什么不可有开放的性关系?为什么非要生孩子?为什么不能一个人独立生活?为什么不可以和同性结婚?正是在这种家庭价值观的根本动摇中,出现了一系列的变异家庭:包括单身家庭、同居家庭、单亲家庭、丁克家庭、同性恋家庭等。这些变异的家庭形式正在悄然兴起,成为家庭生活领域的新时尚。

第一,单身家庭。这种单身家庭当然包括传统的离婚后独居或者老年孤寡家庭,但它的更重要也更具本质意义的形式是在正常婚姻年龄阶段独身不娶或者终身不嫁的单身生活者。随着社会的发展,人们的生活方式发生巨大变化,自愿选择不婚的人数正在不断增多。尤其是在一些大城市中,自愿单身甚至渐成一种新潮流,在白领阶层中蔓延开来,其中,有相当一部分是高学历、高收入、高颜值的"三高"女性。选择单身家庭的人们保持着经济上的自主自足、社会网络的感情支持,以及自由的性行为选择。

第二,非婚同居家庭。同居家庭指男女间较长时间保持非婚姻的性结合关系,共同生活却又没有履行法律程序。这种结合关系的性质各有不同,有的是所谓的婚前试婚,作为结婚的前奏,是求爱到结婚的一个中间阶段;而另一部分则是不以婚姻为目的的同居行为。非婚同居是不为法律所承认的一种事实家庭形式,也是一种违反中国传统家庭伦理的行为。因此,在以前的中国社会中,即使有同居家庭的存在,也是极隐蔽的地下行为。然而如今,"同居"成为一种可以公开的家庭模式,社会对同居者也采取了越来越宽容的态度,同居行为渐渐从地下转向公开。根据一些调研成果,同居现象在大学生和白领群体中尤为突出。

第三,单亲家庭。从20世纪60年代开始,单亲家庭就在西方开始显现。一大批只有母亲或者只有父亲携带未成年子女生活的单亲家庭,作为一种新的家庭模式加入社会生活中,并逐步为人们所理解和接受。在我国,从80年代开始出现了独生子女的单亲家庭,并呈逐年增长趋势。这种单亲家庭不是传统的由丧偶带来的不完整家庭,而是由于离婚或同居分手后形成的单亲家庭,单亲家庭的增多是与未婚同居、离婚率上升等因素密切相连的。

第四,丁克家庭。丁克家庭(DINK)指由夫妻两个人组成的家庭,各人都有收入,不要孩子。20世纪60—70年代,这种家庭模式开始在欧美流行。在我国传统的家庭中,结婚生子是十分重要的一项神圣使命,只有生育子女的家庭才是完整的家庭。因此,在传统社会中我们很难想象没有孩子的家庭如何在社会中立足。然而随着社会结构变迁,这种家庭模式也悄然进入我国,丁克家庭已经被越来越多的城市年轻人所接受认同,并呈逐步扩大趋势。

第五,同性恋家庭。同性恋是在历史上一直存在的少数人的极隐秘行为。进入20世纪90年代以后,同性恋在世界范围内变得越来越公开、越来越普遍,由同性恋者组成的家庭也公开面世。根据中国社科院李银河的调查,我国的同性恋者保守的估计有3 600万人到4 800万人。[1] 这种在文化传统中不被容忍的行为,如今获得了越来越宽松的社会环境,受国际同性恋者活动的影响,中国同性恋家庭的出现也将成为一种可供选择的生活方式。

中国第二次家庭变迁是从改革开放以后开始的,它的整个过程预期也会分为两个阶段:第一个阶段从20世纪80年代开始到2010年左右,这个时期它主要存在于时尚青年阶层中,还不是社会的普遍行为,但它却在根本上动摇着中国的传统家庭价值观,并为下一步的变迁积蓄力量和奠定基础;第二阶段大约要从2010年到2040年前后,这是个人本位的家庭模式在整个社会的"普及"阶段,新型的家庭将从一般的时尚青年进入社会的各个阶层,异常家庭将成为一种正常家庭,中国的家庭形式将从核心家庭和主干家庭为主的时代进入一个多样化的家庭时代。

个人本位家庭的出现源于社会结构的转型和婚姻价值观的转变。在工业化、城市化和经济社会体制变动的推动下,家庭的结构功能都发生了巨大变化,传统的家庭伦理观念也逐渐失去了它生存的现实基础。人们更多追求的是个人的幸福与自由发展。家庭观念从婚姻本位转向个人本位必然导致个人与家庭的关系发生根本性的变化,从个人为家庭而存在的家庭关系转变为家庭为个人而存在的家庭关系,家庭成为个人追求人生体验和自我价值的一种工具。这一变迁意味着在家庭生活中个人生活空间的大大拓展,人们可能会不断追求自己喜欢的更具私人性的生活,按照自己的意愿选择"家庭"的形式,个人第一次作为一个独立主体出现在婚姻家庭生活中,家庭只是个人成长的一个摇篮和初始环境。这就为单身家庭、非婚同居家庭、单亲家庭、丁克家庭、同性恋家庭等非传统

---

[1] 转引自李慧波:《透视"同性恋现象"》,《中国青年研究》2001年第4期。

家庭的生长提供了土壤。

随着个人本位家庭的兴起,家庭的许多传统功能将加速外移,家庭渐渐成为一个纯粹的私人领域。与此同时,社会在制度上也为个人本位家庭的存在提供支持。例如,结婚登记手续和离婚手续大大简化,家庭内部的个人隐私权进一步得到保护,刑法、民法等各种法律对婚姻家庭的介入,使得公民的各项权利在婚姻家庭范畴里也能得到有效的保护,等等。在这种家庭里,家长制必然会彻底解体,婚姻自主、男女平等、家庭民主乃是必然之事。离婚将成为家庭变动中的一种普遍现象。家庭的组成形式将越来越多样化,传统的家庭伦理彻底地解体,公共道德与法律普遍介入家庭,成为确立婚姻和家庭生活秩序的基础。

四、结束语

中国家庭的两次重大变迁过程,本质上也是人的解放过程,它是和整个中国社会的变迁,和整个中国社会中人的解放过程相一致的。第一次变迁导致小家庭从大家族中解放出来,第二次变迁导致个人从婚姻家庭中解放出来。

但是,这两次家庭的重大变迁,其性质、形式、后果都有很大的不同。第一次变迁是先从精英阶层开始的,变迁的动机具有鲜明的政治性特征,推动家庭变迁的精英们把家庭变迁作为社会变迁的重要组成部分,希望通过推动家庭的变迁来达成改造社会的目的。第二次变迁则是在外来文化的影响下,作为一种时尚和新型生活方式而被青年所接受和推动,它本身没有任何明确的社会目标。第一次变迁虽然动摇了中国几千年传统的家庭模式,但由于它是从一个大的"家庭单位"转变为一个小的"家庭单位",家庭作为一个集体仍然受到重视,传统的家庭价值观仍然受到尊重或仍然有存在的基础,因此,它比较容易被传统文化所接受,对社会的冲击相对较小,而第二次变迁则从根本上冲击着中国的传统文化,动摇着整个社会的文化基础,因此它的潜在后果是非常深刻而久远的,需要对其作出准确评估。

第 2 章
DI ER ZHANG

围绕社会主义市场经济重建公平

公平与效率的关系问题是现代各国政府面临的最基本、最重大的经济社会抉择,因而长期吸引着众多的研究者对它的关注。当中国步入改革开放之途,引发和推动了一系列巨大而深刻的社会变迁,特别是冲破了新中国建立以来长期存在的平均主义加低效率的经济、社会格局以后,公平与效率的关系问题在现实生活中一下子凸显出来,成为影响政府决策和社会的发展与稳定的一个重大因素。

一

"公平"是一个古老的范畴,自古以来一直是思想家们思考的对象。几千年来,人们并没有也不可能对公平达成一致的见解。但是,公平的基本含义是明确的,这就是不偏不倚,一视同仁,无私谓之公,无偏谓之平。具体说来,公平有两种内涵:其一,作为实质范畴,它是一种分配规则,决定着一定的主体应当享有什么样的权利和利益,"给予每个人所应得的权利";其二,作为一种关系范畴,它是一种评价和裁判规则,用于处理具有外显的或潜在的矛盾和冲突的双方的权利和利益关系,"给同样的人以同样的待遇;给不同的人以不同的待遇"。因此,无论是作为实质范畴,还是作为关系范畴,公平都是道德哲学、政治哲学的核心,更是一切法律的基础。公平是用来调整个人、群体、社会、国家之间各种复杂社会关系的规范和准则,是指社会不同的利益主体在社会交往活动中按双方都能接受的规则和标准采取行动以及处理它们之间的关系。通常,人们总是把公平看作物质财富分配过程中的规则。其实不仅如此,公平还是一个内涵广泛的

中国社会学会年会(上海,1994)会议论文,原载于《光明日报》1994年6月22日。

社会学范畴。在各种社会资源的配置过程中都存在公平问题,包括财富的分配、声望的获得、权力和权利的占有、教育机会、职业选择,乃至人本身的生存方式,都存在着是否公平的问题。

"公平"问题的提出,根源于人的本性及其与外部世界的关系。人类无论就其个体的生命活动还是就其所结成的群体活动,都必须要从外部环境中汲取物质、能量、信息,不断进行着主体与环境的相互作用和相互交换。这种交换既包括人与自然的,也包括人与人的;在交换层次上,既存在个人层次的,也存在群体层次和社会层次乃至国家之间的;在交换内容上,既包括物质领域的,也包括精神领域的。正是种种复杂的外部交换关系,决定了人的需要和利益关系。也正是种种复杂的需要和利益的分配与交换,决定了社会必须具有一套交换各方都同意的交换规则和制度,因而也就决定了社会需要"公平"。

社会之所以需要公平,是因为作为公平调节对象的社会资源具有稀缺性。无论是物质财富,还是权力、声望等各种社会资源,如果像阳光、空气和水一样随处可得,当然也就用不着建立一套规则进行配置。正是社会资源的稀缺性,导致人类自身生存和发展的需要和需要对象的供求关系出现"短缺"。在这种社会资源"短缺"的情况下,如果没有一套被认为是公平的分配和交换规则,则必然导致无休无止的纷争,从而威胁着人类自身的存在。从这个意义上说,公平首先意味着秩序。任何社会制度的建立,任何统治秩序的存在,都必须也一定具有与其相联系的"公平"理论和公平机制;同样,任何社会制度被历史淘汰,任何统治秩序的崩溃瓦解,也必然首先是因为其丧失了公平的社会基础。

社会公平的前提是进行社会交往的不同利益主体对如何处理他们之间的关系,以及他们在社会资源配置过程中处于什么位置等问题上具有某种"共识"。凡是符合这种关系的,就被认为是"公平"的,凡是不符合或破坏了这种关系的便被认为是"不公平"的。这种"共识"并非主观所至,而是由当时社会发展水平决定的。特定的历史时代决定了人们特定的思维方式,形成一种为不同社会利益主体都认同接受的社会秩序,这就是社会公平问题的本质。因此,公平从来都是一个相对的概念,不存在永恒的、绝对的、抽象的"公平",公平从来都是具体的、历史的。

从历史上看,有两种基本的公平类型,即以不平等的等级制为基础的古代"公平"和以自由、平等为基础的现代"公平"。奴隶社会和封建社会都是以不平等为特征的。其所谓的社会公平也是建立在等级制基础之上的。这种建立在不平等基础上的"公平"之所以能够存在,是因为这种不平等的社会结构在当时被认为是必然的或不可避免的,即作为前提是被社会不同利益主体所认同和接受的。

奴隶制是一种极其残酷的社会制度,但它在历史上之所以能够存在几千年的漫长历史时期,一定有其存在的根据,具有自己的社会公平基础。我们知道,最早的奴隶来自战俘。奴隶制诞生以前,部落之间战争的俘虏主要以杀戮方式处理。而当社会生产力有了发展,保存战俘成为有利可图的时候,人们改变了杀戮战俘的方式,改而把战俘变为奴隶。显然,这种做法不仅具有历史进步意义,而且也得到各个部落及战俘的认同与接受。奴隶制度的社会公平基础表现在:(1)各部落处理战俘的方式是相同的,彼此规则大致相同;(2)战俘宁愿选择为奴,不愿选择被杀;(3)如何处理奴隶主与奴隶之间的关系,也具有一定的规则。例如,公元前2世纪,罗马奴隶主老伽图曾提出要给奴隶吃饱,公元1世纪的罗马作家科鲁梅拉提出主人要和奴隶搞好关系,使他们热爱劳动,等等。正是这种公平机制,使奴隶制在历史上存在了漫长的历史时期。但这种特定的公平是建立在以原始社会杀戮战俘为参照系的思维方式基础之上的。当历史进一步向前发展,原始社会的记忆逐步淡化以后,奴隶们不再满足于自己的非人生活,他们要求获得做人的权利,于是思维方式的更新和社会制度的变革也就不可避免。正是在这一背景下,诞生了封建社会。

封建社会是建立在对奴隶制度的反思和否定的基础之上的,它抛弃了奴隶主与奴隶的正面对立关系,主张建立一种新的不同等级之间的"协调合作"关系,从而形成了一种不同于奴隶制的新的社会公平机制:(1)要把人当人看待(这是最早的人道主义);(2)高等级的人对低等级的人要予以"保护",低等级的人要对高等级的人所给予的保护予以"报答";(3)在经济上,封建租佃关系掩盖了奴隶社会那种赤裸裸的掠夺占有关系,"我给你地种,你交我地租",仿佛是一种双方自愿的公平交易。正是这种新的社会公平彻底瓦解了奴隶制社会秩序,并维持自身在人类历史上的漫长存在。中国历史上的封建社会虽然充满着起义和战争,但它始终只是对破坏这种公平规则的反抗,没有形成一种新的社会公平。正因为如此,它只是带来改朝换代,并未改变其基本社会秩序。只有等到新的社会建立之后,封建社会秩序才会土崩瓦解。

资本主义制度的建立,带来了社会公平观的根本变革,建立了完全不同于以前社会的新的社会公平。资本主义所宣称的公平的核心内容是平等,这是和奴隶社会、封建社会以不平等为前提的公平根本对立的。首先是人与人在政治地位上应是平等的,不论人们的社会地位如何,都不对他人产生依附性或支配性,他们都享有同等的公民权利和承担同等的公民义务。政治法律上的平等可以让人们在社会生活中享有普遍的身份自由,即人们在获得各种社会身份时,不受其任何先赋条件的制约,可以凭借个人的能力和表现实现身份的自由转换。其次是机会均等,即凡是能够满足个人社会需求的各种社会机会均应向全体社会成员开放。它是人的政治法律地位平等在社会生活中的自然延伸,是对传统的等级秩序、人身依附关系和各种"特权"的彻底否定。资本主义社会的公平作为一种价值准则,作为一种信念或"游戏规则",为人类提供了一种崭新的公平观,唤起了现代社会所必需的"公平感",成为支撑资本主义社会秩序的基本支柱。但是,由于资本主义制度的本质和资产阶级的本性所决定,这种新的"社会公平"在资本主义条件下仅具有形式的意义,或者说仅仅是一种虚幻的景象。正如有的学者所言,虽然大家都有被选举权,但有些人不可能得到别人的选票;大家都有发家致富的权利,但很多人缺乏最起码的资本;大家都有受教育的权利,但有些人只能进质量低劣的学校;法律面前人人平等,但有的人请不起好律师;法律保证言论自由,但不能保证你有听众。如此等等。[1] 正是因为资本主义社会公平仅具形式的意义,所以它很快就表现为更加残酷的两极分化并最终导致其"自由""平等"前提的破坏。

社会主义是作为资本主义的替代制度被提出来的,它力图建立一个真正公平的社会。但是,由于人们对资本主义和社会主义制度本质认识的双重失误,使过去一段时期在实践中所建立的"社会主义制度"并没有达到思想家们的预期效果。究其原因,关键在于这些"社会主义制度"是建立在对资本主义的否定而不是"扬弃"的基础之上。

从公平的历史演变中,我们可以得出两点基本结论:第一,任何社会制度都建立在一定的公平基础之上,公平是制度合法性的依据,是秩序的最终源泉;第二,不同的时代和不同的制度下,公平的表现形式是不同的。时代的变化引起思维方式的变革,思维方式的变革导致公平观的更新。

二

公平与效率的关系是一个相辅相成、互相促进的关系。公平必然导致效率,

---

[1] 阿瑟·奥肯:《平等与效率——重大的抉择》,王奔洲译,华夏出版社,1987年。

效率要求并推动着公平的建立、维持和变革。一方面,公平是效率的唯一合法来源。效率反映的是人的社会活动与活动目的之间的一种比率,是人的社会活动合目的性的一种体现。用经济学术语来说,效率就是用较少的成本获取较大利润的行为,少投入,多产出。但效率不仅仅是一种经济范畴,在人的各种社会活动中,都存在效率问题。效率的取得,取决于一系列要素的有机组合,但最根本、最重要的因素还是人的因素。人的行为积极性以及由这种积极性所释放出来的创造性,是一切效率的源泉。而这种积极性和创造性,就其合法性和持久性来说只能来自社会的公平机制。任何不公平的途径所形成的效率都是不能长久维持的,也是现代一切合法政府所不能允许的。从这个意义上说,公平是效率的唯一源泉,公平的程度决定了效率的程度。任何不公平的社会机制和社会政策都只能造成对效率的破坏。

另一方面,效率是推动公平发展的历史动力。物质利益原则决定着任何社会都把效率作为一种基本的追求目标。但要获得效率,唯一合法的途径和能够达到持久效果的办法就是建立一个公平的社会,调动人们的劳动积极性、创造性、工作热情和责任心。历史上每种社会公平的建立和演变都是源自效率的要求。奴隶主不杀奴隶,并非出自同情怜悯,而是因为奴隶能够带来物质财富;封建地主把原来的奴隶变为农民,是因为这样更能调动他们的生产热情;资本主义社会劳动雇佣关系的确立,也是因为它能带来巨大的剩余价值。正因为效率是推动公平建立和演变的历史动力,所以,效率同时也是衡量公平本身的历史尺度。一种社会制度是否公平,关键不是看它是否符合某种原则、主义等,而是看它是否能够激起巨大的劳动热情、带来持久的社会效率。

因此,从历史的角度看,公平与效率是内在统一的,没有公平的效率只能是皮鞭下的效率和生存压力下的效率,这种效率在具体行为中虽然广泛存在,但它不可能作为一种社会制度的基本支柱;反过来,没有效率的公平只能是一种乌托邦式的公平,它虽然能在特定历史条件下激起某种热情,但它同样不能作为一种社会制度的现实基础。任何社会长期低效率的背后必然是公平的丧失和破坏。

中国改革前的低效率和长期发展迟滞,正是由于其不公平的社会机制所带来的。这种不公平既表现在微观领域,也表现在宏观领域和社会结构上。就个人层次来看,平均主义,大锅饭,论资排辈熬年头,所谓"干与不干一个样,干好干坏一个样",甚至出现"干不如不干,不干不如捣蛋"的不正常现象,严重挫伤了劳动者的生产积极性和工作热情,哪里还谈得上什么公平?又哪里能够产生效率？在企业层次上，实行计划经济，不论产品质量如何，是否适销对路，只要完成计划，一切万事大吉，赚钱亏本全由国家承担，甚至干得越好，被拿越多；干得越差，补贴越大。这种"劫富济贫"的政策，又哪里谈得上公平！在宏观社会结构上，实行高度封闭的二元社会结构，通过严格的户籍制度、劳动就业制度、干部人事制度，建立起一套壁垒森严的身份制，人分三六九等，干部、工人、农民先天就享受不同的权利和义务，这又哪里有什么公平可言？由此可见，中国改革前的社会不仅是无效率的社会，而且在实现社会公平方面也存有种种弊端。当然，这种不公平与旧中国的不公平有性质上的不同，在一定意义上也可以说是对旧中国不公平矫枉过正的结果。但不公平终归是不公平，不公平的社会必然要遭到人们的唾弃，这正是改革的根本动力，也是邓小平改革路线深得人心的根本原因。

公平与效率的高度统一和相互促进关系可以在市场过程中得到最好的体现。市场经济是一种追求效率的经济体制。罗森堡和小伯泽尔在谈到这种经济时说，它的主要特点是彻头彻尾的实用主义，在意识形态上不信奉任何其他的经济原则，只是遵循一条经济原则，那就是经济效益和活力。但是这种效率从哪里来？它只能来自法人和自然人的生产积极性和经营积极性，即来自市场公平。所谓市场公平，就是各种投资主体和生产要素在市场上地位平等，机会均等。首先是平等的市场参与权，即投资自由和择业自由，人们进入市场不受任何先赋条件制约，不受任何社会歧视或享有任何特权；其次是平等的市场经营权，即收入和工资的市场化。[1] 市场公平必然带来市场效率。因为它能调动法人积累资本和扩大再生产的积极性，根据市场需求组织生产和流通，合理而有效地利用资源，革新技术，发明创新，节约成本，强化管理，努力争取利润最大化，务使自己的个别劳动时间低于社会必要劳动时间，提高企业效率。它还鼓励职工努力学习技术，提高自身素质，勤奋工作，恪尽职守，以便在劳动力市场上立于不败之地。

社会公平同样是促进效率的有力机制。社会公平有广义和狭义之分，广义的社会公平不仅包括市场公平，而且包括各种非物质分配领域里的公平。狭义的社会公平是相对市场公平而言的，它指国家通过社会赋税制度和社会保障制度对社会财富进行调节和二次分配。一方面，通过赋税制度特别是各种累进税进行收入调节，避免收入过分两极分化；另一方面通过社会保障措施确保那些缺乏参与市场竞争能力的人或在市场竞争中的失败者有基本的生活条件。表面看

---

[1] 李茂生：《公平与效率关系问题新论》，《财贸经济资料》1989年第2期。

来,社会公平与市场公平是矛盾的,市场公平是"奖勤罚懒""奖优汰劣",社会公平是"劫富济贫"。但深入分析就会发现,二者是内在统一的,它们共同构成了现代社会公平的大厦。社会公平是确保市场公平的重要条件。社会公平的调节作用能在一定程度上对市场公平作出校正和补充。

社会公平对效率的促进作用主要体现在两个方面。第一,维持社会劳动力的再生产,确保市场所必需的产业后备军,从而保证效率。市场公平不可能解决市场竞争中失败的人或没有和丧失劳动能力的人的生活问题,只有社会公平才能解决他们的问题,从而免去市场竞争者的后顾之忧。第二,维护社会秩序,避免社会动乱,使市场竞争得以在安定的社会环境中进行,从而间接地维护了效率。

必须指出的是,社会公平是市场外公平。场外公平与场内公平毕竟不是一回事,不能混为一谈,更不能混为一体。如果把社会公平带到市场过程中,使其由"场外"进入"场内",就会破坏效率。中国改革前在公平问题上的教训之一就是把社会公平与市场公平的关系搞乱了,以社会公平代替市场公平,结果导致直接分配领域中奖懒罚勤、劫富济贫,二次分配领域中却抽贫养富、弃弱保强。

三

改革不仅是要建立一个有效率的经济体制,而且要建立一个更加公平的社会。从根本上说,只有建立了真正公平的社会,才会有持久的效率。如果不重视社会公平的建设,必然导致社会秩序的紊乱甚至陷入持续的动乱之中,那么,一切效率和发展也就无从谈起。因此,必须围绕社会主义市场经济,重建公平。

(一)要在思想理论上进一步拨乱反正,树立正确的公平观

任何公平都建立在一定的理论基础之上。没有正确的公平理论,就不可能形成全社会对公平问题的共识。正确的公平理论来自对时代的正确把握。必须把公平理论建立在社会主义市场经济基础之上,彻底摆脱过去的计划经济和小农经济意识。这是一项现实意义极强且具深远历史意义的理论任务。许多人在公平与效率的关系上认识混乱,最主要原因就在于没有从过去的平均主义公平观的幻觉中走出来,没有站在社会主义市场经济的角度认识社会的公平问题。现实生活中不同社会阶层普遍存在的"不公平感",除了一部分的确是由真实的"社会分配不公"造成的之外,也有相当大一部分"不公平感"是由陈旧的平均主义公平观引发的。不建立正确的公平理论,不在社会中树立正确的公平观,必然

会加大改革的阻力,降低公民对改革的社会承受力,甚至带来意料不到的消极社会后果。同时,没有正确的公平理论,也无法指导各项社会改革实践沿着健康的轨道向前发展,从而使改革失去正确的方向。

(二)要加快各项制度改革,建立现代社会公平的基本条件

要通过户籍制度改革、劳动制度改革、干部人事制度改革,破除各种身份制,消除社会结构性不平等和各种有形无形的社会歧视,实现身份自由,真正贯彻社会平等的原则,为全体社会成员提供平等的发展机会。同时要大力发展和普及义务教育,扩大成人教育,使社会成员站在相同的起跑线上,实现"机会均等"。还要加快政治体制改革和民主法制建设,使社会规则的制定建立在更加公正的基础之上。

(三)加大经济体制改革的力度和深度,尽快建立健全市场公平机制

第一,确立和维护法人的独立地位和平等地位。一方面,要真正实现政企分开,革除政府对市场经济的非程序化行政干预,使国有企业脱离政府的襁褓,成为真正独立的法人,自主经营,自负盈亏。另一方面,要真正做到不同所有制企业在市场上的平等竞争,受到法律的同等保护。现在国有大中型企业既难与政府脱钩,又在利税上缴方面大大超过非国有企业。而非国有企业虽在利税上缴方面负担较轻,但却没有得到与国有企业相同的法律地位。这两个方面都违背了市场公平的要求。解决这个问题的关键是要对所有制进行重新认识。所有制是手段不是目的,只有从发展社会生产力的目的出发,才能真正认识所有制问题。应当允许各种所有制平等竞争、共同发展,公有制的主体地位和主导作用要通过市场竞争来实现。第二,建立公平的市场规则,确立市场经济秩序。市场公平不仅表现在平等的市场参与权,而且体现为平等的市场竞争权。这就要求必须有公平的市场规则,防止和打击各种不正当的市场竞争。一要加快市场经济立法,确立法治经济,将市场运行纳入法治的轨道;二是政府干预要程序化、规范化。市场并非万能,政府干预不可避免,但政府干预不能损害市场公平准则,这就要求政府对所有企业一视同仁。既要打击各种非法经营、假冒伪劣、走私贩私,也要打击各种腐败、官商不分和特权竞争。第三,健全公平的市场分配机制,真正贯彻按劳分配原则。收入市场化是市场公平的重要内容,它包括按资分配和按劳分配两种基本的分配方式。"谁投资谁收益",我们要用邓小平"三个有利于"的思想来看待按资分配问题,既要鼓励外资流入,也要鼓励社会不同利益

主体投资的积极性,要承认现阶段按资分配的合法性和正当性。按劳分配始终是社会主义的基本分配原则,也是最合乎社会主义的公平准则。在社会主义市场经济条件下,按劳分配只能通过市场机制来实现。这就要求必须建立城乡统一的人力资源市场,允许和鼓励人才和劳动力在全社会范围内正常合理流动,运用市场机制实现社会分配公平。

(四)建立健全社会赋税制度和社会保障制度,实现社会公平

市场公平的核心是机会均等,公平竞争,优胜劣汰。这种公平是社会主义社会所必需的。但是社会主义最本质的价值准则是共同富裕。市场公平作为动力机制,能够有力地促进经济发展,从而为社会共同富裕创造必要条件,但市场公平本身并不能自动解决共同富裕问题,恰恰相反,市场完全自由竞争的结果必然是贫富悬殊。这就需要通过政府力量进行干预和调节,进行二次分配,使全体国民都能享受到社会发展的物质成果,实现共同富裕。因此,共同富裕既不是平均主义,也不是等到"国家经济十分发达,社会财富足够多时才能实现"的。共同富裕伴随着发展的全过程,是社会主义社会的分配准则和本质特征。共同富裕要通过社会公平机制来实现,这种社会机制主要是社会赋税制度和社会保障制度。通过社会赋税制度调节收入分配,缩小贫富差距,防止市场竞争的结果损害人们自由、平等地参与市场竞争这一前提;通过社会保障制度降低市场竞争给个人带来的风险,保障退出市场竞争或无力参与市场竞争的人的基本生活,增强全民的社会安全感,使由社会发展所带来的物质文明及时泽被全体社会成员,实现社会的共同富裕。当然,在市场经济条件下,社会公平必须服务于市场公平,而不能损害市场公平。社会保障水平必须与社会生产力发展水平相适应。

总之,从历史的角度和哲学的高度看,公平与效率是内在统一的,公平是效率的前提和基础,效率是公平的动力和尺度。公平必然产生效率,缺乏公平的效率不仅是现代社会不允许的,而且也是不可能持久的。我国当前所强调的改革、稳定、发展三者之间的关系实质上就是公平、秩序、效率之间的关系,只有建立一个公平的社会,才能形成秩序,确保社会长期稳定;也只有建立一个公平的社会,才能产生效率,促进社会经济的持续发展。

世界各国现代化进程中的公平问题

公平与效率的关系问题是各国现代化进程中必然遇到的重大政策选择。世界各国在此问题上有过各种各样的经验和教训。研究这些经验教训对于中国现代化进程中如何处理这个问题具有一定的借鉴和指导意义。

一

忽视社会公平建设,从而引起诸多社会问题,甚至使现代化进程遭到重大挫折,在现代化史上不乏其例。

英国是世界上第一个进行现代化的国家,也是在社会公平方面最早造成失误,并带来了严重社会后果的国家。在英国工业革命和社会现代化进程中,政府受社会进化论和古典自由经济学的影响,严格奉行自由放任的经济政策,希望以此来彻底解除社会对生产力的束缚。当时的一些经济学家认为,政府在经济发展过程中只能充当"守夜人"的角色,经济的发展主要靠市场这只"看不见的手"来进行调节。"在个人的经济活动方面,每一个人处在他当时当地的地位,显然能判断得比政治家或立法家好得多。"[1]当时的社会学家也认为政府不宜干预市场经济活动,著名社会学家斯宾塞认为,社会进化像生物有机体一样是一个自然的过程,任何外力的干预都会造成这种自然过程的扭曲。

在这种经济与社会理论指导下,政府长期实行自由放任的经济与社会政策,这一政策的严重后果便是社会的两极分化,一边是财富的迅速积累,一边是贫穷的迅速蔓延。1792年,潘恩写道:"这些国家从表面上看,似乎一切都是幸福的;

原载于《探索与争鸣》1996年第1期。
[1] 亚当·斯密:《国民财富的性质和原因的研究》上卷,郭大力、王亚南译,商务印书馆,1972年,第27页。

但在一般眼光观察不到的地方,却有那么多苦难的大众存在,他们除了在贫穷或屈辱中死去外,别无其他出路。"这种情况在英国长期没有得到有效解决。1803年,帕特里克·科克洪估计,约占英国总户数0.6%的1 203个贵族家庭平均每户收入为3 778镑,而44.5万个工匠(他们在下层等级中收入是最高的)家庭平均收入是55镑,相差68倍! 1867年,R. D.巴克斯特估计:占英国家庭总数0.48%的上层阶级收入占全国总量的26.3%,而占英国家庭总数74.4%的体力劳动阶级收入仅占39.1%,与上层的差距反而拉大了。1891年,著名社会学家查尔斯·布思在他的社会调查中说:"现在仍旧有触目的贫穷,有贫困、有饥饿、有酗酒、有凶残与犯罪;没有人怀疑这一点。"根据布思的估计,当时的伦敦仍有30.7%的人生活在贫穷之中。正如本杰明·狄斯雷利所说,英国是两个民族,一个是富裕的英国,一个是贫穷的英国。

财富的两极分化造成了严重的社会对立和社会冲突,造成了英国一个"阶级斗争"的世纪,在18世纪和19世纪的英国,一切都打上了阶级斗争的烙印。正如马克思所说,整个社会日益分裂为两大对立的社会阵营——资产阶级与无产阶级。他们在衣食住行、文化教育、生活方式、价值观念等各个方面都打上了鲜明的阶级烙印。这种日益扩大的社会分裂最终带来了社会冲突和社会动荡。从路德运动、宪章运动、议会改革运动到十小时工作制运动、反济贫法运动、合作社运动、工会运动等,一浪高过一浪。社会冲突的形式也不断升级,从和平请愿、示威游行到有组织地破坏机器、武装起义、密谋暴动等。正是这一社会两极分化的时代塑造了现代无产阶级和马克思主义学说。

英国的两极分化虽然十分严重,并带来了长期的社会动荡,但英国毕竟是第一个现代化国家,庞大的殖民主义体系缓冲了它的社会分化的消极后果,第一个超前发展的现代化国家又使它有纠正自己失误的时间和机会。因此,英国在社会现代化进程中忽视社会公平问题并没有给英国的现代化建设造成不可挽回的损失。但后来的发展中国家可就没有如此幸运了,它们一旦失误,历史不可能再给它们那种过分的宽容。遗憾的是,由于英国的失误是在历史的长河中自我发现、自我纠正的,因而并没有引起后来者的注意和重视,这就使他们在自身的现代化进程中一而再、再而三地重犯英国的老错误。许多发展中国家都在社会贫富差距问题上重演英国的痛苦经历。

让我们再来看看巴西和印度的例子。

巴西是从20世纪50年代开始经济高速发展的。如果工业生产指数以1949

年的为100,那么到1954年就达到150,1959年达到245.7,1961年达到301.9。人们纷纷乐观估计,巴西可能成为世界上最大的经济国家之一。巴西的城市人口增长率在1940—1950年是40%,1950—1960年是70%,1960—1970年是65%;从事非农业生产的人口比例在这三个10年中分别增长62%、54%和59%;显然,巴西的经济成就是喜人的,前途一片光明。谁曾料到,好景不长,巴西很快成为现代化不成功的极好例证。原因就是日益严重的社会分配不公,在经济发展的同时,巴西成为一个高度畸形发展的社会。1960年,全国总人口中收入最高的10%人口,其收入占全国总收入的11.7%,到1970年增加到17.8%;1960年,全国总人口的50%的人口,其收入占全国总收入的17.7%,到1970年减少到13.7%;1960年,全国总人口中收入最高的1%的人平均收入是收入最低的50%的人平均收入的32.7倍,到1970年增加到65倍;1960—1970年间,全国总人口中收入最高的1%的人平均收入从9 500克鲁塞罗增加到20 800克鲁塞罗,增长率是114%;而收入最低的50%的人平均收入只从290克鲁塞罗增加到320克鲁塞罗,增长率只有10%,扣除通货膨胀与物价上涨因素,实际收入反而减少了!在如此巨大的社会贫富反差中,巴西社会畸形发展,一边是完全现代化的都市中心、度假胜地;另一边是破败不堪的城市贫民窟和完全不发达、甚至保持原始状态的农村地区。这种严重的社会两极分化最终导致巴西的经济发展严重受阻。[1]

印度是另外一种忽视社会公平而延误了现代化的例子。印度是一个大而穷的国家,过去长期沦为英国的殖民地,1947年,印度宣布独立,1950年,建立联邦制共和国后一直致力于现代化建设,虽然经过长达40多年的努力,但印度的现代化并没有达到自己的目标。今天的印度仍然是世界上最贫穷的国家之一,农业人口高达80%,这其中又有80%直接从事农业劳动。印度的工业仅限于沿海少数地区,而在生产率高工资也高的工业部门工作的人,只占印度人口的一小部分。50%—60%的农村人口(不少于2.2亿)仍然生活在贫困线以下,尽管贫困线已经划得低到无法与其他国家相比的程度。印度现代化如此艰难的重要原因就在于,印度的社会一直忽视了社会公平问题,造成社会的贫富两极分化,这种财富的分配不均又与社会权力的分配不公交织在一起,进一步激化了社会矛盾。

---

[1] 钱乘旦:《艰难的发展——论现代化过程中的失误现象》,载邓正来主编:《中国社会科学辑刊》(夏季卷),生活·读书·新知三联书店,1995年,第100—107页。

在印度历史上长期存在着封闭的种姓制度,与这种种姓制度相联系的是贫富的两极分化,印度独立后,种姓制度始终没有得到根本改造,土地与财产的分配在很大程度上仍然与这种传统的制度相联系。在政治上,印度是一个多党制国家,为了保持执政地位,执政党不得不在广大农村地区依靠传统的领袖人物。这样,在现代化过程中,印度传统的不合理的财富分配格局无法打破。在广大农村地区,阶级剥削和阶级压迫现象还很严重,贫富悬殊,一面是粮食年复一年的增产,政府储备粮几千万吨;另一面却是每年都有成千上万的人死于饥饿。正是由于忽视社会公平问题,导致社会矛盾激化,从而对印度的现代化产生了严重的阻滞作用。

二

由于比较重视社会公平问题,而使现代化得以顺利进行的国家也不乏其例。在发达国家中主要有德、日等国,在后发展国家中主要有东亚各新兴工业化国家和地区。

德国的现代化比英国要迟得多,但它的速度却快得多。德国作为后来者吸取了英国的许多经验教训,特别是在缓和社会矛盾、避免矛盾激化方面,采取了许多措施。德国是欧洲工人运动的故乡之一,德国工人政党是欧洲各国组织最好的、力量最强的工人政党。工人运动的迅速发展,使资本主义发展过程中的阶级关系和力量对比发生了重要变化,进而威胁到德国容克贵族的统治基础。为了对付工人运动,减缓社会矛盾,德国铁血宰相俾斯麦采取了"糖果加鞭子"的政策。一方面,对工人运动进行赤裸裸的镇压,1878 年颁布《反对社会民主党危险活动法》,规定取缔社会民主党和一切进步工人组织,没收社会主义书报,并可不经法律手续逮捕和驱逐革命者。该法令实行后,1 000 多种书刊被禁止,300多个工人组织被解散,2 000 多人被逮捕和流放。另一方面,采取一系列措施缓和社会矛盾,其中最重要的是帝国议会于 1883 年、1884 年、1889 年相继通过法令,颁布实施了《疾病保险法》《工伤保险法》和《养老、残废、死亡保险法》。这是当时世界上最完备的现代社会保险制度。

这些基本的社会保险制度,为德国的工人大众提供了一张最低限度的社会安全网,它虽然并不能为工人解决一切问题,但起到了一种防止社会动荡的"减震弹簧"的作用,本质上是一种社会财富的再分配,对防止资本主义社会的两极分化趋势起到了一种抑制和调节作用。

正是由于德国在工业化过程中注意了社会阶级矛盾激化的问题,及时地进行有效的社会调节,从而大大减少了德国现代化进程中的"内耗"和阻力,这使德国的现代化过程得以顺利进行。19世纪后30年,德国的工业生产迅速发展,其速度平均要比英国和法国快3倍以上,到20世纪初,德国已在许多工业领域内超过了英国,为德国在20世纪的崛起奠定了坚实的基础。

东亚的日本、韩国、新加坡、中国香港、中国台湾和印度尼西亚、马来西亚、泰国被称为"东亚八强",其中日本率先起飞,一枝独秀,成为当今世界首屈一指的发达国家;中国香港、中国台湾、新加坡和韩国为后起之秀,被称为"亚洲四小龙",成为新兴工业化国家和地区;泰国、马来西亚和印度尼西亚是近年来迅速发展的国家。这八个国家和地区一向被称作东方冉冉升起的明星。据世界银行的统计资料,1965年以来,上述国家和地区的经济就以5.5%的速度增长,是东亚其他国家的2倍,是拉丁美洲国家的3倍,其出口贸易占世界制成品贸易份额由1965年的9%跃升到1990年的21%。

"东亚八强"为什么能够以如此迅速的发展速度在现代化过程中向前推进?世界各国学者曾进行了许多探讨,最流行的结论是因为这些国家和地区都属于儒家文化圈。但儒家文化圈为什么就能够推动社会现代化的快速进行?为什么19世纪以前的儒家文化圈总是在现代化过程中以失败告终?即使儒家文化有利于现代化,那么,在它与现代化的快速进行二者之间是否还有一些中间变量?我的看法是,"东亚八强"之所以能够以如此快速的现代化进程闻名于世,一个重要的原因是这些国家和地区比较好地处理了社会的分配不公问题。在这些国家和地区,贫富不均现象普遍比拉丁美洲国家要好得多,收入分配的不均程度始终保持在较低的水平,且呈日益下降的态势。在韩国,最富的1/5人口年均收入是最穷的1/5人口的8倍,而在巴西和墨西哥至少是20倍以上。在马来西亚,绝对贫困人口1960年占总人口的37%,到1990年已下降到不足5%,而在巴西的同样时段内,赤贫人口占总人口的比重仅从50%降到21%,仍然居高不下。

我们从下表1中部分国家和地区的收入分配状况可以看出东亚国家和地区的收入分配情况与欧美国家和拉丁美洲国家的区别。在发达国家中,如在日本的社会收入分配中,20%最高收入的家庭收入是20%最低收入的家庭收入的4.3倍,大约只有法国和美国的一半;在发展中国家和地区中,巴西和秘鲁两国的20%最高收入的家庭收入是20%最低收入的家庭收入的30倍以上,而中国香港、泰国和印尼的这一差距均在8倍左右,两相比较,悬殊达4倍以上。从总体上看,东亚各国和地区的收入分配差距与发达国家的分配差距基本相当。这就使我们不难理解东亚国家和地区的现代化为何能够"风景这边独好"了。[1]

表1 部分国家和地区现代化进程中的收入分配状况

国 别	年 份	家庭收入份额		最高为最低倍数
		最低20%	最高20%	
日 本	1997	8.7	37.5	4.3
法 国	1997	5.3	45.3	8.6
美 国	1998	5.3	39.9	7.5
巴 西	1997	2.0	66.6	33.3
秘 鲁	1997	1.9	61.2	32.1
泰 国	1997	5.6	49.8	8.9
印 尼	1997	6.6	49.4	7.5
中国香港	1998	5.4	47.0	8.7

社会公平不仅指社会财富的分配问题,它还有更为广泛的社会内容,如社会权力的分配、教育资源的分配等。从教育资源的分配来看,东亚这些国家和地区不仅注意在社会财富的分配方面克服社会不公现象,而且在教育等其他领域也注意贯彻社会公平原则。在东亚这些国家和地区,教育投入并不比其他国家高多少,但在有限的教育经费使用上,却坚持面向基础教育,政府将绝大部分教育经费开支用于初级和中级教育,而不是大学高等教育,如20世纪80年代中期,印度尼西亚和韩国、泰国都将本国教育经费的80%用于基础教育,而同期的阿根廷和委内瑞拉这一比率只占50%。这种教育投资模式不仅为社会培养了大量急需的、熟练劳动力大军,同时也体现了在教育这一重要领域中的社会公平原则,为社会成员的竞争提供了相对公平的外部条件。如果我们从政治权力资源的分配来看,早期成功进行现代化的国家和地区,都建立了民主政体。在民主政体中,政治权力的分配相对专制独裁来说,要公平得多。而那些非洲和拉丁美洲国家的现代化进程一再受挫,除经济政策原因外,就是这些国家在政治上都是实行政

---

[1] 陈燕来:《有形的手该怎样推动经济起飞——谈东亚经济的成功与政府干预之关系》,《晋阳学刊》1995年第3期。

治权力的垄断,或是军人独裁政府,或是部族、家族统治。这种政治不公平既阻碍了一般平民进入仕途的机会,容易激化社会矛盾,同时也容易导致政府官员的政治腐败,进一步加剧社会矛盾,使社会处于一种激烈的政治动荡过程之中,最终只能损害现代化事业。

三

中国的国情要求我们必须重视社会公平问题。中国的最基本国情是什么?邓小平多次指出,我国的基本国情就是人口多,底子薄,80%的人口生活在农村。这样的国情就要求我们在社会主义现代化建设过程中必须十分重视社会公平的建设。这种社会公平建设的基本内容主要包括两点:一是要机会均等,公平竞争;二是要公平分配,结果合理,不要两极分化。在我们这样一个经济发展比较落后的十几亿人口的大国中,如果社会分配不公,造成两极分化,必然使大多数人的温饱问题无法解决。大多数人温饱问题不能解决,中国的发展过程必将伴随着巨大的不安定因素,从而随时可能给中国的现代化事业造成无法弥补的损失。当然,强调社会公平,并非就是要对社会财富进行平均分配,关于这一点我在《围绕社会主义市场经济重建公平》一文和《秩序论》一书中对此作了较为详细的论述。[1] 平均主义分配模式实际上也是一种不公平的分配模式,它只能造成对人们劳动积极性的严重挫伤。真正的社会公平应当是全社会不同的利益主体都能接受的公平,是能够最大限度地调动全体中国人积极性的社会利益分配准则。公平的内涵可以重新诠释,公平的理论可以重新建立,但公平的大旗永远不能丢。我们只能高举社会公平的大旗,而不能放弃这面旗帜。放弃社会公平的旗帜就等于放弃了人民大众,放弃了我们制度的合法性。我们今天的一个重要任务就是要建立完善社会公平机制,协调好社会成员不同的利益诉求,保证社会主义现代化建设能够顺利完成。

---

[1] 吴鹏森:《围绕社会主义市场经济重建公平》,《光明日报》1994年6月22日;邢建国、汪青松、吴鹏森:《秩序论》,人民出版社,1993年。

公平：和谐社会的柱石

一、和谐社会的本质是利益均衡

构建"和谐社会"，已经成为时下的热门话题。构建和谐社会的基本含义是一致的：就是要做到人、社会与自然三者的协调，就是要在以人为本的基础上实现经济与社会协调发展、经济社会与自然环境协调发展，实现个人、群体、社会之间关系的协调，社会结构的协调以及各种人际关系的协调。从具象上看，和谐社会应包括三个层次：

第一个层次是宏观结构的和谐。即包括城乡结构、区域结构、阶层结构、民族关系、劳资关系在内都要处于和谐状态。和谐的前提是差异的存在，是不同利益主体的存在，是社会的多元化和多样化的存在。没有这些前提，就不存在和谐问题，就不会提出和谐问题。中国改革开放以来，社会结构发生了重大的变化。社会各阶层都在改革过程中发生了地位的变迁与角色的重构，出现了复杂的大分化和大重组。经济市场化、社会利益主体多元化、文化多样化，使当代中国社会的基本格局发生了急剧的变化。城乡之间、地区之间、阶层之间、民族之间、劳资之间的关系都有一个如何和谐相处的问题。对这些关系所表现出来的矛盾和紧张，如果不及时加以协调和化解，任其发展，就有可能引发社会动荡。社会主义和谐社会，应该是社会各阶层之间和谐相处的社会，要确保绝大多数人都能够从改革开放中受益，共享中国现代化发展的物质成果。因此，如何引导社会不同利益主体在共同利益的基础上进行良性的竞争与合作，实现利益共享，最终走上共同富裕的道路，是中国现代化进程中面临的重大课题。

原载于《探索与争鸣》2005年第4期。

第二个层次是微观结构和谐。微观和谐是人与人之间关系的和谐,包括家庭和谐、邻里和谐、社区和谐、单位和谐等。虽然这种和谐发生在社会基本结构单元中,但它对整个社会的和谐是至关重要的,因为这种社会的基本结构单元无处不在,是构成整个社会的"砖瓦",没有家庭的和谐、邻里的和谐、社区的和谐、单位的和谐,就不可能有整个社会的和谐。

第三个层次是人与自然的和谐。包括生态系统的和谐、社会发展与自然环境的和谐、经济增长与自然资源供给能力的和谐等。这里的和谐,绝不仅仅指减少环境污染,还包括人类在发展过程中如何充分有效地利用自然资源,把人类的发展和福利追求建立在自然资源能够承受的范围内。能够促进发展的和谐才是真正的和谐,才是现代社会所需要的和谐。没有发展,人们的生活就难以得到保障和改善,财富匮乏的社会必然潜伏着危机和不稳定,因而也就难以形成和谐社会。在当代社会,要实现人与自然的和谐,就是要走可持续发展的新型现代化道路,追求高效、低耗、环保、集约型的发展,不仅要维护人类自身的利益,而且要维护自然界的平衡,使人类社会系统与自然生态系统和谐相处,协调发展。

在三个具象和谐的背后,我们还要强调一种和谐,这就是文化的和谐。文化和谐的核心在于整个社会价值观的统一和对公平正义观的认同。如果说经济的发展和物质的富裕是和谐社会的物质基础的话,那么它的精神基础就是文化的和谐。只有文化的和谐才能生成持久的社会和谐。

和谐社会的本质是利益的均衡。人的一切行为皆根源于利益,人与人的关系说到底是利益关系。马克思认为,"人们奋斗所争取的一切,都同他们的利益有关"[1]。"'思想'一旦离开'利益',就一定会使自己出丑。"[2]这里的利益首先是指物质利益,同时也是指由物质利益延伸到政治、文化和社会领域里的其他各方面的利益。社会的和谐,在表现形式上是指社会成员之间各安其位、各司其职、各尽其能、各得其所。要达到这种状态,最本质的一点就是要实现利益的均衡。

但利益的均衡并不是利益的平均分配,而是按社会各个利益主体都能接受的方式和规则进行资源的配置和利益的平衡。在现阶段,人们对利益的占有必然与自己在利益形成过程中的贡献相对称;但同时,整个社会的利益结构也必须与现代社会的文明程度和核心理念相一致,从而使社会各阶层感觉到合情合理。

---

[1] 《马克思恩格斯全集》第 1 卷,人民出版社,1956 年,第 82 页。
[2] 《马克思恩格斯全集》第 2 卷,人民出版社,1957 年,第 103 页。

如果各阶层之间出现了利益矛盾,社会要能够及时地加以协调和化解。在一个利益主体多元化的社会中,实现社会和谐的制度安排往往并不表现为没有或很少有利益上的矛盾或冲突,而在于它能够协调和化解这些矛盾与冲突。

二、利益失衡的背后是公平的缺失

中国自改革开放以来,经济持续发展,取得了巨大的成就,这些都是有目共睹、举世公认的。但是,在巨大的成就背后,也存在着社会利益结构的严重失衡。

首先,城乡差距不断扩大。1985年,农村居民与城镇居民人均收入比为1∶1.74,1995年拉大到1∶2.47,2003年进一步扩大到1∶3.23。国际上一般为1∶2,日本更只有1∶1。而中国目前的1∶3.23还只是直接的收入差距,如果加上各种社会福利,则差距可能达到1∶5,甚至1∶6。这与和谐社会的理念是不相符的。

其次,地区差距不断扩大。从人均GDP来看,改革开放以来,尽管各地区人均GDP均以较快的速度增长,但各区域之间的差距却在扩大(见表1)。1980年,东部地区人均GDP相当于中部地区的1.53倍,相当于西部地区的1.8倍,到了1990年已经分别扩大到1.62倍和1.9倍。2002年,东部地区人均GDP已经相当于中部的2.08倍和西部的2.63倍。东、中、西部经济发展水平的差距进一步扩大,20世纪90年代以后人均GDP差距扩大的幅度远远超过了80年代。

表1 我国三大区域经济发展差距比较[1]

	年份	东部	中部	西部
人均GDP	2002	2.08	1	0.79
	1990	1.62	1	0.86
	1980	1.53	1	0.81

国家统计局课题组的研究也表明,1980年,东部地区社会经济发展水平分别相当于中部的192%和西部的213%,整个20世纪80年代,各地经济在改革开放政策的推动下都获得了较快发展,原有的差距水平有所缩小。1990年,东部地区社会经济发展水平分别相当于中部的164%和西部的182%。但是,1990年以后,东部地区凭借着良好的经济基础和国家优惠政策的支持,经济发展再度领

---

[1] 国家统计局课题组:《我国区域发展差距的实证分析》,《中国国情国力》2004年第3期。

先,并再次拉大了与中西部的差距。2002年,东部地区社会经济发展水平相当于中部的232%和西部的247%。[1]

再次,贫富差距急剧扩大。贫富差距也就是阶层差距,即不同收入人群之间的收入差距,通常用基尼系数来反映。改革以来,中国的基尼系数迅速提高,已经突破了国际公认的警戒线。据国内一些专家学者的研究,中国的基尼系数在1980年大约为0.3,1988年上升到0.382,到1994年达到0.434,首次突破国际公认的0.4这一临界点。2000年,中国的基尼系数已经攀升到0.458,每年递增0.1个百分点。在中国基尼系数的测算中,政府部门和学术界有较大的差异,这里使用的是学术界的数据[2],若按政府部门的数据,2000年,中国的基尼系数也达到了0.412,同样突破了国际公认的警戒线。中国人民大学2003年的城市居民抽样调查资料也表明,我国城市居民个人年收入的基尼系数达到0.529,人均家庭收入的基尼系数达到0.561。[3] 如果和国际上一些发达国家以及一些发展中国家相比,这一问题的严重性更加突出。据世界银行数据,1998年,中国的基尼系数突破国际警戒线,为0.403,直逼美国0.408,而同时的英国为0.361,德国为0.3,日本为0.239,丹麦为0.247,印度为0.378。[4]

据中国社会科学院的调查,中国城镇居民中20%最高收入户和20%最低收入户的差距1990年为4.2倍,1998年上升到9.6倍。[5] 联合国开发计划署的统计数据也表明,1998年,中国居民20%最高收入户与20%最低收入户的收入相差8倍。[6] 在中国人民大学2003年的调查中,20%的最高收入群的收入占全部收入的54.58%,而20%最低收入群占有的收入还不足1%(0.79%)。从人均家庭收入来看,20%的最高收入组占有近60%(59.35%)的全部收入,而20%最低收入组所占收入的比重不足3%(2.69%),高低收入比为22∶1。[7]

近年来,学术界不断有人惊呼:中国正面临着"拉美化"危险。尽管人们对"拉美化"的内涵理解不一,但拉美国家现代化最不成功的一点就是贫富差距的

---

[1] 国家统计局课题组:《我国区域发展差距的实证分析》,《中国国情国力》2004年第3期。
[2] 参见汝信等:《2003年:中国社会形势分析与预测》,社会科学文献出版社,2003年,第226页。
[3] 郑杭生主编:《中国社会发展研究报告(2004)》,中国人民大学出版社,2004年,第53页。
[4] 吴忠民:《社会公正论》,山东人民出版社,2004年,第185页。
[5] 李培林:《中国贫富差距的心态影响和治理对策》,《江苏社会科学》2001年第3期。
[6] 联合国开发计划署:《2002年人类发展报告:在碎裂的世界中深化民主》,中国财政经济出版社,2002年,第190页。
[7] 郑杭生主编:《中国社会发展研究报告(2004)》,第53页。

扩大，占人口大多数的普通老百姓不能从现代化进程中分享经济发展的物质成果。

中国社会的不和谐还表现为经济与社会发展的严重脱节，这一点从中国在世界上的人均GDP(PPP)和HDI排名地位的变化上最直观地表现出来。20世纪90年代以来，中国社会的人均GDP(PPP)的世界排名上升速度很快，但人类发展指数(HDI)排名一直在波动状态。从1990年到2001年，中国的人均GDP排名在世界上由第142位上升到第102位，上升了40位，说明90年代以来，中国经济增长取得了突出成就。但中国的HDI排名1990年为第101位，2001年为第104位，不进反退。1990年中国HDI排名领先GDP排名41位，而到2001年，中国的HDI排名反而落后人均GDP排名2位。[1]

其中最好的例证就是人均预期寿命的增长情况。根据香港中文大学王邵光教授的研究，中国人平均预期寿命的快速提高是在20世纪60—70年代完成的，80年代以后就呈现出稳定状态。1980—1998年间，中国人的平均预期寿命只增加了2岁。那么，是否因为基数高了影响到提高的难度呢？从国际对比就可以看出，答案是否定的。在同时期内，基数比中国高的许多国家和地区，人均预期寿命都比中国提高得快，在澳大利亚、中国香港、日本、新西兰和新加坡等较为发达的国家或地区，普遍增加了4—6岁；与中国基数完全相同的斯里兰卡也增加了5岁。从整个世界来看，低收入国家增加了3岁，中等收入国家增加了5岁，高收入国家增加了4岁，世界平均增加了4岁，而中国同时期只增加了2岁。这只能说明，中国改革开放以来，经济与社会的发展不够协调。[2]

在经济、社会发展脱节和社会结构失衡的同时，社会不稳定因素在不断积累，社会治安环境日益严峻。最近一些年，中国的社会犯罪无论是增长速度还是性质与规模都是新中国历史上鲜见的。与此同时，社会的群体事件越来越多。而且群体事件的规模越来越大，参与群体事件的层次越来越高，群体事件的影响也越来越广。这说明，中国深层次矛盾正在不断积累。

应该说，中国社会当前面临的诸多问题，有着某种必然的和不可避免的客观原因，与中国社会的急剧转型、现代化的特定阶段、市场经济的内在机制都有密切的关联。但是，不容忽视、难以回避的，是公平的缺失。在社会利益结构失衡

---

[1] 吴雪明：《中国经济和社会还需协调发展——中国人类发展指数和人均GDP排名变化的动态考察》，《社会观察》2004年第10期。

[2] 同上。

的背后,我们能看到制度倾斜、社会排斥和社会安全网落后的阴影。

长期以来,我们通过非市场的因素造成工农业产品的不平等交易。改革开放之前20多年,国家以工农业产品价格"剪刀差"形式从农业中提取经济剩余。改革开放以后,这种局面并未从根本上得到制止。在生产资料市场垄断条件下,每一波农产品的提价都会遭遇生产资料的更高涨价,从而削弱了政府解决"三农"问题的努力。

同时,各种制度在城乡之间筑起了一道无法逾越的"墙",正是通过这堵墙维持了城乡之间的巨大差距。中国农村居民从20世纪50年代末迁徙自由受到限制后,至今未能得到制度性恢复。另外,我们在教育、科学、文化、医疗、卫生、体育等各项社会事业中,将80%以上的资源都投向城市,而将农村的发展责任扔给农民自己。弱势群体在各个领域受到社会排斥。农民进城在就业、福利、子女教育、住房等方面都无法获得平等的权利,同工不能同酬,甚至薪酬还常常被拖欠,仅近两年政府出面帮农民工追讨的工资即达数百亿元。这既反映了新一届政府的亲民作风和务实作风,也暴露出政府某种程度上的不作为和严重缺位。

公平的缺失、利益的失衡,也使党的执政能力受到空前的挑战。党的十六届四中全会把"提高构建社会主义和谐社会的能力"作为党执政能力的一个重要方面提出来,这在中国共产党的历史上还是第一次。之所以要从这个角度提出加强党的执政能力,正反映出这个问题的严重性。它暴露出我们党的执政基础近年来正在受到严重侵蚀。长期以来,广大的工人、农民一直是我们党的执政基础,以工人阶级为领导,以工农联盟为基础,是我们政权的基本属性。但是,近年来,工农阶层不断地边缘化、底层化,这不能不令人担忧。

三、重建公平:构建和谐社会的关键

改革开放以来,我们在各方面都取得了巨大的成就,但在一定程度上忽视了社会的公平建设。今天,当人们目睹中国社会发展中的种种不和谐现象时,当人们大声疾呼要树立科学发展观,实行"五个统筹"的新发展模式,构建社会主义和谐社会的时候,我们非常有必要重新反思"公平与效率"的关系问题。公平是任何社会的秩序基础,是社会和谐的根本保证。放弃公平,忽视社会的公平建设必然导致社会利益结构的失衡,引起社会的不和谐,并最终破坏社会的稳定和秩序。

要建立社会的公平,首先必须要跳出经济学的"公平陷阱"。长期以来,经

济学把公平等同于平均分配,等同于以洛伦斯曲线为基础的基尼系数为0,由此出发,认为公平会影响效率的发挥,这是不正确的。公平是一种价值判断,而洛伦斯曲线只是一个事实表达,收入的均等分配并不等于公平。作为社会秩序基础的公平不是一个具体的分配结果,而是一个内涵非常丰富的概念,它涉及社会生活的各个领域,其中最核心的内容是指社会成员在社会资源的分配过程中,能够按不同利益主体都能接受的规则进行。换句话说,公平就是追求利益的均衡,就是在不同的利益主体中不偏不倚、一视同仁,既能维护机会均等、规则同一,也能保证起点的公平和结果的合理。

在社会利益已经日益分化的今天,肯定和维持多元化的利益结构,形成社会利益结构的均衡和稳定性,是构建和谐社会的重要内容。利益格局的失衡归根到底是源于社会权利的失衡。确保利益的均衡、维护社会的公平,关键在于维护社会各阶层的权利平等,尊重社会各阶层的权利。不得在法律上、制度上和政策上存在"歧视",不管这种歧视出于何种可以理解的理由。同时,要实现社会各阶层的社会平等,必须确保社会各阶层都有健全的利益表达机制和利益表达渠道,使弱势群体与强势群体都能够在国家政治架构中拥有表达自己利益的渠道和能力。

和谐社会应是各方面利益关系得到均衡和协调的社会。利益上的差异和矛盾总是不可避免的,要使这种矛盾不会导致社会冲突,就需要从利益机制上加以整合,不能以牺牲弱势群众的利益为代价来维护强势群体的利益。如果让利益为某一个利益群体所独占,必然会使弱势群体被迫从体制外谋求自己的利益,从而威胁到社会的稳定。因此,当前要特别注意防止政治精英与经济精英等强势群体的相互结盟,形成牢固的利益同盟。因为这种结盟最终会形成强大的既得利益集团,这种利益集团能够通过"合法的途径",侵害弱势群体的利益。政府特别要对弱势群体进行某种扶持和帮助。在政策制定上,要坚持以最广大人民群众的根本利益为出发点和落脚点,准确把握最大多数人的共同利益与不同阶层的具体利益的结合点,充分考虑和兼顾社会各方面的利益和承受能力,坚决反对和纠正各种侵害人民群众利益的行为,千方百计保证广大人民群众都能共享改革开放和社会主义现代化建设的物质成果。否则,必然容易引发利益被侵害群体的不满,增加社会的不稳定因素。

要建立健全现代社会公平机制,还要形成完整的社会安全网。社会主义社会的公平理当是起点公平、机会公平、规则公平和结果合理的有机统一。在社主义市场经济条件下,即使是公平的规则,仍然有可能使一些弱势群体陷入困境。要实现社会的公平与和谐,达成共同富裕的目标,必须有健全的社会保障机制,高度重视和维护弱势群体的现实利益,使他们的生活得到保障。

当代中国正处于社会转型期,各种利益关系正在发生急剧的变化,作为政府必须要公平地处理社会各利益群体的关系,既要达成最优的利益博弈均衡,又要实现全社会的最大利益。同时,还要基于中国社会主义制度的性质和中国社会的基本国情,努力追求最大多数人的最大幸福,做到在"兼顾各阶层利益的基础上,突出弱势关怀"[1]。只有这样,中国社会才会长治久安,和谐社会才有保证。

---

[1] 吴鹏森、吴海红:《在兼顾各阶层利益的基础上突出弱势关怀》,《毛泽东邓小平理论研究》2004年第6期。

第 3 章
DI SAN ZHANG

战后世界发展观与发展战略的历史演变

发展是当今世界的最大主题,世界各国都在致力于本国的发展。这种发展总是在一定发展观的指导下进行的,不同的发展观使得各国形成了不同的发展战略,而不同的发展战略又在世界各国的现代化过程中引起了不同的社会经济后果。因此,研究世界各国的发展观和发展战略的演变,对于我们的社会主义现代化建设具有重要的借鉴和指导意义。

"发展"作为一个哲学范畴由来已久。自欧洲启蒙运动以来,就有许多思想家在探讨"发展"问题。但这一时期的发展研究主要是关注整个人类社会如何由低级阶段向高级阶段演变的问题。最典型且最有影响的就是黑格尔在胚胎发育和基督教线性时间观的基础上形成的所谓理性的一维发展观。这种发展观在一定程度上对马克思的"五形态"学说也产生了一定的影响。当然,马克思的发展观在哲学基础上已与黑格尔根本不同,并且还提出了非西方社会发展的道路问题,如对亚细亚生产方式的研究等。但"发展"作为一个社会学范畴,与哲学的发展范畴有较大的差异,它主要不是研究关于人类社会的一般发展规律,而是研究世界各国在现代化过程中如何通过主体努力使本国从不发达状态中摆脱出来,赶上发达国家或缩小与发达国家差距的方法与途径。英国社会学家布兰特曾综合各家之说,对"发展"作了如下的定义:"发展是社会有意识地逐渐向科学化和成熟变化的过程。目的是实现既定的、估计可行的社会和经济的进步。"[1]本文正是在这一角度对"二战"后世界各国先后出现的不同发展观与发展战略进行评析。

原载于《南京师大学报(社会科学版)》1996年第2期。
[1] 吴寒光主编:《社会发展与社会指标》,中国社会出版社,1991年,第1页。

一、以经济增长为核心的"传统发展战略"

所谓"传统发展战略"是指在以经济增长为核心的发展观支配下形成的发展战略。它产生于20世纪50—60年代。这种发展战略的形成既是当时社会历史背景的反映,也是当时人们流行的发展观的产物。第二次世界大战结束以后,殖民主义走向崩溃解体,世界各地产生了一大批新独立的国家。他们在摆脱了帝国主义的控制之后,由战争状态转入和平建设时期,普遍面临着如何振兴本国经济、真正摆脱外国的支配、走向独立自主的迫切课题。正是在这一背景下,形成了各种各样的传统发展战略,如"赶超发展战略""起飞发展战略""进口替代发展战略""按部就班发展战略"等。这些战略的共同主旨就是以追求国民生产总值(GDP)或国民收入的数量增长为核心,过分强调工业化,单纯追求经济总量的增长,而忽视了社会发展的其他方面。

这种传统发展战略的出现与当时以经济学为主体的发展理论的流行观点有关,得到当时许多理论家的支持。这个时期出现的较有影响的理论有哈罗德—多马增长模式、罗宾逊增长模式、贫困恶性循环理论、大推进理论等。这些理论虽然在经济的范围内不乏真知灼见,但作为一种总体的发展理论,却导致了不正确的发展观。当时的流行理论认为,社会发展归根到底是经济发展,把社会发展仅仅看作是一种经济现象,只要经济发展了,社会生活的其他方面会自动发生有利的变化。也就是说,GDP的提高会自动改善人民的生活水平,并最终消除社会贫困现象,经济发展同样能够解决社会稳定和社会的民主化问题。总之,经济发展了,其他一切问题都会迎刃而解,令各国政府困扰的各种社会问题和其他社会目标也就会自然实现。因此,发展的根本问题就是尽可能提高GDP水平和人均GDP水平,GDP、人均GDP及其增长率等指标就是衡量一个社会发展的最重要的指标和尺度。

这种传统发展战略也得到当时许多国际组织的支持。联合国在第一个发展十年报告(1960—1970年)中,规定不发达国家的发展目标是国民生产总值年增长率最低为6%。1969年应世界银行的要求提出的《皮尔逊报告》以及1970年联合国第二个发展十年所提出的《廷伯根发展报告》也都代表了传统发展战略。

但是,30年的实践证明,这种发展观以及根据这种发展观所制定的发展战略只是一种天真的、一厢情愿的想法,它存在着一系列的弊病和问题。

首先,经济增长并没有直接消除贫困,也不可能真正消除贫困。按照S.库兹涅茨的"U形曲线说",在一个国家增长的最初阶段,收入分配会趋于恶化,不公平状况较为严重,但待经济发展到一定阶段,分配状况会自然改善。从多数国家实践来看,这种发展战略和发展理论是不成功的。经济增长并不意味着财富的平均分配,GDP完全可以在大部分人生活毫无改善的情况下上升。由于发展的不平衡,经济增长只使少数人受益,并带来社会的两极分化。例如美国在20世纪80年代初,收入最低的20%家庭收入的份额只占5.3%,而收入最高的20%家庭收入的份额则为39.9%,二者相差7.5倍。

其次,经济增长并不自动导致实现其他社会目标。即使人们的物质消费水平有了较大提高,也不能保证人民真正得到幸福。因为物质富裕并不等于幸福,物质消费水平的提高只是人民福利的一个方面,它并不意味着社会贫富差别的缩小,也不能代表社会的稳定和人民的安居乐业。相反,这种单纯经济增长,往往伴随着营养不良、失业和贫困现象的增加。据1977年国际复兴开发银行的报告,在第三世界,据不完全统计,有2.5亿人拥挤在破烂不堪的城镇里,有3亿人失业,5.5亿人是文盲,7亿人处于严重营养不良状态,12亿人得不到饮水和卫生条件。

最后,传统发展战略未能考虑资源浪费和环境污染问题,造成资源和能源的大量消耗和浪费。占世界人口6%的美国,在其发展中消耗了地球上整个自然资源的55%;像瑞典这样的1 000万人口的小国,其电力消耗比拥有6亿人口的印度还要多。单纯追求经济增长,造成了对资源的大量掠夺性开采和巨大的浪费,使生态平衡遭到严重的破坏,导致环境污染和其他一系列社会问题,并最终影响人类的生存和发展。仅环境的破坏就使非洲20多个国家发生持续干旱,上千万人死于饥饿。

正因为如此,进入20世纪70年代以后,世界各国开始寻找新的替代发展战略。

二、以人的发展为核心的"综合发展战略"

世界进入20世纪70年代以后,人们开始放弃传统发展战略,经过全面、深入的反思,出现了各种替代发展战略,如"基本需求发展战略""科技发展战略""生态发展战略"等。但这一时期影响最大的是"基本需求发展战略"。"基本需求发展战略"是国际劳工组织在1976年日内瓦召开的世界就业大会上提出来的。这种理论认为,发展的主要目标是满足人民的基本需求,衡量发展程度的主要指标应有五个方面,即基本必需品的消费量、收入和分配的均等程度、识字率、健康水平和就业情况。基本需求战略的出现,代表着发展观的转变,即把发展的根本内涵从"经济增长第一"转到了人的全面发展和文化道德价值方面。日本著名学者驹井津提出"发展第一"的观点,法国经济学家F.佩鲁提出的新发展观和以人为中心的社会指标运动都属于这一趋势。驹井津认为,评价发展必须有一定的价值前提,社会发展的五个关键价值因素是坚持平等原则、根除贫困现象、确保真正的人类自由、维护生态平衡和实现民众政治参与。不能违背这些原则去追求经济发展,必须从过去"增长第一"转向"发展第一"。佩鲁于1983年受联合国教科文组织的委托撰写了《新发展观》一书,认为新的发展应是整体的、综合的和内生的,经济只是发展的手段,发展的目的是社会和人的需要,这种需要不仅是物质需要,而且还包括与各个民族的价值及传统相一致的社会、文化和精神需要等。

总之,这一时期的各种新的替代发展战略本质上是一种综合发展战略。这种战略强调,经济的发展不能代表社会的、科技的、政治的、家庭的和个人的发展。社会的发展是经济、政治、科技、文化和人的全面的、综合的、协调的发展过程。它包括以下两层主要思想:

第一,强调以人的发展为核心。传统发展观和发展战略单纯重视"物"的因素,即以经济增长为核心。新的发展战略则以人的全面发展为中心,把经济增长仅仅看作为人的发展提供的一种物质前提、条件和手段。人的发展才是发展的最终目标。罗马俱乐部主席奥尔利欧·佩奇指出:"从最广泛的意义上说,人的发展是人类的最终目标,与其他方面的发展或目标相比,它应占绝对优先的地位。"美国现代化专家阿历克斯·英格尔斯指出,在现代化过程中,"经济学家以国民生产总值衡量一个国家的现代化,政治学家则以行之有效的行政管理机构来衡量现代化。以往的国家现代化研究中,经济发展最引人注目,人们往往以为只要实现了经济的现代化就会一劳永逸地解决国家的现代化问题。结果却事与愿违,经济刚刚起飞,便又沉重地跌落下来";因此,"人的现代化是国家现代化必不可少的因素。它并不是现代化过程结束后的副产品,而是现代化制度与经济赖以长期发展并取得成功的先决条件"[1]。联合国在一项《发展的目标、进程和指标》的研究项目中,也提出要以"人的发展作为建构和评价选择性的发展

---

[1] 阿历克斯·英格尔斯等:《人的现代化》,殷陆君编译,四川人民出版社,1985年,第7—8页。

战略的中心"。所谓人的发展是指人在各个生活阶段上的发展,以及个人、社会和自然之间某种和谐关系的构成,既保证人的潜力得到充分发挥,而又不使社会或自然受到损害、掠夺或破坏。因此,人的发展实际上包括三个方面内容,即人的基本需求的满足、人的素质的提高和人的潜力得到充分发挥。

第二,强调经济与社会的协调发展。经济发展是社会发展的物质基础和基本前提,社会发展是经济发展的最终目标和重要保证。因此,不能忽视其中的任何一个方面,必须确保二者之间的发展均衡。联合国第二个发展十年的报告(1970—1980年)指出,发展的最终目的是为所有的人民能更好地生活提供日益增多的机会,其实质就是对收入和财富实行更平等的分配,以促进社会公正和生产效率,提高实际就业水平,更大程度地保证收入并扩大和改善教育、卫生、营养、住房及社会福利设施,以及保护环境。因此,社会性质和社会结构的变迁必须同迅速的经济增长并驾齐驱,而且应切实减少现存的地区、部门和社会内部的不平等。这些目标是发展的决定性因素和最终结果,因而它们应被看作是同一动态过程的合成体。发展本质上是一种综合的、整体的发展过程,要把社会看作由人口、环境、政治、经济、科技、文化、教育、医疗卫生等各种因素组合而成的有机体系。这就要求社会的不同构成要素在发展过程中能够得到综合的发展,虽然不同的构成要素的发展未必是同步的,但必须是相关的和衔接的,并最终达到新的统一。

显然,以人的发展为核心的新发展观和综合发展战略比单纯的经济增长战略要更高级、更全面、更成熟。实现这一观念和战略的转变,是社会发展的客观要求。但是,在这种新的发展观中,也还有一些重要的因素没有得到应有的重视,这就导致世界各国的发展观和发展战略要有一个新的转变和发展。

三、以人类整体利益为核心的"可持续发展战略"

可持续发展战略与传统发展战略相比较,是在对传统发展战略进行深刻反思的基础上提出的,是以人的发展为核心的综合发展战略的进一步发展。可持续发展战略的核心思想是"既满足当代人的需要,又不对后代人满足其需要的能力构成危害"[1]。"人类应享有以与自然相和谐的方式过健康而富有生产成果的生活权利,并公平地满足今世后代在发展与环境方面的需要,求取发展的权

---

[1] 1987年,"世界环境与发展委员会"发表了影响全球的题为《我们共同的未来》的报告。

利必须实现。"[1]可持续发展战略的核心内容有二：第一，强调人类追求健康而富有生产成果的生活权利应当是坚持与自然的和谐与统一，而不能凭借人们手中的技术和投资，采取耗竭资源、破坏生态和污染环境的方式来追求这种发展权利的实现；第二，强调当代人在创造与追求今世发展与消费的时候，应承认并努力做到使自己的机会与后代人的机会相平等，不能允许当代人一味地、片面地、自私地为了追求今世的发展与消费，而毫不留情地剥夺了后代人本应合理享有的同等的发展与消费机会。

在上述核心思想指导下，可持续发展战略还包括以下几层社会内涵：

首先，可持续发展要突出强调发展。发展是人类共同的和普遍的权利，无论是工业化国家还是发展中国家都有平等的、不容剥夺的发展权利，特别是对于广大发展中国家来说，发展权尤其重要。目前，发展中国家正经受着来自贫穷和生态恶化的双重压力，贫穷是导致生态恶化的根源，而生态恶化又加剧了贫穷。这种双重压力把发展中国家推向一个十分艰难的困境。因此，可持续发展观认为，对于发展中国家来说，发展是第一位的，只有发展才能为解决贫富悬殊、人口猛增和生态环境危机提供必要的技术和资金，才能逐步实现现代化，最终摆脱贫穷、愚昧和肮脏。

其次，可持续发展观认为，发展与环境相互联系，构成一个有机整体。环境保护应是发展进程的一个组成部分，不能脱离这一进程来考虑环境问题。可持续发展把追求舒适、安全、清洁、优美的环境作为实现发展的重要目标和重要内容，也是衡量发展质量、发展水平和发展程度的客观指标。环境保护成了持续发展与传统发展的分水岭和试金石。而在如何进行环境保护方面，则强调权利与义务的平等和统一，并把这一观点扩展到国际事务和国际交往中去。

最后，可持续发展呼吁人们放弃传统的生产方式和消费方式，认为这是一个紧迫的时代课题。"地球所面临的最严重的问题之一，就是不适当的消费和生产模式，导致环境恶化、贫困加剧和各国的发展失衡。若想达到适当的发展，需要提高生产的效率，以及改变消费，以最高限度地利用资源和最低限度地生产废弃物。"[2]这一思想的实质就是：一方面要求人类在生产中尽可能地少投入，多产出；另一方面，又要求人类在消费时尽可能地多利用，少排放。

---

[1] 1992年6月14日，联合国环境与发展大会通过《里约环境与发展宣言》。
[2] 1992年6月14日，联合国环境与发展大会通过《21世纪议程》。

可持续发展战略的思想在20世纪70年代寻找替代发展战略时就已经提出过。例如世界各国在寻找替代发展战略时,就已经提出过生态发展战略问题,但在当时影响不够大,"基本需求发展战略"成为当时许多发展中国家政府的首选战略。20世纪80年代中期,可持续发展思想被提出来了,例如英国学者伊恩·迈尔斯在《人的发展与社会指标》一书中就已经指出,以"人"为中心的发展应当是有利于所有人的发展。它应包括四个方面:第一,社会所有成员都有同等的发展机会和可能性,一些人的发展不应以压制另一些人的发展为前提;第二,不同国家、不同民族、不同地区之间应当有平等的发展机会,一个国家、民族、地区的发展不应当损害或妨碍其他国家、民族、地区的发展,要尊重世界各国、各民族的发展权利;第三,现代人的发展不能以损害后代人的生存和发展为代价,同时还要尊重前人所创造的历史文化成就和价值;第四,关心后代人的发展也不应当意味着对现代人的剥夺,以遥远的未来的名义来压制现代人是不公正的。显然,迈尔斯的思想已经包含了可持续发展战略的基本思想,反映了以人为中心的发展观与可持续发展战略之间相关联的内在必然性。在1992年联合国环境与发展大会上,可持续发展战略终于成为国际社会的共识。

可持续发展战略最明显的特点是重视环境、资源等全球性问题,有些人认为它只是一个环境与社会协调发展的战略问题;可持续发展战略的另一个明显特点是重视后代人的利益,因此也有些人仍然把它看作是以人为中心的发展战略的一个组成部分。其实这两种观点都是不正确的。前者只看到表面现象而忽视了问题的本质特征,后者只看到两种战略的历史联系,而忽略了二者之间的历史差别。实际上,可持续发展战略既不是简单的重视环境问题,也不是单纯的重视人的思想的进一步扩张,而是代表了一种崭新的发展观,这种发展观的核心是重视人类的整体利益,或者说是以人类整体利益为核心的发展观。对环境问题的重视、对后代人利益的重视,以及对世界各国发展权的充分尊重,都是这一核心逻辑展开的必然产物。

四、简短的结论与启示

发展是当代世界的最大主题,但任何发展都是在一定发展观的指导下,并根据一定发展观制定相应的发展战略进行的。因此,要成功地进行现代化建设,必须树立正确的发展观,并建立科学的发展战略。"战略取胜"是战后许多国家成功进行现代化的"奥秘"所在,另一些国家现代化之所以不成功,或陷入"误区",

从而导致许多严重社会问题,也是战略选择不当造成的。

传统发展战略、综合发展战略和可持续发展战略是战后发展战略演变的三个主要阶段,在它的背后反映了三种不同的发展观。这种发展观与发展战略的演变,反映了人类在追求自身发展道路上的不懈努力,是人类在发展问题上认识的不断深化与拓展。

传统发展战略、综合发展战略和可持续发展战略之间并不是彼此对立的,它们之间具有紧密的内在联系。后一种发展战略都是在前一种战略的基础上发展而来的,后一种发展战略都吸收了前一种发展战略的优点和长处。这是一种哲学上的"扬弃",不能把它们简单地割裂开来。

中国的现代化必须充分吸取世界各国的经验和教训,建立自己的符合本国国情的发展战略。邓小平对中国现代化发展战略的构思,正是运用马克思主义的辩证法思想,对世界各国不同发展战略进行科学、辩证综合的产物。党的十四届五中全会上,江泽民提出了正确处理社会主义现代化建设中的十二个关系,具体地反映了中国共产党在社会主义现代化发展战略问题上的成熟看法,是可持续发展战略在中国的具体化。只要我们坚持这种科学的发展思想和发展战略,中国的社会主义现代化建设事业就一定能够顺利实现。

我国跨世纪发展战略的科学依据

今天,我国人民根据邓小平跨世纪发展战略思想再一次制定了宏大的发展蓝图。按照邓小平的战略构想,中国的现代化将实行分"三步走"的发展战略,到 21 世纪中叶把我国建设成为一个强大的社会主义现代化国家。经过十几年的改革开放,邓小平的第一步和第二步战略设想已经提前实现。在此基础上,根据世纪之交、千纪之交所提供的历史机遇,中共中央又提出了关于制定国民经济和社会发展"九五"计划和 2010 年远景目标的建议,为全党和全国人民提出了迈向 21 世纪的宏伟纲领,从而使邓小平的跨世纪发展战略思想更加具体化、明晰化。

通观邓小平的跨世纪发展战略与中共中央根据这一战略思想所制定的跨世纪发展蓝图,我们感到,它既与近代以来民族英雄们的不懈追求有一定的历史联系,又与以前的历次强国梦想有着本质的区别,它不仅具有充分的理论根据,而且是根据国内、国际社会发展的历史与现实条件所提供的时代机遇作出的科学选择。

一

中国是世界上最大的发展中国家,我们实施的跨世纪发展战略将是世界上最大的发展中国家所实施的最庞大的发展计划。中国跨世纪发展战略如果能够实现,必将从根本上改变在 19 世纪末期形成的当今世界格局,打破少数几个资本主义发达国家一统世界的局面。这样一个庞大的发展战略是否可行?有没有

国家教委邓小平理论研讨会(井冈山,1996)会议论文,原载于《南京师大学报(社会科学版)》1997 年第 3 期,《新华文摘》1997 年第 10 期转载。

充足的理论依据?这是我们必须要首先弄清楚的重大问题。我们认为,根据世界历史发展的不平衡性原理、不同文明交替超越论和政府主导作用论,中国实施的跨世纪发展战略在理论上是可行的。

世界历史发展的不平衡性,既包括静态的不平衡,也包括动态的不平衡。静态的不平衡反映了世界各国发展的现实差距,特别是发展中国家与发达国家的差距。动态的不平衡主要指发展速度的不平衡,它反映了世界各国发展差距的变动性和暂时性,也预示着后进国家具有赶上发达国家的可能性。在世界发展不平衡性问题上,过去我们过多地注意到静态的不平衡,用一种平衡增长的错误理论看待发达国家与发展中国家之间的差距,认为世界各国的发展是一种平衡增长的关系和过程,各国发展速度大致相同,落后国家在奋力追赶,发达国家也不会停步。因此,世界各国的发展差距主要是由发展起步时间所决定的,起步早的国家永远领先于起步迟的国家,起步不同的国家之间的相对差距将长期保持不变。还有一种颇为流行的观点认为,当代世界发展是一种加速度,越是发达的国家发展越快,这样,起步迟的发展中国家永远也无法赶上发达国家的发展水平。但是,世界历史发展的事实表明,这些观点并不完全符合实际。无论是从世界历史上各文明国家的兴衰来看,还是从近代各国现代化进程中相对地位的变动来看,没有永远先进的民族,也没有永远不变的世界格局,先进变落后、落后变先进的事例举不胜举。世界上最早进行现代化的国家是英国,英国也确实曾经成为世界最强大的"日不落帝国",但到20世纪,美国、德国、日本等国利用自己的优势先后赶上并超过了英国,使大英帝国风光不再。十几年前,当中国刚刚开始进行改革之时,有人断言,中国300年也赶不上美国,可是仅仅过去十几年时间,世界却在谈论中国将很快成为世界第一还是第二的问题。这种议论虽然有着不同的动机,但它确实反映了一个事实:中国与世界先进水平的差距在缩小。这说明,我国制定的跨世纪发展战略在理论上是行得通的,只要我们自己的战略得当,措施得力,我们就能够一跃而起,成为世界强国。

所谓不同文明交替超越论,是一个尚待建立的理论,这里笔者姑妄言之。在资本主义向社会主义过渡的过程中,人们发现,马克思当年预言的社会主义将在发达的资本主义国家首先胜利的情况并没有出现,相反,它却在一些相对落后的国家得到了实现。这一事实告诉我们,历史发展并不遵循简单的线性一维性。其实,我们在世界历史上,曾经多次看到这种"奇特"的现象:古希腊发达的奴隶制度并没有发育出发达的封建社会,中国发达的封建社会也没有发育出发达的资本主义社会。恰恰相反,每种新的社会制度和新的文明总是在原有社会制度和原有文明的薄弱环节产生与发展起来。笔者认为,这种不同文明的交替超越现象,不是历史的偶然与错位,而是一种必然和规律。其内在根据在于:第一,一种文明越是发达、成熟,越是在当时世界上居领先地位,越不容易超越自己;第二,在一个文明体系相对落后的地方,越容易滋生出求变的动力,越容易催生出新的文明;第三,在一个文明最薄弱的环节,旧的文明体系和各种制度最容易被打破。在当今西方文明面临着一系列深刻危机的情况下,突破保持了几百年优势的西方现代文明框架的后来者,更有可能来自具有古老文明的东方文化。中国作为东方文化的中心,具有5 000年东方文明的源头活水,中国文化所特有的整体性、辩证性和包容性,使我们有足够的智慧处理当今世界面临的种种难题,因而更有可能突破现有国际格局,成功实现自己的跨世纪发展战略,迎头赶上时代的先进水平,成为新世纪的弄潮儿。

历史唯物主义告诉我们,人类社会的发展是一个"自然的历史过程"。但这一过程绝不是一个纯自然的过程,人的主体作用始终参与其中。随着人类从"必然王国"向"自由王国"的迈进,人作为历史主体在历史发展过程中所发挥的作用越来越大。在当代各国发展过程中,这种主体作用集中表现为政府在社会发展中的主导作用,这已成为当代世界各国现代化过程中的一大特点。不仅发展中国家政府在本国的现代化发展中起着主导性作用,而且发达国家的政府也从"守夜人"的角色转变为"大管家"。这种政府的主导作用是人类对经济社会发展规律认识越来越清楚的表现,也是当代世界经济社会发展日趋一体化和国际竞争日益整体化的客观要求。

对发展中国家来说,政府的主导作用还体现在如何正确处理后发展效应问题。一般认为,迟发展国家在发展过程中要受到一系列不利因素的制约,主要有不合理的国际经济政治秩序,发达国家的示范效应造成人们对政府的期望值过高和"消费早熟",以及社会利益多元化给政府造成的巨大压力,人口与外债重负,环境污染与资源短缺等。因此,"迟发展效应"将困扰广大发展中国家,使它们无法赶上发达国家,实现本国的现代化。但这只是迟发展的负面效应,理论和实践证明,"迟发展效应"并不都是消极作用,它也有一系列后发优势:可以借鉴发达国家的经验教训,少走弯路;可以加速文化交流与融合,形成文化创新优势;可以直接利用发达国家的先进技术、优秀人才和管理经验等。作为迟发展国家,如何充分发挥后发优势,最大限度地克服后发劣势,就看各国政府在现代化过程中如何发挥政府的主导作用了。因此,各国政府的领导能力如何,对世界发展大势的把握和对发展战略和发展道路的选择,就直接影响着各国的发展进程。正因为政府在各国现代化过程具有如此巨大的作用,才为发展中国家提供了变后进为先进的历史机遇。

中国当前政治稳定、社会安定,有一个具有强大凝聚力的、全力从事经济建设和有丰富经验的中央政府,有40多年的社会主义建设的正反两方面的经验教训,特别是有着18年改革开放的成功经验,因此,我们有充分的信心和足够的智慧与能力,来改变中国在当今世界体系中的落后局面。我国当前实施的跨世纪发展战略正体现出我国政府出色的战略决策能力,也必将显示出巨大的战略价值。

二

理论依据只是告诉我们,相对落后的国家如果采取适当的发展战略,具有赶上先进国家的可能性,但这种可能性并不等于现实性。我国跨世纪发展战略的最终目标是实现经济的全面起飞,把我国从一个比较落后的发展中国家发展为人均收入达到中等发达国家水平、综合国力位居世界前列、在世界上屈指可数的大国和强国。这就要求我们不仅要有进行现代化的决心和勇气,而且还要具备进行全面现代化的社会历史条件,包括产业基础、社会体制、意识形态、领导能力、国民素质等等。中国的历史与现实告诉我们,我国已经具备了实现经济腾飞、民族振兴的历史与现实条件。

第一,中华民族的历史证明,中国人具有强烈的民族兴亡意识,有为民族振兴、国家富强顽强奋斗、自强不息、不达目的誓不罢休的民族精神。

中华民族自古以来就是一个自强不息、不甘落后的民族。在华夏历史上,我们既有过千年辉煌,也有过百年耻辱。辉煌与耻辱虽已随时间的流逝成为过去,但却以其特有的方式沉淀在中国人的文化"血液"中,使中国的文化根基更为深厚。只要看看近代以来的中国历史,就知道中国人的智慧力量犹在,奋斗精神尚存,决不会满足于跟在世界诸民族之后蹒跚而行,更不会长期任人宰割欺凌。鸦片战争后,近代中国面临被西方列强瓜分的"三千年未有之大变局",形势危如累卵,中华民族第一次真正面临着亡国灭种的危险。然而中国社会的各界精英奋起抗争,百年未见停顿,真是慷慨悲壮、英雄无悔。虽然大多数都失败了,但又都没有完全失败,每一次的失败都为后来者提供了宝贵的经验教训,帮助后来人作出更正确、更符合国情的历史选择。洋务运动、戊戌维新、辛亥革命、新民主主义革命，所有这些共同构成了近代中华民族追求现代化、追求民族复兴的长长链条。新中国成立后，我们又进行了各种加速现代化的实验，不管是成功还是失败，都是在为国家和民族探索自己的发展道路。这种在历经坎坷终不悔的艰难探索中所表现出来的不屈不挠的中华民族精神，是我们进行社会主义现代化建设，实施跨世纪发展战略的最宝贵、最伟大的精神力量。

第二，经过近半个世纪的探索与改革，我们终于找到了一条适合国情的社会主义现代化发展道路。

中国在取得民族解放和人民民主革命划时代的伟大胜利以后，一直在探索如何进行社会主义现代化建设的道路。20世纪50年代，毛泽东同志就在思考中国如何以苏联为借鉴，总结我国已有的经验，寻找一条适合我国国情的"自己的建设路线""一条适合中国的路线"，并提出了一些重要的思想。但由于"左"的干扰，这些重要的思想没有得到进一步的贯彻与发展。党的十一届三中全会以后，邓小平充分发挥第二代领导集体的智慧，在对新中国成立以来正反两方面经验教训特别是"文化大革命"沉痛教训进行历史反思的基础上，全面总结改革开放和社会主义现代化建设的伟大实践经验，逐步形成了中国特色社会主义理论。党的十四大对邓小平建设中国特色社会主义理论进行了科学的概括和评价，郑重地把这一理论写到自己的旗帜上。在邓小平理论的指导下，我们党形成了社会主义初级阶段的基本路线，制定了一系列的方针和政策，取得了改革开放和现代化建设一个又一个的伟大胜利。

邓小平建设中国特色社会主义理论，集中反映了我们党对中国社会主义现代化建设规律的认识，洋溢着鲜明的时代精神和民族精神，是我们党在新时期各项工作的根本指针，是中华民族振兴和发展的强大精神支柱，也是我们实施跨世纪发展战略最重要的理论保证。毛泽东同志曾经说过，正确的路线确定之后，干部就是决定的因素，只要路线对头，没有人可以有人，没有枪可以有枪。但正确的战线从哪里来，只能来自科学的理论。有了正确的理论，就能制定出正确的路线、方针和政策。正是在长期的革命实践中，毛泽东思想得以形成，也正是有了这一思想的指导，才能在复杂的革命斗争中，为中国革命制定出一系列正确的路线、方针、政策。在邓小平中国特色社会主义理论的指导下，我们也一定能够制定出全面进行社会主义现代化建设的正确路线、方针和政策，确保我国跨世纪发展战略的顺利实施。

第三,长期的社会主义革命和建设的经验,特别是党的十一届三中全会以来的一系列改革开放的路线、方针、政策,不仅极大地推动了我国社会主义现代化建设事业的飞速发展,使我国的综合国力大大增强,而且在全国形成了前所未有的社会主义现代化建设所必需的社会凝聚力和社会创新力。

社会凝聚力代表着一个民族深层的社会整合能力,它反映了一个国家和社会对自己的文化、制度、价值观念和各种规范的认同程度。强大的社会凝聚力可以在整个民族、国家和社会内部产生出强烈的归属感、向心力和一致行动的能力。它既能成为整个国家和社会团结的坚实基础,最大限度地消除社会有机体内部各种隔阂和离心因素,减少许多不必要的内耗与摩擦,又能充分发挥国家和社会的各种潜在能量,调动一切积极因素,使整个国家和社会的能量朝着一个目标和方向释放,从而使民族文化资源得到最充分的利用。社会凝聚力是现代化过程中极为重要而难得的社会资源。

社会凝聚力的形成取决于民族文化、社会制度、国家目标、社会利益配置等一系列因素。中华民族自古以来就有深厚的民族文化凝聚力,但近代以来,由于国势衰落,社会矛盾激化,人心涣散,民族和社会的凝聚力大大降低。新民主主义革命的成功和社会主义制度的建立,曾经使整个国家和社会的凝聚力得到极大的增强,可惜由于"左"倾路线的影响,很快又使这一宝贵的民族文化资源遭到巨大破坏。1978年以后,中国进入改革开放的新时期,长达几十年的自我封闭,使我们在开放初期一度处于不适应状态,许多人突然面对一个新奇复杂的外部世界,面对中国与世界发展先进水平的巨大差异,民族自信心与自尊心受到严重损伤。但是,经过十几年的改革开放和社会主义现代化建设,我国经济持续而迅速的发展,特别是在反复比较和艰难探索中逐步形成了一条适合我国国情的有中国特色社会主义的发展道路,使我国的社会凝聚力又得到了恢复和提高。在当前的发展机遇、发展战略和发展模式上,举国上下取得了空前的共识,认为这是中华民族在20世纪面临的最大一次机遇,只要我们抓住这次机遇,就能实现我们的跨世纪发展战略,实现中华民族的重新振兴。可以说,跨世纪发展战略与社会凝聚力之间有一种互相支持、互相促进的关系,强大的社会凝聚力是实现跨世纪发展战略的重要精神力量,一个现实可行的国家振兴战略本身又大大增强了整个民族、国家和社会的凝聚力。

创新是一个民族的生命力之所在。没有超乎他人的社会创新力,就难以屹立于世界先进民族之林。在世界近现代史上曾经领先的英国、美国、德国和日本,都在不同时期明显地表现出自己的创新优势。江泽民同志说得好:"创新是一个民族进步的灵魂,是国家兴旺发达的不竭动力。如果自主创新能力上不去,一味靠技术引进,就永远难以摆脱技术落后的局面。一个没有创新能力的民族,难以屹立于先进民族之林。"应该说,十几年的改革开放,特别是社会主义市场经济体制的建立,使我国的社会创新能力有了很大的提高。这种创新能力的具体表现是多方面的,包括观念创新、制度创新、科技创新、组织创新、目标创新、战略创新等等。恩格斯曾经指出过,英国在工业化过程中,整个民族好像变成另外一个民族。今天的中国仿佛出现了同样的情形。想前人所未想,干前人所未干,毛泽东同志曾经极为欣赏过的敢想敢干的局面,终于在今天的中国社会中形成。正是由于整个民族社会创新机制的全面形成与创新能力的极大提高,各种新的科技发明专利、新的改革方案、新的发展模式、新的发展战略、新的组织制度、新的管理机制、新的评价体系应运而生。这种强大的社会创新力是我们实施跨世纪发展战略的最可宝贵的支撑与促进力量。

第四,经过新中国成立以来近半个世纪的努力,特别是改革开放以来我国经济连续十几年的迅速发展,我们已经具备了实施跨世纪发展战略的各项具体条件。

现代化是从传统社会向现代社会的跃迁过程,这个过程从宏观来看有三个阶段:第一个阶段是全面准备阶段,主要是通过经济社会发展和各种社会改革,为整个社会经济的全面起飞创造条件;第二个阶段是全面起飞阶段,通过持续、快速的经济增长,实现经济结构和经济发展水平从传统的经济"平原"向发达的经济"高原"升迁;第三个阶段是全面发展与继续增长阶段,主要是将持续快速增长的经济成果转化为整个社会的全面进步,实现整个社会结构的根本转型。中国目前已进入现代化过程的第二个阶段。新中国成立以来的长期建设,特别是改革开放以来所取得的巨大成就,使我国已经具备了社会主义现代化全面起飞所必需的各项经济条件。比较完整的现代工业体系、比较雄厚的物质技术基础、广阔的国内市场和国民较高的储蓄率,都蕴藏着巨大的发展潜力。事实上,我国改革开放以来已经实现了十多年持续、快速的经济增长。

不少学者注意到,20世纪60年代初,中国与日本在经济上旗鼓相当,但日本正是在此时开始经济起飞的。经过近20年的持续发展,日本成为世界第二大经济强国,而中国却一滞再滞,延误了大好发展时机。今天,经济起飞的历史条件已经具备,我们要抓住机遇。

首先,我们已经放弃了传统的计划经济体制,正在建立和即将建成社会主义市场经济体制。世界各国的现代化实践证明,市场经济是经得起历史考验的现代经济体制。社会主义市场经济体制的建立,必将大大优化我国的资源配置,增强经济活力,从而有力推动经济持续、快速、健康地向前发展,为实施跨世纪发展战略提供经济体制保证。

其次,我们在干部的年轻化、革命化、专业化、知识化方面取得了巨大的成就,整个干部队伍已经完成了从"马上打江山"到"马下治国"的历史性转变。战争年代特殊环境下成长起来的老一辈无产阶级革命家光荣地完成了自己的历史使命,主动将祖国现代化建设的重任交给年轻一代,新一代各级干部在文化程度、知识结构、思想观念等各个方面都更好地适应了社会主义现代化建设的要求,完全能够担当起时代赋予的建设一个社会主义现代化强国、实现中华民族历史性跨越的重任。

最重要的一点是,经过长期不懈的努力,我国的国民教育在发展中国家居领先水平,国民素质有了很大提高,拥有极为丰富的进行全面现代化建设所必需的人力资源。此外,据估计,中国目前农业劳动力在三次产业中比重仍高达58%,约有2.5—3.5亿农村劳动力仍停留在农业部门。丰富、优质的人力资源使中国可以在现代化的最重要阶段,获得近乎无限供给的劳动力资源,确保跨世纪发展战略的顺利实施。

当然,中国的国情也还有许多与现代化不相称的地方,但没有一个国家是在所有条件都具备了才进行现代化的。恰恰相反,现代化既需要一定的前提条件,同时它本身又是现代化的一所大学校,在现代化过程中,正是现代化实践本身带动了整个社会的全面现代化。

三

从国际条件看,我国的跨世纪发展战略也有科学的依据。就当前的世界发展大势来看,我们正面临着极为难得的历史机遇。这种机遇主要指两点:

第一,和平与发展成为当今世界两大主题,特别是冷战结束以后,发展的主题更加突出。这样一个以和平与发展为主题的时代,对于我们来说,是一次重要的历史机遇。

世界主题的转换首先为我国社会主义的现代化建设提供了一个和平稳定的国际环境。邓小平指出:"中国太穷,要发展自己,只有在和平的环境里才有可能。"现在世界正在发生大转折,"国际形势看来会有个比较长时间的和平环境,即不爆发第三次世界大战的环境",这就为我们提供了一个极为难得的历史机遇。20世纪前半期,世界的主题一直是战争与革命。冷战时代,军备竞赛轮番升级,严重阻碍着各国经济的发展。世界进入和平与发展时代以后,以和平的方式解决国际争端已成为一种世界性潮流,军备竞赛的热度大为降低,我们与周边国家的关系也出现了前所未有的和睦局面,这就大大减轻了我们的军备压力,使我们可以集中力量进行社会主义现代化建设。

东欧剧变、苏联解体,世界进入一个多极化时代。美、欧、日等原来的发达国家和地区内部矛盾加深,使今后一个较长时间内爆发世界大战的可能性更为减少,也使旧的世界战略格局处于重新分化组合之中。虽然少数国家仍然在搞霸权主义,总是想把自己的意志强加于人,但已经不可能再像冷战时代那样为所欲为了。这种多极化时代有利于我们联合广大发展中国家,推动国际经济政治新秩序的形成,为我们实施跨世纪发展战略创造必要的国际条件。正如邓小平所说:"我们可利用的矛盾存在着,对我们有利的条件存在着,机遇存在着,问题是要善于把握。"[1]

和平是我们发展所必需的国际条件,发展则是我们进行全面现代化、实施跨世纪发展战略的重要动力。在这样一个以发展为最大主题的时代,不论是发展中国家还是发达国家,也不论是社会主义国家还是资本主义国家,都在谋求更快的发展。这是一场涉及各国在21世纪的世界经济、政治舞台上能否站稳脚跟,能否处于有利地位的大角逐,是两种社会制度在优越性和生存权问题上的严重较量。这样一个时代,对我们来说,当然是一次严峻的考验,它使我们别无选择,只有发展、发展、再发展,"发展才是硬道理","能发展就不要阻挡,有条件的地方要尽可能搞快点……低速度就等于停步,甚至等于后退"[2]。因此,这种全球性大发展的时代特点,既是我们制定跨世纪发展战略的重要时代背景,也是我们实施跨世纪发展战略的重要推动力。

第二,当今世界方兴未艾的新技术革命,是我国实施跨世纪发展战略所面临的极为重要的国际条件。

第二次世界大战结束以来,世界新技术革命的浪潮席卷全球。特别是20世

---

[1] 《邓小平文选》第3卷,人民出版社,1993年,第279页。
[2] 同上书,第354页。

纪70年代以后,一个以信息技术、生物技术、新材料技术、新能源技术、空间技术、海洋开发技术为主的新科技群,日益渗透于经济发展和社会生活的各个领域,极大地改变了整个世界的面貌和人类的社会生活,成为推动现代生产力发展的最活跃因素。新技术革命带动产业革命,不仅带来社会生产力的高速发展,而且引发经济与社会的巨大变迁,从而为相对落后国家改变自己在国际经济政治格局中的不利地位提供了一次难得的历史机遇。

世界新技术革命引发出三股经济浪潮。一是传统产业对外转移浪潮。发达国家普遍进行产业结构调整,劳动密集型产业失去原有的优势,处于产业生命周期的衰落阶段;资本密集型产业由于市场趋于饱和,产业扩张弹性明显减弱,这些产业的黄金时期已经过去,纷纷向发展中国家转移。二是对外投资浪潮。伴随着传统产业的海外转移,必然带来对外直接投资的增长。由于对外直接投资可以绕过关税和非关税壁垒,有助于与东道国结成利益共同体,因此对外直接投资就成为发达国家和发展中国家普遍欢迎的一种形式。三是高新技术产业开发浪潮。发达国家正在全力以赴地开发主导未来的高新产业。今后国际经济主角地位的争夺,就取决于对高新技术产业的开发竞争。

新技术革命所引发的三大浪潮,对于中国来说都是极为难得的历史机遇。中国是人力资源大国,又是全球最大的市场,正好可以充分利用有利条件,大力发展传统的劳动密集型产业。同时,中国正处于当今世界经济发展最活跃的东亚地区的中心地带,可以利用自己的最佳世界"摊位"大力吸引海外投资。世界高新技术开发浪潮也起步不久,只要我们坚持"从长远发展的利益着眼",坚持科教兴国的战略,采取有力措施,就可以迎头赶上,"发展自己的高科技,在世界高科技领域占有一席之地"[1]。总之,我们要充分利用难得的历史机遇,以空间替代时间,同时完成从劳动密集型产业到资本密集型产业再到技术密集型产业的转变。日本用了不到30年的时间完成了这一过程,一跃而成仅次于美国的世界经济强国。亚洲"四小龙"也是抓住了机遇,把外国的资本和先进的技术与本国的人力资源相结合,很快地占领了发达国家因产业结构调整而出现的市场空缺,创造了"70年代的经济奇迹",跻身于世界中上等收入国家和地区的行列。只要我们抓住这世纪之交的最后机遇,也能够创造出一个新的经济奇迹。

应该说,要实施这样一个庞大的跨世纪发展战略,仅靠一定的历史机遇还不

---

[1]《邓小平文选》第3卷,第280页。

够,还必须注意另外一个重要条件。当今世界是一个不公平的世界,整个世界的经济政治秩序往往被少数几个西方大国所操纵。在这样一个不公平、不合理的世界秩序中,发展中国家要想改变自己在世界上落后的经济地位与政治地位,是非常困难的,因为它必然要遭到各个大国的打压与抑制。从战后世界发展史来看,很多发展中国家几十年奋斗的结果,不仅没有缩短与发达国家的差距,这种差距反而拉大了。发达国家与低收入国家人均收入的比例从战后的20倍扩大到20世纪80年代后期的46倍,即使是中等收入国家与发达国家的差距也在扩大,由7倍扩大到9倍,一些新兴工业化国家收入的增长主要是低收入国家所占比重下降的结果。

况且,日本也好,亚洲"四小龙"也好,都实行资本主义制度,特别是在冷战时代,他们的发展都受到西方国家的支持。对于中国来说,情况就完全不同了。中国不仅是发展中国家,而且由于实行社会主义制度,在这种不公平的国际经济政治秩序中,必然要遭到资本主义发达国家更多的阻挠甚至遏制。因此,中国能否实现跨世纪发展战略,不仅要看我们是否能够抓住机遇,而且还要看我们是否能够反制这种不合理的国际经济政治秩序,是否对不公平的国际经济政治秩序有足够的制约手段。

我们认为,经过几十年的艰苦奋斗和不懈努力,中国已经具备了反制当今世界不公平的经济政治秩序的能力和手段。

在政治上,中国虽然是发展中国家,但与其他发展中国家有所不同,中国是联合国安理会常任理事国,是国际舞台上广大发展中国家的政治代表,是制衡发达国家和不合理的国际经济政治秩序的一支重要国际政治力量。发达国家要取得中国在国际政治舞台上的合作与配合,就要调整对中国的政策。像鸦片战争后的一个半世纪里那样任人欺凌、宰割的历史再也不会在中国重演了。日益增长的国际威望和逐渐稳定的政治大国地位有利于中国充分利用国际资源,实施自己的跨世纪发展战略。

在经济上,整个世界的经济重心正在向亚太地区转移,中国正处于亚太地区的中心地位,随着21世纪的到来,中国和整个东亚地区将成为世界上经济发展最活跃的地区。亚太地区的新兴工业国家和地区经济的迅速发展,一方面打破了300多年来的世界经济构图,使亚太地区成为与西方并驾齐驱的新经济力量;另一方面也为我们提供了良好的周边环境。更重要的是,中国近年来经济持续而快速发展,国民收入水平不断提高,中国成为世界上最大的、也是最有吸引力的国际市场,从而使我国有了与发达国家进行周旋的最重要的经济资源,有了反制不合理的国际经济秩序与政治秩序的重要手段。同时,中国是一个人口、资源和地域大国,有足够的国内回旋余地和生存空间,在不合理的国际经济体系中,完全有能力抵御世界性经济危机中发达国家对广大发展中国家的危机转嫁活动。

最后,也是最重要的一点是中国坚持实行社会主义制度。在当今世界,社会主义运动进入前所未有的低谷期。一方面,由于中国仍然坚持社会主义制度,必然会遭到发达资本主义国家更多的制约。但另一方面,正因为中国坚持社会主义制度,又增加了中国反制不合理国际经济政治秩序的能力。中国既实行社会主义,又实行市场经济,坚持对外开放,这就使中国既能够充分利用国际上一切有利于我的因素,为我服务,又能够抵制各种不利于我的国际因素,排除干扰,自主发展。邓小平曾说,社会主义有许多优越性,其中重要的一条就是能够集中力量办大事。这个大事不应该仅指工程项目建设,更应该指集中力量维护国家的政治独立和国家的经济利益。坚持社会主义发展道路,我们就能够团结全国各族人民,调动一切积极因素,集中全国的力量,抵御来自不合理的国际经济政治秩序的各种伤害,确保我国跨世纪发展战略的顺利实施。

总之,今天中国的跨世纪发展战略不仅具有理论上的可行性,而且无论从国内还是从国际环境来看,都具有现实可行的条件。正如邓小平所指出的那样:"从国际经验来看,一些国家在发展过程中,都曾经有过高速发展时期,或若干高速发展阶段……现在,我们国内条件具备,国际环境有利,再加上发挥社会主义制度能够集中力量办大事的优势,在今后的现代化建设过程中,出现若干个发展速度比较快、效益比较好的阶段,是必要的,也是能够办到的。"[1]这就是我国实施跨世纪发展战略的科学依据。

---

[1]《邓小平文选》第3卷,第377页。

中国 20 年社会改革的基本经验

中国改革开放已经 20 年过去了。这是中华民族近代以来现代化历程中最为关键的 20 年,也是中国有史以来社会改革最成功的 20 年。20 年来的社会改革实现了现代中国历史上最深刻的社会转型,也标志着中国现代化模式的根本转换,即从改革开放以前的计划型现代化模式转向改革开放以后的市场型现代化模式。因此,这 20 年社会改革的基本经验非常值得我们去总结与研究。近年来不同的学科都在从事这方面的工作,但由于学科的性质不同,认识会有一些差异。本文从宏观与综合的角度就这一问题进行初步的探讨。

一

中国社会改革取得成功的第一条经验就是始终坚持以发展为导向,把发展与改革有机地结合起来,以改革激活发展的动力机制,以发展推动改革的不断深化。中国 20 世纪最后 20 年所进行的社会变革是人类历史上最复杂、最伟大的社会改革。说它复杂,是因为这场改革有着多重社会变革目标,既要实现经济体制的转轨,又要实现社会结构的转型。说它伟大,是因为这场改革是在世界上一个人口最多、又实行社会主义制度的发展中国家进行的社会改革,改革的成功与否,不仅关系到中国自身的前途与命运,而且关系到社会主义的前途与命运。同时,如果中国改革成功,对广大第三世界的发展中国家也是一个巨大鼓舞。这样一场复杂的社会变革,到底应该从何入手,是摆在当代中国人民和中国政治家面前的一道难题。特别是在改革缺乏深入的理论准备的情况下更是如此。值得庆幸的是,在这个问题上,中国从一开始就走上了一条正确的改革道路:紧紧抓住

原载于《安徽师范大学学报(人文社会科学版)》2000 年第 3 期。

了发展经济这个"牛鼻子"。在十一届三中全会上我党实现了工作重心的转移，即从"以阶级斗争为纲"转移到"以经济建设为中心"，在中国历史上第一次形成了全国上下一心一意搞现代化的大好局面，从而使"发展"成为全党和全国人民的共识和追求的首要目标，形成了中国发展导向型改革模式。

（一）在发展导向型改革思路下，中国在改革初期即对经济发展战略进行了重大的调整

中国传统的经济发展战略是以速度为核心，优先发展重工业，然后用重工业生产的生产资料装备农业、轻工业和其他产业部门，逐步建立完整的现代工业体系和国民经济体系，并逐步改善人民生活水平。

这个发展战略的基本特点是：以速度为目标；以重工业为重点；以粗放经营为基本增长方式；以计划经济体制为发展的根本途径。这一发展战略的核心是速度。这种战略从本质上与当时世界上流行的"传统发展战略"在追求国民生产总值迅速增长这一目标上没有太大的区别，都是一种追求"单纯经济增长"的战略。在这种发展战略指导下，我国的经济建设速度虽然比较快，但效益很不理想。致使国民收入增长大大低于工农业总产值的增长，人民生活水平的提高速度又大大低于国民收入的增长速度。

中国进入改革开放新时期后，首先就开始改变自己的发展战略，从根本上放弃了这种欲速不达的传统发展战略。经过改革和调整后的中国经济发展战略的基本特点是：

第一，以满足人民基本生活需求为主要目标，把国民生产总值的增长与人民生活水平的提高并重。要求经济增长速度的确定必须以保证人民的生活改善为出发点，随着经济的发展，人民的生活水平能够逐步提高。

第二，以农业、能源和交通、教育和科学为重点。在综合平衡的基础上，把这些方面问题解决好了，就可以促进消费品生产的较快增长，带动整个工业和其他各项生产建设事业的发展，保障人民生活的改善。也就是要"突出重点，综合平衡"。

第三，以提高经济效益为中心。强调经济的发展要建立在提高经济效益的基础上，实现经济增长的主要途径是技术进步和劳动生产率的提高。

中国经济发展战略的根本转变，不仅推动了经济的发展，更为改革创造了良好的条件，使中国改革走上了一条正确的轨道。同时，经济改革的推进又促进中

国经济发展战略的进一步转变,二者相互促进,良性互动,这是中国发展导向型社会改革能够取得成效的重要原因之一。

(二)在发展导向型改革思路下,中国在20年改革过程中始终坚持把解放和发展生产力作为体制改革的目标函数,坚持用"三个有利于"作为衡量改革成败的关键和标尺

在中国的社会改革初期,曾引发了一场规模空前的关于真理标准问题的大讨论,由此确立了"解放思想,实事求是"的思想路线。邓小平在改革不久即提出了建设有中国特色社会主义的理论构思,对"什么是社会主义,怎样建设社会主义"的重大理论问题作出了新回答,提出"社会主义的本质就是解放和发展生产力,消灭剥削,消除两极分化,最终实现共同富裕"的科学论断,为我国的社会主义社会改革明确了基本思路。20世纪90年代初,邓小平在中国改革的关键时期,发表了著名的"南方谈话",提出"三个有利于"的判断标准,进一步解放了中国人的思想,保证了中国社会改革始终沿着正确的方向向前推进。

正是在邓小平理论的指引下,中国社会改革始终沿着"解放和发展生产力"的思路,按照"三个有利于"的要求健康地向前发展,并取得了巨大的成功。

(三)在发展导向型改革思路下,中国改革一开始就具有市场取向型特点

中国的社会改革之所以一开始就具有市场导向的特点,主要源于两个方面的经验:其一是中国改革前的传统计划经济体制已经失灵,其他社会主义国家在计划经济体制下也都先后陷入困境;其二是战后西方发达国家在市场经济推动下取得了有史以来空前的繁荣。因此,中国经济改革从一开始就有用市场体制代替计划体制的特点。无论是早期的农村改革,还是早期的城市经济体制改革,都可以很清楚地发现改革过程中的市场导向性质。中国共产党在第十四次全国代表大会正式提出建立社会主义市场经济体制,进一步明确了中国改革在经济体制上的最终目标。正是遵循了市场导向,才使中国的经济体制改革没有像苏联那样使改革在原有的计划经济圈子里打转转。

(四)在发展导向型改革思路下,中国在改革过程中始终注意保持社会政治稳定,在稳定的政治与社会秩序中进行改革

坚持改革进程中的发展导向,相信"发展才是硬道理",把发展作为改革的

最高价值准则,必然要求保持社会稳定,把社会稳定作为维护改革、促进发展的基本前提。在中国20年改革过程中,始终把维护社会稳定作为一件头等大事来抓。改革无论是面临来自右的还是"左"的挑战,威胁到中国社会的稳定时,中国政府都会坚定不移地维护稳定,决不退让。正是在改革进程中始终能够维护社会稳定,不使局势失控,中国才能在稳定的环境中把改革的伟大事业进行下去,才能取得今天的伟大成就。这一点如果与苏联的改革进行对比研究,就会有更清醒的认识。

(五)在发展导向型改革思路下,最大限度激发人民群众进行改革的积极性和创造性

在发展导向型改革模式下,对改革中出现的一时无法分清性质的社会改革动向,只要有利于经济发展和人民生活水平的提高,就采取默认或等等看的策略,不以头脑中现成的制度模式限制改革,从而最大限度地保护了人民群众参与改革的积极性,激发了人们进行改革的创造性,避免了使改革走弯路的教训。农村改革就是一个突出的例子。

总之,在坚持发展导向的基本思路下,中国改革能够始终沿着一条正确的轨道向前行进,即使是碰上一时看不清楚的"雷区",由于遵循了发展导向型原则,坚持按照效率要求、"三个有利于"的要求、市场取向要求进行处理,故而始终没有出现大的失误,"摸着石头过河",自然而然地淌过激流险滩。世界上许多专家认为,改革不论采取何种方式,在初期都必须付出牺牲经济增长的代价。而中国恰恰相反,在社会改革中不但没有导致生产发展和人民生活水平的下降,反而保持了改革与发展的同步,在整个改革过程中实现了经济的持续高速增长。在20年改革过程中,中国的国民生产总值(GDP)年平均增长率高达9%以上。

二

中国社会改革取得成功的第二条经验就是把中国的改革与国际环境的变化紧密联系起来,把改革与对外开放有机地结合起来,使对内改革与对外开放相互促进,相得益彰。

一个民族的兴衰,往往与世界潮流的变动和能否抓住历史提供的时代机遇有着密切的关系。中国改革开放20年之所以能够取得这样大的成就,与我们在关键时刻抓住了时代机遇有极大的关系。

（一）中国在改革过程中，紧紧抓住了世界主题转换的历史契机，充分利用和平与发展的潮流，在进行内部改革的同时打开国门，确立了对外开放的基本国策

20世纪世界主题可以分为两阶段：上半叶是战争与革命时代，下半叶是和平与发展时代。时代主题的形成是世界上各种力量交互作用形成的结果。世界主题由"战争与革命"到"和平与发展"的转换是一个过程，这个过程从"二战"结束后就开始了。但由于冷战长期存在，以及中国周边局部战争不断，直到改革开放以前，和平与发展这个时代主题并没有为中国人所认识，中国人还不能对时代主题的转换作出科学的反应。毛泽东晚年对改善中美关系所作的重大决策，虽然客观上为中国后来改革开放创造了较为有利的国际环境，但这种决策本身还是冷战思维的产物。

"文化大革命"结束，党的工作重心转移和经济发展战略调整以后，中国共产党开始把内部的改革进程与适应外部环境变化实行对外开放的政策结合进来。对此，邓小平有着特别清醒的认识：过去我们的观点一直是战争不可避免，而且迫在眉睫。我们好多的决策，包括一、二、三线的建设布局，"山、散、洞"的方针在内，都是从这个观点出发的。这几年我们仔细观察了形势，认为就打世界大战来说，只有两个超级大国有资格，一个苏联，一个美国，而这两家都还不敢打。……世界很大，复杂得很，但一分析，真正支持战争的没有多少，人民是要求和平、反对战争的。还要看到，世界新科技革命蓬勃发展，经济、科技在世界竞争中的地位日益突出，这种形势，无论美国、苏联、其他发达国家和发展中国家都不能不认真对待。由此得出结论，在较长时间内不发生大规模的世界战争是有可能的，维护世界和平是有希望的。根据对世界大势的这些分析，以及对我们周围环境的分析，我们改变了原来认为战争的危险很迫近的看法。[1] 正是由于对世界形势作出了正确的判断并对外交政策作出了重大调整，中国在改革初期就争得了有利于改革和发展的国际环境。美国的中国问题专家哈里·哈丁在1995年2月国际货币基金组织举办的中国经济研讨会上谈到这一点时说，中国在经济改革初期就得到国际上的大量支持。比如，美国和中国在实现关系正常化后给予中国贸易最惠国待遇，并且在很大程度上放松了对中国进行技术转让的限

---

[1]《邓小平文选》第3卷，人民出版社，1993年，第126—127页。

制;日本向中国提供了大量的官方发展援助;世界银行和国际货币基金组织在20世纪80年代初迅速把中国吸收为成员国,等等。[1]

(二)中国在改革过程中,深刻认识到世界新技术革命潮流为各国所带来的机会与挑战,充分把握住了世界新技术革命所提供的历史机遇

在当今社会,科技是首要社会生产力,新技术的出现和传播已经成为发展的关键因素。对于发展中国家来说,如果能够抓住技术革命的机遇,就能在现代化的道路上实现历史性超越,反之,则会同先进国家的差距越拉越大,面临的挑战更为严峻。

第二次世界大战以后,世界新的技术革命逐渐浮出水面。但由于当时特定的历史条件,中国是在基本封闭的环境中进行现代化建设的,未能及时捕捉世界新技术革命的信息,特别是随后发生的"大跃进"和"文化大革命",更使我国的现代化走入误区,进一步耽搁了时间,坐失良机。

但是,20世纪80年代以后,世界进入新一轮的技术革命,中国欣逢改革开放之机,迅速对此作出了反应,对发展科技给予了高度重视。1978年,中国召开了意义深远的全国科学技术大会,邓小平在会上提出"科学技术是生产力""知识分子是工人阶级的一部分""四个现代化的关键是科学技术现代化"等一系列著名论断;1985年,中共中央制定了关于科技体制改革的决定;1988年,邓小平提出"科学技术是第一生产力"的论断;1995年,中共中央、国务院发布了《关于加速科学技术进步的决定》,再次召开全国科学技术大会,决定实施科教兴国战略。

正是由于中国抓住了世界新技术革命提供的历史机遇,充分发挥科技人员在现代化过程中的作用,实施科教兴国战略,有力地推动了中国的改革开放和现代化建设大业。

(三)中国在改革开放过程中,充分利用了东亚的崛起对中国发展所形成的有利条件

东亚的"四小龙"在20世纪50年代还是世界上最落后的地区之一,60年代

---

[1] 有意思的是,这些有利环境的获得,既与我们政策调整有关,也同冷战存在有关,同美中苏大三角关系的存在有关。中国在改革之初获得西方国家的支持,并非西方国家的由衷之意,而是出于冷战的需要,如果中国的改革在苏东剧变之后,情况可能完全不同。苏联剧变后俄罗斯遭到西方的冷遇,恰恰说明了这一点。

开始起飞,经过20多年的高速增长,它们进入了中等发达国家和地区之列,成为新兴的工业化经济体。70年代中后期,东盟其他国家又先后加入了东亚经济高速增长的行列,亚洲成为全球经济发展最快的地区,沿西太平洋亚洲国家的经济总量在世界所占的份额已从60年代的4%快速增长到25%。东亚及东南亚的崛起,给中国提供了巨大的机遇,不仅使中国在经济发展中占尽了地缘经济的优势,也使中国得到了意外的"亲缘"优势,这就是5 000万海外华人华侨。由于其在东亚的先期发展过程中积累了雄厚的资金、先进技术和管理经验,使得中国的对外开放具备了其他国家所没有的得天独厚的条件。中国在对外开放的早期之所以能够迅速利用大量外资,主要源自这一"亲缘"优势。

值得指出的是,中国的社会改革与对外开放过程,始终注意了二者的"一致性",即社会改革的进程与对外开放的进程保持一致,二者相互适应。中国不仅实行渐进式改革,而且实行渐进式开放,始终把主动权牢牢掌握在自己的手中,从而保证面对国际环境的变化,能够作出正确的反应。

三

中国改革第三条成功的经验是,在进行具体的社会改革过程中,非常注意研究改革的各项具体策略,在改革的路线、方针、政策上,在改革措施出台的时机与时序上,在改革的推动与调控中,都十分注意讲究策略。

(一) 从旧体制最薄弱的环节入手,最大限度地减少改革阻力

总结中国20年社会改革的具体经验,最重要的一条就是从旧体制最薄弱的环节入手,从而最大限度地减少改革阻力。这一思路在改革进程中具体表现为两点,即农村包围城市和体制外包围体制内。

中国改革的背景与苏联不同,不仅在于中国改革前的经济基础非常薄弱,而且在于中国改革前是世界上最严格的二元经济,从苏联搬来的计划经济体制虽然根深蒂固,但其社会覆盖率却很低,在国民经济各部门和社会各领域所起的作用有很大的不同。在国民经济的主体部分,计划经济体制非常牢固,而在农业和轻工业部门,计划经济体制的作用要小得多。这就为中国选择比较稳妥的改革突破口提供了较大的余地。

中国最大的国情就是人口多、底子薄。人口多主要是农村人口多,底子薄主要是十几亿人口绝大部分都在搞饭吃,而且吃不饱、吃不好。造成这一局面的关

键是广大农民没有生产积极性。而农民之所以没有积极性，又主要是由于新中国成立后建立起来的人民公社体制造成的。因此，要改变80%的人口搞饭吃的局面，必须调动广大农民的生产积极性，而要调动广大农民的生产积极性，就必须改革中国农村的经济和社会制度。这就是中国改革的突破口。因此，在粉碎"四人帮"后不久，中央就强调，要进行现代化必须首先发展农业，把农业搞上去。在这种背景下，终于引发了大规模的中国农村改革。

中国农村改革最终以家庭联产承包责任制即"包产到户"和"大包干"的形式稳定下来，到1982年年底，全国80%以上的生产队就已经实行了家庭联产承包责任制。农村改革虽然严重冲击了中国传统的社会主义观念，但由于它是在国民经济的非主体部分发生的，再加上改革后农业生产迅速发展，极大地缓解了全面进行现代化建设的压力，使人们较为容易地接受了这一改革举措。

但是，尽管农村改革的初衷只是从农业本身着眼的，目的是要解决十几亿人口的吃饭问题。但其后果绝不仅仅局限于农业与农村。它像在传统经济体制的大堤上开掘的一条决口，其结果是出人意料的。首先，乡镇企业异军突起，到1985年，乡镇企业的总收入达1 827.41亿元。迅猛发展的乡镇企业不仅推动了农村的工业化和现代化，而且推动了农村多种经济成分的大发展，推动了市场经济的因素在体制外的发展，从而使中国改革具有自我推动的特点。其次，在农村改革成功的鼓舞下，中国大大提高了改革的信心和决心，有力地推动了中国城市经济体制的改革，形成了所谓"农村包围城市"的中国改革路线。"农村改革的成功经验，农村经济发展对城市的要求，为以城市为重点的整个经济体制改革提供了极为有利的条件。"[1]

与此同时，农村改革还引发了另外一条改革路线：体制外包围体制内。农村改革本身就是在传统经济体制之外进行的一种改革，或者说是在传统经济体制最薄弱的环节进行的改革。在农村改革转入城市经济体制改革以后，城市经济体制改革和城市经济的发展仍然是从传统体制最薄弱的地方入手的。城市经济也是在传统经济体制之外首先迅速成长起来，主要表现为"三资"企业、私人企业、个体经济等。这是另一条从旧体制最薄弱处入手，最大限度地减少改革阻力的改革路线。

---

[1]《中共中央关于经济体制改革的决定》，《人民日报》1984年10月21日。

1987年,党的十三大正式肯定了私营经济成分存在的必要性和合理性,指出社会主义并不要求纯而又纯,在社会主义初级阶段,尤其要发展多种经济成分。个体经济、私营经济、"三资"企业等非公有制经济成分,在社会主义社会很长一个时期内都将是中国社会主义经济必要的和有益的补充。党的十五大更提出,非公有制经济是社会主义经济的重要组成部分,要和公有制经济共同发展。非国有经济的工业产值到1994年已经达到38 202亿元,在工业产值中所占的比重已上升到61.5%,超过了半壁江山。

传统经济体制外围成分的生长与发展,为最后发起对传统经济体制的攻坚准备了物质条件与经济基础,使中国的经济体制改革在最小的阻力下得以顺利进行。

(二)充分发挥物质利益的驱动作用,最大限度地增加改革的自我推动力

历史唯物主义的一个基本原理就是重视物质利益原则,中国的改革始终坚持这一原则,并最大限度地发挥了这一原则的杠杆效应。

第一,中国的改革首先从物质领域开始,按经济改革——文化改革——政治改革的思路依次进行,使人们首先从改革中得到物质利益的满足。美国哈佛大学教授帕金斯(Dwight H. Perkins)认为,亚洲的社会主义国家改革与苏联东欧相比,有三个特点:其一,经济改革优先于政治改革;其二,改革前的经济基础要差得多,比较穷;其三,改革起步时,多数人口从事农业,在工业产出中,多数来自中小企业。实际上,这三个特点是相互联系的。正是因为比较穷,所以在中国的改革中首先考虑的是经济改革,在改革中坚持以发展为导向,把促进经济增长作为改革的优先次序和成功与否的重要目标函数。由于在经济改革中,直接促进了经济的增长,提高了人民的收入水平和生活水平,极大地调动了广大人民群众参与改革的积极性,使改革事业成为政府和人民的共同事业,使政府在改革中获得了最大的社会群众基础,这不仅最大限度地减少了改革的社会阻力,而且使改革本身形成了一种自我推动力。

第二,让改革者先得利。由于中国的改革首先是在经济领域中进行的,并且把物质利益原则作为调动广大人民群众改革积极性的重要杠杆,中国先后推出了一系列有助于改革向前发展的措施。一是通过让利来调动改革的积极性。在农村改革中,政府先后几次大幅度调整了农产品的价格,让利于农民,使政策效应与价格效应重叠发生作用,极大地调动了广大农民种田的积极性。在城市改

革过程中,先后通过让利放权、双轨制、承包经营、租赁经营以及后来的股份制改革等方式推动改革向前发展,真正做到谁改革谁得利,先改革先得利,"不改革,只有死路一条"。虽然其中有些改革措施导致一些重要失误,但从当时来看,它有效地调动了各级各类企业参与改革的积极性。二是实施了邓小平提出的"让一部分人先富起来"的重要决策,极大地刺激了体制外的经济增长,有力地支持了体制内的各项重要改革举措。

第三,在满足所有人利益的前提下进行社会利益结构的调整。改革从某种意义上说,就是社会利益结构的调整。改革的本质在于通过制度的重新安排,推动社会利益结构的变动,促使各种社会资源进行重新配置,从而达到促进社会经济发展与进步的目的。在中国的改革进程中,利益结构的调整是非常明显的,无论是收入分配体制改革(如工资制度的改革),还是行业利益结构、地区利益结构的重大调整,都是过去所没有的。在这种重大利益结构调整中,很容易导致重大社会利益冲突,激化社会矛盾,从而损害改革的整体安排。但中国在改革进程中,虽然进行了社会利益结构的重大调整,但这种调整是以所有社会阶层、所有社会成员的利益都在一定程度上得到提高的基础上进行的,也就是说,在中国的改革过程中,得利较多的阶层,其所得到的利益并非以损害其他社会阶层的利益为前提,而是来自社会改革和发展过程中新增加的利益,因而能够把改革的阻力减到最小。

(三)实行渐进式改革:摸着石头过河

中国的改革是在没有进行充分的理论准备条件下进行的,这既是它的缺陷,也是它的优势所在,即在中国改革过程中,除了来自旧体制的阻力外,不存在"理论阻力"。中国改革的基本策略可概括为:大胆地试,小心地走,认准了就坚决干。这就是邓小平著名的两论:"猫论"和"摸论"。

"猫论"反映了一种把目标放在首位的思路,"摸论"反映了积极与渐进相结合,胆子大和步子稳相统一的改革思路。对困难的问题慎而又慎,对看准了的问题坚决改革。中国改革从总体上说是渐进式的,但在有些改革措施上却特别的坚决、快速和彻底。比如农村改革中的"大包干",从被承认到全国普及只有两年时间。

但在如何进行国有企业改革的问题上,中国在改革过程中又显得特别的慎重。从20世纪80年代中期开始的国有企业改革,一直到今天,这一改革进程尚未完成。这虽然付出了巨大的改革成本,但从避免改革重大失误可能导致严重的社会动荡来说,又是相当理智的。

实行渐进式改革,不仅可以不断地积累经验,避免重大的改革失误,而且更重要的是为广大人民群众适应改革,提高社会心理承受力提供了机会和条件。改革是自上而下的,许多重大的改革举措虽然符合社会发展规律,顺应了历史潮流,但对广大普通老百姓来说,一开始未必能够适应。如果在普通老百姓不理解、不适应的情况下,改革进程过快,改革措施过激,很容易导致好事办坏,使改革进程严重受挫。

实行渐进式改革,还为改革进程中的制度配套提供了时间和机会。任何重大的社会改革都是一次制度"革命"。在这种重大的社会改革中,仅仅对其中几项制度进行变革是不够的,它必须要在重大的制度变革之后,进行许多配套的制度调整和制度完善工作,否则,孤零零的几项制度变革,必然要遇到种种"制度环境"的制约。而过激的社会变革往往就在此环节上出问题,使主要的制度变革与其他的制度完全脱节,造成制度紊乱并进而形成巨大的社会反弹,使改革进程受挫。实行渐进式改革,在每一次重大的改革措施出台后,有一段稳定改革措施的时间,在这段时间内,可以对其他与之匹配的制度进行相应调整,提高制度之间的相容性和适应性,从而形成一种有张有弛的改革节奏。

创建中国迈向"发达"的战略高地

——21 世纪我国经济特区及沿海经济发达地区的战略定位

一

我国的经济特区是在改革开放初期特定的历史条件下出现的,过去 20 年,它是我国对外开放的窗口。经济特区的出现与初期即获得巨大的成功,得益于邓小平渐进式改革开放路线和党中央的战略部署,得益于我国特定的海外国情。

邓小平的改革路线是一条举世公认的渐进式改革路线,"摸着石头过河"是中国早期改革路线的形象描述。在开放问题上,不能一下子把所有国门全部打开,以致不可收拾,完全失控(这样的例子和教训在世界上是很多的),开放也要让国人有一个适应的过程。因此,早在对外开放之初,我国就设计出"重点开放沿海地区,逐步向内地开放"的总体开放战略。先建立几个开放的窗口,再循序渐进地把开放地区逐步扩大,四个经济特区就是在这一总体思路指导下建立起来的。

中国有 5 000 万以上的海外华人华侨,他们对祖国有着深厚的感情,特别是东南亚地区的华人华侨和港澳台地区的商人,在第二次世界大战后东亚经济崛起过程中积累了雄厚的资本、先进技术和管理经验,他们希望能够回到祖国进行投资,希望大陆能够为他们提供一块理想的投资热土。正因为有了这种得天独厚的海外"亲缘优势",在邓小平渐进式开放路线的指导下,中国的经济特区在建立之初即获得了巨大的成功,并在过去 20 年中对中国现代化建设作出了重大

纪念深圳特区成立 20 周年理论研讨会(深圳,2000)会议论文,原载于《南京师大学报(社会科学版)》2001 年第 6 期。

的历史性贡献。由于经济特区的带动,我国迅速形成了全面开放的大格局,20年来,中国经济增长率居世界首位,经济规模已经居世界第7位,是世界第11大贸易出口国,第12大世界进口国,吸纳的外资居世界第2位,外汇储备仅次于日本,居世界第2位。总之,中国的经济特区一下子把中国的对外开放提到空前的高度,成为中国突破封闭、走向世界的排头兵。

但是,在新的历史条件下,我国的经济特区也面临着许多新的挑战:第一,全面开放大格局已经形成,还要经济特区干什么?第二,过去经济特区的各项优惠政策在全国已经普遍存在,特区的"特"还能表现在什么地方?第三,在西部大开发战略全面启动的情况下,经济特区继续存在是否与之冲突?经济特区的继续发展需要回答好以上几个问题。

在新的历史条件下,我国经济特区及沿海经济发达地区要获得进一步的发展,首先必须要重新进行战略定位。如何定位?可能仁者见仁,智者见智。我们认为,经济特区及沿海经济发达地区今后的主要任务,是为我国在21世纪中叶基本实现现代化这一总体战略服务,为中华民族在新的世纪实现伟大复兴这一宏伟目标服务。按照这一总体要求,经济特区和沿海经济发达地区将不再仅仅是对外开放的"窗口"了,它在新世纪的主要历史任务,是要在我国东部沿海地区率先建立起一个迈向高度现代化或发达社会的战略高地和操作平台。当然,这个战略高地的范围不仅局限于几个孤立的经济特区,它应当是以经济特区为中心的沿海经济带,包括上海、北京、天津、广东、江苏、浙江、福建、海南、山东、辽宁。其中上海、深圳、北京应该是这个战略高地的制高点。原有的经济特区应该在这一历史任务的转换过程中发挥实验与示范作用。

二

创建中国迈向高度现代化或发达社会的战略高地与操作平台,是实现中华民族伟大复兴的必然要求,也是邓小平经济发展战略理论中"台阶论"的逻辑延伸。

实现中华民族的伟大复兴,是几代中国人为之努力的民族梦想和宏伟愿望,但只有在今天,这一宏伟愿望才成为中国人一种真正可望又可即的现实目标。在邓小平"三步走"战略思想的指导下,中共中央及时制定了我国在21世纪中叶基本实现社会主义现代化的战略目标。但是,我们应该看到,中国与当今世界发达国家的差距是巨大的,以人均国民生产总值来说,我国刚刚达到人均国民生产总值1 000美元,而日本、美国等发达国家已经达到人均国民生产总值3万美元以上,有些国家甚至达到人均4万美元,即使按照购买力平价计算,差距仍然是巨大的。如此大的收入悬殊,即使中国想在50年后赶上今天的发达国家,也是不可想象的。这样大的历史差距,任何国家,特别是像中国这样大的国家,不可能一步跨越过去,必须要设立几个可行的、有序的历史台阶。因此,我们必须要进一步贯彻邓小平提出的"让一部分地区、一部分人先富起来"的大政策,在我国内部有条件的地方建立一个通向发达社会的战略高地和操作平台。实际上,邓小平在著名的"南方谈话"中就提出中国要过几年上一个台阶的战略思想。

所不同的是,邓小平提出的是"时间台阶",而这里所说的是"空间台阶",中国要赶上发达国家,必须要能够精心设计和顺利有序地跨越这样两种"时间台阶"和"空间台阶"。世界各国的现代化学者,过去只是注意到实现现代化是一个复杂的过程,在这个过程中有若干个相对独立的发展阶段,最为典型的如罗斯托的六阶段说。值得注意的是,这些现代化过程的阶段划分,都是指整个国家作为一个整体在现代化过程中不断攀登的过程。但是,中国是一个地域极为广大、各地区发展差距特别明显的发展中国家,我们不可能指望全国各地都能保持同一个发展水平,然后向发达社会攀登,因为那是不可能的,也是不现实的。

这里就有一个如何看待我国的东西部发展差距问题。邓小平确实曾经提过"两个大局"的战略思想,即现在开放东部,西部要服从大局予以配合,今后发展西部,东部也要服从大局予以配合。但是,对邓小平"两个大局"的思想,不能理解为要支持西部大开发,东部就要放慢自己的发展步伐,单纯支援西部的发展以拉平巨大的地区发展差距。我们不能忘记,两个大局之上,还有一个全局或总局,那就是在21世纪中叶基本实现现代化,实现中华民族的伟大复兴。大局要讲究服从,总局更要常在心中。东西部差距过大,必然会影响全局,特别是考虑到西部是我国的少数民族聚居区,经济差距过大,可能会引发某种不稳定因素。因此,适时地进行西部大开发,无疑是正确的。但是,进行西部大开发绝不是简单地把东部与西部扯平。对于中国这样一个巨型的发展中国家来说,存在一定的地区发展差距在某种意义上是必然的,如果处理得好,一定的地区发展差距甚至也可能成为某种发展资源。中国的东西部发展差距是在长期的历史过程中形成的,新中国建立以后,中央政府想方设法扶持西部的发展,在西部地区,特别是少数民族地区投入了大量的物质与政策支持,使西部的经济获得了巨大的发展,有些地区甚至一下子跨越了几个发展阶段。可以说,在世界各国政府中,根本找不到像中国政府这样对待少数民族地区的"反向不平等"政策。改革开放以后,中国不仅东部地区获得了巨大发展,西部地区也获得了巨大的发展,只是由于内外部条件不同,东西部的发展速度有一定的差距。现在,党中央及时地提出了西部大开发战略,这无论是对于进一步缩小东西部之间的发展差距,保持东西部地区发展的战略平衡,实现中国现代化的发展全局,还是对于21世纪中国现代化的重心转移,都具有重要的战略意义。因此,不能从西部大开发战略中得出单纯缩短地区发展差距的结论,而应当使其成为我国东西部相互推动,共同向着更高的台阶迈进的战略举措。

从外部来分析,当今世界经济全球化浪潮一浪高过一浪,在这种经济全球化速度大大加快的历史条件下,任何国家要想实现本国的现代化,都必须把它放在经济全球化大背景下进行战略安排。如果说,在封闭的历史条件下,中国还可以考虑保持各地区大体均衡的发展模式的话,那么,在经济全球化的历史条件下,坚持国内各地区均衡的发展模式无异于作茧自缚。现在国内一些学者提出的所谓均衡战略或超均衡战略都是不顾国际大背景的封闭思维。

既然从国内和国际两个方面分析我国都必须要走非均衡的发展战略,在我国与发达国家之间建立起一个迈向发达社会的现代化的"空间台阶",即建立一个所谓的战略高地和操作平台,那么,建在哪里最合适呢?当然是我国的经济特区和沿海地区,这是创建迈向高度现代化经济平台的首选地区。因为经过20年的改革开放,我国的经济特区和沿海经济区已经积累了较为雄厚的经济、制度、人才、技术基础和现代化的管理经验,具有较强的民间投资能力和风险意识,具有比较健全的市场机制,具有丰富的对外开放的经验。经济特区无论是在经济全球化对我国的冲击过程中,还是在中国加入世贸组织后面临的挑战过程中,都具有较强的适应能力和消化能力,对在迈向高度现代化过程中必须建立的高科技产业,也具有较强的培育能力。

三

要适应这样一个全新的历史定位,完成这样一个重大的历史任务,必须在我国的经济发展总体战略上作出全新选择。

第一,必须在2010年至2020年前后,使我国的经济特区和大部分沿海经济发达地区提前达到基本实现现代化的战略目标。

基本实现现代化是党中央在十五大上提出的宏伟战略目标。按照中央的部署,我国要在新中国成立100周年之际,人均国民生产总值达到中等发达国家的水平。为达此目标,必须要求经济特区和沿海部分经济发达地区提前实现,使我国东部形成一个在世界上属于中等收入地区的经济带。

第二,利用国家西部大开发战略,东部地区必须对自身原有战略作重大的调整,放弃过去单纯以出口加工为支柱的产业政策,将传统的劳动密集型产业迅速、大规模地向内地转移,大力发展高新技术产业,推动东部地区产业结构的迅速升级。

历史的经验告诉我们,经济结构的每一次升级,都会带动经济发展上一个新台阶,这是经济发展过程中的一个规律。加快我国经济结构的调整和产业升级,既是中国现代化建设自身的需要,也是中国适应世界经济结构加速重组和科学技术突飞猛进的大趋势的需要,是增强中国国际竞争力的需要。但是,经济自身的规律性和我国经济发展的不平衡性,决定了我国这种经济结构的升级和战略性调整并不是一刀切,必须有先有后,形成错落有致的格局。对我国这样一个科学技术比较落后、市场经济还不甚发达的发展中大国来说,最忌讳的是整个国家经济始终在同一个层次上平面推进,导致市场空间狭窄,重复投资建设,产品集中在少数市场上过度竞争。因此,在我国的经济结构战略性调整中,经济特区和沿海经济区应该先行一步,以市场需求为导向,依靠科技进步,以提升市场竞争力为中心,积极利用国际上先进的技术改造和提高传统产业的装备水平,大力发展新兴产业和高技术产业,全面推动经济特区与沿海经济区的经济结构升级。

第三,深化收入分配体制改革,在中国率先形成一个高收入区,为大量吸引海外学子和国际人才奠定基础。

新中国成立以来,实行了统一的分配政策,彻底解决了旧中国两极分化、收入过分悬殊的社会现象,这对于我国在社会生产力比较低的情况下实现社会公正,促进社会进步与人文发展指数的增长,无疑具有重要的作用和影响。但是,在我国已经基本实现温饱正在向小康社会迈进的历史条件下,特别是在经济全球化进程突飞猛进的大开放条件下,这种过于平均的分配格局已经无法适应了。我们的人才市场正面临着发达国家的严峻挑战,同时也面临着国内非公有制经济的严峻挑战。我们的某些名牌大学正在成为留学预备学校和外国企业的人才培养基地,这是一个非常值得重视的战略性问题。不解决这个问题,我们的现代化大业就没有希望;不解决这个问题,我们的国有企业改革也没有希望。设想一下,如果我们的国有企业中的优秀人才都被外资企业挖走,国有企业中只剩下一些平庸之辈,那么,国有企业还有希望吗?如果我们民族的优秀人才都被外国挖走,那么,我们这个民族还有希望吗?显然没有。要解决这个问题,单纯靠思想政治工作是不行的,单纯靠爱国主义教育所能达到的效果也是有限的,必须进行分配体制的更为深刻的变革,使我们民族的最优秀人才享受到我们民族给予的最崇高的待遇,真正贯彻邓小平所说的"尊重知识,尊重人才"。为此,我国有必要放弃全国统一的工资政策,由各省自主地制定自己的工资分配政策;有必要使有条件的东部地区成为一个高收入地区,使其与经济发展水平同步。要通过分配体制的改革,使我国的东部地区不仅对国内人才有巨大的吸引力,而且对国际人才也有相当大的吸引力,特别是对发展中国家人才有较大的吸引力。

第四,进一步完善与社会主义市场经济体制相配套的政府管理体制和社会管理体制,真正建立起具有不可逆性的现代化社会体系。

现代化的实现并非一个简单的直线过程,从世界各国现代化过程来看,有许多经验教训值得我们吸取。有的国家曾经迅速发展,势头很猛,普遍被世界舆论看好,认为其现代化即将成功,结果却落入"现代化陷阱"不能自拔。有的国家曾经非常强大,甚至连美国也惧怕三分,但由于体制原因,却在"一夜之间"垮掉。这说明,现代化绝不仅仅是一个经济总量问题,也不是一个人均国民收入问题,更不是一个单纯的军事实力问题。现代化是一个建立在高度发达的社会生产力基础之上的社会体系,是一个建立在非常完善的社会经济体制与政治体制基础之上的社会,是一个建立在与传统社会完全不同的新型精神文明基础之上的社会。发展中国家作为一种赶超型现代化模式,往往只注意到经济的增长或军事实力的扩张,而没有相应的社会经济结构与政治结构的根本性改造。因此,这些国家或地区在现代化过程中,一旦推进现代化的主体因素衰落,必然造成现代化事业的中断和夭折。中国必须充分吸取这个教训,不能再重复别人走过的弯路。因此,我们必须在现代化建设过程中,一边大力发展生产力,一边积极推动政治经济体制与社会结构的转型,通过经济政治体制和社会结构的转型来巩固经济发展的成果,巩固社会主义现代化建设的成果。为此,我国在东部地区要进一步加快政府与社会的分离,培育相对独立的社会体系,加快社会基础结构的重构。可以考虑吸取我国近年来农村村民自治与村级民主选举的经验,率先在东部地区开展"城市自治"的改革与试验,把特区从过去单纯的经济特区转变为经济、政治和社会发展的综合试验区,要重点突出政治改革的试验功能,鼓励经济现代化程度较高的特区在依法治市、民主决策、民主管理、社会监督(特别是新闻监督)方面进行制度创新,为社会主义民主政治建设摸索符合中国国情并且具有可操作性的具体形式,为把我国建设成为一个不仅经济现代化比较成功,而且政治现代化建设也比较成熟的民主与法制社会作出自己的贡献。

第 4 章

DI SI ZHANG

"乡村建设运动"和"村民自治"

一、概述

中国传统上是一个以农业为主的社会,社会学自传入中国以来,农村社会学始终是中国社会学家们关注的重点领域。回顾整个20世纪中国应用社会学和农村社会学的发展,不能不首先注意到20世纪上半叶的"乡村建设运动"和20世纪80—90年代以来的"村民自治"运动,这是整个20世纪中国农村社会学所关注的两个亮点。通过这两个亮点,我们可以从中窥见20世纪中国农村社会学发展的某些轨迹。

乡村建设运动本身和新时期的"村民自治"运动并不直接与社会学相关,它们的兴起都与当时特定的社会历史背景有着重要的联系。它们的直接目的都是为了某种实践的目的而不是"纯粹的社会学",但是"乡村建设运动"和新时期的"村民自治"所研究的对象和所涉及的问题又都是农村社会学所关心的问题。因此,研究20世纪中国的社会科学,特别是应用社会学和农村社会学的历史发展,不能不讨论乡村建设运动和"村民自治"运动。

在中国历史上,历来有地方自治的传统。但这种地方自治实际上是一种"族民自治",它总是与当地农村影响极大的宗族势力结合在一起的。历史进入了20世纪,由于外部和内部因素的作用,中国的政治和社会结构都在发生重大而深刻的变化。在这种背景下,如何解决中国广袤的农村地区的社会管理问题,如何保证农村地区的社会秩序,促进农村地区的发展,就成了各界所关心的问题。"乡村自治"于是作为一种方案逐渐浮出水面,成为人们思考和解决农村社

原载于卢汉龙、彭希哲主编:《二十世纪中国社会科学·社会学卷》,上海人民出版社,2005年。

会的一条基本思路。

清朝末年,清王朝在内外变革的压力下,曾颁布过《城乡地方自治章程》,但并未真正实施。最早创办现代"村治"的是来自民间的力量,清末民初,河北定县翟城村的米氏父子就开展了有关村治的试验。1902年,河北省定县翟城村的米鉴三首先提出了村治的设想,并制定了村治规划,兴办学校,开展识字教育等。民国初年,他的儿子米迪刚从日本留学归来,学习和借鉴日本地方自治的经验,在翟城村提倡自治,企图借以推动社会改良。1915年10月,翟城村自治公所在定县政府的支持下正式成立,全村设立了8个自治区,并由村长、村佐、股员和各区区长组成"村会",讨论决定村务中的重大问题。翌年,山西开始学习河北翟城的经验,推行村治,于1917年颁布了《各县村治简章》。1922年,主政山西的阎锡山进一步提出,"行政之本在于村",并颁布了《改进村治条例》,山西的乡村自治运动曾经名噪一时。继山西之后,云南、浙江、江苏等地,也先后推行过村治。乡村建设运动正是在这一大背景下形成的。南京国民政府行政院也在1934年通过了《改进地方自治原则》,希望通过政府的力量进一步推动乡村自治,但蒋介石出于反共的需要,否定了地方自治方案,颁布《实施保甲训令》,使"村治"自然夭折。[1]

新中国成立后,中国的农村社会发生了天翻地覆的变化。在如何解决中国农村的社会管理问题上,也经历了比较多的曲折和探索。1950年,政务院颁布了《乡(行政村)人民代表会议组织通则》和《乡(行政村)人民政府组织通则》,规定行政村为一级地方政府机关。经过合作化和公社化以后,逐步形成了我国农村基层"三级所有,队为基础"的政社合一体制,这种体制一直延续了20多年。我国进入改革开放的新时期以后,安徽凤阳县小岗村率先突破了"三级所有,队为基础"的体制,实行家庭承包经营模式;四川广汉县向阳公社首先实行政社分离,建立了乡政府;广西宜山县三岳乡冷水村和罗城县四把乡冲弯村率先建立了村民委员会,开创了新时期农村"村民自治"的先河。这些农民在实践中的伟大创造都得到了中央的支持和肯定,并在全国得到迅速推行。

由上述可知,贯穿整个20世纪并一直延续至今的中国农村社会管理体制和农村发展模式的探索,主要是由民间人士、社会团体和政府有关部门主导进行的。但是,在这一历史过程中,一直受到社会学家们的特别关注,特别是其中的

---

[1] 沈延生:《村政的兴衰与重建》,《战略与管理》1998年第6期。

"乡村建设运动"和"村民自治"运动,吸引了众多的社会学家的参与。社会学家在广泛参与、实施和实验过程中,不仅推动了实践的发展,更重要的是催生了中国本土派社会学理论的形成和发展,对社会学的中国化和本土化起到了重要的促进作用。

二、乡村建设运动

（一）乡村建设运动的历史背景与基本理论

20世纪30年代的乡村建设运动,既是20世纪初即已开始的"村治"思潮的延续和发展,又是当时中国社会特定历史条件下的产物。从直接的历史背景看,第一次大革命失败以后,面对国共两党分裂和国内军阀连年混战,社会各界精英企图在国共两党之外寻找中国农村社会发展的出路。作为当时中国的知识分子和社会精英,他们既对国民党蒋介石的农村政策大为不满,又对中国共产党的激进乡村革命感到恐惧,于是希望在国共两条道路之外寻找到一条能够解决中国乡村发展的第三条道路。从更为宏大的背景来说,乡村建设运动则是近代中国社会精英不断寻找中华民族复兴的一种尝试。正如有的学者所说,在近代中国社会学史上,"尽管前辈社会学者的观点各有不同,但他们绝大部分都有为国为民,以天下为怀、以苍生为念的境界,为救国救民,振兴中华民族,就中国社会发展的路向提出建设性的看法与建议"[1]。乡村建设运动可以说是这一文化传统的延续。正如梁漱溟所说:"我所主张之乡村建设,乃是想解决中国的整个问题,非是仅止于乡村问题而已。建设什么？乃是中国社会之新的组织结构（政治经济与其他一切均包括在内）,因为中国社会的组织结构已完全崩溃解体,舍重新建立外,实无其他办法。"[2]

乡村建设运动不同于一般的社会运动,它是有一定理论指导的社会改良运动。乡村建设运动的代表人物是著名的教育家和社会学家晏阳初（1893—1990）和梁漱溟（1893—1988）。乡村建设运动的基本理论也是由他们提出来的。

晏阳初认为,愚、贫、弱、私是造成中国贫穷落后的四大病根,他据此提出以文艺教育医愚,以生计教育医穷,以卫生教育医弱,以公民教育医私的主张,并强

---

[1] 杨雅彬:《近代中国社会学》上册,中国社会科学出版社,2001年,前言第1—2页。
[2] 梁漱溟:《乡村建设论文集》,邹平乡村书店,1936年,第32页。

调这四大教育必通过社会、学校、家庭三种方式连环进行,以培养农民的知识力、生产力、强健力和团结力。晏阳初主张在农村进行政治、教育、经济、自卫、卫生和礼俗"六大整体建设",以此达到强国救国的目的。[1]

梁漱溟认为,中国既不能走西方的资本主义道路,也不能走苏联的社会主义道路,只能走乡村建设运动之路。他认为,经济发展无非两条路径:一是以个人本位的自由竞争之路,近代西洋社会即走此路,而为日本模仿成功。此路在中国行不通。二是社会本位的统治计划经济之路,即苏联之路,它必须有一强有力的政府,运用国家权力,总持经济建设之事,而中国社会恰好不允许有这样的政治。中国的经济建设必然是乡村建设,"必走乡村建设之路者,即谓必走振兴农业以引发工业之路,换言之,即必从复兴农村入手"[2]。他认为,这是中国自己的路子。"我们如果要在政治问题上找出路的话,那决不能离开自己的固有文化,即使去找经济的出路,其条件亦必须适合其文化,否则必无法找寻得出,因为这是我们自家的路,不是旁人的路。"[3]

为什么要从乡村入手?梁氏认为,中国是集家而成乡、集乡而成国的社会,在乡村中从理性求组织有许多合适之处。梁漱溟主张,中国不要直接办工业,而要从农业生产、农民消费两方面来刺激工业发展,要先制造出工业的需求来。"从农业引发工业,更从工业推进农业,农业工业叠为推行,产业乃日进无疆,同时亦就是从生产力抬头而增进购买力,从购买力增进而更使生产力抬头;生产力购买力辗转递增,社会富力乃日进无疆。这是真的自力更生。"[4]

梁漱溟还认为,解决中国问题主要靠两种人,这就是知识分子和农民。乡村建设运动可以把知识分子与乡村农民结合起来,使之成为一个统一的力量。[5]

(二) 乡村建设运动的实践活动

乡村建设运动的源头,可以追溯到清末的"村治"及五四运动后的"新村"与"平民教育"。北伐时期,在各地农民运动蓬勃兴起的同时,各种改良运动也逐渐增多,到抗日战争前夕,全国各地有70多处搞过乡村建设试验。这些乡村建

---

[1] 《中国大百科全书·社会学卷》,中国大百科全书出版社,1991年,第452页。
[2] 梁漱溟:《乡村建设论文集》,第86页。
[3] 同上书,第32页。
[4] 同上书,第389页。
[5] 同上书,第344页。

设运动的时间有长有短,范围有大有小,工作有繁有简,效果有好有差,动机也不相同,但其共同点都是一种改良运动,即试图在不变更现存的社会生产关系的前提下,从事农业生产、流通及金融方面的改良,以期达到改善乡村状况的目的。

在各种乡村建设实验中,大体上分为两类:一类是先建立某种乡村建设理论,然后找一合适的农村区域,作为实验的场所。如山东乡村建设研究院主办的邹平、菏泽乡村实验区,中华平民教育促进会主办的定县平民教育实验区,燕京大学主办的清河实验区,四川省立教育学院和第三区专员公署主办的十县乡村建设实验乡,中华职业教育社主办的徐公桥乡村改进会等。另一类是进行单项的农村改良试验。如金陵大学的和县乌江农业推广实验等。在乡村建设运动中,规模最大,时间最长,投入人力最多的综合性乡村改良实验,当推梁漱溟在山东搞的乡村建设研究院邹平实验县和中华平民教育促进会晏阳初、李景汉主持的河北定县实验县。

河北定县是中国现代村治的发源地,中华平民教育基金会在此有比较长的历史和工作基础。定县的乡村建设实验从1930年开始,订了"十年计划",后改为"六年计划",即从1932年到1938年。平教会将这6年作为定县研究实验期,准备在完成"六年计划"后,将实验的结果推广到全国,但实际上,到1937年即因抗战而停顿。

梁漱溟的乡村建设活动,源于他的乡村建设理论。而这种乡村建设理论的思想萌芽,据说在他十几岁时就有了。清末民初,举国上下都在忙于宪政,而梁漱溟却注意到广大的农民还处于散漫和自生自灭的状态,对于国家的宪政建设漠不关心。基于这种状况,梁漱溟认为,宪政要以地方自治为基础,从基层入手,把散漫的自生自灭的不关心国事的农民组织起来,使他们觉悟起来。他就是本着这个目的致力于乡村建设的。

1931年,梁漱溟等在山东省政府主席韩复榘的邀请下,和河南村治学院的一班人到山东搞乡村建设,办起山东乡村建设研究院,地址选在邹平。乡村建设研究院分三部分,第一部分是乡村建设研究部,第二部分是乡村服务人员训练部,第三部分是乡村建设实验区,在邹平县进行实验。乡村建设研究院于1935年还成立了一个乡村建设师范学校。

邹平乡村建设实验的特点是依靠教育机构进行乡村建设实验,把整个行政系统教育机关化,以教育力量代替行政力量。县以下设乡学,几个村或十个村有一乡学。乡学是"政教合一"的机构,乡学下设村学,设置乡学村学的目的是培养新政治习惯,训练农民对团体生活及公共事务的注意力与活动力。他们取消乡镇公所的自治组织,而变为乡学村学,并不是不要自治组织,而是要培养训练乡村自治组织的能力。梁漱溟说:"我们乡学村学的组织,如能发生作用,乡村真正活起来,则对于中国地方自治问题的解决,不啻发明了一把锁钥,找着了它的诀窍,岂不是一件很伟大的事业吗?"[1]

乡学上受县政府的领导,旁有辅导员协助监督,既是行政机关,又是教育机构。全乡组织董事会,推出乡中德高望重、有文化、年龄较高的人当学长,学长由县政府下聘书,实际大都是地方乡绅学者名流担任。学长居于众人之上,监督调和众人。为了保持学长的尊严并使其处于超然的地位,乡里的行政事务由乡理事处理,学长对理事起监督作用。乡学里设以下组织:乡队部、户籍室、卫生室。各村的村学组织与乡学差不多。乡学村学里的成员,包括全乡全村的农民,称之为学众。乡学教育的指导思想和教学方法,大都是从晓庄师范学来的,除一般教材外还设有乡土教材。

乡村建设运动的具体内容,可用八个字概括,即"团体组织,科学技术"。所谓"团体组织",就是把分散的农民组织起来,成立各种类型的合作社,当时主要是组织生产合作社。所谓"科学技术",就是推广农业科技,通常从改良棉种入手等。此外还组织了一个金融流通处,可以存款、贷款,贷款是有条件的,不贷给个人,只贷给组织起来的合作社,奖励组织起来的农民生产合作社。除了组织生产以外,还要帮助乡村农民改掉一些鄙风陋俗,如求神、拜佛、女孩缠足、男孩早婚等。

(三) 乡村建设运动的后果

河北定县的平教会在定县的 10 年里,由于集中了许多优秀的知识分子,并花费了巨款,在乡村教育、生计教育、卫生保健、节制生育等方面还是取得了一定的成绩。特别是文化教育方面成绩最好,他们将小学教育和平民教育结合在一起,使得该县减少文盲的工作曾经在全国首屈一指。

虽然定县实验取得了一些成绩,但是最大多数民众的经济生活,并没有发生根本的变革。农村经济随着整个国民经济的破产而日益衰落,究其原因,就在于他们没有也不可能解决农村经济的根本问题——土地问题。李景汉在 1936 年

---

[1] 梁漱溟:《乡村建设论文集》,第 207 页。

也承认：农村问题的中心是农村经济问题，而农村经济问题的核心是土地问题，土地问题足以撼动农村社会的基础。土地问题得不到适当解决，则农村一切问题无从谈起。

梁漱溟在邹平推行的乡村建设运动同样不能令人满意。1935年10月，他在一次讲演中说，乡村建设有两大难处：一是高谈社会改造而依附政府，二是号称乡村运动而乡村不动。"高谈社会改造而依附政府"本身就是一个矛盾：要进行社会改造，那就不应当接近现政权，现在不但不能否定既有政权，而且只能依附于它，在它底下活动。这怎么能完成社会改造呢？"号称乡村运动而乡村不动"，就是根本无法真正调动广大农民的参与积极性。在无锡、定县召开的乡村工作讨论会上，乡村农民的代表差不多没有，最多的还是教育界和政府的人，农民漠不关心，仿佛乡村工作讨论会和乡村没多大关系。由此可见，梁漱溟自己也承认，乡村建设运动没有达到预期目的，可以说是失败的。

（四）乡村建设运动的评价

对20世纪30年代的乡村建设运动，当时就已经有很多学者进行了评价。这些评价来自不同学科的学者，他们的观点也大不相同。新中国建立以后，对乡村建设运动的评价经历了前后两个时期，在改革开放以前，从20世纪50年代到80年代初，对乡村建设运动的评价基本上是否定的，从80年代中期开始，人们对乡村建设运动陆续进行了反思，评价也更加趋于公允和客观、全面。结合时人和后人的看法与讨论，我们可以对乡村建设运动作出以下几点基本的评价：

首先，从总体上看，乡村建设运动这样一种改良办法能否解决中国农村发展的道路问题？答案显然是否定的。在乡村建设运动正在进行的同时，中国农村经济研究会就指出，乡村建设运动是企图在现存的制度下，用和平的方法来达到国民经济改革的理想。所谓的"农村复兴""乡村建设""合作运动"和"土地村公有"等，虽然采取了各种簇新的姿态，以各种不同的名词而出现，但是它的内容，它的本质，仍是袭蹈了过去一再失败过的覆辙。1938年，毛泽东同志在延安接见梁漱溟时也指出，乡村建设运动是改良主义运动，它依靠的是现政权，无法发动起最广大的农民群众。这种改良运动不但不能解决中国的根本问题，而且在半殖民地半封建的社会是注定要失败的。

对于定县的平民教育实验，当时就有人指出，平教会的理论基础，是建筑在抽象的"人"问题上，他们从抽象的人出发，对中国社会的整个认识是错误的。

他们以为中国社会的根本病根是占85%以上的农民之愚、穷、弱、私，所以要救中国必须针对这四个字着手，进行四大教育。他们只看到中国社会病态的表现，而不能追究产生愚、穷、弱、私的真实原因。中国之所以产生这些病态，从根本上看，是由于帝国主义的经济侵略、封建关系的存在和天灾的袭击。要根本铲除制造"穷"的诸社会条件，必须推翻帝国主义在华的统治，消除封建残余。平教会不是把在定县的工作单看成一种教育制度的实验，而是企图将定县实验作为中国农村复兴之路，解决中国的根本问题，这种定位本身就决定了它注定要失败的命运。平教会的工作本身就包含着一个不能解决的矛盾：他们不想谈中国社会政治的、经济的根本问题，而他们所要解决的却正是这些根本问题；他们不敢正视促使中国国民经济破产、农村破产的真正原因，而他们要解救的却正是这些原因所造成的国民经济破产与农村破产。[1]

至于邹平的乡村建设，中国农村经济研究会也给予了公正的评价和批判。梁漱溟认识到帝国主义与军阀是促使中国农村破产的主要原因，而且明白只有将农民组织起来，才能抵抗帝国主义的侵略与军阀的剥削。但是由于他不了解或不承认中国农村的阶级关系，把乡村看成是抽象的整体，因而只看到乡村的表面矛盾，而看不见乡村的内在矛盾。梁漱溟的"乡学"与"村学"，不过是旧日的豪绅政权的变相版本，乡学村学不能代表农民们的利益，农民当然也就不会拥护它。

一些社会学家还对乡村建设运动的具体形式进行了批评。都市社会学家吴景超认为，乡村建设运动根本解决不了中国农民的问题。他说："中国农民的生计问题，不是现在各地的农村运动所能解决的。假如现在还有人迷信农村运动，可以解决中国农民的生计问题，将来一定会失望，会悲观。理由是很简单的，中国的农民，占全人口百分之八十左右，农村运动的力量所能达到的农民，在全体农民中，不过九牛之一毛，即使这些农民得救，对于大局还是无补。这一点还不算重要。最重要的，就是这个问题的性质，太过于复杂、牵涉的方面太多，不是几个私人团体所能解决。"[2]社会学家陈序经也毫不客气地批评乡村建设运动始终没有超出空谈计划与形式组织的范围，实际工作寥寥无几，就是做了，也多是空而无用。各处的乡村建设实验区，宣传多于实际。乡村建设的目标是救济乡村农民，结果却变为救济工作人员，今后会养出一个吃"乡建"饭的新阶级。[3]

---

[1] 杨雅彬：《近代中国社会学》上册，第268—269页。
[2] 吴景超：《第四种国家的出路》，商务印书馆，1937年，第21—22页。
[3] 杨雅彬：《近代中国社会学》上册，第266页。

其次,乡村建设运动作为一次有大量知识分子参加的农村社会实验来说,也有许多值得我们今天肯定和反思的内容。例如,从事乡村建设运动的学者们深入农村社会实际,从事了大量的社会调查研究工作,这些调查成果对人们了解当时的中国社会是有帮助的。陈翰笙在为《定县社会概况调查》所作的序言中指出,李景汉的定县调查"虽然调查方面很多,可是完全是从实地调查而得,和地方志的多凭考据编成决不相同";"从定县的概况调查并不难看出中国社会一般的愚和穷和弱和私的病象……定县社会概况调查可算对于这些病象做了一个切实的诊断"[1]。社会学家孙本文也指出,对乡村建设实验工作,"平心而论,亦确有值得称述之点:第一,他们认定农村为我国社会的基本,欲从改进农村下手,以改进整个社会。此种立场,虽未必完全正确,但就我国目前状况言,农村人民占全国人口百分之七十五以上,农业为国民的主要职业,而农产不振,农村生活困苦,潜在表现足为整个社会进步的障碍。故改进农村,至少可为整个社会进步的张本。第二,他们确实在农村中不畏艰苦为农民谋福利。各地农村工作计划虽有优有劣,有完有缺,其效果有大有小,而工作人员确脚踏实地在改进农村的总目标下努力工作。其艰苦耐劳的精神,殊足令人起敬"[2]。另外,在乡村建设运动中,一些学者提出的某些理论主张,虽然在当时没有实施的社会条件,但在中国已经解决了农村发展的最大制度障碍之后,这些理论和主张却显示出一定的真知灼见。例如,要解决中国的发展和现代化问题,必须首先解决中国的农村和农民问题;要实现中国社会的工业化、现代化,必须要从农村入手;要解决农村问题,首先必须要发展农村的教育,从提高农民的素质入手;等等。

最后,还必须提到,20世纪30年代的乡村建设运动,不仅吸引了大批知识分子上山下乡,参与了当时的社会实验,而且为这些社会学家们的理论创新提供了一个辽阔的社会背景和丰富的社会素材,直接催生了中国社会学本土派理论的形成和发展。

三、新时期的"村民自治"

(一)"村民自治"的由来与发展

"村民自治"与我国传统的"村自治"虽然只是一字之差,但其含义大不相

---

[1] 李景汉:《定县社会概况调查》,北平中华平民教育促进会,1933年印行。
[2] 孙本文:《现代中国社会问题》第3册,商务印书馆,1943年,第93页。

同。"村民自治"是农村基层群众的自治,自治主体是村民,而"村自治"的主体是地方。一些国外学者常常把二者混为一谈,混淆了地方自治与群众自治的重大区别,并造成了一些不必要的误解。

20世纪80年代初,我国农村废除了"政社合一"的人民公社体制,为了适应农村家庭承包经营这一新的形势,必须要在农村社会管理制度和农民组织制度上进行根本的制度创新,新时期的"村民自治"正是这种组织创新和制度创新的产物。

农村实行家庭承包经营以后,使亿万农民摆脱了"政社合一"的集体经济组织的束缚,获得了生产经营自主权,成为相对独立的市场经济主体。过去行政性的生产大队和生产队组织,也就相应失去了组织生产和管理农民的功能,从而失去了存在的基础。农村市场经济的发展,农民对村务参与的要求的不断增强,迫切要求建立一种能够保证村民直接参与的自我管理和自我服务的基层社会组织。正是适应了我国广大农村的经济社会发展的客观要求,村民自治组织和村民自治活动应运而生。

我国村民自治活动的产生和发展大体经历了以下几个阶段:

一是村民自治组织的萌芽期(1980—1982年)。1980年年底,广西河池地区的宜山、罗城两县农民自发组建了一种全新的组织——村民委员会,以取代日益瓦解的生产大队组织。村民委员会的功能最初是协助政府维持社会治安,后来逐渐扩大为对农村基层社会、政治、经济生活中诸多事务的村民自我管理,村民委员会的性质也逐步向群众自治组织演变。此后,全国其他一些农村地区也陆续出现了村民委员会式的组织。到1982年年底,村民委员会在全国不少农村地区有了发展。这一时期出现的村民委员会及其类似组织,是后来作为法定群众自治组织的村民委员会的萌芽和基础。

二是村民自治组织创建期(1982—1987年)。1982年12月,第五届全国人大第五次会议通过的中华人民共和国新宪法,总结了各地农村的实践经验,确认了村民委员会的法律地位,明确规定村民委员会是我国农村基层社会的群众自治组织。全国各地根据宪法要求,进行了建立村民委员会的试点工作。1983年10月,中共中央发出《关于实行政社分开,建立乡政府的通知》,对建立村民委员会的工作提出了具体要求。此后,村民委员会在各地得以普遍建立。到1985年,全国建立村民委员会的工作基本完成,共建立村民委员会948 628个。

三是村民自治组织的完善期(1987年以后)。这一时期的一个重要特点是许多社会学、政治学方面的专家学者加强了村民自治的调查研究活动,有些学者还直接参与和指导了各地的村级民主选举试点,有力地推动了村民自治组织的民主化和法制化进程。1987年11月24日,全国人大常委会通过了《中华人民共和国村民委员会组织法(试行)》(以下简称《村民委员会组织法》)。这部法律对村民委员会的性质、地位、职责、产生方式、组织机构和工作方式以及村民会议的权力和组织形式等作了比较具体、全面的规定。此后,全国各地开始贯彻《村民委员会组织法》,在实践中逐步完善村民自治的各项制度。1988年,安徽省社会科学院社会学所辛秋水教授在国家级贫困县——岳西县莲花乡腾云村进行文化扶贫过程中,指导农民尝试进行村级直接民主选举。他根据中国的文化传统和农村的具体实际,提出在村级直接民主选举中实行"组合竞选制"方案,在实践中获得了极大的成功,并得到了有关部门的支持,在全国引起了极大反响。1989年,全国有14个省、自治区、直辖市在试点基础上开始依法选举村委会干部,促进了村级民主选举制度的建立和完善。到1996年年底,全国已有25个省、自治区、直辖市的人大常委会制定了实施《村民委员会组织法》的地方法规。福建、江苏、辽宁、湖南、河北、贵州等省还颁布了村民委员会选举办法或条例。这些法规、条例的制定和实施,使村民自治活动有了更为完善的规范和制度。到1997年年底,全国农村共有村民委员会905 804个,村委会干部3 788 041人。[1]

(二)村民自治的基本内容

1. 民主选举

民主选举村委会干部是村民自治的根本基础和首要环节,它不仅直接关系到村委会干部的素质和整个村委会班子的凝聚力、号召力、管理能力和工作水平,而且直接影响到村民自治制度能否落到实处。因此,各地在实践中都把民主选举置于村民自治活动的首要位置,并在《村民委员会组织法》实施办法中作了比较全面、具体的规定。民主选举涉及建立选举机构、宣传动员、选民登记、候选人提名和确定、候选人介绍与竞选、投票选举、公布选举结果和纠正违法现象等诸多程序和环节。各地在实施上述选举程序中创造了丰富的经验,如实行"组合竞选制";通过"海选"产生候选人;通过预选确定正式候选人;引入竞争机制,候选人登台演讲治村方案,接受选民提问;设立秘密划票间,保护选举人的自由

---

[1]《我国将全面推进村委会民主选举制度》,《人民日报》1998年6月26日。

选举权等。这些好的经验,使民主选举的质量不断提高。实践证明,民主选举使村委会干部的素质得到全面提高,并增强了他们的光荣感、责任感,村委会班子得到了加强,权威性、凝聚力和管理能力大大提高,广大村民也受到民主法制的锻炼。

2. 民主决策

对涉及全村村民利益的问题,村委会必须提请村民会议讨论决定。村民会议的决定,由 18 周岁以上的村民过半数通过,或由户的代表的过半数通过。各地在实践中创造了召开村民代表会议进行民主决策的各种具体形式。实践证明,村民代表会议是实行村务民主决策的有效组织形式,便于组织和操作,保证了村民当家作主权利的有效行使,对于提高村民自治活动的质量和改进村委会的管理工作,具有积极的推动作用。

3. 民主管理

村民委员会是村民自我管理、自我教育和自我服务的基层群众性自治组织。村民自我进行民主管理,是村民自治的根本内容。在实践中,全国多数村委会都以制定村规民约或村民自治章程的方式实行村务民主管理。村民通过自己制定规章制度,参与村务管理,缓解了干群之间的矛盾,干部群众自我管理、自我约束,增强了团结,有利于农村稳定。

4. 民主监督与村务公开

村民对村民委员会的工作及村干部的行为有权实施民主监督。村民委员会向村民会议负责并报告工作。村民会议有权撤换和补选村民委员会的成员。村民委员会的收支账目应当按期公布,接受村民和本村经济组织的监督。在实践中,村民的民主监督主要有三种制度形式:一是通过定期召开村民会议或村民代表会议,听取和审议村民委员会的工作报告,对村委会的工作进行评价和监督;二是通过召开村民会议或村民代表会议形式,对村委会干部的工作能力、工作业绩、工作作风和其他行为进行民主评议,进而对不称职和违法乱纪的村委会干部罢免;三是建立村务公开制度,村民委员会必须把凡属与村民利益直接有关的各类事项,诸如财务开支账目、宅基地审批情况、提留集资任务和计划生育指标等,以村务公开栏或召开村民代表会议的形式,及时向村民公布,接受广大村民的监督。民主监督制度的健全和实施,大大遏制了农村干部的腐败行为和不良工作作风,使干群关系大为改善。村风民风大为改观。

（三）"组合竞选制"与村级民主选举

村民自治最关键的内容是村级民主选举。在我国各地实施村民自治过程中,都非常重视村级直接民主选举这一关键环节。村民自治是我国农村经济政治体制改革的产物,也是中国农村政治民主化的重要形式。10多年来,各地农民在村级民主选举形式上创造了许多好的经验。例如有平行选举(包括"海选"),有职次选举,有叠加选举等多种模式。实践证明,这些选举模式各有其优点,但共同的缺点是忽视了村委会班子的整体优化组合。辛秋水教授提出的"组合竞选制"有效避免了这一缺陷。

辛秋水教授是我国较早直接参与村民自治和村级民主选举实验的社会学家。早在1988年,他就敏感地认识到这个问题的重要性,深入安徽省岳西县莲花乡腾云村进行试点。经过10多年的探索,他在实践中总结出一整套关于"组合竞选制"的理论和操作方法。这是我国社会学家直接参与村民自治和村民直接进行民主选举所形成的重要理论成果,获得了国内外学者的充分肯定,认为它设计程序科学合理,是对传统村委会选举制度的重大创新。在1998年香港中文大学召开的中国大陆农村基层组织建设理论研讨会上,辛秋水教授以多年来从事农村基层组织的研究和实践,特别是他首倡和设计的村委会"组合竞选制"的研究成果,获得了大会授予的"终身成就奖"。[1]

所谓"组合竞选制"就是由村民自由推荐村委会主任的候选人,然后由每位村委会主任候选人提名他竞选组合的村委会成员人选,最后通过村民直接投票选定新一任的村委会主任及整个新一届村委会。"组合竞选制"的优点主要有以下几点:第一,可以使选民预先知道候选人当选后所提名的村委会班子组成情况,避免一些候选人当选后搞"近亲组合"或"帮派组合",从而可以有效地遏制中国农村传统的家族、宗族势力以及各种帮派甚至黑恶势力对选举的干扰和影响。每位候选人为了使自己当选,必然要在提名上深思熟虑,充分考虑到方方面面的利益和影响,提高整个班子整体的形象和每个成员的能力和形象,从而保证了民主选举的健康进行。第二,可以保证选举产生的村委会的内部团结与凝聚力。整个村委会的班子由候选人提名,而且与候选人共进退。因此,新的村委

---

[1] 邓伟志:《辛秋水〈中国村民自治〉序言》,载辛秋水:《中国村民自治》,黄山书社,1999年,第9页。

会诞生后,村委会主任对整个班子的领导可以得心应手,避免了通常容易出现的"内耗"现象,也避免产生各种软弱、涣散的"凑合型"班子,保证了村委会的整体优化和功能发挥,做到"分则全面,合则协调"。第三,有利于培养村民的民主意识和参政、议政能力,"组合竞选制"本身要求选举人不仅仅是画一张选票,而且要对候选人组合的整个班子进行审查和评估,可以很好地锻炼选民的民主意识和参政能力。

"组合竞选制"从 1989 年开始试点以来,取得了意想不到的效果,在所有实行"组合竞选"的地方,都没有出现其他地方容易出现的弊病,例如选举被宗族势力所控制,或选举受地方帮派势力甚至黑恶势力所把持,等等。而且在所有通过这种组合竞选方式选举出来的村委会,都有较强的凝聚力和战斗力,各项工作都做得非常出色。

(四) 新时期实行村民自治的意义

村民自治是我国新时期农村组织管理体制的重大创新,它对于促进农村经济社会发展与政治稳定,推动中国社会的现代化,具有十分重要的意义。

村民自治通过建立和实施民主选举、民主决策、民主管理和民主监督等"四项"直接的民主制度,使亿万农民当家作主的各项民主权利得到全面的落实和切实的保障,使我国农村的社会主义民主建设开始步入群众自觉参与、规范运行的健康发展轨道,为农村社会的长治久安和稳定发展提供了有利的政治环境,也使广大农民在广泛的社会政治参与中经受了民主生活的锻炼,培养了他们的民主意识,提高了他们的民主能力和民主经验。

村民自治推动了我国农村的村级组织建设,增强了村民委员会的凝聚力和社会组织管理能力,为农村经济社会发展和现代化事业的全面推进,提供了强有力的组织保证。村民直接民主选举促进了农村干群关系的改善和社会的团结稳定,它选掉了村民的不满意,选出了村民的信任和拥护;民主决策、民主管理和民主监督,使广大村民群众的意志得到进一步表达,村民的权利和利益得到切实的保障,干部的工作失误和不良行为得到有效的防范和严格的约束。通过村规民约、村民自治章程和其他自治形式实行的自我管理、自我教育、自我服务,使农村人与人之间的关系进入一个平等、互助、友好、合作的良性互动,使农村的各种冲突和矛盾大大减少,社会治安状况根本好转。

村民自治促进了党的建设,改善和加强了党在农村的领导。村民自治通过实行民主选举、民主决策、民主管理和民主监督等一系列活动,增强了党员干部的自我约束意识,拓展了群众对党组织的监督渠道。与此同时,党对村民自治依法实行政治领导,既体现了党相信群众、依靠群众、尊重群众的首创精神,也表明党的领导开始进入法治化的轨道,改善了党的形象,增强了农民群众对党的信任和拥护,最终加强了党对农民的领导。

村民自治改善了国家与农民的关系,实现了国家意志与农民意志的有机统一,有利于国家各项政策在农村的贯彻落实。在计划生育、农村税费征缴等各项国家任务的执行问题中,实行村务公开、民主管理,使农民群众的情绪得以逐步理顺,把国家政策的执行变为农民的自觉行动,不仅使国家的各项任务在农村能够顺利地得到贯彻和落实,也使乡镇政府等国家机关与农民群众的关系有了根本改善。

在新时期的村民自治运动中,有大量的社会学、政治学方面的专家学者参与其中,他们进行了大量的调查研究活动,不仅对村民自治中出现的现实问题和各种矛盾提出了解决办法,指导村民自治活动朝着健康的方向发展,而且提出了一系列的理论课题,推动了社会学理论的发展。

"民工潮"形成原因的社会结构分析

我国大规模"民工潮"的突然出现是由什么原因引起的？学术界作了许多有益的探讨，但主要注意力集中在"推力"与"拉力"理论上。所谓"推力"是指由于农村人多地少的矛盾，大批剩余农业劳动力的存在在客观上需要寻找出路，形成巨大的推力，把农民从传统的土地中推出来；所谓"拉力"是指城市和沿海地区经济的持续发展，提供了大量的就业机会和比较利益，形成巨大的拉力，为农村剩余劳动力的定向转移提供了可能性和直接动力。正是这种推力与拉力的结合，形成了大规模的"民工潮"。

应该说，推力与拉力的形成是世界各国现代化过程中的普遍现象，在解释现代化过程中乡村人口向城市转移这一现象时也具有相当的说服力。但仅用推力与拉力理论来说明中国当前的"民工潮"现象时却显得单薄，尤其不能完整地、全面地解释改革开放以来中国农民中何以突然爆发大规模劳动力流动现象。

首先，把中国的"民工潮"归结为农村劳动力剩余，是目前比较流行的观点，但仅仅如此是缺乏解释力的。中国农村劳动力剩余并非自今日始，长期以来，中国农村一直存在着大量的隐性失业者，这已为人们普遍公认，为何中国农村在改革前没有出现大规模的农民向外流动现象呢？更重要的是，既然流出的劳动力是农村"剩余"的，为什么许多农村在"剩余"的劳动力流出以后会出现相当严重的农田抛荒现象，致使农业生产受到严重影响呢？显然，这种现象并不是仅靠劳动力剩余能解释得了的。

其次，用城市发展的"拉力"来解释农民流动现象，也不够全面。一般而言，"拉力"主要是由比较利益造成的，但中国的城市与农村的比较利益差距也非自

原载于《中国农村经济》1997年第6期。

今日起,而是早已有之,甚至可以说在改革前,城乡差距要比现在更大,为何在改革前,城市的巨大利益差距没有引起大规模的农民流动呢?"拉力"形成的另一个前提是城市经济的发展造成劳动力短缺,但实际上,在我国城市地区大量吸纳农村劳动力的同时,城市自身的劳动就业问题始终没有得到根本解决,直到今天,中国各个城市都面临着繁重的待业与再就业的安置任务。退一步说,如果中国城市真的具有巨大的对乡村劳动力的接受能力,那么,进城农民也就应该很快地被接受到城市市民队伍中来,不会形成这种中国特有的来回流动的"民工潮"。显然,要完整地解释中国农民在短期内突然大规模定向流动的现象,一般地靠"拉力"理论也是不够的。

实际上,中国城乡之间的"推力"与"拉力"很早就存在了,但在改革开放以前之所以不能推动大规模的民工流动,是因为有另外一种"力"在作用。当今中国大规模民工流动,不仅仅在于农村"推力"与城市"拉力"的增强,而更在于原有体制中阻止这种"推力"与"拉力"发挥作用的另一种"力"消失了。这种"力"就是社会体制和社会结构的作用。换句话说,中国改革开放以来突然爆发的大规模的农民流动,最主要、最直接的原因还是社会结构的变动所造成的。因此,要更深刻地认识中国的"民工潮"现象,必须要从社会结构角度进行分析。

从社会结构角度来分析,中国社会突然爆发的大规模农民进城浪潮是特殊的社会结构转型所造成的。社会转型通常指从传统的农业社会向现代工业社会过渡的结构性变迁,它是世界各国现代化过程普遍出现的社会现象。中国当代的社会结构转型具有自己的特殊性,主要是新中国建立后,我国由于特定的历史原因走过一段城乡隔离、计划经济、封闭发展的道路,以致今日中国的社会结构转型必须在进行正常的社会转型过程的同时,完成从计划经济向市场经济的转变,从城乡隔离向城乡一体化的转变,从封闭发展向对外开放的转变。正是这种特殊的社会转型,引发了中国社会现代化过程中突然出现的大规模农民流动现象。

第一,城乡隔离机制被冲破是农民大规模进城的最重要的社会结构因素。

新中国成立后,特殊的历史条件,使中国走上了一条封闭的发展道路,工业化主要靠内循环机制完成。剥夺农业剩余以求得工业积累成为当时的基本选择。与旧社会不同的是,这种剥夺不是以重税方式,而是以价格"剪刀差"方式隐蔽地进行。但不管以何种方式进行,其结果必然形成城乡之间巨大的"势差",极易引发乡村人口向城市流动。为了阻止这一趋势与后果的发生,国家在城乡之间运用社会组织和社会制度筑起一道高不可越的社会壁垒,这样,新中国不仅没有把二元经济结构转变为一元经济结构,反而把二元经济结构演变为二元社会结构。它所带来的直接后果不仅是国家有效地获取了农业剩余,为建立现代工业体系积累了必要的资金,而且使国家有效地阻止了农村人口向城市的自发流动。长期的二元社会结构所形成的城乡隔离机制,在城乡之间积蓄了巨大的社会"势差"和"势能",一旦二者之间的壁垒和堤坝被拆除或冲破,这一巨大的势能必将爆炸性地释放出来。从这个意义上讲,我国大规模"民工潮"的突然到来,正是几十年隔离机制突然松动的结构性反映。

第二,在二元社会结构变动的大背景下,还有一系列重要的结构性因素促成了大规模的农民进城浪潮。

第一个重要因素是计划经济时代形成的不合理的经济结构在改革开放后的大变动。由于长期实行计划经济,我国的经济结构被人为地扭曲,其不合理主要表现在两个方面:一是产业结构不合理。在经济发展中,重生产、轻流通、轻服务,忽视了与人民生活密切相关的服务业的发展,第三产业发展非常缓慢,在国民生产总值中所占比重严重偏低。二是所有制结构不合理。在城市经济中几乎是清一色的国营经济与集体经济,其他经济形式一直得不到发展。

进入改革开放新时期以后,随着经济体制改革的深化与发展和对外开放的不断扩大,上述两个人为造成的经济结构性缺陷得到超常规的弥补。在产业结构变动过程中,与城市居民生活密切相关的生活服务业的发展,为农民进城提供了重要机会和条件。以社会主义公有经济为主体,多种经济成分并存的混合经济体制的确立,以及过去长期被忽视的轻工业被重新置于重要位置,使传统体制外的经济得到迅速发展。没有经济体制的深刻改革和经济结构的巨大变动,就不可能出现大规模的农民进城现象。

中国的改革是从农村首先开始的。在1979—1984年间,农村改革正在实施而城市改革尚未进行的阶段,农村劳动力并没有表现为向外流动,而是表现为在农业生产中的更多投入,这正是改革初期农村经济迅速复苏的重要因素。但是,在城市地区和沿海地区改革进程开始以后,我国进入了一个改革开放的新时期,体制改革和对外开放为经济发展注入了巨大的动力,城市地区和沿海地区的经济迅速发展起来。特别是乡镇经济、"三资"经济和私营经济等传统体制外经济的发展对劳动力产生了巨大需求,从而吸引了大量农民向城市和城镇地区流动。

第二个重要因素是城乡两个不同社会阶层对新体制的不同反应。仅仅用沿海与城市经济的发展对劳动力产生的巨大需求,还不能说明为什么在大量农民进城的同时,城市却存在着巨大的待业与就业压力。而后一种情况的存在,则要用中国特有的社会阶层结构来说明。

新中国成立后,长期的二元社会结构导致城市在机会上和权利上对乡村的全面垄断,从而有效地保证了城市的"领导地位",使城乡居民逐步演变成两个完全不同的社会阶层。城市阶层享受着水平虽然不高但相当全面的现代社会保障,什么都由国家包下来,生活稳定,而农村居民则并不是旧体制的最大受益者。

这种差异的悬殊造就了两个阶层成员对旧体制的不同社会态度和对新体制的不同适应能力。农民们千方百计地要冲破旧体制,而市民们则被旧体制"惯"坏了,他们在心理上日益"优越化"。这种"优越化"心理与依赖心理,使他们对改革旧体制顾虑重重,害怕失去安稳,失去依靠。

这两种截然不同的社会态度和社会心理可以用来解释"拉力"是如何形成的:如果不是城市市民阶层的特殊社会心理,今天的中国就不会对农村农民产生如此大的劳动力需求拉力,反过来说,今天中国的大规模农民进城所从事的职业都是城里人不愿干的职业。只要城市市民的这种社会心态不变,中国经济又保持较高的发展速度,城市对农村劳动力的"拉力"将会长期存在。

第三个结构性因素是城市对农村劳动力的"经济吸纳"与"社会拒入"同时存在的特殊社会机制。

在世界各国现代化过程中,大批农村人口进入城市,从而使城市化水平不断提高,是普遍而正常的现象。这些进城的农村人口,尽管会给城市带来各种各样的社会问题,但总体来说都很自然地被融入城市文明体系之中,并没有演变成为像中国这种特有的冬去春来,像大海的波涛一样涌来涌去的民工"浪潮"。

中国现代化过程中的进城农民与世界各国现代化过程中进城农民的命运完全不同,他们尽管也参与到国家的现代化进程之中,对国家的社会主义现代化建设作出了不可磨灭的贡献,但他们始终没有被城市现代化文明体系所接纳,而是在这一过程中演变成为一个特殊的"边际人"社会身份集团。其原因是,在中国这种制度化二元社会结构背景与梯度经济发展模式作用下,中国的城市对于这些现代化过程中的城市新移民采取了"经济吸纳"和"社会拒入"的双重态度。一方面,在经济活动过程中,城市由于经济发展需要大量劳动力,因而对这些农民持欢迎态度,愿意接纳他们。大量进城农民不仅为城市经济发展提供了必需的劳动力,而且主要承担了城市无人愿干又必须有人干的各种脏活、累活、危险活。另一方面,城市在社会体系中又拒绝接受他们,始终把他们当作"外来人",这些进城农民无法获得真实的城市市民身份,不能取得城市户口,不能和城市职工同工同酬,不能享受城市居民各种福利待遇,如住房、医疗、就学等。也就是说,他们生活在城市,但不是城市人;他们是"农村人",却不生活在农村。这样,他们就逐步演变成一种特殊的"边际人",正是这种"边际人"的身份使他们长期在城乡之间波来浪去,使"民工潮"这一中国特有的社会景观长时间存在。

进城农民：中国社会特殊的身份群体

一、"民工潮"与特殊身份群体的形成

中国改革开放前是一个封闭的二元社会，且80%的人口生活在农村。由于农业生产力比较落后，大量农业剩余劳动力无法及时转移到其他产业而处于隐性失业状态。改革开放以后，大批农民开始流入城市，汇成一股声势浩大的"民工潮"。

"民工潮"的出现主要是由以下多重因素引起的：

第一，大批剩余农业劳动力的存在客观上需要寻找出路，为"民工潮"的形成奠定了客观基础。中国农村人多地少的矛盾由来已久，并且随着农村经济的发展和农村人口的增多而不断突出与激化。尽管新中国成立以来，中国农村人口的比例没有大的变化，一直在80%左右，但由于农村人口绝对量的不断增长，而土地资源增长缓慢，从而使农村人多地少的矛盾更加突出。从我国的土地资源来看，人均占有耕地面积从1949年的2.7亩已降低到1993年的1.27亩。按照目前农村耕地和生产力水平，农村劳动力大约剩余2亿多人。这是一种随时可能向外转移的待流动人口。目前农村乡镇企业和城市已吸纳了约1.2亿农村剩余劳动力，据分析，在产业结构调整和比较利益驱动下，农村剩余劳动力向第二、三产业的年转移量可能达到900万人。[1]

第二，农村体制改革，农民身份的改变，为农村剩余劳动力向外转移，形成"民工潮"创造了基本前提。中国改革前的农村体制是"三级所有，队为基础"的

"中国现代化进程中的农民问题"研讨会（昆山，1995）会议论文，原载于《安徽师大学报（哲学社会科学版）》1998年第2期。

〔1〕 中国社会科学院"社会形势分析与预测"课题组：《1994—1995年中国社会形势的分析与预测》，《管理世界》1995年第1期。

公社体制。这种高度一元化的党、政、经"三位一体"的社会组织对农民有着极大的束缚作用。20世纪70年代末发源于安徽和四川的农村经济体制改革的核心是农村经济资源配置单位转换和农民身份的解放,即农村经济资源配置单位由生产队转换为家庭,农民身份由过去被生产集体高度束缚的"集体农民"变成了比较"自由的"农民。农民身份的解放,使农民有了对自身劳动力的支配权,从而为农村剩余劳动力向城市地区的流动提供了基本前提。农村资源配置单位的转换又促进了农村劳动力的优化组合,使妇女、老人等半劳动力的作用得到了充分发挥,这也进一步加重了农村劳动力的剩余程度。

第三,城市地区和沿海地区经济的持续发展,提供了大量的就业机会,为农村剩余劳动力的转移提供了方向与可能性。中国的改革是从农村首先开始的,在农村改革开始而城市改革尚未进行阶段,农村剩余劳动力并不表现为向外流动,而是表现为在农业生产中的更多投入,而这正是改革初期农村经济迅速复苏的重要因素。但是,在城市地区和沿海地区改革进程开始以后,我国进入了一个改革开放的新时期,体制改革和对外开放为经济发展注入了巨大的动力,城市地区和沿海地区的经济迅速发展起来。经济的发展对劳动力产生了巨大需求,提供了大量的就业机会,农村剩余劳动力向外流动正是从这一时期开始的。

第四,比较利益是农村剩余劳动力向外转移的直接动力。在经济活动中,任何经济行为主体都有追求"利润最大化"的天然倾向,农民也是如此。大量农村剩余劳动力的向外转移无疑是农民进行城乡利益比较后的理性选择。据调查,目前我国城乡居民人均收入差别约为2.6∶1,如果加上城镇居民的各种补贴、社会福利和住房补贴以及医疗保险等,实际城乡居民收入差距约达4倍以上。城乡差距不仅表现在人均收入上,而且更突出地表现在第一产业、第二产业和第三产业的比较利益上。我国改革前就存在着巨大的工农业"剪刀差",改革以来,这种状况虽有好转,但并没有根本改变。农产品价格上涨指数总是赶不上农业生产资料价格上涨指数。由于农业生产成本不断上升,农业生产的比较利益明显偏低,从而直接推动着农民脱农进城。据安徽省的固定观察点调查显示,农村劳动力外出情况正好与经济发展程度成反比:在农民人均收入为500—800元的地区,外出劳动力占当地劳动力总数的比重高达35.9%,人均收入为800—1 000元的地区,外出劳动力占当地劳动力总数的12.1%,人均收入为1 000元以上地区,外出劳动力占当地劳动力总数的11.7%。这说明,比较利益越明显,农村剩余劳动力向外流动的动力越大。[1]

---

〔1〕 杨青:《我省农村劳动力跨地区流动态势初探》,《安徽农村》1995年5月23日。

第五,农民价值观的转变、社会信息的畅通是农村剩余劳动力向城市大量转移的重要条件。即使具备上述条件,并不一定导致农民向城市的大量涌入,它还与农民价值观的转变和社会信息畅通有着密切关系。中国传统农民有着天然的守土倾向,他们不愿意离开自己的家乡,哪怕外地比自己的家乡好也是如此。但是现在情况与过去不同,几十年农村教育的发展、大众传媒的发达、文化的变迁,使青年一代农民的价值观发生了根本的变化,他们乐于到外面去闯世界,哪里挣钱多就到哪里去。再加上社会信息畅通,他们就更有胆量和信心向城市和沿海地区流动。

正是在上述诸种因素的综合作用下,形成了中国特有的从乡村到城市、从内地到沿海,声势浩大的"民工潮"。应该说,这一"民工潮"的形成有一个过程。在20世纪80年代初,它还只是涓涓细流,到80年代末已经势不可挡了,而到了90年代更是汹涌澎湃,成为一股不可阻挡的进城"大潮"。

农村剩余劳动力跨地区流动按流入地性质可以分为三类:流入城市;流入外地农村;没有固定流入地,在全国各地巡回流动。本文探讨的是第一类,即从农村流入城市。从世界各国的普遍趋势看,随着现代化进程的向前发展,大批农村人口进入城市,从而使城市化水平不断提高,是普遍而正常的现象。这些随着现代化的发展而进城的农村人口,尽管会给城市带来各种各样的社会问题,但总体来说还是能很自然地被融入城市文明进程之中,并不一定会演变成为特殊的社会身份群体。但在中国特有的二元社会结构和梯度经济发展模式作用下,城市对于这些现代化过程中的新移民采取了"经济吸纳"和"社会拒入"的双重态度,正是这种双重态度造成了进城农民演变成为特殊的社会身份群体。一方面,在经济活动过程中,城市由于经济发展需要大量劳动力,对这些农民持欢迎态度,愿意接纳他们。另一方面,城市始终把农民工当作"外来人",这些进城农民无法获得城市市民的身份,不能享受城市居民各种福利待遇。他们生活在城市,但不是城市人;他们是农村人,却不生活在农村。这样,他们就具有双重身份和双重角色,他们实际上是边际人,是由边际人组成的边际人集团。在我国城市中已经存在一个人数达几千万人的比较稳定的特殊身份群体,这已是不争的事实。

二、社会特征与行为模式

1. 基本构成

这个城市中的特殊身份群体是由哪些人构成的呢?

从年龄来看,绝大部分是年轻人。据安徽省 9 个固定观察点的调查资料,外出劳动力中年龄在 18—35 岁的,1991 年占 75%、1993 年占 74.8%、1994 年占 75.4%。[1] 而据 1994 年 18 个固定观察点的资料,外出劳动力中 18—35 岁占 67.6%。[2] 据肥西县官亭村的典型调查,青年劳动力外出占外出劳动力的 88.3%。[3] 另据北京大学对东莞民工的调查,民工年龄均值为 22.5 岁,92.6%的民工年龄在 16—27 岁之间,70%的民工在 18—22 岁之间。[4]

从性别来看,绝大多数是男性。据上述 9 个固定观察点资料,外出男性劳力比重一直保持在 80%左右。在北京市 1993 年外来人口中,男性人口占 74.44%,女性人口占 25.56%。[5] 但这种性别构成在不同地区差别很大,例如在东莞,农民工中女性占 70.2%,男性只占 29.8%。这与农民工就业地区和单位的产业结构有很大关系,如东莞等沿海地区吸纳农民工的企业主要是劳动密集型的轻工企业,一般要求职工年轻体健、反应敏捷、心灵手巧。

从文化程度来看,绝大多数进城农民是受过中等教育的有文化的青年农民,而且还是有一技之长的农民。据上述 18 个固定观察点调查资料,受过初中以上教育的占 60%以上,其中约 40%的人受过职业培训或有一技之长。在东莞农民工中,受过 7 年以上教育的占 87.9%。据《1993—1994 年中国:社会形势分析与预测》提供的资料,中国农村向外转移的剩余劳动力文化程度明显高于全国农村平均文化程度(见表 1)。值得提出的是,这些外流人口中,流入城市的又主要是其中的文化程度较高者。

表 1　1992 年农村外流人口与全国农村人口文化程度比较(%)

类　　别	外流人口	全国农村人口	二者比较
文盲半文盲	6.0	21.0	-15.0
小　　学	29.3	41.9	-12.6
初　　中	51.0	30.2	+20.8

---

[1]　北京大学"东莞民工课题组":《东莞民工状况调查》,《战略与管理》1995 年第 2 期。
[2]　杨青:《我省农村劳动力跨地区流动态势初探》,《安徽农村》1995 年 5 月 23 日。
[3]　周隆森:《肥西县官亭村外出劳力情况调查》,《安徽农村》1994 年 7 月 15 日。
[4]　北京大学"东莞民工课题组":《东莞民工状况调查》,《战略与管理》1995 年第 2 期。
[5]　景体华主编:《1993—1994 年北京经济形势分析与预测》,首都师范大学出版社,1994 年。

续 表

类　　别	外流人口	全国农村人口	二者比较
高中以上	13.7	7.6	+6.1
其中受过专业技术培训	27.0	10.6	+16.4

资料来源：江流、陆学艺、单天伦主编：《1993—1994年中国：社会形势分析与预测》，中国社会科学出版社,1994年。

2. 群体稳定性

进城农民与其他外流农村劳动力相比,一个重要特征是外出时间比较长,大部分人常年生活在城市。据安徽省18个固定观察点的调查,外出劳动力中,常年在外(连续10个月以上)的占49.5%,1年中有半年在外的占37.4%,3个月以下的只占13.1%。据全国的资料,全年外出在10个月以上的占53.2%。而这些常年在外者主要是进城农民,这主要是由进城农民从事的职业所决定的。目前进城农民主要从事工业、建筑业、商业和服务业,而这些部门相当多一部分属于国营或城市集体企事业单位(约占1/3),工作一旦落实,一般不会轻易变更。其余的也基本上受雇于私营企业、"三资"企业、城市个体工商户和一般市民家庭,真正自己独立或合作从事个体工商业的只占4.7%。这就决定了进城农民不再是一个变动不居的高流动人群,而是一个相对稳定的职业群体和社会阶层。值得提出的是,进城农民的群体稳定性不等于职业稳定性,即这种稳定性主要不是表现在他们与某个具体单位之间,而是表现在他们与某一地区之间。在某个地区内,他们可能常常"跳槽",但大多数农民工在一个地方熟悉以后,不会轻易转移到另一个陌生的地方去。这一人群的所谓"流动",主要是在流出地与流入地之间进行。其流动特征与乡镇企业劳力流动的"小钟摆式"(早出晚归)相比,具有"大钟摆式"特点,即年初流出、年终流回。这种流动实际上带有利用传统的春节探亲的性质,并非是由他们自身就业的不稳定造成的。同样据安徽省的调查材料,1994年全年外出劳动力中途变更流入地区的只占11%,变更行业和工种的各占5%,变更工作单位的占14%。[1] 这说明,外出劳动力的就业状况是相对稳定的。

3. 地区分布

从农村剩余劳动力外出流入的城市来看,位居首位的是流出地周围地区的

---

[1] 杨青：《我省农村劳动力跨地区流动态势初探》,《安徽农村》1995年5月23日。

中小城市,其次是沿海地区的大城市,第三位是沿海地区的中小城市,最后是内地大城市。据安徽的调查分别是 36.8%、20%、16.8%、12.1%。[1] 这就导致进城农民在地区分布上形成一个重要特点,越是内地城市进城农民流出地越集中,越是沿海城市进城农民流出地越分散;越是小城市进城农民流出地越集中,越是大城市进城农民流出地越分散。在上海、深圳、北京、天津以及沿海地区的中小城市,进城农民来自全国各地,而内地中小城市中的进城农民主要来源于周围地区的农村。据统计,1992 年全国转移出去的农村剩余劳动力,有 82.8%在本省,转移到外省的仅占 17.2%。在转移到外省的劳动力中,转移到东部地区的占 65%,转移到中部地区的占 17.6%,转移到西部地区的占 17.4%。[2] 如果仅考虑流入城市的比较稳定的农村人口,即所谓"常住流动人口",情况也是这样(见表 2)。进城农民将近一半集中在经济发展较快的东部地区特别是沿海的大中小城市。

表 2　1990 年全国常住流动人口地域分布

地　　域	数量(万人)	比重(%)
东部地区(12 个省市)	1 050.19	49.18
中部地区(9 个省区)	698.32	32.70
西部地区(9 个省区)	386.85	18.12
合　　计	2 135.36	100.00

4. 组织状况

进城农民绝大部分处于自发的初级组织状态。这与农民进城的方式和渠道相联系。一般而言,农民进城时,主要有三条渠道:一是政府或村集体出面组织;二是中介组织出面组织;三是农民自发进城。这三条渠道也就决定了进城农民有三种不同的组织形式。但是目前,政府、村集体和民间职业介绍组织出面进行组织农村劳动力外出所占的比重极小,绝大多数农村劳动力外出都是由农民自发进行的。据安徽省 18 个固定观察点抽样调查结果,由政府职业介绍组织安排外出的占 3.2%,由村集体组织安排外出的劳力占 1%,由民间职业介绍组织安排外出的劳力占 0.3%,外来人员招工的占 1.4%,四项合计只占 6%。其余 94%

[1] 杨青:《我省农村劳动力跨地区流动态势初探》,《安徽农村》1995 年 5 月 23 日。
[2] 江流、陆学艺、单天伦主编:《1993—1994 年中国:社会形势分析与预测》,中国社会科学出版社,1994 年,第 73、77 页。

均是由农民自发组织外出或自己直接外出的。其中由家庭成员或本地其他农民带出的占44.6%,由亲戚、朋友介绍出去的占23%,自发外出的占20%。[1]而这自发外出部分大多是闯一个新的地方,一旦他们站住脚了,很快就会带动更多的农民外出,从而形成一种"滚雪球"效应。

由于农民进城大部分是靠传统的组织机制,因而进城以后的组织状况也处于这种自组织状态。这种自发形成的组织主要建立在地缘关系和血缘关系基础之上,通常没有正式的组织结构,也没有明确的组织目标、组织章程和组织指挥系统,组织活动既不正规也缺少制度化程序。因此,这种组织具有松散性特征。他们大部分是在面临某种具体问题时才开展有组织活动,如组织成员遭遇困境、受外人欺侮、集体外出或回家等都可能引起集体活动。在为了与雇主抗争或演变为犯罪团伙时,其组织化程度有明显的提高。

5. 生活方式

进城农民的生活方式同样具有边际人特征,既不同于传统的农民生活方式,也不同于城市市民的生活方式。在进城农民中除了受雇于个体工商户和从事家庭保姆工作外,绝大部分进城农民都在工厂、建筑队、工程队、商业饮食服务业等正式的工商企业中工作,具有明确的作息时间,不受季节变化的影响。这就与传统农民那种自然主义的时间观念和作息方式完全不同。

但是,由于进城农民的劳动强度普遍较大,劳动时间较长,他们的闲暇时间很少,基本上处于一种工作、吃饭、睡眠这种最原始、最简单、最单调的生活状态,与一般城市市民的生活方式相去甚远。在珠江三角洲地区,工人劳动时间在11—12小时是相当普遍的情况。调查发现,把加班时间计算在内,一天劳动在8.5—10小时的占13.2%,在10.5—12小时的占56.0%,在12.5—14小时的占23.9%,在14.5—16小时的占6.1%,在16小时以上的占0.9%。调查对象的平均工作时间为12.5小时。[2]

三、社会心理与群体意识

进城农民的社会心理主要表现在两个方面:一是对自身的角色认知,二是对周围环境的态度。而这二者之间又有着密切的联系。从过程的角度来看,进

---

[1] 杨青:《我省农村劳动力跨地区流动态势初探》,《安徽农村》1995年5月23日。
[2] 中国社会科学院"外来农民工"课题组:《珠江三角洲外来农民工状况》,《中国社会科学》1995年第4期。

城农民的社会心理并不是一成不变的,而是随着环境的变化而变化,在这一社会心理的演变过程中,进城农民作为一种特殊的身份群体,其主体意识的觉醒程度起着关键性作用。

在自身的角色认知上,进城农民绝大多数仍然认为自己是农民,外出打工只是临时性措施,其打工的动机主要是赚钱、见世面和学技术。通过打工积累一定资金后最终还是要回到家乡去成家立业,谋求发展。但也有部分进城农民认为自己已是城里人,无论如何不能再回到农村去。在北京大学对东莞民工的调查中,民工认为自己仍然是农村人的占61.6%,认为自己也算是城里人的只占8.7%。[1]

对自身这一角色的认知,决定了他们思维的基本参照系是未流动的农村村民以及自己未流出时的境况。这就必然影响到他们对自身周围环境的态度,包括对政府的流动人口政策的态度、对自身处境的认识以及对城市市民的看法等等。

在对政府流动人口政策的态度上,他们感谢政府允许他们进城务工,从而能够挣得更多的收入。他们并不奢望能够真正进入城市,成为正式的城市市民,只希望政府在他们进城过程中减少干预,降低他们的进城成本。在对自身处境的认识上,他们的庆幸与忧虑同在。一方面,他们庆幸自己能够有机会外出,能够比家乡的同辈们挣更多的收入,能够在自己年轻时外出见到许多世面,增长了才干;另一方面,他们又为自己处境的不稳定而忧心忡忡,害怕自己随时失去工作,害怕自己突然生病,害怕外出遇上歹徒……总之,进城农民的心理负担很重,精神处于高度紧张状态。在对城市市民的态度上,总的来说是心生羡慕,但并不妒忌,更无仇恨心理。他们知道自己与城市居民之间的差距,只是希望城市居民能够理解他们,在人格上尊重他们,不要公开地歧视和欺侮他们。

应该说,进城农民的上述社会心理都是建立在对自身的传统角色认知和对当前的二元社会结构的认同基础之上的。一旦这一基础发生坍塌,进城农民的社会心理就会发生急剧变化,并产生严重的社会后果。

所谓群体意识,是指进城农民这一特殊身份群体对自身作为一个集体的整体利益、地位的认识。能否形成这种集体意识是进城农民这一特殊的身份群体能否形成为一个现实的社会利益群体的重要条件,也是进城农民这一特殊身份

---

[1] 北京大学"东莞民工课题组":《东莞民工状况调查》,《战略与管理》1995年第2期。

群体由自发阶段向自为阶段转变的重要标志。

从目前阶段来看,进城农民的群体意识就总体而言尚未完全形成。主要表现在:进城农民的角色认知仍然定位在农民角色上,这一点我们前面已经作过论述;进城农民对自身的权利仍然认识不清,不知道自觉维护自己的应有权利;进城农民对自己这一群体的整体利益和共同利益还缺乏认识。

但是进城农民群体意识的形成过程已经开始。主要表现在以下几个方面:

第一,角色认同发生动摇。进城农民虽然仍然将自己定位在农民这一角色上,但他们普遍不再认同这一角色,绝大多数人不愿意再回去当农民。据珠江三角洲地区的调查,将来打算回家务农的只占15.9%。

第二,权利意识在觉醒。在上述同样调查中,他们已经提出了诸如不得拖欠克扣工资、应当提高工资待遇、改善工人生活条件和工作条件、缩短工作时间等要求。在他们的权益受到侵害时,已有不少人开始懂得利用法律武器、社会舆论、政府组织来维护自己的正当合法权益。

第三,有组织的反抗行为在增多。在东南沿海地区,小规模的罢工行为时有发生。据东莞地区的民工调查,民工对自己的利益表达更多的是采取对抗性方式,怠工乃至破坏、逃避(跳槽)、罢工已成为民工的三种主要反抗方式。

第四,对市民的不良印象在加深。据中国人民大学李强的调查,绝大多数进城农民认为他们"被人家看不起"和"受歧视",因而使他们对城里人形成一种不满情绪,并且这种不满情绪正在发展升级,演变成各种程度不同的冲突。[1]

第五,群体内部犯罪率在不断增长。我国城市中进城农民犯罪的不断增长,无疑也是对现存二元社会结构的一种不自觉的反抗。

当然,这种种表现要发展成为一种真正的群体意识还有一个相当长的过程。马克思在分析工人阶级和农民阶级的阶级意识时说,农民阶级之所以不能形成自己的阶级意识,是因为他们的分散性而造成的,工人阶级由于其集中性,必然会形成一种阶级意识。当工人们集中在同样恶劣的环境和条件下一起劳动,并且都拥挤地居住在条件恶劣的城市地区时,他们就会日益认识到自己共同的利益所在。集中导致沟通网络的建立和随之而来的共同意识。而农民由于分散无法进行持续不断的相互交流,因而无法形成共同意识。我国的进城农民工正处于从农民向工人的演变过程之中,随着他们在城市生活的时间越来越长,他们身

---

〔1〕 李强:《关于城市农民工的情绪倾向及社会冲突问题》,《社会学研究》1995年第4期。

上的农民特性不断减少、工人特性不断增多。在这种情况下,如果他们转化为城市市民和正式工人的渠道受阻,他们的特殊身份意识也就会慢慢成长起来。

四、可能的后果与对策

大批进城农民由于身份的限制,不能转化为城市市民和正式工人,而他们自己又不愿回到农村,同时由于经济发展的需要,城市也不希望他们回到农村,这样,进城农民转化为中国社会所特有的"都市农民"身份就具有必然性和不可避免性,并且随着这一身份群体的集体意识逐渐形成,可能会给社会带来一定的消极后果,成为社会发展的重要不安定因素。其具体表现形式可能有三种:

第一,犯罪。这是一种分散的反抗形式,反映了个人与社会的直接冲突。前面论及,进城农民对自身处境的满意度随着其角色定位的改变以及由此而来的思维坐标的改变而不断下降。在这一过程中,会有相当大一部分人从一般的不满发展为对社会、对市民的仇视,从而诱发出各种各样的社会犯罪活动。我国进入改革开放新时期以来,城市犯罪率一直呈直线上升趋势。从犯罪主体来看,进城农民所占的比重越来越大。在东南沿海城镇地区,重大案件中涉及外来人口的占50%以上,违法犯罪人数占外来农民的0.8%左右。[1] 在北京地区的犯罪案中,外来人口的现行犯罪案件比例占40%左右,外来人口聚居区更高达70%以上。[2]

第二,与雇主的冲突。目前我国的进城农民在就业过程中处于极为不利的地位,不得不接受恶劣工作环境、生活条件和不公平的工资待遇。这主要是由进城农民的信息不灵、廉价劳动力市场的相互竞争、社会身份的限制等因素造成的。随着这一特殊身份群体意识的形成和组织化程度的提高,他们会进入与雇主有组织对抗的阶段。

第三,与市民的冲突。二元社会结构不改变,进城农民与市民的关系将处于越来越尖锐的冲突和对抗之中。这种对抗在特定条件下很可能发展成为一种严重的社会动荡。如经济不景气导致城市就业机会急剧减少时,市民认为农民抢了他们的饭碗而更加敌视他们,而进城农民既找不到工作,又不愿回到农村去,在这种情况下很容易形成大规模的社会震荡。

正是因为现行体制下进城农民这一特殊身份群体可能会带来种种社会问

---

[1] 宋林飞:《"民工潮"的形成、趋势与对策》,《中国社会科学》1995年第4期。
[2] 袁岳等:《1993—1994年:中心城市稳定性分析与预测》,《社会学研究》1994年第2期。

题,所以迫切要求我们对此进行科学的研究,寻找能够解决问题的对策,做到防患于未然。笔者认为,我们既不能把进城农民统统送回去,也不可能把进城农民与城市市民长期隔离开来。唯一的选择是把他们和整个国家现代化建设过程结合起来,与整个二元社会结构的改造和城市经济社会体制改革结合起来,顺应社会发展的自身规律性及其基本趋势,加快城市化步伐,消除"农民工"这一特殊身份;同时,加强对进城农民的组织与管理,保护进城农民的合法权益,使进城农民的利益表达进入政府的合法化、制度化轨道。

加快城市化步伐,打破现行的二元社会结构,使进城农民及时转变为城市居民,这是必由之路、根本之路,舍此无他途。破除二元社会结构,无论是对城市还是对农村,也无论是对经济建设还是对社会发展都是有利的。[1] 只有真正打破封闭的二元社会结构,撤除农民进城的身份制度壁垒,采取有效措施使他们逐步融入城市社会体系,才能避免现代化过程中进城农民形成特殊的群体,给社会带来消极后果。

与此同时,要加强对进城农民的组织与管理。这种组织与管理主要不是由政府组织农民进城,搞所谓的"有计划流动"。从目前情况来看,由政府出面进行组织农民进城普遍不成功,原因在于现在一些政府在组织农民外出的过程中,主要不是为了农民的利益,而是为了控制农民外流,强化行政干预,结果是手续增多、证件增多、费用增加、成本提高,而外出劳动力所要求的服务却无人提供。因此,我们这里所说的组织管理主要不是表现在农民进城这一环节,而是在农民进城以后,对进城农民的组织管理,而且这种组织管理必须是站在进城农民利益立场上,才会得到他们的拥护和支持。其核心是帮助进城农民组织自己的工会,把进城农民从原始的地缘组织和血缘组织转移到正式的社会组织中来,把进城农民的利益表达纳入政府的合法化、制度化轨道。同时,各地政府要制定完善的保护外来民工的政策法规,采取有力措施,坚决打击各种侵犯进城农民利益的违法行为,切实保护进城农民的合法利益,使他们不仅在经济活动上成为一名城里人,而且在社会生活上也被真正纳入城市社会体系之中。

---

[1] 邢建国、汪青松、吴鹏森:《秩序论》,人民出版社,1993年。

农民工社会保障的理念创新与发展思路

近年来,农民工的社会保障问题引起各界的广泛关注,但各地建构的农民工社会保障制度却效果不佳,关键在于建构农民工社会保障制度的理念存在问题,在制度建构的出发点与归宿点上没有达成共识。因此,必须通过理念创新带动思路创新、制度创新和政策创新,真正建构一个"低水平、广覆盖、可持续、可接轨"的进城农民工社会保障制度,促进农民工社会保障的健康发展。

一、农民工社会保障的根本问题是理念问题

近年来,专家学者对进城农民工的社会保障问题进行了艰辛的探索,地方政府的职能部门也在加快进城农民工的社会保障制度建设,并取得了一些进展,形成了几种不同的思路和解决方案。但是,总体来说,这一问题还没有出现好的能够根本解决问题的方案。对目前出现的各种方案,专家学者不满意,进城农民不欢迎,地方政府不自信,实践效果不理想。

从各地所建立的农民工社会保障制度来看,大体上可以分为三大类:一是纳入城镇职工统一的基本社会保险制度,如深圳、浙江等;二是单独建立农民工的综合保险制度,如上海、成都、江西、大连等地;三是参加农村社会养老保险,如苏南等地。然而,无论是哪一类,都存在着很多问题。以比较著名的上海模式与深圳模式为例,上海模式从制度设计看存在的突出问题有:一是缺乏国家法律依据,制度合法性不足;二是强化了农民工的身份歧视;三是与城保、镇保和农保制度均不衔接,不利于统筹城乡、建立相对统一的社会保险制度;四是养老补贴待遇偏低,工伤和大病费率偏高,难以调动农民工参保的积极性。深圳模式存在

原载于《探索与争鸣》2008年第12期。

的突出问题有:一是容易出现退保和中断社保情况,不能很好发挥社会保险应有的作用;二是对农民工权益有再次剥夺之嫌。农民工退保时,只退给个人缴纳的个人账户积累资金,社会统筹部分无偿地留在了当地,损害了农民工社会保险权益,实际上也给农民工的未来养老地增加社会负担和社会风险。

实际上,这些问题还只是表象,属于具体问题。目前各地农民工社会保障存在的根本问题,不在于这些具体的表象,而在于其背后的理念。比如,我们为什么要建立农民工的社会保障体系?建立农民工社会保障的出发点与归宿是什么?当前各地建立的农民工社会保障制度之所以存在这样那样的问题,最关键的问题正是在这些理念上没有达成共识。具体来说,就是各地农民工社会保障的制度设计仍然普遍建立在二元社会结构和相应的制度排斥基础之上。

新中国成立以来,我国选择了一条以城乡分离为特征的城市化道路。农民基本被户籍制度固定在农村,工业化与城市化脱离,逐步形成了城乡二元社会经济格局。改革开放以后,出于沿海地区和城市经济发展对劳动力的需求,对农村转移劳动力实行的"经济接纳、社会排斥"双重政策,导致大量"进城农民工"现象的出现。在这种双重政策影响下,农村进城的劳动者无法改变自己的农民身份,在城镇受到户籍、就业、教育、住房等方方面面的制度排斥,导致城镇内部有户籍的劳动者与无户籍的外来劳动者在工资、福利和其他一系列的权利义务上都不相同的新二元格局。

随着经济的持续发展和工业化、城市化的进程的不断推进,我国已经有2亿农民转入第二、三产业,其中有1.3亿农民进城成为所谓的"进城农民工",也正是在这一背景下,各地才出台了类型多样的农民工社会保障制度。然而,这些制度、办法和措施背后的理念始终是将农民工当作外来人看待。现代保险体系本来是为了适应工业化、城市化的需要,化解农民离开农村进入城市以后所面临的各种不同于传统农村生活的人生风险,而对农民工建立单独的综合社会保险,实则是典型的隔离农民工现象。它违背了当前建立农民工社会保险是一种过渡性安排和最终要建立城乡统一的社会保障制度的根本宗旨,不仅无法消除身份差距,反而使其进一步强化。有些地方虽然将农民工纳入统一的城镇职工基本社会保险制度体系,但却无视当前农民工就业的间歇性、流动性和收入不确定性的特点,导致农民工被迫退保,从而形成事实上的"第二次剥夺"现象。而所有这些现象的背后,都源于二元社会结构的固有理念,把农民工作为"外来者"和"另类"看待,其制度设计的出发点不是最终建立城乡统一的社会保障体系,归宿点也不是解决城市农民工的社会保障问题。

二、解决农民工社会保障问题的根本点和基本原则

要真正解决农民工的社会保障问题,首先必须创新理念,更新发展思路。解决农民工的社会保障问题的根本点就在于,阻止中国社会的进一步分化,促进中国社会的一体化进程。我国是一个发展中国家,同其他所有发展中国家一样,具有二元经济的特点。但是,把二元经济发展成为二元社会,则是中国特色。改革开放以前,这种二元社会是由强大的行政力量所维系的,但它也意味着可以随时通过强大的行政力量来加以纠正。改革开放以后,由于城市通过"经济吸纳、社会排斥"这种既能满足廉价劳动力的需求,又能摆脱大量农村人口进城所带来的社会负担的发展机制[1],使得原有的二元社会的发展惯性在新的历史条件下正被市场的巨大力量所俘获,并与城市发展的各种既得利益相结合,从而导致解决二元社会结构问题的难度越来越大。随着中国社会的快速发展,我们不仅看不到从根本上解决城乡分离的前景,反而目睹这种社会分离在市场和利益的巨大惯性力量支配下,形成了一种自我推进的内生力量。在这种力量的推动下,中国城乡社会分离的深度和烈度正在一定程度地加剧。当然,建构进城农民的社会保障制度并不能从根本上彻底解决中国的进城农民问题,更不能仅靠建构农民工的社会保障制度来解决中国的城乡社会分离问题。但是,它无疑是其中最重要、最关键和最紧迫的一步。

从这样一个根本点出发,笔者认为,建构进城农民社会保障制度必须遵循以下几条基本原则:第一,要有利于最终建设一个全国统一的、公平合理的社会保障体系。新制度要能够促进制度公平,而非加大制度排斥;第二,要使这种社会保障制度真正为进城农民所欢迎,既有利于解决进城农民目前迫切需要解决的实际问题,也能有效维持进城农民的长远利益;第三,要把农民工的社会保障制度建构在城市化大背景下,使其能够促进中国的城市化进程;第四,中央政府和地方政府都要在解决进城农民工社会保障问题中担当起应有的社会与历史责任,尤其是中央政府要在解决农民工社会保障问题中起主导作用。

以这样一个理念和基本原则作为前提,既考虑到农民工目前的现实情况,又

---

[1] 吴鹏森:《"民工潮"形成原因的社会结构分析》,《中国农村经济》1997年第6期。

考虑到最终要把进城农民工与城市户籍劳动者同样看待,中央才对农民工社会保障制度提出"低水平、广覆盖、可持续、可接轨"的建构指导原则。

三、分层次解决农民工社会保障问题

目前,进城农民工所面临的社会保障需求是多样的,这些社会保障需求不可能放在同一个制度模式内加以解决。因此,必须将农民工的社会保障需求分为不同层次,针对不同层次的社会保障性质和特点,实施不同的社会保障制度。

第一个层次是建立对农民工的社会救助体系。社会救助也是社会保障的最低层次,但是,长期以来,由于理念缺失,所有农民工的流入地对农民工的社会救助问题基本都视而不见。然而,从社会保障的公平理念出发,从现代社会的文明标准出发,从基本的人道主义原则出发,都必须将进城农民工的社会救助问题纳入城市社会保障体系。当然,由于目前的户籍制度仍然存在,要把进城农民工的社会救助完全纳入与市民统一的社会救助体系还有困难,比如城市的最低生活保障制度要在农民工中实施就有许多操作上的困难。但是,其他类型的社会救助,只要有条件实施的都应当加以实施。比如,对在城农民工所遭遇的突发性困难实施与城市市民同样的社会救助,可以考虑对没有建立养老保险的第一代农民工的未来养老,建立制度性的国家定期救济或相应的老年津贴制度。[1] 此外,在教育救助、住房救助、医疗救助和司法救助方面,也应当逐步将进城农民纳入统一的城市社会救助体系。

第二个层次是现收现付的社会保险项目。对于能够实施现收现付的社会保险项目,都可以统一纳入城市职工社会保险体系。如失业、工伤、生育保险制度都具有现收现付的特点,将进城农民工纳入统一的失业、工伤、生育保险制度,可以有效降低相应保险制度的运行成本,提高效率。

医疗问题是一个特殊而复杂的问题。按医疗保险的性质和特点,它同样适合现收现付的制度,但我国城市职工的现行医疗保险制度是"个人账户与社会统筹"相结合的制度,这种制度在城市职工中实施后已经暴露出诸多弊端,进城农民工并不适宜参加这种制度。同时,进城农民工也不可能完全靠农村合作医疗制度解决医疗保险问题。因此,可以考虑在进城农民工中建立以现收现付为

---

[1] 我国曾对20世纪60年代"精减职工"长期实施定期救济政策,社会效果非常好。今天的进城农民工在城市经历的时间远远超过当年的"精减职工",他们更有理由在年老时获得必要的社会救助。

特点的大病医疗保险制度。

第三个层次是养老保险问题。由于养老保险具有周期长的特点,地方政府现行制度无法适应农民工在城市中就业的流动性、间歇性和收入不稳定的特点,必须要有制度创新。我们现在所说的农民工社会保障制度建构中的困难主要是针对养老保险而言的。

四、建构兼具过渡性与统一性的农民工养老保险制度

对农民工最复杂的养老保险问题进行制度建构,必须兼顾农民工社会保障的近期过渡性和最终统一性要求。所谓过渡性,是指这种制度设计要从进城农民工目前的现状出发,充分考虑到农民工就业的流动性、间歇性和收入不稳定性的特点;所谓统一性,就是这种制度设计在制度层面上要和城市职工的基本养老保险制度相一致,在适当条件下,可以顺利地融入城市职工现行养老保险制度。只有兼顾过渡性与统一性,才能符合中央提出的"低水平、广覆盖、可持续、可接轨"的要求。具体内容可以归纳为三句话:统一制度、强制执行,一户两账、自由接转,收付分离、灵活使用。

第一,统一制度,强制执行。统一制度就是彻底放弃目前的各种地方制度,对全国所有进城农民工的养老保险实施与城镇职工统一的制度。农民工的个人缴费以本人真实工资为费基,单位统筹部分则统一按当地社会平均工资的60%作为缴费基数。这种制度既降低了农民工参保的门槛,又保证了企业用工成本的公平,从而调动进城农民工的参保积极性,为政府强制实施这一制度提供保证。对于企业来说,无论是正式职工还是农民工,都应一视同仁地为他们提供基本社会保险。地方政府的职能部门有责任依法强制用人单位为农民工参保,确保农民工依法享受到有关待遇。

第二,一户两账、自由接转。所谓"一户两账",就是以本人身份证号建立全国统一的社会保险账号,一人一户,把养老保险的个人缴费和社会统筹缴费记录到一个账户,在一个账户中建立两个账目。参保人流动到哪里,社会保障卡就带到哪里,农民工无论在哪里就业,都可向此唯一的账户缴费,不需转移养老保险关系和基金。单位和个人的缴费全部进入农民工个人账户,分别计入个人户头的个账和统账,这样就使个人和单位的所有缴费账目一清二楚。为了适应农民工在城市就业的流动性和间歇性特点,必须实行农民工养老保险全国统筹和自由接转。由于农民工没有"老人""中人""新人"之分,对财政构成的压力没有人

们想象的那么大。更重要的是,实行全国统筹,可以从根本上解决目前各地农民工养老方案的弊端。

第三,收付分离,灵活使用。进城农民工的养老保险缴费由城镇现行社保机构负责,由企业代收代缴,这样既方便又经济。但支付则要充分考虑进城农民工的流动性特点,委托相关金融机构进行代管。农民工的养老保险基金使用则应更加灵活,可以容许进城农民工参保人员在大病等特殊情况下,拆借养老基金用于大病医疗,同时也可允许病人康复后补齐养老基金。农民工达到规定年龄,可参照城镇职工基本养老保险中的个人养老金计发办法,按月领取本人的养老金。

今后,如果国家户籍制度在农民工养老保险制度的存续期间发生根本性改变,且农民工能够在一个城市稳定地生活,那么就应该允许其自由申请转入城市职工基本养老保险。

第 5 章
DI WU ZHANG

中国就业的基本国情

一、就业国情概述

国情是指一个国家内部长期稳定的存在并对这个国家的发展具有长远而重大影响的那些国家情况。国情对一个国家的影响是两方面的,既有制约的因素,也有促进的因素。研究国情就是要充分利用国情的优势,避免劣势,或者化劣势为优势,从而制定出符合国情的发展道路与发展战略,推动国家的现代化建设和经济、政治、社会的全面发展。

我们对国情的认识有一个不断深化的过程。过去,人们一提国情就只想到人口多、底子薄,对于其他方面的国情认识不够。20 世纪 90 年代,国情研究开始扩展到国家与社会生活的诸多方面,并逐步形成了一波国情研究的热潮,又有一些人开始把国情弄得面面俱到,认为国情就是一个国家的全部情况,把国情变成了国家的百科全书。这些观点都是不准确的。研究国情的宗旨是为了认识自己的国家,找到对本国经济社会发展具有长期影响和制约作用的那些因素。因此,过于宽泛和过于狭窄的理解都不利于我们正确认识中国的国情,特别是不利于人们对于国情的核心与精髓的把握。

就业国情是从人口国情中派生出来的国情概念。人口众多无疑是中国国情中最突出、也是最重要的一个方面。但人口问题不仅是一个数量问题,而且有质量与结构问题。由于人是消费者与生产者的统一,是"作为经济发展的受益者

部分内容原载于《南京师大学报(社会科学版)》2000 年第 6 期,2015 年经充实完善后收入吴鹏森等著《发展与就业》,上海人民出版社,2015 年。

和主要生产资源的这种双重角色"[1]而存在的。因此,一个国家的人口状况决定了这个国家的劳动力状况,一个国家的人口国情与经济发展状况决定了这个国家的就业国情。

由人口国情研究进入到就业国情研究,不是国情研究的泛滥,而是国情研究的深入。在当今世界,劳动就业与失业问题已经成为全球性的发展难题,世界上多数发达国家的失业率都居高不下,发展中国家同样存在着大量公开的或隐蔽的失业人口。中国作为世界上最大的发展中国家和世界上人口最多的国家,具有极其特殊而复杂的就业国情,研究中国的就业国情具有重大而深远的理论意义和现实意义,它不仅能帮助我们进一步深化对国情的认识,使国情研究更加深入、具体,而且对于我们确立未来的经济发展战略,制定国家的产业政策和劳动就业政策,推动全面的社会保障网的建立都具有重要的指导作用。

就业国情的主要内容包括四个方面:第一,劳动力资源的数量。包括一个国家的劳动力资源总量与劳动力资源在中长期内的供给与变动趋势。第二,劳动力资源的质量。包括不同层次的劳动者的构成,高层次劳动力的比例越多,劳动力结构越合理,劳动力资源的质量越高。第三,劳动就业制度。包括劳工政策、失业政策及相关的法律制度,特别是与劳动相联系的社会保障制度,对劳动国情影响极大。第四,劳动就业文化。包括公民的劳动观、失业观、劳动者对就业与失业的社会心理预期与心理承受力,以及更深层的民族文化心理。这四个方面相互联系、交织在一起,形成一个整体(见图1)。

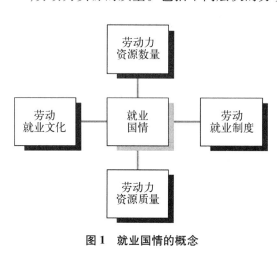

图1 就业国情的概念

就业国情的四个方面中,劳动力资源的数量与质量反映的是劳动力本身的状况,劳动就业制度反映的是国家层面有关劳动就业方面的法律、制度和政策,

---

[1] 吉利斯、波金斯、罗默、斯诺德格拉斯:《发展经济学(第四版)》,黄卫平总校译,中国人民大学出版社,1998年,第209页。

劳动就业文化反映的是国民的劳动观、就业观及其相应的社会心理。劳工政策，特别是相关的法律制度对就业的影响很大，例如退休年龄，通常人们将劳动力资源定义为15岁至64岁，但在中国，截至目前，退休年龄还是男60岁，女55岁或50岁。因此，按照实际退休年龄计算的劳动力资源与国际标准计算的劳动力资源就会有极大差别。劳动就业文化也是极为重要的因素。一个国家的劳动者愿意或被迫无限制地加班，必然导致一个经济体的就业容量缩小。一个国家将"不劳动者不得食"的理念极度放大，必然导致劳动参与率超出常规。

值得注意的是，在上述就业国情之外，影响就业国情的还有两个重要的因素，一个重要因素是国家的经济社会发展阶段。因为这些就业国情会因为经济社会发展的不同阶段而产生不同的社会效果。例如，劳动力素质的高低会由于产业结构的不同而有不同的影响。对一个传统的农业社会来说，劳动力的素质或具体化为劳动者受教育程度影响不是很大，而在工业化社会中，对于高质量劳动者的要求就会有很大提高，而到了信息化社会，这种要求就会更高。另一个重要因素是社会保障制度，尤其是养老保险、失业保险与失业救助等。

根据就业国情的这些内容，可以反映出就业国情的基本特点：第一，基础性。就业国情是人口国情的重要组成部分，是人口国情派生出来的国情。因此，它是一个国家经济社会发展中最基础的影响因素。一个国家的全部经济活动乃至社会活动，都必须建立在其人口国情和就业国情基础之上。离开了这些最基础的国情，无论制定什么样的战略与政策都会陷入盲目性。第二，长期性。一个国家的就业国情不可能只是对经济社会发展起临时性作用，它必然会长期地影响其经济社会发展。因为就业国情是从人口国情中引申出来的。人口因素通常会以世代为周期，大约20—30年，也就是说，20年前的人口出生状况要在20年后才会影响到社会实际过程，同样，就业国情也是在一个长周期内发生作用的。第三，变动性。就业国情并不是一成不变的，它随着经济社会和人口状况的变化而变化。经济发展阶段、经济结构、社会发展状况、劳动就业制度等都在影响着劳动就业国情的变动。例如，伴随工业化进程加快，技术替代劳动的速度必然越来越快，从而不断弱化生产过程中资本对劳动力的吸纳能力，使得资本投资与经济增长并不能相应地带动较高的产业劳动力需求。"九五"期间，国内生产总值每增长1个百分点能带动90多万人就业，"十五"期间就下降到只能带动80多万人就业。但是，到今天，由于服务业的大发展，经济每增长1个百分点，又能带动100多万人的就业。根据最新数据，由于当今中国已经从第二产业为主进入第三产业即服务业为主的发展模式,因此,GDP 每增长 1 个百分点,可以增加 170 万的就业机会。

二、劳动力资源

(一) 中国拥有世界上数量最多的劳动力资源

劳动力是指蕴含在人体内的一种生产能力。劳动力是一种人力资源,劳动力资源以劳动者的数量和质量来表示,是指一个国家或地区具有劳动能力的人口总和,或是指总人口中在经济上可供利用的最大人口数量。劳动力资源真正体现了生产者和消费者相统一的人口属性,他们不仅生产满足自身消费需要的财富,而且生产满足老年人口、未成年人口的消费需要、社会积累和公共需要的财富,他们构成了全部社会人口的主体,也是社会经济活动的主体。一个国家和社会的人口数量的大小直接决定着劳动力资源的多寡。人口的数量、质量及分布状况构成了劳动力资源的基础。劳动力资源的丰富程度、素质高低以及利用状况,对国民经济和社会的发展起着至关重要的作用。

1. 中国是世界上劳动力资源最丰富的国家

长期以来,中国的人口总数占世界总人口的 1/5 以上,而中国的劳动力总数要占到世界劳动力总数的 1/4 以上。据世界银行提供的数据,1980 年中国劳动力为 5.39 亿人,约占世界劳动力总量的 26.4%,相当于中等收入国家劳动总量的 1.05 倍,相当于高收入国家的 1.46 倍;1995 年中国劳动力总量为 7.09 亿人,约占世界劳动力总量的 26.3%,是中等收入国家劳动力总量的 1.03 倍以上,是高收入国家劳动力总量的 1.64 倍。[1] 1999 年,中国的劳动力人口总数为 7.51 亿,占世界总量的 26%,相当于高收入国家总劳动力人口(4.35 亿)的 1.73 倍,相当于欧盟国家总劳动力人口(1.36 亿)的 5.5 倍,相当于美国总劳动力人口(1.43 亿)的 5.3 倍。[2] 据国家统计局 1997 年预测,我国 15—64 岁人口 2000 年为 85 841 万人,2010 年为 96 799 万人,2020 年进入最高峰,达到 99 696 万人。到 2050 年略有下降,约为 89 481 万人,但仍然要高于 2000 年的劳动年龄人口(见表1)。但是,中国劳动年龄人口的增长实际情况比当年预测的数字还要大。据中国统计年鉴数据,2000 年中国 15—64 岁人口为 88 910 万人,比预测数据多

---

[1] 中国科学院国情分析研究小组:《就业与发展》,辽宁人民出版社,1998 年,第 9—10 页。
[2] 转引自胡鞍钢等:《扩大就业与挑战失业》,中国劳动社会保障出版社,2002 年,第 2 页。

出3 069万人。2010年,15—64岁人口为99 938万人,比预测数据多出3 139万人(见表2)。

表1 我国劳动年龄人口(15—64岁)中长期预测

年 份	15—64岁人口数	劳动年龄人口	男(16—59岁)	女(16—54岁)
1995	80 727	73 112	38 755	34 357
2000	85 841	77 510	41 010	36 500
2010	96 799	87 185	45 692	39 493
2020	99 696	85 981	46 472	39 509
2030	98 785	80 752	43 921	36 831
2040	92 893	78 421	42 258	36 162
2050	89 481	72 972	39 425	33 547

资料来源:《中国人口统计年鉴(1997)》,中国统计出版社,1997年,第490、491页。

表2 中国历年总人口中15—64岁人口及其比重

年 份	年末总人口	15—64岁	
		人口数	比重(%)
1953	58 796	34 872	59.3
1964	70 499	39 303	55.8
1982	101 654	62 517	61.5
1987	109 300	71 985	65.9
1990	114 333	76 306	66.7
1995	121 121	81 393	67.2
1996	122 389	82 245	67.2
1997	123 626	83 448	67.5
1998	124 761	84 338	67.6
1999	125 786	85 157	67.7
2000	126 743	88 910	70.1
2001	127 627	89 849	70.4
2002	128 453	90 302	70.3

续 表

年 份	年末总人口	15—64 岁	
		人口数	比重(%)
2003	129 227	90 976	70.4
2004	129 988	92 184	70.9
2005	130 756	94 197	72.0
2006	131 448	95 068	72.3
2007	132 129	95 833	72.5
2008	132 802	96 680	72.7
2009	133 450	97 484	73.0
2010	134 091	99 938	74.5
2011	134 735	100 283	74.4
2012	135 404	100 403	74.1
2013	136 072	100 582	73.9
2014	136 782	100 469	73.4

资料来源:历年《中国统计年鉴》。

2. 中国拥有世界上最庞大的从业人员队伍

从业人员也就是就业人员或在业人员,是指一定时期内所有年龄在15岁及以上,从事一定的社会劳动并取得劳动报酬或经营收入的人员。1952年,中国就业人数为2个亿,到1978年的改革之初,就业人数达到4个亿。改革初期是中国历史上劳动力从业人数增长最快的时期。1980年,中国从业人员总数为4.24亿人,1985年增加到4.99亿人,1990年达到6.39亿人。10年间从业人员总量增长了2.15亿人,年均增长2 150万人。[1] 20世纪90年代,中国从业人员数量继续增长,2000年达到7.21亿人,比1990年又增长了8 200多万人,年均增加820万人,显然增速有所减慢。进入21世纪,由于中国经济依然保持了高速、稳定的增长,从业人员也得以持续增长。2005年,中国从业人员接近7.5个亿,2010年达到7.6亿,2014年,中国从业人员达到7.7个亿(见表3)。

---

[1] 王延中:《中国的劳动和社会保障问题》,经济管理出版社,2004年,第2页。

表3 中国历年就业人数及产业构成(1952—2014年)　　　　　单位：万人

年份	就业人员合计	第一产业		第二产业		第三产业	
		就业人员	比重(%)	就业人员	比重(%)	就业人员	比重(%)
1952	20 729	17 317	83.5	1 531	7.4	1 881	9.1
1953	21 364	17 747	83.1	1 715	8.0	1 902	8.9
1954	21 832	18 151	83.1	1 882	8.6	1 799	8.3
1955	22 328	18 592	83.3	1 913	8.6	1 823	8.1
1956	23 018	18 544	80.6	2 468	10.7	2 006	8.7
1957	23 771	19 309	81.2	2 142	9.0	2 320	9.8
1958	26 600	15 490	58.2	7 076	26.6	4 034	15.2
1959	26 173	16 271	62.2	5 402	20.6	4 500	17.2
1960	25 880	17 016	65.7	4 112	15.9	4 752	18.4
1961	25 590	19 747	77.2	2 856	11.2	2 987	11.6
1962	25 910	21 276	82.1	2 059	8.0	2 575	9.9
1963	26 640	21 966	82.5	2 038	7.6	2 636	9.9
1964	27 736	22 801	82.2	2 183	7.9	2 752	9.9
1965	28 670	23 396	81.6	2 408	8.4	2 866	10.0
1966	29 805	24 297	81.5	2 600	8.7	2 908	9.8
1967	30 814	25 165	81.7	2 661	8.6	2 988	9.7
1968	31 915	26 063	81.7	2 743	8.6	3 109	9.7
1969	33 225	27 117	81.6	3 030	9.1	3 078	9.3
1970	34 432	27 811	80.8	3 518	10.2	3 103	9.0
1971	35 620	28 397	79.7	3 990	11.2	3 233	9.1
1972	35 854	28 283	78.9	4 276	11.9	3 295	9.2
1973	36 652	28 857	78.7	4 492	12.3	3 303	9.0
1974	37 369	29 218	78.2	4 712	12.6	3 439	9.2
1975	38 168	29 456	77.2	5 152	13.5	3 560	9.3
1976	38 834	29 443	75.8	5 611	14.5	3 780	9.7

续 表

年份	就业人员合计	第一产业		第二产业		第三产业	
		就业人员	比重(%)	就业人员	比重(%)	就业人员	比重(%)
1977	39 377	29 340	74.5	5 831	14.8	4 206	10.7
1978	40 152	28 318	70.5	6 945	17.3	4 890	12.2
1979	41 024	28 634	69.8	7 214	17.6	5 177	12.6
1980	42 361	29 122	68.7	7 707	18.2	5 532	13.1
1981	43 725	29 777	68.1	8 003	18.3	5 945	13.6
1982	45 295	30 859	68.1	8 346	18.4	6 090	13.5
1983	46 436	31 151	67.1	8 679	18.7	6 606	14.2
1984	48 197	30 868	64.0	9 590	19.9	7 739	16.1
1985	49 873	31 130	62.4	10 384	20.8	8 359	16.8
1986	51 282	31 254	60.9	11 216	21.9	8 811	17.2
1987	52 783	31 663	60.0	11 726	22.2	9 395	17.8
1988	54 334	32 249	59.3	12 152	22.4	9 933	18.3
1989	55 329	33 225	60.1	11 976	21.6	10 129	18.3
1990	64 749	38 914	60.1	13 856	21.4	11 979	18.5
1991	65 491	39 098	59.7	14 015	21.4	12 378	18.9
1992	66 152	38 699	58.5	14 355	21.7	13 098	19.8
1993	66 808	37 680	56.4	14 965	22.4	14 163	21.2
1994	67 455	36 628	54.3	15 312	22.7	15 515	23.0
1995	68 065	35 530	52.2	15 655	23.0	16 880	24.8
1996	68 950	34 820	50.5	16 203	23.5	17 927	26.0
1997	69 820	34 840	49.9	16 547	23.7	18 432	26.4
1998	70 637	35 177	49.8	16 600	23.5	18 860	26.7
1999	71 394	35 768	50.1	16 421	23.0	19 205	26.9
2000	72 085	36 043	50.0	16 219	22.5	19 823	27.5

续 表

年份	就业人员合计	第一产业		第二产业		第三产业	
		就业人员	比重(%)	就业人员	比重(%)	就业人员	比重(%)
2001	72 797	36 399	50.0	16 234	22.3	20 165	27.7
2002	73 280	36 640	50.0	15 682	21.4	20 958	28.6
2003	73 736	36 204	49.1	15 927	21.6	21 605	29.3
2004	74 264	34 830	46.9	16 709	22.5	22 725	30.6
2005	74 647	33 442	44.8	17 766	23.8	23 439	31.4
2006	74 978	31 941	42.6	18 894	25.2	24 143	32.2
2007	75 321	30 731	40.8	20 186	26.8	24 404	32.4
2008	75 564	29 923	39.6	20 553	27.2	25 087	33.2
2009	75 828	28 890	38.1	21 080	27.8	25 857	34.1
2010	76 105	27 931	36.7	21 842	28.7	26 332	34.6
2011	76 420	26 594	34.8	22 544	29.5	27 282	35.7
2012	76 704	25 773	33.6	23 241	30.3	27 690	36.1
2013	76 977	24 171	31.4	23 170	30.1	29 636	38.5
2014	77 253	22 790	29.5	23 099	29.9	31 364	40.6

资料来源：历年《中国统计年鉴》《中国人口与就业统计年鉴》。

中国从业人员占世界的比重从1980年的20.8%提高到1997年24.9%，2001年进一步提高到26%。诚如著名国情研究专家胡鞍钢博士所说，世界上没有任何一个国家面临像中国所面对的就业挑战。中国以世界上9.6%的自然资源、9.4%的资本资源、1.85%的知识技术资源、1.83%的国际资源来为世界上26%的劳动力人口创造就业机会。而美国则用世界上16.02%的自然资源、31.1%的资本资源、34.93%的技术资源、24.24%的国际资源来为世界上不足5%的劳动力资源创造就业岗位。[1]

劳动力资源总量巨大，为中国带来了双重影响：一方面，为中国的发展和现

---

[1] 胡鞍钢、门洪华：《中美日俄综合国力的国际比较（1980—1998）》，《中国国情分析报告》，2002年。

代化建设提供了最为宝贵的人力资源,特别是在中国改革开放后的前30年内,提供了一种近乎无限供给的优质劳动力资源。在世界五个人口大国中,中国的劳动力资源最为丰富。1999年,我国劳动年龄人口占世界比重为22.4%,占1/5以上,相当于美国的5倍左右,俄罗斯的8倍以上,日本的10倍以上,比印度还高6个百分点。[1] 另一方面,也给中国在现代化过程中带来了世界其他任何一个国家都没有过的巨大就业压力。这种巨大的持续的就业压力往往成为滋生其他各种社会问题的温床和土壤。

(二)中国劳动力整体素质偏低,但提升很快

改革开放以来,中国劳动力不仅存量持续快速增长,质量也在不断提高。过去几十年来,中国人口平均受教育年数明显提高,1982年,全国15岁以上人口平均受教育年数只有4.61年,到2010年达到8.81年,提高了90%(见表4)。为了可比性,以2000年的数据进行比较,中国人口的平均受教育年限为7.11年,已经高于世界平均水平(6.66年)和东亚太平洋地区(6.71年),也明显高于发展中国家平均水平(5.13年),但是与发达国家(9.76年)和经济转型国家(9.68年)相比,还有一定距离。

表4 全国15岁以上人口平均受教育年数(1982—2010年)

	1982年	1990年	1995年	2000年	2010年
平均受教育年数(年)	4.61	5.51	6.08	7.11	8.81

资料来源:国家统计局:《中国统计摘要(2001)》,中国统计出版社,2001年;《中国统计年鉴(2011)》。

1. 中国的基础教育非常扎实,为经济社会发展提供了充分的优质劳动力

第一,我国文盲人口比例持续快速下降。1964年,中国的文盲率超过三分之一,2010年文盲人口比例已下降到5%以下(见表5)。中国的成人文盲率在发展中国家是最低的,大大低于发展中国家文盲率34.4%的平均水平(见表6),成人文盲率越来越接近发达国家平均值。庞大而扎实的基础教育为中国的经济现代化提供了高质量的劳动力,这可以说是中国经济持续快速发展的公开秘密之一。

---

[1] 胡鞍钢等:《扩大就业与挑战失业》,第98—99页。

表5 中国历次人口普查年份的文盲人口与文盲率

	1964年	1982年	1990年	2000年	2010年	1964—2010年变化量
文盲人口（万人）	23 327	22 996	18 003	8 507	5 466	-17 861
文盲率（%）	33.58	22.81	15.88	6.72	4.08	-29.5

表6 15岁以上人口文盲率国际比较（1960—2000年） 单位：%

国家/地区	1960年	1970年	1980年	1990年	2000年
世界（109个）	36.4	31.4	29.5	26.4	24.2
发展中国家（73个）	64.1	56.1	49.7	41.7	34.4
发达国家（23个）	6.1	5.1	4.8	4.5	3.7
转型国家（13个）	4.5	3.1	2.8	1.7	2.2
东亚/太平洋（10个）	52.5	35.4	22.6	26.4	19.8
中　　国			22.8	15.9	6.7
南亚（7个）	74.3	69.3	66.9	55.2	45.2
中东/北非（11个）	81.0	69.8	55.5	42.8	32.0
撒哈拉以南非洲（22个）	68.9	63.8	56.9	45.9	42.8
拉丁美洲（23个）	37.9	31.2	23.8	17.2	14.6

资料来源：国家统计局：《中国统计摘要（2001）》，中国统计出版社，2001年。

第二，初中及以上人口的比例明显增加，接近80%的劳动力都具备初中以上文化程度，根据2013年的统计数据，全国就业人员中，未上过学的不到2%，小学文化程度的18.5%。基础教育的稳固发展为中国大规模的经济现代化提供了源源不断的劳动力，形成巨大的人口红利（见表7）。

表7 2013年全国就业人员受教育程度构成 单位：%

地区	就业人员	未上过学	小学	初中	高中	大学专科	大学本科	研究生及以上
全国	100.0	1.9	18.5	47.9	17.1	8.5	5.5	0.51
男性	100.0	1.0	15.6	49.5	19.0	8.7	5.7	0.53
女性	100.0	3.0	22.0	46.1	14.7	8.4	5.4	0.48

资料来源：2013年全国劳动力抽样调查，《中国人口与就业统计年鉴（2014年）》。

2. 中国高等教育相对落后，但近年来增速加快

2000年，中国的大学人口比例只相当于1960年的世界平均水平（3.3%）和1980年世界发展中国家平均水平（3.1%），是世界上大学人口比例相当低的国家之一（见表8）。

表8　15岁以上人口受高等教育人数比例国际比较（1960—2000年）　　单位：%

国家/地区	1960年	1970年	1980年	1990年	2000年
世界（109个）	3.3	5.0	7.5	10.3	12.6
发展中国家（73个）	0.8	1.7	3.1	4.6	6.5
发达国家（23个）	6.7	9.9	15.8	22.4	28.1
转型国家（13个）	3.8	6.3	7.7	11.2	13.9
东亚/太平洋（10个）	1.6	2.7	5.0	7.4	11.7
中　　国			0.6	1.4	3.6
南亚（7个）	0.4	1.2	2.1	2.9	3.7
中东/北非（11个）	0.9	1.7	3.6	5.6	8.8
撒哈拉以南非洲（22个）	0.2	0.8	0.6	1.3	2.2
拉丁美洲（23个）	1.8	2.5	5.2	8.2	10.9

中国高等教育的落后是由多种因素造成的：首先是由于近代以来的国家与民族的衰落，长期的外患内乱，无力发展高等教育；其次是在计划经济体制下实行免费高等教育，加上经济相对落后，根本无法支撑过大的高等教育体系，只能保证少数精英的高等教育；再次，由于"文化大革命"，高等教育停止招生10年，其消极后果至今尚未完全消除。

但是，改革开放以来，高等教育快速发展，特别是改革开放初期的恢复高等教育和20—21世纪之交的高校扩招，对中国的高等教育影响深远。1978年恢复高考制度后，大量知识青年重新获得了接受高等教育的机会，同时也为中国改革开放和现代化建设提供了不可或缺的专业人才。特别是20—21世纪之交的高校扩招，使中国的高等教育迅速从精英化向大众化转型，并正在向普及化推进，从而为中国的劳动力质量的提高提供了坚实的教育基础。2010年与2000

年相比,中国每10万人口中,受过大专及以上高等教育的人数由3 611人增加到8 930人,提高了1.5倍(见表9)。

表9 历次人口普查每10万人口中各种受教育程度人口　　单位:人

受教育程度	1964年	1982年	1990年	2000年	2010年
大专及以上	416	615	1 422	3 611	8 930
高中和中专	1 319	6 779	8 039	11 146	14 032
初　　中	4 680	17 892	23 344	33 961	38 788
小　　学	28 330	35 237	37 057	35 701	26 779

三、劳动力就业结构

(一)产业就业结构的转型

产业就业结构是指三大产业中的劳动者人数在整个就业中的比重,产业就业结构非常能够反映一个国家的劳动就业国情。在落后的农业国,第一产业无疑是最大的就业平台。在工业化过程中,第二产业的就业比重会快速上升。在发达国家,第三产业占据就业的主导地位。新中国成立60多年来,正在经历一个从落后的农业国转变为工业化国家并正在向更高的层次迈进的就业演变历程。从三大产业就业结构看,新中国建立初期,中国劳动力的80%以上都在从事第一产业,或者说都在农村从事农业生产劳动。第二产业、第三产业的就业比重加起来不到20%。到改革开放初期的1978年,第一产业的就业比重仍然超过70%,第二产业和第三产业加在一起也未超过30%。但是,经过改革开放的30多年的发展,中国的产业就业结构发生了根本性的变化(见图2)。

发展中国家劳动力最为明显的特征之一就是大多数劳动力滞留在农业生产部门,中国也不例外。1952年,中国农业劳动力占总就业劳动力的比重高达83.5%,到1978年,才下降到70.7%。改革开放以后,由于产业结构变动剧烈,农业部门的劳动力占总劳动力的比重下降的速度加快。1997年首次跌破50%大关,为49.9%。但是,与世界上同等发展水平的国家相比,中国的这一比重仍然偏高。更重要的是,中国乡村劳动力向城市转移并未得到制度上的支持,他们虽然在职业上脱离了农业,但在社会体系上并未被城市所接纳。因此,他们的转移

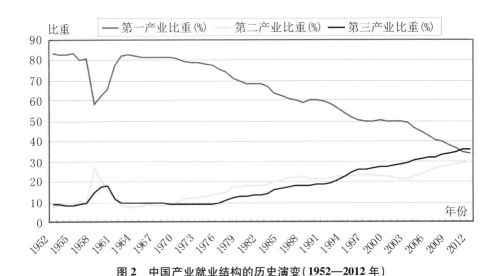

图 2　中国产业就业结构的历史演变（1952—2012 年）

并不具有稳定性和不可逆性。一旦经济出现大幅度滑坡,他们中很多人仍然可能重新回到传统的乡村中去。

值得注意的是,与从业人员的城乡结构相比,我国第一产业的从业人员比重明显低于乡村从业人员比重,这说明相当数量的乡村从业人员已经从传统农业转移到第二、第三产业中来。这主要是 20 世纪 80 年代以来乡镇企业大发展的结果。如此也可以看出,中国农业剩余劳动力的转移速度快于城市化速度,或者说城市化的滞后使大量农村户籍的非农从业人员仍不得不滞留在乡村。

进入 20 世纪 90 年代以后,我国三大产业结构的转型开始加速,各自所吸纳的劳动力也发生了重大变化。第一产业主要是释放劳动力,具体表现为大量农村劳动力向第二、三产业转移;第二产业吸纳劳动力的能力也不像以前那样大,基本处于维持原状或略有吸纳的状况;第三产业已经成为吸纳净增劳动力的主渠道,年平均吸纳劳动力达到 1 000 万人以上。

但是,我国从事第三产业的劳动力比重仍然偏低,1997 年为 26.4%,2004 年突破 30%,2012 年为 36.1%。根据著名发展经济学家钱纳里等人的研究,世界上典型的发展中国家人均国民生产总值在 800 美元时,第一、二、三产业间的就业比重分别为 43.8%、23.5%、32.7%,而人均国民生产总值在 1 000 美元时,三大产业间的就业比重分别为 39.5%、25.8%、34.7%。中国在 1998 年实现人均 800 美元,2001 年实现人均 1 000 美元。与之相联系的是,中国 1998 年的三大产业比重分别为49.8%、23.5%和26.7%,中国在2001年的三大产业就业比重分别为50%、22.3%和27.7%。这说明中国的劳动力产业分布结构还不合理,主要表现为第一产业劳动力分布过多,而第二产业与第三产业劳动力分布不足。尤其是第三产业就业比重不仅大大低于发达国家,而且大大低于发展中国家,如1996年印度尼西亚为37.89%,韩国为55.94%,墨西哥为55.06%。即使按印度尼西亚的标准,中国的第三产业就业比重仍然低11.49%。[1] 2012年,中国人均GDP已经超过6 000美元,达到中等发达国家水平,三大产业的就业结构中,第一产业就业比重已经下降到占三分之一左右,第二产业就业比重已经达到30.3%,第三产业已经达到36%。第三产业的就业比重超过了第一产业和第二产业。[2]

(二) 城乡就业结构的转型

劳动力在不同产业的分布并不等于劳动力的城乡分布。改革开放以来,我国劳动力的产业分布已经发生了较大的变化。但由于其他各种制度的束缚和乡村工业化战略的影响,使我国许多已经从传统农业部门转移出来的劳动力并未脱离农村进入城市,这样就出现了我国特有的城乡劳动力就业结构与三大产业劳动力就业结构错位的现象。与三大产业劳动力就业结构的巨大变化相反,我国城乡劳动力就业结构变化相对缓慢。1952年城乡劳动力就业结构为城镇占12%,乡村占88%;1978年,城镇占23.7%,乡村占76.3%;1997年,城镇仍然只占29.2%,乡村占70.8%。也就是说,当中国劳动力的产业分布结构中非农产业部门超过了传统的农业部门时,70%以上的劳动力滞留在农村的格局并未打破。

进入21世纪以后,伴随着快速的工业化和城市化进程,中国从业人员的城乡分布结构转型加速。快速城市化使城镇从业人员的数量与比重不断上升(见图3)。但是,中国乡村从业人员数量的主体地位依然稳固,下降速度非常缓慢。从1997年到2012年,中国城镇就业人数总量从20 781万人增加到37 102万人,增长了78.5%,比重也从29.8%上升到48.4%;与之相应的,同时期内,乡村就业人数从49 039万人下降到39 602万人,比重从70.2%下降到51.6%(见表10)。2012年,城镇与乡村之间的就业结构为48.4∶51.6。但是,我国从事农业的就业人员比重一直在持续下降。根据新浪财经全球宏观经济数据,1980年,

---

[1] 杨宜勇:《城市化创造就业机会与城市就业空间分析》,《经济研究参考》1999年第118期。
[2] 分产业来说,中国第三产业从业人员1994年第一次超过第二产业,2011年第一次超过第一产业。

我国从事农业的就业人员占 68.7%，到 2000 年这一数字下降到 50%，到 2008 年，从事农业的就业人员下降到 40% 以下（39.6%）（见图 4）。显然，相对于城乡人口 55∶45 的结构和从事农业就业人口比例，我国 2010 年的城乡就业结构显然落后于城乡人口结构，更落后于 67∶33 的产业就业结构。

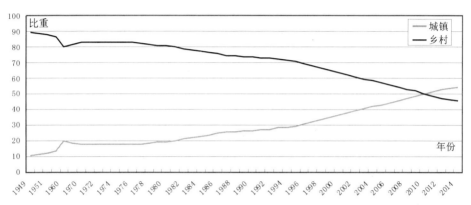

图 3　1949—2014 年中国城乡人口比重

表 10　1997—2014 年城乡人口分布与就业人数比重　　　　单位：万人、%

年份	总人口	城镇人口数	比重(%)	城镇就业人数	比重(%)	乡村人口数	比重(%)	乡村就业人数	比重(%)
1997	123 626	39 449	31.91	20 781	29.8	84 177	68.09	49 039	70.2
1998	124 761	41 608	33.35	21 616	30.6	83 153	66.65	49 021	69.4
1999	125 786	43 748	34.78	22 412	31.4	82 038	65.22	48 982	68.6
2000	126 743	45 906	36.22	23 151	32.1	80 837	63.78	48 934	67.9
2001	127 627	48 064	37.66	24 123	33.1	79 563	62.34	48 674	66.9
2002	128 453	50 212	39.09	25 159	34.3	78 241	60.91	48 121	65.7
2003	129 227	52 376	40.53	26 230	35.6	76 851	59.47	47 506	64.4
2004	129 988	54 283	41.76	27 293	36.8	75 705	58.24	46 971	63.2
2005	130 756	56 212	42.99	28 389	38.0	74 544	57.01	46 258	62.0
2006	131 448	58 288	44.34	29 630	39.5	73 160	55.66	45 348	60.5
2007	132 129	60 633	45.89	30 953	41.1	71 496	54.11	44 368	58.9
2008	132 802	62 403	46.99	32 103	42.5	70 399	53.01	43 461	57.5

续 表

年份	总人口	城镇人口数	比重(%)	城镇就业人数	比重(%)	乡村人口数	比重(%)	乡村就业人数	比重(%)
2009	133 450	64 512	48.34	33 322	43.9	68 938	51.66	42 506	56.1
2010	134 091	66 978	49.95	34 687	45.6	67 113	50.05	41 418	54.4
2011	134 735	69 079	51.27	35 914	47.0	65 656	48.73	40 506	53.0
2012	135 404	71 182	52.57	37 102	48.4	64 222	47.43	39 602	51.6
2013	136 072	73 111	53.73	38 240	49.7	62 961	46.27	38 737	50.3
2014	136 782	74 916	54.77	39 310	50.9	61 866	45.23	37 943	49.1

数据来源：1. 2000、2010年数据为当年人口普查数据推算数；其余年份数据为年度人口抽样调查推算数据。2. 现役军人计入城镇人口。

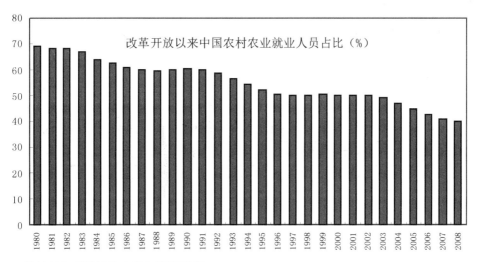

资料来源：新浪财经，全球宏观经济数据。

图4 改革开放以来中国农村从事农业就业人员比重的变化

造成这种状况的原因主要有两个方面：一是户籍政策严重阻碍了乡村人口向城市流动的速度与规模，即使现在的城市人口数还是按照常住人口进行统计的结果，其中还有相当一部分人并不能在城市长期居住。第二个因素是乡镇企业的发展，形成了许多进厂不进城的非农产业就业人口。表11表明，1978年，我国乡村就业人口中第一产业就业人数达到92.4%，到2014年，乡村就业人口中，第一产业就业人数只有61.1%。

表 11　1978—2014 年全国乡村人口就业情况　　　　单位：万人、%

年　份	乡村人口		乡村就业人数	其　中	
	人口数	占总人口比重		第一产业	所占比重
1978	79 014	82.1	30 638	28 318	92.4
1980	79 565	80.6	31 836	29 122	91.5
1985	80 757	76.3	37 065	31 130	84.0
1990	84 138	73.6	47 708	38 914	81.6
1991	84 620	73.1	48 026	39 098	81.4
1992	84 996	72.5	48 291	38 699	80.1
1993	85 344	72.0	48 546	37 680	77.6
1994	85 681	71.5	48 802	36 628	75.1
1995	85 947	71.0	49 025	35 530	72.5
1996	85 085	69.5	49 028	34 820	71.0
1997	84 177	68.1	49 039	34 840	71.0
1998	83 153	66.7	49 021	35 177	71.8
1999	82 038	65.2	48 982	35 768	73.0
2000	80 837	63.8	48 934	36 043	73.7
2001	79 563	62.3	48 674	36 399	74.8
2002	78 241	60.9	48 121	36 640	76.1
2003	76 851	59.5	47 506	36 204	76.2
2004	75 705	58.2	46 971	34 830	74.2
2005	74 544	57.0	46 258	33 442	72.3
2006	73 160	55.7	45 348	31 941	70.4
2007	71 496	54.1	44 368	30 731	69.3
2008	70 399	53.0	43 461	29 923	68.9
2009	68 938	51.7	42 506	28 890	68.0
2010	67 113	50.1	41 418	27 931	67.4
2011	65 656	48.7	40 506	26 594	65.7

续 表

年 份	乡村人口		乡村就业人数	其 中	
	人口数	占总人口比重		第一产业	所占比重
2012	64 222	47.4	39 602	25 773	65.1
2013	62 961	46.3	38 737	24 171	62.4
2014	61 866	45.2	37 943	22 790	60.1

资料来源：历年《中国统计年鉴》。

（三）所有制就业结构的转型

在改革开放前的计划经济时期，我国的所有制结构比较单一，主要是全民所有制和集体所有制，它们吸纳了我国绝大多数的劳动力。改革开放以后，我国所有制结构发生了重大变化，由此也带来了劳动力就业结构的巨大变化。国有企业由过去吸纳劳动力的主渠道演变成释放富余劳动力的主要源头，国有企业出现了大量失业下岗职工；城镇集体企业的就业功能也正在快速递减，劳动力开始由各种集体单位大量外流；非公有制企业的就业比例迅速增大。从城镇新就业人员的去向看，1997年新安置的就业人员中，到国有单位的为31.47%，到集体单位的只有18%，其他各种类型单位和个体私营的约占50%。非公有制经济成分的快速发展，使之成为吸收劳动力的主要载体。2014年，中国就业总人数达到77 253万人，其中城镇就业人数为39 310万人。在城镇就业人口中，国有单位和城镇集体单位的就业人数只有6 849万人，占城镇就业人数的17.4%（见表12）。

表12 2010—2014年我国不同所有制就业人口　　　　单位：万人

项 目	2010年	2011年	2012年	2013年	2014年
就业人员合计	76 105	76 420	76 704	76 977	77 253
城镇就业人员	34 687	35 914	37 102	38 240	39 310
国有单位	6 516	6 704	6 839	6 365	6 312
城镇集体单位	597	603	589	566	537
股份合作单位	156	149	149	108	103
联营单位	36	37	39	25	22

续 表

项　　目	2010 年	2011 年	2012 年	2013 年	2014 年
有限责任公司	2 613	3 269	3 787	6 069	6 315
股份有限公司	1 024	1 183	1 243	1 721	1 751
私营企业	6 071	6 912	7 557	8 242	9 857
港澳台商投资单位	770	932	969	1 397	1 393
外商投资单位	1 053	1 217	1 246	1 566	1 562
个　　体	4 467	5 227	5 643	6 142	7 009
乡村就业人员	41 418	40 506	39 602	38 737	37 943
私营企业	3 347	3 442	3 739	4 279	4 533
个　　体	2 540	2 718	2 986	3 193	3 575

四、劳动就业制度

就业制度是国家关于劳动者就业的各项法律法规和社会政策的总称，它既是公民合法获取就业机会，维护就业权益的法律依据，也是企业直接和间接约束劳动者就业行为的法律依据。就业制度不仅决定着劳动者就业再就业的方式，而且关系到劳动力资源的配置效益和社会资源的合理利用。就业制度包括劳动用工制度、就业服务制度、职工辞职制度、就业准入制度、职工退休制度、就业保障制度，等等。

按照劳动力资源配置方式的不同，劳动就业制度有三种不同的模式：（1）计划型劳动就业模式，劳动力资源配置完全由国家计划统一操办；（2）市场型劳动就业模式，劳动力资源完全由市场配置；（3）计划与市场相结合的双轨运行模式，劳动力资源由计划与市场共同进行配置。1949 年以来，中国的劳动就业制度伴随着中国经济体制改革，相应地经历了计划型就业模式、双轨制就业模式和市场型就业模式三个阶段。与此同时，和中国其他社会制度一样，就业制度始终嵌在中国社会的二元结构之中，并形成了城镇和乡村两种完全不同的政策体系。

（一）计划安置型就业制度（1949—1978 年）

1949 年新中国成立以后，为了迅速地恢复生产和有效地巩固新生政权，中央和各地方人民政府普遍建立了劳动就业委员会,大规模安置旧中国遗留及社会发生巨变所带来的无业人员。政府对旧军政人员和官僚资本企业的职工采取包下来并不降低原收入的原则。到20世纪50年代中期,对城镇劳动力实行统一调配政策,大中专毕业生实行国家统一分配,城镇复员军人实行归口包干,统一安排为固定职工,对不再升学的初高中毕业生统一安置,城镇失业者及新增劳动力由国家统一安置就业。为了解决失业问题,一方面,对失业人员普遍进行登记,由城市劳动介绍所介绍工作,或者进行专业训练,并通过行政手段维持就业,防止出现新的失业。另一方面,限制企业盲目招收和无理由解雇工人,控制招收农村劳动力,在经济改造中维持私营企业的资方人员和工人就业,或者调剂到其他部门就业。与此同时,限制农村劳动力自由进入城市。"大跃进"时期,全国各地大炼钢铁,城镇又开放农村劳动力进入城市,吸收了大量的劳动力就业。据统计,仅1958年1年,全国重工业的就业人数高达5 000万,净增加的职工人数达到2 000多万[1]。"大跃进"运动结束之后,国家开始严格控制城镇就业,并将2 000多万城镇过剩的在职职工精减回农村。

与计划经济体制相适应的高度计划型劳动就业模式经过10多年的发展和演变,到20世纪60年代中后期基本定型。其基本特点:一是城镇劳动力就业完全由政府统一负责;二是劳动力资源由政府统一进行行政调配,企业没有用工自主权,只能执行国家的招工计划;三是劳动力无法流动,企业也不能辞退职工,单位用人只能进不能出;四是职工的工资、福利及其他相关保障与就业紧密挂钩,并全部由国家承担。[2] 这种"统包统配"的就业制度在当时特定的历史条件下,对于解决新政权建立初期所面临的就业压力,促进经济的恢复与发展,加快国家的工业化进程,促进国家重点工程建设所在的边远地区的开发建设,以及保持社会秩序的稳定,都曾发挥过积极的作用。

1966年到1976年的"文化大革命"时期,国民经济受到严重的冲击和影响。在极"左"思潮的影响下,国家在产业政策上更片面地强调发展重工业,忽视轻工业和第三产业,严格限制和取消个体经济。劳动就业的管理体制更加僵化,就业渠道更加狭窄,就业计划统得更死。在"文化大革命"初期,各级学校已经毕

---

[1] 国家统计局社会统计司:《中国劳动工资统计资料(1949—1985)》,中国统计出版社,1987年,第9页。
[2] 刘素华、苏志霞:《劳动就业制度改革三十年回顾与展望》,《河北师范大学学报(社会科学版)》2009年第2期。

业的所谓"老三届"学生甚至因没有就业出路而无法毕业离校。为解决城镇毕业学生出路问题,国家组织了大规模的"上山下乡"运动,从而把城镇的就业矛盾转移到了农村。与此同时,国家又将大量临时工、合同工转正成为全民所有制的固定工,使国营企业的用工形式成为单一固定的制度。国营企事业单位继续实行严格的劳动力计划控制,集体所有制企业升格归口管理、按计划招收劳动力,其他的就业形式名存实亡。

高度计划型的劳动就业制度,面临着巨大的体制矛盾:一方面,国家承诺让所有城镇劳动者"充分就业",这就需要安置巨量的劳动力就业;另一方面,国家又根本不可能提供这么多的就业岗位。结果只能用"低工资,高就业"的方式,强行实现"普遍就业",从而导致劳动力资源配置效率低下,造成人力资源的浪费,政府机关、企事业单位普遍机构臃肿,人浮于事,"一个人饭,三个人吃;一个人活,三个人干"。这既不利于劳动力的自由流动、自由择业和合理配置,也造成普遍存在的大量"隐性失业"现象。更重要的是,为了城市的"充分就业",不得不长期实行严格的户籍管理制度,实行城乡分割的二元劳动管理,把占中国劳动力总数70%以上的农民固定在土地上。

(二)"双轨制"就业制度(1978—2001年)

所谓"双轨制"就业制度,也可以称之为"过渡性劳动就业制度",它是中国改革开放以后,为适应经济体制改革和解决日益严重的就业问题,将原有的计划型就业制度导向市场型就业制度的过渡时期实行的一系列劳动就业政策的总称。双轨制就业制度经历了前后两个时期,前期主要是在不触动原有体制的前提下,通过政策调整,用"三结合"的就业方针解决体制外新增劳动力的就业问题,后期主要是通过"再就业工程"来解决体制内的隐性失业问题。

从1978年到1991年,是实施双轨制就业制度的前期。劳动就业制度改革不仅是经济体制改革的必然要求,也是当时社会严峻就业形势倒逼的结果。20世纪70年代末,由于长期经济结构的不合理和"文化大革命"对国有经济造成的严重破坏,加上当时正值劳动力增长的高峰期,使得整个社会的劳动力供求严重失衡。多年积累的就业矛盾随着上山下乡知青的大量返城集中爆发出来,1978年到1979年短短1年中,全国就有大约650万知青从农村回到了城市。到80年代初,全国回城知青累计达到2 000万,使当时政府面临着巨大就业压力,传统的计划经济体制下的就业制度根本无法解决这批人的就业问题。

1980年8月,中央召开全国劳动就业工作会议,提出"在国家统筹规划和指导下,实行劳动部门介绍就业、自愿组织起来就业和自谋职业相结合"的就业方针。"三结合"就业方针的提出,是中国就业制度改革的重大突破,也是对计划就业制度下统一安置劳动就业方针的扬弃。它不仅打开了集体经济、个体经济的就业渠道,拓展了轻工业、服务业等部门的就业门路,而且也是对非公有制经济及其安置劳动就业作用的肯定,从而开创了多渠道安置就业的新格局,对解决改革初期大量积压的待业问题发挥了积极作用。据统计,1979年至1983年累计安置了3 916万人就业(包括统一分配人员),平均每年安置783万人。[1]

　　1983年4月,国家下发《国务院关于城镇劳动者合作经营的若干规定》和《关于城镇企业所有制经济若干政策问题的暂行规定》,进一步放宽了对集体经济、合作经营以及个体经济的限制,为待业人员自谋职业打开了大门,进一步缓解了城镇待业压力。1986年7月,国务院正式颁布并实施国营企业实行劳动合同制、招用工人、辞退违纪职工和待业保险等四个方面的暂行规定,使国企用工制度改革有了一个比较完整的配套体系,为劳动合同制的全面实行打下了坚实的基础。[2]

　　通过这一系列的改革措施,使得我国的就业机制逐步形成了双轨制。一方面,城乡非国有经济领域及国有经济增量部分的劳动力资源配置受市场调节,劳动力可以自由流动,自主谋职;另一方面,国有经济的存量部分,就业仍然受行政调节,由政府控制,企业和职工都没有独立决定进入和退出的自主权[3],仍然实行统包统配的国有企业职工继续享受国家提供的各种社会福利,或医疗、托幼、住房、物价补贴等,也就是俗称的"老人老办法,新人新办法"。据统计,1981年至1990年10年间,城镇新安置就业总数达6 500多万人。就业问题的初步解决,为全党全国工作中心转移到经济建设上来提供了重要的条件,同时也促进了人们就业观念的转变,为调整我国的所有制结构和产业结构,最终建立与社会主

---

〔1〕 张小建主编:《中国就业的改革发展》,中国社会劳动保障出版社,2008年,第2页。
〔2〕 郑杭生:《从传统向现代快速转型过程中的中国社会》,中国人民大学出版社,1996年,第231页。
〔3〕 双轨制的主要特征:一是市场机制在非国有经济领域(含农村、城镇非国有经济以及国有经济的增量部分)发挥广泛作用;二是国有经济仍然以计划配置为主,实行"统包统配";三是实行"统包统配"的国有企业职工享受国家提供的各种社会福利(医疗、住房以及物价补贴等),实行劳动力市场配置的非国有企业劳动者则不能享受此类福利。

义市场经济体制相适应的劳动就业制度奠定了重要的基础。

但是,双轨制就业制度与社会主义市场经济体制存在着不可调和的内在矛盾。要全面建成社会主义市场经济体制,就不可能仅仅在体制外的非国有经济成分中对劳动力实行市场调节,也不可能容忍国有经济部门长期的效率低下,必须扫除劳动力在两大经济成分之间进出流动的制度障碍。这就需要劳动就业制度改革从体制外进入体制内,从根本上解决国有经济内部的大量"隐性失业"问题。

1992年,党中央确立社会主义市场经济体制改革的目标,以国有企业改革为核心的经济体制改革必然要求就业制度作出根本性的变革。当年7月,国务院发布实施了《全民所有制工业企业转换经营机制条例》,规定了企业在劳动用工、人事管理、工资奖金分配等方面的自主权。1992年12月,农业部发布《乡镇企业劳动管理规定》,以法规形式规范乡镇企业的劳动关系。

1993年,国有企业改革进入产权改革阶段。1993年4月,国务院颁布《国有企业富余职工安置规定》,开始了安置国有企业富余职工的工作。1993年7月,国务院颁布《中华人民共和国企业劳动争议处理条例》,要求通过劳动仲裁或法律形式处理企业劳动争议,规范雇佣双方的劳动关系。1993年11月,党的十四届三中全会颁布了《关于建立社会主义市场经济体制若干问题的决定》,明确提出了国企改革的目标是建立"产权清晰、权责明确、政企分开、管理科学"的现代企业制度。为此,必须要建立劳动力市场体系,促使就业、用工、工资等方面的市场化,通过发展多种就业形式,运用经济手段调节就业结构,形成用人单位和劳动者双向选择、合理流动的就业机制。[1]《决定》明确提出了"失业"概念,承认社会主义国家依然存在失业现象,并提出通过建立与劳动力市场相适应的多层次的社会保障体系来解决失业问题。同年,国务院颁布《国家公务员暂行条例》,开始在公务员招聘、使用、管理中引进一定的市场机制。1993年11月,劳动部发布了《企业最低工资规定》,以适应社会主义市场经济的发展,保障劳动者个人及其家庭成员的基本生活。

1994年7月,八届全国人大常委会第八次会议通过《中华人民共和国劳动法》,这是新中国首次颁布劳动法,对规范劳动关系、促进就业、保护劳动者合法

---

[1]《中共中央关于建立社会主义市场经济体制若干问题的决定》,《人民日报》1993年11月15日。

权益、促进劳动力市场健康发展意义深远。1994年8月,劳动部、外经贸部发布《外商投资企业劳动管理规定》,以法规形式规定外商投资企业的劳动关系。1994年11月,劳动部发布《农村劳动力跨省流动就业暂行规定》,引导农村劳动力跨地区有序流动。1994年12月,劳动部发布了《集体合同规定》,以协调处理集体劳动合同争议和加强集体劳动合同管理。1995年和1996年,劳动部等又先后颁布《职业指导办法》《就业登记规定》《劳动信息工作规范》等法规,规范劳动服务部门的工作。

1997年,八届全国人大常委会第二十五次会议通过了《关于批准〈就业政策公约〉的决定》,中国的劳动法规逐步向国际标准接轨。1997年,国务院颁布了《劳动促进法》《失业保险条例》《劳动合同法》《劳动监督检查条例》和《劳动安全卫生条例》,对规范和完善劳动力市场起到了积极作用。1998年发布的《中共中央、国务院关于切实做好国有企业下岗职工基本生活保障和再就业工作的通知》,提出"建立和完善市场就业机制,实行在国家政策指导下劳动者自主择业、市场调节就业和政府促进就业"的新就业方针,明确提出市场是配置劳动力资源的基础,对就业的调节不再依靠政府的计划指令。新就业方针成为这一时期就业制度改革的中心环节,进一步加快了就业制度由双轨制迈向市场化的步伐。1998年,中共中央、国务院、劳动与社会保障部等先后发布《关于切实做好国有企业下岗职工基本生活保障和再就业工作的通知》《"三年千万"再就业培训计划》《关于建立职工基本医疗保险制度的决定》等政策文件和有关法规,通过实行"鼓励兼并、规范破产、下岗分流、减员增效和实施再就业工程"的就业方针,完善职工安置政策,初步建立起劣势企业退出市场的通道,大力实施"再就业工程",通过"再就业服务中心"保障下岗职工基本生活,让失业下岗职工通过这种办法逐步进入劳动力市场,以缓解日益严峻的就业压力,为深化改革和完善劳动力市场体系创造条件。企业隐性失业显性化导致全国大量职工下岗、失业。"再就业工程"综合运用政策扶持和各种就业服务手段,帮助企业安置和分流富余职工,促进失业职工和富余职工尽可能实现再就业。1993—1996年,500多万失业下岗职工参加了再就业工程,243万人实现了再就业。1998年有609万国有企业职工实现了再就业,再就业率为50%。1999年再就业率为42%,2000年为35%。[1] 1998—2000年,全国累计有2 300万国企下岗职工进入再就业中

---

[1] 胡鞍钢主编:《中国战略构想》,浙江人民出版社,2002年,第46页。

心,其中,约88%实现了再就业。累计有1 890多万人从国有企业转向非公有制经济领域实现再就业,基本完成了计划经济向市场经济转轨过程中劳动力结构的大调整,有力地促进了国有经济的战略转型。

2000年12月,劳动和社会保障部颁布了《劳动力市场管理规定》,将其作为《劳动法》的配套法规,用来规范劳动力市场建设,促进劳动力市场的健康发展。至此,通过上述一系列的改革措施,使我国双轨制劳动就业制度逐步平稳地过渡到市场型劳动就业制度的轨道。

(三) 市场导向型就业制度(2001年以后)

以2001年中国加入世贸组织为标志,中国基本建成了社会主义市场经济体制。与之相联系,中国始终坚持劳动就业制度市场化改革的方向,经过20多年的努力,逐步形成了与社会主义市场经济体制基本相适应的劳动就业制度。以计划分配、单一所有制和城乡隔离为特征的旧的就业制度最终退出了历史舞台。一个以市场化导向、多种所有制并存和城乡劳动力自由流动为特征的新就业格局基本形成。这个市场导向型劳动就业制度主要由以下要素构成。

第一,城乡统一的劳动力市场。通过多年的努力,我国不仅在传统的计划经济体制外发育和培育了一个庞大的劳动力市场,而且最终突破了计划经济体制内的国有企业的劳动就业管理体制,转向存量劳动力的市场配置机制,从而在全国形成了统一的劳动力市场。劳动力供求主体确立,供求关系逐步理顺,供求双方自行决定择业和用工,劳动工资完全市场化。劳动力市场作为配置劳动力资源的基本机制和基础地位已经确立。为了确保劳动力市场的顺利运转,确立了以下两个制度:一是全面推行劳动合同制。劳动合同制的全面实施,传统劳动就业制度下的固定工制度自然瓦解。2008年,《中华人民共和国劳动合同法》的实施,意味着劳动合同制改革的最终完成,并成为市场化条件下的常规劳动用工制度。二是劳动者的身份自由和劳动力的自由流动。改革以来,劳动就业制度最根本的变化就是劳动者获得了身份自由,人们可以根据自己的条件和市场信息作出自己的就业决定。劳动力的自由流动使劳动力的市场配置得以实现。

第二,劳动社会保障安全网。为了配合经济体制和劳动体制改革,国务院1986年颁布了《国有企业职工待业保险暂行规定》,1993年颁布《国有企业职工待业保险规定》,1999年颁布《城镇职工失业保险条例》,全面建立城镇职工失业保险制度和最低生活保障制度,同时,对养老、医疗和救济制度进行改革。失业保险制度和社会保障制度建设,为劳动者建立了一张强大的社会安全网,有力地促进了劳动力市场的改革和发展。

第三,劳动力市场服务体系。在逐步完善社会保障制度的同时,实施积极劳动政策。一是实施"再就业援助行动",包括政策咨询、职业指导、就业信息、技能培训、接续社会保险关系、生活援助等;二是加强劳动力市场信息服务,提供劳动力市场职业供求信息和工资指导信息;三是建立和完善街道、社区就业服务网络和公开就业服务制度,为失业人员提供管理和服务工作。通过大力发展职业介绍、职业培训、岗位开发、创业扶持等积极的就业服务体系,促进了就业岗位开发和劳动力市场建设。

第四,劳动预备制度和职业教育培训制度。从1999年开始建立劳动预备制度,对初高中毕业生实行职业教育和职业培训,强化他们的劳动技能和职业素养。同时,加强在职职工培训和就业培训,实施职业资格认证制度,促进职业培训面向市场需求,提高从业人员的整体素质。

五、劳动就业文化

(一) 劳动就业的价值观念与社会心理

劳动就业文化包括人们的劳动就业的价值观、劳动就业的心理预期,以及对失业的社会心理承受力等。中国古代长期是一个自给自足的自然经济和以农立国的国家,这种状况虽然导致了中国人的小生产意识和心理,但同时也形成了中国勤劳刻苦、热爱劳动,以能自食其力为荣的传统文化和劳动价值观。新中国成立后,劳动人民翻身当家作主了,人们的劳动热情更加高涨,国家鼓励人们自食其力,社会的分配制度是按劳分配,多劳多得、少劳少得、不劳不得。历史文化传统与现实制度的结合,进一步强化了中国人的劳动意识和劳动感情,使人们对劳动的心理预期特别强烈:到了劳动年龄就应该参加劳动,走向社会就是走向工作;不劳动就是寄生虫,就等于是在剥削他人;不参加工作就没有社会地位,就显得低人一等;等等。这些几乎成为中国人普遍的价值观念和社会心理。

在中国的就业文化中,人们对失业的社会心理承受力也特别低。这主要是由以下三个方面的原因造成的：第一，劳动就业是社会财富最重要的分配机制。我国是一个社会主义国家，实行以按劳分配为主体的多种分配形式并存的分配体制。因此，通过就业来获取社会财富是国民社会生活中社会财富分配的一种最基本、也是最重要的社会机制。中国之所以能够在经济发展水平不高的情况下获得比较明显的社会进步，就在于新中国成立后的相当长的时期内，实行比较平均的社会财富分配方式。这种方式的具体实施一靠公有制，二靠按劳分配。因此，在中国人的日常生活中，失去工作就意味着失去生活来源。第二，中国改革前长期实行的是高就业、低工资的劳动就业制度，再加上经济发展水平比较落后，人民的生活水平长期维持在一个较低的水平上，普通居民的家庭积蓄非常有限，因此很难承受失业带来的经济动荡。第三，改革初期，相对经济体制改革，中国的社会保障体制改革严重滞后，社会保障网不健全、不厚实。相当一部分劳动者没有进入任何社会保障安全网，即使进入社会保障网的相当一部分职工所能得到的社会保障力度也不够，保障水平低，保障能力有限。有些地方由于管理混乱，社会保障资金征缴不及时、保障资金被挪用等原因，造成社会保障网形同虚设，不能发挥正常保障网的功能。这就必然进一步加剧了普通老百姓的担心，降低了他们对失业下岗的心理承受力。[1]

（二）中国总人口就业率和劳动参与率全世界最高

一个国家的就业压力从根本上说是由一国的人口状况决定的，但就业率却不仅仅取决于人口状况，它还与其他一系列因素相关。首先是和劳动参与率直接相联系。所谓社会劳动参与率就是指一个国家的劳动适龄人口中愿意从事和直接从事社会劳动的人口占全部劳动适龄人口的比率。社会劳动参与率和就业率是描述一个国家就业国情的重要指标。中国的社会劳动参与率与就业率在世界上都是非常高的，属于世界上少有的高就业模式。表13表明，中国大陆的劳动参与率在世界上是最高的。2000年，中国的劳动参与率达到83%，远远高于同时期的发达国家的水平（71.1%），更高于当时的世界平均水平（70.3%）、中等收入国家水平（69.3%），也高于低收入国家水平（76.3%）。2010年，中国的社会劳动参与率相对于2000年而言，有了一定的下降，但仍然在80%以上，比世界平均水平、发达国家以及其他各类型国家的就业参与率都要高。根据新浪财经全

---

[1] 吴鹏森：《中国的就业国情初论》，《南京师大学报（社会科学版）》2000年第6期。

球宏观经济数据,中国15岁以上人口的就业率和城市就业率也比世界平均水平要高得多(见图5、表14)。

表13 世界各国(地区)劳动参与率　　　　　　　　　单位:万人

国家和地区	劳动力人口(万人)		劳动参与率(%)	
	2000	2010	2000	2010
世界	276 837	321 986	70.3	69.2
高收入国家	50 343	55 119	71.1	71.7
经合组织高收入国家	48 221	51 925	71.6	72.3
非经合组织高收入国家	2 122	3 195	61.2	63.6
中等收入国家	198 490	230 404	69.3	67.6
中等偏上收入国家	116 466	132 202	75.2	74.2
中等偏下收入国家	82 025	98 202	62.3	60.3
中低收入国家	226 494	266 867	70.1	68.7
东亚和太平洋	99 116	111 773	80.3	78.3
欧洲和中亚	17 684	19 199	66.5	66.5
拉丁美洲和加勒比	22 455	27 821	67.7	70.6
中东和北非国家	8 029	10 483	47.9	48.3
南亚	53 693	63 876	61.9	59.2
撒哈拉以南非洲	25 517	33 715	69.9	70.5
低收入国家	28 004	36 463	76.3	76.8
中国	72 448	79 954	83	80.4
中国香港	335	370	69.1	68.1
中国澳门	22	34	71	76.6

资料来源:世界银行WDI数据库。

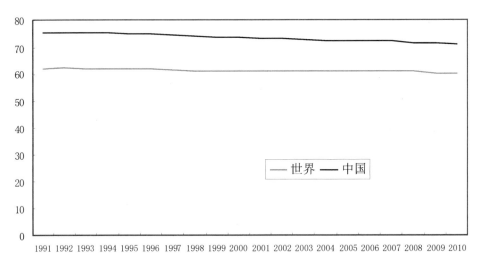

图5 世界和中国15岁以上人口就业参与率比较(1991—2010年)

表14 世界与中国15岁以上人口就业率和城市人口就业率比较　　单位：%

	世　界	世界城市	中　国	中国城市
1991	62.21	66.32	75.6	79.0
1992	62.38	66.32	75.6	79.1
1993	62.10	66.09	75.5	78.9
1994	62.08	66.02	75.4	78.8
1995	61.85	65.88	75.0	78.5
1996	61.72	65.15	74.8	78.3
1997	61.57	65.61	74.5	78.0
1998	61.30	65.39	74.1	77.6
1999	61.30	65.48	73.8	77.3
2000	61.19	65.30	73.6	77.0
2001	61.06	65.20	73.2	76.6
2002	60.95	65.15	73.0	76.3
2003	60.94	65.08	72.7	75.9
2004	61.05	65.15	72.4	75.6

续 表

	世　界	世界城市	中　国	中国城市
2005	61.18	65.19	72.2	75.3
2006	61.20	65.00	72.1	75.1
2007	61.25	64.82	72.1	74.9
2008	61.02	64.59	71.4	74.5
2009	60.39	64.36	71.2	74.4
2010	60.26	64.16	71.1	74.2

资料来源：新浪财经全球宏观经济数据。

根据国际劳工组织定义的劳动力概念（不包括家务及非正式部门劳动者在内的经济活动人口），1985年，中国进入劳动年龄（16岁）的人口高达2740万人，当年劳动力资源总数达到62114万人，劳动参与率为82.1%。1990年，进入劳动年龄的人口为2348万人，当年劳动力资源总数达到76029万人，劳动参与率为79.9%。2000年，进入劳动年龄的人口为1940万人，当年劳动力资源总数约8.6亿人，劳动参与率约为78%。

国际上通常使用总人口就业率，即就业人口占总人口比率，来衡量一个国家劳动力就业状况。研究结果表明，中国总人口就业率有以下几个特点。

第一，改革以来，我国总人口就业率，一直呈现不断上升趋势。表15表明，1952年全国总人口就业率为36.1%，即只有1/3多的人口就业。1978年，总人口就业率为41.7%，比1952年上升了5.6个百分点，到1985年达到47.1%，又提高了5.4个百分点，接近一半的人口进入劳动者的行列。1990年至2000年，总人口就业率更是一直保持在56%左右。这表明，自改革开放以来，我国总人口就业率有了大幅提高，主要原因在于政策调整和收入水平大幅度提高，吸引了大量劳动年龄人口和非劳动年龄人口加入就业队伍。

第二，中国总人口就业率大大高于发达国家和发展中国家水平，属于世界上高就业模式。自20世纪90年代以来，中国总人口就业率一直维持在56%以上（1993年数据），明显高于发达国家和发展中国家平均水平。由于长期保持高就业率，自1998年以来，中国的就业人口长期维持在7亿以上。2000年，中国的就业人口为7.2亿，2010年为7.6亿，2014年为7.7亿。这一规模庞大的就业人口,既说明了中国改革以来所享有的巨大人口红利,也反映了我们所面临的巨大就业压力。

第三,城市和农村的总人口就业率在不同时期有不同的表现。20世纪80年代以前,城镇总人口就业率一直高于农村,但90年代以后农村总人口就业率一直高于城镇。这主要是因为农村女性参与社会就业的缘故。1990年,我国城镇总人口就业率为55.0%,同期农村总人口就业率达到56.2%,首次超过城镇总人口就业率。2000年,城镇人口就业率降为50.4%。农村总人口就业率达到60.5%,比城镇就业率高出十个百分点以上。这一趋势一直保持到现在。2014年,城镇总人口就业率为52.5%,而农村总人口就业率为61.3%,仍然显著高于城镇人口就业率(见表15)。

表15 主要年份全国及城乡总人口就业率　　　　单位:%

年　份	全　国	城　镇	农　村
1952	36.1	34.7	36.3
1960	39.1	46.8	37.2
1970	41.5	43.8	41.0
1978	41.7	55.2	38.8
1980	42.9	55.0	40.0
1985	47.1	51.0	45.9
1990	55.9	55.0	56.2
1995	56.1	54.3	56.8
2000	56.9	50.4	60.5
2005	57.1	50.5	62.1
2010	56.8	51.8	61.7
2014	56.5	52.5	61.3

资料来源:历年《中国统计年鉴》。

中国的劳动就业参与率之所以比世界上绝大多数国家都要高,原因是多方面的。但最主要的因素是由其就业观念及其背后的社会制度所决定的。前面已经讨论过中国的劳动就业文化,国民的就业观念非常强,既与劳动就业制度有关,也与社会财富的分配方式有关,既与历史文化传统有关,也与相应的社会保障安全网有关。除了这些基本因素以外,还有几个非常重要的因素值得注意。

第一,我国妇女就业参与率过高,不仅高于一般的发展中国家,而且高于发达国家。一般说来,男子是社会的主要劳动力,世界上任何国家中成年男子的劳动参与率都较高,但妇女的劳动参与率由于文化背景、社会制度和经济发展阶段的不同则有很大的差异。因此,妇女的社会劳动参与率对整个社会劳动参与率就有着直接的和根本的影响。现在世界上各国的妇女劳动参与率总体情况是发达国家的妇女劳动参与率水平较高,而发展中国家妇女的劳动参与率相对较低。据联合国的统计,20世纪90年代中期,世界发达国家妇女劳动参与率平均为44%,而发展中国家的妇女劳动参与率为39%,世界平均水平为40%。我国妇女劳动参与率则达到45%,不仅大大超过了发展中国家,而且超过了发达国家。与人口和经济发展水平相近的发展中国家印度相比,中国的妇女劳动参与率(45%)接近印度(31%)的1.5倍(见表16)。

表16 总人口就业率与妇女就业参与率国际比较(1993年)　　　单位:%

	总人口就业率	妇女就业参与率
中　　国	56	45
印　　度	43	31
发展中国家	46	39
工业化国家	49	44
世　　界	47	40

资料来源:UNDP, 1996. Human Development Report 1996, New York, Oxford University press, pp.168-169.

进入21世纪以来,中国的女性劳动参与率仍然一直维持在很高的水平。2000年,中国女性劳动参与率达到78.2%,2010年,仍然达到75.2%,远远高于世界上其他国家和地区。2010年,中国女性劳动参与率差不多比世界平均水平高出三分之一,比高收入国家也高出17.5%,比中等收入国家高出43%,比低收入国家也高出将近8%(见表17)。

表17　世界各国(地区)女性劳动参与率

国家和地区	女性劳动参与率(%)	
	2000年	2010年
世界	57.1	56.2
高收入国家	61.9	64.0
经合组织高收入国家	63.0	65.4
非经合组织高收入国家	39.6	40.8
中等收入国家	54.5	52.5
中等偏上收入国家	65.9	65.3
中等偏下收入国家	40.8	38.4
中低收入国家	56.0	54.7
东亚和太平洋	73.4	71.2
欧洲和中亚	58.2	57.7
拉丁美洲和加勒比	51.6	57.7
中东和北非国家	19.3	20.8
南亚	36.5	33.2
撒哈拉以南非洲	62.5	64.3
低收入国家	68.3	69.7
中国	78.2	75.2

资料来源：世界银行WDI数据库。

第二，中国国民受教育年限较少也是影响高劳动参与率的重要因素。一个国家的教育越发达，国民受教育年限越长，则其进入劳动力市场时间越迟，从而导致整个社会的劳动参与率偏低。反之，如果教育落后，国民受教育机会少且受教育年限短，则劳动者进入劳动力市场的时间就会提前，从而社会劳动参与率就会高。应该说，伴随着一个国家经济社会的发展，使得知识在社会竞争中的作用越来越重要。劳动者的市场竞争激烈使得更多的劳动者选择接受更多的高等教育来提升自身的人力资本含量，从而推迟了其进入劳动力市场的时间，降低了总体的社会劳动参与率。近年来，我国由于基础教育的不断完善，义务教育的强制性越来越强，高等教育由精英教育向大众教育转型，使得我国劳动年龄人口中受教育者受教育的年限越来越长,必然会对我国的劳动参与率产生深远影响,并导致我国劳动参与率逐步下降。

第三,国民的收入分配方式单一,劳动者的工资水平过低,导致劳动者不得不更多地滞留在劳动力市场。改革开放以来,我国经济实现了高速起飞和快速增长,但由于我国经济发展起点较低,与发达国家相比,我国工资水平仍处于较低水平。这就使得家庭中需要有更多的家庭成员参与社会劳动来维持家庭生计,从而扩大了家庭向社会的劳动力输出。另外,由于我国市场经济发展时间较短,国民收入缺乏有效的投资渠道,我国居民的收入仍然以工资为主,劳动收入仍然是人们谋生的重要手段。这就必然加大了人们对劳动市场的依赖性,提高了劳动力参与率。

第四,社会保障体系不发达。社会保障覆盖面过小,社会保障水平过低,必然导致社会就业参与率过高。由于养老保险制度的不完善,导致一些退休人员不得不再次走出家门二次就业,导致中国老年人的就业率过高。据统计,我国劳动年龄人口就业参与率呈倒 U 字形分布,60 岁以上老年人口就业参与率太高,60—64 岁人口的就业参与率仍有 35%—50%。因此,只有不断完善福利制度,扩大保障范围,减弱福利制度与就业状况的关联性,才能有效降低劳动参与率。

我国劳动就业问题的战略分析

一、劳动就业何以是一个战略问题?

(一) 中国现代化建设需要把劳动就业作为一个战略问题来对待

进入20世纪90年代以来,"实现中华民族的伟大复兴"已经成为以江泽民为核心的党的第三代领导集体的标志性口号。具体体现就是江泽民同志在党的十五大报告中提出来的,要在21世纪中叶基本实现社会主义现代化。到那时,中国不仅在经济总量上将位居世界前茅,而且在人均国民生产总值上也将达到发达国家现在的水平或当时中等发达国家的水平。那时的中国将在政治上、军事上和文化上都成为世界上的强国。

中国这一宏伟的目标能不能实现?关键不在于我们是否有良好的愿望,而取决于我们的战略是否得当,取决于我们能否正确解决所面临的种种挑战。这些挑战很多,既有内部的,也有外部的;既有客观的,也有主观的。如何解决中国的劳动就业问题就是其中之一。可以说,失业下岗问题是一个事关中国现代化全局的重大问题,它可能是中国现代化过程的一个"陷阱"。世界上许多发展中国家掉入这个陷阱内不能自拔。纵观世界各国的现代化进程,都曾经在现代化的某个阶段面临过难以解决的就业问题,并先后不同程度地由此引发过社会动荡,资本主义国家在19世纪尤其突出。中国要实现自己的现代化目标,必须维持社会的长期稳定,而在威胁中国社会稳定的各种可能中,大规模失业大军的出现和长期存在是其中最值得重视的因素。如果中国的劳动

原载于《安徽师范大学学报(人文社会科学版)》2001年第3期。

就业问题处理不好,就可能会出问题,甚至有可能会使几代人为之奋斗的现代化目标功亏一篑。只有从战略上对劳动就业问题进行充分的研究,才能在今后面对复杂的劳动就业问题时,不会头痛医头、脚痛医脚,更不会在可能突然出现的严重失业问题面前惊慌失措,陷于被动,使其诱发出大规模的社会动乱。

(二) 中国的就业国情决定我们必须把劳动就业作为一个战略问题

人口问题说到底,一方面是人口与资源的关系问题,另一方面就是劳动就业问题。中国的人口问题不仅表现为人均占有资源不足,更重要的是社会发展不能为劳动者提供足够的就业岗位,不能充分发挥本国的人力资源优势,另外还有劳动者的素质较低,不适应现代化建设的需要等。中国的就业国情有这样几个特点:一是劳动力资源存量大、质量低;二是劳动力结构不理想;三是劳动力市场还很不发达;四是就业制度、就业文化与现代化要求不相适应。

未来50年,是中国现代化建设的关键时期,这一时期中国的劳动就业状况应特别给予关注。

1. 自然供给

国家统计局 1997 年预测,我国 15—64 岁人口到 2000 年为 85 841 万人,2010 年为 96 799 万人,2020 年进入最高峰,达到 99 696 万人。到 2050 年略有下降,约为 89 481 万人,但仍然要高于 2000 年的劳动年龄人口。如果按照最高峰年的 2020 年计算,我国在今后 20 年内将有 13 855 万的 15—64 岁劳动年龄人口要进入劳动就业领域,成为新增的劳动力。这也意味着在今后持续 20 年的时间内,平均每年要吸纳约 700 万新增劳动力就业。这是一个非常艰巨的任务。因为经济发展程度越高,吸纳劳动力的数量越少。例如,我国 20 世纪 90 年代平均每年吸纳的新增劳动力数量比 80 年代减少了 1/3。

2. 制度性供给

由于体制与制度的调整而向社会释放的大量剩余劳动力需要社会重新安置。一是国有企业改革。从劳动就业的角度来看,国有企业的战略性重组、优化劳动组合、减员增效,等等,其结果都是大量劳动力退出国有企业而需要社会进行重新安置。二是国家机关与事业单位改革。这项改革还刚刚开始,任务非常艰巨。所有这些过去的所谓全民所有制单位的改革都围绕一个中心进行,即消肿,把多余的人员从中挤出来,拧干水分,提高效率。据国家统计局和国家计委的有关部门估算,这种所谓制度性供给总数约有2 000万人,其中国有企业约为1 500万人,国家机关和事业单位约500万人左右。

3. 技术性供给

由于技术进步,带动劳动生产率提高和产业结构升级,造成大量劳动力剩余,需要向社会释放和向其他产业转移。特别是我国的农村经济结构调整正在加速进行,约有1.5亿—2.5亿劳动力需要向外转移。[1] 在城市,随着技术进步和产业结构升级,这种技术性供给还会源源不断地进行。据有关专家估算,如果按每10年释放10%的劳动力存量测算,那么在今后10年间大约要有6 600万的存量释放。这样,即使我们按现行劳动政策不变,今后10年的劳动力安置任务也是惊人的。新增劳动力约7 675万(男16—59岁、女16—54岁),制度性供给2 000万,技术性供给中的农村1.5亿和今后10年的10%的存量释放约6 600万,累计总数达2.5亿以上。这是世界上任何一个国家现代化过程中都不曾碰到的难题。

二、我国劳动就业问题的战略设计

对我国劳动就业的战略设计,并不是要在经济发展战略之外提出一个独立的就业战略,而是要把我国的劳动就业战略寓于其他各项战略之中,把劳动就业战略与其他诸多国家战略和政策联系起来。

(一) 劳动就业战略设计的基本原则

1. 必须把解决就业问题与发展联系起来,不能脱离发展与现代化来谈解决就业问题,要把解决就业问题寓于发展过程之中

现在许多学者在研究就业问题时,都是把就业与发展作为一对相互对立的矛盾来看待,以就业与发展的矛盾作为讨论就业战略的前提,甚至认为就业与发展是"中国现代社会长期存在的最主要矛盾"[2]。这个认识的思路过于陈旧。因为如果把就业与发展仅仅看作是一对矛盾,那么,就会想到用牺牲发展作为解决就业问题的代价。我国有些学者正是这样进行政策设计的,例如有的学者认为,要解决中国的就业问题,必须要把发展劳动密集型产业作为一项长期战略来

---

[1] 刘希光:《1994—2000年中国经济评析和预测》,中国经济出版社,1998年。
[2] 中国科学院国情分析研究小组:《就业与发展——中国失业问题与就业战略》,辽宁人民出版社,1998年,第2页。

抓,要走一条"节省资本、多用劳动"的工业化技术路线[1],有的学者出于解决就业的需要甚至还提出反对把经济增长方式由粗放型转变到集约型上来,反对国有企业实行减员增效的举措,等等。所有这些都说明,在中国这样一个特殊的就业国情条件下,如果把就业与发展看作一对难以兼顾的矛盾,那么必然使我们解决就业的思路自觉不自觉地陷入靠牺牲发展来解决就业问题这样一个死胡同之中。

解决这个问题的关键,是要有新思路、新思维。当今世界可持续发展战略中解决环境与发展关系的新模式,足可作为我们解决就业与发展问题的参考。环境与发展长期以来被认为是一对不可调和的矛盾,甚至于罗马俱乐部提出要搞"零增长",以避免环境的进一步恶化。这显然是不现实的,也不可能成为各国政府的政策选择。但20世纪90年代,世界提出可持续发展战略后,把环境保护纳入发展过程之中,从而形成了一个完全崭新的思路。在发展过程之中解决劳动就业问题,正是我们今天解决就业问题所需要的思路。

这种思路的根据在于:第一,较快的经济发展速度是解决就业问题的根本出路;第二,劳动力资源是中国的比较优势,必须充分利用和发挥;第三,劳动者需要劳动岗位,但同时,劳动岗位也是劳动者创造出来的。按照这样的思路,劳动就业的数量问题就转化为素质问题了。也就是说,如果劳动者的素质切实得到了提高,他们就能够自己来创造就业机会解决自己的就业问题。这样,从战略上看,解决劳动者的就业问题就转变成提高劳动者的素质问题。提高劳动力资源的质量与层次,是既能促进就业又能促进发展的双赢措施。

2. 必须把解决就业问题与解决其他业已存在的社会问题结合起来,不能头痛医头,脚痛医脚

中国传统文化强调一种整体性、辩证性、发展性的思维方式,正如中医的辩证施治原则一样。今天我们也要把解决就业问题与解决其他各种社会问题综合起来考虑。例如,把解决就业问题与解决人口问题、环境问题、教育问题、城市化问题、社会分配问题、东西部发展问题、第三产业发展问题等联系起来,进行综合考虑,统一解决。也就是说,不能孤立地看待和解决劳动就业问题。

3. 在制定中国就业战略时必须充分考虑到国际背景和国家现代化的战略目标

在国际背景方面,有经济全球化、中国即将加入世贸组织、世界格局大变动

---

[1] 同上书,第218页。

中单极化与多极化的斗争等因素;在国家现代化战略目标方面,中国要在 21 世纪中叶把我国建设成为一个富强民主文明的国家,基本实现社会主义现代化的宏伟目标,实现中华民族的伟大复兴。要实现这样一个神圣的历史使命,就不能孤立地只从就业本身来考虑就业问题。例如,走"节省资本、多用劳动"的工业化技术路线,在封闭条件下是可以考虑的,但在前面所说的国际大背景下,这种工业化技术路线就可能走不通。因为在经济全球化的条件下,一个国家不去追求科学技术上的进步,仅仅考虑用劳动代替资本,只能是自甘落后,自我淘汰。

4. 必须把解决就业问题与社会主义市场经济联系起来,不能重复过去那种单纯依靠行政、单纯依靠政府来解决就业问题的思路

长期以来,我们习惯于用行政的办法来解决比较棘手的社会问题,包括失业下岗问题的处理,仍然是离不开行政手段。但从战略上看,不能再沿袭过去那一套老办法了。必须按社会主义市场经济规律办事,必须把解决我国的劳动就业问题建立在社会主义市场经济基础上,通过市场机制来解决劳动就业问题。

5. 必须把城市与农村的劳动就业问题统一起来进行战略设计

长期以来,我国的二元社会结构,已经使我们许多专家学者或政策研究人员习惯于把劳动就业问题仅仅看作是城市的问题,不仅在享受国家的失业救济和失业下岗生活保障方面没有广大农村失业者的份,而且在统计失业率时也根本不考虑广大农村劳动力失业大军。这种现象再也不应继续下去了,应把农村的劳动就业问题与城市的就业问题统一起来进行规划。

(二) 解决我国劳动就业问题的对策

1. 提高劳动力的社会需求

通过发展经济,扩大内需,带动就业增长是解决我国劳动就业问题的根本出路。只有保持经济的持续快速增长,避免经济的衰退,才能有效地避免出现大规模的失业浪潮。如果我们能在未来 10—20 年内保持平均 7% 的增长速度,在 2020—2050 年能够维持 5%—6% 的增长速度,就能带动就业机会的稳定增长,基本解决中国在实现现代化过程中的就业问题。这个任务是异常艰巨的。

既然发展经济是解决就业的根本出路,那么,经济的波动、下滑就是造成失业的最大威胁。在导致失业问题上,最严重的是经济危机。过去资本主义所出现的大规模的失业浪潮都是与经济危机相联系的。即使是当代也不例外。美国

在20世纪80年代初的经济危机就造成了两位数的失业率。1997年的东南亚金融危机,成千上万的企业倒闭,失业率急剧上升,泰国失业人数超过200万;韩国15 000多家公司破产,失业人数猛增数百万;甚至日本也出现了23年来的经济负增长,无数企业破产,大量工人失业。

过去人们认为,经济危机是资本主义现象,社会主义不存在经济危机。现在看来,情况未必如此简单。经济危机与市场经济的联系更多。中国实行的是社会主义市场经济,我们有社会主义制度的优越性,但并不意味着我们是完全安全的,我们也要尽最大努力去避免经济危机。同时,采取多种措施,有效提高劳动力的社会需求。

加快城市化建设的步伐,大力发展第三产业,可以带动国民经济的不断增长和劳动就业机会的增加。我国的城市化水平严重滞后,大大落后于工业化水平。大量民工在城市挣钱,在农村花钱,降低了城市的有效需求,制约了城市第三产业的发展。加快城市化步伐,不仅可以促进第三产业的发展,增加就业机会,同时还有其他许多综合效果。比如,有利于计划生育,有利于抑制一些不合理的消费,有利于改变人们的许多陈旧观念,等等。

缩短劳动时间,在未来适当时期全面实施6小时工作制。职工增加了业余时间,可以用来充实提高自己,从而提高整个社会的劳动者素质。更重要的是,缩短劳动时间可以提供更多的劳动就业机会,满足更多人的就业需求。现在许多地方都在强制企业不能对企业富余人员精减过快。但事实上,只要实行市场经济和自主经营,政企分开,就无法长期做到这一点。但如果实行每天四班制,就可以容纳更多的人就业。"三个人的饭五个人吃",对不对?我认为是对的,社会主义国家不能让三个人有饭吃,让另两个人饿死。但三个人的"岗"不能五个人站。通过缩短劳动时间,增加劳动岗位,可以在劳动者中更公平地分配劳动岗位和劳动机会,有利于解决中国的劳动就业问题。

积极扶持劳动密集型中小企业的发展。劳动力是中国的比较优势,充分发挥这个优势是必须的和必然的。虽然我们不赞成把"节省资本、多用劳动"作为工业化技术路线,但仍然赞成通过各种政策优惠鼓励民间大力发展劳动密集型产业。广大中小企业主要以吸收劳动力为主,要注意从政策上进行扶持,结合地区发展差距和人口分布状况,进行引导。例如可以考虑在中西部对劳动力密集型企业采取免除国税或降低国税的特殊优惠政策,以综合地解决就业问题、地区发展差距问题、人口问题,等等。

2. 减少劳动力供给,适度降低社会劳动参与率

转变部分劳动力的社会参与模式,引导部分女性劳动力不就业或阶段性就业。在妇女就业问题上,应该说我们有许多理论与实际问题需要进行重新探讨。过去认为妇女解放的唯一道路就是同男子一样参加社会劳动。新中国成立以后我们是不折不扣地做了,也确实使中国妇女的家庭地位和社会地位发生了历史性变化。但它所付出的代价也是不可估量的。巨大的就业压力、日益上升的青少年犯罪率等都是这种代价的具体表现。转变妇女就业模式并不是要所有妇女全部回家,更不是强迫妇女必须回家,而是要通过舆论转变人们的价值观念,进而转变妇女的社会参与模式。对此,社会各界争议很大,根本问题是要正确处理家庭公平与性别公平的矛盾。

强化劳动力的社会管理。首先是禁止提前退休、退而不休,禁止雇佣童工。提前退休和退而不休是当前中国就业领域中普遍存在而又极不正常的现象。中国的退休年龄在世界上是较低的,它是几十年前规定的制度,随着中国人平均寿命的延长,已经显得不合时宜了。可是许多单位为了缓解就业压力,不得不进一步提前退休。其结果是大量的退而不休。从单位的微观看,提前退休缓解了单位的人员压力,但从社会的宏观看,他们仍然占据着就业岗位。必须予以禁止。对于身体健康的退休者,特别是知识分子退休人员,可以鼓励他们从事老年志愿性服务,主要是到贫困地区进行志愿性扶贫活动,以充分发挥他们的余热。

中国的童工问题非常突出,从就业的角度讲,保护少儿,禁止童工,其实也是在保护成人的就业机会。目前我国 15—19 岁青年人口中就业比重过高,值得高度重视。如果我国 15—19 岁人口中就业比重降低一半,全国就可以减少 2 300 万的劳动力供给,其中城市有 500 万。这有利于缓解我国的劳动力就业压力。如果我们把就业年龄标准进一步提高到年满 18 周岁,任何单位雇佣职工必须达到国家公民的合法年龄,这对解决我国的就业问题是至关重要的,同时也有助于农村基础教育的普及。

全面实施劳动力就业培训制度。可以学习北欧"积极的劳动力市场政策",以社区为依托,失业人员先到社区进行登记,不登记视为无就业意愿或已经就业。所有登记在册的人员必须参加培训,提高他们的重新就业能力,只有参加登记并参加培训的人员才能视为失业者,才有资格领取失业救济。在对失业下岗人员培训过程中,特别要注意培训创业者。根据法国的经验,在失业者中大约有

2%的人可以经过培训成为创业者。我国苏州市也进行了试验,发现在失业下岗职工中,有40%的人可以进行创业培训,其中约5%的人可能最终成为创业者,也就是2%。如果每个创业者雇佣10个人,那么,失业下岗职工中自己就可以解决很大一部分的再就业问题。

全面实施劳动力市场准入制度。劳动力市场准入制度的建立,具有综合性的社会效应。如可以保护劳动者的行业就业机会,例如已经实施了资格制度的医生、教师等职业,规范了劳动力市场管理,有效避免像"江湖医生"等现象出现。与此相关的是各种行业协会要充分发育起来,使其在维护不同职业的市场准入方面发挥应有的作用。特别要强调在农业领域实施市场准入制度的必要,过去欧洲有的国家规定农民要从父母那里继承土地,必须获得农业中等专科学校文凭。今天的中国也完全可以考虑并逐步建立起这样的制度。实施这种制度后,不仅可以提高农业劳动者的职业素质,更有效地利用农业资源,而且可以有力地促进农村基础教育的进一步普及,促进农业技术的普及。

三、劳动就业战略与国家总体发展战略的对接

一个国家的战略并非只有一个,为了服务于不同的目标,可以有不同的国家战略和基本国策。因此必须要把劳动就业战略与其他国家战略以及我国的基本国策衔接起来,充分发挥国家战略与基本国策的综合效应。

1. 通过实施科教兴国战略,大力提高劳动者的素质,提升整个国家的劳动力结构层次,在劳动力结构变动升级过程中解决劳动就业问题,这是解决中国就业问题的最根本、最重要的途径

过去有一句话叫"抓纲带目",在劳动就业问题上,抓劳动密集型产业只能是"目"不能叫"纲"。解决我国劳动就业问题的纲是"全面实施科教兴国战略"。因此有必要将科教兴国战略与解决我国劳动就业问题联系起来进行综合研究,通过实施科教兴国战略来达到解决就业问题的效果。

第一,通过科教兴国战略的实施,加大科教自身的投入,不仅可以直接刺激内需,带动国家经济增长,而且可以直接带动城镇高层次就业岗位的增加。

增加基础建设投资是当前中国发展经济、解决就业问题的一个重要举措。但在当前,就业机会主要是为两种人所提供的:工程技术人员和农民工,因而还不能直接为城市市民提供大量的就业机会。当然,当整个社会的基础建设力度

加大以后，提高了社会的有效需求，也会带动城市经济发展和就业机会的扩大，从而有利于解决城市职工的就业问题。

但是，我们目前对于基础建设的观念过于陈旧，主要是指农业的基础建设和工业的基础建设。基础建设概念也要创新。如科教兴国的基础建设问题就有必要提上议事日程，特别是高等学校承担着我国科教兴国的主体任务，如果不进行基础建设，这一任务是很难完成的。文化事业的基础建设也可以提出，如图书馆、博物馆、科技馆建设等。

第二，通过加快发展教育，特别是加快发展高等教育，直接延长劳动者进入劳动市场的周期。有人算了一笔账：如果将招生数扩大一倍，连续实行三四年，就会推迟近千万人进入劳动市场的时间，几乎相当于全国下岗职工的总数。但是，打开高等院校的大门，不仅是为了延长劳动力进入社会的周期，更应该是为了提高劳动者的素质，以更好地解决未来中国的劳动就业问题。

第三，通过科教兴国战略的实施，可以从战略上解决由于科技发展造成的结构性失业。人们分析问题常常喜欢讲中国人多，其实最根本的问题是劳动者的素质。劳动者素质提高了，往往可以自己创造就业机会，带动更多的人就业。更重要的是，在科技突飞猛进的时代，因科技的发展而造成的结构性失业十分突出。新技术的大量使用，高新技术产业的快速发展，一方面对劳动者的素质、技能提出了更高的要求，使原来一些劳动者很难适应新的工作岗位，其中必然有许多人被淘汰出局。另一方面，许多新的岗位又找不到适合的劳动者。例如，国际互联网的开通，知识经济的出现，不仅使人类生产方式和生活方式都发生了根本性的重大变化，而且必然要为社会提供许多新的劳动岗位。但是这种岗位却往往找不到合适的劳动者。

第四，通过科教兴国战略的实施，可以改善我国劳动者的社会结构，提高整个社会的就业层次，提高劳动者创造新就业机会的能力。对于当前日益严重的失业下岗问题，应该说国家和社会各界都给予了高度重视，积极想办法采取措施予以解决。但也要看到，从当前各地所采取的措施来看，大部分还是老办法老思路。按照这种老办法解决失业下岗问题，只会给政府带来更沉重的负担。特别是单纯强调城市职工转变择业观念，只会造成与进城农民争饭碗。现在许多地方先后出台了一些就业政策，以推动和促进职工的再就业。这些政策从短期看，也许能收到减缓当地就业压力的一些效果，但长期如此，有可能会成为社会不稳定的根源。对此，我们要有足够的清醒认识。

2. 通过实施可持续发展战略,启动"国土整治"工程,促使农村剩余劳动力转变流动方向

可持续发展战略是1992年世界环境发展大会提出的新战略,我国由于自己的特殊国情,对此特别重视,在世界上率先推出了《21世纪议程》。那么,从解决就业问题出发,实施可持续发展战略,落实《21世纪议程》有何意义呢?笔者认为,在今后几十年内,中国可以全面实施国土整治工程。这项工程可以大量吸纳农村劳动力,改变农村剩余劳动力的流向,缓解城市就业压力。北京启动的治沙工程就是一个好的示范。通过大规模的国土整治工程可以提供大量的就业机会。而且,国土整治并不一定要从大西北开始,在"十五"期间更应该从城镇周边地区开始,从经济相对发达地区开始,从交通线开始。通过国土整治工程,让每一寸国土都绿起来、美起来,既实现了可持续发展,又解决了就业问题。

3. 利用中央最近作出的西部大开发战略决策,促进劳动力有序地向西部地区流动,改善我国的劳动力布局,缓解东部地区的劳动就业压力

西部大开发决策出台以后,在全国乃至世界上都产生了巨大影响。但西部大开发这个课题怎么做,这篇文章怎么写,仍然值得深入研究。从解决我国的就业问题来看,一个值得重视的思路是要把握开发西部契机,把东部的劳动密集型产业大规模地向西南部转移,以"资本流动"代替"劳动力流动",从根本上改善我国的劳动力布局,同时也可以促进东部地区的产业结构升级。

向下挤压还是向上提升

——城市失业下岗职工与进城农民工就业替代关系的理论分析

一、劳动力市场就业替代关系的一般分析

通常人们研究劳动力市场,都是将其作为一个整体,甚少关注劳动力市场的内部结构。实际上,劳动力市场并非一个同质整体,由于其主体素质的差异和市场就业环境的差异,劳动力市场表现出很强的层次性和区域性特征,并由此导致不同层次的劳动力在劳动就业市场上表现出不同的就业替代关系。

1. 劳动力市场的层次性

劳动力市场是一个有层次的市场。这个劳动力市场大体上可以区分为顶级劳动力市场、高层劳动力市场、中层劳动力市场和低层劳动力市场(见图1)。

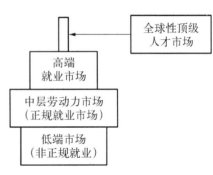

图1 劳动力市场的层次结构

顶级劳动力市场主要是由各领域的顶级精英所占据,其中相当大一部分是全球化人才,主要由企事业单位高层管理人员、决策人员、各行业杰出的科学家、专家等组成。这一层次涉及人数很少,规模很小,大体上可以分为两类:一类人是和特定身份相联系的,基本上还没有市场化;另一类人则高度市场化,是面向全球开放的各方面顶级人才。

高层劳动力市场主要是由管理型劳动者和知识型劳动者所组成的。这一层

中国社会学会年会(太原,2006)会议论文,原载于《探索与争鸣》2007年第4期。

次的劳动力市场需求规模相对较小,对劳动力的素质要求很高,因此能参与到这一劳动力市场竞争的劳动者受到比较严格的限制。这一层次的劳动力市场"门槛"高、开放性大、市场化程度较高。

中层劳动力市场主要是由技术劳动者和办事型劳动者所组成的。这一层次的劳动力市场需求规模最大,对劳动者素质的要求不是很高,一般劳动力均可参与竞争。但这一层次的劳动力市场开放程度最低,地区保护特色较浓,具有很大的封闭性,通常是为了保证满足本地劳动力特别是城镇居民劳动力就业的需要。

低层劳动力市场主要由体力型劳动者和简单服务型劳动者组成。低层劳动力市场主要包括建筑业、加工制造业等第二产业中以体力劳动为主的脏、累、险职种和第三产业特别是服务业发展所带动的连锁超市、购物配送、社区及家政服务等流动性强、收入不稳定的职种。这一层次劳动力市场对劳动者的素质要求不高,只要能吃苦耐劳即可,因此其劳动力市场比较开放。

以上四个层次的劳动力市场,构成了当今中国城市整个劳动力市场的基本框架,但其中各个层次的劳动力需求状况、雇佣特征、开放程度等则有很大的差异。劳动力市场的层次性首先是由社会的分层结构决定的,其次是由劳动力市场的需求决定的,最后是由劳动者自身的素质决定的。

2. 劳动力市场的区域性

中国的劳动力市场不仅在纵向上具有层次性,而且在横向上也被全面分割,缺乏全国统一的劳动力市场。二元社会结构和严格的户籍管理制度对中国今天的劳动力市场影响至巨至大,造成了城乡劳动力市场的分割、地区劳动力市场的分割、城市之间劳动力市场的分割。由于缺乏全国统一的劳动力市场,劳动力市场信号失灵,劳动力无法自由地流动,即使在全国劳动就业压力不大的情况下,也容易造成局部地区的劳动力市场过剩,形成就业市场的"肠梗阻"。

改革开放后,中国的二元社会结构只是单向、有限地被打破。所谓单向,是指农村劳动力可以流向城市,而城市没有劳动力愿意流向农村,所谓有限,是指农村劳动力虽然可以流向城市就业,但却不能在城市定居。这是世界工业化过程中少有的劳动力转移现象。成千上万的农村劳动力源源不断流向全国各地,只要有可能找到就业机会的地方,都会有远远超过需求的农村劳动力向目标地涌去(见图2)。

3. 劳动力就业的市场替代关系

正是劳动力市场的层次性与区域性特征,导致劳动力在就业市场上形成了

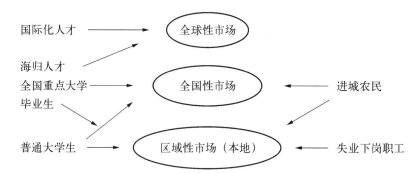

图 2 不同的劳动力市场与不同劳动力的竞争关系

不同的市场替代模式。

劳动力市场的层次性导致劳动力在就业市场上形成两种趋向。一方面,在技术上形成一种向下替代模式,即高层次劳动力可以(或有能力)进入低层次劳动力市场,而低层次劳动力无法进入高层次劳动力市场。这种劳动力替代是由技术壁垒造成的,也就是说,劳动者的技术水平决定了其在劳动力市场的自由度。这种劳动力的替代关系是客观的,不是人力可以随意改变的劳动力流动规律。当然在这种客观规律的背后,仍然有主观因素的作用,特别是在劳动力的形成过程和人力资源的形成过程中,政府的资源配置,尤其是教育的投入方面是有很大差异的。但是,在主观意愿上正好相反,每个劳动者都希望不断地向上流动,改变自己现有的社会地位和职业地位,即使不能向上流动,也要力求保持现有的职业地位和社会地位,不使其向下流动。这是所有劳动者的共同心理,也是失业下岗职工的普遍就业心理。

劳动力市场的区域性导致本地劳动力和外来劳动力之间存在着两种方向完全不同的劳动力替代关系:一是政策替代,由于政府在安置劳动力就业过程中的责任驱动,其会运用法律的、政策的和各种约定俗成的"潜规则"保护本地劳动力的就业机会,从而造成了本地劳动力对外来劳动力的替代;二是市场替代,由于外来劳动力面临着本地劳动力的政策保护,不得不通过更强的技能素质、更能吃苦的敬业精神和更低的劳动报酬要求,来增强自身的市场竞争力和市场适应性,这样企业或用人单位更愿意招聘外地劳动力,由此形成了一种外来劳动力对本地劳动力的市场替代。

这两种性质不同、内容各异的劳动力替代模式,像一只"无形的手"左右着中国城市劳动力市场上失业下岗职工和进城民工的就业替代过程。

二、城镇失业下岗职工与进城农民工的市场替代关系

中国现阶段城镇失业下岗职工与进城农民工在劳动力市场的就业替代关系在全国所有就业市场上普遍存在,但更突出地表现在沿海经济发达地区和大中城市的就业市场上。

首先,我国沿海地区和大中城市经济的迅速发展需要大量外来劳动力。这是因为经济的快速增长不仅提供了大量低端劳动就业机会,而且由于经济体制改革导致低端劳动岗位的非正规化,从而丧失了对本地劳动力的吸引力,只能吸引外来劳动力就业。

以上海为例,城市大规模地改造、开发和建设,极大地刺激了建筑业劳动力需求市场的迅速增长;加工制造等传统产业的发展,创造出大批新的工作岗位。这些传统劳动力市场的就业岗位,基本上是以体力劳动和简单的技术为主,属于比较脏、累而且危险性相对较大的职业。同时,由于产业结构的调整、升级以及信息技术和服务经济化的发展,引发了第三产业量的扩张,带动、形成了一个巨大的、新的劳动力需求市场,如广告传播、信息咨询、网络业、快餐业、连锁超市、购物配送、社区及家政服务等。这些劳动力市场提供的仍然是一些简单劳动岗位,具有很强的流动性、短期性、艰苦性、低薪性和非正规化等就业特点。

应该说,如果这些新增的劳动就业岗位仍像改革开放以前那样,都能成为正规的、有健全福利保障的就业岗位,则仍然可能得到本地劳动力的青睐。但是,在市场化的今天,这些简单劳动岗位普遍非正规化了,因为非正规化可以大大降低这些简单劳动岗位的用工成本。这样,随着大量新增的简单劳动岗位的非正规化和劳动报酬的不断降低,这些新劳动岗位便丧失了对本地劳动力的吸引力,只能面向外来劳动力。大量调查资料显示,进城务工人员普遍以非正规就业为主,如建筑装潢、居民生活服务、环卫、餐饮服务、医院护工,还有具有独立性的售卖蔬菜、水果、拾荒收旧等。

外来劳动力在低层劳动力市场上的拥挤和"垄断",并非是通过挤压本地劳动力获得的市场空间,而是本地劳动力主动放弃的就业空间。因为本地劳动力相对而言是一支教育程度较高、现代职业素质较好的劳动力队伍,他们就业的主要目标市场是劳动力市场的中高层次,通常不会也不愿流向低层。

其次,劳动力市场供求关系的变化也决定了沿海经济发达地区和大中城市劳动就业市场必须要靠外来劳动力进行补充。以上海为例,由于计划生育政策

和传统生育观念的转变,上海户籍人口从 1993 年即开始进入自然负增长阶段,"少子化"趋势日益突出。同时,医疗卫生条件的改善和生活水平的提高,使人口平均预期寿命大幅度延长。上海平均预期寿命已达 80 岁,人口老龄化程度超过了许多发达国家。人口结构的老化导致本地劳动力的增长与供给,已难以满足城市建设及经济发展所带来的劳动力市场需求。正是靠外来劳动力才解决了本地劳动力供给不足的矛盾。近年来东部地区出现的"民工荒"现象也从一个侧面反映出外来劳动力对本地劳动力市场的供求调节非常敏感。

由此,我们可以看出,在沿海经济发达地区和大中城市,外来劳动力与本地劳动力的关系在总体上是一种补充关系而不是竞争关系。据估计,20 世纪 90 年代以来,上海每年要补充 150 万以上的外来劳动力(约占当年本市从业人员 20%左右)才能满足上海劳动力市场的总量需求,从而保证上海经济社会活动的正常运行和发展。

当然,从理论上讲,虽然外来劳动力的整体素质低于本地劳动力,但本地劳动力并非人人都是"精英",同样存在一些综合素质较低的劳动力,在就业市场机制作用下最终要被"排斥"到低层次劳动力市场,与外来劳动力一起竞争就业机会。但各种调查数据显示,这种情况并未发生,至少不像人们想象的那么严重。这主要是因为,经济的快速发展使得低端劳动就业机会的增长超过了外来劳动力对本地劳动力的替代速度。例如,在上海,最可能受外来劳动力替代影响的就业领域,本市职工人数非但没有减少,反而有所增加。据上海市劳动与社会保障局曾对 40 个市属单位和 6 个区县的不完全调查,可能对本市城镇居民劳动力就业形成替代影响的外来劳动力约占 16%,对本地劳动力的就业造成直接的替代影响的外来劳动力仅有 8%左右。[1] 而且这些实际造成替代影响的主要是非正规就业市场上的劳动者。因为目前的城市就业体制仍然对外来劳动力有很大的制约。在正规就业中,单位与职工之间都建立了合同契约关系,正式职工的就业权益得到法律的保护和保障,绝不是外来劳动力可以轻易替代的。而非正式职工则不同,由于他们是非正式就业,就业性质和劳动关系实际上与外来劳动力差不多,也具有"临时性"和"不稳定性",所以最容易受到外来劳动力的竞争和替代。统计表明,上海在岗临时职工人数一直在减少,这说明外来劳动力的替

---

[1] 王桂新、沈建法:《上海外来劳动力与本地劳动力补缺替代关系研究》,《人口研究》2001 年第 1 期。

代影响在这个群体身上是存在的。

上海如此,北京的情况也大致相似。在20世纪80年代,北京市政府还提出要打开城门,欢迎外省人员来北京经营商业和各种地方风味的饮食业,繁荣北京市场,满足各个阶层消费、购物的需要。即使到20世纪80年代中期以后,对于外来人口的积极作用还是充分肯定的,只是在基础设施、财政补贴、市场供应、社会治安、城市管理、计划生育和卫生防疫工作等方面感到了压力,并没有涉及就业竞争问题。到90年代中期,外来劳动力才开始被看成是北京失业下岗职工就业的竞争对象[1]。这恰恰也是城市失业下岗问题大规模出现和政府启动"再就业工程"的时候。但是大量调查发现,北京劳动力市场上外来劳动力对本地失业下岗职工的实际替代程度远远低于人们的想象。[2]

三、对进城农民工就业政策的反思

尽管进城农民工并没有对城市失业下岗职工的就业造成根本伤害,但是,20世纪90年代中期以来,全国各大城市还是出台了对农民进城施加种种限制的就业政策。这种就业政策的偏向首先是以对失业下岗职工再就业提供各种优惠开始的,但其最终演变成对进城农民工的种种限制。这些就业政策主要包括"优惠""保护""限制"三个组成部分。

20世纪90年代以来,我国政府对城镇下岗失业人员创业与再就业颁布了一系列的优惠政策。这些政策概括起来主要体现在四个方面:一是在税收政策上予以减免与优惠;二是在金融政策上给予扶持和照顾;三是在工商管理上给予各种方便和行政收费减免;四是城建部门积极帮助解决生产经营场地问题。在中央政策的带动下,各地方政府对本地劳动力制定了一系列"保护性"就业政策。越是大城市越突出。以北京为例,对下岗职工再就业的"保护性"政策突出的有以下几个方面[3]:

第一,建立就业托底机制。凡家庭月人均收入低于300元或本人家庭成员因患病、肢体残疾未达到残疾标准,且就业愿望迫切,愿意从事本人力所能及工作的男40岁以上、女35岁以上的下岗职工,将由社区公益性就业组织安置就

---

[1] 侯玉兰、侯小维主编:《1996—1997年北京社会形势分析与预测》,同心出版社,1997年,第49页。
[2] 李强、胡俊生、洪大用:《失业下岗问题对比研究》,清华大学出版社,2001年。
[3] 同上。

业。该组织中的环境保洁、社区保安项目使用就业特困人员,可享受有关部门和单位每人每年1.4万元的经费补助。

第二,保障下岗职工的各项权利,包括签订劳动合同的权利;获得最低生活费的权利;享受原单位医疗、失业、养老等社会保险的权利;享受就业服务机构提供的职业咨询、职业指导、职业介绍及职业技能培训机构的转岗转业培训等就业服务;免费参加市、区(县)劳动部门职业介绍服务中心举办的招聘洽谈会等。

第三,制定优惠政策,促进下岗职工再就业。例如,下岗职工自谋职业可以享受一定的自谋职业补助费;进入集贸市场自谋职业,工商管理部门优先为其办理营业执照,并酌情减收两年工商管理费,集贸市场主办单位还要优先安排摊位,并在两年内给予适当降低设施租赁费;下岗职工自愿到郊区农村承包土地开展种植、养殖及其他农副产品生产加工,可免征或减半征收各项费用。

第四,鼓励用人单位招收下岗职工。例如,凡被劳动行政部门认定的新办劳动就业服务企业,当年安置下岗职工超过企业从业人员总数60%的,经税务主管机关审查批准,可免征所得税3年。免税期满后,当年新安置下岗职工占企业从业人员总数30%以上的,仍可减半征收所得税2年。对于本市集贸市场开辟用于安置下岗职工的综合性的职工自立集贸市场,主办单位可按每人3 000元标准获得一次性补助。对于新建劳务派遣组织招收下岗职工达30人以上,并与其签订2年以上劳动合同且试用期满的,可享受本市劳动和社会保障部门及同级财政部门5万—20万元的一次性补助。

与此同时,对外来劳动力实行一系列"限制性"就业政策。其一,对外来人口实行总量控制,优先保证北京市失业下岗人员的就业。其二,限制外地人就业的行业和工种。将外地人从事的行业和工种分为允许使用、限制使用和调剂使用三种类型。其中限制使用外地人的行业和工种不断扩大。其三,限制用人单位使用外地工。通过行政办法要求用人单位招用外地人员应严格坚持"先城镇、后农村,先本市、后外地"的原则。在下岗人员较为集中的系统,严格控制外地务工人员的使用数量。对于私招乱雇行为进行经济的、法律的和行政的制裁[1]。其四,增加外地人来京就业的成本。对外来人口的居住、生活和就业实行全方位监控,提高外来劳动者的就业成本。外地人就业至少需要身份证、暂住证、就业证、营业执照、婚育证、家庭服务员证等有效证件。即使办齐了各种证

---

〔1〕 蒋力歌、李海鹏:《1999年北京市再就业工作思路和主要措施》,《首都经济》1999年第3期。

件,也还面临着以各种借口被清退的危险。

但是,这些就业政策并未达到预期效果。从全国来看,从农村流入城市的外来劳动力不断增加,目前已经达到1亿多人。从各大城市来看,外来劳动力也是逐年增加,没有减少的迹象。从具体的用人单位来看,他们并未因为政府的政策而改变自己的用人策略。因为城镇失业下岗职工与进城农民工这两大就业群体之间各有自己的优势与劣势,简单地进行就业限制,无法解决问题。进城农民工的优势是年轻、能吃苦、要求低。在低端劳动力市场上,失业下岗职工肯定没有进城农民工的竞争力强。通过行政的力量实施就业干预,只能迫使进城农民工降低劳动力的市场价格,无法从根本上解决城市失业下岗职工的就业难题。从用人单位来说,他们一方面依然我行我素,使用外来工,另一方面却假借安置下岗职工之名,获取下岗安置费和有关政策优惠。许多企业只愿招收进城农民工,不愿招收下岗职工,就是因为进城农民工的用工成本低,劳动时间长,而下岗职工"要求高,事儿多,不如外地人用起来顺手"[1]。即使是一些事业单位,也都愿意用"年纪轻、工资低、好管理"的农民工,尽可能地拒绝使用下岗职工。也有一些企业为了应付政府和获得招收下岗职工的政策优惠,只象征性地招收几个下岗职工,然后大肆宣传,造成轰动效应,以收广告之效。有些企业为了捞取补助费等好处招用一些下岗职工,往往钱到手了,就想办法开除,或者拖延签订劳动合同。

企业是这样,那么失业下岗职工自己如何呢?政府为促进下岗职工再就业,出台了大量优惠政策,甚至不惜强行清退农民工,为下岗职工"腾位置"。但是,许多下岗职工面对这些政府下大力气腾出的就业机会,却作出了自愿失业的选择。有关部门为下岗职工开辟集贸市场或在集贸市场中预留摊位,优惠下岗职工,一些下岗职工却转手将摊位出租给外地农民工,自己从中收取差价。即使是那些希望继续就业的失业下岗职工,其就业主要方向仍然是国有和集体企业,与政府的再就业政策导向并不一致。绝大部分分流安置的下岗职工仍然滞留在国有和集体企业,并未实现再就业政策的初衷。这种再就业实际上是"再安置",还是靠政府承担。北京市的资料表明,下岗职工有一半以上是在本企业或本行业内安置的。如果加上那些未与企业脱离劳动关系的劳务输出人员和其他从事有酬劳务人员,则有88.54%的人并未离开原企业或原行业。再就业政策大力提

---

[1] 蒋力歌、李海鹏:《1999年北京市再就业工作思路和主要措施》,《首都经济》1999年第3期。

倡和鼓励的自谋职业收效甚微。与此同时,尽管政府运用行政手段清退外地农民工,但外来务工经商人员并没有减少的迹象,反而越来越多。

此项就业政策为什么效果有限?原因很多,但主要在于下岗职工与外来工分属两个不同的劳动力市场。城镇失业下岗职工本来属于一个受到保护的、能够享受各种福利的正规劳动力市场,绝大多数来自国有企业和集体企业。现在由于非本人的原因(至少在他们本人看来是如此),被迫与外来农民工走到一起,他们在主观上根本不愿意接受这种事实。因此,政府的政策与下岗职工的主观愿望有很大差距,正是这种差距导致政策失灵。政府"再就业工程"政策的前提是假定下岗职工愿意从事外来工所从事的工作,并且假定外来工的存在占据了下岗职工的就业机会。但是,实际上,这种政策的前提基本上是不存在的。

失业下岗职工不愿意到非正规劳动力市场就业,并不完全是因为"面子"问题,更有现实利益的考虑。失业下岗职工就业要养家糊口,维持一个城市居民家庭的起码生活,必须有相应的工作报酬。而非正规劳动力市场普遍工资低,且没有相应的社会保障,失业下岗职工脱离正规单位到非公有制经济领域就业,不仅有强烈的被剥夺感,而且缺乏职业安全感。此外,在原有体制下,下岗职工所养成的单一专业素质和按部就班的工作习惯等,也不适应非正规劳动力市场环境。例如,城市农贸集市要求经营者必须能吃苦,要起早贪黑,工作时间长,强度大。许多进城农民工已经经营多年,完全适应了这种就业环境,而长期在正规单位工作的失业下岗职工,根本无法与进城农民工在这种市场上展开竞争。

进城农民工的竞争优势主要表现在三个方面:一是年纪轻,二是有文化,三是能吃苦。年轻是大家都熟悉的,能吃苦也是大家都了解的,从文化或知识的角度来看,进城农民工的优势往往不被人们所充分了解。大量调查数据都表明,进城农民工的文化程度普遍在初中以上。20世纪80年代,进城农民工中初中以上文化程度的比例大约在60%,近年来,进城农民工中初中以上文化程度的已经占到80%以上。这种文化程度如果到高端就业市场,当然没有竞争力,但在低端就业市场上却正合适。

四、结论

中国改革的大趋势是从计划经济体制转向市场经济体制,中国社会结构的转型趋势是从乡村社会转向城市社会,这种社会的变迁大趋势是社会发展的原动力,这种动力是任何政策都难以消解的。随着中国经济的快速增长和城市化趋势的加速,城市将会对农村劳动力产生越来越大的吸引力。与此同时,由于农业比较收益的进一步降低,农业部门将会对劳动力产生更大的推力,使得更多的农业劳动力走出农业,走出农村,进入城市劳动力市场参与就业竞争。因此,简单的就业干预政策是很难奏效的。在发展市场经济的条件下,必须尊重市场法则,任何行政的干预都很难取得预期的成果。作为政府的就业政策,要想真正妥善地解决失业下岗职工的就业问题,与其通过各种手段使失业下岗职工转变观念,形成向下挤压的态势,不如采取切实措施,实施向上提升的策略,不断提高失业下岗职工的素质,配合城市产业结构的升级,创造更多更好的中层就业岗位,从根本上解决失业下岗职工的就业问题。

第 6 章
DI LIU ZHANG

现代社会保障制度的政治学分析

现代社会保障制度是社会化大生产的产物。它具有鲜明的国民收入再分配以及预防和解决贫困的功能。在研究社会保障时,人们更多的是从经济学和社会学的角度来理解,本文则从政治学的角度对现代社会保障制度进行初步的分析。

一、人类对理想社会的长期追求

人类诞生以来,对现实社会从来没有满足过,总是憧憬、向往和追求着更美好的理想社会。而古今中外各种理想社会实质上就是一个人人生活有保障的社会,社会理想的主要内容与现代社会保障制度的内容基本吻合。在中国古代,最典型的社会理想,莫过于"大同社会"。《礼记·礼运篇》以孔子的口吻为我们刻画了一个相当明确的理想社会轮廓:"大道之行也,天下为公。选贤与能,讲信修睦。故人不独亲其亲,不独子其子;使老有所终,壮有所用,幼有所长,矜、寡、孤、独、废疾者皆有所养;男有分,女有归。货,恶其弃于地也,不必藏于己;力,恶其不出于身也,不必为己;是故谋闭而不兴,盗窃乱贼而不作,故外户而不闭。是谓大同。"很明显,这段话中包括了现代社会保障制度中的许多内容,如职业保障;基本生活保障和对弱者生活的保障;社会养老保险以及社会救济、社会福利等。它所涉及的对象包括壮、老、幼、鳏、寡、孤、独、残等。可以说这是古代社会保障的一幅相当完整的理想构图。

有学者认为,"大同社会"理想实为战国末至汉初儒者所作,"大同"理想是对孔、墨、孟、荀等理想社会论的高度概括。内中既含有孟子的"仁政"和荀况的

原载于《中国社会工作》1997年第6期,与袁寅生合作完成。

"王道"观点,更具有墨子的"兼爱"思想:"老而无妻子者有所侍养,以终其寿;幼弱孤童之无父母者有所放依,以长其身。"这说明原始的社会保障思想并不是某个人的偶发理论,而是古人长期的一种理想追求。正因为如此,这种古老的"理想"才能广为流传,代有议者,从未间断。例如,东汉末年的张鲁,魏晋的鲍敬言、陶渊明,宋代的李觏、张载,明朝的黄宗羲、顾炎武等人或提出均贫富、有保障的社会理想,或对封建社会贫富不均、皇权至上、不顾百姓生存的现象进行深刻的揭露与批判。近代以后,"大同"世界更成为近代改革家们的重要理论渊源。从洪秀全的《天朝田亩制度》、康有为的《大同书》直到孙中山的"毕其功于一役",从而实现"天下为公"的理论与实践,无不把建立某种有保障的社会作为自己的理想追求。即使我国的共产主义者对"大同"社会理想也并不持完全否定态度。毛泽东、周恩来都曾使用过"大同"这一名词来指称共产主义社会,邓小平则选择了与现实社会更为接近的"小康"概念。

把社会保障制度作为一种理想社会来追求,并非为饱经苦难的华夏民族独有,西方世界从古代起,也一直对社会保障制度充满了想象与追求。与孔子大约同时代的古希腊哲学家柏拉图曾提出过著名的"理想国"。在他的理想国中,虽然等级森严、分工明确,但却主张财产公有,社会各阶层协同合作,没有阶级对抗和贫富对立。这个国家"不是为城邦任何一个阶级的特殊幸福,而是为了造成全国作为一个整体的幸福"。16—17世纪,英国人莫尔写了极负盛名的《乌托邦》一书,第一次宣称私有制乃万恶之源,也第一次详细描述了一个财产公有、自我管理的民主、文明、和谐、幸福的理想社会。乌托邦人的生活有切实的保障,救死扶伤,敬老爱幼,老人和病人受到特殊照料。无独有偶,意大利人康帕内拉则在《太阳城》中,再次展现了理想社会的美好蓝图。"太阳城"保障每个人的基本需要,对社会弱者有适当的安排。18世纪,法国的摩莱里用《自然法典》的形式,提出了自己的社会准则。他认为,"每个公民都是依靠社会供养维持生计和受到照料的公务人员",明确提出国家要对公民的生存权予以保障。19世纪是空想社会主义的高潮期,出现了圣西门、傅立叶和欧文这样伟大的空想社会主义者,在他们对社会主义的描述和实验中,社会保障被摆在了重要的位置。如圣西门提出:"满足无产者福利的提高","保证社会的安宁"是社会制度"唯一的和固定的目标"。

应该认识到,不论是"大同社会",还是"理想国"或"乌托邦",古今中外的人类理想社会所包含的社会保障内容,绝不是哲人学者随心所欲的虚构,而是体现了一种符合社会发展的、合乎理性的、为大多数人所认同的历史追求。从人类对自身认识和对社会认识的历史长河中来观察,人类之所以在很早以前就把现代社会保障制度作为一种理想社会来追求,并一直持续不衰,是因为在它的背后有一种共同的思想基础,这就是人道主义。而人道主义正是现代社会保障制度最重要的理论基础。古代的"大同"理想,也许只是一种"原始的人道主义"。在神权和皇权至上的时代,普通平民百姓的生活根本不被统治者所关心,而先贤们不但提出"男有分,女有归",甚至专门提到"矜、寡、孤、独、废、疾者"的生活安排,只有人道主义才能解释这种将人当作人的异乎寻常的关注。孔子的"仁者爱人""轻天重人"思想,孟子的"民贵君轻""推己及人"思想,墨翟的"必使饥者得食,寒者得衣,乱者得治"的兼爱思想,都是对人的关心和爱护,把人摆在社会活动的中心。正是从人道主义出发,古今中外的理想社会蓝图几乎无一例外地包含有社会保障的内容。

先贤们已经模糊地认识到,国家不仅有对人民统治的权力,而且也应承担对人民基本生活提供保障的义务。孟子说过,"七十者衣帛食肉,黎民不饥不寒,然而不王者未之有也","保民而王,莫之能御也",要使老百姓得以"仰足以事父母,俯足以畜妻子,乐岁终身饱,凶年免于死亡"。墨子更是强调老百姓的衣食饱暖,"贤者之治邑也,蚤出而暮入,耕稼树艺聚菽粟多而民足乎食",他认为作为"为政之本"的"尚贤",是直接服务于物质生产以满足人民生存需要这个总目标的。荀子也说过,"天之生民,非为君也;天之立君,以为民也","选贤良、举笃敬、兴孝弟、收孤寡、补贫穷,如是则庶人安政,然后君子安位"。从先贤们的这些观点看,综合了孔、墨、孟、荀等思想的《礼记·礼运篇》分明是对国家政治制度提出的一个要求,实际上是在国家对人民的生存保障责任问题上设立了一个理想目标和价值导向,没有或缺乏这种保障责任的,国家的合法性就要被怀疑,最起码它不是理想的社会,是完全可以也应该被改变的。

二、维护国家政权稳定的基本措施

社会保障是现代国家一项基本的社会经济制度与政策,它的建立与完善不可能仅出自某种社会理想,而是根源于国家的政治、经济和社会生活的实际需要。历史从正反两方面证明,社会保障制度的建立,首要因素是为了维护国家政权的稳定。

社会保障最古老的项目是社会救济。中国是一个自然灾害频仍的国家,自然灾害救济就显得更为重要。据郑功成考证,政府救灾源于商汤,始于西周,是历代王朝政府的一项基本职责,也是社会保障中历史最悠久的项目。灾荒极易使人民群众陷于绝境,其生存危机的爆发往往导致百姓揭竿而起。中国历史上的农民起义无一不以灾荒为背景。历史多次证明,不搞好灾害救济,将危及国家政权的稳定。为维护自己的统治,历代统治者不得不提出各种救灾措施,形成了一整套的"荒政"。但这些荒政或是没有真正实行,或是实行时由于政治的腐败和贪官污吏盛行而大打折扣。

现代社会保险的出现,其初始动因也是为了维护国家政权的稳定。社会保险的创立者是德国历史上著名的铁血宰相俾斯麦。俾斯麦时代的德国并不是当时世界上经济最发达的国家,其内外矛盾十分尖锐。对内,要压制此起彼伏的工人运动;对外,又要对抗法国和奥地利,扩张德意志的势力。为了缓和阶级矛盾,巩固自己的统治,俾斯麦采取了"胡萝卜加大棒"的政策,"胡萝卜"之一就是提出社会保险立法。由于商业保险的风险分散和补偿机制显示出良好的前景,在工人团体原有的互助互济基础上,俾斯麦将商业保险和互助互济结合起来,于1883年颁布了世界上第一部社会保险法令。对此,俾斯麦曾直言不讳地说,社会保险是"消除革命的武器",一个想从社会那里得到养老金的工人,是最安分守己的。这充分表明了俾斯麦制定社会保险制度的初衷是为了让工人都"安分守己",以维护自己的政权稳定。

我们再看看美国《社会保障法》出台的背景。1929—1933年,资本主义世界出现空前的经济危机。在美国,有大批企业倒闭,经济急剧下降。1933年有1 500万工人失业,占工人总数的1/3左右。约有1/6的家庭靠领救济金才能度日。在这样的形势下,阶级矛盾异常尖锐,1930年3月,各大城市爆发了128万人抗议失业的罢工。在1931—1932年间,美国工人举行过两次各100万人进军华盛顿的"反饥饿"大游行,强烈要求政府提供失业救济和社会保险。局势动荡不安,国家政权受到严峻的挑战。在此背景下,罗斯福于1932年竞选美国总统,提出"新政"计划,而社会保障就是"新政"的主要内容之一。罗斯福上台后的1933年5月,美国设立了联邦紧急救济署,由政府出面救济不能靠自己生活的人,1935年,《社会保障法》正式出台。此后几年,美国经济开始恢复,政局逐渐稳定。1936年,罗斯福再次竞选总统时,得到了工人、农民等底层人民的广泛支持,取得了辉煌的成功。

应该承认,社会保障这根"魔杖"并没有辜负当初制定者的期望,它在维护国家政权稳定方面起到了很大的作用。第二次世界大战以后,是西方国家社会保障大发展的黄金时期。而战后很长时间内,多数西方国家政局平稳,阶级矛盾缓和,连工人阶级的罢工斗争也显得较温和,这不能不"归功"于社会保障制度。在西方社会保障比较发达的国家如瑞典、荷兰、丹麦等国,收入趋向均等,社会矛盾较少,国家的政权也因此更加稳固。历史已经证明并将不断证明:社会保障在维护国家政权稳定方面,有着不可替代的作用。

在新中国成立后的几十年里,不管是经济处于快速发展的时期,还是处于困难曲折时期,甚至遭遇"文化大革命"这样的"十年动乱",政权结构仍然保持了较稳定的状况。究其原因,其中社会保障这一强有力的社会稳定机制无疑发挥了重要作用。在城市,我国数十年来一直实行高就业制,与其相适应,社会保险(我国称劳动保险)和社会福利也与就业紧密相连,劳动者一旦就业就有了保障。在计划经济时代,企业不存在倒闭问题,劳动者也不会失业,其他如养老、医疗、生育、工伤甚至住房、取暖、托幼、洗澡等保险和福利都可以依靠就业单位获得解决,人们虽然拿着低工资,但基本生活都能得到保障。在农村,长期以来实行的以生产队为核算单位的集体所有制,社会成员参加集体劳动,参与集体分配。这种体制同样具有较强的保障功能,农村虽然没有社会保险制度,但集体分配中的"大锅饭"实际上起到了保障农村社会成员基本生活的作用。另外农村长期处于自然经济状态,传统的家庭保障功能也很强,这种社会保障体系固然存在着许多弊端,然而它却与当时的经济体制相适应,从而也为新中国政权的稳定提供了强有力的社会支持。

改革开放以后,我国的经济进入持续、快速发展时期,但由于社会保障改革严重滞后,旧的体制被打破以后,新的体制未完全建立起来,社会问题逐渐增多,不稳定因素日趋显现。比如,在失业保险未完全建立健全的情况下,企业一旦破产,职工生活就会陷入严重的困境。近年来,我国破产企业职工集体上访等事件时有发生,与社会保障制度不健全有着重要的关系。农村实行家庭联产承包责任制后,集体保障功能大大削弱,一些保障对象生活水平下降,贫困问题日渐突出。社会保障改革的严重滞后不仅影响到我国的改革进程,更重要的是对社会稳定带来了不可低估的消极影响,必须引起我们的高度重视。

三、现代人权的基本内容

社会保障是现代人权的基本内容,这一观点已被世界各国接受。社会保障首先应该属于人的生存权和享受社会发展成果的权利。人权是一个历史概念,它首先由资产阶级提出,是资产阶级向封建主阶级进行斗争的有力思想武器。但资产阶级追求的人权,主要是私有财产权和政治参与权。正如马克思所说,"被宣布为最主要的人权之一的是资产阶级的所有权","平等地剥削劳动力,是资产阶级首要的人权"。而无产阶级和广大劳动群众所追求的人权,首先是生存权、劳动权和享受经济社会发展成果的权利。这些权利正是现代社会保障制度的基本内容。

1948年,联合国大会通过了《世界人权宣言》,第一次系统地阐述了人权的基本内容,也第一次将社会保障作为基本的人权之一。1952年,国际劳工组织通过《社会保障(最低标准)公约》(第102号),以后又陆续通过一系列社会保障单项公约和建议书。1966年,联合国大会通过《国际人权公约》A公约,即《经济、社会、文化权利国际公约》,再次将社会保障作为基本人权,并规定这些权利应被逐步地、无歧视地充分实现。

西方一般认为,英国《伊丽莎白济贫法》(又称《旧济贫法》)是现代社会保障的开端。我国一些学者也认为《旧济贫法》是第一部体现国家社会保障责任的法律,是社会保障权利的萌芽。对此,笔者有不同的看法,人权是现代社会的产物,是人的不可转让、放弃和剥夺的基本权利,以人与人的平等、自由为前提。而《伊丽莎白济贫法》的前提是被救济者丧失人身自由和基本尊严,实际上是对贫困者的"惩戒"和强迫劳动,是用自由权和人身权利来交换获取生存的被救济权。它既不体现"国家责任",也不能算是"权利意识的萌芽",至多只能看作古代济贫制度向现代社会保障制度过渡中的一种社会救济制度。

如果说资本主义国家的社会保障是劳动人民经过斗争而取得的权利,那么社会主义国家的社会保障制度则是劳动人民当家作主的产物。第一个社会主义国家苏联在1917年夺取国家政权之后,苏维埃政府随即宣布:国家将实行社会保险和社会福利制度,凡苏联人民在其年老、患病或丧失劳动能力时有得到物质上保障的权利。1918年10月,俄罗斯联邦人民委员会批准了《劳动者社会保障条例》。按照列宁的意见,在苏联逐步建立起了国家社会保障制度。我国社会保障制度也是在新中国成立之初就开始建立。1951年,政务院颁布《中华人民共和国劳动保险条例》,此后两次修订,成为新中国社会保障制度中最重要的一项。1954年,我国第一部宪法也明确规定了公民在年老、疾病或者丧失劳动能力时,有得到国家物质帮助的权利。多年来,在实际工作中,党和政府非常重视社会保障体系建设,特别是当人民群众遇到诸如自然灾害、工伤事故、疾病流行、老年生活等问题时,党和政府一直把人的生存权放在首位,全力进行救助。

四、国家和政府的责任

有权利主体,必须有责任主体。社会保障既然是现代人权的基本内容,国家和政府就有责任予以保护。然而实际情况要复杂得多。从世界范围来看,社会保障的发展进程大体与人权、公民权利的扩大以及国家责任的强化是同步的。18、19世纪制定的资产阶级宪法所规定的公民权利主要表现在政治方面,20世纪以来,资产阶级国家宪法普遍增加了公民的社会经济权利的内容。第二次世界大战以后,各国宪法对公民在社会经济方面的基本权利的规定进一步扩大,许多国家的宪法都对社会保障的内容作了明确规定。这样,社会保障也就由人权的基本内容通过宪法程序转化为一个国家公民的基本权利和政府的责任。因此,第二次世界大战以来,既是世界人权和公民权迅速发展和扩大的时期,同时也是政府对社会保障责任进一步强化的时期。当今世界上大部分国家都在这期间建立或进一步发展与完善了现代社会保障制度。据美国社会保障总署统计,截至1985年,已有142个国家或地区建立了类型不同的社会保障制度,完全空白的只有少数几个。这样,政府的责任就由社会保障的各种制度得以体现和完成。

在现代市场经济体制下,政府作为社会保障中的责任主体是责无旁贷、义不容辞的,只有政府和政府授权的部门才能支撑起现代社会保障这张巨大的"社会安全网"。因为市场经济是一种高风险经济,普通劳动者都是依靠工资收入为生,收入一旦中断将面临生存危机,而大部分人都不善于未雨绸缪,完全理性地计划未来;况且许多风险仅靠个人的储蓄是无法解决的,需要政府作为社会的管理者来统一安排应对风险的办法。政府可以通过征税、举债等办法来筹集资金,并且可以从横向(同代人之间)和纵向(上下代人之间)两个方面来最大限度地分散风险。

国家对公民生存权的保障,表现在以下几个方面:首先且最主要体现在社会救济上。社会救济是对社会成员现实困难提供的援助,属于最低层次的社会保障。一般认为,在使社会成员陷于困境的因素中,社会因素大于个人因素。因此,政府在社会救济行为当中,只能是无偿救助地单向支出,承担责任主体的义务,扮演"最后兜底"的角色。

其次，体现在社会保险方面。社会保险是对未来风险的预防，政府在这里是扮演干预私人消费的角色。因为每个劳动者随时都会遇到各种风险（疾病、失业、工伤、生育等）和必将面临老年和死亡，但目前尚未发生这些问题。政府的责任是设计一种每个人对自己将要遇到的风险负责的制度，并强制推行。这既是政府对每个劳动者负责，也是劳动者对自己负责。由于这一制度中含有互助互济、政府设计、管理、优惠（包括企业出资和免税）、扶助等成分，因此社会保险也是每个劳动者应该享有的权利。

再次是社会福利，这是最高层次的社会保障，是为保持一定生活水平和提高生活质量而提供的资金、物资和服务的总称。政府在社会福利中的责任是围绕国家的总目标而确定的。由于社会福利的内容庞杂，政府的责任也就体现在各个方面。责任主体、单向支出、普遍对待、多种服务是政府责任的特点。同样，政府在社会福利中也扮演多种角色，具有政策制定者、资金提供者、管理监督者等多种职能。

当前，我国正处于改革开放和社会主义现代化建设的关键时期，社会保障作为一个现代国家的基本制度和政策，已经提到了我国政府工作的重要议程。因此，我们应充分认识到它的政治意义，认清它的政治功能，进一步明确政府在其中的责任，从而更好地、更有效地搞好这项工作，保障人民群众的基本权利，维护国家政权的稳定，从而更好地推动我国的社会主义现代化建设。

现代社会保障制度建设的三个理论问题

现代社会保障制度自19世纪产生以来,处在不断发展和变化之中。尤其是20世纪70年代以后,在石油危机引发的经济"滞胀"大背景下,西方各国的社会保障制度弊端丛生,日益与经济发展不相适应,导致一系列的消极社会后果。由此,世界各国都在重新审查社会保障制度,着手进行改革。中国在改革开放过程中,一方面恢复了"文化大革命"中遭到破坏的各项社会保障制度,另一方面,随着改革开放的深入和社会主义市场经济的建立,又着手从根本上改革我国与计划经济相联系的社会保障制度,建立与市场经济相联系的新型社会保障制度。但是,无论是西方的社会保障体制改革,还是中国的社会保障体制改革,都需要理论的指导。没有清晰的理论思路,改革是不可能顺利进行的。基于此,本文特对其中三个理论问题进行初步的探索。

一、公平与效率的兼顾

社会保障本身就是社会公平的产物,作为社会的稳定器和安全网,它通过收入转移,对低收入或无收入者提供必要的帮助,减少社会成员的风险。但是,不能认为社会保障范围越广泛越好,保障水平越高越好。20世纪50—60年代,西方发达国家社会保障发展迅速,达到前所未有的高度。但进入70年代以后,西方福利国家先后陷入社会保障危机,庞大的社会保障支出日益成为社会发展的负担,逐步排挤了私人投资和消费。于是,人们开始重新审视社会福利制度,对社会保障的公平性提出质疑,认为不能牺牲效率去追求公平。此后,西欧各国纷纷进行社会保障体制改革,削减福利水平,缩小保障范围,并把保障水平与个人

原载于《安徽师范大学学报(人文社会科学版)》2005年第1期。

缴费能力挂钩。但也有人仍然坚持认为社会保障必须贯彻公平原则,以公平换效率。这就提出了一个重要的理论问题:在建立健全现代社会保障制度过程中,如何兼顾公平与效率,协调公平与效率的关系?

对于公平与效率的关系,历来有不同的看法。一种观点认为,效率与公平是对立的矛盾关系,效率和平等的增加,都要以对方一定的损失作为代价。增加效率就必然会产生不平等,增加平等就要牺牲效率。在这种对立的矛盾关系中,社会保障要求公平优先,即使牺牲效率也要维护公平。另一种观点则相反,主张坚持经济效率原则,甚至牺牲公平也在所不惜。美国货币主义学派的代表人物弗里德曼认为,要使自由市场经济获得效率,就不应要求公平化。拉开各阶级、各阶层的收入差距,可以促进效率。还有一种观点认为,公平与效率是相互补充的,平等能够促进效率,因为收入的均等化可以消除起点的不公平,提高劳动力素质,同时,通过对富人征税以后转移支付,能够扩大需求带动投资的增长,更重要的是公平能够维护社会稳定,平息对立情绪,为经济发展提供稳定的外部环境。美国麻省技术学研究所所长瑟罗认为:"不同国家愿意容忍的不公平与它们的经济实绩之间是没有关系的。""收入分配最公平的日本有最好的经济实绩,而收入分配最不公平的美国所取得的实绩几乎最低。"[1]

解决公平与效率关系问题的关键,是科学界定公平的社会内涵。公平与效率是衡量人们行为的两种判断标准。在这两种标准中,效率的内涵比较客观和稳定,通常不存在大的争议。但何谓公平?一直是仁者见仁,智者见智。这是因为公平作为一个伦理学和社会学范畴,涉及价值判断的内容。不同的国家、不同的时代、不同的阶级,甚至不同的人,可能对公平的理解都不一样。西方经济学一直强调,公平就是平等,具体说就是收入的均等化,一个社会的收入均等化程度越高,说明其公平的程度越高,反之则低。这是因为,西方社会长期以来是一个两极分化的社会,如何促进不同社会阶层的收入水平的接近,是其长期追求的社会目标。在这样一个背景下,很容易得出收入越均等就越公平的结论。但中国与西方不同,在我们看来,公平不应简单地理解为收入的均等化,而是不同社会阶层和不同社会利益主体都能接受的社会利益安排,也就是过于悬殊的收入分化和过于平均化的收入分配都可能违背了公平的要求,维持社会利益结构的

---

[1] 经济合作与发展组织秘书处编:《危机中的福利国家》,梁向阳等译,华夏出版社,1990年,第179—180页。

均衡才是公平的本质要求。[1] 从这样一个公平的概念出发,我们认为公平与效率在本质上是统一的。越是公平的社会,越能够调动人们的积极性和创造性,越有利于效率。任何效率只有建立在公平的基础上才是社会能够接受的。

用公平效率统一论来分析社会保障制度,可以发现,适度的社会保障既是公平的要求,也是效率的要求。过度的社会保障,只能滋生人们的依赖思想,不仅损害了效率,也侵犯了公平。真正的公平是有效率的公平,真正的效率也必须建立在公平的基础上。因此,社会保障有必要经常地在公平与效率之间进行权衡与选择。正如阿瑟·奥肯所说:"如果平等和效率双方都有价值,而且其中一方对另一方没有绝对的优先权,那么在它们冲突的方面,就应该达成妥协……无论哪一方的牺牲都必须是公正的。"[2]

社会保障是以国家为主体,通过国民收入的分配和再分配提供物质帮助,以保障特定人群基本生活的制度。尽管社会保障政策目标需要在公平与效率当中作出选择,但它自身必须是有效率的,以更好地体现或实现公平。例如,通过"强制转移"的方式向收入高的富人征收累进所得税和遗产税,以资助低收入家庭。如何保证这些钱在转移的过程中不会漏出,就是一个社会保障制度自身的效率问题。但这主要是社会保障制度的管理问题,不应在公平与效率的讨论范围之列。

从公平与效率统一论出发,我们判断社会保障是否适度,主要有两个明确的信号:第一,全体社会成员的基本生活是否得到确实有效的保障,如果没有达到这一要求,则社会必须加强社会保障制度建设,健全社会保障内容,提高社会保障质量与效率。第二,社会保障制度对社会成员参与社会劳动积极性的影响,即社会保障是减少还是扩大了社会成员的劳动参与。如果由于社会保障水平过高,导致人们的社会依赖心理,不愿意参与社会劳动,不具备劳动所必需的生产积极性,则有必要对某些社会保障项目进行改革和调整。这种公平与效率统一的要求同样可以适用于社会保障在不同社会群体之间的平衡。例如在养老保障项目中,首先要看老年社会成员是否能够得到切实可行的养老保障,其次要看这种养老保障对年轻人劳动积极性的影响。例如西方一些高福利国家对青壮年在职员工实行高额累进税,用以支持对老年人较优厚的待遇,使在职职工在多付出

---

[1] 吴鹏森:《围绕社会主义市场经济重建公平》,《光明日报》1994年6月22日。
[2] 阿瑟·奥肯:《平等与效率——重大抉择》,王奔洲等译,华夏出版社,2010年,第86—87页。

劳动时,收入却不增多,从而挫伤了在职青年的积极性,这就有必要对养老保障的水平进行反思甚至调整。

总之,设计科学、合理的社会保障应对社会经济发展起到积极作用,而不应是社会的负担。因此,要在社会保障的制度设计中处理好公平与效率的关系,坚持从本国国情出发,有所侧重,逐步推进,量力而行,努力实现公平与效率的统一。

二、市场与政府的互动

在市场经济条件下,市场在资源配置过程中始终是起主导作用的,但任何市场又都是有缺陷的,它需要政府对市场进行一定的调节。反过来,政府也不是万能的,它同样有自身的缺陷,如果政府干预太多,又会损害社会经济的发展。社会保障制度可以说是政府介入社会资源配置过程进行调节的一个重要途径。因此,在社会保障制度的建立与完善过程中,始终存在着市场与政府的互动关系。正确处理市场与政府的互动关系是建立现代社会保障制度过程中必须要注意的问题。

由于西方20世纪70—80年代以后发生社会保障制度危机,有的学者便对政府干预提出怀疑,甚至否定政府在社会保障领域的作用,要求市场在社会保障领域起主要的作用,从而重新掀起了对政府和市场经济角色的讨论。近现代意义的社会保障无一例外都是以国家为主体,强制实施的政府行为,同时与市场也有着种种联系。在社会保障领域,政府和市场到底该起怎样的作用? 现实中的抉择是在不完善的市场行为与不完善的政府行为之间进行的。这种抉择关系到政府和市场各自决定的社会保障资源配置和使用的规模和程度。判断政府行为和市场行为成功或失败的标准,在于是否有利于实现公平与效率。

政府介入社会保障主要是由于市场机制失灵决定的。市场并非万能,市场失灵的领域主要有以下几个方面:第一,收入分配缺陷。在市场经济条件下,收入在不同社会成员之间的分配是依据其拥有的生产要素市场的稀缺程度和要素价格,收入分配形式直接与各种提供给市场的要素相对应,如资本所有者根据资本量取得相应利润,土地所有者根据所有权获得地租,而劳动者根据投入的劳动量获取劳动报酬,由于他们拥有的要素数量和质量不同,支配地位不同,他们的收入也就不平等。因此,靠市场调节收入必然会产生一些不良后果,一方面,一部分人难以维持最低生活需要;另一方面,财富在一部分人手中积聚。穷者愈穷,富者愈富,形成"马太效应"和两极分化,这既不利于社会的稳定,也不利于社会的发展。第二,通货膨胀风险。在现代市场经济条件下,通货膨胀风险是经常发生的,若不能有效地处置通货膨胀风险,将严重影响个人储蓄的积极性,从而增大社会风险。商业保险无法实现反通货膨胀风险的指数调节机制,在处置通货膨胀风险上无能为力,只有通过政府干预,才能真正化解通货膨胀风险。第三,信息不完备性。人们即使愿意为风险制订储蓄计划,但对于涉及长期的储蓄,尤其是退休养老储蓄计划,单个个体面临诸多困难,比如如何实现资金的保值增值就是一个难题。在趋利避害动机的驱动下,人们往往重视短期行为,而将风险储蓄推入不确定的境地。

在这些市场这只"看不见的手"无法增进公共利益的地方,就需要通过政府这只"看得见的手"加以弥补。政府主导社会保障,可以较好地解决市场失灵的问题。首先,政府承担社会风险的能力大于市场。政府通过自身特有的强制力,确保政府可以做私营机构办不到的事,从而可以在全社会范围内分散风险。政府有权征税以化解社会风险,政府能够通过代际转移,使几代人共担风险,政府还可以使社会保障支出指数化,减轻通货膨胀对个人的威胁。其次,政府主导可以减少社会保障基金筹集和支付的成本和费用,实现社会保障的最大规模效益,把成本降到最低程度。再次,政府具有市场效率以外的调控作用。政府可以运用社会保障进行宏观经济调控,充分发挥社会保障制度的自动稳定器作用,并通过相机抉择的财政政策和基金投向来消除经济波动,调节社会供求关系。就自动稳定器而言,在经济萧条时,由于社会总供给大于总需求,导致个人收入下降,更多的人收入低于贫困线,使社会保障和政府的财政支出扩大,从而拉动需求,刺激发展;在经济过热时,由于个人收入增加,更多的人收入高于贫困线,将使财政支出缩减,抑制通货膨胀。

总之,以上分析表明,政府介入社会保障是有其理由的,也是有效的。但是,如同市场不是万能的一样,政府也不是万能的,也存在令人关注的政府失灵问题。政府失灵在社会保障领域中的主要表现是:第一,政府强制人们统一购买社会保险,不能反映消费者的偏好,带来效率损失。企业和个人不能根据自身的情况加以选择,这些购买或支付如用于其他方面,也许能取得更大的效益,这种机会成本使得整个社会资源配置未能达到最优化。此外,政府供给数量越大,社会保障福利水平越高,劳动收入中由社会保障替代的部分越大,工作积极性越低。第二,社会保障带有一定程度的均衡贫富的性质。对于消费者而言,缴的保险费越高,享受的津贴却不一定越多,权利和责任关系部分地被割裂。政府过度介入这个领域,排除了市场主体进行交易的灵活性,可能带来交易成本的增加和低效率。第三,社会保障运行机制本身的低效率,可能会导致机构不断膨胀,人员不断增加,管理费用的提取比例逐年提高,办事效率却越来越低。最后,政府介入社会保障,独立从事社会保障事业,没有其他机构参与竞争。对社会保障基金的投入与产出效率无法进行横向比较,使得基金运营和管理经常处于低效率状态。

综上所述,市场和政府都存在先天的缺陷,单纯依靠一方都不能解决人类今天所面临的社会保障问题。因此,在社会保障领域中始终存在着政府和市场的互动与选择问题。第二次世界大战以后,世界各国政府对社会保障进行全面介入,大大推进了世界各国社会保障建设的历史进程,有力地增进了人类社会福利水平。但随着政府在社会保障领域全面介入,也导致了普遍的低效率和惰性现象。20世纪80年代以后,由于政府在社会保障中的失灵,又引发了相反方向的市场化改革运动。因此,在社会保障领域中,市场和政府都不是万能的,要想发挥二者的作用,就必须寻求政府与市场行为的均衡点,促进市场与政府的良性互动。总体来说,现代社会保障仍要以政府为主体,引入市场的目的是为了引入竞争,为了让政府能够更有效率。为了避免政府的失灵,政府在实施社会保障过程中,必须努力做到程序化、法治化、科学化。当然,在实践中,政府和市场的均衡点只能在不断调整中加以接近。政府应该对自己进行科学的定位,充分发挥政府与市场两种机制的积极作用,实现政府与市场在社会保障领域中的良性互动。为了更好地达成政府与市场之间的平衡,世界各国开始引入"第三部门",即通过各种非政府组织或非营利组织的介入,来有效地解决政府和市场的双重失灵问题。但在中国,过去这种非政府组织都属于事业单位,要形成所谓"第三部门"还有很长的路要走。

三、权利与义务的平衡

权利和义务是紧密相连、不可割裂的。权利是指主体依法拥有的为或不为以及要求他人为或不为的资格,义务则是指主体依法应为或不为的责任。不存在无权利的义务,也不存在无义务的权利。权利人享受权利依赖于义务人承担义务。

因此,在很多社会领域都强调权利与义务的统一。但在社会保障制度中,权利与义务的关系要复杂得多。在国家统筹型社会保障制度中,个人基本上不负担任何缴费义务,只享受社会保障权利。权利与义务的分割窒息了制度的活力,产生了许多问题。而在自我积累型的社会保障制度中,个人承担全部的缴费义务,政府只承担组织管理责任而不承担缴费义务。各种不同的社会保障制度模式中,各行为主体的权利义务关系可能有很大的不同。在发达国家的社会保障制度中,政府和企业承担的义务大,而个人承担义务较小。因此,在各国的社会保障制度改革中,强调要对权利和义务重新安排,把个人义务提到较高水平。

但是,在社会保障领域,界定权利和义务不像在其他领域那样容易。权利和义务不可能在个人层次上统一,只能在社会层次上达到基本平衡。因为在社会保障中,并非谁缴费多谁就该享有更多的社会保障权利。社会保障中的权利和义务是多层次的,不像民事领域那样清晰。在社会保障领域中,个人不仅缴费时履行义务,而且通过工作履行义务。甚至只要作为一国公民,他就有权享受某些基本的权利。因此,社会保障的权利和义务关系不能在个人层次上进行简单对应,而必须通过制度安排予以平衡。

对于社会保障中的权利义务关系,在不同的社会保障项目中是有所不同的。对社会保险来说,需要分析国家、企事业单位和个人这三大利益主体在社会保障过程中的权利义务关系。就这三者而言,对任何一方当事人来讲的权利,对另一方来讲就是义务。国家作为社会的组织者,对于社会保障这样一种凭借社会力量保证社会成员基本生活,从而安定社会秩序的社会制度,负有不可推卸的义务和责任,而对于公民而言这就是其应享有的权利。企业作为雇主,必须负起为其职工提供一部分社会保障资金的义务,但同时也有对社会保障基金运作进行监督,确保自己的职工有效享受社会保障的权利。个人既有在工作期间及时按规定缴费的义务,更有在符合条件时享受社会保障的权利。不仅在其工作期间因病、因伤时享有医治和康复的权利,而且在其工作能力丧失或退休后仍享有取得一部分生活资料以保证基本生活的权利。个人同样有权对社会保障制度的运作进行监督和参与管理。

对于社会救济和社会福利项目来说,由于风险共担性和济贫性的要求,受益一方与支付一方在权利与义务关系上往往表现出一定程度的分离。这种分离有两种表现形式:一是现有或将来的政府项目中获得的利益集中在某一特定的群体,而支出费用却是普遍地加在公众身上;二是从现有和将来的政府项目中获得利益的是社会上的绝大多数人,而支付的却是少数人。这种权利和义务在个人层次上的不对应,通常会导致人们热衷于扩大这些项目而不是去限制它。因为受益者有很高的积极性通过政治上的努力,支持并扩大这些项目。如果监督不力,则可能造成制度过度需求及公共支出的急剧膨胀。由于社会保障支出具有很强的"刚性",一旦社会保障水平的基线确定,就只会上升而难以下降。因此,如何平衡社会成员在社会保障中的权利和义务关系,尽可能缩小二者之间的分离程度,是现代社会保障体制改革面临的重要课题。只有在全社会范围内而非个人层次上实现权利与义务的平衡,才能正确理解现代社会保障的本质。

论中国社会保障制度理念的演变与创新

新中国建立以来,中国社会保障制度理念经历了几次较大的演变。改革开放以前,人们更多地将社会保障与社会主义制度紧密联系在一起;改革开放以后,社会保障却被当成发展市场经济的配套措施。这种各持一端的理念是导致我国社会保障制度建设陷入彷徨的重要理论根源。要构建社会主义和谐社会,健全中国特色社会主义社会保障体系,必须要进行社会保障制度理念的创新,牢固树立秩序、公平、发展与和谐的科学理念。

一、"理念"及其在社会制度中的地位与作用

"理念"在不同的领域,针对不同的主体有不同的理解。我们今天流行的"理念"一词是由希腊文 idea 和 eidos 翻译而来的,在希腊文中,idea 和 eidos 就有好几种含义。除理念外,人们还曾将其译为观念、概念、理型、原型、范型、模式、榜样、式样、意式、提式等。有学者指出,在翻译西方典籍时,"同一词出现这么多不同的中文译名,恐怕是绝无仅有的"[1]。这些译名中,理念虽然广为流传,却并不一定比其他译名更准确。但是,这并未妨碍"理念"一词在现代社会科学中获得广泛认同。

在思想史上,理念是古希腊哲学家们的一个用语。柏拉图认为,理念是"独立存在于事物与人心之外的一般概念,它是事物的原型,事物不过是理念的不完善的'摹本'或'影子'。事物之所以存在,是因为他们'分有'了理念,理念是永

人力资源与社会保障部研讨会(北京,2008)会议论文,原载于《南京师范大学学报(社会科学版)》2009年第1期。

[1] 俞宣孟:《本体论研究》,上海人民出版社,1999年,第204页。

恒不变的、绝对的,是唯一真实的存在"[1]。因此,理念在本质上就是一种观念,我国《辞海》相关词条也把"理念"作为与观念相同的概念。但理念又不是一般的观念,它是有关事物的性质、宗旨、结构、功能和价值的一些达到理性具体的观念和信念。[2]

理念在社会制度中具有特殊的地位与作用。理念是社会制度背后的核心动机,是社会制度建构的指导思想和创立宗旨,也是社会制度的精髓和灵魂。我们通常认为,一个社会制度有四个基本要素,这就是理念、规范、组织和设施[3],其中最重要的就是理念与规范。如果说理念是制度的内在精髓和灵魂,那么,规范就是社会制度的存在方式和具体内容,它是理念的外化和凝固。理念与规范,一内一外,共同体现社会制度的存在。一个科学的社会制度的背后必有相应科学的理念;一个没有理念的社会制度只能是经验主义、功利主义和缺乏精神追求的乌合规范集。一个差的社会制度不在于它设计简单粗糙,而在于它是东施效颦、鹦鹉学舌,通过东拼西凑建立起来的没有灵魂的东西。如果理念科学合理,简单粗糙的社会制度可以不断完善,成为一个优良的社会制度;而没有科学理念或理念错误的社会制度永远无法成为良善制度。

理念与功能是常常被人们混淆的概念,必须加以区分。理念是社会制度设计前的核心指导思想和观念、认识,功能则是社会制度建立后在社会实践中所产生的社会效果,包括作用与影响。制度的理念通过制度的规范与制度的执行等中介环节与制度的功能相通,但理念毕竟不是功能。许多教科书大谈社会保障制度的诸多积极功能,殊不知,一个社会保障制度是否有那么多正面的和积极的社会功能,关键取决于这种社会保障制度背后的理念是否科学,以及能否在这种科学的理念指导下设计出科学合理的具体社会保障制度。如果社会保障制度背后的理念不科学,设计的社会保障制度不合理,那是无法产生人们所期望的社会功能的。

二、新中国社会保障制度理念的演变

在现代社会,社会保障制度是一项基本的社会制度。一个国家,无论其社会

---

[1] 《辞海》,上海辞书出版社,1999年,第1367页。
[2] 谢鹏程:《论社会主义法治理念》,《中国社会科学》2007年第1期。
[3] 社会学认为,社会制度一般有理念、规范、组织和设施四个要素。理念是反映制度的性质、宗旨并最终影响其功能发挥的因素;规范是理念的外化和存在形式,任何制度都是由一组规范构成的;组织是制度运作的具体机构;一定的物质设施是组织运行的必要条件。

性质与发展阶段如何,都有或简单或复杂的社会保障制度[1],但这些国家的社会保障制度背后的理念却多种多样,甚至大相径庭。中国改革开放30多年来,社会保障体制进行了多次改革,社会保障制度发生了许多重大而深刻的变化,但最重要的改变还是人们的社会保障理念发生了深刻变化。

中国的现代社会保障事业是与新中国的建立联系在一起的。1949年以前的中国,除了中央苏区、抗日根据地和解放区以外,难觅现代社会保障的踪影。新中国建立以后,虽然我国社会生产力水平仍然十分低下,但还是在城镇职工中普遍建立了现代社会保障制度。"文化大革命"时期,我国的社会保障制度遭到很大的挫折,但并没有被取消或自然解体。

新中国之所以对建立现代社会保障制度如此热衷,关键在于其理念。虽然从来没有人探讨过中国改革开放以前的社会保障理念问题,但我们从其社会保障实践中仍然可以反推出其制度设计背后的理念精神。第一,把完善的社会保障制度看作是社会主义社会的本质特征和社会主义制度的重要组成部分,没有健全的现代社会保障制度,就不能说建立的是社会主义制度。第二,现代社会保障制度是以工人阶级为主体构建起来的,它是工人阶级在社会主义制度下的当然生活方式。第三,社会保障在性质上是工人阶级的一项基本权利和社会福利,社会主义国有企事业单位有义务为职工提供相应的福利项目与相关服务。

显然,这种理念把社会保障与社会主义制度过度地联系起来,没有看到社会保障与现代社会之间的内在联系;把社会保障与阶级关系进行了过度联系,而没有看到社会保障与社会秩序之间的内在联系。正是由于理念上的偏差,导致改革以前的社会保障打上了鲜明的阶级烙印,并在实践中带来了种种弊端。[2]

首先是社会保障制度覆盖范围狭窄,主要局限于城市和国有企事业单位的职工,城市非全民所有制单位的劳动者所能享受的社会保障待遇极其有限,待遇水平也远远低于全民所有制单位。占人口绝大多数的农村农民更是无缘现代社会保障制度。

其次是在全民所有制单位内部,社会保障待遇过高,平均主义问题严重。国

---

[1] 按照国际劳工局1952年6月在日内瓦通过的《社会保障(最低标准)公约》,现代社会保障主要包括九项内容,分别为医疗津贴、疾病津贴、失业津贴、老龄津贴、工伤津贴、家庭津贴、生育津贴、残疾津贴和遗属津贴。公约规定,一个国家只要实行了三种津贴(其中至少包括一种最主要津贴),就可以被认定其已经建立了社会保障制度。

[2] 吴鹏森:《现代社会保障概论》,上海人民出版社,2004年,第96—100页。

家与企业对社会保障项目包揽过多,个人在社会保障过程中的权利与义务互相脱节,有些项目的保障程度超过当时的经济承受能力,导致国家和企业背上了沉重的包袱。例如,几乎完全免费的医疗、极其低廉的住房租金,再加上无失业之忧的终身就业保障,可以说,劳动者完全处于"保险箱"之中。正是这种"保险箱",不仅加重了社会保障的负担,而且使劳动者丧失了进取精神,成了滋生懒惰的温床。

再次是社会保险社会化程度低,"企业办社会""单位办社会"相当普遍。社会保险制度的精髓在于通过社会化机制进行社会互济以克服个人和单个企业无法应对的社会风险,但在改革开放以前,我国的社会保险制度逐步退化为社会地位由各企业自己负担。这一现象在"文革"中最为典型。由于社会保险资金由企业独立统筹、管理和支付,受保对象也由企业管理,即使职工退休了,退休金的发放、退休人员的管理与服务仍由原单位负责,形成各个企业之间互不相干的自保局面。结果导致不同企业之间社会保险费的负担畸轻畸重,一些老的企业,退休费占工资总额的比例高达40%左右,而一些新办企业,退休费占工资总额的比例只有5%左右,从而使企业在市场经济条件下无法进行公平竞争。

最后,也是最为关键的是,在这种制度下,社会保障制度的社会功能无以发挥。现代社会保障制度的主要功能就是要调节社会的收入分配,化解人们在社会生活中可能碰到的各种风险,达到稳定社会秩序,促进社会发展的目的。但是,中国改革以前的社会保障制度无法实现这些功能。由于社会保障制度的覆盖面过窄,并与就业制度高度结合,结果导致有工作、风险小的人,反而享受着较高水平的社会保障;而职业不稳定,面临诸多社会风险的人,却无法进入社会保障网。社会保障的"安全阀"和"稳定器"功能无法发挥。正因为如此,国家在经济出现波动时,首先启动的也不是社会保障安全机制。另外,由于社会保障的制度缺陷,职工个人在社会保障制度中的权利与义务不对称,导致平均主义与对国家和集体的依赖思想,严重损坏了社会保障制度的激励功能和社会发展的动力机制。

改革开放以后,我国经济体制开始从计划经济向市场经济转轨,经济成分从单一的公有制经济向以公有制为主体、多种经济成分共同发展的方向转变,随之而来,必然要提出社会保障体制改革的要求。从1984年的退休费用统筹开始,我国的社会保障体制改革大体经过了四个阶段:1984年到1993年为第一阶段,改革的主要措施是单项试点、分类探索;1993年到1997年为第二阶段,它是建立适应社会主义市场经济的新型社会保障制度的建立与定型阶段;1997年到2002年是新型社会保障制度在全国统一、推广阶段;2002年以来是第四阶段,也是中国社会保障制度的反思阶段。在构建社会主义和谐社会的大背景下,人们开始对改革开放以来的社会保障体制改革进行了深刻反思。首先是对基本医疗保险制度的反思。其次是对弱势群体社会保障的呼唤,特别是进城农民工的社会保障问题引起了全社会的关注。再次,是对整个社会保障制度公平性的反思,包括养老保险反思、医疗保险制度、社会救助制度、住房保障制度等等,如何使之做到更加公平合理,更能促进社会和谐,成为整个社会关心的共同话题。

但是,我们也要看到,近年来我国对社会保障体制改革的反思,主要还是经验主义层面上的,也就是说,这种反思主要是从社会保障制度的实践后果上进行的。人们是从我国社会保障制度在实践中所表现出来的不合理、不完善,反思改革开放以来社会保障改革思路的正确性与社会保障制度的合理性,还没有把这种反思从经验层次上升到理念层次。而要有助于中国今后社会保障事业的发展,理念上的反思是非常必要的。

我国从20世纪80年代中期开始的社会保障体制改革,从总体上是在顺应改革开放大局,服务市场经济需求,适应经济成分多元化的新格局和人口结构老龄化的新形势这样一种大思路下进行的。正是这种大思路,确保我国的社会保障体制改革在整体上取得了预期的社会效果,促进了社会主义市场经济体制的建立与社会主义市场经济秩序的形成,帮助国有企业基本完成了产权制度改革与现代企业制度的建立,帮助国有企业职工平稳度过了改革的最艰难阶段,也帮助城市居民顺利适应了新的城市经济社会环境。

然而,这一切并不能代表我国新时期的社会保障体制改革是完美的,相反,我国新时期的社会保障体制改革是有瑕疵的,甚至在基本制度选择、基本人群覆盖等一些重大方面也是有问题的。而这些问题的出现从根本上还是源于社会保障理念的误区。第一,把社会保障看作是经济改革的包袱,使早期的社会保障体制改革实际上成了为国有企业"甩包袱"的过程。在如何建设公平的市场环境中,只考虑取消体制内国有企业的社会保障与福利从而向体制外的非公有制企业看齐,从来没考虑让体制外的非公经济主体在社会保障领域向国有企业看齐。第二,把社会保障体制改革看作是市场经济的配套措施,忽略了社会保障更广泛的社会属性。社会保障体制改革只是简单地围绕着市场经济体制改革转,完全失去了社会保障体制改革的自主性。第三,始终没有突破传统的社会保障覆盖范围,虽然在此范围内形成了社会化、属地化的改革思路,促进了社会保障待遇在体制内的公平,但却始终在迁就现实,对非传统社会保障覆盖范围的新工人群体没有给予制度性保护,使我国的社会保障制度始终没有突破传统的保强弃弱的制度窠臼。

三、实现社会保障制度理念的创新

中国社会保障要进一步向前发展,必须进行理念创新,核心思路在于维护社会秩序、推动社会公平、促进经济发展、构建和谐社会四大理念。

（一）从市场经济的配套措施到现代社会秩序的独立支柱

中国自改革开放以来,一个流行的看法是把社会保障作为发展市场经济的配套措施来看待。正是在这种理念的支配下,我们在改革之初就把改革以前已经建立起来的社会保障制度作为发展经济的障碍予以摧毁。也是在这种理念的支配下,我们在改革初期将社会保障体制改革的目标设定在"为国有企业改革配套"上,其结果导致我国的社会保障体制改革长期滞后于经济体制改革和国有企业改革,被动地跟着国有企业改革的步调走,把社会保障体制改革单纯演变为替国有企业改革甩包袱的过程,损害了一大批为国家经济发展作出重大贡献的国有企业老职工的利益。到后来,这种思路进一步演变为把社会保障制度作为市场经济的一个配套制度,把社会保障制度的功能定位为服务市场经济,将社会保障始终视为替市场经济"擦屁股"的"减震器",也就是把社会保障制度单纯看作是替市场经济消除其消极影响的社会机制。这种理念只能导致社会保障改革始终跟在市场经济后面亦步亦趋,并最终将社会保障制度打造成一个非常狭隘的社会制度。

因此,社会保障理念创新,首先就要从市场经济配套措施这种狭隘的理念中解放出来,将社会保障制度视为现代社会秩序中具有独立意义的基础性制度支柱。

社会保障制度是人类最重要的社会制度之一,在现代社会尤其如此。工业化、城市化、市场化是现代社会保障制度得以建立的重要社会背景。工业化、城市化使人类走出了传统的小农经济和田园牧歌式的生活方式,也使人类无法像传统的小农那样依靠家庭、家族和邻里、社区来实现生活保障,因此,必须建立更加社会化的现代社会保障体系,来保障人们的基本社会生活,维护社会的基本秩序。

市场并非现代社会才有,但无疑的是,只有在工业化、城市化的社会,市场经济才得到最充分的发展。人们在以工业化为基础的城市社会里,失去了传统的土地依靠和传统的家庭支持;人们在高度市场化的社会里,又失去了就业的稳定性,无法保证永远都有工作可做。这样的社会是一个充满风险的、缺乏安全感的社会,人们的社会生活有可能无法得到基本的保障。

所有这些,正是建立现代社会保障的社会基础和理论依据。因此,无论今天的人们对社会保障的含义作广义理解还是狭义理解,都无法改变社会保障是一个独立的社会制度体系的事实。这种独立的社会制度体系并不是以市场经济的存在为前提的,在现代社会,不管是计划经济社会,还是市场经济社会,都必须要有现代社会保障制度体系,这是人类文明发展到今天的时代需求,是人类文明进步的成果,是体现社会公平正义的重要表现形式,是现代社会自身秩序得以确立的制度基础。因此,在社会保障与市场经济的关系上,不是社会保障制度简单地服务于市场经济,它们二者都是现代社会的基本社会制度,也是现代社会基本的资源配置机制。它们各自承担着现代社会的不同价值责任,又都有共同维系现代社会总体价值的历史责任。它们之间的关系是两种基本社会制度之间的相互配合的关系。任何一个市场主体都必须接受现代社会保障制度,并把它作为基本的市场经营环境;一个好的社会保障制度也必然能够为市场经济的发展提供良好的外部环境,并有效地消除市场经济的负面影响。

(二)从保强弃弱的社会制度到追求社会公平的有效机制

无论我们从哪个立场来分析,都不能否认一个事实,中国的社会保障制度是一个保强弃弱的制度。也就是说,这种社会保障是围绕着社会的强者设计和实施的,越是社会的强者,越是优越的社会职业,所拥有的社会保障和社会福利越多;越是居于社会的上层,所享受的社会保障水平越高。与此同时,那些社会的弱势群体,不仅享受的社会保障项目少,而且享受的社会保障水平低,无法与强势群体相提并论。改革以前是这样,改革以后仍然是这样。在其他发达国家,社会保障制度都具有"劫富济贫"的性质。例如,在英国,第一次分配的贫富差距大约有十几倍,经过社会保障机制的调节,贫富差距可以缩小到4倍左右。中国社会保障要科学发展,必须在理念上实现从保强弃弱到追求公平的转变。只有理念正确了,才能指导人们建构科学的社会保障制度。

秉持追求社会公平的基本理念设计社会保障制度,必须使中国的社会保障制度实现以下四个方面的功能:第一,要将社会保障制度建设成为社会分化的消解机制。在市场经济条件下,社会分化在所难免,但是必须要有相应的社会机制消解这种社会分化后果,调节社会第一次分配所形成巨大社会差别,保证社会的贫富分化始终维持在社会所能承受的范围内。第二,要将社会保障制度建设成为发展成果的分享机制。随着社会经济的快速发展和物质财富的极大丰富,必须要有相应的社会机制确保全体居民能够及时分享发展的物质与文化成果,把我国社会主义现代化的伟大事业与人民群体的切身利益紧紧地联系在一起,把强国与富民高度地统一起来。第三,要将社会保障制度建设成为保障人权的制度屏障。人权的概念在不同的国家与文化背景下有不同的理解,在中国,它首要的内容是人的生存权与发展权。要通过科学合理适度的低保制度、就业制度、住宅制度、教育制度、司法制度等社会救济机制,从制度上切实维护基本人权。第四,要将社会保障制度建设成为社会偏见的瓦解机制。在我国,二元社会结构长期存在,一些有偏向性的社会政策也不可能一夜之间彻底消除,但是,我们可以通过科学合理的社会保障制度瓦解这种社会政策,使这些带有偏向性的社会政策丧失功能。

(三) 从拖累经济发展的包袱到经济社会发展的重要动力

健全社会保障制度,发展社会保障事业,到底是经济发展的动力,还是经济发展的负担?这是中国社会保障实现科学发展必须要弄清的一个重大认识问题。

在中国改革开放的初期,人们把中国国有经济缺乏活力主要归罪于社会保障制度。近年来,仍然有人乐于将中国的快速发展归因于改革过程中对社会保障制度的摒弃导致的劳动力成本低廉。有些经济学家甚至主张在未来相当长的时期内,都不要改变中国劳动力的廉价格局。也有一些学者总是念念不忘地要求人们牢记西方国家战后建立现代社会保障体系所带来的"福利病"。总之,在中国学界,有相当一批学者把建立完善的社会保障制度看作是经济发展的障碍,而非经济发展的动力。

然而事实并非如此。这里仅就第二次世界大战后西方国家社会福利制度与经济发展的关系作一点分析。众所周知,第二次世界大战后西方各国普遍建立起比较发达的现代社会保障体系。英国第一个建成"从摇篮到坟墓"的福利国家,此后其他国家纷纷仿效,一些北欧国家甚至有过之而无不及。经过几十年的发展,西欧各国也的确产生了"福利病",并进入一个漫长而痛苦的改革时期。但是,这一切能够成为我们否定西方建立现代社会保障制度的理由吗?能够说明现代社会保障制度是经济发展的障碍吗?显然不能。一个简单的事实是,西方各国正是通过建立现代社会保障制度促成了长达几十年的繁荣期,奠定了西方各国几十年社会稳定的基础。也正是第二次世界大战后建立起来的现代社会保障制度促进了西方的文化繁荣,提升了西方人民的文明程度。甚至可以这样说,正是现代社会保障制度的引入,带来西方资本主义社会制度的大调整,重构了资本主义的社会秩序,避免了资本主义社会制度的危机。也就是说,建立发达的现代社会保障体系,正是战后西方各国几十年繁荣的发展秘诀。

从西方建立社会保障制度的历史经验中,我们可以得出两点基本结论:第一,社会保障制度并不与经济发展相冲突,只要制度设计科学合理,保障水平与经济发展相适应,就不会成为经济发展的负担;第二,一个国家的现代化进入中期阶段,是建立比较完善的社会保障制度的历史契机。此时建立比较完善的社会保障制度,不仅不会妨碍经济发展,相反,还可以扩大内需,使之成为推动经济迈向发达的重要动力源泉。

今天的中国正处于现代化发展的中期阶段,我们要认真总结西方发达国家的发展经验,敏锐地抓住这个历史机遇,在我国建立起比较完善的现代社会保障体系,通过大力发展社会保障事业,推动中国经济向更高层次发展。目前,中国的经济发展最缺乏的是需求拉动。内需不足的原因很多,但一个重要方面是医疗、教育和住房等沉重包袱,使老百姓不得不考虑自我风险防范问题,从而影响到即时消费。正因为如此,作为推动经济发展动力的投资、消费、外贸"三驾马车"在中国始终得不到平衡发展[1]。发展比较完善的社会保障体系,显然可以推动内需的迅速增长,并使之成为现代化中国经济发展的强大动力。

(四)从边缘性社会制度到构建和谐社会的主体性社会制度

自1978年以来,中国实现了工作重心的战略转移,一切以经济建设为中心,成为党的基本路线的核心内容。30多年来,这个中心从来没有动摇过,中国的各项制度改革都是围绕经济中心展开的,经济建设和为经济服务的法治建设构

---

[1] 据国家统计局消息,我国经济对外依存度已超过60%。输入型通胀已成为我国物价高涨的重要"推手",而内需的增长却始终不理想。参见《京华时报》2008年8月5日。

成了中国改革和建设的主要内容。在这一中心的引力作用下,社会保障体制改革始终处于若即若离的改革边缘地带。可以说,服务于经济体制改革,服务于市场经济建设,是社会保障体制改革长期以来的基本指导思想。但是,在构建社会主义和谐社会的背景下,人们开始反思中国的社会保障制度改革,仿佛一夜之间,人们对社会保障制度的认识发生了重大的转变。社会保障制度从改革的边缘走到改革的舞台中心,成为构建社会主义和谐社会的主体性社会制度。

社会主义和谐社会的核心是经济社会协调发展、社会结构和谐有序。和谐社会是所有社会阶层共建共享的社会,是人民安居乐业、社会治安良好、社会稳定有序的社会,是民主法治、公平正义、充满活力的社会。所有这些都与社会保障制度密切相关。

建立完善的社会保障制度,发展社会保障事业,可以有效地解决社会的贫富分化问题。社会保障制度作为一种特殊的调节手段,能够调节与优化国家、企业与劳动者之间的收入分配关系,有效地化解社会的贫富分化,具有较强的社会再分配功能。

建立完善的社会保障制度,发展社会保障事业,可以有效地缓解社会的就业压力。中国在未来几十年内,劳动力供大于求的矛盾始终存在,不解决好就业问题,和谐社会的美好蓝图就无法实现。发展社会保障事业,可以直接带动社会结构的提升,并通过购买公共服务,为社会创造大量的优质就业机会,促进社会的和谐稳定。

建立完善的社会保障制度,发展社会保障事业,可以为建构新型劳资关系奠定坚实的社会基础。不合理的劳资关系曾经使早期资本主义危机重重;现代社会保障制度重新调整了劳资关系,使资本主义制度的内在矛盾得到极大缓解。中国要构建社会主义和谐社会,同样必须要解决日益紧张的劳资关系。那些坚持原始积累不可避免、要长期保持劳工成本低廉优势、公平与效率不可兼得等论调是不值一驳的。

建立完善的社会保障制度,发展社会保障事业,是建设良好社会治安的根本途径。没有良好的社会治安,就没有真正的和谐社会。社会治安的好坏在本质上是由社会结构和社会制度决定的。健全的社会保障制度可以从根本上改善社会各阶层利益关系,从而有效地改进社会治安状况。

中国城市贫困问题及其现代保障体系的建构

中国改革开放已经30年了。近30年来,中国经济持续、快速地发展,年均保持9.7%的增长率,特别是近年来连年保持了两位数的增长。2006年,中国国内生产总值突破20万亿元,成为世界第四大经济体,并将很快超过德国名列第三;中国的人均国民生产总值继2002年突破1 000美元后,又迅速地在2006年突破2 000美元大关,使我国第一次进入世界中等收入国家行列。

然而,在经济快速发展的大背景下,中国的城市和乡村社会地图上,却始终笼罩着一片阴影,这就是城乡贫困问题。虽然政府在改革和发展过程中持续开展扶贫运动,使农村贫困人口从2.5亿减少到2 000多万,创造了世界"奇迹",但如果按照联合国有关组织的每人每天1美元的"世界标准",中国乡村仍然有两亿贫困人口。更重要的是,在中国的城市,同样悄然形成了一个规模庞大、数量可观的贫困群体。他们不仅要为每日的基本生存而奔波,而且要面临与富人比邻而居所带来的巨大的结构性压力。

胡锦涛同志在党的十七大报告中指出,必须要在经济发展的基础上,更加注重社会建设,着力保障和改善民生,促进社会公平正义,努力使全体人民学有所教、劳有所得、病有所医、老有所养、住有所居,推动建设和谐社会。这就要求我们必须要在推动经济继续全面、协调、可持续发展的条件下,下大力气,认真解决城乡贫困问题。本文正是本着这样一个精神,就我国城市贫困问题的现状、特点以及如何建构城市贫困群体的现代保障体系,提出粗浅的看法。

原载于《南京师范大学学报(社会科学版)》2008年第2期。

一、中国城市贫困问题的现状与特点

中国在改革开放以前是一个典型的二元社会,城乡居民之间有着从制度化的权利到实际生活水平方面的巨大差异。尽管由于经济发展水平的原因,城市居民的实际生活水平也不高,但总体来说,由于城市绝大多数居民都在机关、团体或企事业单位从事一份受到高度保障的工作,并在医疗、养老、住房、工伤和生育等方面享有相应的国家或企业保障。因此,在改革开放以前,我国城市并未形成一个受到全社会关注的贫困群体。据统计,1980年,我国城市贫困发生率只有1.9%,到1990年更进一步降低到0.4%。但到20世纪90年代,随着国有企业进入改革攻坚阶段以后,大批国企职工失业下岗,再加上产业结构调整、工资制度改革等等措施引发的社会后果逐步显现,在我国城市才逐渐形成了一个规模不可忽视的贫困群体。

中国城市的贫困群体规模究竟有多大?早在20世纪90年代后期就有不少学者和政府部门专门进行了研究。当时主要有两种观点:一种观点认为城市贫困群体规模大约有1 500万人;另一种观点认为大约在3 100万人。

中国社科院社会学所唐钧认为,中国城市贫困群体大约1 500万。[1] 这一观点得到中华全国总工会、民政部、国家统计局等政府实际部门的支持。1999年,按照各地颁布的最低生活保障标准,中华全国总工会对家庭人均收入水平低于当地标准的企业职工(含退休职工)进行调查统计,得到的数据是420万户,1 500万人。2000年,民政部根据全国贫困人口的汇总资料认定全国城市贫困人口为1 382万人,国家统计局根据有关资料认定全国城市贫困人口有1 170万人,中华全国总工会向中央汇报的城市贫困人口是1 828万人。

主张城市贫困群体规模有3 100万人的是中国社科院社会学所朱庆芳。[2] 这一观点得到国家计委社会发展研究所杨宜勇的支持。杨宜勇认为,朱庆芳的估计可能还是保守的。

---

[1] 唐钧的1 500万是这样算出来的。约有150万没领到失业保险津贴的失业者,约310万没能领到下岗职工生活补贴的下岗无业者,加上190万停发、减发退休金的离退休人员,共计650万人。这650万人加上被他们赡养的家庭成员,再加上民政部传统的救济对象约100万人,1997年,中国城镇贫困人口大约是1 500万人左右。

[2] 根据朱庆芳的估算,1998年,我国城市有下岗职工877万人,登记失业人员571万人,被拖欠退休金的退休人员约60多万人,加起来就是1 500万人。加上被其赡养的家庭人口,就是3 000万人。再加上民政部门供养的传统救济对象大概100万人,共计3 100多万人。

这两种观点差异较大,但令人惊奇的是,他们所使用的方法是大致相同的。第一,他们所测算的贫困人口都是指城市户籍人口中的贫困人口;第二,他们所测算的贫困群体构成都是指以下几类人口:下岗人员、登记失业人员、离退休人员、传统的救济对象,以及他们的赡养人口。

另有一些学者按照收入和支出两个标准测算出中国城市的贫困人口的两个不同数据。亚洲开发银行认为,中国城市贫困人口按照收入标准估计为1 470万人,按照支出标准估计是3 700万人。国内有关学者通过对12个城市的测算,2002年,我国城市按照收入标准估计的贫困发生率为2.8%,按照支出标准估计的贫困发生率为6.48%。以2002年我国城市人口4.6亿人测算,则城市贫困人口按收入标准估计有1 295万人,按照支出标准估计有2 997万人。

综上所述,在过去10年里,不同政府部门、国际组织和相关学者对我国城市贫困人口规模的测算、统计或估计,城市贫困人口规模大约在1 100万到3 700万之间。但从他们所测算的贫困人口构成上看,相当大部分都是特定历史背景下的贫困现象。如下岗人员主要是国有企业攻坚改革过程中出现的,早期的离退休人员待遇过低问题也是新旧两种养老保障体系转轨过程中的过渡现象。

如今一晃近10年过去了。下岗人员在后来的近10年中,已经逐步消化吸收了,剩下人员大部分也已经进入退休年龄,转入社保体系中;早期离退休人员的待遇过低问题在后来的改革中得到逐步解决。当这些特定历史因素消失以后,中国的城市贫困群体规模到底是多少?他们的数量是增加了,还是减少了?其内部构成怎样?所有这些,对我们来说,在很大程度上都还是一个谜,没有人能够说得清楚。

其实,要搞清中国城市有多少贫困人口,关键是要先弄清两个问题:第一,城市贫困群体应该包括哪些人?第二,准备救助的贫困面是多大?这两方面因素的任何变动都会对城市的贫困人口规模产生很大的影响。

对于第一个问题,有两个概念:一是城市户籍人口,二是城市常住人口。目前我国城市最低生活保障制度只是覆盖城市户籍人口;但按照国际惯例,或从当前的城市人口普查标准来看,都应该覆盖城市常住人口。

按照户籍人口来估计城市贫困人口,最权威的当然是享受城市低保人口。到2006年5月,我国县以上城镇享受最低生活保障的居民达到1 005万户,2 230万人。如果加上县级以下城镇的贫困人口,城镇户籍人口中的贫困人口总数应该超过3 000万。如果按照常住人口来测算,除了户籍贫困人口外,还要加上外来常住贫困人口。目前我国城市外来常住人口约占城市户籍人口的1/4，有1亿人左右。据调查，城市外来常住人口中的贫困率要远远高于户籍人口，约占外来常住人口的15%，即大约有1 500万。这样，如果将城市户籍人口与城市常住人口中的贫困人口加在一起，则有4 500万人左右。

再看第二个标准，即我们准备将城市贫困救助制度覆盖多大的范围？目前在世界上，发达国家社会救助制度的覆盖率都在10%以上。美国2002年贫困人口为3 460万人，占总人口的12.1%，有的年份甚至达到14.5%。发展中国家如印度的贫困救助率为6%。根据我国的经济发展阶段和经济发展水平，以及我国目前的财政能力，我们主张我国城市贫困救济的覆盖面要达到6%—8%为好。我国目前按常住人口统计的城市化水平为43%，城市人口大约有5.6亿人，以6%的贫困救助率测算，有3 570万人，以8%的贫困救助率测算，则有贫困人口4 480万人。

综上所述，我们认为，目前我国城市中的贫困人口规模大约在3 500万到4 500万人。换句话说，近10年来，我国的城市贫困人口规模并未发生大的变化。今后随着经济社会的发展，我国还将逐步加上对贫困人口的救助力度，城市社会救助制度的覆盖范围也会随之扩大，城市贫困人口规模将会保持在一定比例上不会有大的变化。只不过，对城市贫困的救助将逐步地由绝对贫困救助转化为相对贫困救助。

这大体就是中国目前城市贫困的现状。问题是，城市贫困群体与农村贫困群体有很大不同，和传统的城市贫民也有很大不同，必须要有更健全的制度系统来保障。

首先，我们来看看城市贫困群体与农村贫困群体的区别。第一，城市贫困群体与农村贫困群体相比，其生存能力更加脆弱。在我国农村地区，贫困人口生活水平是非常低的，在农村地区建立最低生活保障制度也是非常必要的。但与城市相比，农村贫困家庭每家每户都有承包土地，都有自己的住房，都有条件饲养一定数量的家禽家畜。因此，农村贫困家庭的生存韧性要大于城市贫困家庭。而城市贫困家庭由于面临的是一个完全市场化、货币化的生活环境，因而一旦陷入贫困，生活将立即难以为继。第二，城市贫困群体所面临的社会结构的压力比农村贫困家庭所面临的社会结构压力要大得多。这是因为，在农村地区，贫困是一种区域性的现象，常常集中在"老少边穷"地区。而在城市，贫困群体是与富裕阶层朝夕相处在一起的，他们每天都看到那些富人们的可望而不可即的生活方式。因此，他们与农村贫困群体相比，所面临的结构压力大得多。

其次，我们再来看看当代中国的城市贫困群体与传统的城市贫民的不同。

当代中国城市的贫困群体与改革开放以前城市所存在的街道贫民也有很大的不同。一是形成原因的不同。传统的贫民主要是由个人原因导致的贫困。他们有些是有身体伤疾的人士,有些是没有子女的孤寡老人或没有父母的孤儿,有些是由于疾病的原因,家庭重要劳动力身患恶疾或慢性病,有些是因为犯罪成为"两劳"释放人员,也有少数是由于家庭人口太多而就业人口太少等。但总体来说,这些城市贫民都是由于个人和家庭的原因而使他们无法正常适应社会,从而成为"三无"人员或特殊人士。而新时期的城市贫困群体的形成原因则不同。他们贫困的主要原因是改革开放以来的经济体制转轨、国有企业改革、产业结构调整、社会环境变迁。虽然他们的素质、观念、能力和健康等个人方面的原因也起着一定的作用,但社会原因无疑是主要的和起支配性作用的。二是规模也有很大差别。传统的城市贫民总量是有限的,始终不超过100万人的规模。而新时期的城市贫困群体在规模上要大得多,达到几千万。因此,如果说传统的城市贫民通过一般的社会救助机制就可以解决问题的话,那么今天面对数以千万计的城市贫困群体必须要有更加制度化的机制才能解决他们的问题。同时,他们也更有资格主张自己的权利,要求自己的权利与合理诉求能够得到法律的保护。

二、城市贫困群体现行保障体系存在的问题

(一) 保障力度不够,大多数城市贫困保障达不到"国际标准"

我国自1993年上海首创城市最低生活保障制度以来,逐步在全国大中城市建立起最低生活保障制度。近年来,更是准备在全国农村普遍建立最低生活保障制度。这是非常可喜的现象。最低生活保障制度的建立,对于保障城市贫困家庭的起码生活,维护宪法赋予每个公民的生存权利,保持社会秩序的稳定,促进传统社会救助制度的变革等,都发挥了非常重要而积极的作用。

但是,我们也要清醒地看到,我国城市最低生活保障的力度是非常有限的,仅仅局限于保障城市贫困群体的"起码生活"。一有风吹草动,这个群体的生存状况立即受到威胁。2007年的猪肉涨价带来的社会动荡就充分说明了这一点。

根据有关资料,2006年5月,我国县以上城镇享受最低生活保障的居民为1 005万户,2 230万人,累计支出达83.6亿元,人均支出74.9元。

关于贫困的具体标准,世界银行编撰的《1990年世界发展报告》根据若干个发达国家和发展中国家的贫困线和平均生活水准,用数理统计的方法确定了一

个贫困范围,它的上限是 370 美元,下限是 275 美元。这就是通常所说的每人每天 1 美元。[1] 中国根据自己的国情,在不同的历史时期先后确定了不同的贫困标准。这主要是因为在中国的广大农村地区,每户农民都有一份承包经营的土地。但是,在中国的城市,贫困的标准应该与其他国家没有太大的区别,而且,由于城市是中国经济水平最高的地区,且受到保障的制度最健全,因此,中国城市贫困群体的最低保障标准应该而且有能力比国际社会要求的每人每天一美元的标准更高一些。但是,从 2005 年全国 36 个城市的最低生活保障标准来看,只有 9 个城市达到了每人每天一美元的标准,有 6 个城市的标准还不到这个"国际贫困标准"的四分之三(见表1)。

表1 全国 36 个城市低保标准(2005 年 9 月)

城　市	低保标准(元/人月)	美元/人天	城　市	低保标准(元/人月)	美元/人天
北　京	300	1.22	郑　州	200	0.81
天　津	265	1.07	武　汉	220	0.89
石家庄	220	0.89	长　沙	200	0.81
太　原	183	0.74	广　州	330	1.34
呼和浩特	190	0.77	南　宁	210	0.85
沈　阳	220	0.89	海　口	221	0.90
长　春	169	0.69	成　都	195	0.79
哈尔滨	200	0.81	重　庆	210	0.85
上　海	300	1.22	昆　明	210	0.85
南　京	200—260	0.93	贵　阳	170	0.69
杭　州	280—320	1.22	拉　萨	200	0.81
合　肥	230	0.93	西　安	200	0.81
福　州	210—230	0.89	兰　州	190	0.77
南　昌	190	0.77	西　宁	165	0.67
济　南	230	0.93	银　川	180	0.73

[1] 制定这个贫困标准是为了进行国际比较,照此标准,当时发展中国家有 11.2 亿人处于贫困状态,其中 6.3 亿人口属赤贫。

续 表

城 市	低保标准（元/人月）	美元/人天	城 市	低保标准（元/人月）	美元/人天
乌鲁木齐	161	0.65	宁 波	300	1.22
大 连	240	0.97	深 圳	344	1.39
青 岛	260	1.05	厦 门	265—315	1.18

资料来源：民政部网站。

注1：每人每天的美元标准是按照月标准×12个月，除以365天，再按2005年7月21日开始实行浮动汇率时人民币对美元的8.11：1汇率换算成美元。

注2：这里的36个城市都是省会城市和中心城市，按照人口规模都属于特大城市和大城市。广大中小城市的标准普遍更低一些。

这种较低的保障水平与中国经济的持续、高速增长形成鲜明的反差。根据国家统计局《从十六大到十七大经济社会发展回顾系列报告》，十六大以来，国民经济不仅增长速度快，而且持续的时间长、稳定性好，总量在世界的位次由第六位跃居第四位，人均国民收入步入了中等收入国家行列。

2003—2006年国内生产总值年平均增长10.4%，不仅比同期世界年均增长4.9%高出5.5个百分点，而且比改革开放以来年平均增长9.7%高出0.7个百分点。2002年我国国内生产总值12万亿元，2006年达到21万亿元，年均增加22 635亿元。2005年，我国国内生产总值连超法国和英国，在世界上的位次由第六位跃居第四位。2002年我国人均国民总收入首次超过1 000美元，达到1 100美元后，2006年超过2 000美元，达到2 010美元。相应人均国民总收入在世界的位次也由2002年的第132位上升到2006年的第129位。按照世界银行的划分标准，我国已经由低收入国家步入了中等收入国家的行列。但是，我国城市贫困群体的保障水平与经济发展水平显然还不相称。

（二）保障内容单一，在医疗、教育、住房、就业、心理等方面缺乏相应的制度化的救济体系

目前我国城市贫困群体的保障内容还只是解决基本的生存问题，有饭吃，有衣穿。但在贫困家庭最受困扰的医疗、教育、住房、就业、心理等方面还没有或很少有相应的保障措施。民政部2002年《全国百城万户低保抽查》显示：在接受调查的100个城市的1万户享受最低生活保障的城镇居民家庭中，28.7%的低保户认为最大的困难是找工作难，25.9%的低保户认为医疗费用高，17.3%的低保

户认为子女教育负担重,家庭人均住房面积在 5 平方米以下的低保户占 12.8%,还有 33.7%的低保户家中有残疾人。笔者曾经安排学生对几十户上海低保户家庭进行入户访谈,所得资料令人震惊,一些有子女上学的家庭、有家庭成员患有重病的家庭、一些双失业家庭,生活之窘迫、精神之沮丧都是超出常人之想象。显然,如何解决这些方面的问题,我们还没有制度化的措施。

近年来,北京、上海、广东等地已经建立并正在完善以大病救助为重点的医疗援助,取得了一定的社会效果。但是,作为贫困群体保障体系中的医疗保障的一环,这种措施还远远不够。而在其他方面,问题更加突出。统计显示,我国贫困家庭失学儿童上学难和高等教育中贫困家庭子女上大学难的问题非常突出。虽然中央和地方已为家庭经济困难学生出台了一系列的教育救助政策和措施,从义务教育到大学阶段,都有奖、贷、助、补、减等多元化的资助办法,但离彻底解决这类问题还有很远的路程。国家虽然从理论上讲,已经把解决贫困家庭住房纳入了住房保障体系,廉租住房制度正在逐步建立中,各地享受低保待遇且人均居住面积达不到规定标准的家庭,可以入住廉租房,租金低廉且面积适当。但实际上,这些措施大都是杯水车薪。

(三) 保障措施简单,没有针对不同家庭规模、家庭结构进行分类保障

我国城市贫困救助和保障体系在对保障对象的划分上非常粗糙,还没有针对不同家庭规模、不同家庭结构以及不同家庭困难类型进行分类救助的有效办法。

没有差别就没有政策。对于有劳动能力和无劳动能力的贫困家庭,有子女正在接受教育和无子女正在接受教育的家庭,没有进行任何区分,更没有相应的制度化、差别化的救助政策。对于 1 人户、2 人户、3 人户以及多人户的家庭,在享受最低生活保障的水平方面也没有相应的区别对待。对于单亲家庭、孤寡家庭、残疾家庭,更没有相应的特殊政策。这种简单化和一刀切的政策虽然有操作上的方便,但对于城市贫困群体来说,却带来许多后遗症。

(四) 保障观念落后,在社会救助人员中存在着诸多认识误区和错误观念

笔者曾在上海市多个街道、社区进行过调查与座谈,发现很多社区工作人员,甚至相关方面的管理者,对于城市贫困家庭和贫困群体的认识,存在着诸多误区和错误观念。主要有以下几个方面:(1) 认为贫困群体是个人懒惰造成

的。笔者在多次座谈会上遇到一些社区管理者抱怨,那些低保家庭成员懒惰,不愿就业,嫌工作不好,工资低等,认为只要他们工作,就可以不用低保。(2)有些社区低保工作人员认为,实施低保是贫困家庭给社会造成的负担。(3)很多从事低保工作的同志,没有正确认识低保制度的性质及其社会意义,只是简单地认为对贫困群体进行保障是基于人道主义。有些社区在发放低保时甚至要求低保户定期到社区参加义务劳动等。

三、构筑城市贫困群体现代保障体系的基本思路

(一)以宪法为依据,构筑保障贫困群体的法律体系

任何一个国家的反贫困都是一个系统工程,需要综合治理。但最重要的一环是把反贫困纳入法制轨道。不仅仅是制定一部专门的反贫困法,还需要其他相关法律的修改与完善,形成一个完整的城市贫困群体法律保障体系。

国际反贫困的历史也是一部立法保障的历史,中国在反贫困的过程中,也伴随着加强反贫困立法的呼声。这是因为,在当代社会,贫困更多是社会原因造成的,国家和社会理应对反贫困承担起更重要的历史责任。同时,反贫困也是人类文明不断提升的重要体现,随着一个国家迈向现代化的步伐加快,体现人类根本价值的文明要求也越来越高,反贫困正是人类文明价值的重要体现。

中华人民共和国宪法规定:"公民在年老、疾病或者丧失劳动能力的情况下,有从国家和社会获得物质帮助的权利。"尤其是我国当代社会中的贫困群体主要由经济变革和社会转型造成的,他们更应当和其他社会成员一样拥有生存和发展的权利。诺贝尔经济学奖获得者阿马蒂亚·森认为,贫困不仅仅是贫困人口收入低的问题,它应该具有更广泛的含义,贫困更有可能是由于权利分配不均或权利受到剥夺造成的。贫困的真正含义是贫困人口创造收入能力和机会的贫困,其根本原因是他们获取收入的能力受到剥夺及机会的丧失。因此,我们必须要通过健全的法律制度,维护贫困群体的生存和发展权利,对他们被剥夺的能力和机会给予必要而足够的补偿。

虽然我国城镇居民最低生活保障制度已经实现10多年,并对保障2 000多万城市贫困者的基本生活发挥了巨大作用。但是,作为贫困群体的法律保障体系仍然很不健全。一是法律位阶低,《城市居民最低生活保障条例》仅仅是作为一种行政法规在起作用。二是法律之间的相互涵盖和衔接不健全。宪法精神在

各门具体法律中没有得到充分而周密地贯彻。在保障对象、保障内容、保障力度、保障措施等方面,现有法律法规之间互相矛盾之处甚多。因此,必须要加快城市贫困群体的社会救助和社会福利方面的立法,形成完整的保障城市贫困群体的法律体系,维护贫困群体的基本权益。

(二) 以"低保"为主体,构筑保障贫困群体的完整制度体系

构筑城市贫困群体保障体系是"国际惯例"。建立健全社会福利及社会救助制度,通过收入保障体系向低收入者和贫困群体提供一般津贴和特殊补助,以满足其基本的生活需求,是世界各国的普遍做法。同时,还要对城市贫困群体的非物质生活方面面临的困境给予必要而足够的帮助,构筑相关的完整制度体系,例如在教育、健康、医疗、就业、养老、住房等方面都需要相应的保障制度来维护贫困群体能够享有必要的保障,能够过上有尊严的生活。英国早在400多年前就颁布了《济贫法》,第二次世界大战后更是率先建立起现代福利国家。虽然其中也有许多经验教训需要吸取,但它所体现的现代文明价值不容否认。美国在20世纪60年代开始执行"向贫困挑战"计划,对世界反贫困行动产生了深远影响。该计划由10个具体计划组成,涉及健康、教育、福利、就业等诸多方面。特别是该计划中的学费分期偿还制、平等收入政策和负所得税方案,对解决贫困家庭的非基本生活方面的困难发挥着重要的作用。20世纪80年代,美国又逐步建成了公共福利方案,主要包括对有小孩负担家庭的援助、额外保障收入、医疗救助方案和食品(券)补贴四个项目,公共福利方案形成美国福利制度的核心,它面对所有贫困人群,对缓解贫困危机、特别是城市贫困发挥了重要作用。

这说明,在现代化过程中,各国都适时提出和建立符合各国国情的贫困群体的保障制度体系。我国虽然自20世纪90年代开始对城市居民实施最低生活保障制度,但主要限于生活保障,不仅保障水平较低,更重要的是制度不健全,对于非物质生活困境缺乏制度化的援助体系。因此,我们必须要随着我国经济社会的发展和现代化进程的推进,适时推出我国保障贫困群体的制度体系。在保障最低生活的同时,健全对教育、医疗、就业、养老等社会救助和社会福利的制度体系。要使城市贫困群体不仅能够维持最低生活水平,而且要能够有尊严地生活,不仅能够确保自身的生活权利,而且能够及时分享经济社会发展的物质与文化成果。

（三）以社区为平台，构筑城市贫困群体的社会服务体系

在国外，对城市贫困群体的保障主要是政府提供制度和政策，具体操作主要是非政府组织等民间团体。但在中国，为贫困群体提供保障的主要平台是街道和社区，这是中国的国情决定的。因为随着社会主义市场经济制度的建立和政府、市场、社会三大结构的分化加速，政府弱化了对经济社会生活的直接干预，改变了对各项社会事业包揽的状况，企业也剥离了原来承担的诸多不该承担的社会功能，文化教育、社会服务、环境卫生等日常生活中的大量事务性功能正在回归社会。而在社会领域，由于我国的特有传统，非政府组织还很不发达，现有的非政府组织也良莠不齐，还难以承担政府和企业分化出来的各种社会功能。同时，由于中国的社会管理具有极强的行政色彩，因此，由社区来承担过去政府和企业所承担的各种社会功能是顺理成章的事。社区正在成为以公共利益、公共事务为基础的社会资源配置新机制，承担起政府行政组织难以有效提供，市场赢利组织不愿提供的许多社会功能。因此，要充分发挥街道社区在构筑城市贫困群体保障体系中的地位与作用，构建以城市社区为平台的社会服务体系，使各项扶贫措施能够真正惠及贫困群体。

社区无疑是进行社会救助、社会援助和增进社会福利的最好平台。因为贫困群体的生活状况如何，社区最清楚。同时，作为弱势群体寻求社区的帮助也是最容易的。因此，随着现代社会管理的人性化和精细化，社会救助和社会援助越来越成为社区的重要职能。从政府的角度看，由社区承担社会救助功能成本最低、效率最高，从居民的角度来看，从社区途径获得政府的救助最为方便。

城市社区贫困群体的服务体系主要由两部分组成。一是承接国家和政府的社会救助和社会福利制度，将制度和政策转化为具体措施落实到贫困群体身上，真正惠及每一个贫困家庭。世界银行《2004年世界发展报告》提出，要"让服务惠及穷人"，这是世界银行多年来在全球反贫困实践的经验总结。在许多国家，各种扶贫、减贫措施效果有限，贫困面不降反升，主要是这些措施远离穷人，不能给穷人带来任何福利，反而给富人带来了新的发财机会。而要改变这一现状，关键是建立健全相应的社会服务体系。将社会服务体系构建在困难群体的身边，延伸到困难群体的家中。通过社区来做好困难群体的需求调查，针对需求设计服务内容才能增加贫困群体的福利。二是开展其他必要的社会服务，特别要关注对贫困群体的精神服务、心理服务，帮助他们战胜自我，自强自立。

（四）以爱心为基础，构筑贫困群体的社会支持体系

要建立健全城市贫困群体的保障体系，不仅要有健全的法律、完善的制度、周到的服务，还要有必要的社会支持系统。广义地说，贫困群体的社会支持系统包括政府支持、企业支持、社区支持，但我们这里所说的社会支持系统是指政府、企业和社区之外的其他民间社会支持系统，主要包括非政府组织、非营利组织、社会工作者队伍、志愿者或义工队伍、民间慈善事业以及贫困群体的家庭、亲属、朋友等人伦支持，帮助贫困群体增强战胜困难的信心。

要大力发展服务于城市贫困群体的非政府组织。中国改革开放以来，非政府组织（NGO）得到很大的发展，仅全国性的就有中国扶贫基金会、中华慈善总会、中国光彩事业促进会、中国青少年发展基金会、中国人口福利基金会等。但是，这些非政府组织主要作用于农村扶贫事业中，在我国城市，专门致力于帮助贫困群体的民间组织还很不发达。需要政策支持和促进这种非政府组织和非营利组织的发展，形成在政府与企业之间的另一极帮助贫困家庭的社会支持力量。

要建立一支专职的以致力于帮助贫困群体的社会工作者队伍和数量更为庞大的志愿者队伍。通过他们的工作，帮助城市贫困群体树立自强自立的信心和勇气。不能简单地把贫困群体视作社会福利和救助的被动接受者，而要吸引他们主动参加到各种援助和发展计划中。根据有些城市社区的经验，关键是要培育和发展出两支救助队伍。一是建设专职社会工作者队伍。这种专职的社会工作者可以促进城市贫困群体保障工作的科学化、专业化，提高城市贫困群体自强自立自助的信心和能力。二是建立与完善社区志愿者队伍和义工制度，通过志愿者队伍和义工制度，对困难群众提供更加系统和科学的帮扶救助。

要在城市大力培养和发育民间慈善事业。随着经济社会的快速发展，各地都涌现出一大批关注弱势群体、热心扶危济困的各界爱心人士。应通过政策倾斜特别是税收政策，吸引更多的慈善家捐献爱心，建立各种类型的慈善基金，针对城市贫困群体的不同类型展开社会援助，形成特殊的社会支持体系。

要通过各种措施帮助城市贫困群体重建社会网络，累积社会资源，增强社会适应能力。大量调查都显示，许多城市贫困群体由于各种主客观原因，喜欢自我封闭，不与他人往来，甚至连自家的亲属关系都疏离开来，更谈不上建立朋友网

络了。这样一种社会"孤立者",往往在出现困难时,无法得到他人的帮助。要在社会倡导一种氛围,推动人们重视通过传统的家庭关系网、亲属关系网和朋友关系网来关心那些陷入贫困之中的家庭和个人,帮助他们树立自立自强的信心,提高自助能力,勇敢地面对暂时的困境,战胜困难,摆脱贫困。

改革开放以来上海社会救助事业发展研究报告

社会救助是政府和社会对因各种原因难以维持最低生活水平,或因为出现特殊困难的家庭以及社会成员进行救济和援助,以维持其基本生活权益的社会保障制度。

社会救助是一种古老的社会保障行为,到了近代,社会救助开始摆脱传统的民间施舍和宗教慈善性质,成为政府救助社会困难群体的常设性制度安排。现代社会救助是一个国家社会保障体系的重要组成部分,也是现代社会维护公民基本权益的最后一道"安全网"。社会救助不仅具有维护社会公平,促进社会和谐的价值,也是国家涵养人力资源,确保发展潜力的重要机制。

改革开放以来,中国的社会救助体系发生了重大而根本的变化,并对规避改革中经济社会体制转轨的风险发挥了重大作用。上海社会救助事业的改革与发展更是走在全国的前列,为创建既有中国特色又能适应市场经济环境的现代社会救助体系作出了重要贡献。研究上海这一成功案例,对于认识当代中国的成功转型具有重要的意义。

一、改革开放以来上海社会救助政策的历史演变

回顾改革开放以来上海市的社会救助政策演变历程,大体上可以分为三个阶段:在旧体制下的探索阶段、创建新体制阶段和拓展、完善新型社会救助体系阶段。

(一)在传统体制中寻求变革(1978—1992年)

20世纪80年代,民政部门对我国传统体制下的社会救济体系进行了一系

论文为上海市人大社会救助立法课题调研报告,原载于《社会学(智库报告)》2017年第2期。

列的探索与调整。此时的社会救济体系共涵盖救灾、救济、五保和扶贫四个方面,其中救灾、五保和扶贫主要适用于农村,救济不仅适用于农村,更主要地是适用于城市的相关人群。当时的救济分为定期定量救济和临时救济两种,是中央和地方政府通过财政拨款,对特定社会救助对象提供的物质援助。享受定期定量救济的对象主要有三种人:一是城镇中无法定扶养人、无劳动能力、无可靠生活来源的老年人、严重残疾人、未成年的孤儿(简称"三无人员")和部分农村五保对象;二是符合救济条件的精减退职老职工;三是符合相关文件规定需要特别给予救济的人员。

在此期间,上海根据国家相关政策的变化,积极探索社会救济工作。首先是对精减退职老职工的救济政策进行调整,将享受原标准工资40%的救济改由原精简单位补助,对外省市精减回沪老职工中生活困难者,由民政部门给予定期救济。与此同时,政府加大了对一般社会困难家庭的救济力度,使社会救济的对象从特殊人群开始转向一般困难户家庭,从而导致享受政府定期社会救助的对象发生了根本性的变化。一方面是精减退职老职工逐年减少,1980年为0.37万人,1993年减少到0.25万人;另一方面是社会困难户定期救助对象不断增多,从1980年的0.38万人增加到1993年的1.13万人(见图1)。

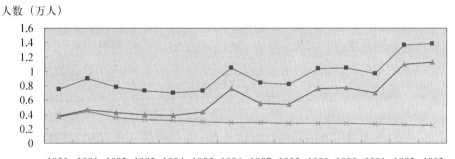

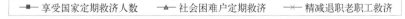

图1　1980—1993年救济对象的变化

(二) 积极创建城市最低生活保障制度(1993—1999年)

1993年,上海在全国率先创建了城市最低生活保障制度。这一制度的创立有着深刻的社会历史背景。随着计划经济体制向市场经济体制的转型,与计划经济体制相联系的传统社会救济制度也必然要相应进行改革。到了20世纪90年代,上海城镇贫困人口的构成和规模都发生了根本性变化,大批在职、下岗、失业和退休人员陷入生活贫困的窘境,这是我国社会救济工作面临的新课题。传统社会救助制度已无法承担新形势下的救助任务,不能适应社会主义市场经济的要求,迫切需要进行根本性的制度改革。[1] 特别是国有企业改革导致大批失业下岗人员和困难企业职工,他们收入降低、生活困难,再加上物价连续大幅度上涨,使城镇低收入家庭的数量迅速增加,最低生活水平仅靠自身力量已经无法保证。

随着市场经济的快速发展,经济体制改革的不断深化,国有企业改革的最后攻坚,我国原有的城市社会保障安全网已经不能适应形势的变化,生活困难群体的快速增加呼唤着新的社会救助制度,建立新型的普惠型社会救助制度提上了议事日程。1993年4月,上海市民政局等单位提出,确定一条最低生活保障线作为各行各业实行困难补助的基本标准,并随着物价指数进行调整。此方案报经上海市政府研究决定,建立两条保障线:一是居民最低生活保障线,二是职工最低工资收入保障线。1993年6月1日,上海在全国率先实施城镇居民最低生活保障制度。经"市场菜篮法"和"恩格尔系数法"测算,城市最低生活保障线的标准定为每人每月120元。有了这条最低生活保障线,初步解决了当时城市居民的绝对贫困问题。1994年,上海又制定了农村居民最低生活保障线,当年农村低保的救助标准定为近郊850元/年、远郊750元/年、海岛700元/年。城乡低保制度的施行,大幅度提高了上海的社会救济水平,统一了社会救济标准,它标志着上海社会救助工作进入制度化的发展轨道。

1996年,上海颁布《上海市社会救助办法》,明确规定了社会救助的原则、内容、程序、经费渠道以及主管部门和相关部门的职责等。社会救助的体制、机制、法制建设和各项救助制度得到全面加强,城乡最低生活保障制度逐步定型。1999年10月,根据民政部的要求和全国其他城市的经验,上海全面调整并进一

---

[1] 传统社会救济制度的主要缺陷是:(1)救济范围狭窄。1992年,得到国家定期定量救济的城镇困难户人数只有19万人,占城镇人口的0.06%。(2)救济标准过低。1992年,用于城镇困难户的定期定量救济经费只有8740万元,救济对象人均月救济金额为38元,仅为当年城镇居民人均生活费收入的25%。(3)救济经费严重不足。1992年,全国城镇社会救济费用(包括临时救济)总共只有1.2亿元,仅占当年国内生产总值的0.05‰,不到国家财政收入的0.03%。以上数据来自《中国统计摘要(1994)》和《中国民政统计年鉴(1993)》。参见唐钧等:《中国城市贫困与反贫困报告》,华夏出版社,2003年,第19页。

步完善社会救助政策。城乡低保标准上调30%,"两条救助线并轨",粮油帮困对象范围发生重大变化,改变了城镇低保金由政府和企业分别承担的初期模式,将最低生活保障责任全部转移到政府,使社会救助成为真正独立于企事业单位之外的,符合现代企业制度改革需要和市场经济发展规律的新型社会救助制度。原来由企业承担的职工定期生活困难补助统一转入政府救助范围,从制度上实现了对城乡低保对象的全覆盖,标志着上海最低生活保障制度最终成型。

(三) 建构综合性现代社会救助体系(1999年至今)

早在1997年,上海就在尝试进一步拓展新型社会救助的社会功能,重点在医疗、教育、住房等方面积极完善政策措施,化解低收入人群面临的非物质生活困难。如将重残无业人员纳入低保,对大病重病等特困对象实行年终一次性医疗救助,对低收入家庭房租进行减免,动员社会力量广泛开展"结对帮困"活动,等等。1999年,上海开始对小学生施行规范的学杂费减免和助学金制度。2000年,开始试点推行城镇低保家庭廉租房制度。2001年,实施与基本医保改革相配套的大病重病医疗救助制度,并由民政部门归口管理医疗救助工作,使过去年终一次性医疗救助转变为制度化的经常性医疗救助。2003年,上海民政局围绕"救助帮困向失去劳动能力的老年人和病残人倾斜、就业政策向迫切需要就业的人倾斜、社会压力向有劳动能力而又懒于劳动的人倾斜"的工作要求,制定了《关于改革完善社会救助工作的实施方案》,先后下发了《关于本市申请低保的职工有关收入计算问题的意见的通知》(沪府办[2003]75号文转发)、《关于做好本市城镇居民低保家庭中就业援助对象的就业促进工作的通知》(会同市劳动和社会保障局、财政局联合下发)、《关于对低保家庭成员就业后实施"救助渐退"有关事项的通知》(会同市财政局联合下发),进一步完善了上海社会救助的政策体系,促进了低收入群体的就业与再就业工作。与此同时,还制定了《关于贯彻〈民政部办公厅关于对2003年普通高等学校困难毕业生实施临时救助的通知〉有关事项的通知》,对因患病等原因无法工作的大学毕业生,及时实施临时生活救济。2003年,市民政局贯彻市政府《关于进一步加强本市社会救助工作的意见》(沪府发[2002]19号)精神,积极推进街道(乡镇)社会救助机构建设,全面实施街道(乡镇)社会救助机构的事业单位法人登记和人员编制的核定工作。街道、乡镇普遍建立了社会救助管理所,落实或聘用了工作人员,小区建立了粮油帮困供应点,居委会设兼职社会协理员,有些里弄还设立救助帮困信息员,把信息触角延伸到千家万户。全市形成了"两级政府、三级管理、四级服务"的社会救助管理和服务网络。2004年,通过"分类施保",促进了有劳动能力的低保对象积极就业,导致全市低保人数首次开始下降。2005年10月,上海市民政局、上海市财政局、上海市医疗保险局印发了《关于进一步加强医疗救助工作的通知》,对医疗救助对象的范围和救助标准进行了调整。医疗救助对象拓展到城镇低收入家庭中无医保人员,初步实现了医疗救助政策在低收入家庭的全覆盖。同时进一步细化医疗救助措施,通过"分段计算、分类救助"办法,适当降低了困难对象的申请受理标准(不低于500元),对自负医疗费超过3万元以上的困难人员,年累计救助额度从原来的0.5万元提高到1.5万元。同样在2005年,市民政局与市教委等五部门积极探索进一步完善教育救助政策,对城乡低保和低收入家庭的九年义务制学生实行"两免一补"(免杂费、书簿费,补助生活费)的教育救助政策,使帮困助学对象进一步延伸到低收入群体。2006年,上海市政府出台了一系列社会保障政策,市民政局随即先后制定了七个配套文件,对传统救济人员、重残无业人员以及低保家庭的有关政策衔接问题作出具体规定。同时,上海市民政局会同市医保局制定了《关于本市民政特殊救济对象纳入高龄无保障老人基本医疗保障制度后医疗费报销有关事项的通知》,对民政特殊救济对象纳保后的医疗救助标准,以及实施医疗救助后仍有困难的如何实施临时救济等问题作出规定。为进一步完善救助政策促进就业的导向机制,规范救助行为,市民政局还会同市财政局联合下发了《关于将低保家庭中有劳动收入人员基本生活费抵扣标准与低保标准的差额部分改为就业补贴标准等有关事项的通知》《关于调整精简退职回乡三轮车工人生活补助标准的函》《关于调整本市精简退职回乡老职工生活补助标准的通知》等文件,相应调整了部分救助对象的定期定量生活费补助标准。

近年来,上海为进一步完善城乡居民最低生活保障制度,将居民经济状况核对机制引进低保管理,在全国率先建立低保申请家庭经济状况核对机制,不断完善低保对象认定标准,确保低保救助的公正、公平。同时,逐年提高城乡低保救助水平,运用社会救助保障标准和物价上涨挂钩联动机制实施临时价格补贴,确保困难群众基本生活。积极贯彻落实《社会救助暂行办法》,制定出台了《关于本市贯彻〈社会救助暂行办法〉实施意见的通知》《上海市城乡居民最低生活保障申请家庭经济状况核对实施细则》《上海市低收入困难家庭申请专项救助经济状况认定标准(试行)》和《上海市低收入困难家庭经济状况认定办法(试行)》等政策文件,建立并完善了本市"9+1"社会救助体系,积极探索"支出型贫困"救助模式,在全国率先建立因病支出型贫困家庭生活救助制度,扩大了因病支出型贫困家庭生活救助覆盖范围,增加了救助政策受益人群。进一步加大医疗救助力度,扩大医疗救助"一站式"服务试点。开展了城乡低保家庭成员门急诊医疗救助,取消低收入家庭住院医疗救助的病种限制。此外,还加大社区综合帮扶力度,印发《关于加强和改进本市临时救助工作的实施意见》,统一规范本市临时救助,使上海的综合性社会救助体系日益完善。

二、上海社会救助工作的发展现状、主要贡献与突出问题

(一)上海社会救助工作的发展现状

1. 生活社会救助:从救助绝对贫困转型为救助相对贫困

自1993年创立城市最低生活保障制度以来,上海最低生活保障制度的覆盖范围不断扩大,低保机制不断完善,低保水平不断提高。自1993年创立最低生活保障制度,至2003年完全实现"应保尽保",用了10年时间。在这10年中,前5年只是解决了最困难家庭的绝对贫困问题,低保覆盖面很小;后5年在民政部的大力推动下,低保制度覆盖面迅速扩大,到2002年基本实现"应保尽保",2003年全面做到"应保尽保"。但总体而言,这种低保的标准还是低水平的,是根据当时上海的实际情况确定的。2004年以后,随着经济的快速发展,综合考虑到物价上涨和人民群体生活水平的提高等因素,上海的低保标准逐年提高。2007年上海城市低保标准为350元,按当年人民币对美元的汇率(约7.5∶1)换算,每人每天达到1.5美元,基本达到国际上有关贫困线的保障标准。[1] 2008年,上海城市低保标准进一步提高到每月400元,按当时汇率换算,每人每天接近2美元,基本达到国际贫困标准的"上限"。

2008年以后,上海的低保标准随着经济社会的迅速发展而继续提高,社会救助开始从绝对贫困救助转向相对贫困救助。根据当年美元兑人民币汇率计算,近年来,上海城市低保标准不断提高,加上人民币兑美元汇率的升值因素,上

---

〔1〕 关于贫困的具体标准,世界银行编撰的《1990年世界发展报告》根据若干个发达国家和发展中国家的贫困线和平均生活水准,用数理统计的方法确定了一个贫困范围,它的上限是370美元,下限是275美元。这就是通常所说的每人每天1美元。制定这个贫困标准是为了进行国际比较,照此标准,当时发展中国家有11.2亿人处于贫困状态,其中6.3亿人口属赤贫。

海城市低保每人每天的标准在 2012 年突破 3 美元,2015 年突破 4 美元,2016 年每人每天接近 4.5 美元,是国际贫困标准的两倍多,标志着上海的贫困生活救助已经开始从绝对贫困救助转向相对贫困救助(见表 1)。

表 1 上海历年城乡低保标准的变化

年 份	城 市		农 村	
	元/月	元/年	元/月	元/年
1993	120	1 440		
1994	135	1 620		
1995	165	1 980		
1996	185	2 220		
1997	195	2 340		
1998	205	2 460		
1999	215	2 580		
1999	280	3 360		
2000	280	3 360		
2001	280	3 360		
2002	290	3 480	186.7	2 240
2003	290	3 480	186.7	2 240
2004	300	3 600	186.7	2 240
2005	300	3 600	195	2 340
2006	320	3 840	213.3	2 560
2007	350	4 200	233.3	2 800
2008	400	4 800	266.6	3 200
2009	425	5 100	283.3	3 400
2010	450	5 400	300	3 600
2011	505	6 060	360	4 320
2012	570	6 840	430	5 160

续表

年 份	城 市		农 村	
	元/月	元/年	元/月	元/年
2013	640	7 680	500	6 000
2014	710	8 520	620	7 440
2015	790	9 480	790	9 480
2016	880	10 560	880	10 560

除了基本的城乡最低生活保障以外,政府还创立了多种补充救助形式,确保困难群体的基本生活不受物价波动及其他因素的影响,并及时分享经济发展的成果。这些补充救助形式包括:(1)粮油帮困措施。对城镇低保家庭中60岁至69岁的老年人发放粮油帮困券,对低保家庭中学龄前儿童及中小学生、70岁以上老年人、重残无业人员、与残疾人共同生活且未领取城镇居民低保金的非本市城镇户籍的配偶子女、大病重病患者、城镇"一老养一老"收入低于低保标准且子女无赡养能力的家庭、城镇"三无"对象及特殊救济对象等发放粮油帮困卡。(2)促进就业政策。以促进就业为导向,实行低保家庭"救助渐退"政策和低保家庭人员就业补贴政策,鼓励有劳动能力的低保对象积极就业。对因就业而退出低保的家庭,不立即终止低保待遇,而是设定一个退保缓冲期。其中,对由政府托底安置上岗而退出低保的家庭和因自谋职业而退出低保的家庭,发给一定的低保金补差。同时,对低保家庭中有劳动收入人员实行就业补贴。(3)对重症无业人员、农村五保人员的社会救助标准普遍高于一般家庭的低保标准。其中重症无业人员的救助标准是一般低保标准的130%,并根据实际情况对城乡重症无业人员增发生活补助费。(4)充分发挥临时社会救助和社区综合帮扶救助的补充作用。(5)建立因病支出型贫困家庭的生活救助制度,将因重大疾病临时遭困的家庭纳入制度化的社会救助安全网。

社会救助的转型从社会救助对象构成的变化上更能体现。"十二五"期间,上海传统的救助对象越来越少,社会救助的重点开始转向失业、无业者的家庭成员和低收入从业者的家庭成员,二者比例都在80%以上,有的年份甚至达到90%以上(见表2)。社会救助对象的变化从一个侧面反映了上海的社会救助已经从绝对贫困救助向相对贫困救助转变的基本趋势。

表2 "十二五"期间上海市社会救助对象构成的变化(%)

年 份	传统救助对象	重残无业人员	失业、无业人员家庭成员	从业人员家庭成员
2011	1	8	52	39
2012	0.8	13.5	57.7	28
2013	0.7	14.9	58.4	26
2014	0.74	16.4	58.8	24
2015	0.8	18	58.6	22.6

2. 专项社会救助:形成了比较完善的综合性社会救助机制

自20世纪90年代,上海就开始积极探索最低生活保障之外的其他各种专项社会救助。在医疗救助方面,由民政部门归口管理医疗救助,对城乡低保家庭中大病重病患者和低收入家庭患三种大病的职工实行救助,医保部门对三大病给予医疗减负,劳动部门组织失业人员医疗补助,总工会组织职工住院互助保障、职工特种重病保障和退休职工互助保障等。在教育救助方面,中小学实行学杂费减免和助学金制度,高校推出了"奖、贷、勤、补、减"五大救助措施。在住房救助方面,除了低收入家庭公房租金减免外,对住房困难户实施租金配租和实物配租,政府不断加大廉租房的建设力度。此外,工会、残联、妇联、共青团以及慈善基金会等组织还广泛开展了助学、助医、助困、助残等多种形式的帮困活动,真正形成了一个对困难群体全面覆盖、功能综合齐全的城市新型社会救助体系,使不同类型的困难群体得到不同类型的救助,使不同程度的困难群体得到不同程度的救助,充分发挥了以最低生活保障制度为核心的新型社会救助体系的综合性救助保障功能。

近年来,随着上海经济社会的稳步发展,医疗救助、教育救助和住房救助等专项社会救助也得以迅速发展。

(1) 医疗救助

"十二五"期间,上海进一步加大医疗救助力度,积极推进医疗救助机制从事后救助向事中、事前救助转变。同时加大医疗救助资金投入力度,从2011年7月起,将市、区两级医疗救助资金分担比例由1∶0.5调整为1∶1。积极推行社区帮困"一卡通"计划,资助城镇低保家庭儿童参加少儿住院互助基金。2013年11月,市民政局、市财政局联合下发了《关于取消低收入家庭住院医疗救助病种限制的通知》,城乡低收入家庭成员患病住院治疗申请医疗救助的,不再限定病种,统一依其自负医疗费情况给予救助。市民政局、市财政局、市卫计委、市人社局、市医保办公室还联合下发《关于在本市开展城乡门急诊医疗救助的通知》,从2013年1月1日起,城乡低保家庭成员在定点医疗救助机构发生的医疗费用,按其个人实际自负门急诊费用的50%给予补助。为进一步完善和规范医疗救助制度,自2013年10月开始,引入申请家庭经济状况核对机制,并核查家庭收入和财产。

2015年,为贯彻《关于进一步完善医疗救助制度全面开展重特大疾病医疗救助工作的意见》(国办发〔2015〕30号),上海市民政局、市财政局、市人力资源和社会救助保障局、市医疗保险办公室等部门联合制发了《关于调整和完善本市医疗救助制度加强住院医疗救助工作的通知》(沪民救发〔2015〕43号文),进一步加强了住院医疗救助,形成有梯度的医疗救助格局,按照不同对象家庭经济状况分档救助。其中低保家庭人员按自负费用的80%救助,低收入家庭按自负费用的70%救助,特殊救济对象按自负费用的100%给予救助。提高了住院医疗救助封顶线,将住院医疗救助年度最高救助限额提高至8万元。将医疗救助审批权由区(县)民政局下放到街(镇),大大方便了贫困家庭的社会救助。过去十几年来,上海医疗救助覆盖人群扩大了近10倍,救助金额扩大了3.5倍(见表3)。

表3 2006—2015年上海医疗救助情况统计

年 份	救助人数(万人)	救助资金总额(亿元)	人均救助金额(元)
2006	6.28	0.77	1 226
2007	10.32	1.12	1 085
2008	11.66	1.77	1 518
2009	12.6	2.13	1 690
2010	14.16	2.38	1 681
2011	24.22	2.22	917
2012	25	2.15	860
2013	23.3	1.94	832
2014	33.9	1.9	560
2015	60.31	2.67	443

(2) 教育救助

教育救助是国家和社会为保障适龄人口获得公平的教育机会,在不同阶段向贫困家庭学生通过减免、资助等方式帮助他们完成相关阶段学业的社会救助制度。

按照学生的不同学习阶段,上海形成了不同的教育救助政策。义务教育阶段主要是通过发放教育救助卷的办法来进行救助。高中阶段主要是通过免费教育和奖助学金制度来进行教育救助。高等教育主要通过奖、贷、勤、补、减等办法进行教育救助。教育救助的对象主要是城乡低保家庭和低收入家庭在校学生以及烈士子女。

2015 年,全市对低保和低收入家庭中义务教育阶段的学生发放教育助学券 3.96 万人次。其中,城镇低保家庭学生 31 345 人次、农村低保家庭学生 1 081 人次、城镇低收入家庭学生 5 707 人次、农村低收入家庭学生 1 137 人次、烈士子女 6 人次(见表4)。根据市教委决定,从 2015 年 9 月起,将发放助学券改为出具低保、低收入证明。2015 年 9 月至年底,全市对低保、低收入家庭学生出具证明 3 706 人次,补证 285 人次。

表4 2011—2015 年上海教育助学券发放情况统计

年份	义务教育阶段发放总数(万人次)	城镇低保家庭(人次)	城镇低收入家庭(人次)	农村低保家庭(人次)	农村低收入家庭(人次)	烈士子女(人次)
2011	8.12	67 060	5 174	5 052	3 947	9
2012	6.93	55 944	5 952	3 526	3 910	14
2013	5.3	41 346	6 691	1 783	3 179	12
2014	4.64	36 162	6 641	1 442	2 193	7
2015	3.96	31 345	5 707	1 081	1 137	6

(3) 住房救助

住房救助是政府向住房特别困难的低保家庭和低收入家庭以及其他需要帮助的特殊困难家庭,提供租金补贴或以低廉租金配租的社会救助制度,通常是由政府承担住房市场费用与居民支付能力之间的差额,以帮助解决这部分居民的居住困难。住房救助的形式主要有廉租房、经济适用房和发放住房现金补贴等。

早在 1987 年,上海就以"办实事"形式启动了住房解困项目,逐步形成了政府、单位、个人三方共担的特困户住房解困办法。2000年9月,上海市正式颁布《上海市城镇廉租住房试行办法》,由政府向符合民政救助条件,同时住房困难的城镇居民家庭提供社会保障性质的普通住房。2001年12月全面铺开廉租住房建设,在全国率先建立起廉租住房保障体系。2003年开始探索中低收入家庭的住房保障政策。"廉租房"政策切合收入低、居住差的"双困家庭"真实需求,并形成了较为完善的"准入""退出"和"监督"体系。在认定标准上,实行民政低保和居住困难为一体的"双困"标准准入机制。配租方式以租金补贴为主、实物配租为辅。廉租住房政策为最困难群体的基本居住条件提供了保障。

2006年9月,上海市政府发布了《上海市住房建设规划(2006—2010年)》,进一步放宽廉租对象的收入认定标准,加大廉租住房制度的实施力度。2007年12月,上海市政府发布了《上海市人民政府贯彻国务院关于解决城市低收入家庭住房困难若干意见的实施意见》,要求廉租住房制度将保障范围从最低收入住房困难家庭扩大到低收入住房困难家庭,收入认定标准不再与低保线挂钩,而是根据市民收入变化情况,及时进行动态调整,从而使廉租房制度惠及更多低收入家庭。2007年以来,上海市廉租住房政策不断降低保障门槛,以扩大保障对象的范围。

(4) 就业援助

多年来,上海非常重视就业援助问题。为避免形成社会救助的"福利依赖",上海有关部门以促进就业为导向,普遍推行低保家庭"救助渐退"政策和低保家庭人员就业补贴政策,鼓励有劳动能力的低保对象积极就业。对因就业而退出低保的家庭,不立即终止低保待遇,而是设定一个退保缓冲期。其中,对由政府托底安置上岗而退出低保的家庭,一次性发给2—6个月的低保金补差;对自谋职业而退出低保的家庭,低保金补差翻倍。同时,对低保家庭中有劳动收入人员实行就业补贴,"就业补贴标准"逐年提高,2011年每人每月522元,2015年已提高到835元(见表5),就业补贴不计入家庭收入。

表5　2011—2015年促进就业政策落实情况

年 份	全市享受"救助渐退"家庭(户)	享受就业补贴人数(万人次)	每月享受就业补贴人数(万人)	就业补贴标准(元)
2011	2 058	33.08	—	522
2012	2 061	23.96	—	595

续 表

年 份	全市享受"救助渐退"家庭(户)	享受就业补贴人数(万人次)	每月享受就业补贴人数(万人)	就业补贴标准(元)
2013	837	16.14	1.35	660
2014	681	14.45	1.20	755
2015	486	12.84	1.07	835

(5) 法律援助

法律援助是由政府设立的法律援助机构组织法律援助律师,为经济困难或特殊案件当事人提供无偿法律服务的一项司法救助制度。法律援助主要包括法律咨询服务与受理法律援助案件。2015 年上海法律援助机构共接待咨询 85 466 人次,同比增长 1.36%。"12348"专线接答法律咨询 263 938 人次,同比增长 7.12%。2015 年,上海市各法律援助机构共办理法律援助案件 24 426 件,同比增长 14.68%。其中,刑事法律援助案件总数为 9 714 件,同比减少 3.39%;民事、行政法律援助案件总数为 14 712 件,同比增长 30.84%。[1]

2016 年 2 月,上海市法律援助工作推出四项新举措:(1) 进一步扩大法律援助范围。进一步调整法律援助相关标准,使法律援助惠及更多困难群众;加大对未成年人、残疾人、农民工和军人军属的法律援助力度;探索开展监狱法律援助工作,进一步扩大法律援助覆盖面。(2) 着力推进刑事法律援助工作。完善看守所值班律师制度,方便在押犯罪嫌疑人、被告人及时获得法律帮助,积极开展刑事速裁、申诉法律援助工作,加强刑事被害人的权利保护,确保其诉讼权利实现的同时,也注意解决其实际困难。(3) 加强法律援助质量管理。积极开展国家法律援助标准化项目试点,力求形成一套可复制、可推广的标准体系;不断完善法律援助案件质量管理"三项机制",切实提高法律援助办案质量;深化便民服务,提高办事效率,进一步提高法律援助管理水平。(4) 提高法律援助保障能力。积极开展法律援助业务培训,提高法律援助工作人员综合素质;加强与财政部门沟通协调,确保法律援助经费全额保障;积极推进互联网法律援助,打造法律援助网上服务平台,着力提升法律援助服务能力和水平。[2]

---

[1] 上海市司法局:《2015 年上海市法律援助工作数据分析报告》。
[2] 《上海司法局法律援助工作推出创新发展四项举措》,中国法律援助网,2016 年 3 月 2 日。

3. 特殊社会救助：担当起上海特殊的历史责任

上海作为中国经济最发达的城市，它的背后是整个国家，上海是全国的上海。在计划经济年代，上海一方面派出大量人力支持内地和边疆地区的经济发展；另一方面，在上海处于经济困难时期，也曾通过精减职工和下放居民的办法减轻自身的负担。正是这一历史造成今天上海的两大特殊社会救助任务，这就是原上海下放居民定期生活困难补助和支内退休回沪定居人员帮困补助。对于这样两个特殊社会救助群体，上海从来没有推脱，而是认真负责地承担起这一特殊的历史责任。

近年来，上海对两个特殊群体的社会救助越来越规范化、制度化。2011年，上海下放安徽居民中享受定期生活困难补助的有8 436人，全年支出救助资金2 160.06万元。按照《上海市民政局、上海市财政局关于调整本市赴安徽农村务农的闲散居民中享受定期生活困难补助对象的补助标准的通知》精神，从2011年7月起，上海赴安徽农村务农的闲散居民中享受定期生活困难补助对象的补助标准逐年提高，2015年，补助标准分别提高到520元和570元（见表6）。

表6　下放安徽农村务农居民的生活救助标准变化　　　　单位：元/月

年份	下放农村的户主、原配偶；随父母赴农村务农，现单身未婚且因年老或严重残疾丧失劳动能力的子女；十八周岁以下的孤儿	随父母赴农村务农的子女中70周岁及以上人员	随父母赴农村务农的子女中50—69周岁人员
2011	400	350	300
2013	450	400	400
2014	500	450	450
2015	570	520	520

支内退休回沪定居人员是一个特殊的困难群体，为进一步缓解他们的实际生活困难，从2012年第二季度起，上海逐年提高支援外地建设退休（职）回沪定居人员帮困补助标准。2015年，月养老待遇2 000元（含2 000元）以下的，每人每月补助160元，月养老待遇在2 000元以上的，每人每月补助110元，节日补助标准维持不变。2011—2015年，全市享受支内退休（职）回沪定居人员帮困补助支出补助资金总计达到44.31亿元（见表7）。

表7 上海支内退休(职)回沪定居人员帮困补助情况统计

年 份	帮困补助人数（万人）	其中享受分档帮困补助人数(万人)	支出补助资金（亿元）
2011	37.98	19.9	7.38
2012	40.21	14.33	7.99
2013	41.22	7.61	9.08
2014	41.8	2.8	9.66
2015	42.2	1.38	10.2

(二) 上海社会救助事业发展的主要成就及其原因

伴随着中国的经济转轨和社会转型,中国的社会救助制度经历了从适应计划经济到适应市场经济的全面转型。上海在中国社会救助体系转型过程中作出了重大贡献。最为突出的成就有以下三点:

1. 率先创立了最低生活保障制度

1993年,上海在全国率先创建了城市最低生活保障制度,起因当然有上海自身深刻的经济社会历史背景,最重要的是城镇贫困人口构成和规模发生了根本性变化,特别是国企改革导致大批失业下岗人员和困难企业职工,他们收入降低,生活困难,再加上物价连续大幅度上涨,使城镇低收入家庭的数量迅速增加,最低生活水平仅靠自身力量已经无法保证。有了最低生活保障线,初步解决了当时城市居民的绝对贫困问题。1994年又制定了农村居民最低生活保障线。城乡低保制度的建立,不仅形成了比较完整的城乡最低生活保障制度,大幅提高了上海的社会救济水平,更重要的是统一了社会救助标准,使上海社会救助工作进入制度化、法治化发展轨道。城市最低生活保障制度的建立,得到民政部的充分肯定。随后,全国各大中城市都先后实施了这一制度。因此,上海的这一制度创新在中国现代社会救助发展史上具有极为重要的意义。它标志着中国的社会救助开始从临时性措施向常设性制度转变,社会救助对象从特殊人群("三无人员")向普通人群转变。这不仅在上海社会救助历史上是第一次,在新中国的社会救助历史上也是第一次。

2. 构建了国内最复杂、最全面的综合性社会救助体系

最低生活保障制度创立以后,上海的社会救助体系在实践中不断充实完善,

从最初的贫困生活救助,逐步转向非物质生活的其他各种专项社会救助,以及国内其他地区都没有的特殊群体的社会救助(见图2),逐步形成了国内最为复杂、最为全面的综合性社会救助体系。

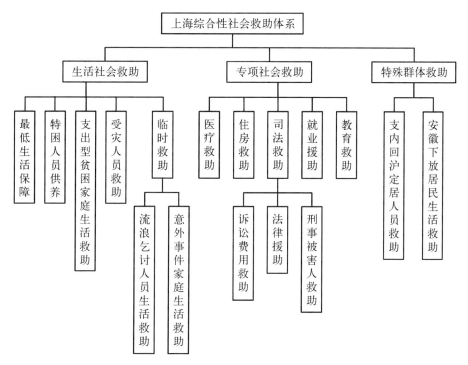

图 2 上海市综合性社会救助体系

更为重要的是,这个社会救助体系不是停留在政策宣示层面,而是实实在在落实到位的社会救助行动。社会救助从最初覆盖最贫困家庭逐步扩大到低收入家庭和支出型贫困家庭,同时,社会救助水平不断提高,从初期的绝对贫困救助发展到今天的相对贫困救助。

3. 率先突破城乡二元结构,实现城乡救助体系一体化

城乡二元社会结构在中国已经延续半个多世纪,对中国的各项社会政策都有深远的影响。如何打破城乡二元社会结构是制定每一项社会政策都面临的难题。上海在完善现代社会救助体系中,在全国率先了突破这种固化的社会结构。

上海的城乡救助体系一体化是从专项社会救助开始的,在制定相关社会救助政策时,先后统一了城乡孤残救助标准、重残无业人员生活救助标准、城乡医

疗救助和教育救助标准,最后统一城乡低保标准和低收入的认定标准(见图3),从而最终完成了城乡社会救助的一体化进程。实现城乡社会救助体系的一体化,是可以和当年创立城乡最低生活保障制度相媲美的一项制度创新,具有极为重大而深远的影响。

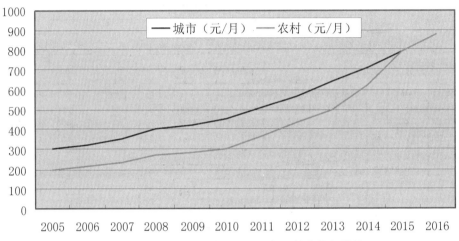

图3 2005—2015年上海城乡低保标准的变化与并轨

4. 形成特困家庭、低保家庭、低收入家庭和支出型贫困家庭梯度救助体系

对贫困家庭的社会救助,通常认为建立一条贫困线或最低生活保障线就可以解决问题,各种救助政策和措施往往都覆盖在他们身上。但是,现实生活中的贫困问题远比理论描述复杂得多。在贫困家庭中还有特困家庭,在贫困家庭之外,还有所谓"低收入家庭",在正常家庭中也会出现因突发危机导致的"支出型贫困"[1]。为了解决这些问题,上海有关部门历经长期努力,在制度上有所创新,构建了特困家庭、低保家庭、低收入家庭和支出型贫困家庭的梯度救助体系。首先,在贫困家庭中,将城市"三无"人员和农村五保人员以及重残无业人员纳入特困家庭范畴,给予比一般低保家庭更大的救助力度。"十二五"期间,城乡重残无业人员的社会救助标准都是城乡低保标准的1.3倍,五保人员的救助标准更高一些,大约在低保标准的1.5倍左右。其次,将低收入家庭纳入社会救助对象。有些家庭收入虽然在最低生活保障线之上,但他们的收入水平非常接近

---

[1] 支出型贫困概念最早是由上海市民政局提出,是指由于家庭成员出现重大疾病、子女就学、突发事件等原因,导致家庭财力支出远远超出承受能力而造成的绝对生活贫困。

低保线却无法享受低保待遇,成了所谓的"夹心层"。为此,上海着力探讨如何对低收入家庭进行救助。自2014年开始,将医疗救助、教育救助和住房救助等各种专项社会救助措施延伸覆盖到所有低收入家庭。最后,对因病支出型贫困家庭进行生活救助。近年来,一直在探索"支出型"贫困群体的发现、评估和救助机制,建立了社区关注、社工介入、网络联接、平台交换的"支出型"贫困家庭的发现机制。2013年7月,为解决一部分因病造成家庭医疗费用支出挤占基本生活费用,导致实际生活水平低于低保标准,又不能被低保制度覆盖的居民家庭生活困难,上海市政府印发了《上海市因病支出型贫困家庭生活救助办法(试行)》,市民政局同时制定了实施的细则,对因病支出型贫困家庭进行生活救助。这是上海社会救助制度的又一次重要创新。因病支出型贫困家庭生活救助制度覆盖对象为:居民家庭人均收入在全市人均可支配收入以下,家庭财产符合低保家庭经济认定标准,在提出申请之前6个月内,家庭人均可支配收入扣除月人均自负医疗费支出后低于低保标准的家庭。2015年,因病支出型贫困家庭生活救助对象为302户、458人,全年累计支出因病支出型贫困家庭生活救助资金366.53万元。至此,上海基本形成了比较完整的梯度生活救助体系,为各种贫困家庭建立起一张比较完整的社会安全网。这种梯度生活救助体系,有效缓解了贫困家庭和低收入家庭之间的刚性矛盾,解决了社会救助政策过分关注低保群体、忽视低收入群体的"断层"问题。

5. 积极进行制度创新,形成了比较科学的救助机制

(1)建立健全社会救助制度的联动机制

随着各项社会救助政策对低保群体的聚焦,容易导致一些有劳动能力的困难对象对低保救助产生依赖心理。为此,上海制定具有针对性的政策措施,将消极救助转变为积极救助,形成社会救助与就业促进的联动机制,鼓励、引导、帮助救助对象最终通过自己的努力就业脱贫。第一,为促使低保家庭中收入较低的在岗人员保持稳定工作状态,除给予该家庭正常享受低保补差政策外,另发放就业补贴,用以激励低保人员的劳动积极性。第二,对接受政府帮扶安置而退出低保的家庭,一次性给予半年的低保金补差;对自主就业成功而退出低保的家庭,一次性发放一年低保金补差,以激励低保家庭成员积极就业。第三,完善低保人员审核机制。要求具有劳动能力的低保申请人,必须向指定部门申请求职和培训登记,确实无劳动收入的申请人必须参加社会公益劳动。

近年来,为保障低收入群体生活不受物价上涨影响,上海进一步完善了社会

救助保障标准与物价上涨挂钩的联动机制。具体包括保障标准调整、粮油帮困补助、临时价格补贴三项措施。当城镇低收入居民基本生活费用价格指数季度同比涨幅达到或超过5%,或居民消费价格指数中食品类价格指数季度同比涨幅达到或超过10%时,对享受国家定期补助的优抚对象、城乡低保家庭、特困供养家庭,发放临时物价补贴,确保困难群众基本生活不受物价上涨影响。

（2）完善救助对象经济状况核对机制

居民经济状况核对是确保社会救助科学合理、公平公正的重要基础。经过多年探索,上海已初步建立起经济状况核对新机制,形成了经济状况核对信息系统平台。城乡低保申请家庭,可通过各街镇社区事务受理服务中心办理相关申请手续。同时,书面授权并配合核对机构开展家庭收入和财产情况的核对。对申请人不诚信的行为,将纳入社会征信系统记录。2011—2012年,共发现5 860户家庭不符合申请条件,检出率为24.84%。2011年,在经济适用住房经济状况核对中,发现3 663户申请家庭不符合申请条件,检出率约为8.40%。由于市民经济状况核对机制的不断完善,近年住房保障申请家庭核对检出率明显下降,不仅有效地保障了住房救助的公平公正,而且促进了社会诚信程度的提高。救助对象经济状况核对机制基本能够常态化运行,通过对信用主体诚信或失信行为的记录、发布和应用,运用法律、行政、经济和道德等手段,主动奖励诚信、打击失信,逐步形成社会信用联防,提高失信成本,使诚信者受益、失信者付出沉重代价的机制。这是社会信用体系运行的核心机制、保障机制,也是维护市场正常秩序的治本之策,上海的成功实践具有非常重要的社会意义。

（三）上海社会救助存在的突出问题

1. 社会救助覆盖面较窄,救助水平较低

世界上发达国家社会救助制度的覆盖率通常都在10%左右。发展中国家如印度的贫困救助率也达到6%。根据我国经济社会发展水平以及政府的财政能力,学术界主张我国的社会贫困救助率应达到6%。上海是中国经济最发达的城市,2015年人均GDP按常住人口已经达到1.6万美元,按照户籍人口计算人均GDP达到2.72万美元。[1] 上海已经进入高收入经济体行列,理应要在社会救助领域迈出更大的步伐。但是,2011—2015年,上海的贫困救助率最高年份只

---

[1]《上海人均GDP迈上10万元台阶》,《解放日报》2016年3月1日。

有常住人口的1.68%,户籍人口的2.78%。2015年,上海的贫困救助率只有常住人口的0.87%,户籍人口的1.46%(见表8)。

表8 2011—2015年上海社会贫困救助率

年 份	常住人口 (万人)	户籍人口 (万人)	社会救助对象 (万人)	常住人口 救助率(%)	户籍人口 救助率(%)
2011	2 347.46	1 419.36	39.40	1.68	2.78
2012	2 380.43	1 426.93	25.95	1.09	1.82
2013	2 415.15	1 432.34	23.99	0.99	1.67
2014	2 425.68	1 438.69	21.98	0.91	1.53
2015	2 415.27	1 433.62	20.90	0.87	1.46

资料来源:2011—2014年常住人口和户籍人口数据来源于《上海统计年鉴》,2015年常住人口和户籍人口数据来源于《2015年上海市国民经济和社会发展统计公报》。各类社会救助对象数据来源于上海市民政局2011—2015年《上海民政工作发展报告书》。

显然,无论是按照常住人口计算还是按照户籍人口计算,上海的贫困社会救助率都明显过低,既落后于上海的经济社会发展水平,也落后于国际上发达国家和同类型国家。更重要的是,上海的贫困救助长期以来只覆盖到户籍人口,而将外来常住人口几乎完全排除在外[1]。虽然这是国内社会救助的普遍现象,但作为中国最大的也是经济最发达的城市,理应带头在这方面有所突破。[2]

上海不仅社会救助覆盖面较窄,而且社会救助水平也较低。在国际上,欧盟规定贫困线应该在社会平均收入的50%—60%之间,美国贫困线也在社会平均收入的33%上下。[3] 显然,上海的低保标准远远低于欧美地区的贫困标准。[4]

即使从国内各省市的低保标准来看,上海的低保标准也属于偏低的。我们可以通过低保标准和人均可支配收入的比率来说明这一点。例如,2012年,全国城镇居民年人均可支配收入24 565元,农村居民年人均纯收入7 917元。城乡低保平均标准与人均收入的比率,城镇为16.1%,农村为26.1%,同期上海的数字,城市是17%,农村是29%。也就是说,上海城乡救助标准与城乡人均收入

---

[1] 对外来常住人口,上海只在医疗救助政策中对外来媳妇有所覆盖。
[2] 虽然目前要在外来常住人口中实施贫困救助,有许多技术上的难题,但完全可以按先易后难的办法逐步解决。
[3] 唐钧:《"十一五"以来社会救助发展的回顾及展望》,《社会科学》2012年第6期。
[4] 当然,最低生活保障线和贫困线是两个不同的概念。

的比率,勉强高于全国平均水平。2011 年 9 月份全国 31 个省市区中,城乡救助标准与城乡人均收入的比例超过 20%的有 5 个地区,在 16—19%之间的有 14 个地区,其余 12 个地区位于 15%以下。[1] 而上海 2011 年全年的比率城市为 16.7%,农村为 26.7%。考虑到上海的农村人口比例较小,全市综合起来,显然只能进入第二队列。2007—2014 年,上海城市低保标准与居民家庭人均收入的比率,勉强高于全国平均水平,农村居民的低保标准与农村居民人均收入比率相对较高(见表 9),这一趋势随着近年来上海城乡低保的并轨更形突出。

表 9　上海和全国城乡低保标准与居民家庭人均收入比率的比较　单位:%

年　份	城　市		农　村	
	全　国	上　海	全　国	上　海
2007	15.9	17.8	20.3	27.6
2008	15.6	18.0	20.7	28.0
2009	15.9	17.8	23.5	27.2
2010	15.8	17.0	23.7	25.8
2011	15.8	16.7	24.6	26.7
2012	16.1	17	26.1	29
2013	16.6	17.5	27.4	30.6
2014	16.8	17.9	26.5	34.9

资料来源:全国性数据来源于国家发展和改革委员会社会发展研究所课题组:《我国社会救助制度的构成、存在问题与改进策略》,《经济纵横》2016 年第 6 期。上海的数据是作者根据统计年鉴和经济社会发展公报有关数据计算得出。

2. 社会救助科学化、精细化、专业化程度低

最低生活保障线的确定与调整缺乏明确的计算公式。上海的社会救助标准是逐年进行调整的,虽然相关部门强调,低保标准的调整是根据全市经济社会发展情况,参照统计部门发布的城市居民家庭消费支出、物价指数等指标,结合城乡调查队和市民政局抽样入户调查数据确定,但是并没有明确的科学计算公式,因而导致最低生活保障标准的调整缺乏一定的透明度、可预期性和科学性。从过去十几年的最低生活保障标准的调整情况来看,人为确定的因素很大,一年一

---

[1] 谢增毅:《中国社会救助制度:问题、趋势与立法完善》,《社会科学》2014 年第 12 期。

次的调整周期也说明了这一点。

　　社会救助的精细化程度不够,也表现在对贫困家庭缺乏类型化区分。从绝对贫困救助转向相对贫困救助,对社会救助工作提出了更高的专业要求。绝对贫困救助主要是满足救助对象的"最低生存需求",相对贫困救助主要是满足救助对象的"基本生活需求"。在"最低生存需求"层面上,所有贫困家庭没有太大的差别,主要是满足其维持最低生存所需要的物质生活资料或相应的现金收入。但在"基本生活需求"层面上,不同类型的贫困家庭差别很大。例如,同样是低保家庭,一个是由老人组成的双老甚至三老家庭,一个是由失业和无业人员及在校学生组成的核心家庭,他们的基本生活需求完全不同。前者最关心的是健康与医疗救助以及老年生活服务,后者则更需要的是就业援助、岗位培训、教育救助以及子女成长过程中所需要的相关服务。因此,如何对贫困救助对象进行类型化区分,并实施有针对性的社会救助,是当前上海贫困救助面临的新课题。

　　城乡社会救助一体化也缺乏精细的操作机制。城乡社会救助一体化是大势所趋,也是社会救助公平、公正的要求。但是,社会救助一体化并不是简单地将最低生活保障标准统一。表面看来,城乡社会救助标准统一意味着制度公平了,但却在这种表面公平的背后掩藏着两种实质性的不公平。一是城乡贫困群体之间的不公平,因为城乡生活的成本不一样,特别是有些农村家庭还有自己的自留地,可以种植生活所需的粮食、蔬菜等;二是城乡社会救助与人均收入比率的不公平。以 2015 年为例,上海居民人均可支配收入为 49 867 元,其中城市居民人均可支配收入为 52 962 元,农村居民人均可支配收入为 23 205 元。以当年最低生活保障标准 790 元计算,上海低保水平与全市人均可支配的比率为 19%,但按城乡分别计算,城市的比率为 17.9%,而农村达到 40.9%。也就是说,上海的农村居民低保水平与人均可支配收入的比率已经超过美国,接近欧洲发达国家水平,而上海的城市居民低保水平与人均可支配收入的比率只有美国的一半,欧洲国家的三分之一。这不仅会增大城乡贫困群体之间的不公平,也不利于提高农村贫困居民的再就业积极性,同时也会加大农村贫困群体与贫困边缘群体之间的矛盾和不公平感。

　　3. 社会救助的社会力量参与有限

　　国外很多社会救助功能都是由非政府组织承担的。在中国,由于非政府、非营利组织还不发达,也未达到群众充分信任的程度,无法承担起帮助政府实施社会救助的职能。这样,社会救助的职责就落到了街(镇)身上。因为中国的街

(镇)虽非政府部门,但受到群众的信任,长期发挥着政府与人民群众之间的桥梁作用利用街(镇)进行社会救助既符合中国国情,行政管理成本也很低。因为上海社会救助坚持"一口上下"的运作机制,一切救助项目都要通过街(镇)这个唯一途径申请,全部救助物资也必须通过街(镇)发放,全部的救助信息也通过街(镇)进行汇总。但也因此导致街(镇)在社会救助方面的任务过于繁重,甚至不堪重负,由此很容易出现工作粗疏倾向,不利于社会救助的精准化、专业化。

另外,虽然政府是现代社会救助体系的主导者和第一责任人,但政府并非社会救助的唯一主体,指导、引导社会力量参与社会救助也是政府的职责。社会力量参与社会救助既是对政府职能的一种必要补充,也是进一步推进市场化改革的内在需求。社会力量在社会救助领域与政府的协作,一定程度上使社会救助的覆盖范围扩大,改善了边缘性社会弱势群体的生活处境,减轻了国家和企业负担,为社会提供了更多的就业岗位,有助于维护和扩大社会公平,促进社会更加和谐。街镇如何携手社会组织的力量实施社会救助,如何培育具有独立法人资格的专业化社会组织来承担社会救助的各项功能,如何发挥各级各类慈善组织在社会救助中的作用,是上海社会救助亟待探索的新课题。未来像社会救助对象的家计调查、经济状况核实、专项救助对象的筛选等,都应该转给各种专业的社会组织来做。政府职能部门主要承担政策制定、评估监督和救助统计等任务。

4. 体制问题有待进一步完善

依据国务院相关条例和《上海市社会救助办法》的规定,民政部门主管最低生活保障制度,同时依据市政府文件归口管理医疗救助;教育救助由教育部门制定政策,实际操作由学校承担;住建部门主管城镇廉租房工作,房租减免由物业公司具体操作;司法部门承担诉讼当事人的司法救助事宜。但是,这些不同的职能部门之间如何形成功能耦合和制度化的沟通协调机制,避免政出多门而影响社会救助的效果,是一个并未完全解决的体制难题。政出多门、多头管理,导致政策不能无缝连接或者受益发生重叠等现象普遍存在。虽然国务院2014年5月实施的《社会救助暂行办法》确立了民政部门在社会救助中的主导地位与统筹责任,但这种主导与统筹地位如何落实和体现,并没有体制上的具体规定。上海的社会救助联席会议制度,并没有从根本上解决政出多门问题,它恰恰说明社会救助体制不顺,不得不依靠上级权力部门来协调。

上海社会救助事业在发展中之所以还存在这样那样的问题,原因是多方面的,主要有以下几点:第一,社会救助理念相对落后。例如在建立最低生活保障制度的早期,强调"谁家的孩子谁抱走",把低保制度的主体责任推给企业和单位;在社会救助对象上,一直不愿将外来常住人口纳入社会救助对象;在社会救助力度上,不愿迈开更大的步伐,导致社会救助面过窄,使得社会救助远远落后于经济社会发展水平,等等。第二,基础性技术支持平台建设跟不上。由于过去在社会救助对象的经济信息核实等方面缺乏有效的手段,导致不实申请的存在,也使相关部门过于谨慎,从而影响了社会救助,特别是专项救助的发展。近年来,随着相关平台的建设,这种情况已有很大的改善。第三,社会救助专业化建设相对落后。由于多种原因,社会救助的具体实施主要依赖基层社区,而基层社区的职能过多,又缺乏专业素养与训练,只能采取简单化、一刀切的办法,无法对社会救助对象作进一步的类型化区分,也无法对困难群体进行更专业的非物质层面的社会救助。

三、进一步完善上海社会救助制度的建议

1. 必须坚守"个人责任与社会责任相统一"的科学救助理念

上海要建设全球性城市,全面提高城市的综合竞争力,实现经济和社会的协调发展,必须要建立起理念先进、操作体系完备的新型社会救助制度。而建设这种新型社会救助体系的核心是确立科学的社会救助理念。从世界社会救助发展史来看,社会救助的理念既有不变的一面,也有变化的一面。不变的是社会救助的基本性质,即将社会救助作为社会最后一道安全网,这种社会安全网是无条件的、非义务、非交易的。变化的一面主要有两点:第一个变化是社会救助的力度或者说是社会救助水平,随着社会经济发展而不断发展,总体趋势是从过去的绝对贫困救助转向相对社会救助,从维持最低生存转向分享发展成果;第二个变化是从消极救助转向积极救助。学术界认为,积极救助的主要特征有:它是维护公民受助权利的手段,而非政府或者社会的施舍;它主张受助者权利与义务对等,并强调其承担个人责任;它是实现社会公平的工具,而非追求经济效益的手段;它保障受助者的基本生活水平,而非维持其基本生存水平;它注重受助者的就业能力建设,而非仅仅向他们提供经济救助;它是综合性而非单一性的救助措施,救助方式从以物质或现金救助为主向增加收入转换。[1]

---

[1] 苑仲达:《英国积极救助制度及其借鉴启示》,《国家行政学院学报》2016年第4期。

对贫困现象的认识历来有一个如何归因问题。西方早期是"个人责任论",即将贫困归结为个人的不努力或者说懒惰。后来,"个人责任论"让位于"社会责任论",认为贫困是社会原因造成的,因此,政府必须承担起社会救助的全部责任。但是,这种完全的"社会责任论",不仅给国家和社会造成沉重的负担,也导致一些贫困人口的"福利依赖"。所以到20世纪90年代,西方国家开始反思,提出了"无责任即无权利"的救助理念。上海要建立科学的社会救助体系,必须确立"个人责任和社会责任相统一"的社会救助理念。具体来说,主要原则有三条:第一,坚持社会救助的无条件性,即所有市民,只要其收入水平没有达到确定的最低生活保障线,就应该给予无条件的社会救助;第二,社会救助的覆盖面和社会救助水平应该随着城市经济的发展而发展,不能始终维持在"最低生存需要"的层次上,要让社会救助对象不仅能生存,而且也有尊严和体面;第三,对有劳动能力的社会救助对象,必须要其承担起相应的责任,不能形成"福利依赖"。作为有劳动能力的社会救助对象,必须要有积极的就业意愿,如果不能自主就业,必须接受安置就业,或者参加职业技能培训,或者回归学校学习,或者参加一定时间的公益劳动。这种积极救助理念与社会救助的非义务性是不矛盾的,必须坚持。

2. 努力构建更加全面的社会救助体系

上海多年来已经形成了自己的社会救助体系。按照上海《关于本市贯彻〈社会救助暂行办法〉的实施意见》,上海的社会救助体系是以最低生活保障、特困人员供养为基础,支出型贫困家庭生活救助、受灾人员救助和临时救助为补充,医疗救助、教育救助、住房救助、就业救助等专项救助相配套,社会力量充分参与的现代社会救助制度体系,也就是所谓"9+1模式"。但是,这个救助体系内不同组成部分之间的逻辑关系还有许多不清晰的地方,在这个社会救助体系之外还有必须纳入的相关内容。突出的问题主要有两个方面:一是支出型贫困家庭生活救助有无必要单独列出?它与临时救助是什么关系?二是司法救助在社会救助体系中有无位置?如果属于社会救助体系,它应该包括哪些内容?

我国现行社会救助体系源于国务院2014年颁布施行的《社会救助暂行办法》,暂行办法通过列举的方式提出了一个所谓"8+1"模式。全国各省市基本沿袭了这个体系,除黑龙江省增加了"取暖救助"外,只有上海增加了"支出型贫困家庭生活救助"项目,将支出型贫困救助定义为因患病导致实际生活水平低于最低生活保障标准的家庭。但《社会救助暂行办法》将因病致贫的救助纳入了临时救助范畴,且上海在临时救助项中也列入了家庭成员因突发重大疾病造成的生活困境。这样一来,支出型生活救助有无必要单独列项就成了问题。课题组认为,在上海社会救助立法中仍然要坚持支出型生活救助单独列项,但必须拓宽支出型生活救助的内涵与外延。这是因为,在实际生活中的确有一部分家庭单纯从收入角度看,达不到低保标准,但由于其特殊原因而导致其家庭支出特别巨大,使得其实际生活水平低于低保家庭。同时,这种特殊支出又是医疗救助、教育救助等专项救助和临时救助不能解决的,这就需要专门的支出型生活救助来确保其最低生活不受影响。

积极探索和完善司法救助。司法救助在《社会救助暂行办法》中没有列入。但是,学术界普遍认为,司法救助应当是中国社会救助体系的重要组成部分。究其原因:一是客观需要,社会救助不仅要确保困难群体的最低生活,也包括帮助经济确实困难的公民维护自己的合法权益;二是国家相关法律和最高检、最高法等等部门规章都对司法救助有明确的规定;三是一些地方政府在社会救助立法中都将司法救助纳入社会救助体系之中。因此,上海不仅要将司法救助纳入社会救助体系,而且要进一步加以完善。

3.制定更加科学合理的救助幅度与救助标准

第一,建议上海的社会救助对象覆盖面要达到户籍人口的5%。这里的5%是包括所有社会救助项目的救助对象,不是专指低保人口。上海社会救助的低保线和低收入线应当逐步与国际同类型城市接轨。

第二,建议对低保标准的调整制定明确的计算公式。目前全国其他地方只有浙江省、云南省对低保标准的确立和调整有具体的要求。有了具体明确的规定,老百姓对低保就有了可预期性。但这些规定是否科学、是否符合上海的实际还需要进一步研究,不能简单照搬。[1] 上海制定社会救助地方法规,应该提出本市低保标准的确定办法和计算公式,并就调整周期内低保与物价波动如何挂钩提出明确的办法。

第三,进一步明确低保人员、重残无业人员和特困供养人员救助标准的比例关系,建议将三者之间的救助标准比例确定为1:1.3:1.5。过去,上海的农村五保供养标准基本在低保标准的1.5倍左右,近年来这一标准逐步下降,已经与

---

〔1〕 浙江要求城市低保标准在当地最低工资标准的40%—50%之间确定,农村低保标准不低于城市低保标准的70%。云南规定城镇居民最低生活保障标准不低于上一年全省城镇居民人均消费性支出的25%,农村居民最低生活保障标准不低于上一年全省农村居民人均生活消费支出的35%。

重残无业人员的救助标准基本持平。之所以建议将特困人员的救助标准重新恢复到低保标准的1.5倍，主要基于两个因素：一是重残无业人员通常都生活在一个完整的家庭内，不是单独生活，而特困人员，特别是农村五保人员基本上都是单独生活或在有关机构中生活；二是因为这部分人的数量有限。

4. 积极探索对外来常住人口进行社会救助的途径和办法

由于诸多因素的影响，上海到目前为止还没有将外来常住人口纳入社会救助体系。虽然这是当前国内各地方政府的通行做法，但并不意味着这种做法是合理的。2015年，上海常住人口已经达到2 415.27万人，其中户籍人口为1 433.62万，外来常住人口约占40.6%。作为中国最发达的国际化大都市，将超过40%的外来常住人口排斥在社会救助体系之外，无论从哪个角度都是说不通的。上海已经实施居住证制度，完全可以利用居住证作为门槛，进行制度设计，稳步渐进地将外来常住人口纳入社会救助体系。也可以考虑按照先易后难的原则，首先将医疗救助、教育救助、支出型生活救助等项目覆盖到持有居住证3年以上的外来常住人口及其随住的未成年子女身上，然后再创造条件逐步将更多的项目覆盖到外来常住人口。

5. 充分发挥慈善救助对社会救助的特殊作用

党的十六届四中全会提出"健全社会保险、社会救助、社会福利和慈善事业相衔接的社会保障体系"，党的十七大明确了慈善事业在社会保障体系中的补充作用，党的十八大提出要完善社会救助体系，支持发展慈善事业。2014年11月，国务院出台《关于促进慈善事业健康发展的指导意见》，要求慈善事业与社会救助工作紧密衔接，使慈善事业对社会救助体系形成有力补充。这一切都说明，慈善救助是社会救助的重要组成部分，在现代社会救助体系中具有重要的地位。慈善组织在扶老、助残、救孤、济困、赈灾等救助领域更是具有不可替代的优势。因此，要从法律上明确慈善救助与社会救助的关系，发挥慈善机构对社会救助"盲区"的救助对象的特殊救助功能，将现行社会救助政策无法覆盖的困难人员以及政府社会救助之后仍未摆脱困境的困难人员及时转入慈善救助渠道，确保特殊困难群体有多重救助保障，在任何困难条件下都能够求助有门。

慈善组织是现代慈善事业的运作主体。必须制定完善的政策吸引慈善资源对接社会救助"盲区"，与社会救助部门建立起"对接—合作—协同"的新型救助关系。要大力培育以扶贫济困为宗旨的慈善组织，包括降低成立门槛、政府购买服务、创办慈善组织孵化机构、设立公益创投基金、财政补贴、税收优惠、费用减免等政策,探索股份捐赠、慈善信托等方式,积极发展救助类慈善组织。鼓励大型社会组织和企业建立公益性基金,引导更多的社会组织、企事业单位、爱心个人融入慈善救助中来。[1] 为此,必须将社会救助和慈善救助纳入统一的信息共享平台,利用现有的社会救助系统信息,通过委托、合作等方式建立慈善资源数据库,使政府部门与慈善组织之间信息互通、资源共享,既使救助对象能够迅速获得慈善组织的补充援助,也使慈善组织能够快速找到援助对象。

6. 建立"民政主导、各方配合、社会参与、专业操作"的管理体制

虽然按照《社会救助暂行办法》,民政部门是社会救助的主导和统筹部门,但是,上海社会救助目前的实际情况仍然是分散的"五龙治水"局面,高效运转的合力尚未形成。社会救助的目的是帮助困难群体,这就必然涉及政府的诸多部门。如果每个部门都各行其是,必然带来一系列体制困扰。为了理顺社会救助的管理体制问题,需要建立"民政主导、各方配合,社会参与,专业操作"的社会救助管理体制。

之所以要以民政部门为主导,是因为社会救助长期以来就是民政部门的基础性工作,生活救助是社会救助的基础,其他社会救助是在生活救助的基础上派生和拓展出来的。民政主导主要体现在以下几个方面:第一,立法主导。民政部门应当在深入调研基础上,形成完整的社会救助立法建议,通过人大正式立法,从而使涉及社会救助的各相关部门都能有法可依。第二,政策主导。民政部门应当牵头联合其他相关部门,依据社会救助法律,制定出比较系统的社会救助政策,避免政出多门,各行其是。第三,评估主导。民政部门应当牵头或委托第三方定期对社会救助工作进行评估,形成系列评估报告,接受政府、立法部门和社会各界的监督。

"各方配合"主要指与社会救助体系有关的各个政府部门应当自觉地依法配合民政部门,根据社会救助法和民政部门的政策要求,制定本部门具体的社会救助政策措施,如教育救助、医疗救助、住房救助、就业援助、司法救助等。这里要特别强调,司法救助也要纳入民政部门主导的社会救助体系。虽然国务院《社会救助暂行办法》中并没有列入司法救助,但学术界普遍认为,司法救助理应是社会救助制度的重要组成部分。社会救助不仅要确保困难群体的最低生活不受影响,而且要保证困难群体也能有效地维护自己的合法权益。目前上海的

---

[1] 丁朋:《做好社会救助和慈善资源的对接》,《社会治理》2016年第1期。

司法救助是由政法部门单独进行的,实际上全国许多地方都是单独进行的。但这种政法部门单独进行的司法救助存在诸多弊端:一是理论依据不充分,二是政策措施不衔接,三是救助标准不统一,四是救助统计难进行。因此,必须将司法救助纳入统一的社会救助体系。民政部门要牵头制定出司法救助的政策,由政法部门根据《社会救助暂行办法》和民政部门的社会救助政策来制定司法救助的具体措施和实施意见,这样才能形成真正统一的社会救助体系。"社会参与"主要是通过政策引导,吸引各种社会力量参与社会救助事业,包括企事业单位、非政府组织、各种慈善团体等。"专业操作"主要强调社会救助的一些具体工作应当依靠专业社会组织来进行。政府应当积极培育各种能够承接社会救助功能的专业社会组织,而不是事事处处都亲力亲为。要在加强监管的前提下,更多地让社会组织参与社会救助,避免政府包办社会救助事业的弊端。[1]

---

[1] 肖莎:《社会组织在社会救助事业中的参与:合作与互动》,《中国浦东干部学院学报》2010年第5期。

第 7 章

DI QI ZHANG

培育中国特色的中间阶层,构建一个和谐的小康社会

不断扩大社会的中间阶层,是建构现代化社会结构的前提和基础,也是我国全面建设小康社会与和谐社会的客观要求。在人均国民生产总值跨越1 000美元以后,我国正进入一个发展黄金期和动乱易发期交织的历史新阶段。能否建设一个和谐社会,是我们能否抓住发展的黄金机遇、避免潜在的社会乱源的关键环节。中国的"中间阶层"不能简单地等同于西方的"中产阶级",必须把社会的普通劳动者纳入社会的"中间阶层",使他们能够及时分享社会发展的物质成果,成为中国社会的主体和中坚,并获得相应的社会归属感。而构建中国特色的"中间阶层"概念则是其中的关键。

一、研究"中间阶层"的基本视角

西方的中产阶级(middle class),特指西方工业化发达社会中形成的具有相近的自我评价、生活方式、价值取向、心理特征的社会群体或社会阶层。由于这个社会阶级或阶层超越了传统的两极对立的阶级分野,并成为社会的主体结构,因而成为现代西方发达国家社会稳定的基础。20世纪40年代以来,西方发达国家普遍出现了以管理人员和公职人员为主的"新中产阶级",目前这个阶层大约占社会总就业人口的30%左右,已成为推动社会发展、引导社会消费、稳定社会形势、定型社会规范及社会主流价值观的社会结构主体力量。[1]

中国改革开放以来,特别是20世纪90年代以来,出现了一批新型"白领",

"中等收入者问题研讨会"(合肥,2004)会议论文,原载于《南京师大学报(社会科学版)》2005年第2期。

[1] 郑杭生主编:《中国社会结构变化趋势研究》,中国人民大学出版社,2004年,第150页。

一个与西方发达国家类似的职业群体开始在沿海大中城市渐次形成。于是，国内外的一些学者从不同的角度开始研究中国的"中产阶级"问题。由于视角不同、标准不同、方法不同、目的不同，造成了这一研究领域的极大混乱。首先是在名称上的混乱，仅目前在学术界流行的名称就有"中产阶级""新中产阶级""中间阶层""新中间阶层""白领阶层""新白领阶层""富裕阶层""新富裕阶层""新兴社会阶层""中等收入者阶层"等。造成名称混乱的原因既有这个阶层本身发育不成熟的客观背景，更有研究者研究视角的差异和研究目的的不同。其次是内涵的混乱。这个阶层的标识依据是什么？是职业？是收入？是权力？是社会地位？似乎都是，又似乎都不是，比较合理的解释是上述标准的综合，但怎么个综合法，依据是什么？内在的逻辑结构是什么？并不清楚。再次是外延的混乱。这个阶层包括什么人？目前国内学术界在研究中提到的有：私营企业主、乡镇企业家、自营业者、个体户、企业家、经理、"三资"企业中的白领员工、科学家、工程师、专业技术人员、工程技术人员、科研人员、农业技术人员、卫生技术人员、高等和中等学校的教育工作者、各级公务员和办事员、行政事业和公共事业专职管理者、自由职业者、商业服务业从业人员、"白领"工人、民工中有一技之长者。值得提出的是，在不同的研究者那里，所谓"中产阶级"的职业涵盖差异极大，更加上这些职业分类本身具有极大的交叉或对立，所以人们很难从现有研究中得出一个清晰的"中产阶级"的应然概念和实然概念。最后是研究目的和基本结论的混乱。有的研究是从"中产阶级"追求"自由、民主"的价值观出发，希望随着中国"中产阶级"的崛起，左右中国的主流意识形态，从而推动中国政治体制的演变；有的研究是从维护社会稳定出发，希望通过中间阶层的发育，在中国形成一个能够带来长期稳定的现代化社会结构；有的研究希望通过中产阶级的形成，带来一场消费革命，从而为商家提供更多的商机，如此等等。由于上述种种的混乱，最终带来基本结论的混乱：中国有没有一个中间阶层？中间阶层的特征是什么？中间阶层的内部结构如何？如何培育中国的中间阶层？等等，在所有上述问题上，至今都存在着极大的争议。

正因为如此，我们在研究"中间阶层"时，必须首先明确自己的研究视角和基本价值取向，并在此基础上形成中国特色的中间阶层研究范式。当然，学术研究不可能强求统一，但每个国家的学术界在不同的历史时期都有自己的学术主流。中国当前有关中间阶层的研究应当与以下一些概念联系起来：这就是现代化、社会结构、社会公平、社会稳定和社会发展。中国中间阶层的形成既是中国现代化过程中的现象,又是中国进一步现代化的必要条件;中国培育中间阶层的目的是要形成更为合理与和谐的社会结构,建立一种新的更加成熟的社会稳定机制,中国中间阶层的形成与壮大过程应当是中国社会的公平程度与和谐程度不断提高的过程。总之,和谐与发展应当是中国中间阶层发育、成长的基石。

二、"中间阶层"的内涵界定

从上述基本视角出发,可以对中国的"中间阶层"进行一些基本的定位。我们认为,在上述诸多名称中,以"中间阶层"最为相宜。中间阶层是相对于上层和下层(底层)而言的,用来说明社会的分层结构非常简明。而中产阶级或新中产阶级的概念不仅打上了西方的烙印,而且本身也不易说清。新中间阶层也不适合,它是相对于旧中间阶层而言的,至多只能在分析中间阶层的内部结构时使用。白领阶层只能是中间阶层的一部分而非全部,中小私营企业主是不能称为白领阶层的,技术工人也不是白领——尽管有所谓"白领工人"或"灰领"之说。"富裕阶层"或"新富裕阶层"更不是中间阶层,它应当是社会上层的重要组成部分。"新兴社会阶层"只是中间阶层甚至包括富裕阶层中的几种职业的罗列,目的是用来说明"新出现的"这一特质,并不能作为整个社会结构中间部分的总体名称。"中等收入者阶层"内涵过于狭窄,用于收入分配领域是可以的,但作为社会结构概念显然不合适。

(一)"中间阶层"与"中等收入者"

"中间阶层"给人的印象首先是在收入上居于中等状态,因而对于中间阶层在理解上最容易发生混乱的就是将"中间阶层"理解为"中等收入者"。

中等收入者是其收入状况在一个社会中处于高收入者和低收入者之间的人群。从理论上讲,任何社会都有"中等收入者"存在。但这种"中等收入者"并非都是我们今天所讨论的"中间阶层"。这是因为在以往社会里,这些"中等收入者"虽然其收入在社会分配系统中居于中间状态,但他们并不具有独特的社会地位和社会特征。他们在社会结构中并不具有阶层意义上的独立性和稳定性。他们的"中间性"实际上只是一种暂时状态,随时都可能上升到社会上层或沦落为社会底层。他们也没有自己独特的生活方式与价值观念,他们总是希望进入社会上层,尽管实际上可能常常是跌入底层。因此,在前工业化社会里,这种

"中等收入者"只是一个统计学上的概念,几乎没有什么实际的社会意义,他们与当时社会的"中间阶级"并不重合。例如,在奴隶社会里,社会的基本阶级是奴隶主阶级与奴隶阶级,中间阶级是自由民和平民。这种"中间阶级"是由法律地位决定的,与他们拥有的收入无关。平民在法律和社会地位上介于中间状态,但他们的收入并不一定居于中间状态。在资本主义早期阶段,从统计学意义上讲,肯定有一部分社会成员的收入居于中间状态,但他们也并非是今天所说的"中间阶级"或"中间阶层",因为整个社会还没有发育出这一"阶级"或"阶层"的社会基础。同样,在中国改革开放以前的计划经济时代,工人阶级也处于社会的中间收入状态,一些学者也将他们视为中国社会改革前的中间阶层,但这显然是不准确的,他们至多只能算作当时社会的"中等收入者",这种"中等收入者"也有稳定社会的作用,但他们与今天我们所探讨的"中间阶层"是有本质区别的。同时,单纯从收入的角度看,无论是中国,还是其他国家,一般的商业服务业人员的收入未必比产业工人的收入高。

(二)"中间阶层"与"富裕阶层"

许多学者或媒体把中间阶层与富裕阶层相混淆,在讨论中国社会正在成长中的"中间阶层"时,总是自觉不自觉地把它与中国改革开放以来富裕阶层的崛起相联系。例如,在国内学术界,许多论者都将改革开放过程中富裕起来的人群当作"中间阶层"形成的标志,这也是不准确的。应该说,这种现象的出现有一定的社会背景,因为中国的改革开放是从一个普遍贫穷的社会开始的,所以中国的中间阶层是和富裕阶层同时形成的,今天的富裕阶层都有一个从中间阶层地带过渡到上层的经历。在目前的中国,由于中间阶层和富裕阶层都还处于形成过程之中,都还不定型,因此,这种混淆还会持续一段时间。但是,从理论上说,二者是有区别的。富裕阶层并不是相对于改革开放以前人们显得更富裕一些,而是特指一个社会阶层,他们是由社会各个领域的顶级"精英"组成的,他们的最终社会地位不是"中间层",而是"上层"。而"中间阶层"的特点是,他们有自己相对独立、相对稳定的社会地位和社会角色,在大多数情况下,他们是无法上升的。

(三)"中间阶层"与白领阶层

从国内学者的研究来看,许多学者对白领阶层与中间阶层之间的关系的认识存在一些误区。其中最突出的误区是将白领阶层局限于近年来兴起的一批年龄轻、收入高的"公司职员"。在当前中国的学术界和传媒界,有的将"白领"界定为在"三高"(高学历、高收入及较高职位)中,符合其中两项条件、年龄介于20—39岁、从事管理或专业技术工作的人员。有的认为年龄和学历是认定白领两个至关重要的要素,"70年代人"乃至80年代出生的一批青年,是"新白领"的主体。[1] 也有一些学者虽然没有将白领阶层局限于年轻公司职员,但过于突出白领阶层的生活方式特征。例如有的学者认为,白领阶层有以下一些特质:"第一,经济地位上属于中产阶级,社会地位和声望相对比较高。第二,职业特征上,以脑力为主。第三,数量上迅速增多。第四,他们改变了传统的生活方式和工作方式。第五,具有较高的文化程度。第六,是工薪阶层,靠付出知识和技能赚工资生活。"[2] 应该说,这些概括并无大错,但过于表面化和现象化,缺乏对白领阶层本质特征的把握。

白领阶层是美国社会学家赖特·米尔斯于1951年在《白领——美国的中产阶级》这本书中首先提出的概念。他认为,白领阶层主要是由政府部门的中级行政官员、国营和私营垄断企业中的中级管理人员和工作人员,以及其他领域中的专业技术人员等组成的。米尔斯认为,新中产阶级的主体是专业技术人员、市场营销人员和办公人员。据米尔斯提供的资料,1940年,美国的新中产阶级中,经理占10%,专业技术人员占25%,推销人员占25%,各种办公人员占40%。[3] 根据《柯林斯精选英语词典》的界定,"白领"是指那些坐在办公室内从事非体力劳动工作的人,即从事脑力劳动的人。《简明不列颠百科全书》对"白领"的解释是"社会地位较高的人"。

显然,白领阶层与中间阶层是有区别的。这种区别的最根本点不是收入,而是他们的劳动形态,白领阶层在他们的"劳动"过程中,其劳动的"对象"不是物,而是人,因此,严格说,他们的职业不是"劳动",而是"管理"和"服务"。正是这一点决定了他们必须要有较高的文化水平,其职业特征表现为一种脑力劳动,也正是因为这一点,决定了他们在社会中享有较高的社会地位和职业收入水平。

---

[1] 杨雄:《上海"白领"青年职业生活调查》,《青年研究》1999年第6期;郗杰英:《解读"新白领"》,《中国青年研究》2001年第6期。

[2] 潘允康:《"白领"与现代社会结构》,《社会科学战线》1999年第3期。

[3] 参见C·赖特·米尔斯:《白领——美国的中产阶级》,杨小东等译,浙江人民出版社,1987年,第84页。

因而,有的学者认为脑力劳动者即广义的白领阶层。[1] 也有的学者强调,"白领"作为一个社会学名词,就是指那些具有体面地位和职业、从事脑力劳动的人群。1998年,零点调查公司通过调查显示,在京沪穗等11个中心城市居民心中,"白领"的形象,首先是职业(占53%),其次为修养水平(21.7%),然后才是收入(13.3%)、社会地位(2.5%)、背景(1.5%)、仪表(1.3%)等。在某种意义上,普通百姓心目中的白领比我们某些学者的看法更加科学和切合事情的本质。白领阶层并不仅仅指近年来迅速成长的公司职员,更不等于所谓"小资"。但"白领阶层"也不等于"中间阶层",它只是中间阶层的一部分。在米尔斯那里,白领阶层等同于新中产阶级,它的主体成分是三个群体:教师、推销人员和办公室职员。[2] 他们与近代西方资本主义形成过程中的"旧中产阶级"大为不同,他们是垄断资产阶级与无产阶级之间的缓冲阶层,在社会生活中起着重要的稳定作用。

(四)"中间阶层"与"中产阶级"

一般认为,中国的"中间阶层"也就是西方所说的"中产阶级",主要是为了避免意识形态的麻烦才改叫"中间阶层"。这是值得商榷的。

图1 米尔斯的"中产阶级"构成

我们认为,中间阶层和中产阶级虽然词源相同,但内涵有很大差异。在米尔斯那里,所谓"中产阶级"是由两部分组成的,这就是旧中产阶级和新中产阶级。它们各自又由不同的小的社会阶层构成(见图1)。[3]

从语源上讲,中间阶层就是中产阶级,它们是同一个词的两种不同的译名而已。但是,它们的构建理念是完全不同的。"中产阶级"无论是旧中产阶级还是新中产阶级,其理论建构的思维模式还是传统的阶级结构。它们都是相对传统的社会基本阶级而言的,他们的全部理论都可以在马克思的阶级理论中得到说明。

---

[1] 朱光磊等:《当代中国社会各阶层分析》,天津人民出版社,1998年,第76页。
[2] C·赖特·米尔斯:《白领——美国的中产阶级》,杨小东等译,第84页。
[3] 同上书,第85页。

按照马克思的阶级理论,旧中产阶级的特点是既有生产资料,又直接从事劳动,它和资本主义生产关系中劳动者与生产资料相分离的阶级特征完全不同,这个中产阶级在占有生产资料方面与资产阶级相同,但在直接从事劳动方面又与无产阶级相同。如果说在典型的资本主义生产关系中,劳动者和生产资料是通过市场结合起来的话,那么在这里,劳动者是直接将自己的劳动力与自己拥有的生产资料相结合的。正是这一点,使它们处于一种资产阶级和无产阶级的中间状态。

新中产阶级与旧中产阶级正好相反,他们在没有生产资料方面与无产阶级完全相同,但他们从事的职业和社会岗位,使他们能够获得非常高的收入,能够拥有很高的社会地位和社会影响力,他们在经济、政治和社会地位方面更接近资产阶级。正是这种特征使他们获得了"新中产阶级"的称号。这些新中产阶级在早期主要是由资本的所有权和经营权的分离造成的,是资本家本人退出经营管理层后出现的一种现象,因此,在马克思时代,他们常常被视为资本家的帮凶,或者是工人贵族。但是,随着社会的知识化,"新中产阶级"的队伍越来越壮大。

新中产阶级与旧中产阶级虽然在社会特征上有很大差异,但它们都是居于传统的资产阶级与无产阶级之间的一种社会阶级,正是这一点,它们被结合成一个阶级——"中产阶级"。由此可见,中产阶级的概念始终是一个阶级分析范畴,是从属于阶级分析范式的。

"中间阶层"虽然在语源上来自中产阶级同一个名词的另一种翻译,但这种表达方式的变化代表了一种社会结构构建理念的创新。中间阶层概念的背后是社会分层结构,它是相对于社会的上层和下层而言的。这里的社会上层是由社会各界的顶级"精英"所组成。在"中产阶级"的研究范式里,我们很难把非资产领域里的顶级精英纳入"上层",但在"中间阶层"的研究范式里,除了资本巨头外,我们还看到政治和文化领域里一些巨头的身影。同样,在"中产阶级"的研究范式中,技术工人是无法进入"中产阶级"范畴的,尽管他们的实际收入水平可能超过许多普通的商业服务业人员;但在"中间阶层"的研究范式里,技术工人,或许可以称为工人工程师的人群,完全应该进入社会的中间阶层队列。总之,中间阶层研究范式彻底地跨出了传统的阶级研究窠臼,着重从综合的社会地位角度来研究社会的结构状态。

三、中间阶层的内部结构和社会特征

由于中间阶层本身并不是一个同质群体,因此,它的内部仍然具有复杂的结

构,但大致说来,中间阶层可以进一步区分为三个小的层次,这就是中上层、中层(中中层)和中下层。这三个层次分别由一些不同的社会群体所构成(见图2)。

图2　中间阶层的内部结构

（一）中上层

中上层是中间阶层的最高层,它之所以属于中间阶层,主要是因为它的上面还有一个上层。这个阶层通常都是社会各领域的精英人群,主要包括国家和政党、社团的中高层管理者、企业事业单位的经营管理者、高级专业技术人员、中小企业主、拥有较大影响和较高收入的自由职业者等。这个群体在经济上已经没有太大的生活压力,在政治上与社会的上层集团有千丝万缕的联系,是社会发展物质成果的最先享受者之一。在政治上,正是由于他们没有经济的生存压力,一方面,导致他们对政治权利的更大渴望,集中体现在对自由、民主等政治价值的向往上;另一方面,又导致他们成为既得利益的坚定维护者。这两点的共同作用使他们成为社会的相对保守者和渐进改革的支持者。

（二）中层

中层是真正的社会中间地带,无论从经济地位、政治地位和社会地位上,他们都处于"不上不下"的状态。中层主要由国家一般公务人员、企业事业单位的一般管理者、初中级专业技术人员、一般的自由职业者等组成。这个群体身处中间,由于还有上升的社会空间和强烈的人生目标,因而有较大的心理压力。他们属于比较典型的"比上不足、比下有余"状态,非常希望保持社会的稳定,因为任何社会的动荡都可能毁掉他们的前程和升迁的希望,甚至可能使其下滑到社会的中下层。

（三）中下层

主要包括普通办事员、一般的工程技术人员、商业服务业从业人员、技术工人、农村种植大户、自雇群体或个体经营者。这个群体的基本特点是满足。由于这个阶层在社会阶层的阶梯上不大可能再进一步升迁,他们都是普普通通的劳动者,因而衡量自己的参照系反而由"上层"或"中上层"转为"下层",由于参照系的转换,他们就成了普通劳动者的"上层",属于那些"混得"比较好的人。由于他们根本不与上层相比,因而没有"比上不足"的烦恼,剩下的就是在与"下层"相比中所获得的"比下有余"的满足感。因此,这个阶层同样希望保持社会的稳定,因为任何社会的动荡都可能导致他们陷入窘境或沦落为社会下层。

中间阶层本身虽然并不是一个同质阶层,是由诸多不同的、更具体的社会群体所构成,他们在社会生活的各个方面也有着各自不同的特征。但是,他们既然都属于中间阶层,就必然具有某些共同的社会特征。综合起来看,当代中国的"中间阶层"至少要有以下三个共同点:一是在经济和社会地位上居于社会的中间位置。他们一般拥有一定的财产,有较稳定的中等水平的收入,这种收入能够维持一种比较宽松的生活环境,普遍达到了"小康"生活水平。同时,这个阶层也享有较高的社会地位和政治地位,获得主流社会意识的赞同。二是在职业上有明显的知识、智力和技术特征。专业技术人员、管理人员、公职人员是中间阶层的重要构成,在工人群体中,只有那些具有较高的技术水平和占据较高的技术岗位,并使自己的收入也达到了社会的中等水平最低门槛的群体才能进入社会的中间层。在农村的农民中,那些拥有一定数量的耕地、具有较为丰富的农业经营管理能力和相关技术,年收入达到社会中间阶层的收入标准,同样可以进入社会的中间阶层。中间阶层一般都受过良好的教育,具有较高的文化知识水平和工作技能,并且利用自己的知识赢得较高的社会地位和相应的收入。三是在心理上具有明显的归属感。居于社会中间阶层的群体在社会心理上要认可自己属于社会的中间状态,他们对自己的政治地位、经济地位和文化地位一般都有一种"比上不足、比下有余"的心理认知或心理感受。这种心理感受是这个群体体现其社会特征和发挥其社会职能的重要前提和基础。

四、构建中国特色中间阶层的积极意义

一般认为,中间阶层对于社会的积极意义主要表现在以下几个方面:第一,维护社会稳定;第二,引导社会潮流;第三,缓冲贫富分化;第四,推动消费革命;第五,定型社会规范;第六,提升文明程度;等等。这些不同的社会功能中,有些是与社会的知识化进程中形成的新兴中间阶层相联系的,有些是与中间阶层占

社会的中间位置和主体地位相联系的。前者取决于与社会的知识化相联系的"新中间阶层"的发育程度;后者取决于整个社会中间阶层的壮大程度。在当前的中国现代化进程中,既要注意培育新型中间阶层,更要注意培育整个社会的中间阶层。

要达成上述效果,关键因素是两个:第一,中间阶层是否享有社会"中间状态"的社会资源,他们在收入水平、社会地位、职业声望与政治参与方面是否能够享有社会中间层的应得"份额"。只有满足这个条件,中间阶层才有自身的归属感和满足感,因而也才有可能成为社会稳定的主观要件。第二,作为社会的中间层,其数量必须能够构成社会的主体,成为稳定的大多数。如果一个社会的中间层仅仅作为"少数群体"存在,它就不可能实现社会的稳定功能。如果一个社会的中间层不能获得自己应得的社会资源,它本身就不可能构成社会的稳定因素,甚至它首先就会成为社会的不稳定因素。从这个意义上讲,构建中国特色的、符合当前中国社会发展现实状况的"中间阶层"理论,具有重大的理论意义与现实意义。首先,新的"中间阶层"概念可以帮助我们更新观念,把培育社会的中间阶层与推动整个社会的共同富裕统一起来,把社会中间阶层的壮大过程和整个社会劳动者主体地位的确立过程统一起来,从而把社会的主流意识形态和社会意识形态的创新过程衔接起来。其次,它可以帮助我们进一步明确培育社会中间阶层的努力方向,推动社会资源向社会中间层集聚,不断扩大社会中间阶层的规模。最后,它还可以帮助我们调整社会政策,消除不利于中间阶层发育的社会因素。

全面理解"共同富裕"思想,正确认识当代中国的社会分化

"共同富裕"思想是邓小平理论的重要组成部分,是邓小平社会主义本质论的核心内容,也是支撑当代中国进行深刻社会变革的重要动力。改革开放以来,中国社会的分化也是一个客观存在的现实,而且这种分化还将继续下去。如何认识和解释这样一个理论与现实的巨大反差现象,正确引导实践朝着理论指引的社会目标前进,是当前中国理论界面临的一个重要课题。

一

中国的改革进程是从一个普遍贫穷的起点上开始的。改革开放以前,中国社会由于生产力的落后和平均主义的分配格局,整个社会的分化不大,主要表现为城乡二元结构的差异。在城乡内部,没有形成大的社会分化现象。

改革开放以后,中国不仅在城乡社会内部各自发生了重大的分化,而且整个社会的总体结构也发生了深刻的社会变迁。从横向看,以政治分层为主要特色的社会分层结构逐步为政治、经济、文化和技术分层并立的多元社会分层结构所代替。从纵向看,社会的收入分化越来越明显,形成了收入水平有显著差异的不同社会阶层。从形态看,过去那种静止的、不变的社会结构逐步被一种动态的、流动的社会过程所代替,社会成员在不同所有制之间、不同行业之间、不同地域之间进行频繁流动,人们的职业和"身份—角色"的经常变动已经成为这个社会的常态。从结构看,不仅传统的工人、农民、知识分子三大阶层内部发生了巨大分化,而且出现了一些新的社会阶层。

邓小平理论研讨会(上海,2003)会议论文,原载于《南京师大学报(社会科学版)》2004年第1期。

一是"新富阶层",包括民营科技企业的创业人员和技术人员、"三资"企业的中方高层管理者、私营企业主、国有大中型企业的经理、个体工商户、各种中介组织的从业人员、自由职业者,等等。[1] 这个阶层在中国发育速度很快,但还很不稳定,正处于急剧变化之中。总体来说,这个阶层正在进行着激烈的新老交替和优胜劣汰,整体素质在不断提高,但各种低素质者和非法致富者也不在少数。

二是"新贫困阶层",如失业下岗职工、残疾人和部分退休职工等。改革开放以来,中国已经成功地使贫困人口从 2.5 亿减少到 3 000 万。但 20 世纪 90 年代中期以来,由于失业下岗职工的大量增加,中国的城市中又出现了一个新的贫困阶层,使中国的贫困问题发生了从过去的区域性贫困向阶层性贫困转变。由于城市贫困阶层的生存脆弱性比农村贫困人口更大,因而解决这个问题的紧迫性更加突出。

三是"边缘人阶层",如进城农民工等。沿海地区和大中城市面对汹涌而来的农村剩余劳动力采取了一种"经济吸纳,社会拒入"的政策,使进城农民逐步演变成一种特殊身份群体。他们在社会特征和行为模式、社会心理与集团意识等方面都形成了自己的特点。[2]

这些新出现的社会阶层,性质各不相同,面临的问题也不一样,但他们都是改革开放后从原有其他社会阶层转化而来的。这些阶层今后的演变将在一定程度上影响着中国社会的走向。特别值得重视的是,这一社会分化过程带有典型的转型社会特征。一方面,市场经济的发育与成长必然要在中国形成一个企业家阶层,并使市场机制和经济要素在社会分层过程中的作用不断增大;另一方面,国家和其他各种政治组织仍然控制着大量的组织资源和经济资源,他们受到的制约相对较少,在各种社会政策制定中拥有其他现代国家所少见的权力。这样,传统的政治资源和新兴的经济资源相互渗透,形成了一股特有的合力,推动着中国社会的分化。

二

伴随着社会阶层的变动,整个社会的贫富分化也在加速,收入差距过大已经引起整个社会的不安,导致人们关于贫富差距的社会心态发生了重要变化,甚至

---

[1] 江泽民:《论"三个代表"》,中央文献出版社,2001 年,第 169 页。
[2] 吴鹏森:《现代化进程中的中国农民》,南京大学出版社,1998 年,第 162—177 页。

全面理解"共同富裕"思想，正确认识当代中国的社会分化 ❖

可能动摇社会公正信念，影响人们对"共同富裕"价值观的认同，这是非常危险的。因此，如何正确地认识当前中国社会的分化现象，如何正确理解邓小平的"共同富裕"思想，对于凝聚人心、维护社会团结、促进社会的良性运行与协调发展，具有特别重要的意义。而首要的任务必须要重温邓小平有关"共同富裕"的思想，正确地、全面地理解邓小平的"共同富裕"理论，从而在全党、全国人民中间形成新的共识。

人们对中国社会阶层分化现象的忧虑与日俱增，认为这种社会分化违背了邓小平提出的"共同富裕"思想。[1] 这种忧虑首先是对当前中国社会贫富分化现象的真实反应，但也有对"共同富裕"理论本身缺乏科学理解的一面。过去人们在学习邓小平的共同富裕理论时，尽管也认识到不能把共同富裕理解为同步富裕，但更多的人对"先富"带动"共富"过程中的"阵痛"显然缺乏足够的理论认识和思想准备。从现在人们在实际行为中所传达出来的信息看，许多人对共同富裕的理解仍然在很大程度上受传统的平均主义意识的影响。因此，要正确认识当代中国的社会阶层分化现象，必须首先要科学地认识邓小平的"共同富裕"思想。

邓小平的"共同富裕"思想是邓小平理论最重要的核心内容之一，它是在新时期的改革开放进程中形成和完善的，这一思想的真谛在于既反对平均主义，也反对两极分化。可以说，邓小平的"共同富裕"思想是在批判平均主义和"大锅饭"的过程中提出的，是在预防"两极分化"的严肃思考中最终完成的。通观邓小平"共同富裕"思想的形成过程及其从不同角度的论述，我们必须从四个相互关联的科学内涵中，全面地把握邓小平的"共同富裕"思想。

第一，贫穷不是社会主义。社会主义的目标是消灭贫穷，使人民群众能够脱贫致富，及时享受社会发展的物质成果。早在改革初期，邓小平就多次提出，必须坚决批判"四人帮""以极左面目出现的主张普遍贫穷的假社会主义"[2]，"当然我们不要资本主义，但是我们也不要贫穷的社会主义，我们要发达的、生产力发展的、使国家富强的社会主义"[3]。

第二，共同富裕是一个历史过程。在这个过程中，必然有先富后富的差别，

---

[1] 邓小平提出："社会主义的本质，是解放生产力，发展生产力，消灭剥削，消除两极分化，最终达到共同富裕。"参见《邓小平文选》第3卷，人民出版社，1993年，第373页。
[2] 《邓小平文选》第2版第2卷，人民出版社，1994年，第165页。
[3] 同上书，第231页。

因此,让有条件的一部分地区和一部分个人先富裕起来,再带动其他地区、其他阶层的人们共同富裕,是社会主义走向共同富裕的必由之路。实现共同富裕不仅是一句动人的口号,如何具体地实现共同富裕,是每一个政治家都必须要认真思考的现实问题。邓小平提出的通过先富带动后富的思想,使社会主义的"共同富裕"思想从社会理想状态进入现实层面,成为一种具有可操作性的政策,这正是邓小平"共同富裕"思想的现实性和科学性的表现。他指出:"允许一部分地区、一部分企业、一部分工人农民,由于辛勤努力成绩大而收入先多一些,生活先好起来。一部分人生活先好起来,就必然产生极大的示范力量,影响左邻右舍,带动其他地区、其他单位的人们向他们学习。这样就会使整个国民经济不断地波浪式地向前发展,使全国各族人民都能比较快地富裕起来。"[1]

第三,社会主义不能搞两极分化。允许出现先富、后富,目的是为了先富帮后富,最终实现共同富裕。因此,先富、后富的现象只是社会主义社会走向共同富裕过程中的动态表现。正如邓小平所说:"我们允许一部分人先好起来,一部分地区先好起来,目的是更快地实现共同富裕。正因为如此,所以我们的政策是不使社会导致两极分化,也就是说,不会导致富的越富,贫的越贫。"[2]

第四,社会主义不是平均主义。无论从过程来看,还是从结果来看,都不能搞平均主义。从过程看,搞平均主义,"吃大锅饭",人民生活永远改善不了,只能导致共同贫穷。"改革首先要打破平均主义,打破'大锅饭',现在看来这个路子是对的。"[3]即使是从最终目标上看,也不可能做到同等富裕或同步富裕,就是实现了"共同富裕",人们的富裕程度仍然有一定程度的差别。因为共同富裕是以承认差别为前提的,没有差别,就没有动力,没有发展,因而也就没有真正的共同富裕。

邓小平"共同富裕"思想的四层含义是相互联系、层层递进的关系,不能只及一点不及其余。共同富裕作为社会主义社会的一种本质要求,它理应是我们这个社会一种自觉的社会行动。在其他社会里,我们可能也会看到社会生产力的发展而使社会成员生活水平普遍提高的现象和事实,但只有社会主义把全体人民的共同富裕作为一种历史责任去自觉地追求。但是,我们在理解邓小平的共同富裕思想时,也必须注意不能把"共同富裕"理解为"同时富裕"或"同等富

---

[1] 《邓小平文选》第 2 版第 2 卷,第 152 页。
[2] 《邓小平文选》第 3 卷,第 172 页。
[3] 同上书,第 155 页。

裕",特别是不能把"共同富裕"作为某种静态的"目标"与现实社会进行简单的对比,以此否定当今中国社会的发展主流。实现共同富裕只能在遵循社会发展客观规律的基础上才能达到,而不能通过违背社会发展的客观规律来人为做到。因此,在实现共同富裕的过程中,必须考虑到中国当代的发展阶段和发展水平,必须从中国的基本国情出发,制定自己的"共同富裕"的战略与政策。只有全面、准确、完整地理解邓小平的"共同富裕"思想,才能对当今中国社会阶层分化现象有一个完整、正确的认识。

三

在全面、准确地理解邓小平的"共同富裕"思想的基础上,我们再来看当代中国的社会分化现象就会发现,中国当前虽然产生了收入分化和阶层分化现象,但它并没有从根本上脱离邓小平在改革开放之初设计的共同富裕轨道。改革开放以来,中国共产党在制定各项路线、方针、政策时,始终遵循邓小平的"共同富裕"思想,在推进中国社会改革开放和现代化建设的历史进程中,遵循社会发展的客观规律,不断推进中国社会的"共同富裕",并取得了历史上从未有过的巨大成就。[1]

第一,改革开放以来,我国政府始终坚持以经济建设为中心,把解放生产力、发展生产力作为头等大事,促进了社会生产力的不断发展,为实现社会的共同富裕奠定了坚实的物质基础。在社会生产力不断发展的基础上,我国的收入分配格局向个人倾斜,居民个人的收入在国内生产总值中的比重由1978年的50.5%上升到1997年的80.9%,而国家收入在国内生产总值中的比重却由1978年的31.6%下降到1997年的14.1%。[2]

第二,扶贫工作的成就最能体现党对"共同富裕"的不懈追求。改革初期,中国有多达2.5亿的人口还没有摆脱绝对贫困状态,20世纪80年代中期,我国开始实施大规模的扶贫战略,向近1/4人口的贫困开战。经过近20年的努力,我国已经成功地使2亿多农村贫困人口摆脱了绝对贫困状态。到2002年,中国农村贫困人口已经降到2 800万人,大约只占农村总人口的3%左右。江泽民曾经指出:"我国农村绝大多数人口的温饱问题已经基本得到解决。12亿中国人

---

[1] 吴鹏森:《新时期我国迈向"共同富裕"的突出成就》,《文汇报》2002年11月15日。
[2] 李欣欣:《我国个人收入分配差距继续扩大》,《经济研究参考》1999年第B8期。

民进入和建设小康社会具备了更为坚实的基础。这不仅是中国历史上的奇迹,也是世界历史上的奇迹!这不仅具有重大的经济和社会意义,而且具有重大的政治意义。这件事在中国的发展史上是值得大书特书的。"

第三,我国的共同富裕还体现在政府对社会收入的调节和社会资源的均衡配置上。改革开放以来,针对社会各阶层收入差距的不断扩大,政府不断对不同阶层收入水平及时进行必要的税收调节,建立与社会主义市场经济相适应的现代社会保障制度,保障低收入群体的基本生活。政府对社会保障制度进行了重大改革,特别是加快了最低生活保障制度建设,形成了一道有力的社会安全网。到2002年,我国政府对城市贫困居民实现了"应保尽保",全国大约有1 930.8万符合低保条件的城市贫困居民全部被纳入最低生活保障网。[1]

特别需要指出的是,现阶段我国城乡居民收入差距的拉大,是在各阶层收入都有明显增长的前提下出现的。以城市居民为例,1999年与1986年相比,20%的高收入家庭年人均收入增长了7.3倍,与此同时,低收入的家庭年人均收入也增长了4.5倍。在农村,据调查,1995—2000年,农村居民高收入组农户人均生活费支出增长了32.5%,中等收入农户人均生活费支出增长了28.7%,低收入组农户人均生活费支出也增长了23%。[2] 因此,新时期中国社会收入的分化,与其说是收入差距不断拉大,不如说是社会各阶层收入增长的速度有快有慢。

但是,也应该指出,所有这些成就并不能掩盖当前中国社会贫富分化现象正在扩大的事实。指出这些成就,旨在帮助人们认识当前中国社会分化现象能够更全面、更客观。事实上,主导当前中国社会结构演变的并不只有一种力量,它是多种力量混合作用的结果。在这些因素中,突出的有以下三种因素:第一,社会制度的作用。共同富裕始终是社会主义制度追求的价值目标,上述各项"共同富裕"的成就正是这种制度发挥作用的结果。第二,市场机制的作用。尽管我们实行的是社会主义市场经济,但市场经济有自身的特性和规律。市场经济要求公平竞争、优胜劣汰,在完全的市场机制下,应该说有一种"两极分化"的天然倾向。但是,我们要考虑到,中国实行市场经济时间不久,这种市场机制在当前中国社会分化中的作用到底有多大,有待深入研究。第三,社会结构的作用。

---

[1] 《城市低保对象初步实现应保尽保,全国1 930万城市贫困居民享受低保》,《人民日报》2002年7月20日。

[2] 汝信、陆学艺、李培林主编:《2002年:中国社会形势分析与预测》,社会科学文献出版社,2002年,第148、150页。

任何社会都是在历史提供的一定的基础上进行发展的。这种作为前提的历史基础以一种结构的力量在现实社会中发挥着自己的作用。因此,唯有充分考虑这些因素的综合作用,才有可能比较全面地解释当前中国社会的贫富分化问题。

四

社会收入差距不断拉大是客观事实,如何科学地认识和解释这一现象是当前理论界面临的一个重要课题,也是引起极大争议的一个热点问题。20世纪90年代以来,国内一部分学者认为,中国已经出现了"两极分化"现象。近年来这种声音越来越大。那么,如何看待这种观点呢?中国真的已经出现了"两极分化"现象了吗?对此有必要作一点具体的分析。

我们知道,"两极分化"是一个有着特定含义的概念,它应当包括两层内涵:一是整个社会的财富和收入向贫富两个极端分化,富者越来越富,贫者越来越贫;二是贫富之间具有因果关系,也就是说,少数富者之所以越来越富,正是以大多数贫者越来越贫为代价、为前提、为基础的。这两层内涵归结到一点,就是这种贫富分化具有一种制度化与体制性的根源,它是一种制度或体制的必然结果。按照对"两极分化"的这一基本理解,显然不能把当今中国社会的收入悬殊现象归结为"两极分化"。如前所述,中国改革开放20多年来,绝大多数居民的收入都有不同程度的增长。不同的是增长的速度有快有慢,增长的幅度有大有小。

因此,我们认为与其用"两极分化"来解释当前中国社会的贫富分化现象,还不如用"结构扭曲"来解释更科学、更合理。所谓"结构扭曲"主要是指社会转型过程中,原有的社会结构在体制转轨、机制转换、社会转型过程中,由于受到结构自身的历史惯性和来自不同利益主体的制约作用所发生的变形与脱节,并由此引起整个社会的严重失范。

"结构扭曲"的第一个突出表现就是地区发展差距越来越大。中国各地发展的不平衡问题由来已久,改革开放以前已经存在。但是进入新时期以来,由于改革开放的时序要求和东西部在自然环境与人文环境方面的巨大差异,我国在改革开放过程中采取了先东后西的非均衡发展战略,再加上"经济吸纳,社会拒入"的流动人口政策[1],导致中国地区发展的差距在新时期越来越大。面对巨大的地区发展差距,用统一的基尼系数和所谓的五等分收入分组来说明中国社

---

[1] 吴鹏森:《"民工潮"形成原因的社会结构分析》,《中国农村经济》1997年第6期。

会的两极分化现象,实际上是把社会的垂直分化与地区差距混为一谈。如果我们在一个发展水平比较均衡的区域内进行测算就会发现,当前中国社会的垂直分化并不像我们所宣称的那么大。例如,不少学者分别对城乡两个社会内部的基尼系数进行计算,发现城市的基尼系数在1981年为0.16,到1998年超过0.3,农村社会的基尼系数在1998年达到0.34,显然,按照国际通常标准,并没有超过贫富分化的临界点。中国社会形势分析与预测课题组的学者也认为,中国基尼系数拉大的问题,主要是由城乡差距拉大引起的。[1]

区分地区发展差距与社会的贫富分化之间的差别,并非是要掩盖当前中国社会所存在的问题,恰恰相反,是为了找到问题的症结所在,以便更好地找到解决问题的方案。

"结构扭曲"的第二个表现是出现了一批非法致富者。官员的贪污腐败、名人的偷税漏税、商家的假冒伪劣、国有资产的大量流失等,都是社会转型期结构扭曲的某种反映。以税收征管为例,个人所得税政策当然是为了调节社会不同阶层的收入差距,目前出现的一些高收入群体偷税漏税现象绝不是我们税收政策的本意所在,也不是税收政策本身带来的必然结果,而是税收征管制度不健全、不完善的一种表现。只要我们进一步健全税收制度和税收征管机制,有法必依、执法必严,上述现象就会得到有效遏制。须知我国从无税时代进入纳税时代,才十几年时间,要在这样短的一个时期内,织成一张天衣无缝的税收征管网络,那是不现实的。但我们要相信,随着我国社会转型的顺利实现,这种不合理的社会现象就会失去存在的土壤。

因此,在当前中国社会中,我们既要看到市场力量作用下的贫富分化,更要重视"结构扭曲"所导致的贫富分化。我们当前面临的主要问题是如何缩小和消除地区差别,如何建立健全现代社会保障制度,以确保低收入群体的基本生活得到切实的保障,如何建立健全社会的法治,依法打击各种非法致富现象。随着社会转型的逐步推进,上述诸多弊端终会逐步加以克服,我们的社会也一定能够适应社会主义市场经济环境而公平、健康地运行。

---

[1] 汝信、陆学艺、李培林主编:《2002年:中国社会形势分析与预测》,第144页。

全球化进程中的世界社会结构变动

一、全球化的社会历史本质

从20世纪90年代中期开始,"全球化"以突然爆发的方式迅速成为一种世界性的主流话语。正如澳大利亚学者沃特斯所说:"就像'后现代'是20世纪80年代的概念一样,'全球化'是90年代的概念,是我们赖以理解人类社会向第三个千年过渡的关键概念。"人类这种话语的转换不是一个简单的语言学现象,它实际上是"全球化时代"到来的一种反映。

面对日益澎湃的全球化浪潮,经济学、政治学、社会学、历史学等学科都空前地介入对全球化的研究,形成了各种不同的研究视野与研究结论。由于学科的不同、出发点的不同、研究角度的不同,人们的态度也可能完全不同。国际学术界将其粗略地区分为三种不同的全球化观念:一是全球化的推崇论者,二是全球化的怀疑论者,三是全球化的变革论者。[1] 总体来说,全球化的推崇论者和怀疑论者都倾向于认为全球化预示着某种单一状态或最终状态的到来,而变革论者则倾向于把全球化看作是一种强大的变革力量,它将推动着全球社会结构的大规模变动与转型。

全球化虽然有各种不同的理解,但其基本趋势是"所有那些世界各民族融合成一个单一社会、全球社会的变化过程"[2]。因此,全球化首先反映了人类

第36届世界社会学大会(北京,2004)会议论文,原载于《江苏行政学院学报》2004年第1期。
〔1〕 戴维·赫尔德等:《全球大变革:全球化时代的政治、经济与文化》,杨冬雪等译,社会科学文献出版社,2001年,译序。
〔2〕 转引自罗宾·科恩、保罗·肯尼迪:《全球社会学》,文军等译,社会科学文献出版社,2001年,第34页。

社会在空间距离上的压缩,是人口、资本、知识、技术、信息等各种要素在全球范围内流动的急剧加速。随着全球化这一过程的展开,整个人类社会的联系开始摆脱地域空间的束缚,此地发生的事情可能是由彼地的事件所引起的,尽管二者相距千里之遥,反之亦然。因此,全球化所带来的将是一个崭新的世界格局,它将世界上所有的民族国家都不同程度地卷入了这个进程之中。在全球化时代,任何一个民族国家的发展都要受制于这种全球化宏观背景的影响,各个国家的发展道路与发展模式的选择,都不能不充分考虑到全球社会的状况。任何希望游离于全球化进程之外的独立发展,都是注定要失败的,并将导致自身被排除在全球化进程之外而不断"边缘化"。当然,从性质上看,全球化包含着客观与主观两个过程,是社会发展规律所引发的历史趋势与某些"新帝国"出于自身利益而有意推动的过程的交织。一方面,全球化作为一个客观的历史进程,是人类社会发展到现时代必然会出现的一种历史趋势;另一方面,全球化作为一个主观过程,在它的背后,明显地受到某些强权国家和具有强大垄断力量的跨国公司的操纵。正如有的学者指出的那样,全球化已经被西方发达国家吸纳进自己的意识形态,成为超级大国在世界上发挥作用的战略准则。"这样一种话语使某些世界观有了'正确性',把它们简化为'常识'。但是,它们显然是西方常识,只在这里被认为是正常的。"[1]面对这样两个相互交织而又彼此性质不同的过程,人们可以痛恨后者,但无法拒绝前者[2]。

全球化在自身形成与演变过程中,沿着经济、政治、社会与文化四个领域和四个层次渐次拓展和向前推进。在经济领域,它首先表现为世界市场的拓张、形成和全球经济的一体化。全球化使商人可以奔走于世界各地去牟取利润。资本的全球自由流动不断强化着资本家固有的追逐利润最大化的动机,在全球化背景下,他们可以自由地在全球各处寻找高利润的投资场所。全球化使经济权力越来越集中到少数跨国公司手中。这些跨国公司可以在全球范围内操纵投资、生产和贸易。根据联合国贸易与发展会议《2000年世界投资报告:跨界兼并和收购与发展》提供的资料,由跨国公司带动的全球外国直接投资在1999年已达

---

[1] Colin Hay, Matthew Watson, "Globalization: 'sceptical' notes on the 1999 Reith Lectures", The Political Quaterly, Vol. 70, No. 4, Oct-Dec 1999.

[2] 现在世界上出现的反全球化浪潮,特别是广大发展中国家反对全球化浪潮,在很大程度上是反对发达国家对全球化进程的操控和片面的理解。

到8650亿美元,2000年可能突破1万亿美元。[1] 通信技术的进步使我们有可能在瞬息之间了解地球另一端的某个家庭、工厂或股市发生的事情。一切似乎都是触手可及,一切传统的空间障碍仿佛突然消失了。这就是全球化带给我们前所未有的社会生活。

在政治领域,它表现为国家之间政治联系更加紧密,不管人们的意愿如何,某些普遍的政治价值观仍将被各国主动或被动地接受。虽然全球化不可能导致世界各国形成整齐划一的政治体制,但显然每个国家的政治体制演变都在不同程度上受到它的影响,这种影响甚至威胁到当代国际政治的基础,即国家主权的神圣不可侵犯原则。

在社会领域,随着全球化的不断加深,人类社会的结构不可避免地趋同化和具有开放性,人类将在自己的历史上第一次冲破民族国家的束缚,开始形成跨国界的所谓世界社会与世界社会结构。在这种全球统一的社会结构中,全球不平等和两极分化的态势仍在不断扩大。法国社会学家阿兰·图雷纳注意到:"我们正在目睹某种全球规模的无产阶级化。这意思是说,各种政治、意识形态和法律的控制都在被摧毁或者说被'解构'。结果是整个世界一分为二或者用拉美人士的话说成为'双重性的'了。在每个人、每个城市、每个国家以及全球的层次上,我们都愈来愈多地看到以世界性的交换体系的活动为一方,以边际化的、受排斥或'非正规'的活动为另一方,二者各行其道,相距愈来愈远。"[2] 富国与穷国之间不仅差距越来越明显,而且不再是各个独立的社会单元,它们共存于一个统一的社会结构之中,表面平等和主权独立的国家实际上成为统一结构中的不同阶层。全球化将穷国不断排斥到一个更加边缘化的地位,使他们处在一种完全不平等的全球竞争环境中而难以摆脱。

在文化领域,它首先表现为作为全球化发源地的西方文化在全球的传播过程,但文化是最为复杂的现象。即使是西方的强势文化,在其扩散过程中,也必然会遭到各个国家传统民族文化的强烈抵抗。不管全球化的程度有多深,人类社会不大可能在文化上也趋于同一,但各国的民族文化在全球化进程中受西方强势文化的影响而发生不同程度的改变,则是不可避免的。

总之,全球化是与现代化分不开的,全球化与现代化是同一文明体系在不同

---

[1] 据新华社、科技部稿编《世界经济与科技》,《中国科技产业》2000年第11期。
[2] 阿兰·图雷纳:《20世纪的社会转型》,陈思译,《国际社会科学杂志(中文版)》1999年第2期。

视域内的表现,是一体两面的文明景观。全球化作为一个社会进程,还处在动态的变动过程之中,它对人类社会的重要影响还没有充分显示出来,其过程和结果还有待进一步观察。但是,从已经发生和正在发生的全球化浪潮分析,全球化是人类社会正在进行的一种客观的历史进程,是一场深刻的社会历史变革。它是人类自己创造的一种新的文明在世界范围内不断扩散和展开的过程,是新文明跨地域、超国界蔓延的结果。要真正认识全球化的社会历史本质,有必要从宏观上对全球化历史进程中世界社会结构的变动作一个整体的分析。这对于我们理解近代以来世界上所发生的诸多事件,对于理解近代以来中国社会所发生的诸多历史现象,都具有重要的价值与意义,甚至可以帮助我们获得许多全新的认识。

二、世界社会结构及其构成要素

从社会学的角度来看,全球化是一场史无前例的社会变迁过程,在这一社会变迁过程中,人类第一次形成了一个"整体的人类社会"或"世界社会"。伴随着世界社会的形成,世界社会的结构问题也必然随之进入人们的视域,成为学术讨论的话题。人类在自己的历史上第一次可以进行"跨国大叙事"式的讨论。[1]

从理论上讲,世界社会与世界历史的概念应该同时出现,但实际上人们谈论世界历史已经有一两百年的历史了,而人们谈论世界社会的概念还是近30年的事。20世纪70年代初,尼·卢曼在《世界社会》一文中提出,很久以来,社会的社会制度界限就同地理界限不相符合,人们的交往范围早已超出了国家的边界。他还认为,不仅人们的交往范围不受国家领土边界的限制,而且社会的功能分化也不受领土边界的限制,"如果现代社会取决于功能分化,那么很难设想所有的功能系统会在同样的领土边界上汇聚:比如,德国与法国的边界或巴西与巴拉圭的边界,也是大众交往变化的界限,是科学发展的界限,是其他金融制度发挥作用的界限,是世界政治注意力终止或开始的界限。……因此,人们实际上只能谈论一个世界社会"[2]。在人们谈论世界社会的同时,有关世界社会结构的讨论似乎也开始了。沃勒斯坦的世界体系论、罗伯逊的四层次论,其实都在一定程度上涉及世界社会结构问题。特别值得注意的是,这些社会学家试图对全球宏观体系进行整体把握。沃勒斯坦的《现代世界体系》是一项里程碑式的社会学

---

[1] 乌·贝克、哈贝马斯等:《全球化与政治》,王学东等译,中央编译出版社,2000年,第5页。
[2] 同上书,第29页。

研究,他的主要贡献在于摆脱了传统社会学以国家为分析单位的研究范式,取而代之以超国家的社会体系作为分析单位,并从这种超国家的社会体系角度对全球资本主义进行了分析,这就为我们对全球化进程中世界社会结构的研究提供了重要的理论基础。[1] 吉登斯则从现代性的角度来讨论全球化问题,他从时空的分离和社会系统的剥离这两个现代性的核心概念出发来分析全球化过程,认为全球化不过是现代性的全球扩张过程。正是现代性的拓展重构了人类时空距离的关系,使得社会系统从具体的空间结构中剥离出来。现代性将其四个制度层面——资本主义、工业主义、军备力量和社会监督——发展成全球化的四个向度:全球资本主义体系、国际劳动分工、全球军事秩序和民族国家体系。在吉登斯看来,全球化不过是现代性的后果之一,如果放任全球化的急剧膨胀,可能会导致灾难性的后果。[2] 罗伯逊认为全球化可以从个体、社会、国际社会体系和人类体系等四个层面的互动过程来理解,全球秩序正是透过这四个各具独立性、同时具有相互依赖性的层面形成。考克斯更具体地对世界社会结构进行过自己的分析,他认为全球化已将整个世界的社会分为三个等级:上层属于那些能够把自己完全结合进全球经济的人,他们包括从事全球经济的经理,以及那些为全球经济生产并享有较高收入和工作稳定的工人;中间层是那些虽和全球经济沾点边,但工作很不稳定的人,这批人由于世界上越来越多的公司采用"后福特主义"对公司重建而在数量上不断增加;下层是那些所谓"多余的劳工"所组成的人,这些"多余的劳工"由于被全球经济排除在外,因而常常陷入贫困之中。[3]

尽管世界社会与世界社会结构问题已经在几十年前就被人们开始讨论,但本文所讨论的世界社会和世界社会结构与其在内涵上还是有较大的差异。我们这里讨论的世界社会和世界社会结构与沃勒斯坦的世界体系理论有着更多的内在联系。与卢曼的交往假设和功能假设则有较大的不同,我们这里所说的世界社会是在世界近代以来兴起的现代化潮流中,被卷入一个统一的经济社会体系之中的整体。同样,我们这里所说的世界社会结构也不像考克斯那样只是简单地将国内社会分层结构套用到世界社会结构中来。因为世界社会的结构远比国内社会的结构复杂,既不能简单地用马克思的所有制理论进行阶级划分,也不能

---

[1] 沃勒斯坦:《近代世界体系》,郭方等译,桂冠图书公司,1998年。
[2] 安东尼·吉登斯:《民族——国家与暴力》,胡宗泽、赵力涛译,生活·读书·新知三联书店,1998年。
[3] 转引自杨伯溆:《全球化:起源、发展和影响》,人民出版社,2002年,第13页。

简单地用西方的多元社会标准进行世界社会的阶层划分,而必须从影响世界社会结构形成的诸要素的互动关系出发进行分析,才能比较准确地反映全球化进程中世界社会的结构特征。

影响世界社会结构的构成要素主要有哪些呢?纵观全球化进程的历史演变,影响世界社会结构的要素突出的有资本、国家、阶级与自然人。

1. 资本

资本是影响全球化的首要因素,也是形成世界社会结构的重要因素。全球化是一种新的文明跨地域、超国家扩张的结果。而这种文明在本质上是一种资本文明与市场文明,因此它首先是以资本的扩张形式存在的。对此,马克思有着最为深刻的分析。

马克思认为,全球化是人类社会由各民族的国别历史向世界历史转变的过程。人类社会从各民族的历史向世界历史的转变,是资本首创的。"不断扩大产品销路的需要,驱使资产阶级奔走于全球各地。它必须到处落户,到处开发,到处建立联系。"[1]而资产阶级这种奔走于世界各地的根源在于资本的本性,正是资本的市场扩张本性在很大程度上促进了"世界历史"的形成。"资产阶级社会的真实任务是建立世界市场(至少是一个轮廓)和以这种市场为基础的生产。"[2]因此,"历史向世界历史转变",绝不是某种纯粹的思想活动,而是一个客观的物质过程,说到底是以生产力的发展为基础的社会发展过程。只有随着生产力的不断发展和高度发达,人类社会的地域性存在才能够转变为全球性存在。生产力的发展是国别历史向世界历史转变的基础,也是全球化的最终决定力量。

影响全球化或"世界历史"形成的资本是以"人格化"的形式存在的,全球化可以说是"人格化"的资本本性使然。[3] 这种"人格化"的资本在不同的历史阶段有不同的存在形式。在早期,它表现为单个的资本家和资本家集团,也就是马克思所描绘的他所在时代的典型的资产阶级。到了20世纪初,当资本主义从早期自由竞争的资本主义转变为垄断资本主义时代以后,这种"人格化"的资本就表现为以股份制为特征的托拉斯、康采恩等资本巨人或股份公司。而到第三个阶段,资本又进一步形成规模更加巨大的跨国公司。在这个过程中,资本的组成与社会结合形式,像变形金刚一样令人不可思议地变化、叠加与放大。随着单个

---

[1]《马克思恩格斯选集》第2版第1卷,人民出版社,1995年,第276页。
[2] 同上书,第348页。
[3] 杨伯溆:《全球化:起源、发展和影响》,第7页。

的资本家演变为今天的跨国公司,资本在推动全球化进程中的作用也越来越大。

2. 国家

有的学者认为,全球化是一种"去国家化"的过程,或被称为"去地域化""非领土化"[1]、超地域关系的增长[2]。这种说法虽然反映了全球化时代的一个特点,但并不完全准确。全球化的确是一场新的世界范围内的结构变革与转型过程。但并不表明国家在这一进程中只是一个"被动挨打"甚或是被"淘汰"的角色。恰恰相反,在世界社会结构中,国家始终是一个极为重要的要素与行为和利益主体,只不过在全球化的不同阶段,国家的"立场"和作用各不相同、几经转变。在今天的世界上,全球化还只是一种时代潮流和发展趋势,世界还远远没有实现全球一体化目标。尽管地域主义的理念正在逐渐弱化,但地域性依然存在,国家与祖国的概念仍然深入人心。因此,任何忽视国家的观点都是错误的和有害的。

民族国家的形成是近代资本形成的一个重要前提。在资本主义的早期,民族国家实际上是资本的保护伞。只是在后来,当资本的发育突破了民族国家的桎梏以后,资本才开始游荡于整个世界,成为超越民族国家的一种独立的全球化要素。但即使如此,国家也并没有因此而降低它的历史地位和作用。

然而,并非所有人都赞成这种观点,有的学者认为,当资本不再受国家的限制,而在全球范围内流动和寻找资源时,也就意味着"全世界资产者联合起来了"。当跨国公司真正跨出国界,成为一种国际性资本的时候,它就已经失去了原来的"祖国",无论是与母国还是与东道国,都只具有一种单纯的利害关系,而不再具有感情上的纠葛。[3] 然而,我们不应该忘记,至少直到今天,国家仍然在这个世界上是影响全球社会结构的最重要因素。尽管在全球化时代,已经没有一个国家能够只消费本国的产品,但这并不能说明什么,资本家或跨国公司"没有祖国"只是一个神话。现在许多人在研究全球化时,都大谈全球化的视角,仿佛国家已经在这个世界上无足轻重了,实乃大谬不然。在全球化进程中,国家一直在扮演着极为重要的角色,是推动全球化进程的重要力量。

3. 阶级

当资本主义文明兴起之时,资本与劳动者的对立便以集中而鲜明的形式出

---

[1] 乌·贝克、哈贝马斯等:《全球化与政治》,王学东等译,第5页。
[2] Jan Aart Scholte, *Globalization: A Critical Introduction*, London: Macmillan Press, 2000.
[3] 杨伯溆:《全球化:起源、发展和影响》,第11页。

现。这样两个以所有制关系联系在一起而又尖锐对立的社会集团,就是马克思毕生作为自己研究对象的"阶级"。

马克思认为,全球化历史的形成主要得益于工业革命中登上历史舞台的资产阶级,正是这个新兴的阶级依靠"资本"和市场的力量,基于"不断扩大产品销路需要"这样一种资本内在的扩张冲动,驱使自己"奔走于全球各地",不断开拓世界市场,"把一切民族甚至最野蛮的民族都卷入到文明中来","按照自己的面貌为自己创造出一个世界"[1]。由于对剩余价值无止境的贪欲,资本充满了不断膨胀和扩张的冲动,它力求冲破各种地域的限制,为自己的生存和发展寻求更大的发展空间。"创造世界市场的趋势已经直接包含在资本的概念本身中。任何界限都表现为必须克服的限制。"[2]"资本一方面要力求摧毁交往即交换的一切地方限制,征服整个地球作为它的市场,另一方面,它又力求用时间去消灭空间,就是说,把商品从一个地方转移到另一个地方所花费的时间缩减到最低限度。"[3]

但是,如果仅仅到此为止,也就不需要把阶级单独列为一个要素,只要把它和资本结合在一起就可以了。问题在于,在资本主义社会,影响和左右全球化进程的力量并不仅仅是与资本在一起的资本家阶级,与其正面对立的工人阶级或无产阶级同样是一支不可忽视的社会力量。与历史上以往的被剥削、被压迫阶级不同,无产阶级不单纯是一个被压迫者,它还代表着一种新的生产力和未来社会发展的方向,一旦他们意识到这一点,他们就可以结束自己的分散状态,形成一个有高度组织纪律性的自为阶级。正是这种自为的无产阶级,在日后的斗争中,深刻地影响到全球化的历史进程。

4. 自然人

自然人因素对全球化进程的影响过去一直被人们所忽视,直到现在,笔者尚未见到有关自然人对全球化进程影响的专门研究。但笔者认为,自然人同样是影响全球化进程的重要因素。与资本一样,自然人在全球化的早期,也是在国家的范围内生活的。但到一定时期后,自然人的活动范围开始超出传统的民族国家的范围,在全球范围内流动,从而体现出自然人在全球化进程中的作用与价值。

---

[1] 《马克思恩格斯选集》第 2 版第 1 卷,第 276 页。
[2] 同上书,第 388 页。
[3] 同上书,第 538 页。

在全球化进程中,自然人作为全球化推动力的因素,首先是指被称为"国际性人才"的那批人,因为全球化需要大量具有全球意识,熟悉世界政治、经济、文化的国际性人才。从最初的技术发明型人才到现代的高级管理型人才和科技创新型人才,他们的共同特点是"世界人",他们对于世界社会的形成与演变具有关键性的推动作用。他们可以不受现行国家单位的制约,在世界范围内选择自己的位置,以整个世界为舞台,在世界范围内流动。尽管这种流动不一定实际发生,但这种潜在的可能性导致他们的母国必须以全球的眼光来看待他们,制定相关的社会政策。

但是,推动全球化进程的绝不仅仅局限于"世界级人才"层次的自然人,普通劳动者同样可能卷入其中。为了削弱发达国家中产阶级和劳工阶层对资本的制约作用,跨国公司和全球化的其他推动者开辟各种渠道从发展中国家接收一批又一批移民,他们从事着跨国公司母国公民不愿意干的工作。[1] 也就是说,全球化所引发的移民浪潮,从根本上破坏了发达国家内部资产阶级与劳工阶级在过去100年内所建立起来的"妥协",迫使发达国家普通劳动者接受更低的劳动报酬。

总之,影响全球化进程中世界社会结构变动的因素很多,但资本、国家、阶级、自然人无疑是其中最值得重视的几大要素。

三、世界社会结构的孕育与形成

全球化时代也许刚刚开始,但全球化进程的孕育已经有几个世纪了。早在500多年前,哥伦布发现新大陆,第一次把东、西两半球连接在一起,实际上也就在无意中拉开了全球化的序幕。[2] 今天,虽然全球化的浪潮来势汹涌,但它的历史进程还远远没有完全展现在我们的面前。从全球化进程中世界社会结构的变动来看,它必然要经历前后相继的四个历史阶段。全面认识这一历史进程还需要经受时间与历史的检验。

第一个阶段是全球化的孕育与萌芽时期。在这个历史阶段中,世界历史刚

---

[1] 杨伯溆:《全球化:起源、发展和影响》,第14—15页。
[2] 有些学者把全球化区分为广义与狭义,广义的全球化是自人类诞生以来就开始了,在这里,全球化与整个人类史是统一的。狭义的全球化则是自近代资产阶级登上历史舞台开始的,它是指人类社会从国别历史走向世界历史的过程。但也有人把全球化的起点界定为20世纪末期,也就是所谓"全球化时代"的开始,这可以说是对全球化的最狭义的理解。如果考虑到这一观点,就可以把全球化的起点区分为广义、中义与狭义三种观点。本文选择的是"中义"。

刚开始,如同沃勒斯坦所描绘的世界体系一样,世界社会还仅仅在少数几个资本主义国家间存在。这个历史阶段的世界社会结构其实也就是刚刚兴起的资本主义社会的结构。资本主义国家所占有的众多殖民地仅仅是资产阶级在本国内部进行阶级剥削的一种外部延伸而已。在这个阶段里,国家是以维护资产阶级的统治秩序为特征的,或者说它的唯一统治基础就是资产阶级,国家与资本高度地结合在一起,形成一种统一的社会统治力量。自然人在这个阶段还没有形成影响全球化进程的独立因素。可以说,在全球化的第一阶段,是资本唱"独角戏"的历史阶段,资产阶级与无产阶级以及整个世界的正面对立,是这一时期世界社会结构的基本特征。

地理大发现与殖民主义体系的形成,极大地刺激了西方资本主义国家早期的商品输出,为资产阶级开拓世界市场创造了有利条件。到19世纪末,一个全球性的市场渐次形成。"资产阶级,由于开拓了世界市场,使一切国家的生产和消费都成为世界性的了。""过去那种地方的和民族的自给自足和闭关自守状态,被各民族的各方面的互相往来和各方面的互相依赖所代替了。"[1]在马克思看来,由资本所主导的全球化进程,是资产阶级在历史上发挥进步作用的重要表现。资本的全球性扩张完全是出自资本自身的生存和增殖需要,但它同时也在客观上充当了全球化的历史工具。全球化从实质上说就是资产阶级挟其经济上的优势"迫使一切民族和国家——如果它们不想灭亡的话——采用资产阶级的生产方式"[2]的过程。在这个过程中,由于世界发展的失衡,形成了当今世界仍然存在的以不平等为特征的一系列"中心—边缘"结构,这就是以欧洲为中心,以东方和其他落后地区为边缘;以现代化的城市为中心,以落后的乡村为边缘;以资本主义经济为中心,以其他经济为边缘;以少数资本家阶级为中心,以大多数工人阶级和劳动人民为边缘;以少数压迫民族和宗主国为中心,以广大被压迫民族和殖民地国家为边缘。

全球化的第二个阶段是以垄断资本主义的形式出现的。在这一阶段,资本与国家的关系发生了重大变化。垄断资本主义的出现固然为其追求垄断利润创造了必要的组织前提,但此时西欧国家内部的无产阶级也在政治上日益强大起来。

---

[1]《马克思恩格斯选集》第2版第1卷,第276页。
[2] 同上。

随着资本主义的发展,发达国家内部的阶级矛盾与阶级斗争日益尖锐和激烈,以至严重威胁到资本主义社会秩序。面对日益强大的无产阶级,资产阶级被迫从两个方面寻找出路。一是在内部缓和与工人阶级的社会矛盾,这一点突出地表现在西方发达国家社会保障制度的建立过程中。二是加强对外部世界的掠夺。资产阶级巩固了内部统治秩序以后,便将攫取利润的目光转向全世界,企图以重新瓜分殖民地和世界势力范围的办法获得自己的利益,由此导致20世纪上半叶两次世界大战的发生。

令所有资产阶级都意想不到的是,两次世界大战并没有帮助资产阶级解决由于国内阶级妥协而造成的利润源泉受损问题,相反,它不仅导致了300多年的殖民体系彻底解体和民族解放运动蓬勃兴起,而且导致一个强大的社会主义阵营的出现。社会主义阵营的出现以及由此而带来的世界冷战格局,虽然没有从根本上改变全球化的基本走向,但它的确对全球化进程产生了一系列重大影响,特别是有力地推动了资本追逐利润的方式的改变。

在社会主义潮流的影响下,第二次世界大战后初期,西欧是罢工浪潮最迅猛的地区。工人运动的空前高涨,给垄断资产阶级以沉重的打击。垄断资产阶级为了缓和与无产阶级的矛盾,进一步加速了资本主义各国国内阶级妥协进程。如英国建立起世界上第一个"从摇篮到坟墓"的全民福利国家。其他西方发达国家纷纷仿效,尽管类型各异,程度不同,但西方发达国家大体上都完成了内部的利益整合过程。在这种情况下,资产阶级不得不把自己追逐利润的手法从赤裸裸的掠夺转向技术进步,从而推动了战后新技术革命浪潮的到来。随着新技术革命一浪高过一浪,不仅使资本获得了过去从未有过的利润源泉,而且将另一种社会要素引入全球化进程之中,这就是人力资源,特别是作为"世界人"的高层次人才,逐渐成为影响全球化进程的重要力量。

回顾第二次世界大战之后西方发达国家的发展历程,可以发现,由于新技术革命和全球化,资本主义国家内部的阶级矛盾大大缓和。尤其是跨国公司的形成以及资本股份制结构的普遍化,极大缓和了资本主义社会长期存在的生产社会化与生产资料私人占有的社会基本矛盾。

随着资本主义内部矛盾的缓和,加上两次世界大战的沉重代价,迫使资产阶级改变了自己追逐利润的方式。科技革命与国际贸易相结合,为资本找到了新的利润源泉。资本主义发达国家充分发挥其科技优势,通过不公平的国际经济政治秩序,获得了过去战争手段无法比拟的更大好处。这一时期的世界社会结构主要以发达国家与发展中国家两极对立的形式出现,以国家形式出现的南北对立成了此时世界社会的基本结构。尽管在 20 世纪 50—60 年代,西方出于冷战的需要,提出了帮助发展中国家发展的各种理论和方案,但几十年的结果和无情现实是南北差距越来越大。

四、"全球化时代"的世界社会结构

全球化的第三个阶段是 20 世纪 70—80 年代开始的,但真正为人们所认识则是 20 世纪末,这就是当前正为人们津津乐道的"全球化时代"。推动这个时代到来的主要力量是跨国公司与国际移民。

随着时间的推移,西方发达国家在 20 世纪建立起来的福利国家正受到史无前例的挑战。由于维持这种福利国家的高税收、高工资和高福利政策,极大地增加了资本的获利成本和沉重负担,迫使资本大规模地向其他发达国家和发展中国家转移,并由此引发了相应的技术扩散与转移。

由于资本的自由流动,跨国公司以及其他形式的"人格化"资本与母国的关系日益松懈,资本越来越作为一种独立的力量左右和影响着全球化进程。跨国公司再也不愿意固定在本国接受高税收、高工资、高福利的社会政策所带来的企业社会成本。它们充分利用全球化时代的资本自由流动机制,把资本转移到社会成本较低的国家。正如有的学者所说的那样,这些跨国公司的经理们和其他资本所有者,既要在发展中国家享受廉价的劳动力和优惠的投资环境,特别是税收优惠,又要将家庭留在母国享受福利国家的一切:他们把跨国公司的管理部门转移到印度的南方,却将子女送到欧洲由政府资助的大学学习;他们从来不考虑如何增加就业机会,一方面要求代价高昂的政治、社会和公民权利,另一方面又破坏维持这些权利的政府财政。[1] 这种全球化时代的大规模的资本流动对发达国家内部社会结构具有极大的破坏性。在全球化的第二个阶段所形成的发达国家内部富人对穷人的依赖性已经不复存在,资产阶级与工人阶级在 20 世纪建立起来的"妥协"正在坍塌,在发达国家的劳工阶层看来,资本家的损人利己本性又重新回到他们的躯体之中,经济全球化意味着资本家对本国劳工阶层的背叛。

与此同时,在发展中国家也出现了一种新的现象,这就是人才流失的巨大压

---

[1] 乌·贝克:《超越单一民族国家》,《参考消息》2000 年 1 月 5 日。

力。第二次世界大战结束以来,发展中国家人才每年大量向发达国家流失。以中国为例,仅改革开放20多年中,中国出国留学人数达45万以上,而学成归国者只有大约1/3,而且这1/3主要还是近年来由于中国经济的快速发展和世界经济的不景气所促归的。在印度、巴基斯坦等其他发展中国家,这种大规模的人才流失现象同样普遍地存在着。这说明,在日益开放的全球化时代,自然人与"祖国"之间的联系越来越松散,出现了所谓白领人才全球化和白领工作全球化的现象。[1] 无论是从制度层面,还是从心理层面,自然人的跨国流动阻力越来越小。这种现象导致两种结果,一方面导致发达国家大量吸纳外来人才,"借别人的脑袋发财";另一方面,迫使发展中国家不得不从全球化的角度考虑自己的人才政策,在社会财富还不丰裕的情况下,被迫拉大贫富差距,大幅度提高人才待遇。

但是,不要以为这种趋势立即就会使得发达国家与发展中国家差距缩小,恰恰相反,在这一阶段的初期,更容易导致全球社会的"两极化"。这是因为,在资本向外转移过程中,并不一定以发展中国家为目的国,由于投资环境并不仅仅是指工资和税收成本,还包括劳动力素质、社会秩序、法律环境、市场容量,等等。因此,在资本外流过程中,首选地更可能是其他的发达国家,形成资本在发达国家之间的相互流动局面。只有少量资本流向发展中国家。在资本向发展中国家流动过程中,往往还伴随着种种"不道德"的"肮脏转移",如对环境的破坏、资源的消耗,等等。

总体来说,经济全球化首先是对发达国家有利的,但并非所有发达国家都能从中同等受益,关键是看发达国家的原有社会结构与全球化进程中的社会结构变动趋势是否吻合与协调。经济全球化对发达国家的益处又首先体现在以跨国公司为首的资本家集团。在全球化时代,资产阶级第一次获得了在全世界不受任何约束地自由流动,寻找对自己有利的利润扩张机会,并有了规避高税收和严格管治的有效途径。正因为如此,在这一时期,全球化的"两极化"现象更加突出,从而形成了全球化时代的两大受害者——发达国家的劳工阶层和缺乏迎接

---

[1] 据美国《华盛顿邮报》2003年4月2日报道,白领工作已是美国欣欣向荣的一项出口活动。总部设在纽约的建筑设计公司HLW国际公司越来越多地通过向上海的合伙人包租的方式完成工作,而费用只有国内成本的一小部分。在印度,放射学家可以为美国的医院直接分析解读CT扫描结果,会计可以为几乎全球各地的住房贷款申请进行风险评估。到2015年,大约有300多万份白领工作以及将近1 400亿美元的工资将从美国转移到其他国家。参见《参考消息》2003年4月6日。

全球化浪潮战略、能力和相关条件的发展中国家,正是这两股力量构成了当今世界"反全球化"力量的主体。[1]

  虽然全球化时代的早期,资本主要在发达国家内部流动,但"全球化时代"是一个相对漫长的历史过程,在全球经济一体化的驱动下,资本终将大规模地向发展中国家流动,从而使发展中国家与发达国家的经济差距逐步缩小。发展中国家为了自身的发展,不得不在经济与社会生活的很多方面"与国际接轨",自觉遵守与维护全球经济活动中的"标准化"和"规范化",按照国际惯例行事,遵循统一的游戏规则,不断地把自己纳入全球经济秩序中去,从而推动发展中国家与发达国家在经济政策层面相互靠拢。

---

[1] 庞中英主编:《全球化、反全球化与中国》,上海人民出版社,2002年。

第 8 章
DI BA ZHANG

新中国成立初期维护社会稳定的历史经验

近年来,我国维护社会稳定的形势越来越严峻,任务越来越重,成为各级党委和政府的头等大事。然而与实际部门的维稳任务相比,理论界却鲜少有人对社会稳定问题进行专门而系统的理论研究。对新中国成立以来,中国共产党在如何维护社会稳定方面的经验教训进行反思,从理论上总结我国不同历史时期维护社会稳定的经验教训,对我国新时期维护社会稳定具有借鉴与启示意义。

一、新中国成立初期面临的社会维稳形势

新中国成立之初,中国社会面临的维稳形势非常严峻。从政治层面来看,1949年中华人民共和国建立之初,战争并未完全结束。即使是已经解放的广大地区,还有数以百万计的国民党军队残部和有意保留下来的武装力量以及潜伏下来的大量敌特组织和反动党团骨干成员。据统计,当时散留在社会上的职业特务有7 700余人,国民党和三青团成员达650余万,土匪40多万,封建会道门27种,拥有道徒1 360余万,地主200万。[1] 这些旧政权的残余势力甚至一度成为危害很大的反动势力。无论城市还是乡村、新区还是老区,新生的人民政权遇到了土匪武装、国民党特务分子以及反动会道门等封建迷信组织的破坏。据统计,1950年1月至10月,全国共发生妄图颠覆新生政权的武装暴动816起,西南地区曾被匪特攻打、攻陷的县城有100座以上;1950年,全国有近4万名干部和群众积极分子惨遭匪特杀害。[2] 更重要的是国民党政权并未被彻底消灭,只

本文写于2011年,系首次公开发表。
〔1〕 徐汉民:《人民治安40年》,警官教育出版社,1992年,第10页。
〔2〕 中共中央党史研究室:《中国共产党历史》第二卷上册,中共党史出版社,2011年,第44—45页;另参见《中国人民公安史稿》,警官教育出版社,1997年,第256—257页。

能说是被迫退出大陆而逃到台湾岛上去了,在理论上讲,旧政权有随时反攻的可能。因此,即使单纯从如何稳定政局的角度来看,新政权面临的维稳任务也与历史上其他政权更迭有很大的不同。

从社会层面来看,无论乡村还是城市,新政权都面临着严重的困难。在农村,由于长年战乱和自然灾害,人民生活非常困难,生灵涂炭,民不聊生。以淮海战场为例,中国共产党之所以能用60万军队打败了国民党80万军队,是因为在这60万军队背后有多达150万以上的支前民工。正如陈毅所说,淮海战役的胜利,是人民群众用小车推出来的。但很多人可能不知道的是,在淮海战役爆发的1948年冬天,战区雪灾特别严重,由于战争将老百姓的房屋摧毁,使大批灾民无以栖身,只能龟缩在战壕中遭受雨雪侵袭,甚至出现曝尸污染,瘟疫流行的惨状。[1] 战争结束后,新政权面临数以千万计的灾民、流民、游民需要安顿和救济。在城市,由于战争的破坏和旧政权的迅速垮台,导致严重的失业问题,失业人员高达400万,相当于1949年年底在业职工人数的一半。1950年7月,全国登记失业工人达166.4万人,1952年,由于"三反""五反"运动,一些投机资本家破产,失业问题更加严峻,当年全国有失业、半失业人员约280万人,其中失业、半失业工人约120万人,约占失业半失业人员的43%。[2] 除失业工人外,当时还有不少失业知识分子,直到1952年还有失业知识分子约43万人,占失业人员总数的15%。[3]

更重要的是,中国共产党的目标不仅仅是恢复受战争破坏的社会秩序,维护社会的基本稳定,更要重新塑造这个社会,实现社会秩序的转型。这样,一些在其他政权看来并不直接影响社会稳定的因素也要纳入改变的范畴。例如,消除在中国存在几千年的各种社会恶习,如赌博、封建迷信,特别是在以前的社会普遍存在的会道门等民间组织等,从而加重了恢复社会稳定、重建社会秩序的任务和可能遇到的风险。

二、新中国成立初期维护社会稳定的具体措施

面对复杂严峻的政治与社会不稳定局面,中国共产党和新生的人民政府在政治、军事、经济和社会各层面分别采取了坚决的措施,迅速恢复了社会基本秩

---

[1] 安徽省地方志编纂委员会:《安徽省志(民政志)》,安徽人民出版社,1993年,第207页。
[2] 袁志平:《解放初期上海对失业工人的救济和就业安置》,《中共党史研究》1998年第5期。
[3] 《1951—1952年上海市处理失业知识分子问题史料选》,《档案与史学》1998年第2期。

序,维护了社会稳定。

首先,面对国民党政府留下来的各种残余势力,实施坚决的军事手段和专政措施,予以彻底的打击。1949年10月1日,新政权建立的当天,朱德总司令宣布命令,要求人民解放军全体指战员,迅速肃清国民党反动军队的残余,解放一切尚未解放的国土,同时肃清土匪和其他一切反革命匪徒,镇压他们的一切反抗和捣乱行为。到1952年年底,共消灭匪徒武装240余万人,杀掉土匪、恶霸、特务、反动党团骨干、反动会道门头子五个方面的反革命分子71万人,关押129万人,管制123万人,基本上消灭了中国大陆上的反革命残余势力,维护了社会秩序的基本稳定。[1]

其次,是以民生为本,采取各种积极的措施,舒缓民困,改善民生。在城市主要是通过积极的就业政策,消除失业,安定人心,维护了社会的稳定。面对严重的失业问题,中央政府进行科学分析,针对不同失业人员采取了不同的救济与安置政策,成功地解决了旧社会遗留下来的失业问题。对国民党政府遗留下来的旧人员,国家采取了"包下来"的政策,认为"除少数战犯、特务及劣迹昭著的分子以外,一般均将希望寄托于我们","一般地不能用裁撤遣散方法解决,必须给予工作和生活的出路"[2]。对原国民党生产机构、企业组织的旧职员采取原封不动的接收政策,并在生产恢复、秩序安定之后进行了必要的改革。

对失业工人实行社会救济和扩大就业相结合的政策。1950年6月至1952年,中央人民政府先后发布了《关于救济失业工人的指示》《救济失业工人暂行办法》《关于救济失业工人的总结及指示》《关于救济知识分子的补充指示》等一系列办法、指示,对失业半失业人员的就业问题作了全面的规定。在救济方式上,实行以工代赈为主,同时采取生产自救、转业训练、还乡生产及发放救济金等多种办法。

与此同时,中央和地方各级政府采取政府安置和个人就业相合的政策,扩大就业渠道,从根本上解决失业人员的就业问题。据统计,1950年7月到1952年9月,全国安置就业人数总计118万多人,其中生产自救安置14万多人,还乡生产13万多人,介绍就业90多万人,3年平均每月安置工人4万多人。[3] 失业问

---

[1] 王天文、王德木:《新中国建立后头七年党保持社会稳定的历史经验》,《河南师范大学学报(哲学社会科学版)》1991年第1期。
[2] 中央档案馆编:《中共中央文件选集》第14册,中共中央党校出版社,1987年,第715页。
[3] 中国社会科学院、中央档案馆编:《中华人民共和国经济档案资料选编:劳动工资和职工福利卷(1949—1952)》,中国社会科学出版社,1994年,第218页。

题的合理解决,不仅消除了失业人员的恐慌和不安,维护了社会的稳定,而且增强了工人阶级内部的团结,提高了党和政府的威信,巩固了新生的人民民主政权。

三、新中国成立初期维护社会稳定的基本经验

以上我们只是粗略地回顾了中国共产党在新中国成立初期维护社会稳定、巩固新生政权、重建社会秩序方面的基本措施及其实施的效果。如果要概括其基本经验,主要有以下几点:

第一,将维护社会稳定与重建社会秩序有机结合起来。中华人民共和国是中国共产党在长期的国内战争取得胜利后建立的新政权。与中国历史上的任何改朝换代一样,新政权首先都面临着如何结束战乱,稳定社会秩序的任务。但是,中华人民共和国与中国历史上的改朝换代又不完全一样的是,这次的历史巨变,不仅仅是"改朝换代"(或曰政权更迭),重建社会秩序,它还面临着实现社会转型,建立一个根本不同于传统社会的现代政治秩序,或者说,它要建立的是一个新型社会。正是这双重的性质和任务,使得中国共产党在新中国成立初期重建社会秩序的过程,既有和历史上其他新生政权相同的一面,又有与之不同的一面。比较突出的就是,在恢复和重建社会秩序过程中,不仅打击那些国民党残余势力,而且取缔和打击那些与新政权理念不合,对于新政权的存在构成威胁的各种秘密社会组织。同时,还坚决取缔娼妓、烟馆等旧社会的丑恶现象。

第二,将维护社会稳定和发展国民经济有机结合起来。维护社会稳定不同于追剿国民党残余势力,任务较为单一,其更多地涉及普通老百姓的生活问题,范围比较广。对于广大人民群众来说,能够有饭吃、有衣穿、有房住,才能算得上安定的日子。而要过上安定的日子,首要的是必须解决就业问题。对于政权更替时期的大量失业人口,既要进行必需的救济,又不能简单地特别是不能长期地靠救济来解决,必须要迅速地恢复生产,搞活国民经济,扩大就业岗位。

第三,将重建社会秩序与基层政权再造有机结合起来。在重建社会秩序过程中,中国共产党非常重视城乡基层政权进行再造。在城市,经过短暂的军管时期后,普遍开始对基层政权进行改造,彻底废除"具结联保连坐"的保甲制度,从根本上铲除旧政权的统治根基,建立新的城乡基层政权组织。在农村,1950年12月,政务院颁布《乡(行政村)人民政府组织通则》,将乡确定为我国农村基层政权。在城市,最初也有各种各样的探索和不同名称,到1952年,逐渐稳定为

"街居制",以街道办事处作为城市区政府或不设区的市政府的派出机关,同时,在街道办事处下面设立具有自治性质的居民委员会。这些基层政权组织的建立对于彻底摧毁旧的政权残余势力,恢复社会的基本秩序和维护社会稳定起到非常重要的作用。

第四,将依靠专政机关与发动群众有机结合起来。在恢复社会秩序、维护社会稳定和巩固新生政权的过程中,不是单纯依靠军事力量和国家专政机关,还有很重要的一个方面是依靠发动群众,通过群众的创造和群众的力量来维持社会秩序的稳定。在所有新解放地区都可以发现,真正直接用于维护社会稳定的专门力量是比较少的,更多的是发动群众,进行广泛的社会动员,通过群众自治的力量来维持社会治安,确保社会稳定。

第五,将治理社会秩序与加强自身建设有机结合起来。中国共产党始终非常重视自身的建设,在进城之初就召开了七届二中全会,提前从政治上和思想上作了充分准备。在进城以后,不断通过各种方式加强党的自身建设,努力开创一个廉洁清明的政治局面。在治理社会秩序过程中,党和政府的形象树立起来了,人民对政府产生了极大的信任,整个社会正气上升,促进了社会良好秩序的形成。

四、新中国成立初期维护社会稳定的历史经验对今天的启示

中国共产党在新中国成立初期维护社会稳定的基本经验,对于我们今天维护社会稳定具有重要的启示意义,尤其是以下几点需要我们特别加以重视:

第一,执政党要顺应历史潮流,站到历史的制高点上凝聚人心。得人心者得天下,这是千古不变的铁律。中国共产党在新中国成立初期之所以能够大刀阔斧地重整河山,安顿天下,关键在于顺应了人心民意。国民党虽然有意识地留下了几百万游击部队,但却无法像共产党当年那样做到"星星之火,可以燎原",而是很快被彻底地剿灭干净。这里的关键不在于这些人的素质或能力,而在于他们的行为是顺应还是违背历史潮流。国民党违背了人心,它只能是一个旧政权的垂死挣扎,必然逃脱不了覆灭的命运。同样,如果新生的政权自己违背历史潮流,违背民心所向,也很难保持社会的稳定。

第二,要增强意识形态的包容性,发挥社会制度的号召力。解放战争后期的形势之所以"一边倒",不仅在于人民解放军的军威强大,势不可挡,最根本的还在于,当时的新民主主义社会理念包容了当时中国社会的各种政治认知,形成了

最大的社会公约数,得到社会各阶层的认同。新政治协商会议的召开,《共同纲领》的制定,中央人民政府的构成,都是这种政治包容性的充分体现。有了这种政治包容性,就可以化解各种社会矛盾,消解各种不稳定因素。

第三,要坚决贯彻科学的治国理念,进行广泛的社会动员,发动群众,依靠群众。中国共产党的政权是人民当家作主的新政权。工人阶级和农民阶级是中国共产党执政的最重要的社会基础。执政党治国理政必须要坚决维护普通劳动者的利益,只有得到最广大人民群众的支持和拥护,社会稳定才有切实的保证。

第四,实施积极稳健和细致科学的社会政策。关于党所实施的各种社会政策的细致性、科学性,我们从当时如何对待旧政府中留守人员的政策上可以看得很清楚。一般印象中,在当时革命形势快速发展的情况下,对旧政权留守人员的政策可能会很粗糙,实则不然。我们党对国民党旧机构工作人员制定了非常细致的政策,如对旧机构中的技术人员采取了尽量留用、甄别录用或适当教育后分配工作的做法;对其他可用原国民党机关人员和被俘军官、警员进行了集中训练或政治教育,分配工作;对于暂时用不了的人员,则等候任用,在候差期间发给必需的生活费。[1] 由此可见,当时的社会政策非常细致入微,毫无粗糙草率之处。

总之,中国共产党在新中国成立初期恢复社会秩序、维护社会稳定方面的历史经验,是留给后人的宝贵财富,对于我们今天如何维护社会稳定,仍然具有重要的借鉴和启示意义。

---

〔1〕 中央档案馆编:《中共中央文件选集》第14册,中共中央党校出版社,1987年,第498页。

"十二五"期间影响上海社会稳定的若干重大因素研究

经过21世纪最初10年的快速发展,上海已经在全国率先进入较为富裕的发展阶段,2009年人均GDP已经跨越了1万美元大关。在这种持续快速发展过程中,上海总体上维持了社会基本面的稳定,并在如何维持社会主义现代化国际大都市的社会稳定方面,形成了自己的经验和优势。

但是,上海与全国一样,在如何维护社会稳定方面也面临着越来越大的压力。这不仅因为近年来出现了许多影响很大的公共事件,也不仅因为刑事犯罪总量仍处于高位徘徊,恶性犯罪案件呈上升态势,而且,最根本的原因在于经济社会生活中的新矛盾、新问题和群众关注的热点问题日益增多,各类群体性事件呈现常态化、组织化发展,从而使得政府在如何将导入一个良性秩序和内生稳定方面面临严峻挑战。

在"十二五"期间,上海的维稳任务或将更为艰巨和复杂,有必要对可能影响社会稳定的若干重大因素进行专题研究,对今后若干年内可能出现的问题进行前瞻性思考和警示性预判。

一、当前影响上海社会稳定的主要因素

影响社会稳定的因素很多,既有宏观因素,也有微观因素;既有客观因素,也有主观因素;既有经济因素,也有政治因素、社会因素和文化因素;既有偶然突发因素,也有长期累积的因素。本课题结合上海的发展实际,将影响社会稳定的因素概括为社会利益结构失衡、社会维稳环境变迁、社会矛盾化解机制缺陷和社会

上海市政法委委托课题研究报告,原载于《科学发展》2011年第3期。

治理模式落后等几个方面。

(一) 社会利益结构失衡

任何社会稳定都不能仅仅依靠刚性稳定机制,和谐的社会结构才是社会长治久安的根本保证。社会利益结构的科学、合理,是构筑和谐社会的基础。改革开放以来,我国的社会利益结构发生重大变化,特别是进入21世纪以来,发展成果快速向富裕阶层集聚,以共同富裕为目标的共富和分享机制难以有效建立。城乡收入差距持续扩大,城镇人均可支配收入与农村人均纯收入比例由过去的不到2.5倍上升到2007年的3.3倍。而反映贫富差距的基尼系数,则已经达到0.47,超过了联合国提出的0.4的警戒标准。

2009年以来,我国开始调整收入分配政策,力图缩小城乡、地区与行业之间的收入差距,平衡社会利益结构。但是,由于长期的矛盾累积和诸多政策理念的偏颇,改变收入分配不公的局面可能需要相当长一个过程。从上海市的情况来看,突出的问题在于要素分配中劳动收入比例过低,城乡收入差距和行业收入差距过大的状况尚未根本改变。

多年调查发现,上海人均收入位列全国前茅,但大多数居民的收入仍在社会平均收入水平以下。这说明上海的社会利益结构失衡问题同样存在,并成为严重影响社会稳定的重要因素。例如,近年来有学者对上海城区人均年收入进行了调查,70%以上的被访者年收入处于全部被访者年收入的平均线以下,更低于政府公布的人均可支配收入水平。[1] 经过收入五等分组后,最高20%的高收入组收入是最低20%的低收入组的7.5倍左右。

普通劳动者的社会地位持续下降,是社会利益结构失衡的一个重要反映。调查发现,市民普遍认为,改革开放30多年来,获利最多的是党政干部、私营企业主和文艺工作者,而国企工人、务农农民和进城农民工被认为是获利最小的三个群体。作为我国政权基石的工农阶层普遍被认为获利最少,与获利最大的党政干部群体和富裕群体形成鲜明反差。[2] 这种状况一方面导致普通劳动者对政府、官员、富人和社会的不满,埋下了社会不稳定的各种潜在种子,另一方面也

---

[1] 陆晓文:《变迁中的上海社会与市民意愿》,载《上海市民意愿调研报告》,上海社会科学院出版社,2008年,第6页。

[2] 夏江旗、李宗克:《上海中心城区居民社会意愿变动分析》,载《上海市民意愿调研报告》,第34页。

直接导致普通居民对自己职业的否定和轻视。

在北京大学的调查中,上海市民的总收入和人均收入的基尼系数均为 0.46,与通常估计的全国基尼系数大体相当。[1] 北京大学对北京、上海和广东三地的调查还发现,上海 20% 的最低收入家庭的人均年收入虽然在三个城市中最高,达到 5 750 元,是广东(1 720 元)的三倍多,是北京(2 871 元)的两倍多。但从自身五等分家庭收入的倍数关系看,上海最高 20% 家庭的人均收入仍是最低 20% 家庭的人均收入的 10.86 倍。[2] 虽然和北京、广东相比,上海的收入差距并不是最大的,但是和发达国家相比,上海的收入差距仍然过大。特别是从收入绝对数来看,上海个人每月总收入不足 1 000 元的比例仍然占到 41.5%。[3] 显然,这种收入分配状况不利于建构和谐的城市社会结构。

收入差距的不断拉大,不仅影响到人民群众的即期生活水平,更重要的是影响不同阶层对市场机会的把握。在经济快速发展过程中,市场所提供的机会远远超过就业机会所带来的收益。日益拉大的收入差距引起的"马太效应"以及相应的社会消极连锁反应,必然导致各种社会不稳定因素的累积。

(二) 社会维稳环境变迁

社会维稳环境是相对于社会发展环境而言的,它主要从客观和主观两个方面来考察影响社会稳定的种种因素。

从客观的视角来看,主要是经济体制改革的深入和经济社会发展的新阶段带来的社会维稳环境的变化。经过 30 多年的改革发展,中国不仅已经形成比较成熟的社会主义市场经济体系,而且人均 GDP 已经跨越了 3 000 美元的大关,进入现代化的中期阶段,上海更是走在全国的前列。在这一阶段,经济成分多元化、社会利益多样化的问题更加突出,经济社会的发展更容易引发各种利益冲突,社会矛盾也更加多样化和复杂化,社会治理的难度空前增加。政府在制定社会政策、处理社会矛盾时更加难以兼顾各方。同时,风险社会也实实在在地来临,风险社会不仅意味着各种公共突发性事件不断增多,更重要的是给社会稳定蒙上了一层阴影,各种不确定性陡然增加,社会稳定的可预期性大大降低。

---

[1] 北京大学中国社会科学调查中心:《2010 民生:中国报告》,北京大学出版社,2010 年,第 10 页。
[2] 同上书,第 9—10 页。
[3] 同上书,第 70 页。

从主观的视角来看,随着社会经济的发展,公民的民主意识、法律意识和维权意识大大增强,全球化时代的信息开放,互联网时代提供的网络环境,使得整个社会维稳主观环境发生了深刻变化,并对公共安全和社会稳定产生前所未有的影响,突出地表现为群众维权方式出现了一系列重要变化。

1. 从"被动反应"转向"主动追求"

过去,人们通常是在自身利益受到侵害时才被动维权,现在不仅当事人一有机会就会主动追求自己的利益,甚至没有利益的"他人"也会主动加入各种维权事件中,并成为各种群体性事件的重要主体。

2. 从缺乏法律意识转向充分利用法律机会

过去,所谓"闹事者"都是一些"法盲"或不懂政府政策的人,由于信息不对称而盲目维权。现在的一些维权人士、信访人员对国家相关法律烂熟于心,能够充分利用"法律机会"为自己谋取最大利益;甚至有的在采取体制外的抗争方式时也能规避法律风险,表现为很高明的"柔性抗争"策略。

3. 从就事论事转向体制性抗争

过去,许多群体性事件都是目标明确、具体,被侵权群众通过聚集形成压力、要求解决问题,一旦问题得到解决都能满意而去或偃旗息鼓。近年来,人们开始将不满从具体事务引向制度和体制,呈现"体制性抗争"特征,即使事件平息,对体制的思考与争议仍迟迟不退,并提出政治参与、民主管理等要求。

4. 从孤立对抗转向集体抗争

过去,当人们权利受到侵犯时,往往是以孤立的个人抵抗社会,引发的矛盾冲突也是以偶发、个案事件为主。近年来,一当矛盾冲突发生后,当事方越来越多地主动联系同类事主抱团进行集体抗争以增加压力。

上海近年来所发生的各类群体性事件不仅数量快速上升,规模不断扩大,而且在总体上呈现出"组织严密、诉求多元、背景复杂、对抗趋强"的特点,"先上网、后上访、再上街"已经演化成为一种最常见的维权路径。

(三)社会矛盾化解机制缺陷

任何社会都存在各种各样的社会矛盾,解决这些社会矛盾离不开科学的矛盾化解机制。我国当前正处于急剧的社会转型过程中,各种社会矛盾和冲突相互交织、相互渗透、相互影响,呈现出极为复杂的特点,因此更需要有健全的社会矛盾化解机制。

我国在长期的社会治理实践中,逐步形成了既有民族文化背景和国情特点,又有时代特征的综合治理模式,不仅提出德、法并重,强调依法治国,以德为先,而且逐渐形成了人民调解、行政调解和司法调解有机结合、相互衔接的"大调解"工作格局,在化解民忧、舒缓民怨中发挥着越来越大的作用,在诸多人民内部矛盾的形成过程中能够进行有效地疏导,避免矛盾激化,在一些社会矛盾进入司法领域后通过调解机制能够做到"案结事了"。但是,我们也要看到,在社会转型背景下,我国的社会矛盾化解机制还很不完善,传统的信访制度捉襟见肘,疲于应对,新兴的法治机制还无法形成足够的权威,铸成化解社会矛盾的利器。

1. 信访制度的缺陷

信访是公民、法人或其他组织通过各种信息传递手段向政府及相关职能部门反映自身的利益诉求,要求为其伸张正义或解决问题的社会活动。长期以来,信访是人民群众维护自身利益的一种有效途径,也是政府了解民情民意和检验社会政策正确与否的测试渠道。信访制度在了解民情、化解矛盾和实施公民监督等方面发挥着重要作用,它是我国在法治渠道之外的一个重要的社会矛盾化解机制。但是,20世纪90年代以后,不断增加的大规模群众集访成为影响社会稳定的重要因素,它促使人们开始对信访制度本身进行反思。一是信访作为一种行政治国措施是否与依法治国的法治方向存在冲突?二是信访的盛行是否在一定程度上消解了司法审判的权威?三是信访在某些情况下是否存在激化社会矛盾和冲突的反效果?人们对信访的诟病归根结底还是由于我们没有适应现代社会的转型,没有适应社会现代化在化解社会矛盾方面的新变化、新要求,让一个比较传统的下情上达制度承载了超过其自身能力和时代要求的社会责任和社会压力。我们既没有将传统的信访制度与现代民主制度进行有机地整合,也没有将传统的信访制度与现代法治机制进行有机地整合,从而使得信访制度本身滞后于时代的发展和无法适应消解社会矛盾的现实需要。

2. 司法权威的缺失

在一个法治社会,司法途径是化解社会矛盾和冲突最权威的渠道。但是,由于种种原因,导致当前司法权威不足,法治效果不理想。司法权威缺失的原因很多,突出的有几个方面:一是立法层面上的问题。很多法律简单地移植自西方,与国情不符,导致法与情、法与理的脱节,即使是最严格地依法办案,当事人在情理上仍然无法接受。二是执法能力层面的问题。如法官素质不高,徇私枉法,办人情案,等等,导致司法不公,判决无法服众。三是执法机制层面的问题。如权力干预、舆论压力,等等,法外力量的不当介入导致判决失当。诸多因素的共同后果都是司法权威的流失,从而促使许多当事人不愿意走诉讼途径,而固执于上访、借助网络舆论甚至是国(境)外相关势力"维权"。

3. 调解机制的困惑

在信访面临困境、司法权威不足的情况下,另一种机制日益受到重视,这就是调解。经过各地的积极探索和研究,大调解工作格局应运而生,整合不同职能部门的调解资源,形成了人民调解、行政调解和司法调解相互衔接配合的调解工作体系。"大调解"的出现是社会矛盾冲突越来越多而司法资源供应相对不足的产物,将原本属于替代性解决纠纷的社会机制推上化解矛盾纠纷、调整社会利益关系的前台,它在一定程度上可以缓解司法需求与司法能力不相适应的矛盾。但是,这种新型的社会矛盾化解机制还处于建立与完善阶段,存在着诸多有待进一步解决的问题:一是调解的社会接受度问题,二是调解的成功率问题,三是调解的成本问题,四是调解可能带来的负面效应问题,五是调解与诉讼的对接问题。如何将大调解工作格局发展成为一种低成本的社会矛盾化解机制,并真正体现以民为本、彰显法治精神,在理论上和实践上都还有待更深入的探索。

(四) 城市社会治理模式落后

首先是城市治理的理念落后。长期以来,我们在城市治理过程中,只有管理意识,缺乏服务意识和公共治理理念,不是以人为本,而是以城为本,忽略了城市治理的根本目的是为了人,为了人的生活更方便、更幸福、更美好。

其次是城市治理的体制落后。在城市治理过程中,实行单纯地依靠政府管制的城市治理模式。政府大包大揽,一切都是政府说了算,即使是最基层的居委会也变成了一层"准政府"。这种城市治理模式的结果不仅不能真正有效地治理,而且让政府背上了无法承受的责任和后果。不论人们在哪个领域、哪个方面遇到问题,都可能将矛头指向政府、将责任推向政府。

再次是城市治理方式的落后。在具体的城市法理方式方面,由于理念的陈旧和体制的落后,导致政府在城市治理行动中往往管制多服务少,刚性管制有余,柔性引导不足。许多由于行政执法行为引发的矛盾和热点事件不仅引起全社会的关注,损坏了政府形象,而且常常容易引发各种群体性事件。

上海的城市治理模式落后突出表现在以下几个领域:一是城市拆迁改造,二是城市重大公共工程建设,三是城市日常管理,四是小区物业管理。在这些城市管理中,往往过多地考虑发展速度和政府形象问题,过多地考虑动拆迁的成本问题,过多地考虑所谓投资环境,而对人民群众的合法权益考虑较少。特别是针对一些所谓钉子户的不合理要求,也缺乏通过制度创新来解决问题,而是单纯地依赖行政办法,手段简单甚至粗暴。

二、"十二五"期间上海社会稳定的宏观预警

要确保本市"十二五"期间社会基本面的持续稳定,必须正确认识上海的发展阶段与社会环境的变化,坚持国情与市情的统一。一方面要充分认识到,上海人均 GDP 已经突破 1 万美元大关,经济发展已经进入较为发达的发展阶段。这使上海所面临的各种社会矛盾不仅与长期以来没有解决温饱的欠发达阶段不同,而且也与过去几年人们所强调的人均 GDP 1 000—3 000 美元的"矛盾凸显期"也有很大的不同。另一方面,还要清醒地看到,上海毕竟只是一个直辖市而非一个独立的经济体,不可能像新加坡和香港那样,在内部形成封闭的发展环境和社会治理模式,更无法拒绝大量外来人口的涌入。这种特殊的国情和市情导致上海的社会发展无法与其经济发展完全保持一致,而这种经济发展和社会发展的不同步性必将对上海的社会治理产生深远的影响。

社会稳定是一个涉及诸多因素的系统工程,本课题所作的社会稳定宏观预警重点不在传统的社会治安领域,而将重点指向就业、劳资关系、流动人口、中产阶层、特殊人群等非传统稳定领域影响上海中长期社会稳定的若干因素。应该说,这些因素对社会稳定并非是单纯消极的,它们对社会稳定的影响更多地具有两面性,如果处理得好,它们就会成为维护社会稳定的力量;如果处理得不好,它们又会成为社会的不稳定因素。一切取决于政府的政策导向与社会治理能力。

(一)高度重视日益严峻的就业压力

就业是民生之本,也是社会稳定之基。如果一个社会劳动适龄人口都能找到基本满意的工作,或者说一个社会能够保证劳动者的充分就业(真实失业率不超过 5%),那么这个社会必然是稳定的;相反,如果一个社会的失业率持续居高不下,大多数人无法实现就业,或找不到令其满意的工作,那么这个社会必然潜藏着巨大的不稳定隐患。

20 世纪 90 年代以来,上海市在建立社会主义市场经济体制过程中,根据转型时期的特点和实际情况,从稳定社会的大局出发,运用改革的办法创造性地解

决了诸多就业难题,在全国率先提出了再就业工程的"上海模式",实施"4050"工程,落实就业促进机制和困难群体就业托底长效机制,确保经济体制改革过程中国有企业的体制转换和就业机制的成功转型,维护了经济快速发展过程中的社会稳定。但是,随着社会主义市场经济体制的逐步完善,劳动者就业结构、就业方式和就业观念也在不断变化,社会就业的组织和管理面临一系列新情况和新问题,特别是本地新增劳动力的受教育程度越来越高,而受经济发展方式转变的制约,高端就业岗位非常有限,无法满足新增劳动力的就业需求。在未来的"十二五"期间,如何通过完善相关社会政策确保受过高等教育的年轻一代实现充分就业,是一个非常严峻的课题。

在我国城镇登记失业人员中,70%为35岁以下的青年人。随着高等教育大众化,受过高等教育的年轻人在中国就业市场上的保有规模将越来越大。2010年全国高校毕业生人数为630万,2011年将达到643万,2013年667万,2015年691万,需要就业的大学毕业生人数将越来越多,形成就业市场上持续的就业压力源。

本市有普通高等学校66所,在校生61.63万人,高等教育毛入学率已超过50%。2010年,本市高校毕业生人数达16.8万人,其中有毕业研究生3万人,本科毕业生8.2万人,专科(高职)毕业生5.6万人。他们中的相当一部分人将不得不接受毕业即失业的残酷现实。政府决策部门必须充分认识到,越来越多的受过高等教育的年轻一代不能及时就业,将会对社会稳定产生潜在的消极后果。

高校毕业生如果不能稳定就业,可能导致他们逐步沦为新的社会边缘群体,必将对社会稳定产生不利影响。失业大学生群体与底层社会的失业群体不同,他们对社会分配不公、贪污腐败、贫富差距等社会问题更为敏感和关注,也有自己的看法并容易形成统一的群体意识和价值判断,当他们长期不能就业,理想期望与社会现实出现巨大反差时,容易出现心情抑郁、心理受挫,从而出现反常的极端行为,或表现为自杀,或参与违法犯罪活动,还有可能成为社会不稳定的组织者和策划者。

(二) 高度重视日益紧张的劳资纠纷

劳资关系是最重要的社会关系。改革开放以来,我国的劳资关系经历了前后两个阶段。前期主要是解决计划经济时代劳动用工制度上的"铁饭碗""大锅饭"现象,普遍的做法是剥离附加在就业制度上的各种福利,并废除了事实上的终身雇佣制度。在这一过程中,由于农民工大量加入,使得劳资关系不断紧张,形成资强劳弱的情形,不仅劳动者的基本权利得不到保证,甚至出现大面积的拖欠工人工资的现象,由此导致近年来因劳资矛盾引发的各类群体性事件进入一个高发期,频率在加快,规模在升级。究其原因,主要在于两个方面:一方面,一些地方政府片面追求GDP的增长,在各方面较多地考虑对资本的吸引力,忽视相关社会政策与劳工权益的维护;另一方面,一些企业随意侵犯职工合法权益,使劳资关系处于高度紧张状态。有些企业不遵守国家规定的工时和休假制度,大约有40%的企业没有实行"带薪休假"制度;有些企业随意将标准工时制改为综合计算工时制、不定时工作制;有些企业任意调整和降低薪酬福利和社保缴费比例,冻结加薪、压缩福利预算、减少或暂停支付加班工资等,或者不按政府规定擅自下调社保缴费比例,引起职工收入水平增长缓慢甚至下降。近年来,我国的劳资关系正在发生重要的变化:一是随着经济的快速发展和中西部经济的崛起,出现了所谓"民工荒"现象,各地争夺廉价劳动力资源的竞争越来越激烈;二是随着新生代农民工成为城市工人阶级的主体,劳动者的权利意识正在迅速觉醒。

上海市长期以来一直重视发挥政府职能部门的劳动监察作用和工会组织依法履行职责的作用,劳资关系没有出现大的问题。但是,资强劳弱的现象同样存在,利润侵蚀工资、机器排挤劳动的现象同样存在。一些企业甚至包括政府某些职能部门对于贯彻实施《劳动合同法》仍存在认识误区,企业变相侵犯劳动者权利和利益的现象还在不同程度上存在,有些企业甚至不组建工会,有的通过不规范的劳务派遣来规避应尽的义务,有些企业采取各种措施规避签订无固定期限的劳动合同,有的企业不给职工参加各种社会保险,等等。所有这些都严重违背了《劳动合同法》的立法宗旨,直接侵犯了劳动者的合法权益,造成职工的强烈不满,引起劳资关系的紧张。这些现象的存在直接导致劳动争议仲裁数量急剧增长。这些劳动争议大多数发生在非公有制企业,并集中表现在劳动报酬方面:拖欠工人工资、不缴纳社会保险、不签劳动合同、同工不同酬,等等。究其原因,最根本的在于劳动关系三方协调机制、劳资双方平等协商机制和集体协商机制不健全,从而使劳动者的权利得不到保证。

(三)高度重视流动人口的新动向带来的稳定问题

改革开放以来,上海的流动人口流入呈不断增长态势。到2007年,上海流动人口已经达到660万。2008年,《上海市临时居住证》和《上海市居住证》的覆盖人群更高达700万以上。一些地区已经出现了户籍人口与流动人口的结构倒挂现象。在沪流动人口中,近80%来自农村。他们在就业、收入、社会保障和子女教育等方面与城市居民相差巨大,工作时间长,劳动强度大,工作报酬低,受到的社会侵害和不公正待遇的概率远远大于城市居民。[1] 流动人口的急剧增长,对就业、社会治安、城市管理和公共服务等造成了巨大的压力。如何做好流动人口的服务管理,帮助他们融入当地社会,既发挥特大城市吸引劳动力的优势,又不让城市的发展与稳定受到影响,是一个必须破解的难题。

1. 面临着户籍改革的巨大压力

近年来,各地流动人口政策正在发生巨大的变化,许多省市都在积极放开户籍限制,允许流入的农村劳动力就地登记为城市居民,特别是前阶段重庆进行的户籍制度改革试验,极其令人震撼,仅一个月时间,就有100多万流动人口户籍被转变为重庆市户口。上海限于城市资源环境压力,不可能如重庆那样进行大规模的户籍人口导入,直接接收数以百万计的流动人口。但是,在全国各地都在加速改革城市户籍政策的大趋势下,上海市如何适应新的环境,妥善解决好流动人口的户籍问题,的确需要新的思路。2003年以来,上海市在人口管理体制方面进行了积极的探索,加大了对人口工作的统一领导、统一协调和统一推进,确立了"党政领导、部门指导、区县管理、社区为主"的人口工作机制,对外来人口实施了居住证制度和综合保险制度等一系列相关制度。这些政策在城乡二元结构背景下尚可为社会所接受,但在新的环境下面临着诸多问题:一是与中央关于开放户籍管制、打破城乡二元结构、加快城市化进程的要求有冲突;二是与法治社会的依法治国、人人平等的法治精神有冲突;三是与全国各地不断加速的城市户籍开放大趋势不协调;四是与建构全国统一的社会保障体系等相关的社会制度相冲突;五是难以适应公民权利意识日益觉醒的社会大趋势。最根本的是,这种政策具有选择性排斥功能,只对高级技术人才和富人打开进城之门,对几百万普通的外来劳动者没有任何实际价值。这种只顾城市自身利益的"榨取一段,不保一生"的外来人口政策具有明显的地域自私性,必将受到越来越大的舆论压力。在不远的将来,上海可能将面临要么打开城门、要么彻底放弃低端劳动力的两难选择。

---

[1] 李友梅主编:《上海调查:2009》,上海大学出版社,2010年,第231—232页。

2. 面临着新生代农民工的挑战

由于世代接替,流动人口结构正在发生根本性变化,新生代农民工已经成为进城农民工的主体。他们在许多方面,特别是对如何融入城市方面与第一代农民工的态度完全不同,对城市的认同远远大于对农村的认同。他们中的绝大多数并没有从事过农业生产,很难像其父辈那样,在城市待不下去就回老家。"老家"对他们来说逐步成为抽象的地名。他们的性格特点、素质养成和职业志向,与其父辈完全不同。大量调查表明,新生代农民工进城的目的并非单纯地为了挣钱,他们的最终目的就是为了进城,要扎下根来做个名副其实的城里人。他们对城乡二元结构的容忍度远远低于他们的父辈。早在 2006 年,国务院研究室发布的《中国农民工调研报告》就显示,进城农民工正在由亦工亦农向全职非农转变、由城乡流动向融入城市转变、由谋求生存向追求平等转变。这三大转变在新生代农民工身上体现得最为明显。

正是在上述两种因素的影响下,导致流动人口带来的社会问题进一步凸显。流动人口犯罪率不断攀升,其中绝大部分属于侵财型犯罪。在近年来上海市抓获的各类违法犯罪分子中,外地来沪人员的比率占到70%甚至更高。有些侵财型犯罪还表现出不计后果、恶性程度高的特点,因侵财而导致伤害、绑架和凶杀等严重危害人民群众生命安全的案件时有发生。同时,袭警、故意伤害无辜人员等带有报复社会目的的恶性犯罪也呈增长的态势。在这种环境下,不排除流动人口在未来成为城市中群体性事件主体的可能性。对此,必须统筹考虑,未雨绸缪。

(四)高度重视"中产阶层"的社会稳定

按照现代化发展的一般规律,随着经济现代化的推进,一个以中产阶层为主体的橄榄型社会结构也会随之成形,这种橄榄型社会结构正是现代化社会的最稳定力量。然而,中产阶层是一个非常复杂的见仁见智的概念,可以从职业、财产和收入以及一些主观指标等不同角度来测量认定,但最受到人们肯定的还是职业和收入两项。中产阶层之所以能成为社会的稳定因素,关键就在于他们拥有一份稳定而体面的工作,且收入水平也足够维持一份有尊严的生活。

伴随着经济的快速成长,上海人均 GDP 已经突破 1 万美元,开始进入中等发达的现代化阶段,随之而来的是上海的"中产阶层"也在快速形成和壮大。有的学者以联合国粮农组织界定的宽裕生活水平的恩格尔系数为标准,测算出上海从1999年开始,20%的高收入组进入中等收入群体,2002年中等偏上收入组进入中等收入行列,中等收入群体由此扩大到40%。2003年中等收入群体进一步扩大到中等收入组,意味着有60%的人进入中等收入群体。还有学者以统计局公布的人均可支配收入等各项数据进行测定,2004年上海约35%的家庭户进入中等收入范围,2010年,上海城镇的中等收入群体超过42%。[1]但调查发现,我国中等收入者的主观认同却大大低于客观标准测量水平。在国外,中等收入者的主观认同通常要高于客观标准测量的水平。比如瑞典中产阶级的比重客观测量是60%,但是主观认同率却超过了70%。而我国甚至很多公务员都不承认自己是中等收入者,反而觉得自己"被中产"了。这种普遍存在的享受发展成果却不认同发展方式的"端起碗吃肉,放下筷子骂娘"的"中产现象",是中国社会不稳定的一个重要社会心理基础。

我国的"中产阶层"之所以常对现状不满,甚至有的怨声载道,并非完全是由文化性格决定的,它主要与三个现实因素有关。第一,压力太大。住房、医疗、教育等的沉重压力,特别是离谱的高房价导致许多中等收入者成了"房奴"。第二,税负太重。各种研究都显示,"中产阶层"是个人所得税的纳税主力。第三,"中产阶层"还有一些特殊的烦恼,比如,汽车的使用费太贵、油价、停车费上涨太快、过路费太多、交通罚款太滥,等等,这些因素在某种程度上影响了"中产阶层"的生活质量。如果说中国的富人享受了发展机会,穷人有各种优惠政策照顾,那么,"中产阶层"在中国不仅没有成为受保护的对象,反而成为"受挤压的中间阶层"。尤其是高涨的房价一下子把许多"中产阶层"打回原形,这种现象必须给予高度关注。

"中产阶层"对社会稳定的影响还不限于他们的利益受到损害,另外两个因素也非常重要。一是意识形态因素。"中产阶层"比较关心国家大事,对社会是非有较强的辨别和表达能力,对社会的不平等和自己遭受的不公正非常敏感。这些因素使其容易成为民族主义和民粹主义的主体。二是环保意识强。"中产阶层"对各类环境问题不仅具备比其他阶层更多的相关知识,而且也是各类环保主义行动非常坚定的行为主体。

在上海,要特别要关注年轻白领阶层的社会稳定问题。"中产阶层"可以年

---

[1] 陶冶:《收入分化和中等收入群体》,载《上海社会发展蓝皮书2006:社会建设与社会治理》,社会科学文献出版社,2006年,第33—35页。

龄为依据区分为两大类：一类是年龄较大者，他们由于年龄因素，在社会结构中占据较好的位置，收入稳定，房子问题也已经解决，所以他们基本上属于社会稳定的力量。但比较年轻的白领阶层则不同，他们有"中产阶层"的职业却没有"中产阶层"的收入，也没有赶上解决房子问题的最佳时期，加上车子问题、孩子问题（幼儿教育），压力自然巨大。

（五）高度重视失意和绝望群体对社会稳定的影响

近年来，一些砍杀学童的个人极端行为引起全社会的高度震惊，也引起人们对这种个人恐怖行为蔓延的忧虑。必须注意到，这些自发的个人恐怖主义行为背后是一个日益扩大的失意群体的形成，特别是其中因心理畸形变态的绝望群体的出现，直接对社会稳定构成了新的威胁与挑战。

大量调查表明，随着我国经济的快速发展，国民的心理问题也越来越成为一个严重的社会问题。据2009年统计，我国患有各种心理疾病和精神疾病的人口高达7%，总数超过1.7亿，有心理障碍的人数高达25%—30%，比10年前急剧上升了10倍以上。我国每年约有28.7万人自杀，自杀率是世界平均水平的2.3倍，还有约200万自杀未遂者，自杀已经成为排名第五位的国民死亡原因。这说明，心理问题已日益成为影响社会和谐稳定的重大社会问题。一个规模庞大的失意群体基础之上必有一部分人陷于绝望和心理畸形、变态，甚至发展成为精神病人。据上海市精神卫生中心统计，全市有各类心理障碍患者约60万人，重性精神病患者16万人，建档立卡患者约10万人，占全市总人口的0.72%，其中易肇事、肇祸患者近万人。另据调查，上海市民的家庭日常生活中有不同程度不安定感的比例达到16.2%，有37.9%的调查者表示自己的心理压力比较大和很大。在心理压力较大的群体中，有64.38%的人来自工人、服务人员、下岗失业人员和离退休人员。[1]

失意群体和绝望群体的大规模出现不是偶然的，它是我国经济社会发展过程中各种不健康因素的综合反应。家庭、学校、工作单位和社会宏观结构的扭曲都对人的心理失调造成不同程度的消极催化作用。独生子女家庭彻底改变了中国父母对子女的教育方式，过分溺爱和温室成长环境使一代人失去了承受压力

---

[1] 陆晓文、袁健民：《居民生活质量的主观评价调查》，载《上海社会发展蓝皮书2006：社会建设与社会治理》，第81—82、92—93页。

和挫折的能力；应试教育使大多数受教育者都成为人生的"失败者"；高度紧张的工作节奏和就业压力使白领阶层长期处于心理亚健康状态，抑郁症、焦虑症、强迫症等心理障碍和心理疾病大面积存在；越来越年轻的空巢家庭结构导致许多中年父母陷入情感危机；单位制的解体导致人们的社会归属感失去方向，社会竞争的加剧和功利主义的盛行导致人际关系淡漠与疏远；贫富差距的扩大和社会分配不公导致人们的社会相对剥夺感不断增强；社会政策不当、社会歧视公行、政府行为短视和部分公职人员的腐败，加剧了人民群众对政府的负面评价和各种仇官、仇富心理的滋长；社会文化的多元化和价值体系的混乱从根本上动摇了人们的精神世界，空前膨胀的功利主义、拜金主义、享乐主义毁灭了许多人的信念和意志，使有条件者行为张狂而无条件者心理失常。社会失意、心理失落、信念失向必然导致行为失控，一些个人极端行为开始出现并因相互传染而流行。

三、"十二五"期间维护上海社会稳定的对策建议

进入21世纪以来，一些学者提出，人均GDP 1 000美元到3 000美元是社会矛盾的凸显期，似乎跨越了这个时期，诸多困扰中国发展与稳定的问题都会迎刃而解。然而，10年过去了，我国已经成功跨越了这个发展阶段，人均GDP达到4 000美元，上海更是已经进入人均GDP超过1万美元的发展阶段，各种社会矛盾似乎更加突出、更加集中、更加放大了。这说明，社会发展是复杂的，没有一个国家的社会矛盾能够在发展中自动解决甚至自然消失。在未来的若干年内，我们只有正视社会矛盾，充分利用发展的机遇和发展带来的历史条件，优化社会政策，创新社会管理，改革社会制度，健全社会机制，才能化解各种社会矛盾，实现社会稳定和更好更快的发展。

（一）进一步平衡利益关系，促进社会结构和谐

世界发达国家在社会转型过程中，都非常注意协调不同社会阶层的利益关系，利用税收政策缩小收入差距，实施收入累进税，对劳动所得实行优惠税率，对非劳动所得实行较高税率，等等；建立普遍性社会保障体系确保社会底层的基本生活；通过集体谈判机制缓和劳资矛盾与平衡劳资关系；通过利益集团发挥利益表达和利益博弈作用；在公共政策制定中强调公民的广泛参与。[1] 我国与西方

---

[1] 何增科主编：《中国社会管理体制改革路线图》，国家行政学院出版社，2009年，第97—101页。

国家的国情不同,不能简单地照搬西方的做法,但发达国家的某些经验仍然可以为我国调整社会利益关系,促进社会和谐提供参考和借鉴。各级政府应当把握自身的职责所在,通过各种法律、制度和政策杠杆来调节社会关系,提高低收入者收入水平,不断扩大中等收入者的比重,有效地调节收入差距。政府要真正能够超越自身利益、部门利益和强势集团的利益,为不同利益主体进行利益协调提供公平博弈的平台,在兼顾各方的基础上适当向弱势群体倾斜,只有这样,才能促进社会各阶层的和谐共生。

平衡利益关系的关键是要切好社会财富的"蛋糕",促进收入分配的公平合理。首先要进一步完善初次分配制度,不断提高劳动收入所占比例。初次分配是否合理对调整社会利益关系具有基础性作用。在初次分配中提高劳动者的收入比重,一要根据经济社会发展的进程和企业用工成本的实际,对最低工资进行必要的监管。既要及时发布和适时提高最低工资标准,还要对落实最低工资标准进行必要的监管,防止把平时加班工资、法定节假日加班工资纳入最低工资范畴等各种变相降低最低工资标准的行为。二要定期建立和发布不同岗位的工资指导价,不能只管最低工资,使其他阶层的工资管理陷入无政府状态。定期发布不同岗位工资指导价,能引导不同行业的相同岗位缩小收入差距,尽可能保障所有行业、不同体制的劳动者都能享有获得平等报酬的权利。其次要加快社会保障体系建设,使之真正形成一张有效的社会安全网,提高公民的社会生活安全感和可预期性,保障市民过上有尊严的生活。要加快推进基本社会保险制度整合,逐步缩小城保、镇保、农保等各类制度之间保障水平的差距,努力建立架构统一、城乡统筹、梯次合理、水平适度的社会保障体系。同时,要加大对弱势群体的社会救助,使全体市民在基本生活、就业、就医、教育和住房等方面都有基本的保障,促进社会和谐稳定。

(二)进一步优化社会政策,着力保障和改善民生

有利于社会和谐的公共政策,必然是符合利益共享最大化的政策。社会政策的制定必须充分回应社会成员的利益关切,改革发展的成果必须更多更好地惠及人民群众,在经济发展的基础上要相应提高基本公共服务的保障水平,努力让人民生活得到实实在在的同步改善。

1. 要实施积极的发展性社会政策

作为一个发展中国家,即使像上海这样比较发达的大都市,也不可能如西方福利国家那样为所有公民提供高福利,我们要将政策重点放在人的发展上,为所

有人的发展提供良好的成才环境和机遇条件。基于此,上海的社会福利重点要放在教育上,努力形成从幼儿教育到高等教育的完整教育体系,在公共教育方面走在全国的前列,为下一代提供更全面、系统的教育机会与发展条件。

2. 要进一步完善基本公共服务体系

要继续将公共服务的重点放在基础教育、基本医疗、居家养老和社会服务等方面,努力实现公共服务的均等化。要结合上海的发展实际,采取切实有效的措施弥补民生需求的结构性缺陷,建议"十二五"期间将幼儿教育纳入上海的义务教育体系,减轻年轻白领的育儿负担。

3. 要努力构建和谐的劳资关系

要积极为劳动者提供更实用、更易得的职业技能培训和公共就业服务,实施更加积极的就业政策,努力实现社会充分就业。完善劳动关系的监管体系,依法规范企事业单位用工秩序,鼓励企业通过完善劳动合同管理,建立稳定的员工队伍。依法推动企业普遍建立工会组织,支持各级工会组织在维护劳动者合法权益方面发挥更大作用,努力使劳动者对自己的职业稳定性有明确的自我预期,维护就业稳定和劳动关系和谐。

4. 要加快流动人口的城市融入过程

要从落实公民的自由迁徙权入手,积极探索有效促进流动人口融入城市化进程的新模式,从属地化管理推进到本地化管理,倡导"落地为民"的理念,把流动人口当作"自己人",一视同仁,在服务中管理,在管理中服务。要特别注意做好进城农民工的失业救助与生活无着人员的社会救助,避免流动人口因生活陷入困境而犯罪。

5. 要高度关注、关爱特殊人群

所谓特殊人群,主要是指那些因失意而绝望的社会群体,以及严重的精神疾病患者。关注特殊人群并不单纯是通过排摸将他们都控制起来,而是要在各个方面关心他们的生活,切实解决他们的实际困难,防止其因陷入人生绝境进而仇恨社会、报复社会。要把心理健康纳入政府的经济社会发展规划,进行必要的制度安排与政策设计,建立心理健康促进体系,明确政府、单位和社区的责任,构筑覆盖全市的精神卫生服务网络,积极开展特殊人群的心理疏导工作,对于严重的精神疾病患者,应该纳入统一的公费医疗救助体系。

6. 要完善住房保障体系建设

房地产是经济,更是民生、是政治。要更多体现政府的基本住房保障职能,加大保障型住房的建设及后续管理,提供面向低收入人群的基本住房保障,平抑房地产刚性需求。要正确引导人们对房地产的升值预期,下决心削减房地产的投资品属性,使其回到满足人们居住需求的消费品功能本位,使得房价保持在合理的价格区间。

(三) 进一步完善利益表达机制,规范利益诉求渠道

完善社会利益表达机制是实现社会稳定非常重要的一环。只有社会各阶层都享有充分的利益表达权利,才有可能进一步通过制度安排与政策设计,切实维护和保障公民权利,促进社会的公平正义。

1. 要建立和发展完善的社会对话机制

社会利益的有效表达,除了投票选举之外,对话是最重要的公民参与方式。在公共政策制定过程中,围绕政策目标、政策依据、政策预算、政策方案、政策效果等一系列问题,要让具有不同利益诉求的各个主体之间展开充分对话,在对话和辩论的基础上形成共识,制定政策和实施政策,保证政策的公平适当。同时也使参与各方充分了解政策的精神实质,自觉自愿地遵守政策,使政策真正落到实处。

2. 要充分发挥媒体在帮助弱势群体利益表达方面的主导作用

媒体既是党和政府的喉舌,也是人民表达自己利益和意愿的重要渠道。要鼓励媒体在代表弱势群体表达利益过程中发挥主渠道作用,努力形成比较平衡的社会舆论环境。要把网络舆情作为听民声、察民意的重要渠道,主动回应,正确引导。

3. 改革与完善信访制度,建立有效的信诉对接机制

信访是下情上达的重要机制,也是人民群众表达自己利益诉求的重要渠道,但信访不能成为一种超越法治的万能救济措施存在,必须让信访回到作为一种下情上达渠道的本位。解决社会利益矛盾,必须坚决回归调解机制与法治机制,建立健全信访与调解和诉讼的对接机制,引导和帮助人民群众回归解决问题的正确途径,保证人民群众的合法利益诉求能够通过法治途径得到公平合理、及时有效的解决。

4. 探索建立社会安全阀

社会安全阀制度在表达民意、宣泄民怨方面具有独特的功用,是现代化理论所支持的,也是各国实践中行之有效的维稳措施,上海可率先进行有关试点。可

以考虑在全市选定几个固定场所,允许民间有条件地举行集会和召开新闻发布会。这里的条件包括:当事人必须是上海市民(常住人口),所涉事项必须是上海的事务,不得是其他地方或全国性的。同时,当事人必须事先报备,并对自己的行为承担法律责任;当事人必须对游行集会场所的公共安全和公共卫生全面负责。在符合上述条件情况下,相关职能部门应当及时审核批准并实施必要管理。

(四)进一步创新社会管理,实现维稳工作的根本转型

维护社会稳定的根本任务不在于当前的稳定和不出事,而在于建立一个和谐有序的社会秩序,减少和预防各种刑事犯罪和各种不稳定事件的发生,实现社会的长治久安。因此,维稳工作的根本途径在于通过创新社会管理,从传统的行政管制模式转向政府管理与社会自我管理并重的社会治理模式,重建社会秩序。为此,必须坚持走民主化、法治化与科学化之路,同时充分发挥市场与社会第三部门的作用,实现维稳工作的根本转型。

1. 坚定不移地推进城市管理的民主化,实现民主维稳

民主不仅是个好东西,也是维护社会稳定的最有效途径。建立社会主义民主政治,真正落实宪法和法律赋予公民的各项民主权利,是稳定社会的最根本途径。要推进城市管理决策的民主化。政府重大公共政策的决策过程,必须要引入公众参与,让公众了解决策过程中的专业论证过程和影响决策的各项相关因素的权衡取舍过程,提高公众的民主决策知晓率。进一步推动社区自治,从根本上解决社区建设行政色彩过浓和居民参与程度不高的问题,借鉴国外的基层社会管理经验,改革与完善城市社区管理体制。将街居制改造成真正的社区制,完善社区的机构与职能,实现多元主体共同治理。同时,建议在区级人大代表中,为每个社区安排一个专职人大代表名额,经由社区居民竞选产生,使之真正能够代表社区居民利益,及时反映社区居民意见。

2. 坚定不移地推进城市管理的法治化,实现法治维稳

坚持法治,反对人治,是现代国家治国理政的重大政治原则,也是实施依法治国的基本要求。化解社会矛盾,维护社会稳定,不是抛弃法治、重归人治的借口,而是落实依法治国、推进依法治市的最佳契机。决不能以短视的目光和急功近利的动机,实用主义地对待法治。对社会矛盾,特别是重大社会利益矛盾,不能为了所谓的"稳定"需要,逾越法律底线,更不能花钱买稳定,助长各种歪风邪

气。党将依法治国确立为治国基本方略,就是要在化解社会矛盾的路径选择上,在全社会确立通过法治解决矛盾冲突的基本原则,让公民"信法不信权""信法不信访""信法不信闹"。坚持城市治理的法治化,必须深化司法改革,提高司法权威,坚定人们的法治信念,提高法治信心。在司法过程中,要坚持上位法高于下位法、新法高于旧法、国家法高于地方法的基本原则。要提高法治的权威,必须要提高司法质量,只有司法过程经得起法律的检验、时间的检验、社会的检验,才会有司法的权威和法治的权威。

要坚决杜绝"人治回潮、法治萎缩"的现象,决不允许为了地方利益或政绩目标而无视国家法律法规,随意蛮干,侵犯人民群众的利益。既不能以"特事特办"的借口,不走法定程序,对群众的维权行为既不讲法,也不讲理,粗暴压制;也不能不讲原则,对一些明显不合法、不合理的行为不敢依法处置,不守法律底线,一味花钱买平安。在处理各种重大社会利益关系时,要坚决杜绝一些领导干部信访不信法,利用特殊身份干预司法活动,乱批示,乱表态,要引导人民群众通过法律渠道保护自己的合法利益诉求。对那些只要判决达不到自己的期望值就认为司法不公,以上访相要挟,以缠讼相要挟的人,必须坚持原则,运用法治机制予以处置。

3. 坚定不移地推进城市管理的科学化,实现科学维稳

维护社会稳定坚持科学化路径,主要体现在四个方面:一是加强社会稳定的基础理论研究,提高对于维稳工作规律性的认识。要建立相对固定的社会稳定与公共安全研究基地,进行必要的投入,通过资料积累和人才培养,使之真正能够提供比较权威的维稳资政作用。二是要发挥专业机构和专业智库的作用,定期对社会稳定形势进行评估。向党委政府和有关职能部门提交社会稳定评估报告。三是对重大工程和社会项目要进行必要的社会稳定风险评估,提出相应的评价报告,通过专家鉴定后,工程才能启动。四是加强应对突发事件和维稳工作的技术性研究,掌握聚众行为和集体行为的发生机制和演变规律,熟悉各种公共突发事件的事前控制、过程控制和事后控制的策略和技巧,从而在实际维稳工作中能够掌握主动。

4. 积极探索利用市场机制和社会力量维稳

维护社会稳定不能囿于传统模式。在处理突发事件和应急问题中不能单靠政府行为和行政手段,致使有关部门疲于应付,无力从根本上疏导、化解矛盾和防范安全隐患。必须深入研究社会治理规律,认真探索将市场机制和社会力量

引入社会维稳工作的途径和方法,通过走社会化、专业化、市场化、科学化之路,由突击式、运动式城市治理转向依法治理,正确处理好行政管理和社会自我管理的关系,充分发挥基层自治组织、社团和各种行业组织、社会中介组织以及各类群众组织在提供服务、反映诉求、规范行为等方面的积极作用,努力形成政府管理与社会自我调节互动互补的局面,构建社会维稳的科学机制。

中国社会稳定形势的基本评价

——兼与国内一些学者商榷

任何社会的存在和发展都需要稳定的社会秩序。从一般意义上讲,社会稳定是指人类社会生活的安定有序,是指一个国家政权行政治理范围内,人们社会生活的各个领域都能保持一种"变而有序"的发展状态。在这种社会状态中,人们的社会行为背后皆有相应的制度和规则,并且这些制度和规则都能够有效地发挥其应有的社会功能,社会的绝大多数成员都能够认同和遵守社会的基本规范,形成基本一致的社会心理和行为预期,从而产生基本的社会秩序。

近年来,中国的社会稳定形势日益趋紧,如何维护社会稳定已成为中国现代化建设过程中的重大课题。因此,正确评估当前中国的社会稳定形势,对于我国的经济发展和社会建设都具有重要的理论与现实意义。[1]

一、当前中国社会稳定的总体评价

关于中国社会稳定的总体评价,学术界历来有各种不同的观点。于建嵘教授认为,国内学术界对中国社会稳定的形势有两种针锋相对的观点:一是"动荡说",认为随着经济危机的加深、社会分配不公的扩大,社会冲突会更加激烈,中国将会发生较大的社会动荡。二是"超稳说"。中国虽然存在很多问题,但总体而言是世界上最稳定、最活跃的政体,中国社会的超稳定性正体现了中国特色社

原载于《人文杂志》2015年第5期。

〔1〕 严格的社会评估需要依赖大量的基础数据与广泛深入的调研,本文的评估主要是基于作者长期以来对中国社会特别是基层社会的观察与思考以及对相关领域的专题研究所形成的理论分析。作者期待着有机会就社会稳定形势进行更为深入的科学评估。

会主义制度的优越性。[1] 于教授不同意这两种观点,并提出了自己的"刚性稳定说"。所谓"刚性稳定说",主要强调中国社会秩序总体上是稳定的,但这种稳定是"刚性稳定",它以垄断政治权力为制度特征,以绝对管治秩序为表象,以国家暴力为基础,以控制社会意识和社会组织为手段。这种社会稳定缺乏制度弹性和韧度,是一种高压下的社会稳定。在这种压力型体制下,各级政府追求短期利益的最大化,忽视经济发展的社会成本和社会公平,忽视社会基本规则的建设和维护,从而导致政治合法性的快速流失。这种政治软权力的匮乏,迫使当权者在面对社会矛盾和冲突时越来越依赖国家暴力,并导致政治体制维护自身运行的成本越来越高,一旦这种维稳成本超出其支付能力,就可能出现社会无序和冲突失控,从而演变为"社会动荡"。[2]

如何看待这三种观点?在笔者看来,它们各自都有一定的可取之处,但都存在很大的局限。"动荡说"抛开前些年与之相似的"中国崩溃论"的影子外,主要是着眼于中国当前的各种社会矛盾和冲突的未来趋势而言的。某种意义上说,这是一种未来趋势假说。虽然当前中国社会的确出现了各种各样的矛盾和问题,但从总体上来看,将当前中国的社会形势概括为"动荡说"显然是不符合事实的,夸大了当前中国社会的不稳定因素。至于未来中国社会将如何演变,在理论上当然存在着多种可能性,包括陷入社会动荡甚至内乱的可能。但我们不能用"假如"来作为中国当前社会稳定形势的一种判断。"超稳说"强调中国是世界上最稳定、最活跃的政体,显然是过于乐观了,如果出于宣传需要,强调形势"一片大好"是可以理解的,但作为一种严肃的理论研究和科学判断,显然表现得有些肤浅。

值得我们重视的是于建嵘教授自己提出的"刚性稳定说"。这种观点强调,中国社会虽然看起来是稳定的,但这种稳定是通过暴力维持的或高压体制维持的,而这种高压体制是不可持续的。因此,这种观点本质上也是"不稳定说"。它所强调的是,中国社会稳定是表面的,它其实是很脆弱的,一旦这种暴力维稳机制失灵,或由于维稳成本的急剧上升而不得不放弃,中国就会陷入无序、冲突和动荡。因此,这种观点本质上不是对中国社会稳定与否的评价,而是对中国社会形势当前还算稳定的一种理论解释或机制与原因的分析。

应该说,不管是有心还是无意,这种观点与当前一些维稳决策实际部门的认

---

[1] 于建嵘:《从刚性稳定到韧性稳定——关于中国社会秩序的一个分析框架》,《学习与探索》2009年第5期。
[2] 同上。

知是相通的。虽然于教授主张要从"刚性社会稳定"过渡到"柔性社会稳定"上来,但其对中国社会当前形势的分析恰恰使得维稳决策部门不敢轻易进行这种过渡。作为维护国家稳定的相关决策部门,如果认为这个社会的稳定完全是靠暴力和高压体制维系的,那么它必然更加依赖这种暴力和高压模式。因为它害怕一旦放松,就会导致社会崩溃,除非决策部门完全失去道路自信和信念坚守,默认这种体制的瓦解和崩溃。这一点恐怕是于教授所没有想到的。因此,我虽然赞同于教授关于"柔性社会稳定"的诸多观点,却不赞成其关于当前中国社会稳定的基本评价。任何一个正常的社会,如果其基本秩序完全是依靠暴力来维持的,这在理论上是不可想象的,在实践上也是不可长久的,更不可能靠暴力维稳机制来支撑几十年的经济繁荣发展。

然而,不可否认的是,"刚性稳定说"在国内大有市场,在笔者所接触到的所谓"公知"和一些名人名嘴,对中国社会形势的看法大多数都持与"刚性稳定说"相似的观点,认为如果不是高压政策,中国早就崩溃了。更重要的是,他们认为中国的高压政策迟早难以为继,因此,崩溃也是迟早的事。这和本人对中国社会各个阶层的接触所得到的印象是不同的。显然,这种观点是受到极端现象和局部问题的影响,严重夸大了中国社会矛盾冲突的性质和某些不稳定现象的社会后果。如果作为一种忧患意识,值得肯定,但作为一种社会稳定与否的总体形势判断,则是不全面的。

我们认为,当前中国社会的基本面是稳定的,但也存在诸多不稳定因素。这些不稳定因素的形成原因是复杂的,但总体上说是与中国社会的快速发展、急剧变革以及社会治理模式的落后相联系的,如果我们能够对这些社会不稳定因素准确把脉,对应得当,这些不稳定因素是可以逐步得到化解的。

为什么说中国社会的基本面是稳定的?理由主要有以下几点:

第一,社会各阶层人心思稳。除极少数别有用心的人和极端分子外,可以说,人心思稳是当代中国社会最大的稳定因素。中国社会各阶层之所以都希望稳定而不愿意出现动乱,是和过去30多年来,中国社会各阶层的实际生活都在改善和提高有关。短短30多年,中国从一个低收入国家迅速跃升到中高收入国家,必然会给中国人的生活水平带来巨大的变化。社会中上阶层是改革的主要受益者,他们的生活已经远远超过了中国社会的实际发展水平,更不用说中国的富裕阶层。就是那些处于中国社会结构的底层,他们的生活水平在过去几十年内也有了相当程度的改善。中国消灭了2亿绝对贫困人口是不争的事实,虽然他们的生活水平还很低,甚至有的还没有达到联合国每天人均 2 美元的脱贫标准,但不断地改善过程使得他们对自己的生活现状以及政府的相关政策在总体上是满意的,至少是可以接受的,如果考虑到他们自身是能力有限的弱势群体,尤其如此。

第二,中国的政治局势是稳定的。国家政权在全国范围内的治理总体上是有效的,无论是国家政权组织,还是执政党的自身组织能够有效运转。更重要的是,执政党的执政理念在普通民众中有较大的认同。一个突出的现象是,各类群体性事件的当事人可能对自己的遭遇不满,对地方政府怨气冲天,但对中央政府并无太大的不满,反而认为是地方政府和基层干部没有贯彻中央政策,没有落实中央精神。这种社会现象,其实正说明执政党的合法性有着坚实的社会基础。

理论上说,政治稳定未必等同于社会稳定,但政治稳定与社会稳定具有紧密的内在联系。至于政治稳定与社会稳定的具体关系,则取决于一个国家的政治体制与政治文化传统。在西方国家,国家权力是建立在层层自治的基础上,是通过社会契约达成的权力委托与代理关系,因此,国家权力对社会的影响相对较小,而社会的变动对国家的影响较大。但在中国,国家权力始终处于社会的中心,并渗透进社会生活的方方面面,因此,政治稳定对社会稳定有极大的影响,只要国家政治局面处于稳定和治理有效的状态,社会是不会乱到无法收拾的局面的。

第三,民众对国家的未来抱有信心。尽管中国社会中的问题的确多如牛毛,社会的矛盾和冲突不断,有些矛盾和冲突甚至相当严重。但是,总体来说,这些问题、矛盾和冲突都还是局部的、可控的,并没有"伤筋动骨"。面对这些问题,执政党和国家权力部门仍然具有积极面对的勇气和自我调节、自我修复的能力,社会大众对国家的未来抱有基本的信心。

当然,中国社会基本稳定并不只是反映在以上几点,但这几点应该说是最重要的。

明确当前中国社会形势的总体评价,认定当前中国社会的基本面是稳定的判断,具有重要的理论价值和方法论意义。现在有些学者一方面强调中国社会的基本秩序是完全靠暴力维持和高压获得,另一方面又要求执政党放弃暴力维稳模式,这是一种很矛盾的应对思路。它相当于要求一个医生面对已经不能自我呼吸的危重病人停止使用呼吸机。如果一个政权除了暴力维持之外,无法形成基本的社会秩序,那么要其放弃暴力和高压政策等于要其主动投降和放弃权力。而当我们认识到中国社会的基本面是稳定的,具有内在的自我秩序维持机能,我们才有可能要求决策部门改变暴力维稳模式,执政党也才有信心接受这种建议,真正放弃那种"越维稳越不稳"的维稳模式。

有的学者已经注意到我国在维护社会稳定方面的一种矛盾现象:一方面是国家政权的稳定性。改革开放30多年来,中国的政治运行总体上平稳有序,但无论是中国共产党作为执政党对社会的控制力、宏观政策的连续性,抑或是政治领袖人物代际更迭的有序性,在世界范围内都是相当高的。执政党对政局的把控是有效的,中央政府的行政管理也是瑕不掩瑜,值得肯定的。但另一方面,与之并存的是,近年来消耗于"维稳"上的精力和资源难以计数,"维稳"费用与年俱增,社会各界对"维稳"工作的不满和质疑越来越多。既然政治是稳定的,为何各级政府感觉维稳压力越来越大?如果说政治稳定秩序的根基受到侵蚀,为何又能保证这样超常的政权稳定?[1] 换句话说,到底是现行的"维稳"模式保证了当前的政治稳定,还是这些小规模、低烈度的不稳定因素不足以动摇整个社会的稳定大局?

其实,这两方面都不是。中国社会稳定的基本面不是靠维稳保证的,而是靠30多年的改革和发展带来的。中国虽然全局是稳定的,但对于局部的不稳定现象也要予以足够的重视和科学的对待。中国近年来的维稳矛盾现象的根子在于决策部门认识上出了问题。一方面,被"刚性稳定说"所忽悠,对中国改革开放30多年所造就的社会稳定局面缺乏自信,从而在维护社会稳定方面反应过度,用力过猛;另一方面,在如何维护社会稳定问题上缺乏深入的科学的研究,迷信警力,追求百分之百不出事。这种"治理"思路和维稳模式,导致维稳成本急剧上升。由此可见,党的十八届三中全会提出,要推进国家治理体系和治理能力现代化是多么及时和重要。

还有一些学者将中国当前的社会稳定形势与苏东剧变前的社会形势进行简单类比,这更是荒唐的。苏联瓦解前已是一个"僵尸"政体,可以说已没有任何通过改革获取新生的机会,执政者要么通过暴力维持其存在,要么放弃"治疗",任其崩溃瓦解,没有其他路径可选。中国与苏联有很大的不同,无论是执政理念、组织能力、经济环境、社会基础和文化传统等方面都有很大的不同,尤其是中

---

[1] 容志、陈奇星:《"稳定政治":中国维稳困境的政治学思考》,《政治学研究》2011年第5期。

国共产党的自我改革、自我修复能力一再被历史所证明。[1]

二、当前中国社会不稳定因素的基本评价

对当前中国社会稳定形势的总体肯定,并不是否认中国社会存在大量不稳定因素。恰恰相反,对于当前中国社会的各种不稳定因素,我们必须要有充分的认识和高度的重视。笔者最近在一篇文章中指出,几年前政府强调维稳,常常被国内外一些人士讥为执政心虚,害怕影响政治稳定和执政党的执政地位,但在今天,能否维护社会秩序的基本稳定,已经成了每个人都非常关心的问题。原因很简单,社会不稳定将威胁到普通老百姓的日常生活,社会稳定在中国已不仅仅是一个政治话题,更是一个社会问题了。[2]

中国当前最突出的社会不稳定因素集中表现在刑事犯罪、群体性事件、公共安全事件、恐怖主义犯罪等几个方面。那么,我们如何来看待当前中国社会的这些不稳定因素,并对其作出相对准确的评价呢?

(一)对中国当前刑事犯罪的基本评价

改革开放以前,中国在很长时间内,刑事犯罪在世界上都处于低水平。改革开放以来,特别是20世纪90年代以来,中国的刑事犯罪急剧增长,从2001年至2009年,处于一个相对稳定状态,2009年后开始了新一轮攀升,2009年公安机关刑事案件立案数首次超过500万件,2011年突破600万件,2012年达到655万件。2013年,刑事案件立案数略有下降,民众的公共安全感也略有上升。

中国的刑事犯罪变动与中国的经济体制转轨和社会转型有着密切的关系,从计划经济体制向市场经济体制的转变,从传统的乡村社会向现代城市社会转型是影响当代中国刑事犯罪的决定性因素。急剧的经济体制转轨,极大地扭曲了中国人的价值观,金钱至上,物欲横流,必然地反映到刑事犯罪中来。与改革开放以前的犯罪不同,侵财型案件占当前中国刑事犯罪的绝大多数,这正是价值观扭曲变形导致的拜金主义的反映。在未来相当长的历史时期内,这种以侵财

---

[1] 中国之所以不同于苏联,不仅在于中国与苏联的体制和文化传统有相当大的差异,更重要的是中国由于受"文化大革命"的影响,在短期间内将旧体制推向极端,导致中国的改革比苏联起步早,获得了比较好的国内外环境,并通过30多年的改革积累了足以抵抗体制内外各种颠覆力量的物质与精神能量。参见吴鹏森:《论"文化大革命"的潜在历史影响》,《安徽师范大学学报(人文社会科学版)》2002年第4期。

[2] 吴鹏森:《当前社会不稳定的突出表现及形成机理》,《探索与争鸣》2014年第6期。

为特征的犯罪仍将在中国刑事犯罪中占多数。

但是,我们也必须看到,我国当前刑事犯罪出现了一些新的变化,呈现出一些新的特点。一是以报复社会为目的的个人极端主义犯罪的出现和蔓延。二是一些以残暴为特征的极端恶性案件的频频出现。这两类极端犯罪行为与以侵财为目的的传统犯罪完全不同。它一方面反映了中国社会利益结构的失衡正在缓慢而有力地挤压某些受损群体的内心空间,诱发以报复社会为目的的各种个人极端主义犯罪;另一方面反映了现代社会的压力使相当一部分人出现心理问题,一些社会弱势人群在遭遇挫折时容易被各种阴暗丑恶的犯罪心理所左右,做出各种"伤天害理"和为人所不齿的残暴行为。

总体来说,当代中国的刑事犯罪是以市场经济体制为背景的,市场经济的负面效应仍然处于不断地释放过程中,而以有效抑制刑事犯罪的各项社会建设严重滞后。这种状况在中国未来相当长的一段时间内仍将继续,这将会对各级政府社会治理能力构成持久的考验。

(二)对当前中国社会群体性事件的基本评价

自20世纪90年代以来,群体性事件急剧攀升,从每年不足万件发展到每年十几万件。平均每天数百起。据有关部门统计,1993年我国发生群体性事件约0.87万起,1994年约1万起,2003年则达到6万起,2005年上升为8.7万起,2006年超过9万起。从发生次数来看,群体性事件的年增长率为17%左右,从发生规模来看,参与群体性事件人数的年均增长率为12%,其中参与者规模达百人以上的由1 400起增加到7 000起,增长了4倍。[1]

值得提出的是,过去参与群体性事件的成员多是农民、企业退休人员等困难人群,后来逐渐波及在职职工、失地农民、进城农民工、库区移民、拆迁户、出租车司机、个体业主、复转军人、在校师生、技术人员、国家干部、环境污染受害者等社会各个阶层。与此同时,群体性事件的对抗性也日趋激烈,暴力性、破坏性事件不断增多,矛盾激化程度不断升级。群体性事件的组织性和政治性不断提高,有组织的群体性事件越来越多,甚至出现一些跨区域、跨行业相互串联声援的现象,尤其是一些规模较大、影响较大的群体性事件,往往有着明确的目标和统一

---

[1] 刘能:《当代中国的群体性事件:形象地位变迁和分类框架再构》,《江苏行政学院学报》2011年第2期。

的行动。在多数群体性事件中,合理要求与不合法行动、理性抗争与违法犯罪活动相互交织,处置难度越来越大。[1]

与群体性事件相联系的是各种信访量居高不下,缠诉缠访事件不断增多。如何解决群体性事件和群众来信来访已经成为许多地方政府最为头痛的社会维稳任务。在一些群体性事件处置过程中,由于处置不当,导致一部分事件最后发展成为矛头针对地方政府的集体抗争,使得事件本身已经具备了某种政治性对抗的性质和特征。

群体性事件的频频暴发,在海内外引起高度关注。国内外诸多人士都将其作为中国社会不稳定的重要标志,甚至认为是执政党合法性不断流失导致执政地位不稳的突出表现。对此,笔者也有不同的判断。近年来不断爆发的群体性事件,无论是维权事件还是泄愤事件,也无论是少数人参与的小规模事件还是多数人参与的大规模事件,首先是与中国的发展阶段有关。正是由于我国进入现代化的中期,经济持续快速发展,城市大规模扩张,道路交通等基础设施大规模的建设,引发了与当事各方的利益矛盾冲突。其次,同样是因为发展过快,使得各级政府的治理能力严重不足,在进行社会发展战略设计时,不能平衡各方利益,在面对突发的各种社会矛盾时,不能正确地进行处置。特别是政治体制改革和社会体制改革的严重滞后,套在各级领导干部头上的"紧箍咒"仍然大量存在,使得他们不能彻底解放思想,不敢进行社会管理创新,严重制约了国家治理能力的提高。正是这两方面的因素导致各种群体性事件不断增多,而这一切都与中国现代化过程中的特定发展阶段有关。随着中国现代化进程的快速推进、各个领域改革的全面深化和各级政府社会治理能力的不断提升,群体性事件最终将会逐渐降温,人们的合理诉求将被纳入法治轨道得到公平公正地解决。

(三)对当前中国恐怖主义犯罪的基本评价

如何看待我国境内近年来恐怖主义犯罪问题,是我们对中国社会不稳定因素进行评估的一个重要方面。最近,国内有专家认为,恐怖主义犯罪出现了一些新的特点,在地域上已经开始有向全国蔓延的趋势,在主体上,女性恐怖分子在恐怖袭击当中扮演的角色会越来越多,在袭击目标上从"硬目标"转向"软目

---

[1] 吴鹏森:《基层政治体系残缺:群体性事件频发背后的社会机制》,《探索与争鸣》2012年第10期。

标",即主要向无辜群众进行恐怖袭击。应该说,这些苗头都是存在的,并有相应的案例可证。但是,我们不能因此对中国的恐怖主义犯罪作出过分夸大的判断。无论是与西方国家相比,还是与一些深受恐怖主义危害的发展中国家相比,中国所面临的恐怖主义犯罪总体上仍是局部的、有限的和可控的。

从民族构成上看,中国的恐怖主义犯罪只能是局部的,因为到目前为止,中国的恐怖主义犯罪主要发生在个别民族的极少数人身上,从中国的民族构成和历史上的民族关系来看,不可能发展为全局性的恐怖主义问题;从地域上看,虽然恐怖主义犯罪分子主观上也想将恐怖主义引向全国,但由于其自身的特点不可能做到这一点,个别案件不代表趋势;从犯罪主体上看,虽然发生过一些女性参与恐怖主义犯罪事件,但不代表恐怖主义犯罪的主体已经发生重大变化。

从整体上说,中国的恐怖主义犯罪主要是个别民族的极少数人,特别是年轻人受民族分离势力和宗教极端主义的影响所为,女性恐怖主义分子更是少数中的少数,没有趋势显示恐怖主义已经在某个民族中成为普遍现象,因此也就不可能演变为不同阶层、不同年龄和不同性别的人都积极参与恐怖主义的"全民性"的犯罪主体结构。因此,我们对恐怖主义犯罪问题既要高度重视和严厉打击,也要保持冷静和理性,不可反应过度。中国的反恐战略重点还是应该放在科学治理和积极预防上,在打击恐怖主义犯罪的具体措施上要吸取西方国家,特别是美国的反恐教训,不要陷入恐怖主义越打越多,越反越难反的悖论和困境。

三、当前中国社会维稳模式的基本评价

稳定是任何国家的发展都必须具备的前提条件,没有稳定的社会秩序,没有社会的基本稳定,就不可能有一个国家的发展,更谈不上一个民族的复兴与崛起。从这个意义上讲,每个国家都有自己的"维稳"任务,每个国家的相关部门都担负着"维稳"的功能。只不过各个国家的说法不同而已。但是,由于社会制度的不同,发展阶段的不同,法律制度的不同,文化传统的不同,思维方式的不同,使得各个国家在保持社会稳定的具体做法上却有很大差别,从而也就有了所谓"维稳模式"的问题。即使是一个国家内部,由于对国家稳定的形势判断不同,体制机制不同,官员素质不同,对其所谓"维稳模式"也会有很大的影响。

中国自改革开放以来,一直将保持社会稳定作为重中之重给予高度重视。但是,中国社会稳定的内涵在过去30多年中是不断变化的。在20世纪80—90年代初,稳定的内涵主要是政治制度上的,维稳主要是保持政治制度的稳定性,

保持政治局面的稳定性,维护中国共产党的执政地位的稳定性。到了90年代后期,稳定虽然仍是以政治维稳为主,但这种稳定主要是作为谋求发展的前提条件,有了稳定的政局就可以为市场经济保驾护航。到了21世纪以后,随着经济持续快速发展,社会矛盾日益突出,社会稳定越来越表现在"社会"层次上。由于经济的大发展,工业化、城市化进程快速推进,导致经济发展与城乡居民的利益冲突越来越多,越来越尖锐。由此引发了一波又一波的信访上访潮,引发了一个又一个群体性事件,出现了越来越多的有一定规模的集体抗争,甚至出现了非常激烈地冲击政府的带有政治性对抗性质的集体抗争事件。更有甚者,诱发了以报复社会为目的的个人极端行为,如纵火、爆炸、街头砍杀,等等。这样,"维稳"就逐渐从政治领域转向社会领域,并导致整个社会的"维稳"模式发生了重大而深刻的变化。

第一个变化是"维稳"组织的变化。在全国逐步建立起一个更加严密的维稳组织体系。在公检法司等国家执法系统和传统的政法委系统的基础上,又增设了一套维稳协调与指挥机构,专门设立了所谓维稳办公室,同时,各地还在国家司法系统之外,建立了专门的各级人民调解机构,与维稳相关的信访部门也得到了极大的加强。

第二个变化是"维稳"观念的变化。在社会稳定的理解上,更加强调"刚性维稳",社会管理部门试图运用一切资源来确保政治与社会领域的绝对稳定,本质上是追求一种静态的、刚性的社会稳定。维稳措施缺乏必要的弹性和韧性,没有形成社会管理领域必要的缓冲地带。

第三个变化是"维稳"措施的变化。在维稳的方式方法上,更喜欢追求简单有效、立竿见影的办法。一方面,在维稳手段上热衷于刚性维稳,依靠警力强行压制群众的合理诉求和不满情绪,甚至以牺牲弱势群体的利益来换取短期的所谓稳定。另一方面,在压制失灵或压制成本过高的情况下,转而采取经济补偿性维稳办法,"人民内部矛盾用人民币解决""花钱买稳定",甚至不惜牺牲国家利益来收买和满足一些真正的无理取闹者的非分利益要求。究其根本,与其说是为了所谓的社会稳定,不如说是为了自己的政绩考核或保住"乌纱帽",甚至是为了从维稳中获取自己的经济和政治利益。

第四个变化是喜欢进行运动式"维稳"。以执政党的强大优势,通过意识形态宣传和超强的组织动员能力,以发动群众为主要手段,集中组织社会资源,以实现国家的各种治理目标,进而达成国家的各项治理任务。其特点是行政主导,不计成本,一刀切,一阵风。

第五个变化是"维稳"管理模式的变化。通过中国特有的政治体系,以行政命令、物质利益和职位晋升相结合的多种激励手段和工作机制来确保一方稳定。对社会维稳的任务进行层层分解,严厉考核,对于无法维持一方稳定的地方大员,严格追究领导责任制。结果导致维稳的手段与目的被人为地颠倒,将有时不得不采取的权宜手段当作最终的目的长期维持下来,凝固起来,形成所谓的维稳常态。

对于我国近年来的维稳模式,学术界一直评价不高,有些做法还受到严厉的批评。[1] 关键在于,这种"中国式维稳"在认识上存在两大误区:第一,将民众的正当利益表达与社会稳定对立起来,将其视为不稳定因素。第二,将局部地区的不稳定因素和社会生活中的某些极端行为的负面效应过分放大,对中国社会基本面的稳定缺乏信心。

这样一种缺乏科学依据的"维稳模式"必然存在诸多弊端。第一,潜藏着巨大的政治风险。由于在维稳工作中,常常忽视公民参与和利益诉求的制度化吸纳,对社会不稳定现象容易"泛政治化"或意识形态化,甚至对一些群众合理的利益诉求和维权行动,也采取简单化的暴力维稳方式,导致人民群众的不满日益累积,不仅大大压缩了各利益相关方之间的民主协商和政治妥协的可能空间,加大了社会不稳定问题的治理难度,而且导致执政党执政合法性的大量流失。第二,容易导致维稳工作的内卷化,一方面被迫不断增加维稳的人力、物力和财力,另一方面由于基础组织财权和事权不匹配,"上面千条线,下面一根针",基层组织最终不堪重负,不得不采取以不变应万变的策略应付。结果是维稳的边际产出和收益在经过了一定的临界点后就会随着成本的上升而递减,甚至完全是负数,如引起更多的群体性事件和群众更多的不满,等等。第三,导致民众维权和政府维稳的成本双重提高。一方面是政府对稳定越来越看重,在维稳的压力下,一些官员常常不顾老百姓的合法权利,追求眼前的即时稳定;另一方面是老百姓的维权意识越来越强,维权的方式越来越极端。这种"维权"与"维稳"顶牛的结

---

〔1〕 参见于建嵘:《抗争性政治:中国政治社会学基本问题》,人民出版社,2010年;胡鞍钢、胡联合等:《转型与稳定:中国如何长治久安》,人民出版社,2005年;唐皇凤:《常态社会与运动式治理——中国社会治安治理中的"严打"政策研究》,《开放时代》2007年第3期;唐皇凤:《"中国式"维稳:困境与超越》,《武汉大学学报(哲学社会科学版)》2012年第5期;张荆红:《"维权"与"维稳"的高成本困局——对中国维稳现状的审视与建议》,《理论与改革》2011年第3期;笑蜀:《维稳社会成本高企值得关切》,《南方周末》2010年6月3日;吴鹏森:《中国应改"维稳"为"维安"》,新加坡《联合早报》2011年11月25日。

果,无论是民众维权还是政府维稳,成本都会不断上升,代价越来越大。

因此,在对中国现行的"维稳"模式的评价上,我们和学术界大多数学者持相同的观点,认为中国现行的"维稳"模式过于简单化,缺乏严谨的研究论证和科学的理论依据,表现出"头痛医头、脚痛医脚"的短视特点,常常是"一人得病、全家吃药",在维护社会稳定的根本思路上本末倒置,甚至舍本逐末。究其原因,关键在于对中国社会的基本秩序有明显的战略性误判,在面对突发的社会矛盾冲突时常常受短期的、狭隘的功利因素所左右。在敌对势力对国内消极群体的挑唆、怂恿、操纵甚至公开支持时,容易犯急躁主义,对国际斗争的长期性、复杂性缺乏充分的理论认识和思想准备,对自己的社会制度和发展道路缺乏坚定的信心。

社会需要稳定,坚定不移地维护社会稳定是中国现代化进程中必须长期坚持的基本方针。但是,如何维护社会稳定,采取什么样的维稳模式,是一个急待解决的重大理论和实践问题。总体来说,必须坚持一条原则,这就是法治维稳,把维护社会稳定纳入法治的轨道。法治是人类文明进步的重要标志,运用法治思维和法治方式是确保现代社会秩序的唯一正确途径,维护社会稳定只能靠建设法治政府和法治社会。

更重要的是,即使是在法治国家和法治社会,确保社会稳定也必须以预防为主,以建设为主,按照科学发展观,通过扎扎实实的社会建设,形成健康的社会机体,才能承受各种社会风险,确保社会的稳定。根据世界各国的基本经验,要形成健康的、能够抵御各种社会风险的社会机体,最为关键的是要建设一个利益相对平衡的社会结构、公平公正的社会法律秩序和能够为各种社会风险托底的现代社会保障体系。有了这种健康的社会机体,就可以最大限度地减少各种社会矛盾和社会冲突的发生,即使发生,也能够将社会矛盾冲突的性质和烈度降到最低,损失减到最小。同时,在稳固的社会结构基础上,再从工作层面,建构畅通的社会各阶层特别是弱势群体的利益表达渠道和基层矛盾化解机制,并形成有弹性的维稳工作机制,在处理各种复杂的社会矛盾时,极力避免工作方法的简单化、泛政治化,坚持以人为本、执政为民的基本理念,设身处地的站在矛盾冲突双方进行换位思考,就一定能够有效地避免社会矛盾的激化,确保中国社会秩序的基本稳定和整个国家的长治久安。

第 9 章
DI JIU ZHANG

论社会管理创新的理念与路径

我国正处于现代化的中期阶段,随着经济社会的快速发展,各种社会结构性矛盾大量累积,社会焦虑、社会紧张加剧,特殊人群的管理与服务任务加重,同时,由于市场化、全球化、网络化的快速发展,传统的社会管理模式已经不能适应新的社会管理环境。为了避免落入"中等收入陷阱",必须高度重视社会建设、社会管理与经济持续快速发展局面不相适应带来的矛盾与问题,痛下决心,对我国的社会管理体制进行根本改革。

一、社会转型促使社会管理模式创新

社会管理是指政府及相关主体为维护社会基本秩序,通过制度安排和公共政策对各种公共事务进行管理的活动。政府的社会管理主要是通过制定社会政策和法律法规,对社会组织和社会事务进行规范和引导,培育和健全社会结构,调整各类社会利益关系,回应社会诉求,化解社会矛盾,维护社会公正,确保社会秩序,培育健康的社会环境,促进经济、政治、社会、文化和自然的协调发展。

我国社会管理领域存在的种种问题,究其根源,是因为在计划经济体制下建构起来的现行社会管理模式,在本质上与市场经济体制的不相容。改革开放以来,我们在某种程度上片面追求 GDP 的增长,进一步导致社会体制与政治体制改革严重滞后,从而引发二者之间的严重不适应。当前我国的社会管理面临的挑战突出表现在以下几个方面:

第一,经济快速发展引发社会利益结构的大变动,社会矛盾的数量不断增多、性质日益复杂。在市场经济条件下,利益主体日益多元化,由于不同阶级、阶

原载于《南京师大学报(社会科学版)》2012 年第 3 期。

层之间以及阶层内部的利益分配的多寡和利益获取模式的不同,不断引发各种纠纷与冲突。征地拆迁、重大市政建设、劳资关系紧张以及各种历史遗留问题等成为各种矛盾纠纷和社会冲突的多发区,此外,医患矛盾、房产纠纷、交通事故等引发的社会矛盾也较为突出。这些社会矛盾有的单独存在,有的相互关联交织。

第二,社会变迁带来的特定群体的社会管理和服务问题日益突出。数量庞大的老龄群体,规模巨大的流动人口,日益增多的境外人员都对我国城市的社会管理提出了新的要求。此外,成分复杂的特殊人群,包括吸毒人员、帮教期的刑释解教人员、"三失"(失学、失业、失管)闲散青少年、重度精神病患者、艾滋病病毒感染者等,都对社会管理提出了严峻的挑战。

第三,信息化对传统社会管理模式的挑战。虚拟社会既能给人以极大的自由发表意见,也能在短时间内形成网络集群事件,对正常的经济和社会生活秩序构成威胁。互联网可以把彼此素不相识、利益毫不相关的人群,很快地动员和组织起来并付诸集体行动,对社会秩序具有强大的影响力。社会管理必须正视网络时代的现实,通过机制创新来积极应对网络时代的挑战。

第四,城市公共安全面临越来越大的压力。城市的人口、建筑、交通等密度越来越大、越来越高,而城市抗风险能力反而日益脆弱,系统性风险在逐渐积累。交通安全、生产安全、消防安全和食品、药品安全等风险不断增大;来自境外势力的恐怖活动和境内失意、绝望群体的极端行为,对城市公共安全构成潜在威胁;刑事犯罪一直处在高位维持状态,城市社会治安的压力巨大、形势严峻。

第五,由于工作节奏快,生活成本高,竞争压力大,导致普通市民心理焦虑感过大。社会各阶层都存在心理不稳定问题,很多人内心充满着焦虑、紧张和不安全感。一些市民对社会问题容易出现情绪化倾向,面对官员腐败、贫富差距、社会不公,常常不问是非,不问真相,仇官、仇富等偏激社会心理不断滋长蔓延。

所有这些,归根到底是我国在社会转型大背景下,原有社会管理模式已经不能适应社会管理新需求,政府必须要适应经济社会发展新环境,根据社会发展的客观规律和社会管理的主观认知,对我国社会管理的理念、制度、体制、机制、方法等进行调整和改变,建构新的社会管理模式。因此,我国当前的社会管理创新首先不在于细枝末节的具体改革,而在于社会管理模式的系统转换,形成新的社会管理模式。必须适应市场经济的发展,推动社会管理的民主化、法治化、科学化,不断提升社会管理的科学化水平,从根本上实现社会管理转型。

首先,要摆正社会管理与经济建设的关系,确立社会管理的独立性与主体地位。要坚决破除把社会管理视为经济发展环境建设的片面观念。社会管理当然具有促进经济建设的功能,但绝不是它的本质属性和主要功能。社会管理的本质属性在于维护社会基本秩序,为人民提供一个安宁祥和的社会生活环境。与此同时,通过提供各种公共服务和社会保障措施,不断增进人民的福祉。社会管理的直接目标和最终目标都是为了人。社会管理创新必须坚持以人为本,正确辨析社会管理创新与经济建设的关系问题,不断提高社会管理的能力和水平。

其次,要正确理解社会管理中的管控、治理与服务的关系。在社会管理中,管理与服务不是两张皮,而是不可分割的一体两面,管理中寄寓着服务,服务中渗透着管理。只有社会管理没有公共服务,不符合现代政府社会管理的发展方向;只有公共服务没有社会管理,政府也无法保证公共服务的质量。只有将社会管理寓于公共服务中,真正做到"全心全意为人民服务",真正建立起服务型政府,才能定位好政府的功能角色,才能建立起现代意义上的社会管理,才能实现社会管理重心向社会下沉。

二、创新社会管理模式要求社会管理理念革新

理念是制度建构和机制创新的核心与基础。没有科学的理念,各项具体的创新就无从谈起,只会将创新变成"瞎折腾"。要进行社会管理创新必须要在理念上有新突破。

社会管理模式创新的核心是确立正确的社会管理的基本立场与价值取向,即从什么立场来思考和设计社会管理问题?社会管理的目的和最终价值取向是什么?综观古今中外的社会管理可以归结为两类:一是国家本位的社会管理,二是社会本位的社会管理。所谓国家本位的社会管理,是指这种社会管理的出发点与归宿都是为了国家,为了国家政权的稳定,或是为了国家的强大,甚至只是为了把持着国家政权的某个特定政治集团的利益。在这种社会管理理念下,通常要求社会的管理服从于国家的需要,为了国家可以牺牲社会。在极端情况下,国家不断将权力渗透进社会,导致社会的完全国家化,实现政社合一,政社一体。在这里,社会完全成了实现国家目标的工具,根本没有自己的独立地位与存在空间。所谓社会本位的社会管理,是指这种社会管理的出发点与归宿都是为了社会,真正是"以人为本"或"以民为本"。在这里,国家不过是社会实现自己目标的工具,国家的所有活动都是源自社会的需求,是社会实现自身目标的有组织手段。当然,在这两种管理模式之下,还可以进一步区分为诸多更为具体的社

会管理类型,如同样是国家本位,由于政权的性质不同,这种国家本位的社会管理性质可能完全不同。同样,在社会本位的社会管理中,也可能有各种不同的实现形式。但这种最基本的区分,仍然具有非常重要的意义,它可以帮助我们明确改革的思路与指向。

社会管理理念是靠社会管理模式来实现的,不同的社会管理理念决定了不同的社会管理模式。社会管理的理念创新与立场转换,必然对社会管理模式产生影响。从理论上说,社会管理的理念有国家本位与社会本位两种基本类型,而社会管理模式却有三种选择:政府直接管理、政府与社会共同管理和社会自主管理(见表1)。

表1 社会管理理念与管理模式的关系

		管理模式		
		政府直接管理	政府与社会共同管理	社会自主管理
管理理念	国家本位	●	●	○
	社会本位	○	●	●

但是,在国家本位的社会管理理念下,国家能够采取的只有两种选择:政府进行直接管理,或者由政府与社会共同管理。很难想象,一个由社会完全自主进行管理的社会管理模式能够屈从国家的意志。同样,在社会本位的社会管理理念下,社会能够接受的也只有两种管理模式:政府和社会共同管理或者由社会自主管理。很难想象,一个由国家直接管理的社会能够真正达成人民的完全意愿。

中国现行的社会管理仍然是一种沿袭计划经济体制下的"国家本位"的社会管理。它是近代以来中国国运衰微、民族求强的自然反应,也是苏联模式和计划体制的必然产物。这种社会管理的目的在于实现国家对社会的有效控制,保证社会管理完全服从国家的需要。例如,国家实行严格的户籍制度,实施各种精细的社会管理政策,目的就是要确保国家的发展计划能够顺利贯彻实施,从而在可预期的时间内实现国家的强盛目标,为了实现这一目标,甚至可以牺牲社会。为了保证这一社会管理模式的顺利进行,国家将权力渗透到社会的最深层,将原有的各种社会自主管理机制与组织彻底摧毁,或者将其改造成为能够实现国家目标的新机制。经过这一过程,整个社会高度政治化和一体化,国家或政府成了唯一的社会管理主体。改革开放后,我国已经从计划经济体制转变为市场经济体制,但社会管理体制仍然沿用以前的旧体制,政府对社会公共事务的大包大揽,看起来权力很大,其实所承担的责任更大,包袱更大。正因为如此,导致今天中国社会发生任何事情,老百姓都要找政府承担责任,政府也不得不将这些本不属于自己的责任担当起来。

显然,在市场经济日益深化的今天,再延续这种国家本位的社会管理模式显然已不能适应这个社会,必须要进行理念创新,牢固确立新的社会管理理念,从维护社会自身的基本秩序,维护社会的稳定和安宁,维护人民群众的民主权利和民生福祉来进行社会管理。归根到底,就是要确立一种"社会本位"的社会管理理念,站在社会的立场,承认社会自身才是社会管理的目的所在。社会管理的目的首先是为了社会的安宁和人民的福祉,而不仅仅是为了政府的甚至是官员的任期目标。

从国家本位转向社会本位,并不等于可以完全实现社会的自主管理。由于中国的国情,中国也不具备实施完全的社会自主管理的条件,因为中国是一个地域广袤的大国,有自己的政治文化传统,更有着远远超出任何地域的民族未来目标的追求。因此,中国适宜选择政府主导、由政府与社会共同进行社会管理的模式,形成政府与社会在社会管理中的双重主体地位。中国自古以来是一个家国同构的社会,国家与社会的关系与西方完全不同,彼此之间通常没有明确的分界线。中央提出要完善"党委领导、政府负责、社会协同、公众参与"的社会管理格局,关键就在于破除政府包办社会管理职能的陈旧思路,真正唤醒社会的自主意识、自治传统和自主管理,推动社会管理由政府直接管理模式向政府主导的政府与社会共治管理模式转型。

三、社会管理创新的基本路径

社会管理创新的基本路径首在制度,这里的制度是一种广义概念,包括法律、制度与政策,它对社会管理主要起到引导、规范与裁决的作用。没有良好的社会制度作基础,不可能有科学的社会管理。在政府与社会双重管理模式下,政府方面主要就是供给法律、制度、体制和政策。

社会管理说到底是对人的管理,通过社会管理,形成社会存在和发展的基本秩序,从而保障国民的人身安全,保障社会发展成果的公平有序分配。作为社会管理的制度基础正是这两种制度:一是保障民生的社会制度,二是保障秩序的社会制度。社会管理创新首先就要紧紧围绕这两类制度进行创新。

第一类是保障民生的社会制度。包括养老、医疗、社会救助等在内的基本社会保障制度,基本的住房保障制度,义务教育制度,劳动就业制度,等等。通过这些制度的安排,对普通老百姓的衣食住行和未来发展形成基本的保障,真正做到"学有所教、劳有所得、病有所医、老有所养、住有所居"。推进社会管理的制度创新,必须要在保障民生的社会制度上体现出来。要坚决放弃当前不公平、不合理的"碎片化"社会保障制度设计,打通城保、镇保、农保、综保等不同社保制度之间的转换通道,实现各种社会保障制度的并轨,建立制度统一、覆盖城乡、公平合理的社会保障体系,不断提高国民的社会保障水平。在义务教育制度上,必须要公平配置教育资源,不断提高教育质量,让教育成为公民向上流动的基本机制,给人民以可见的未来预期。在劳资关系上,必须从根本上改变当前普遍存在的"资强劳弱"格局,确保劳动者的基本权利得到充分尊重,真正落实以按劳分配为主体的收入分配制度和尊重劳动、尊重知识、尊重人权的就业管理制度,给劳动者以体面与尊严。

第二类是保障秩序的社会制度。构成社会秩序的基础是多元的,如习俗、道德、法律、制度,等等。对于当前中国社会的社会管理创新来说,要确保社会的稳定有序,必须要建构公平合理的社会利益结构,必须要在兼顾各方的基础之上,适当向普通劳动者和社会弱势群体进行利益倾斜,充分发挥社会主义核心价值体系在维护社会稳定方面的特殊作用。但在当前最重要的还是要落实宪政,发挥民主,遵循法治,让人民真正能够当家作主。只要人民能够真正感受到自己的事自己能够做主,社会的基本秩序就能够得到保证。为此,很重要的一点,就是要重构我国的基层政治制度。

长期以来,人们主要关注中国的宏观政治制度建设,而对微观层面的公共决策的制度建设有所忽视。在中国的现行体制下,"政治"只是国家的事,与社会没有关系。各级政府都听命于上级,一级一级地上达"中央"。在基层,或者说在国家与社会的边界,是由两个部分组成的。一是基层政府,在农村是乡镇政府,在城市是街道。乡镇政府是一级政府,街道是政府的派出机构。但它们的共同特点都是国家权力向社会的延伸与渗透。它们是代表"国家"的,考虑问题的出发点与落脚点都是国家或"上级"。二是城乡居民自治组织,在农村是村民委员会,在城市是居民委员会。但实际情况是,基层政府很强势,而居民自治组织很弱势,在大多数情况下,居民自治组织只是政府在基层的办事助手,是协助政府完成维护社会秩序的一种机制。因此,严格地说,在中国是没有属于社会的基层政治制度的。

讨论基层政治制度建设,就是要承认"政治"不仅发生在国家层面,而且发生在社会层面。有必要重构中国传统的"国家—社会"双层社会结构,还社会一个独立的空间。在这样一个"国家—社会"双层结构中,国家权力要限制在有限的空间内,甚至有必要后退一步,在涉及公民的直接生活领域,主要由社会进行自主管理。

社会自主管理主要涉及两类组织,一类是基层社区,一类是民间组织[1]。基层社区作为社会自我管理的综合性组织主体,必须要有更大的发展空间,应该把基层社区建设成为一种围绕社区权力分配的政治性制度安排。建构基层政治制度,就是要不断完善基层社区社会管理中的议事、决策、执行等公共权力运作的制度化、法治化、专业化,从制度上落实"社会本位"的社会管理理念,实行分权社会管理,还权于民。

建构基层政治制度的基本思路就是扩大基层社区的模式。对农村来说,可以撤销乡镇一级政府,将其改造成为真正具有自治功能的基层社区;对城市来说,就是要将街道办事处这样一个政府"派出机构"脱离政府序列,使之成为独立的、自主的社会管理主体。通过扩大基层社区模式,创造条件在基层社区内部建立社区代表会议制度,形成社区内部的分权与制衡机制,确保公民对社会管理的参与和共治落到实处。有了这种真正自治的基层社区,凡涉及居民自身的事,都由居民自己民主决策、民主管理,就不会出现居民与政府的正面对立,许多社会利益矛盾完全可以在基层自治框架内,由居民自己通过民主的方式自己加以解决。像城市改造、征地拆迁、社会安置,等等,可以由基层社区按照自己的程序与机制来解决,由此避免大量群体性事件的出现。总之,政府管政府的事,社会管社会的事,双方各有其所守,各有其所管。在社会管理过程中,政府要谨守本分,主要供给法律、制度、政策,并予以监督执行。

与基层政治制度相联系的,还是中国的人口管理制度。当代中国一个无法回避的问题,便是历史遗留的"二元社会结构"所造成的2亿多流动人口,这个问题不解决,中国的社会管理创新就无从谈起。在人口管理制度上,必须要从宪

---

[1] 与社区的综合性社会管理主体不同,民间社会组织主要是对某个特定领域发挥作用的社会管理主体。另外,民间社会组织既是政府所依赖的社会管理主体,又是社会管理的重要对象。由于篇幅限制,本文不准备讨论民间组织问题。

法上重新赋予公民自由迁徙权,在公民平等的基础上建立起适应社会主义市场经济发展需要和人口大流动状态的新型人口管理制度,紧紧抓住未来10年的窗口机遇期,坚定不移地将户籍制度改造为居民登记制度,实现人口的自由流动。

值得注意的是,保障民生的社会制度与保障秩序的社会制度,虽然在性质上是不同的,但在功能上却是互补的。现代政府必须紧紧抓住这两类社会制度同时进行建设,才能收到事半功倍的效果。不关心民生,只强调稳定的政府是无法稳定社会的。民生保障制度建立健全后,社会的基本秩序和社会的稳定局面就有了最基本的保证。

大城市实有人口管理的难点及其破解
——以上海为例

一、实有人口管理及其意义

"实有人口"是指一个地区或一个行政区域内实际存在的人口。以上海为例,实有人口是指应该纳入"上海市实有人口信息管理系统"登记管理,并实际现居住在上海市的人口,包括户籍常住人口、外省市来沪人口、境外来沪人口,但不含户籍在上海但实际居住在市外半年以上的"人户分离"人口。实有人口与常住人口的区别在于,实有人口不仅包括常住人口,还包括居住时间在半年以下、三天以上的流动人口。

"实有人口"是一个相对居住地的人口概念,和过去以户籍管理为主的静态人口管理模式相比,体现了动态化人口管理理念。实有人口管理通常和实有房屋管理相联系,也被简称为"两实"管理。"实有房屋"特指所辖区域内所有的可供人居住的建筑物,包括各类产权住房、居住公房、部队家属住房以及其他实际用于居住但性质、权属关系不明确的房屋以及地下空间、违章建筑等。要真正了解和掌握一个城市的实有人口,必须和实有房屋管理联系起来。因为人口总是要在一定的房屋中居住,把房屋登记与人口登记结合起来,交叉关联,可以更好地掌握城市实有人口的真实情况。

实施"实有人口、实有房屋"全覆盖管理是近年来我国城市社会管理中的一项重要举措。"实有人口全覆盖管理"是对居住在所辖地区内的所有常住人口、寄住人口、"口袋人口"[1]、暂住人口、境外人员实行全面的信息采集、登记、核

上海市政法委委托课题研究报告,原载于《人文杂志》2012 年第 5 期。
〔1〕 所谓"口袋人口"指调查时居住在本市,但没有登记常住户口,如手持户口、迁移证、出生证、退伍证、劳改劳教释放证等尚未办理常住户口登记的人。

对和数据运用。"实有房屋全覆盖服务管理",是对所辖地区的所有居住房屋信息进行全面的采集、登记、核对和数据运用。将实有人口与实有房屋联系起来进行人口管理,是总结以往人口管理工作的经验教训提出的。在过去的城市社会管理中,"管房"与"管人"是分离的,管人的不管房,管房的不管人。"两实"管理的关键,就是要把人口管理落实到实有人口的居所管理,通过对全部产权房屋和租赁房屋的集中排查、编码登记,实现全覆盖纳管,通过核准本地或外来人员的实际居住地或落脚点,做到"见人验证",做实基础信息采集、登记,达到"以房找人、以人找房;查房知人、查人知住"的服务管理效果。

早在 20 世纪末,实有人口概念已经被公安部门提出并进行了初步的界定。1997 年,公安部"苏州会议"提出了"实有人口"概念,1998 年 4 月,上海市公安局社会治安防范局在下发文件中,将实有人口界定为在公安派出所(警察署)辖区内现居住的常住人口、暂住人口、人户分离人口以及居留的境外人员,概括起来可分为四类:一是"人户一致人员",即户籍地址与居住地一致的人员;二是"人在户不在人员",即实际居住在某一区域,而户籍地不在此地的上海籍人员;三是外省市来沪人员,即户籍地在外省市,而实际居住在上海的人员;四是实际居住在上海的境外来沪人员。以上四类人员相对于其实际居住的区域,都称之为"实有人口"。

实有人口管理作为一种新的人口管理概念是近年来才受到重视的。2005 年,按照公安部转变工作思路的要求,实有人口管理问题再次引起各地公安机关的重视。人口管理的视野开始从过去的"常住人口""外省市来沪人员""境外人员",统一到实有人口管理上来。但上海提出"两个实有"全覆盖的人口管理理念是和 2010 年上海世博会安保工作相联系的。全面推进"两个实有"全覆盖管理是构建平安世博、平安上海的一项重要的基础性工作,只有做好"两个实有"全覆盖管理工作,才能为举办一届精彩、难忘、平安的世博会提供最基础的安全保障。

2008 年 10 月,上海开始在虹口区凉城新村、江湾镇街道开展实有人口、实有房屋全覆盖、全纳管试点工作。在试点街道建立实有人口和房屋数据库,逐步建成"以房找人""以人找房"的双向互联信息网。2009 年 3 月,又在全市选择地形地貌复杂、房屋类型多样的 35 个街道(乡镇)扩大试点。所有试点街道(乡镇)都完成了辖区建筑物信息、门弄楼号纸质地图定位采集,GIS 地图门弄楼号信息录入,居住房屋信息核对、补缺、录入,人与房信息关联,实有人口信息核对、采集等,基本建立了"两个实有"全覆盖工作框架。在此基础上,上海市政府决定在全市全面推开"两个实有"全覆盖管理工作。截至2010年3月的世博会前夕,上海市完成了"两个实有"基础信息排摸,共录入门弄牌信息256.9万余条,登记房屋信息1 145.7万余条,实有人口信息2 142.4万余条,其中户籍人口信息1 400.5万余条,来沪人员信息711万余条,境外人员信息30.9万余条。通过对"两个实有"基础信息数据进行综合分析,全面掌握全市实有人口的分布和构成情况,为构建社会联防体系、维护社会稳定奠定了坚实的基础。

但上海实施实有人口、实有房屋全覆盖管理并非仅止于世博安保,而是着眼于长远,将其作为城市社会管理的一项最基础的工作,因为它关系到经济发展、社会管理和社会生活的方方面面。通过"两个实有"全覆盖管理,全面、及时地分析人口数量波动变化和空间分布,能够合理调整并优化幼托、教育、医疗、养老等公共服务设施,提供与人口数量、结构相契合的基础设施和公共服务,提高各类资源利用的效率。同时也对政府规划人口布局、常规人口管理、计划生育、社会治安维护、优化资源配置、促进社会服务部门做好民生保障工作等方面,都具有基础性意义。

二、实有人口管理面临的突出难题

(一) 实有人口的"实有不实"问题

实有人口管理的前提是实有人口掌握的真实性、完整性、系统性、权威性。也就是说,实有人口必须是真实可靠的,只有真实可靠的实有人口资料才能在各个领域发挥它特有的社会管理功能和社会应用功能;反之,如果实有人口不真实,或虽真实但不可靠,如遗漏很多、信息不全、标准不规范、查询很困难,等等,都会导致实有人口的价值和意义大打折扣。当前实有人口管理存在的突出问题和难点正在这些方面。

"实有人口"管理要求,任何人一到辖区住下,就必须要进行如实登记,并纳入实有人口信息查询系统。"实有人口"登记,要追求100%的登记率。如果登记率过低,就丧失了实有人口管理的价值。特别是对城市社会管理来说,真正对社会形成危险和威胁的可能正是那些没有登记的人口。因此,哪怕只有1%的漏登率,也会使花费巨大成本的实有人口信息系统无法发挥它应有的社会管理功能。

然而,要实现实有人口的真实、完整,在实际操作中又是何其难哉。我们从基于"上海市实有人口信息管理系统"提供的数据形成的某研究报告来看,"上海市实有人口信息管理系统"与实际人口数据差距较大。据这份报告提供的数据,截至2010年6月底,上海全市实有人口总量为2 297.32万人,其中户籍常住人口为1 401.81万人,境内来沪人口总量为861.64万人,境外来沪人口总量为33.87万人。2010年中,全市常住人口总量(含户籍常住人口、居住半年以上的境内外来沪人口)总量为2 063.26万人,境内外常住人口为661.49万人,境内外来沪常住人口占全市常住人口的比重为32.1%。[1]

如果我们将实有人口理解为常住人口加上居住半年以下、三天以上的"流动人口",依据上述资料,2010年中,上海实有人口为2 297.32万,其中常住人口为2 063.26万,流动人口可由实有人口减去常住人口得出,应为234.06万。"流动人口"占"常住人口"的比重为11.34%。

我们知道,2010年11月1日,我国进行了第六次人口普查。目前主要数据也已经公布。这样,我们就有机会和条件将这两种数据进行对比。然而,我们发现二者之间的差距很大。2010年6月的实有人口中的常住人口与2010年11月人口普查数据中的常住人口之差竟然达到238.65万之多。在公布的"六普"人口数据中,没有实有人口和居住半年以下、三天以上的"流动人口"数据,因此,无法直接对两个时间点的"实有人口"进行比较。但是,如果按照2010年6月基于"上海市实有人口信息管理系统"数据形成的报告中所提供的"流动人口"比例来计算,上海市在"六普"时的"流动人口"应为261万人。"常住人口"与"流动人口"相加,2010年11月,上海第六次人口普查时的"实有人口"应有2 560万以上。2010年6月底与2010年11月1日之间只有4个月的时间差,而"常住人口"竟然相差238.65万,"实有人口"更是相差263万。显然,这一差距的造成,绝不是因为短短4个月的时间变动导致人口自然增长的结果,而是实有人口系统本身登记的漏误造成的。[2] 200多万的误差已经接近10%。

再从各区县的实有人口信息与第六次人口普查及平时的调查数据对比来看,"实有人口"不实的问题也相当严重。例如,大量的调查统计都显示,闵行、

---

[1] 《上海实有人口市情报告》,载上海市人口综合服务和管理领导小组办公室编:《人口决策咨询报告汇编》,2010年。

[2] 根据"六普"公布的信息,过去10年,上海平均每年增加62.81万人,年平均增长率为3.24%。即使按照半年计算,也不过自然增长31万人。扣除这31万人,常住人口误差仍然达到200万以上。

松江、宝山、青浦等地的来沪人员已经严重超过本地户籍人口。然而,在2010年的实有人口信息中,闵行的来沪人员只占49.6%,而宝山的来沪人员更是只占41.6%。[1]

正是实有人口的不实,导致人们不禁要对实有人口管理系统提出质疑,不知道这样的实有人口数据对于城市的社会管理还有多大的价值?[2] 如果采集的"两个实有"信息都是一些遵纪守法愿意主动配合的"好公民"信息,而一些真正需要纳入视线的高危人群,却因为其昼伏夜出、居无定所、刻意隐瞒身份等,根本无法采集到信息,那么,我们花费了大量的人力、物力、财力所建立起来的实有人口信息系统如何发挥它的城市社会管理功能呢?

(二)本地居民的"人户分离"问题

通常认为,对本市户籍人员的管理是比较容易的,按照"以房找人、以户查人"等方法可以进行有效的管理。但是,随着经济社会的发展,人户分离现象也日趋增多,"人户分离"问题已经成为户籍管理的最大难题。

所谓"人户分离",形似人口迁移或人口流动,所不同的是这种人口移动在空间上限制在一个城市的内部。在上海户籍人口的实有人口中,"人户分离"现象已经相当严重,直接影响到城市的社会管理。据上海实有人口信息管理系统的资料,截至2010年6月底,全市户籍人口涉及"人户分离"(居住地与户籍地不在同一区县)的已达461.23万人,占户籍人口总量的32%[3]。其中"户在人不在"(包括居住在市内其他区县及市外)的最为显著的是黄浦、卢湾和静安三区,所涉人口分别达到户籍人口的50.1%、46.1%、44.6%;"人在户不在"的最为显著的是宝山、嘉定和奉贤三区,均占户籍人口的45%左右。[4] 在市中心城区9个区中,除了普陀以外,其他各区都是往外围迁移,户籍在中心区的人户分离

---

[1] 上海市人口综合服务和管理领导小组办公室编:《人口决策咨询报告汇编》,第8页。
[2] 其实,实有人口存在的问题涉及信息采集难度大、信息共享范围小、信息更新不及时、信息利用效率低等多个方面的问题。特别是实有人口信息的及时性和系统性的问题,如何做到实有人口的信息能够及时、准确,如何避免基层单位之间形成信息"孤岛",都是非常值得重视的问题。因种种条件限制,这里就不涉及了。
[3] 另一项研究显示,2010年上海户籍人口中,居住地和户口登记地不同的"人户分离"人口为420.7万,人户分离率为30%,其中人在户不在人数占实有户籍人数的比重在中心城区为24.13%,在郊区占33.91%;户在人不在的数量占户籍人数的31.23%,其中中心城区占31.03%,郊区占31.40%。参见上海市人口综合服务和管理领导小组办公室编:《人口决策咨询报告汇编》,第226、228、230页。
[4] 上海市人口综合服务和管理领导小组办公室编:《人口决策咨询报告汇编》,第10页。

人口有190.98万人,其中居住中心区非户籍所在区的人口有120.18万人,占人户分离总数的62.9%;居住在近郊区的有62.14万人,占32.5%;另有4.5%的人居住在远郊区。而郊区无论是近郊区还是远郊区,人户分离人口的绝大多数仍然居住在其他非户籍所在的区县。[1] 值得重视的是,这里所说的人户分离还仅限于区县之间的人口移动,没有包括区县内部的不同社区之间的人口移动。如果将其统一计算,则全市"人户分离"现象远比人们所了解的要严重得多。

2011年11月2日,上海市统计局公布了上海户籍人口人户分离状况,上海市人户分离人口由2000年的224.97万人增至2010年的384.14万人,10年增长了70.8%,年均增长率为5.5%。人户分离人口占全市户籍人口的27.4%,比2000年上升了10.3个百分点。

从空间分布来看,人户分离主要分布在中心城区及近郊区,中心城区呈净流出状态,近郊区是人户分离的主要导入区。居住在近郊区的人户分离人口最多,有178.08万人,占全市人户分离人口的46.3%;其次为中心城区,有147.8万人,占38.5%,二者合计占本市人户分离人口的84.8%。分区县看,浦东新区最多,有80.95万人,占全市人户分离人口的21.1%;其次为闵行区、宝山区,人户分离人口超过35万人。流出人口最多的是黄浦区,流出33.81万人,占该区户籍人口的56%。

"人户分离"的原因很复杂,既有宏观社会经济因素,也有个人或家庭的微观具体因素。微观具体因素主要有便于子女就近上学而临时租住在学校附近,或迫于经济压力,将自己的房子出租,而另外在其他地方租住较小的房子居住,还有年轻夫妇结婚以后,在外边购房或租房单独居住,而将户口仍然保留在父母家庭户上,等等。但是,大规模的"人户分离"现象主要是由于城市发展带来大量的动拆迁和商品房建设造成的。第六次人口普查资料显示,"人户分离"的首要原因是拆迁搬家,占本市人户分离人口的44.3%;其次为投亲靠友、随迁家属、务工经商和婚姻嫁娶,比重在7%至12%之间;工作调动、学习培训和寄挂户口在2%左右。但是,这只是导致人户分离的直接原因,或者说只是原因的一个方面,它只说出了人户分离主体离开原来居住地的原因,并没有揭示人户分离的客观原因。而真正的客观原因则是城市扩张引发的动迁、住房市场的发展和户口

---

[1] 上海市人口综合服务和管理领导小组办公室编:《人口决策咨询报告汇编》,第12—13页。此文献的中心区指黄浦、卢湾、徐汇、长宁、静安、普陀、闸北、虹口、杨浦9个区;近郊区指闵行、宝山、嘉定、浦东4个区;远郊区指金山、松江、奉贤、青浦、崇明5个区县。

对居住地约束机制的弱化等原因综合作用的结果。

改革开放以前,城市内部不存在人户分离现象,改革开放以后,户口对居民生活的调节作用弱化,对人口迁移的阻碍作用不断降低,而身份证的作用却不断增大,人们凭借身份证就可以解决社会生活中碰到的大部分问题,这就为人户分离创造了条件。与此同时,经济持续快速的发展,城市不断进行改造扩张,商品房市场的发育与壮大,人们对改善居住条件的渴望和实际收入水平的不断提高,使得许多市民开始拥有几套住房,从而有机会离开自己的原居住地。随着住房市场化进程的不断推进,上海户籍人口中人户分离比重也不断增加,从1998年的12.8%增加到2010年的27.4%。

但是,有了新住房,完全可以将户口迁入新房所在地,为什么要采取人户分离的办法呢?这就涉及人户分离的另一个原因,城市内部发展的不平衡与公共服务的不均衡。可以说,城市内部各区县之间发展不平衡导致的公共服务和福利水平的不均衡是造成人户分离的根本原因。尽管城市空间在扩张,人口在大量向周边迁移,但城市的中心区仍然是社会福利高地,各种教育、医疗、公共服务等方面的优质资源仍然是全市最高的,如果将户口迁出,这些原有的福利待遇和享受的优质社会资源也将大打折扣。

此外,还有一些人户分离是由于开发商与某些政府部门不负责任,导致市民购房后无法迁移户口,或由于迁移者的主观归属心理因素导致不愿意迁移户口。由于开发商和政府部门的不负责任,导致一些商品房手续不完备,购房者无法及时办理户口迁移。也有部分居民虽然已经离开了原来的居住地,但对原来小区还有很强的归属心理,或者担心将户口迁出后会带来某种不可预测的麻烦和不便,因而不愿意将户口及时迁出或迁入。

"人户分离"给上海的经济发展和社会管理带来了很大的影响。虽然这种影响是双重的,既有积极的一面,也有消极的一面。但总体上还是给城市的社会管理带来了诸多不利的影响。首先是对户口登记和人口统计工作带来了诸多负面影响,加大了工作难度,降低了准确性和人口统计的质量与利用效率,甚至可能会误导政府的决策,影响政府社会政策的制定和社会资源的配置。其次是对政府各职能部门的管理工作带来了诸多不便,在人口普查与人口管理、计划生育和育龄妇女管理、身份证管理、兵役登记和征兵工作、老龄福利、养老保险、社会救助和社区服务等方面,由于信息不实、人户分离,带来各种工作不便,甚至影响到市民的实际福利水平。最后是对政法机关和公共安全部门进行社会管理带来麻烦,危及社会治安与公共安全。由于人户分离,导致当事人处于户籍地难以管理而居住地又不管的失控状态,特别是对一些违法犯罪高发人群和有严重精神障碍的特殊人群来说,没有有效的监控管理,可能会导致严重的社会后果。在急性传染病流传时期或疫情暴发时期尤其如此。

(三) 来沪人员的"常住不常""流动不流"问题

在上海实有人口中,增长最快的是来沪人员。第六次人口普查数据显示,上海的常住人口总量已达到2 303万人,10年共增加628万人,其中550万属于来沪人员,也就是说,在上海人口增量中,89.5%来自外省市流入。外省市来沪常住人口占上海常住人口比重由"五普"的18.6%提高到39%,即从"五普"的1∶3上升到"六普"的2∶3,每5个上海常住人口中就有2个是外省市来沪人员。特别是在青壮年人口中,来沪人员占有更大的比重。在全市常住人口17—43岁年龄段中,每岁组都是外省市来沪人口多于上海户籍人口,即青壮年人口中,户籍人口与来沪人员是倒挂的,其中20—34岁的青年人有422.03万。

大量青壮年来沪人员的涌入,为上海的经济社会发展作出了巨大贡献,也在一定程度上延缓了上海人口老龄化的压力。在全市常住人口中,15—59岁的劳动年龄人口有1 756.67万人,比"五普"增加562.75万人,占全市常住人口的比重由72.8%上升到76.3%;而非劳动年龄人口比重则下降3.5个百分点。因此,上海人口的总抚养比较"五普"时有所下降。同样,在人口的老少比中,15—64岁人口占81.3%,与"五普"相比上升了5个百分点;0—14岁少儿人口比重从12.3%减少到8.6%;65岁及以上老年人口比重为10.1%,降低了1.4个百分点。这说明,由于外来青壮年人口的大量涌入,上海的人口老龄化程度略有下降。

但是,对来沪人员的管理却存在着极大的难题。一是来沪人员总量调控难度大。上海市的人口增长主要集中在郊区,郊区人口的增长主要源于来沪人员的持续快速增长。从人口分布看,浦东、闵行、松江、嘉定和宝山等区是外来常住人口居住最为集中的地区,5个区容纳的外来常住人口占全市的64.2%,其中仅浦东新区(包括原南汇区)就有202.43万,占22.5%。就业机会相对较多、居住成本相对较低和交通相对便利等是郊区吸引来沪人员居住的主要因素。然而,这种来沪人员的增加或减少,完全处于一种无序状态或无控状态,从而导致整个城市的人口管理很难进行有效调控。二是缺乏相应有效的制度设计。暂住证和居住证是对来沪人员的重要管理手段,但两证的推进速度都不够快。据公安部门的统计,全市来沪人员居住证的办证率只有三成左右,有 50 个受理点办证率不足 8%,有的受理点办证率甚至只有 0.1%。办证率不高的原因可能多种多样,但最根本的原因还是制度设计存在问题,导致来沪人员的办证内在动力缺乏。在实施居住证、暂住证制度过程中,考虑城市人口管理的动机多,考虑对来沪人员服务的动机少。居住证的就业前置功能、办理机动车注册登记和子女在上海市接受义务教育等许多凭证功能没有完全实现。因此,对部分来沪人员来说,自然是"可办可不办、办不办都一样"。但这种过低的办证率对城市的人口管理却带来了极大的低效率,甚至使制度设计本身归于无效。

对人口管理来说,如何解决外来实有人口中存在的"常住不常、流动不流"问题是来沪人员管理中最突出的难点。

所谓"常住不常""流动不流"问题,是指在来沪人员中,常住人口和流动人口两部分都具有极大的不确定性和不可预期性。按照国家统计部门的界定,"常住人口"是指居住时间在半年以上的比较稳定的人口,"流动人口"则是居住时间在半年以下、三天以上的人口。通常情况下,人们对常住人口的预期就是其常住性和稳定性,而对流动人口的预期就是其暂住性和流动性。然而,在我国城市的来沪人员中,这两种预期都具有不确定性。对常住人口来说,虽然他们在上海已经居住半年以上,有的甚至已经居住 5 年、10 年以上,但是,他们还是会说走就走,随时都可能消失在上海的地平线外。对于流动人口来说,他们与常住人口的区别并不在于其"流动"还是"常住",而是居住时间的长短,换句话说,上海的外来流动人口与外来常住人口的区别就在于他们居住的时间还不到半年这个指标临界点而已。这些外来流动人口与其说是"流动人口",还不如说是"未来的常住人口"。通常情况下,只要能够生存下去,他们中的大部分都希望在上海常住下去。这一点可以从历年上海来沪人员中常住人口与流动人口的比例的变化得到印证。来沪人员在上海居住的时间不断趋长,1993 年有调查以来,在上海居住不满半年来沪人员比例大幅度减少,半年至 1 年的比例也持续下降,而 1年以上的比例则在不断增加,从 1993 年的 28.9%上升到 2003 年的 64.6%。在1993 年的调查中,上海来沪人员中,居住在半年以下的"流动人口"占一半以上(50.7%),而居住在半年以上的占 49.3%,其中居住在 5 年以上的只有 6.3%。到2003 年,居住在半年以下的"流动人口"降到 23.2%,居住半年以上的"常住人口"上升到 76.8%,其中居住在 5 年以上的已经达到 24.4%。2010 年的调查显示,上海外来常住人口平均在上海工作和生活的时间达到 6.15 年,其中居住在 5

年以上者已经达到51%。[1] 定居意愿调查显示,54%的人希望一直在上海生活工作或在上海生活工作到年老后才回老家。其中30—45岁年龄组的这一比例高达61%。

来沪人员之所以出现"常住不常、流动不流"现象,是上海对来沪人员的兼有吸引与排斥的推拉双重力量作用的结果。一方面,上海作为中国最大的经济中心城市和发展最快的东部沿海城市,对于来沪人员来说,具有极大的吸引力,包括城市公共形象佳、社会治安环境好、工作机会多、发展前景广、生活便利、人际关系简单易处、收入水平较高、交通便捷,等等。另一方面,上海对于来沪人员又确实具有很强的排斥因素或巨大的推力,包括较高的生活成本、非一视同仁的制度甚至社会歧视、居高不下的房价、冷漠的人际关系,等等。正是这两个方面的因素导致很多外来者对上海既爱又恨,既向往又逃避,既希望能够长期居住下去,又会突然抽身而去。调查显示,学历越高长期居留意愿越明显,71.0%的研究生希望长期留在上海;在沪居留时间越长越希望长期居留下来,在沪居留10年以上的人希望长期居留的占到55.8%。还有50.2%的来沪人员对未来的打算持不确定态度,表示将"走一步算一步",并不明确将在上海长期居留;另有8.1%的人打算工作一段时间后或在一年内就离开。

来沪人员的这种"常住不常、流动不流"对于城市的社会管理带来极大的麻烦。一个庞大的具有不确定性的来沪人员对于这个城市的社会稳定、公共安全、社会治安等都具有极大的风险与挑战。在上海目前查获的刑事作案人员中,来沪人员所占比例已经连续5年超过75%,部分地区甚至达到80%—90%。[2]

(四) 城郊接合部的实有人口管理难题

由于市场因素和社会政策等原因,使得来沪人员主要集中居住在城乡接合部,并由此导致实有人口管理中的一个新难题,这就是城乡接合部的治安隐患问题。在全国各个城市都有的"城中村"的现象,在上海同样存在,但由于城市发展和相关政策的不同,上海的"城中村"已经越来越少,更多的是一种"城中镇"和"城边村"现象。但不论是城中村、城边村还是城中镇,我们仍然将其称为"城中村"现象,它们都是中国特色城市化道路的产物,都存在一些中国特有的问题。

---

[1] 上海市人口综合服务和管理领导小组办公室编:《人口决策咨询报告汇编》,第297、298页。
[2] 同上书,第306页。

1. 公共资源配备不足,社会控制弱化

城中村的公共资源配置仍然按照户籍人口配备,而当数倍、甚至数十倍的来沪人员成为"城中村"的实有人口后,就造成了"大饼薄摊,僧多粥少"的局面。虽然近年来各级政府也增加了对"城中村"公共服务的支出,但相对于实有人口的增长无异于杯水车薪。保洁供应能力严重缺乏,公共卫生环境恶化,发生各类传染疾病危险增加;教育培训类资源严重缺乏,来沪人员子女就学或职业培训困难,被排斥在主流社会以外;适应来沪人员低水平需求的日常医、食设施匮乏,各类无证无照经营充斥其中;特别是治安力量配备严重不足,防范漏洞多,社会治安隐患极大。

2. 违章搭建现象突出,房屋租赁管理难度大,公共安全隐患多

来沪人员的大量涌入导致"城中村"内出租房需求的空前膨胀,违章搭建的简易房屋占全部出租房的一半左右。这些违章搭建房屋大多材质低劣,遇到台风、暴雨等恶劣天气容易出现坍塌房屋伤人事故。违章搭建出租房空间狭小,来沪租住人员的衣食住全在其中,乱拉管线、随意摆放劣质液化气瓶等易燃物品的现象非常普遍,火灾隐患严重。由于违章搭建大量挤占了村宅中的公共通道,一旦有险情发生,救援车辆无法进入实施有效抢险,这都将对村民的生命财产安全带来隐忧。

"六普"资料显示,上海的常住人口近6成有房,人均住房面积27.25平方米。然而,这只是一个宏观统计数字。对于来沪人员来说,绝大部分都没有自己的住房,甚至也无法租住像样的住房。无论是郊区的出租屋,还是城内的群租现象,反映的都是一个问题,就是来沪人员由于收入水平低,无法承受高房租,于是各种违章搭建和群租便有了极大的市场。据调查,在一些郊区区县,来沪人员的一半甚至四分之三,都居住在一些简易住房中,面对大量的简易住房和不规范的房屋租赁市场,管理部门常常感到无能为力,无从下手。而部分房东因利益驱动,或为逃避交税,不愿配合房屋租赁管理登记备案和来沪人员登记办证工作,实现"以房控人"难度较大。

3. 无证"六小"场所蔓延,容易藏污纳垢

据闵行区某年调查统计,"城中村"中的小发廊、小饭店、小网吧、小游戏机房、小棋牌室、小浴室等场所共有3 750家,其中无证小发廊434家,占全部发廊数的52%;无证网吧243家,占全部网吧数的93.1%;无证游戏机房258家,占游戏机房总数的86.6%。由于多数"六小"场所属于无证经营,相关部门无法掌握

其确切信息,更谈不上对其监督管理,这就在客观上助长了一些有违法犯罪苗头人员的侥幸心理,多数无正当职业的来沪人员会经常游荡于这些场所,其中不乏违法犯罪人员或以此藏身或伺机作案。

4. 违法犯罪逐年上升,社会治安压力加大

据调查,闵行区"城中村"刑事案件和治安案件逐年增多,刑事发案数占全区发案数的近三分之一,并以入室盗窃、寻衅滋事案件为多,治安案件以打架斗殴和"黄、赌、毒"等为主要形式。居高不下的发案数严重影响社会治安形势,并危及人民群众的生命财产安全。据调查,大部分房东和来沪租住人员表示居住地的治安状况不好,失窃现象和打架斗殴时有发生,特别是混迹其中的来沪违法犯罪人员对周边区域的不法侵害。"城中村"内的来沪人员由于同乡聚居,相对尚处在熟人社会,行为受到了一定制约,但"城中村"的周边区域相对于来沪人员是一个生人社会,容易成为违法犯罪人员的侵害目标。在闵行区抓获的刑事犯罪人员中,来沪人员已占86.8%。

三、实有人口管理难题的破解

(一) 树立科学的人口管理理念

人口管理是最基本的社会管理,实施实有人口管理必须要建立在科学发展观与社会主义和谐社会建设的基本理念基础之上,确立三个科学的理念。

1. 变"二元"管理为"一元"管理

我国现行的人口管理是在计划经济体制下建立起来的,它的一个基本特点就是将居民户口区分为城乡二元性,并将户籍与各种入学、就业和福利等相联系,使之逐渐成为一种社会地位、身份的象征。这种二元户籍制度至今仍然普遍存在于管理者的思维之中,左右着人们对社会管理和人口管理的思维定势。但这种二元人口管理模式已经无法适应我国新形势下的城市人口管理,必须加快改革,逐步实施一元人口管理模式,将所有城乡居民纳入统一的人口管理体系之中。在破除城乡"旧二元"户籍人口管理模式的同时,还要破除"新二元"人口管理体制,即"本地人口"和"来沪人员"的二元人口管理体制,将所有城市居民,包括各种"新移民"统一纳入"实有人口"管理体系之中。变二元人口管理模式为一元人口管理模式,并非要在一夜之间取消城乡户籍之间、本地户籍与来沪人员之间的现实差别,而是要将其纳入统一的人口管理制度体系之中。对于城乡户

籍之间、本地户籍与来沪人员之间在就业、教育、社保、福利等方面的区别完全可以通过制度设计,在新的统一的人口管理模式中得到相应安排。

2. 变静态管理为动态管理

传统的人口管理是以户籍制度为基础的静态管理,每个居民都有一个固定不变的住址。居民要改变住址,非常麻烦。但在一个开放的、流动的城市,这种人口管理模式显然已经不能适应形势的需要,必须要有更具灵活性的动态人口管理模式。这种动态人口管理模式不仅仅是为了适应来沪人员的管理需要,而且也为了适应户籍人口不断变动住址的管理需要。

3. 变控制型管理为服务型管理

传统的人口管理模式本质上是一种人口控制,管理的目的就是进行社会控制,既包括对城市人口规模的总量控制,如控制农村人口向城市的流动,控制不同城市之间的无序流动等,也包括对城市每个居民的控制。但现代社会的人口管理决不能仅仅为了控制,更重要的功能在于对所有社会成员提供必要的社会服务,寓调控管理于服务之中。在一个以人为本、执政为民理念不断深入人心的时代,只有不断提供并不断完善社会服务体系,为公民提供及时有效的公共服务,才能取得人民的支持,从而有效地维护社会秩序。变控制为服务,对于来沪人员管理来说更为重要。当前城市社会生活中,来沪人员容易出现各种各样的问题,主要是因为其权益往往不能得到制度化的保障,无法顺利地融入城市生活之中。因此,在来沪人员管理中,特别需要政府的介入,建立一个公平、公正的社会环境,提供相应的公共服务与社会服务,使来沪人员获得身份认同和心理归属,才能进而形成责任意识、主人意识,最终真正融入这个城市。只有来沪人员真正融入这个城市,城市的社会管理才能收事半功倍之效。

(二)建立统一的实有人口管理体系

在转变理念的基础之上,建立统一的实有人口管理体系。比如,可以考虑建立统一的上海居民居住证制度系列,这种居民居住证系列可以区分为三个层次:暂住证、常住证和永久居住证。

首先,所有来沪人员要在上海工作、生活,包括求学、就业、随亲、婚嫁,等等,都必须先办理暂住证。暂住证主要针对那些可能只在上海居住半年以内的来沪人员。但所有在上海就业的来沪人员都必须预先办理这种暂住证,才有在上海就业的资格。即使是灵活就业,也必须预先取得暂住证。要取得暂住证,必须有两名在上海已经拥有常住证的居民提供的证明。

其次,拥有暂住证者在上海居住半年后,可以到相关部门转换为常住证。常住证的获得,必须要有就业单位或雇主提供的证明和在沪期间无任何违法纪录的证明。对于来沪高校学生、被正规单位录用的人员,可以不经过暂住证阶段,直接申请常住证。凡不能提供相应证明,达不到常住条件的,必须重新申领暂住证。常住证在子女教育、社会保障、买房等部分领域享受永久居民的待遇。但常住证要实行三年或五年一次的"年检"制度,如果有违法犯罪记录,可以吊销。

最后,拥有常住证的来沪人员在上海工作、生活满一定时间(5—7年)以后,可以申请永住证(正式户口)。永住证可每年实行限额申报,通过积分的办法,让所有符合条件的人按申请先后和积分值高低排队,建立透明、公平、可预期的入沪籍积分及公开轮候制度。积分中既包括加分条款,也要有扣分条款,内容包括就业状况、信用纪录、纳税证明和其他依法规定的必要条件。例如,政府可以通过相关条例,对于在这个城市作出突出贡献而获得政府特殊嘉奖的人员可以享有优先权利。这种突出贡献既可以是经济领域、科技领域、学术领域、艺术领域、体育领域等,也可以是道德上的,譬如获得见义勇为奖、道德楷模等。对于严重违法违纪和重大诚信缺失人员可以一票否决。

所有暂住证、常住证、永住证都必须要有与实际居住地址相一致的完整变更记录。在此基础上,实行"一证通"制度。所有的就业、入学、培训、租房、买房、救助、福利等都与"证"挂钩,使得有"证"走遍"天下",无"证"寸步难行。这样,就把来沪人员管理从单纯的人口管理转变为"人、房、业、证"一体化管理。

(三) 努力实现基本公共服务均等化,减少并最终消除人户分离现象

上海的人户分离现象,除了少数由于技术性因素造成的以外,主要是由于城市不同区县之间的发展不平衡和基本公共服务的差距造成的。

基本公共服务的内容很多,既包括医院、学校、公共交通等公共基础设施方面的"硬件"建设,也包括医疗、养老、贫困救助、教育教学质量、就业机会和就业援助、社会管理与社区服务等与民生息息相关的"软件"建设。经过多年的发展,上海在公共基础设施方面的建设已经基本完成,对民生影响较大的主要是基本公共服务方面,其中最关键的是教育、医疗、养老、贫困救助和社区服务等方面的公共服务。

基本公共服务的不均等不仅表现在城市与农村之间、中心城区与郊区区县

之间,即使是中心城区内部,也存在不同区域之间基本公共服务有较大差距的现象。

造成上海基本公共服务差距的原因是多方面的,主要有几类:第一,制度区隔。由于受计划经济体制下的旧模式的影响,长期以来,实行城乡二元机制,导致不同户籍人口之间的福利差距。第二,发展差距。由于区位、产业和历史等因素,造成不同区县之间有较大的发展差距。第三,负担系数。由于人口的规模、结构、老龄化程度的不同,导致不同区县的基本公共服务的负担系数有较大差别。如黄浦、卢湾等老城区,老年人口较多,没有工作和经济来源的生活困难的家庭很多,低保领取比例较高。第四,历史原因。有些公共服务的不均衡与历史和文化的积累有关,如义务教育阶段的中小学名校的优质教育资源、高等级的医院等优质医疗资源、公园等优质的休闲资源等大都与历史有关。当城市快速扩张以后,这些老城区的优质公共服务性资源无法在短时间内很快均衡地扩散到新建城区。

但是,这些基本的公共服务的空间差别如果长期地存在下去,必然影响到居民的居住意愿与移动模式,不仅会造成目前的"人户分离"现象,长此以往,还会造成人口大量向福利较好的地区集中的问题,不利于人口均衡分布和城市的健康发展。因此,解决当前的"人户分离"问题,不能就事论事,必须要放到整个城市发展的大格局中进行统筹谋划。第一,要通过制度并轨,实现各种基本公共服务在制度层面的一体化。如在社会保障制度方面,有所谓城保、镇保、农保、综保等,造成社会保障制度的严重"碎片化",与国家的大政策也存在严重的制度冲突,严重阻碍了城市内部基本公共服务均衡化的步伐,必须从制度层面予以破除。第二,要通过城市管理体制改革,调整市区两级政府在基本公共服务方面的权责关系,包括财政收入与支出的关系,市民基本公共服务的标准和职责范围,等等。第三,对教育、医疗等公共服务资源要根据城市的扩张进行相应的空间布局,通过城市规划、土地置换等途径进行相关资源的优化配置,促进基本公共服务的均等化。第四,在基本公共服务均等化的基础上,加强户籍人口的迁移管理,强化社会资源与实际居住地的联系,弱化户籍对社会资源的配置作用,促进居民放弃人户分离做法,从根本上解决"人户分离"问题。

(四)建立以实有人口为基础的社会管理体系

在城市管理中,要从根本上转变以户籍人口为基础的管理模式,建立以实有人口为基础的城市社会管理体系。其中最突出的是两个方面：第一，要以实有人口为基础配置社会资源。如义务教育阶段，学校的设置与教育资源的配置，必须要以实有人口为根据，将外来常住人口子女的义务教育责任担当起来。再如，妇幼保健应该覆盖到全部常住人口，不能只是在人口普查时才认常住人口。第二，社会管理要以实有人口为基础。如社区管理、社区服务等，特别是社区警力配备，必须要以实有人口为依据，不能按照户籍人口进行警力配备。这两个方面是统一的并有互相影响效应的。只有所有城市常住人口能够享有统一的公共服务，他们才会把自己当作城市的主人，自觉自愿地接受城市社会管理，承担起维护城市社会秩序的公民义务。

中国城市住宅建设中的弱势关怀

从社会学的角度看,不同的住宅政策对于社区的社会结构和不同的社会阶层会产生种种不同的社会影响。中国改革开放以前是一个高度计划经济型社会,住宅是以福利形式存在的。在从计划经济向市场经济转型过程中,中国的住宅建设必然要受市场规律的支配。由此导致中国大部分城市的社区结构也从过去同构型的前厂后宅式结构向异质型的阶层化社区结构转变。在这种城市区位结构的转型过程和城市住宅建设过程中,弱势群体在居住、就业与社区文化诸多方面的境遇日趋恶化。

一、改革开放以来中国城市弱势群体的形成

中国改革开放以前的社会是一个典型的二元社会,城乡差别具有明显的阶层化特征。在这种二元社会结构中,弱势群体实际上也就是乡村农民,尤其是部分处于绝对贫困状态下的农民。城市按相对标准或生活的稳定性来说,不存在弱势群体问题。改革开放以后,中国城市社会发生了巨大而深刻的变迁,出现了城市弱势群体。与过去地域性乡村贫困不同的是,城市弱势群体处在与强势群体和富裕群体对比鲜明的环境中,承受着更为巨大的社会结构压力。政府如果不能妥加处理,极易诱发诸多社会问题。

改革开放以来中国城市社会出现的弱势群体大体上可以划分为两种类型:功能性弱势群体与结构性弱势群体。[1]

功能性弱势群体主要指由于社会成员自身的素质较差而导致他们处于弱

中国城市住宅问题研讨会(香港,2003)会议论文,原载于《安徽师范大学学报(人文社会科学版)》2004年第2期。

[1] 吴鹏森:《论弱势群体的"社会报复"》,《江苏行政学院学报》2003年第1期。

势,无法正常地与其他社会成员进行公平竞争,因此有时也将其称之为生理性弱势群体,如残疾人、早期退休者、文化程度过低和年龄较大的失业者,等等。当代社会是一个以个体素质为基础进行综合竞争的社会,作为普通的劳动者都必须凭借自己的素质,包括体能、技术、文化、诚信、能力等因素,通过为社会作出自己的一份贡献,从而在社会交换中获取自己所必需的社会资源。但功能性弱势群体的这些个人恰恰在基本素质方面存在明显的缺陷,从而使他们在社会竞争中被淘汰或被置于不利的社会地位,成为社会的弱势群体。作为功能性弱势群体的城市贫困人口大约有 2 000 万—3 000 万。如果以最低生活保障线为基准,则 2002 年中国城镇居民中的贫困人口不少于 2 140 万。

所谓结构性弱势群体主要指在社会结构中处于不利地位的社会群体。结构性弱势群体主要由两种因素导致:一是社会结构本身的不合理造成的,二是社会结构的大变动造成的。社会通过制度、法律、政策等手段将某些社会群体置于一种不利的社会位置,使其逐步丧失了与其他社会群体公平竞争的能力。这是一种典型的结构性弱势群体。这种以身份为基础的不平等社会结构在当代中国仍然在一定范围内和一定程度上存在。这就是人们所熟知的二元社会结构。随着进城农民工在城市生活的长期化和稳定化,加上城市对进城农民长期实行"经济吸纳,社会拒入"的双重政策,[1]中国的二元社会结构正在逐步演变为城市社会中的"双层结构",进城农民工已经成为中国城市社会的底层群体。

目前中国进城农民工超过 9 000 万。他们不仅在社会结构上处于弱势地位,而且同时也是城市中的贫困群体。单纯按照农村贫困标准来看,"农民工"基本上都不算贫困人口。但是,"农民工"既然生活在城市,就应按城市生活水准来衡量。由于他们将大部分收入带回农村,自己在城市中的生活费用被降至最低限度,再考虑到农民工没有任何社会保险,工资还常被拖欠等实际情况,大部分农民工不仅属于结构性弱势群体,而且也在事实上属于城市中的贫困群体。[2]

结构性弱势与功能性弱势并不是绝对分开的,二者之间有很强的渗透性和互动性。结构性弱势往往会导致功能性弱势,功能性弱势也会不断强化和固化结构性弱势。特别是弱势群体的长期化、固定化,会导致他们在社会认知、社会心理、价值观念、行为模式、生活方式等方面发生一系列的变化,并逐步形成一种

---

[1] 吴鹏森:《"民工潮"形成原因的社会结构分析》,《中国农村经济》2003 年第 6 期。
[2] 吴忠民:《中国到底有多少贫困人口?》,《中国经济时报》2003 年 5 月 16 日。

"弱势文化",使弱势群体被不断地复制下去。

二、弱势群体在城市区位结构变动中面临的主要威胁

无论是功能性弱势群体,还是结构性弱势群体,他们在当代中国城市社会变迁中都面临着多方面的威胁。对于大多数城市原居民中的弱势群体来说,他们面临的主要威胁来自城市区位结构变动中的"边缘化",并由此在生存与就业方面导致困难。

中国改革开放以前,城市是一种典型的"单位社会",同一个单位的人大体上都居住在一起,构成一个个"单位社区",每个"单位社区"内部都有"干部""工人"和"知识分子",尽管他们的兴趣、生活习惯、收入水平等社会特征有很大的不同,但在单位分配住房条件下必须生活在一起,因而导致"单位社区"内部在阶层上具有很大的差异,而"单位社区"之间在阶层结构上却具有较大的同质性,这种结构类似于传统社会中农村的"村落社区"。住宅制度改革以后,住房从单位福利转变为市场商品,人们的居住模式开始突破过去的"单位社区"结构,改由市场所决定。由于不同阶层的人群在市场上的购买力不同,购买力相同的人更容易进入相同的社区,从而使"社区"不断地"阶层化"。"富人社区"和"穷人社区"之间的分化越来越明显。这种现象在城市动迁中,从"回迁政策"转变为"货币化补偿"政策以后更加突出。

在其他市场化国家,社区的"阶层化"现象同样存在,但在发达国家,这种"穷人社区"通常集中在城市中间地带围绕着工厂区存在,这对于穷人的就业是有帮助的。但在中国,由于以下诸种原因,这种现象并没有出现,而是向另外一个方向发展。第一,中国由于特殊的国情,汽车的普及不够,阻碍着城市中高收入层的"郊区化"进程,导致城市中心区房价不断攀升,使弱势群体无法承受;第二,中国城市改造具有极强的行政主导性特点,政府在城市改造过程中非常注重"形象工程",因此城市改造往往从城市中心区开始的;第三,城市规划过程中,极少有"公众参与",城市改造的"社会成本"相对较低。正是这些因素导致中国城市改造几乎都是从中心向外围渐次展开,从而像一只"无形的手"不断地把"弱势群体"推向城市的"边缘"。

随着弱势群体在城市住宅建设中的不断"边缘化",他们在生存与就业中面临的困难越来越大。城市弱势群体的主要就业方向是传统服务业,由于他们远离市中心区,与"富人社区"相对隔离,因而在寻找就业机会时困难重重,要么无

法找到工作,要么距离工作地点路途遥远,非常辛苦。即使想在非正规就业市场寻找工作,也因远离"富人社区"而无"机"可寻。

如果说城市原居民中的贫困群体面临的主要问题是不断"边缘化",那么进城农民工面临的主要问题就是"居者无其屋"。由于"二元社会"结构的惯性作用,尽管进城农民工在城市的生活越来越长期化、稳定化,城市经济发展也越来越离不开他们,政府在第五次人口普查中也开始将其计算为"城市人口",但到目前为止,所有的城市都没有把进城农民工纳入"城市居民"的范畴而在城市住宅建设中予以适当的考虑。

根据第五次人口普查资料,全国流动人口有 1.2 亿人,其中流入城镇的有 9 012 万人。这些人中的绝大部分都处于"居者无其屋"状态。由于工资低廉,更由于他们要将收入的大部分汇回原住地赡养家小,他们所能承受的房租只能在每月 100—200 元之间,因而绝大多数进城农民工只能借住在城乡接合部的农民家中或临时搭建的简易房屋中。据笔者的调查,在一些大城市城区非正规就业市场,许多农民工每天不仅要工作十几个小时,而且还要花费 3 个小时左右的时间在上班的路途中,其生活的艰辛可想而知。

三、经济适用房与廉租房政策评估

中国政府认识到上述问题的重要性,1998 年出台了《国务院深化住房制度改革的决定》,1999 年建设部出台了《城镇廉租房管理办法》,各地也相继出台了有关经济适用房和廉租房政策。如广州市政府提出,以普通商品房为主、经济适用房为辅、重视廉租房建设,将构成今后广州市适应不同经济收入家庭,特别是中低收入群体"居者有其屋"的住房供应体系基本框架。全国其他城市也先后出台了类似政策。

经济适用房是政府提供的一种商品房,其特殊之处在于这种商品房的土地供应是以划拨方式进行的,其他建造过程和商品房完全一样,目的是帮助解决中低收入家庭的住房问题。经济适用房的销售按保本微利原则,面向社会中低收入户和领取住房货币补贴的公务员销售。

但是,从几年来的实践效果看,经济适用房政策并未达到预期效果。存在的主要问题有:第一,经济适用房的单位住宅面积普遍过大,导致整套住宅总价位过高,中低收入阶层无法承受,相反,却正好满足了某些中高收入阶层的购房需要;第二,形成了住宅建设市场上的价格双轨制,容易形成各种暗箱操作和腐败现象,破坏了市场经济所要求的公平竞争原则,其真正的实惠往往不能落实到中低收入阶层的住户手中,反而落到开发商和某些政府官员手中;第三,监管成本太高,这些成本存在于立项、开发建设、销售乃至消费的各个环节,特别是在销售过程中,如何识别真正的中低收入消费者,如何保证开发商愿意去认真识别真正的中低收入消费者,缺乏可操作性。

廉租房是专门为了解决特困家庭的住房问题而提出的一种住房政策。其租赁对象在不同的城市有不同的标准。如广州规定为年人均收入在最低水平线以下,且人均居住面积7平方米以下的家庭,上海规定为人均月收入290元以下,人均居住面积为5平方米以下的住户,等等。其家庭认定与租赁标准由市住建办、民政局、总工会按政府上年度统计年报公布的数据共同确定。广州市的廉租房建设标准以经济、实用、基本满足居住需求为原则,单元建筑面积为30—40平方米,以一室一厅为主。廉租房由政府兴建或利用腾退的旧公有住房改造。租赁对象属市属单位的,由市政府提供;属区单位和居住在辖区内无单位的,由所在区政府提供。廉租房的管理纳入公房管理体系。上海则通过市场的办法解决,政府提供一定的租金补助,由贫困家庭自己在二手房市场寻找合适的住房,还有极小一部分伤残、独居老人等特困户,由政府出面购买二手房产向其提供住所。上海市尚未集中建造过任何形式的廉租房,而是由政府有关部门牵头,充分利用庞大而活跃的二手房市场。

廉租房的性质与经济适用房不同,它属于社会保障体系的有机组成部分,是社会救助的一种形式与途径。很显然,廉租房比经济适用房更容易落到实处,真正让特困家庭受惠。但是,目前中国的廉租房还存在诸多问题:第一,起步太迟,发展缓慢。不仅只有少数城市着手建立廉租房供房系统,而且即使这些已经起步的城市,也步伐缓慢。截至2001年,北京有低保户和优抚家庭3.3万户,其中住房人均不足5平方米的有1.09万户,通过摇号方式获得廉租房的只有598户,上海、成都、深圳也分别只有1 256户、582户、60户[1],由于能够获得廉租房的比例太低,除了摇号的程序公正以外,实际上在贫困家庭之间又造成了新的不公。第二,根本没有考虑到进城农民工这个特殊的住宅困难群体,目前中国大中城市的外来流动人口大约占城市总人口的1/4左右,其中一部分还是全家流动,这样一个特别需要居住救助的弱势群体,他们的居住环境非常值得重视。

---

[1] 汪利娜:《关注低收入群体的住房问题》,《中国经济时报》2002年11月23日。

四、在城市住宅建设中注入弱势关怀

针对目前中国城市住宅建设中存在的诸多社会问题,需要政府和其他行动主体在具体的城市住宅建设过程中注入更多的弱势关怀,充分体现现代城市建设过程中的人道主义和社会公正,体现中国作为后发展国家和社会主义国家在城市发展过程中的新形象和新特色。关注并保护弱势群体是世界性的课题,在住房领域关怀弱势群体尤其具有实质意义。

(一)认识与观念:政府与公众

政府首先要理清中国城市住宅建设的基本思路。城市住宅分级乃是市场经济条件下的必然,因为只有这样才能适应不同消费者人群的需要。但过去所区分的商品房、经济适用房和廉租房三个层次显然并不适合,尤其是经济适用房建设存在问题更多,显然不符合市场经济规则,操作过程中也存在诸多不合理之处,应该予以放弃。建议改为高档商品房、小康商品房、二手商品房和廉租房四个层次,并实行不同的税率。高档商品房,主要指各种别墅型住宅,税率应适当提高。小康商品房应成为城市新建住宅的主体,我国正在全面建设小康社会,城市住宅建设作为建设小康社会的一部分,应当与之匹配。二手房应当成为解决中低收入群体的主要房源。中国在20世纪80年代以后建设的住宅,绝大多数都不符合小康社会的要求,户型、结构、面积、环境等都比较落后,但建设时间不长,不能轻易为了"形象工程"而拆除。对特困家庭来说,应主要通过廉租房来解决他们的居住问题。同时,城市一定要有超前意识,尽快将进城农民工的居住问题提上政府的议事日程,纳入政府的统一考虑范围。中国的城市化进程要求我们必须从根本上转变思路,通过切实可行的办法解决进城农民工的身份问题。一旦农民工的身份问题解决以后,他们的住宅问题必然会紧随其后。即使民工的身份问题一时不能解决,他们的住宅问题同样也需要政府予以重视,形成比较合理的解决办法。"非典"的流行已经在这个问题上为我们敲响了警钟。

不仅政府要转变很多认识与观念,作为中国城市的市民与公众,也需要在观念和认识上有根本的转变。首先在购房与租房的选择上,就需要转变观念。中国普通市民受传统价值观的影响,把拥有产权的私人住宅视为"家"的重要标志。因此,不管哪个阶层,购买私人住户的积极性都非常高,甚至不惜透支未来几十年的"可能收入"。其实大可不必。像美国这样的发达国家,居民的自有住房比率也只有60%左右。对中国的广大低收入阶层来说,租房应该更现实,也更经济。同样由于上述观念的影响,中国老百姓对住宅的装潢特别重视,通常花费的装潢费用要占到购房费用的 1/4—1/3 左右。市场经济要求劳动力作为生产的要素在市场上能够自由流动,而昂贵的购房与装潢费用导致一个重要的社会后果:就像土地把农民拴住无法自由流动一样,代价高昂的住宅也将市民拴住而无法使劳动力在市场上自由流动。这是不利于低收入劳动者就业的。

(二)住宅规划中的弱势关怀

在政府与公众转变观念的同时,关键要把对弱势群体的关怀落实到城市住宅规划过程中。第一,公众参与。在城市规划的形成过程中,必须加大公众参与力度,要通过立法扩大公众参与,并使其制度化、法治化。在城市改造过程中,同样要坚持公众参与,确保公众利益不被侵害。第二,在城市规划中,要把弱势关怀作为一条原则确立起来,特别是在住宅建设规划中要充分考虑到中低收入群体的住宅建设需求及对他们未来生活的影响。例如,在城市交通干线沿线,应主要安排建设普通住宅小区,将有车族所需要的高档商品房主要安排在公共交通不发达、不便利的地区和城市郊区。这样可以方便中低收入阶层进城和上班,缩短他们上班的途中时间。第三,在普通住宅区的开发过程中,要通过规划明确规定大中小不同户型的比例,保证每个住宅区都有一定比例的小户型供低收入者选择,推进社区内部阶层的多样性,便于低收入阶层的就业。

(三)城市改造中的弱势关怀

在城市改造过程中,要转变单纯的行政主导型模式,杜绝各种"形象工程",对20世纪80年代以来修建的一些小户型低档住宅区,不能轻易改造,而应该有意识保留下来,通过二手房市场满足中低收入层的需要。或者由政府统一收购,用作廉租房的房源。在城市改造中要进一步加强城市的功能划分,尽量安排"蓝领阶层"居住在工业区附近,把开发区建设与住宅区建设同步规划,统筹安排。

(四)住宅政策中的弱势关怀

在城市住宅政策中,同样要将弱势关怀的原则渗透其中。第一,政府可以降低二手房的交易成本和交易税率,进一步激活和方便中低收入阶层的二手房交易,使中低收入层职工更方便地集中到职场附近,既减轻了城市公共交通压力,又缩短了人们上班途中的时间。第二,加大廉租房政策的力度,政府可以通过政策扶持创办廉租房公司,有意识地收购旧房,稍加维修后作为廉租房出租。租金通过听证会的办法确定,再加上政府租金补贴,确保特困家庭有房可住。第三,要通过政策引导进城农民工的住宅管理,保证其居住条件符合基本的人道标准和公共卫生标准。政府要明文规定农民工的雇佣单位承担部分住房租金。

中国正处于城市化高速发展过程中,在城市住宅建设中对于弱势群体予以必要的社会关怀,任重而道远。但千里之行始于足下,现在就应该将弱势关怀作为一条原则渗透和贯彻到城市住宅建设和城市规划过程之中,尽量避免世界上其他国家的教训,努力探索出一条中国特色的城市住宅建设道路。

中国高考改革新思路

中国高考制度是一个毁誉参半的制度,它在中国现代化过程中既功不可没,又弊病丛生。为此,学术界和社会上出现了恢复全国统考和彻底取消高考两种不同的主张。中国高考制度改革应力图适应中国高等教育大众化和考生人口大流动的时代要求,既要敢于坚持自己好的传统,又要勇于从根本上革除其沉疴痼疾,为中国教育现代化和社会全面现代化提供助推器。

2012年3月,9万多名"随迁子女"家长联合签名,向全国人大代表和全国政协委员发出公开信,要求"两会"的代表和委员在"两会"上关注教育公平问题,推动有关部门尽快落实"取消高考户籍限制"政策。由此,一个是否允许"异地高考"的议题在全国引起高度关注和热烈讨论。

应该说,举国争论不休的"异地高考"问题是个名不副实的命题。因为这些考生并不在"异地",他们都是所在城市的常住人口,是当地学校的在籍学生。他们要求的不是异地高考,而是"就地高考"。他们之所以不能在当地参加高考,是因为他们身上背负着一个"外地人"的身份标签,还有一根户籍"红线"把他们与原籍地牵连在一起。因此,"异地高考"的本质是"异籍就地高考"。引人注目的"异地高考"问题,再一次将中国的高考制度推向了风口浪尖,引发了人们对中国高考制度改革的深度思考。

一、中国高考制度的前世今生

1905年,满清政府下令停止科举取士,延续1 000多年的中国科举制度最终退出历史舞台。1912年中华民国成立后,现代高等教育在中国渐次展开,但在

原载于《探索与争鸣》2013年第4期,《新华文摘》2013年第15期转载。

整个民国时期,中国的高校都是自主招生,并没有所谓全国统一高考。直到新中国成立3年后的1952年,教育部才首次明确规定高等学校实行全国统一招生考试,而这一年,也是中国确立走苏联模式,开始实行计划经济,并在高等教育领域进行大规模的院系调整的一年。

可以说,新中国的全国统一高考既是为了避免高校招生过程中日益突出的混乱局面[1],也是顺应计划经济体制,实行高度统一的高等教育模式的派生物。这种高考制度差不多维持了14年。

1965年,毛泽东指出:"现在这种教育制度,我很怀疑。从小学到大学,一共十六、七年,二十多年看不见稻、粱、菽、麦、黍、稷,看不见工人在怎样做工,看不见农民怎样种田,看不见商品怎样交换,身体搞坏了,真是害死人。"[2]应该说,毛泽东的讲话对这种教育制度的弊端是一针见血的,如果有关方面在尊重教育规律的基础上,积极探索高等教育改革模式,也许可以找到一条出路。然而,懂得教育的人不愿意去改革,不懂教育的人乱改革,最终导致一场教育大劫难,每年一度的高考被彻底放弃,取而代之的是学生初高中毕业后先上山下乡或当兵入伍,经过两年的社会实践后,再视其表现通过推荐上大学。由于缺乏相应的制约机制,结果学生的竞争演变成了父母的竞争,权力、关系或者其他见不得人的交易左右着学子们的命运,教育领域成为"文革"的重灾区,高校升学中的腐败成为当时最令国人痛恨的腐败,中国的高等教育由此荒废了10年,给中国的发展造成难以估量的损失。

1977年,在粉碎"四人帮"1年后,由于邓小平的果断拍板,中国重新恢复了高考,每年的高考时节,整个教育体系乃至整个国家都在为"高考"让路,形成了一道中国特有的"高考"风景线。

恢复高考不仅改变了一代年轻学子的人生轨迹和命运,更为中国的改革开放和现代化建设输送了一批又一批优秀人才。特别值得提出的是,"高考"在国人中确立了"读书可以改变命运"的重要信念,在全社会形成了热爱读书的社会风气。正是这种良好的读书风气,保证了中国基础教育的质量,许多年轻人虽然未能如愿考上大学,但只要接受了初中以上的教育,都具有良好的现代化适应能力,从而满足了中国经济快速发展对高素质劳动力的需求。可以说,没有高考制

---

[1] 高原:《梦想和希望的回归——纪念高考制度恢复20周年》,《党史天地》1997第7期。
[2] 转引自何东昌编:《中华人民共和国重要教育文献(1949—1975)》,海南出版社,1998年,第1383页。

度,就不会有中国良好的基础教育;没有良好的基础教育所提供的"价廉物美"的巨量劳动力,中国现代化建设持续几十年的快速发展是不可想象的。

但是,高考制度在中国社会也一直被人们诟病,人们对中国高考的指责主要集中在以下几个方面:第一,实施文理分科,形成填鸭式的速成教育,导致受教育者不仅知识结构不合理,而且普遍缺乏人文关怀;第二,实施一考定终身,使得高考充满着偶然性和运气成分,导致一些成绩很好的考生由于临考失误而抱憾终生;第三,分省高考,录取不公平,由于各省的高等教育发展不平衡和国家重点高校布局的不均衡,导致各省之间的高考录取率,特别是重点高校的录取率差异巨大;第四,应试教育,培养不出创造性人才,高考成为一根指挥棒,所有的基础教育都在围绕高考指挥棒旋转,从最初的高中阶段渐次传递到初中、小学甚至幼儿园教育,导致整个基础教育扭曲变形;第五,不能适应人口大流动时代的要求,外来务工人员随迁子女无法参加当地高考;第六,高校招生录取拼总分,不利于偏才、奇才、怪才甚至天才的成长;第七,德育教育知识化,升学只看分数,学生的人品、操守等因素无法体现;第八,虽然在过去30多年中,针对出现的种种问题,教育主管部门和各地都进行过一些探索,特别是近年来一些重点高校开始探讨自主招生,但这些改革并不能得到全社会的认同,给人的感觉是越改越乱……中国恢复高考35年后,高考的积极功能日益受限,负面影响正在逐步上升。对于高考的改革决不能局限于某一个方面,必须全面思考和整体谋划。

二、恢复"统考"还是取消"高考"

面对"异地高考"的难题和整个高考制度改革的困境,学术界出现了恢复全国统一高考和彻底取消高考的两种对立的主张,双方都有自己的理由,也都存在着难以克服的困境。

首先来讨论一下恢复全国统一高考的主张。恢复全国统考的前提是充分肯定高考的必要性。在这种观点看来,高考作为选拔人才的一种机制,其最大优势就是摒弃了权力、出身和人际关系的干扰,保证每个人都有凭真才实学公平地接受高等教育的权利。因此,只要我们抓住"公平"这个灵魂,守住"公正"这个底线,中国特色的高考招生制度就有充分的理由存在下去。高考是维护社会公平、坚持社会公正、稳定社会秩序的有效手段,是真正适合中国国情的人才选拔制度。这种观点不仅要坚持高考制度,而且主张恢复全国统一高考,只有恢复全国统一高考,才能真正贯彻教育公平原则。正如有些学者所说,一个国家实施全国统一考试是国际通行的做法,也是高等教育招生公平的基本要求。中国无论是基础教育还是高等教育的发展都存在严重的不平衡问题。如果说基础教育发展的严重不平衡,已经导致相对落后省份的学生在起点上不公平了,那么,在高等教育招生过程中实施分省录取,就在起点不公平的基础上又增加了机会不公平,导致教育不公平的累加。如果实施全国统考,就可以从根本上解决几个教育公平的老大难问题。

一是"高考移民"问题。由于分省高考,造成各省高考难度失衡,从而引发大规模的高考移民。例如,2005年,海南的高考移民达到9 793人,差不多每五个考生中就有一个高考移民。由于移民考生的成绩可能较本地生要好一些,因此,其实际录取的生源中,移民考生比例可能更大。后来,由于高考移民引发诸多群体性事件,各地采取严厉打击政策,逐渐平息了高考移民浪潮。但是,人们普遍对于高考移民寄予了很大的同情,认为它的背后是高考政策的不公平。简单地打击高考移民治标不治本,只有实施全国统一高考,才能从根本上消除高考移民问题。

二是城市务工人员子女的"异地高考"问题。中国已经进入一个人口大流动时代,全国流动人口已达到2.6亿人。在这个流动大军的背后是5 800万留守儿童和2 700万随迁子女。经过多年努力,流入地政府对务工人员子女的教育从过去的不闻不问,到今天担负起义务教育责任,已是很大的进步。但随迁子女要求随父母在流入地接受非义务教育也是必然的趋势和正当的要求,因此,2012年,教育部明确要求各省市制定"异地高考"方案。但是,这种让各地自己制定解决方案并不能真正解决"异地高考"问题,只有实施全国统一高考才能从根本上解决。

三是各省重点大学录取不公问题。据统计,多数"985"大学招收本地考生比例超过30%,甚至超过50%。例如,南京大学2000年在江苏录取的比例高达58%。[1] 2008年,教育部规定了不高于30%的上限后,2009年仍然有许多985高校在本地招生超过30%。[2] 2009年是南京大学自2000年以来录取本地生比例最低的一年,但仍然达到32%。2009年,浙江大学在本省录取的比例是

---

[1] 赵娟、李良:《取消高考指标制度势在必行》,《探索与争鸣》2010年第7期。
[2] 刘希伟:《2006—2009年"985"高校招生区域公平问题的研究》,《中国高等教育》2010年第3期。

7.3‰,而在河南省的录取比例是十万分之七点一,二者相差 100 倍以上。[1] 要从根本上解决这一问题,也必须依靠全国统一高考。

但是,简单地恢复全国统考,也面临着诸多难题,其中最突出的是两大问题:第一,形式公平与实质公平的冲突。由于中国基础教育发展不平衡,各地基础教育水平相差巨大,这就决定了全国统一高考必然对于基础教育落后的地方不利,而这和主张恢复全国统一高考的初衷是矛盾的。现在许多人想当然地认为,京沪等大城市的孩子在全国统一高考中不可能像现在的分省高考那样得利,其实这是大错特错的。因为中国的大城市不仅是经济发达地区,也是基础教育发达的地方。如果恢复全国统一高考,也许在初期会有小波动,但长期来看,城市考生或经济相对发达地区的考生仍将是最大的得利者,而非利损者。恢复全国统一高考造成的损害不是他们的升学率,而是大城市的基础教育模式,它将迫使全国所有的基础教育都进一步趋向应试教育,围绕高考指挥棒转。第二,高考阅卷的技术性难题。正如有的学者已经指出的那样,全国统一高考面临的一个最大的技术难题是如何阅卷的问题。以中国高中教育规模之大,要在全国进行集中统一阅卷是不现实的,而实行分省阅卷必然会带来一个问题,即各省为了本省考生在分数面前不吃亏,必然竞相放松阅卷标准,导致分数大量掺水失真,从而最终失去了全国统考的意义。

在无法实施全国统一高考的情形下,有人提出了更为彻底的解决办法,这就是取消高考。这种观点认为,只有取消高考才能从根本上解决中国教育的诸多问题,如应试教育问题、异地高考问题,等等。这种观点认为,今天的中国已经不同于 30 多年前的中国,取消高考的历史条件已经成熟。

第一,中国高等教育的发展已经从精英教育快速进入大众教育阶段。[2] 特别是 1999 年高校扩招以来,中国高等教育已经实现了历史性的跨越,毛入学率从 1998 年的 6.8% 快速提高到 2002 年的 15%,从而进入高等教育大众化阶段。2010 年,中国高等教育在校生规模达到 3 105 万,高等教育毛入学率达到 26.5%,已经超过世界平均水平。北京、上海等经济发达城市更是已经提前实现

---

[1] 赵娟、李良:《取消高考指标制度势在必行》,《探索与争鸣》2010 年第 7 期。
[2] 1973 年,美国教育家马丁·特罗在考察美国高等教育量的扩张和质的变化的基础之上,提出了高等教育大众化理论,指出以高等教育毛入学率为指标,可以将高等教育的发展分为"精英化""大众化"和"普及化"三个阶段:高等教育毛入学率在 15% 以下时,是一种精英化的高等教育;当达到 15% 以上时,就开始步入高等教育的大众化阶段;当达到 50% 以后,就进入了普及化阶段。

了高等教育普及化。例如,北京高等教育毛入学率已超过60%,早在2003年(当年高等教育毛入学率为52%)就率先在全国实现了区域高等教育普及化。据预测,到2020年,我国高等教育在校生总规模将达到3 550万人,毛入学率达到40%,主要劳动年龄人口中接受高等教育的比例将达20%。由于2020年中国高等教育学龄人口将从目前的1.23亿下降到8 700万,要实现40%毛入学率的目标,实际规模只需增长6个百分点。可以说,我国高等教育正处于从大众化向普及化的转型过程之中。

第二,高等教育的收益率日益下降。在精英教育阶段,中国长期实行的是免费高等教育和国家包分配政策,一个家庭如果有人接受了高等教育,则意味着这个家庭获得了一个中产阶层的身份,即使是农村贫困家庭,如果有人考入大学,则意味着这个家庭即将摆脱贫困。高等教育不仅可以帮助年轻学子实现自己的人生梦想,而且可以带动一个家庭提升经济社会地位,因此,在这个精英教育阶段,高等教育的家庭收益率是非常高的。但是,随着我国高等教育改革,从免费教育和国家包分配政策转向收费教育和不包分配,高等教育的家庭收益率开始逐年下降。特别是大学扩招和高等教育进入大众化阶段以后,由于大学毕业生逐年增多,再加上近年来的金融危机和产业结构调整,大学生就业越来越困难,就业后的市场收益也急剧下降,许多专业的大学生初次市场就业的报酬已经接近甚至低于技术工人及普通的体力劳动者。由于高等教育收益率的持续下降,必然导致人们上大学热情的下降。近年来,我国高等教育的竞争出现了两种新情况,一是高考的竞争从争上大学向争上优质高校转变;二是对于上一般大学的热情持续降温,每年都出现了数以万计的高考生放弃进入高校学习的现象。正是这两大因素的共同作用,为缓解高考压力和调整高校招生政策,从根本上取消"高考"提供了历史契机。从世界范围看,当高等教育发展到一定阶段后,取消高考不仅是可以的,而且是必然的,例如美国等发达国家都没有中国式高考,他们都是根据高中会考成绩选拔大学生。发达国家的经验表明,根据高中会考和高中平时表现进行推荐,全面衡量,也不会落下一个优秀学生。因此,只要有足够容量的大学规模,让绝大多数想上大学的学生都有机会上大学,升学的竞争就不会太激烈,因此也就不需要高考了。

但是,这一主张立即遭到另外一些人的坚决反对,认为取消高考必将导致一片混乱。其理由主要有以下几点:第一,"文革"中取消高考的教训犹在,不可忘记。改革以来恢复高考的功绩不容抹杀。在中国的历年高考改革探索中,虽然有过各种尝试,但还没有发现任何一种方式比高考更公平、更合理。如果废除高考,必将陷入各自为政、自行其是的泥淖,凭关系、走后门、权钱交易等百姓深恶痛绝的现象必将卷土重来,无法遏制。第二,取消高考,素质教育将更加难以实施。教育要评价,评价靠考试,没有考试的教育是无法保证质量的,素质教育与考试并不对立,正是严格的考试保证了中国基础教育的质量。第三,取消国家"高考"将使考试成本呈几何级数增长。无论是学校组织考试的成本,还是考生应对考试的成本都会大幅度上升。尤其是让高校自主考试,必然是考试满天飞,既会带来各种新的不公平,也会使考生疲于奔命,像现在的艺术类考生一样,不得不参与各种各样的重复性考试,从而大量耗费社会资源。

应该说,这两种观点站在各自的立场上,对中国高考的改革可能出现的弊端都有深入的洞察,对于我们设计新的高考模式提供了重要的参考和启发。中国任何高考改革的设计方案都必须建立在中国文化基础之上,使之符合中国国情,能够被国人所接受,并能够有效地避免产生各种负面的弊端。中国是一个家族主义文化盛行的国家,虽然今天的家族传统已经基本瓦解,但家庭至上仍然是普遍的价值观念。因此,中国人普遍重视子女的教育问题,为了孩子接受更好的教育,可以不计成本甚至不惜任何代价。所以,无论中国高等教育如何发达,也无法解决激烈的升学竞争。高等教育大众化,虽然可以满足大多数高中毕业生的升学问题,但为了进入好的大学所展开的竞争一点也不会比过去的升学竞争程度低。同样由于这一点,使得中国的教育公平问题特别被国民所看重,如果教育特别是高等教育失去公平性,必将引发极大的社会愤懑,并严重损害政府的形象,导致执政党执政资源的流失。正因为这一点,无论是恢复全国统一高考,还是彻底取消高考,都必须考虑以上这些因素的影响。

美国虽然没有全国统一高考,但它的大学入学考试 SAT 被认为是"一年多考、择优录取"的一种变相全国统考,所不同的是,它通过商业运营模式实现。SAT 每年举行 6 次,考生只要交纳考试费,就可以到选定的考试中心参加考试,无论哪一科目都可以考若干次,直到获得最理想的成绩。考试成绩由 SAT 考试服务机构记录保管,直到考生要求把考试的最好成绩寄往自己报考的大学。这一模式避免了"一考定终身"的弊病。

但是,美国的"商业化高考模式"在中国行得通吗?显然是行不通的。这种商业化的高考模式之所以在中国无法实行,主要有两个原因:第一,成本高。无论是高考组织方,还是参加高考的考生,都无法容忍每年六次的"高考",今天或许有人称赞这种方法可以避免一考定终身,但真正实施以后,必然感到弊大于利,学生疲于奔命,学校无所适从。第二,易腐败。这种由商业机构组织的"高考",在中国无论是出卷环节,还是考试环节,都无法保证不泄密。更重要的是,这种商业模式根本无法保证录取过程的公平公正,这已经被无数事实所证明。

三、综合性替代方案的设计

中国新高考方案的设计必须遵循三条原则:一是高考改革方案必须有利于从根本上解决基础教育的应试性弊端,同时又能确保基础教育的质量不下降;二是高考必须由国家组织举行,以保证高考的低成本、高效率和公平公正;三是高考改革方案必须既能适应高等教育大众化的时代要求,又能满足劳动力大流动时代的考生要求。

基于以上几点,中国高校招生方式的改革必须坚持被国人已经普遍接受的好的传统,这就是要有考试,并且是由国家组织考试。一切改革都必须在此基础上进行。本文设计的新高考改革方案主要由三部分组成:(1)将现行高考改为国家高中学业水平测试;(2)普通院校直接根据高中水平测试、高中平时成绩和综合表现进行自主招生;(3)研究型大学和希望成为研究型大学的高校,可以在高中学业水平测试的基础上再进行选拔性考试。

(一)将现行高考改为"高中学业水平测试"

中国现行的高考制度已经存在30多年了,在中国的现代化过程中,它既功不可没,也弊病丛生,为国人所诟病。其最大的弊端在于它成了一个指挥棒,把基础教育完全变成了一种"高考"附庸的"应试教育",使得整个基础教育就像"高考"培训班,在某种程度上扼杀了青年人的创新思维与想象力。但是,也要看到,中国的高考制度不仅保证了中国高校大学生有比较扎实的基础知识,而且在客观上保证了中国整个基础教育的质量。每年的高考实际上相当于一次"第三方"评估,推动了中国庞大的基础教育体系在重视教育质量的轨道上前行。即使那些没有进入大学的中学毕业生也因此具有良好的文化素质,从而为中国的工业化提供了源源不断的高素质劳动力,这也是中国吸引外资最多的最根本的原因,甚至说它是中国过去30多年快速发展的最重要的原因也不为过。因此,对于这样一种中国基础教育质量保证的机制是不能简单地废除的,解决的办法就是将每年的国家考试从"高考"转变为"会考",从招生考试演变为学业水平测试。这一考试目的不是为高校选拔人才，而是对基础教育质量的一次权威测评。这种以国家考试的方式进行的学业水平测评，最大的好处就是保证了测评的可靠性和真实性。这种"学业水平测试"可以涵盖基础教育的各门课程，不再区分文理科，所有教育部规定的基础教育阶段必须学习的课程都可以进行水平测试。当然，为了减轻学生的考试负担，有些课程可以组合成一门试卷，例如自然科学基础、社会科学基础等。测试内容不仅涵盖高中教材，而且涵盖从小学到高中的全部应该掌握的基础知识，它不是学生在高中阶段的学习成绩"会考"，而是学生在接受了高中阶段教育后的综合学业水平的"会考"。[1]

由于是学业水平测试，其考试内容重在"达标"，因而不要求偏题、难题、怪题。学生参加这种考试不是在和其他考生进行竞争，而是测量自己的学业是否达到高中毕业生的国家标准。国家应创造条件建立"高中学业水平测试"各科知识题库，每年的学业水平测试直接从题库中随机抽取试题组合成卷。此前，有人已经提出过类似建议，但人们担心两点：一是无论怎么测试，只要它是高校招生录取的依据，最终都会演变成一种高考或变相高考，因而使得所有原来高考存在的问题仍然会同样存在；二是如果真的只是水平测试，人们又担心它会被社会和考生不当回事，从而导致这种水平测试的质量无法保证。

为了解决这些问题，确保"高中学业水平测试"既能降低考生之间的竞争性，又能保证各省学业水平测试成绩的真实性和可比性，可以从技术层面进行两项改革：第一，所有课程学业水平测试只计单科成绩，不计总分成绩。国家考试的科目应该涵盖各科，但学生参加哪些科目测试可以自由选择，不一定要参加全部科目的测试。由于学生选择参加测试的科目不同，也就无法计算总分。第二，将考生的学业水平测试的单科成绩都换算成等级分，不公布具体的分数。等级分可以有效化解学生为 1 分甚至 0.1 分进行残酷的竞争。第三，所有试题都实行标准化的选择性题型，全部实行机器阅卷，未来在条件具备的情况下甚至可以直接在机器上考试，这样不仅可以大大降低考试阅卷成本，而且提高了各省测试成绩的客观性和可比性。

（二）高校根据考生的申请和高中学业水平测试成绩进行自主招生

有了"高中学业水平测试"成绩后，每个高校都可以进行自主招生。与过去

---

[1] 单纯的高中课程考试应该由学校进行，它是确认高中生能否毕业的依据。

高考录取不同的是,这种录取不是简单地按照学生志愿在分数排队和学校排队双重因素制约下进行录取,而是在学生自由申请的基础上进行录取。高校不必分等级,所有高校都是平等的教育主体。每所高校可以根据自己的影响力提出自己的招生录取原则,并分专业提出不同的录取标准。也就是说,高校录取不必像现在这样根据学生考试总分进行录取,而是根据自己办学的特点和要求,在高中学业水平测试科目中选择若干门课程作为自己的录取成绩框,也可以根据专业特点,选择几门计分课程和另几门参考课程。总之,学校如何录取,完全由高校根据自己的性质、特点和影响力自主决定。考生则根据各个学校的录取方案自主申请。这种申请与过去填高考志愿不同的是,它要考虑的不仅包含高中水平测试成绩,而且包含高中学习期的其他方面,如综合素质、社会实践、社区服务等。为了帮助学生更好地掌握高校信息,教育主管部门可以培育若干家第三方评价机构,对各个高校及其专业以及高校毕业生的就业情况进行评价和再评价,以代替目前的高校行政等级。教育主管部门可以根据国情与宏观管理的需要,指定某些课程为学校录取的必选课程,或规定高校录取所依据的学业水平测试最低必须要有几门课程。

（三）高校自主进行选拔性考试

对于部分不满足于高中学业水平测试成绩的高校来说,如"985"重点院校和那些致力于发展为研究型的高校,可以在高中水平测试的基础上再组织选拔性考试。

这种选拔性考试仍然由国家组织,这样可以保证公平公正和降低成本,但具体考试内容完全由高校自主决定。由于是选拔性考试,不能简单地重复"高中学业水平测试"或重复现行"高考"的弊端,试卷内容不必局限于高中教材,而是完全由高校按照未来培养高素质和有创造性和想象力的人才的要求自主出卷。为了引导高中教育远离应试教育,这种选拔性招生考试的试卷不可以由高中老师参与,完全由高校相关专家、科学家、作家和教育专家出卷,内容完全脱离高中教材和高中课标,以保证选拔出各科最杰出的优秀人才。这种选拔性考试在课目设置上同样由高校自主决定,高校按照专业要求,突出专业素养,不需要学生门门优秀,只要在所学的专业知识内优秀即可。因此,每个专业只要求进行一门课程的选拔性考试。为了避免所有高中毕业生都重复参加高中学业水平测试和选拔性考试,可以设置考生参与选拔性考试的门槛,例如要求"高中学业水平测试"中的相关课程必须达到优等要求等。

(四)建立高校招生联盟,确保录取的公平公正

为了防止高校招生录取工作中的腐败现象,无论是普通高校直接依据高中学业水平测试成绩的录取,还是研究型高校的选拔性考试录取,都要求高校按照大学科建立招生联盟,每个招生联盟不少于10所学校。每个招生联盟可以单独制定自己的招生政策,组织专家出高考试卷,交由国家考试部门组织考试。每个招生联盟的招生录取政策必须提前一年确定并向社会公布,并保证其连续性不少于3年。3年后无论是修订还是继续,都必须提前一年向社会公告,这样可以防止因人改变政策。同时,在整个招生录取过程中,现行的监督机制仍然保留并进一步完善,以确保招生录取工作的公平公正。为了降低学生的考试成本,每个专业的高校招生联盟不得超过三个,鼓励其他未参加招生联盟的学校选择某个招生联盟的考试成绩作为自己的录取依据。

(五)鼓励高校在招生中增加面试环节

凡是有条件的学校都应该进行面试,条件暂时不具备的学校,也要逐步增加面试比例,尤其是文科专业的升学过程更要重视面试环节。面试的作用可以对中小学的教育模式产生深远影响,促使学生注意知识之外的其他素质的提高。此外,无论是"高中水平测试"成绩还是高校联盟进行的选拔性考试成绩,都可以设置若干年的有效期,在有效期限内,学生可以据此成绩向相关高校申请入学。这样可能有利于那些因主观或客观因素而不能在当年入学的考生,在适当的时间重新选拔进入高校学习,这对于那些家庭经济条件困难的学生来说,是一种非常必要的制度安排。

四、新高考方案的意义

第一,能够继续保持中国基础教育的传统优势。人们对高考改革的最大担心,就是怕改革导致中国基础教育的质量下降。这种担心的关键是考试这个指挥棒还在不在?本方案的一个重要特征是仍然保留"考试"这个重要环节,所不同的是考试的性质和目的发生了重大变化。也就是说,这根"指挥棒"还是要的,但它不是指挥基础教育体系去"应试",而是指挥中小学去追求基础教育应有的本原性价值。

第二,彻底根除现行高考制度的弊端。现行高考制度的最大弊端就是应试教育,"高考"的弊端不在于它的指挥棒作用,而在于它所指挥的方向有问题,它导致中小学基础教育体系彻底变质变味,成为一个类似培训中心的应试体系。新方案要改变的不是考试,而是考试的导向。中国高考制度改革不仅仅是为了解决某个具体问题,而是要解决中国高等教育进入大众化阶段以后的基础教育和高等教育,各自如何定位和如何发展的问题。从基础教育的角度来说,要真正提高国民的科学素养和人文精神,必须从根本上抛弃现行高考制度这根指挥棒的应试性导向,彻底纠正完全应试化了的畸形基础教育,使其回归素质教育原轨。新高考方案很好地保证了这一点。

第三,既为选拔具有创造性和想象力的杰出人才提供了制度保证,也为特殊人才进入高校提供了通道。在科学的学业水平测试的基础上进行选拔性考试,可以使高校能够选拔出真正具有创造力和想象力的优质生源。同时,由于在选拔性考试阶段只需要考一门课程,这就为那些偏科的少数天才、偏才、奇才、怪才提供了必要的通道。为了保证那些特别偏的偏才也有机会进入理想的高校,还可以让每所中学,无论是普通中学,还是所谓重点中学,都可以推荐1—3名在高中学业水平测试中没有达到选拔性考试门槛的偏科学生参加选拔性考试。但这种考生在最终的选拔性考试中必须单科成绩特别出众,并经过严格的面试才能被录取。

第四,基本解决了"高考移民"和流动人口随迁子女就地高考问题。高考移民是由各地高考难度不同和高校招生的录取比例不同等因素造成的。在新方案中,全国统一的试卷和完全的机器阅卷,确保了各省市测试分数的客观性和可比性,高考移民的动力因而自动消失。异地高考问题在新方案中也有望得到解决。近年来,流动人口随迁子女规模不断扩大,要求异地高考的压力也越来越大。各地都在探讨"异地高考"方案,但政策松紧不一。地方政府肯定会从自身利益出发,凡是考生流出大省总是希望放开,考生流入大省总是希望口袋扎紧。因此,教育部不能将责任下推,必须有所担当,制定出全国统一的"异地高考"政策。但最根本的还是制度创新,通过新方案的实施,很自然地能够解决随迁子女的高考问题。

第五,能够继续维持高校招生的公平公正。人们对高考改革的另一个重要的担心就是能否公平公正。在中国,高考相对而言比较公允,得到了老百姓的基本信任。这种公信力之所以能够长期维持,关键在于过去几十年来,所有的高考都是由国家组织进行的。新方案可以继续维持这一传统,无论是高中学业水平测试,还是之后的选拔性考试,都必须继续坚持由国家组织考试,并由廉政纪检部门进行全程监督,再充分发挥现代高科技的优势,让整个高中学业水平测试和高校选拔性考试都在阳光下运行,同时要求所有高校的招生考试都必须联校进行,从而可以有效预防各种腐败现象的发生。

五、两个附带的问题

在中国的高校招生过程中,还有两个问题长期遭人诟病。一个是重点大学招生向所在地城市倾斜问题,一个是各种名目的加分政策。

新高考方案如何解决这两个问题呢?一方面,通过制度建设规范重点高校向地方倾斜的问题。近年来,全国一流大学在所在城市的招生比例远远高于在其他地区的招生比例。这个问题不能简单化看待,这其中的关键是看重点高校增加所在省市的招生名额,是否挤压了在其他地区的招生名额?如果是,则显然不合理;如果不是,则要谨慎处之。实际上,自20世纪90年代以来,重点高校之所以增加所在城市的招生名额,并不是在挤压其他省市原有招生名额的情况下进行的,而是通过扩大所在城市的招生名额,以换取所在城市对重点高校的经费支持。应该说,这是当时高校办学经费极为困难的特殊历史时期的产物,它在一定程度上缓解了高校的经费压力,同时也为改善高校学生的学习环境创造了必要的物质条件。但是,这不应该是常态,国家应该对高校这种行为制定规则,避免其失控。

可以考虑两条原则:一是规定重点高校对所在城市招生的比例上限,原则上不得超过其当年招生总量的15%;二是重点高校对所在城市的倾斜要与地方政府对重点高校的经费支持按1∶2比例挂钩。即地方政府要在重点高校增加招生名额,必须以两倍的比例进行经费投入,如需要增加10%的名额,则地方政府投给该校的经费应不少于国家给该校投入的20%。同时,还要规定,这种地方政府投入不能用于高校教职工福利,只能用于改善高校的办学条件,特别是改善在校学生的生活、学习条件,建议将其中的一半作为奖(助)学金基金用于困难学生,这样,就可以在利益双方中取得平衡。

另一方面,分类改革高校招生中的加分政策。在高校招生中,各种加分政策名目繁多,已经影响到了高考的公平形象。在新方案中,可以对现行的加分政策进行分类处理。首先,在高中学业水平测试中,彻底抛弃各种加分,学业水平测试成绩就是学生各门课程的净成绩,而且不计总分,即使单科成绩也只公布等级分。其次,在选拔性考试中,是否允许加分,权力可以下放给高校自主决定。但由于是单科考试,这种加分的作用权重就会大大降低。例如,奥数成绩即使加分,也只会在数学专业起作用,而在其他专业中就会自动失效,同样,艺体美特长生也只会在相关专业中起作用,即使是某些学校为了突出自身的校园文化而加分,作用范围也会非常小,与现行的计入总分政策是完全不可同日而语的。高校招生加分政策中最敏感、最难办的是民族加分政策。这一政策在当初是有一定合理性的,这种合理性基于两个因素之上:一是当时的民族教育特别落后,二是国家对高校毕业生包分配。在这一背景下,通过加分,让一部分成绩相对差一些的民族考生进入高校学习,毕业后由国家分配他们回到少数民族地区工作,这对考生个人、少数民族地区的发展都是有利的。

但是,在今天的高等教育大众化和就业完全市场化阶段,继续沿用这一政策不仅不合时宜,而且带来了诸多负面效应。建议以地区定向招生政策取代少数民族加分政策。也就是说,在经济发达地区和城市彻底取消任何形式的民族加分政策,但对于少数民族的偏远地区和经济落后地区,可以由国家根据其发展的需要在相关高校中设立定向招生名额,并提供奖(助)学金,学生毕业后,必须在协议规定的区域和相关岗位就业。

第 10 章
DI SHI ZHANG

中国反腐败的制约因素与应对策略

腐败是人类政治文明的阴影,也是当今各国政府最感头痛的政治难题。改革开放以来,中国在经济持续发展、社会不断进步的同时,也面临着日益严重的腐败问题。进入20世纪90年代以后,中国的腐败问题发生了一些重要变化,形成了许多新的特点。必须围绕社会主义市场经济环境深入研究我国腐败的发展趋势与影响反腐败的制约因素,寻求遏制腐败高发的应对策略。

一、对当前我国腐败形势的基本评估

（一）我国当前反腐败形势仍然严峻

必须清醒地看到,我国当前腐败犯罪的上升势头尚未得到有效遏制,人民群众对腐败的不满没有得到根本消除。我们面临的反腐败形势仍然十分严峻。

1. 腐败领域不断扩大,腐败犯罪正从经济部门、行政部门向司法部门、执法部门蔓延扩散

长期以来,我国的金融、商业、建筑、供销、物资、外贸、房地产、证券、期货等经济部门是腐败犯罪的集中多发区。计划经济和改革开放后的双轨制并存,为经济部门的腐败犯罪创造了条件。20世纪90年代后,这些经济部门仍然是腐败的主要部门,但与此同时,腐败犯罪大量向执法部门和司法机关渗透蔓延。工商、税务、海关等执法部门和公安、检察、法院等司法机关大多处于经济体制转轨时期权力与利益的结合点,随着改革开放的深入,社会主义市场经济体制的确立,大量经济法律、法规的颁布实施,执法部门越来越多地介入经济生活,对于经

论文为安徽省1995年哲学社会科学规划项目"廉政建设与反腐败问题研究"成果节选,部分内容发表于《人民日报（内部参阅）》1998年1月14日。

济活动发挥着越来越重要的作用与影响。这就使越来越多的"积极行贿主体"把目标转向他们,这种贿赂活动的目的不是为了直接获取金钱和其他眼前利益,而是要谋取"靠山",形成"势力"和"保护伞"。由于司法人员大量卷入腐败犯罪活动之中,这些人知法犯法,熟悉法律,具有反侦查能力,因此其腐败犯罪活动不仅社会危害大,而且查处的难度也大。

2. 腐败行为更加猖獗

一方面,从个体作案向团伙作案发展。随着改革开放与市场经济的不断扩大和发展,一些团伙性腐败犯罪案件日益增多。过去腐败犯罪分子大多是"单兵作战",现在则往往一逮一串,一挖一窝,出现许多"串案""窝案""案中案"。其作案形式也是五花八门:有的临时沆瀣一气;有的长期朋比为奸;有的凑合松散;有的勾结紧密。真是盘根错节,错综复杂。这种团伙作案与以前不同:一是分布范围广、涉案人员多。一些不法分子在利益的驱动下,相互勾结、相互利用,甚至与外国或境外人员结成犯罪团伙,进行犯罪活动。二是形成职业性犯罪团伙。某地查处的骗取出口退税案,涉及 24 个省、市,近百名专操此业的犯罪分子落入法网,查获赃款上亿美元。三是发案人员层次高。作案分子文化程度高,社会地位高,许多人都是各级领导干部,甚至高级干部。团伙作案的具体形式主要有合伙贪污、受贿;坐地分赃、共谋私利;私分公款、集体挥霍;集体腐化堕落等。

另一方面,大案、要案猛增,社会危害日益严重。20 世纪 80 年代初,上万元即为大案,县级干部即为要案。80 年代后期,动辄出现十几万、几十万元的大案。进入 90 年代,百万元以上大案已经不再鲜见。1993 年,全国检察机关共查处贪污贿赂案 30 877 件,百万元以上就达 57 件;挪用公款案 13 663 件,百万元以上的 208 件,有些案件大得令人触目惊心。若以过去的万元为大案,则广东、深圳等经济发达地区的比例可达 80%。从案主的身份地位来看,1993 年至 1995 年 9 月,检察机关查处的 167 725 宗经济案件中,就有县处级干部 4 605 人,其中厅局级以上干部 242 名,省部级干部 4 名。1995 年,更是查处了一批特别重大的腐败案件,如原中共中央政治局委员、北京市委书记陈希同案;原北京市委常委、副市长王宝森案;无锡新兴公司非法集资案;闽江工程局贪污受贿案;原郑州市委常委、巩义市委书记杨振海受贿案等。腐败犯罪的大案要案剧增,严重败坏了党风和社会风气,不仅给国家和人民造成了巨大的经济损失,而且严重损害了党和政府的形象,威胁着执政党的执政地位。其危害程度远远大于一般街头犯罪和简单的经济犯罪。

3. 法人犯罪日益突出

随着法人成为社会主义市场经济的主体,在新旧体制的转换与磨合中,法人犯罪这种新的犯罪形式也开始出现,并日益突出。一些企事业单位、机关团体为了追求更大的经济效益,利用其法人组织的特殊优势,有计划、有组织地大肆进行行贿受贿、走私贩私、骗税偷税抗税、假冒商标、制售假冒伪劣产品,等等。其社会危害性往往比自然人犯罪更为恶劣,也更为严重。有些党政领导和有关部门出于为了本地利益、形象和政绩等各种复杂的原因,对于日益猖獗的法人犯罪不仅不支持司法机关严加惩处,反而事先纵容,事后包庇,导致有案不办或者以罚代刑。因此,使法人犯罪有恃无恐地日益公开化进行,并朝大案、要案、串案、窝案、群案的方向发展。

法人腐败犯罪的一个突出形式是"公贿"。近年来,这种"公贿"日益普遍化、公开化、"合法"化。索贿受贿的是以权谋私的公职人员或企业领导层中的腐败分子,但行贿者同样是国有、集体企业等公有制经济单位,甚至是地方政府,行贿用的也完全是公款。例如,1994年因受贿罪被处决的河南巩义市建设银行行长王永平,受贿106.75万元,对其行贿的都是国有企业和集体企业。目前公款行贿现象几乎涉及各个公有制部门,甚至一些地方政府的党政领导在"发展本地经济"的名义下,集体决定并由主要领导带队去行贿,通过各种行贿手段争取批项目、拨贷款、减免税等。

(二) 未来一定时期内腐败的发展趋势

1. 影响腐败大量滋生的温床仍然存在

干部腐败与其他犯罪现象一样,都是一定社会环境的产物,只要这些环境不发生变化,总是会发生一定量的腐败现象甚至腐败犯罪。

(1) 市场经济的初期效应。市场经济对腐败具有双重效应:一方面,市场经济强调公平竞争,强调规范和秩序,反对特权,反对垄断,反对官商,因而对反腐败具有积极意义;另一方面,市场经济强调金钱尺度,强调等价交换,因而容易助长拜金主义、享乐主义、极端个人主义,并诱发各种腐败行为。总的来说,在发达的市场经济体制下,第一种效应起主导作用,而在市场经济的初级阶段,第二种效应更为突出。我国社会主义市场经济体制还处于建立和完善阶段,第二种效应需要予以特别重视。在"九五"期间,各种腐败仍将在一些地区一定程度地蔓延。

（2）经济改革中新旧体制的摩擦。改革是一场体制革命,这场革命仍然没有根本完成,新旧体制并存的局面仍将要维持一个较长的时期。在这个时期里,体制性摩擦和模糊地带仍然很多,从而使一些腐败分子感到有可乘之机。

（3）权力监督与制约机制不完善的状况还会存在。权力从来就有两面性:一方面,它是社会所必需;另一方面,它又是对社会的一种威胁。因此,必须对权力进行有效的制约,没有制约的权力最容易腐败。根治腐败的关键在于建立一套行之有效的权力监督机制与制约机制。但是,建立一整套行之有效的权力制约机制并不是一朝一夕的事,它有待于整个国家政治体制改革的不断深化和政治民主进程的不断发展。

（4）诱发腐败的利益机制仍然强劲。未来一定时期内,社会分配不公不可能快速得到根本解决,甚至可能还会扩大,由此导致的社会心理失衡问题仍然存在。经济报酬对人的刺激作用大小在不同的发展阶段是不同的,一般而言,在富裕社会,它的作用较小,那时人们更重视的是如何追求自我价值的实现。而在前富裕社会,经济报酬的刺激作用相对较大,往往成为人们追求的主要目标。今后一段时期,我国正处于实现小康、迈向富裕的社会发展阶段,物质利益在这一时期人们追求的目标中仍然占据着十分重要的地位,再加上社会分配不公、非法暴富、贫富悬殊,必然刺激着各种潜在的腐败者,使他们心理失衡。

2. 经济部门、行政部门、执法部门仍是腐败犯罪的重点部门和重点领域,但又会形成一些新的特点

（1）经济部门、行政部门、执法部门仍将是腐败的重点部门。特别是金融、证券、建筑、房地产管理与开发、期货商贸、外贸等部门仍将是腐败的多发"地段",公安、法院、海关、缉私、反贪局等机关将成为腐败的新的"热点"部门。腐败案件的案主将主要包括党政机关少数领导干部;司法、执法、纪检部门的第一线基层领导和办案人员;经济部门的管理人员、财会人员、购销人员;事业单位的领导与后勤、基建管理人员;公用事业单位的领导与管理人员以及其他各种主管、经管人、财、物的审批和经办人员。腐败案件的主要形式仍将是贪污、贿赂、挪用、侵吞国有资产等。

（2）与体制改革的阶段性措施相联系的腐败现象仍然十分突出。过去几年来,几乎每一步改革措施出台,都会引起相应的新的腐败犯罪形式,这种情况今后仍将存在。与体制改革相联系,今后比较突出的腐败犯罪形式将是侵吞国有资产和国家税收。上有政策,下有对策的现象仍然较为普遍。利用宏观调控措

施与信息谋取私利的腐败形式将会出现并有上升趋势,而且一旦出现,其影响和后果都更加严重。

（3）腐败将进一步由经济部门、执法部门向其他领域蔓延,一些社会管理部门的腐败问题将日趋突出。教育、科技、文化、体育、医疗卫生等部门的腐败现象将日益引人注目;宣传部门、组织人事部门、统战部门甚至一些社会团体等清水衙门也有水质变浑的趋势。特别要注意反贪局自身的腐败问题,这是特别要引起反贪部门严密注意和高度重视的事情。

（4）腐败的方式将会发生较大的变化,黑色腐败有所收敛,灰色腐败进一步上升,白色腐败开始出现。所谓"黑色腐败"主要指公开贪污挪用、索贿受贿、敲诈勒索等具有传统色彩的腐败行为,这种行为在腐败初期比较突出,但随着反腐败斗争的深入和震慑力不断扩大,黑色腐败将可能会有所收敛。所谓灰色腐败是一些目前还没有引起人们重视的腐败行为,或者说是一些介于合法与非法之间的腐败行为,例如利用职务上的便利到处挂头衔,并领取大额稿酬,到处兼职做顾问并领取报酬,利用国家法律的不完善,打擦边球;又比如避税、化整为零的行贿受贿(如每次礼品不超过有关部门的规定);等等。所谓白色腐败则是当今发达国家普遍存在的腐败形式,它不再是公开的行贿受贿,而是首先影响"立法"过程,然后通过"合法"的寻租途径追求不合理的利润与收益。比如在政府政策的制定过程中,一些积极的主体不仅采取各种渠道影响政策制定人员,甚至有目的地资助一些"理论"研究与宣传活动,以此影响国家制定政策的思路,从而为某些地区、某些部门或某些阶层谋取利益。

3. 大案要案可能有所收敛,但仍然会大量存在,并更加隐蔽化、复杂化

随着反贪网络的建立,必将进一步加大对各级领导干部的反贪打击力度,特别是对一些高级干部腐败案件的查处,可能会对各种腐败分子产生一定的震慑作用,使他们的腐败行为有所收敛。但同时,也会使各种大案要案更加隐蔽化、复杂化,各种"迂回贪污""曲线受贿""延期权钱交易"集体侵吞国家资产和税收、以法人的身份进行犯罪等腐败形式将更加突出。大案要案的侦破难度将进一步加大。

在大案要案中,要特别注意"最后一站"式的腐败犯罪。最早进行这种腐败的是一些即将离退休人员,所谓在下台前最后"捞一把"的腐败犯罪。但现在这种腐败犯罪已经不止于即将离退休人员,而且在其他年龄段的干部中也已经出现,并且具有更大的危害性。其突出特点是要么不干,要么大干。通常的贪污

行为都是力图蒙混过关,而这种"最后一站"式的贪污犯罪在贪污之前根本不考虑如何掩盖的问题,他们做的都是所谓"一锤子买卖",只要能到手,再多的钱也敢要,而且是多多益善。其行为与心理都和抢银行的赌徒没有什么区别。这些人的贪污数额动辄数百万、数千万,因而其危害性特别巨大。

二、我国反腐败的主要制约因素

(一) 思想制约

廉政反腐工作的思想制约因素很多,重要的有两点:一是腐败犬儒主义,二是救人主义。从潜在的腐败者来看,在今天的中国,最危险的不只在于腐败之风愈演愈烈,而更在于各级公务人员和一般国民中,形成一种玩世不恭的腐败犬儒主义态度。这就是职业道德、廉政规范、党纪国法可以年年讲、月月讲、天天讲,但贪污受贿、公款吃喝玩乐等腐败行为仍然可以年年做、月月做、天天做。言行不一、口是心非,不仅不视为一种政治恶行,而且津津乐道,以此为荣。最典型的是原铁道部副部长张辛泰,一面在查办铁道部别人的腐败案件,一面自己又在重犯纳贿受赃的腐败行为。20世纪50年代,中央下决心杀了刘青山、张子善,全党震惊,全国震惊,其威慑作用十分巨大,腐败现象明显减少,几十年内,人们都闻之色变。而到了90年代,罪大恶极的腐败分子杀了一批又一批,但震慑效果大不如前。刚杀这一个,又出一大批。北京首都钢铁公司总经理因贪污腐败被判死刑,可这个公司的副总经理和总经理助理不久即步其后尘,重蹈覆辙。这种顶风作案,不把国家廉政法律放在眼里的腐败现象才是最可怕的。正如廉政部门的同志所普遍感到的那样,现在全党上下都在严厉地抓反腐败,尚且有人不断地以身试法,那么一旦廉政肃贪工作松弛下来,出现反复,必然前功尽弃,而且反弹起来,腐败现象更加严重。

值得重视的是,这种腐败犬儒主义对普通老百姓也产生了极大的影响。人人痛恨腐败,痛恨不正之风,但对那些有关系、有门路、专事腐败之徒,不予鄙之,反生羡慕之情。在自己办事时更乐于找关系,走后门,请客送礼,甚至行贿也在所愿为。我国学术界和有关部门的多次调查证实,腐败已成为最主要的社会问题之一,但同时在调查中也发现这样一种情景:一方面,人们对腐败现象极为痛恨,大声谴责它,批判它;另一方面,人们在实际行为中又不得不"同流合污",通过实施腐败行为去实现自己的正当或不正当目的。

从廉政肃贪部门来看,最主要的思想制约就是受传统的"惩前毖后、治病救人"的认识的束缚。这种认识的突出特点是在反腐败过程中特别注意保护干部,对有腐败劣迹的干部,主要着眼于如何教育他们改正错误,避免重新犯错误。应该说,这种干部政策在当年是非常必要的,因为在当年的特定条件下,一名干部的成长非常不容易,要在长期的革命斗争中经受考验,锻炼成长,同时,干部的后备来源又非常缺乏,整个国民素质低,文化教育十分落后,一旦要处理一批干部,很难在短期内找到合格的干部后备人选。但今天的条件已经与过去有了根本改变,干部的后备队伍大量积压而没有用武机会,绝大多数干部也不再具备那种建国创业功勋,这就需要我们必须重新深入研究与反思"惩前毖后、治病救人"的方针,明确救人与救党、救国的关系,救人不等于法外施恩,救人不等于救官,必须要建立领导干部和公务员的最低标准,形成一道严厉的"电网"。

(二) 体制制约

从制度社会学的角度来看,每一种社会制度的建立都有其特定的社会功能,人们考察各种社会制度或各种社会机构也有不同的标准和要求。这种制度功能差别的一个重要社会表现形式就是导致一系列的体制矛盾。

在反腐败问题上,我国面临的体制矛盾主要有两个:一是廉政部门与经济领导部门之间的矛盾,二是中央与地方的矛盾。经过"八五"期间的努力,这种矛盾在主观上有了一定程度的好转,但并没有从根本上得到解决。解决这个问题并不简单,一些研究报告提出要强化对地方保护主义的打击,这当然没有错,但不能从根本上解决问题。

反腐败对经济发展到底是有利还是不利?人们对此始终存在着种种模糊的认识。许多地方政府的经济部门一直认为,反腐败对经济发展是不利的,并且可以举出很多具体的事例。一些地方政府甚至认为,本地区经济发展之所以不快,就是因为过去反腐败过于认真而吃亏了。他们于是再也不干"傻事"了,对反腐败总是雷声大雨点小,这可以说是当今中国反腐败的头号大敌,是各种体制性矛盾的总根源。造成这种思想泛滥的原因是多方面的:一是理论上的误导,一些人宣扬西方的各种错误理论,认为腐败是发展经济的润滑剂;二是转折时期腐败的特殊表现,许多腐败都是能人腐败,这些人很"能干",既表现在搞活经济方面,又表现在腐败方面,结果抓了一个人、垮了一个企业的事例确实存在;三是一些地方通过经济违法活动,如大量走私、假冒伪劣,甚至经济诈骗活动,既使地方政府获得了大量财政税收,又使地方一些领导获得了大量的"贿金",结果并没有受到应有的惩罚,特别是在经济方面没有受到有效打击,有的地方领导甚至还因"政绩突出"而被重用了。正是在这样一些因素的作用与误导下,导致一些地方政府认为,腐败不可不反,不可真反,不反无法对上交代,真反又对经济发展不利。正是在这种思想作用下,形成了我国极为突出的地方保护主义。

解决这个问题的关键在于:第一,要通过深入研究,弄清反腐败对经济发展到底是有利还是不利?第二,如何消除地方政府对经济发展的利益偏好?第三,如何在廉政部门与经济部门之间建立一种有效的制约机制?解决第一个问题的关键在于分清局部利益与全局利益、短期利益与长远利益、国家利益与领导者个人利益;解决第二个问题的关键在于如何建立一套新的干部考核体系,克服单纯以经济指标来衡量干部好坏的倾向;解决第三个问题的关键在于使廉政部门摆脱对地方政府的财政依赖,以廉政部门的"条条"对经济领导部门的"块块"进行制约。

(三) 财政制约

反腐败同样需要一定的物质基础,需要一定的物质投入与财政支持。所谓财政制约主要表现在两个方面:一是"以俸促廉"难有大的进展,二是廉政反贪部门查处腐败案件面临严重的经费掣肘。

对于干部的俸与廉的关系,社会各界还有种种不同的看法。20世纪80年代末人们提出的所谓"高薪养廉"的话题,90年代仍然有人在不断提出。但也有许多人不以为然,认为高薪既不符合国情,也不可能达到养廉的目的。我们认为,"高薪养廉"提法不确切,但"以俸促廉"还是必要的。从社会心理的角度来看,任何社会的官员阶层如果过不上体面的社会生活,就很难使他们心平气顺地为国家服务;从世界各国的经验来看,丰厚的待遇与健全的社会保障是吸引优秀人才参与国家管理和保证官员廉洁的必要条件。问题是不能只看到俸与廉的关系,更要看到由俸到廉的中间环节。适当的俸对廉的正面作用主要表现在两个方面:第一是能够吸引优秀的、廉洁的人才参与国家管理工作;第二是使那些有腐败贪欲的官员由于害怕失去优厚的物质待遇而不敢腐败。因此必须把"俸"与严格的干部选拔政策和严厉的反贪措施结合起来,才能形成"廉"的制度基础。

但无论怎么说,当今中国干部队伍的基本待遇是偏低的,可以说,现在一些青年想进入政府机关工作,就经济动机来说,主要不是针对它的公开待遇而来,而是看重它的各种潜在收入。由此也就可以看出问题的严重性。在这样一种动机激励机制下,我们很难想象会出现一个清正廉明的干部队伍。

但要改变这种状况何其难哉。中国的干部队伍庞大而且庞杂,要迅速地把这样一支队伍的物质待遇加以提高,不仅是国力所不逮,而且也是国民所不能接受的。

财政制约的另一方面是廉政执法机关的经费投入制约。目前各级廉政部门在经济上处于对同级政府的依赖地位,在财政包干和分灶吃饭中,司法机关的人财物均由地方政府主管,因而很难杜绝各种人情案、关系案,地方保护主义很难从根本上加以消除。一些贫困地区财力有限,连工资都保不住,何谈大面积的办案、查处,这就必然导致打击不力,甚至本身就容易被拉下水。由于经费紧张,廉政部门缺乏必要的物质技术装备,与各种腐败犯罪分子的现代化的经济犯罪手段形成鲜明的对照,因而很难有效地打击腐败犯罪分子的嚣张气焰。更为严重的是,一些地方由于经费紧张,不得已采取"以案养案、办案吃案"的办法求生存,结果导致"反贪局更贪"的局面:有钱的案子抢着办,无钱的案子没人办;滥用罚没手段,以罚代刑,借"案"创收,严重地削弱了廉政机关的反贪职能。

三、我国廉政反腐的对策及建议

(一)进一步理清反腐思路,通过深化体制改革来消除腐败

要继续坚持以制度创新来根治腐败的基本思路,但在如何进行制度创新方面要有新的探索。

在政治体制改革中,要坚决实行党政分工,可以考虑按战争年代的党军关系重新构造建设时期的党政关系,把经济建设工作主要交由各级政府管理,由各级政府直接负责,党的各级领导人要从经济工作中彻底解放出来,各级党的组织,特别是地方党组织及其主要领导人要把主要精力用来加强廉政建设;进一步改革国家体制,加强人大的立法职能和监督职能,将政府的部分监督机关收归人大直接领导;改革国家的预算与拨款制度,一府两院的预算与拨款应分别单独进行,各自进行预决算,并提交人大,由人大决定拨款多少,消除廉政监察机关对政府的财政依赖。

进一步深化经济体制改革,切实转变政府职能,割断权钱交易的制度联系。

要坚决取消除财政税务部门外其他国家机关的一切聚财收费项目,通过立法机关不断改费为税,对于目前不能取消收费的项目,必须把收费的决定权收归中央和省两级人大所有,其他任何机关单位不能决定收费。同时,所有收费必须统一到指定银行交款。加强各级政府行为的规范化建设,使政府行为走上正规化、程序化和法治化轨道,增加政府行为的可预期性。加强新出台的改革措施、新的政策和法规在出台前的潜功能和负功能研究,杜绝各种钻改革空子的腐败行为的发生。

(二) 切实加强与改进廉政教育

党的十四届六中全会作出关于加强社会主义精神文明建设的决定,并将廉政反腐作为加强精神文明建设的五件大事中的第一件大事,这对加强廉政反腐教育是一个极好的机会。但目前我国的廉政反腐教育工作在内容、形式上都有待改进。

在廉政教育内容上,要突出重点,强化教育的针对性。首先要突出理想信念教育、世界观和人生观教育、讲政治教育、公务员素质教育、廉政法规教育。在这些教育中,要重点突出两个内容:一是精神支柱的培养,坚持以爱国主义为中心,突出跨世纪一代领导人在中华民族振兴过程中的光荣使命和历史责任;二是廉政法规教育,要真正让每一个干部都知道,什么是可为的,什么是不可为的,廉政有什么后果,贪腐有什么后果。

切实改进廉政教育方法,无论是自我教育还是组织教育都要注重实效。自我教育要坚决克服形式主义,上级要有切实有效的检查监督措施;组织教育要以各级党校和行政学院为主要阵地,但不能把廉政教育变成学历教育。学历教育必须在正规院校进行,受过正规学历教育不能代替廉政教育。国家公务员必须通过考试录用,录用后还必须接受正规的廉政教育。

(三) 进一步健全和完善廉政体制

1. 建议在人大设立廉政委员会,进一步健全立法监督体制

人大廉政委员会负责监督一府两院的廉政情况,对国家的行政机关、审判机关、检察机关及其领导干部进行日常监督,受理公民的举报,并直接进行调查听证,对各级廉政机关进行质询,指导廉政立法,组织人大代表检查政府部门勤政、廉政情况和廉政部门的工作情况。人大廉政委员会可以下设行政监督小组和司

法监督小组。行政监督小组负责审查政府部门的主要领导以及监察、审计、技监等部门的工作情况,司法监督小组主要负责监督法院、检察院的执法情况及其领导的廉政情况,每年在两会之前提出廉政建设年度报告,以此作为廉政部门的财政拨款依据和干部考核依据。政协也可以考虑设立相应的廉政评议委员会。

2. 理顺不同廉政机构之间的关系,形成严密的现代监察体系

长期以来,我国逐步形成了一套有特色的监察体系,包括人大监督、法律监督、行政监督、纪律监督、财政监督、舆论监督和群众监督等。这一监督体系在我国过去的反腐败斗争中发挥了重大作用,但在社会主义市场经济条件下,如何真正形成一张严密有效的监督网,还需要作进一步的探索。要科学地界定各廉政机构的职能范围,形成一种相互切合、略有交叉的能够有效防止弱监和漏监的廉政肃贪网络;加强廉政机构相互之间的沟通与配合,在情况交流、案件移交、案情通报、联合办案等方面作出制度化安排和具有法律效力的具体规定。

(四) 改进廉政肃贪工作,提高廉政肃贪的震慑力

有没有强大的震慑力,可以说是现代廉政体系是否建立起来的一个重要标志。而一个国家的廉政肃贪制度有没有强大震慑力的具体表现,则是看这个国家可能出现的任何腐败分子是否随时都有被发现的可能性,是否能够使一切腐败分子惶惶不可终日,处于高度的紧张状态之中。震慑力的提高取决于一系列因素,但当前可以采取以下措施来进一步提高廉政肃贪的震慑力。

1. 反腐败需要主动出击

目前我国的腐败案件绝大多数是由群众举报而被立案的,案件来源比较单一,许多案件是由偶然的小案"带"出来的。这种案发模式容易造成腐败犯罪分子的侥幸心理和投机心理,认为自己做得很"漂亮",不会被发现。因此必须要改变廉政机关的现有办案模式,变被动为主动,主动出击,使其对腐败犯罪分子形成一种巨大的心理压力。这种主动出击的方式有二:一是各级廉政机关每年都要通过概率抽样来确定调查对象,不论干部的现有表面形象如何,都有被查处的可能,从而使每个腐败分子都有一种监督无处不在的威胁感。概率抽样的比例可以根据反贪力量的情况来确定,以后逐步创造条件使其制度化,一般每年抽查1%即可。二是廉政机关要吸收公安机关的一些成功做法,在敏感部位和"多发地段"吸收一些"线人",主动对一些潜在的受贿者送礼,积极引发各种"隐案",从而使每个受贿者在受贿过程中都面临可能被发现的威胁。

2. 必须建立领导资格底线,进一步调动群众举报的积极性

俗话说,群众的眼睛是雪亮的,任何腐败行为都很难逃得过群众的眼睛。但现在群众对举报有一定的心理障碍,主要是不知道要达到什么程度才能把腐败分子拉下马。许多人担心,如果不能把腐败分子一下子打倒,反而会遭报复。对于重大腐败案件,群众没有条件与能力作详细的调查来提供翔实的证据。因此可以考虑建立领导资格底线,每年由国家有关部门公布一些比较突出的、争议较小的腐败行为界定,如贪污、索贿、挪用、公款私存吃利息、吃回扣等,一旦发生,不论多高的职位,不论多老的资格,一律取消其干部资格,清理出干部队伍,真正实行一次否决。比如受贿问题,真正做到使腐败分子收一次贿赂,毁一生前途。任何人只要提供了确实证据,就能在短期内知道举报结果。至于被举报人更严重的腐败行为可以在先革除其领导身份后继续进行调查处理。这样可以极大地调动群众举报的积极性,也可以使群众懂得如何有效地去与腐败分子作斗争。如果能够进一步对举报人予以奖励,就更能鼓励一些群众积极从事反腐败的调查与举报工作。

目前我国廉政反贪力量严重不足,从而导致一般小案不受重视、无人处理的局面,但大案要案往往是从一般案件发展而来的。现在大案要案为什么越来越多?一个重要原因就是因为不抓小案,腐败犯罪也有一个"普及"与"提高"的关系。在小案阶段得不到有效打击,必然助长腐败分子的信心与贪欲,小案普遍化,大案要案必然少不了。但在目前廉政反贪力量严重不足的情况下,无法对一般腐败案件都进行深入查处。有了领导资格底线,就能大大简化办案与处理过程,利用群众力量,就可以把大批不合格的干部清洗出去。有了领导干部廉政底线制,就等于建立了一张威力无比的廉政肃贪"电网",及时地捕获各种"苍蝇""蚊子"。

在领导干部廉政底线制建立初期,可能有大批干部纷纷落网,但中国的干部廉政问题的根本解决,必须经历几个大进大出的过程才能最后实现。要建立一支政治合格、作风优良、业务精通、视野开阔的干部队伍,必须建立两个灵敏有效的淘汰机制,一是能力淘汰机制,二是廉政淘汰机制,通过不断地淘汰、不断地选拔,才能保持一支优秀的国家公务员队伍。

非传统腐败:中国面临的新挑战

上海是中国发展最快的城市之一,也是中国管理最有效率的城市之一。长期以来,上海以较少的腐败现象闻名于国内政坛,既令人羡慕,也遭人妒忌,更令人疑惑。然而,近年来,上海所发生的几起重大腐败案件不仅在国内政坛引起震动,也引起我们的深思。上海政坛的腐败与以前发生在外地的腐败案件有何不同?这些案件是孤立的现象,还是必然的现象?它对中国未来的政治与经济发展有何影响?等等。本文正是从这些案件的思考中,提炼出"非传统腐败"这一概念,并对其进行初步的分析。

一、非传统腐败的性质与特点

要了解非传统腐败,首先要重新厘清传统腐败的含义。传统腐败的"传统"二字,既是时间概念,也是社会形态的概念。从时间性质上讲,传统腐败是指自古以来在各个社会普遍存在的腐败现象。自有公权力存在以来,这种腐败就不同程度地存在于所有社会中。从社会形态来看,传统腐败主要存在于前现代社会或前工业社会,它在农业社会中是最普遍存在的腐败,也是最典型的腐败。传统腐败的典型形式是以权谋私和权力寻租甚至设租,其他具体形式多种多样,如贪污挪用、行贿受贿、买官卖官等。这种腐败的特点是单纯的权力滥用,它主要是权力持有者利用手中持有的权力为自己谋取私利,这种交易既可以是权钱交易,也可以是权权交易、权色交易和其他类型的交易。不论这种交易的性质和特点如何,但有一个共同点,就是这种不正当的权力运用过程与社会变迁无关,它仅仅涉及当事人之间的一种利益分配和置换。正因为如此,这种传统的腐败不

腐败问题国际研讨会(上海,2009)会议论文,原载于《探索》2009年第5期。

需要任何外在的条件,可以发生在任何社会,只要有权力存在,都会发生这种腐败形式。这也是传统腐败存在于任何社会之中的原因。

与之不同的是,非传统腐败是一种新型腐败。之所以称之为"新型腐败",是因为这种腐败主要产生在工业化社会或现代社会。这种非传统腐败与传统腐败相比,最大的不同之处在于,它是一种"权钱合作"型腐败。在这里,代表权的一方与代表钱的一方不是简单地进行交易,而是双方都将各自所拥有的资源作为"生产要素"投入"生产过程",并共同获取"投资回报"。这种腐败的"生产过程",既可以是真正的产品生产过程,也可以是某种利益的"瓜分过程"。

很显然,非传统腐败的发生是有条件的,它存在于社会的快速"发展"过程之中,"发展"是非传统腐败产生的重要外部条件,可以说,没有"发展",就没有"非传统腐败"。非传统腐败的本质就是政治精英与其他领域的社会精英合谋,共同瓜分社会发展的物质成果。由于这种腐败发生于"发展"过程之中,因此,它并不直接侵害普通老百姓的既得利益,因而不容易发现,也不易引起"民愤",是一种"静悄悄的腐败"。

这种非传统腐败既可以产生于实体经济过程,也可以产生于非实体经济过程,甚至还可以产生于非经济过程。在实体经济中,非传统腐败主要存在于工程发包、开发区建设、土地批租、城市扩建、高速公路、机场、铁路、水利工程等大型基础设施建设过程之中,其典型形式是机会的获得。通过与权力的合作,可以不公平地获得参与"发展"的机会。在非实体经济中,非传统腐败主要存在于投资领域,如股票、债券、期货等金融领域,也存在于行政许可、资格认证等领域。在非经济领域同样存在这种非传统腐败,如教育、科学技术、文化、体育、医疗卫生、社会保障、决策咨询等领域都可以出现这种公共权力持有者与其他相关领域的社会精英"合作共谋"现象。

非传统腐败不仅在性质上与传统腐败完全不同,而且表现出诸多与传统腐败根本不同的特点。

第一,在腐败的性质上,传统的腐败主要表现为以权谋私,其具体形式主要有贪污挪用和勒索受贿。前者主要发生在人与物之间,即发生在直接掌握钱财部门的公职人员身上,或者发生在能够控制和支配直接掌握钱财的公职人员的决策官员身上,他们利用自己掌握的权力把不属于自己的财物据为己有。后者主要发生在人与人之间,即握有权力的人利用他人有求于己的机会,乘机勒索,进行权钱交易、权色交易、权物交易。非传统腐败与之不同,它主要表现为公权持有者与其他社会成员之间的"合作共谋"。在腐败过程中,双方之间发生的不是简单的交易过程,而是共同参与过程,双方不是一方获得一方损失,而是双方共同获得。

第二,在腐败的机制上,传统腐败主要表现为拥有公权者对自己的"服务"对象或对自己有所求者设租、寻租,而非传统腐败则更像是双方共同的"投资"过程,腐败者的利益取决于"项目"的利润,利润大则回报大,利润小则回报少。同时,在腐败官员取得利益的方式上也有很大不同。在传统腐败中,腐败者的利益取自"存量",而非传统腐败的利益则取自"增量"。在传统腐败中,官员的利益是事先收取或及时收取,而非传统腐败则是事后获得。从量上看,传统腐败是一次性的寻租行为,量上通常是有限的,而非传统腐败的涉案金额是一种"投资回报",因此,腐败主体所获得的利益往往是巨量的。

第三,在腐败的行为中,传统腐败由于发生在一方求另一方"办事"的寻租行为中,因而常常表现为一方是主动者,一方是被迫者。而在非传统腐败中,双方是积极的合作者、参与者。换句话说,在传统腐败中,一方是获利者,一方是利益受损者,而在非传统腐败中,双方都是获利者,当然,这种双赢格局的背后是国家和社会公共利益受到损害。

第四,在腐败的领域上,传统腐败主要表现在各种民生领域和政治领域,老百姓为了办事,不得不有求于官员,或者是官员为了升迁不得不有求于上司。而非传统腐败则主要发生于发展领域,双方为了谋求共同的利益而主动结合起来,共谋合作,寻求特殊利益。

第五,在腐败的主体上,传统腐败可以发生在一切有或大或小的权力的人员中,既包括各级决策官员,也包括各级办事小吏。也就是说,政务官和事务官都可以是传统腐败的主体。这是因为传统腐败主要发生在为民"办事"的过程中,即使是决策官员的腐败也是在办事过程中实现的。不办事,通常不会发生传统腐败。而非传统腐败的主体主要是决策官员或政务官,也可以是官员集体。这是因为非传统腐败不是发生在为民办事的过程中,而是发生在由于发展而带来的"机遇"中,只有决策官员才有可能做到这一点。作为非传统腐败的决策官员不在于职级的大小,而在于掌握和支配的资源有多少。

第六,在腐败发生的区域上,传统腐败主要发生在经济相对落后的地区,而非传统腐败主要发生在经济发展较快的地区。这是因为,在经济相对落后的地区,缺乏产生非传统腐败的机会,而在经济较发达的地区,特别是经济快速发展的地区,各种非传统腐败的机会特别多,官员用不着通过传统腐败的途径敛财。

二、非传统腐败的两种类型

非传统腐败主要有两种不同的类型:一是非法的腐败,二是"合法"的腐败。无论是非法的,还是"合法"的,都是一种腐败双方共同实施的以"双赢"为特色的腐败行为。

(一)"非法双赢"

非传统腐败中的最典型形式是通过腐败要素的合作,共同瓜分"发展"的机会和成果。通过"权钱合作""权学合作",达到"双赢"的效果。其中最典型的形式就是权力入股。权力以资源投入的方式在企业中拿干股,实现权力与资本的结合与合作,共同经营某种产业或项目。例如,在各地出现的非法小煤窑经营中,当地常有许多官员通过权力入股的方式参与非法煤窑的开采。这里的权力因素不是传统腐败中通过"卡"的方式来获得贿赂,而是作为要素投入,直接参与经营。权力在这种非法开采煤炭资源的过程中,发挥着不可或缺的积极作用,如获得行政许可,维护开采秩序,打击各种侵害,摆平各方矛盾,获取相关信息,等等。

权力入股的方式也有不同的形式。最典型的是拿"干股",不出资,只是通过权力发挥作用。但也有变相的其他形式,如象征性地出少量资本,却获得与出资比例不相称的股本收益,或以家人、子女的名称出资,从中获得相应的权力收益。

(二)"合法暴利"

所谓"合法暴利",是指这种腐败在程序上是合法的,或貌似"合法"。但它在本质上是非正义、不合法的。这种腐败也有多种形式。在发达国家,有很多这样的腐败现象,某些特殊的利益集团通过有效的游说,影响立法进程,为特殊利益集团谋取特殊的利益。在某些发展中国家,政府本身就是一个腐败的政府,通过国家权力"合法地"为家族特殊利益集团谋取特殊利益。

在我国,一些地方政府开始出现这种新型的腐败,一切似乎都是合法的,但其本质上却是老百姓无法接受的。尤其是国有企业中,这类腐败现象已经开始出现。一个最典型的案例就是近年来我国某些企业的天价高薪问题。

2007年,中国平安保险公司高层天价高薪曝光后,引起巨大轰动。平安董事长兼首席执行官马明哲,集团总经理张子欣,集团常务副总经理兼首席保险业务执行官梁家驹三人2007年税后收入突破了2 000万元。扣除个人所得税后,马、张、梁三人税后工资奖金总额分别为2 579.4万元、2 664.8万元、2 688.2万元。梁家驹更以日均13万的税前收入,即4 813万元税前年收入成为当年上市公司高管税前年薪收入的第一名,创造了国内最高年薪的新纪录。这种天价高薪的性质是什么?是市场行为还是一种腐败行为?如果我们再将其与红塔集团、首钢集团、古井集团老总的腐败犯罪相比较,就会发现平安保险老总与这些以腐败犯罪被逮捕的老总们的区别。我们如果再将安徽阜阳地区的腐败与上海近年来发生的各种腐败案件进行比较,同样会发现这是完全不同性质的两种腐败类型。甚至有人还对上海某些高官的腐败持同情态度,就是因为他们的评价参照系仍然是传统腐败。他们评价一个官员的腐败性质的严重程度主要还是直接贪污贿赂的金钱是多少,而没有从非传统腐败的角度来审视和分析其危害程度。

无论是非法的腐败还是合法的腐败,作为非传统腐败的两种类型,它们都是在现代经济社会体系内和在经济发展过程中发生的腐败行为。因此,从其发生的领域来说,越是经济发达地区,越是经济发展较快的地区,非传统腐败发生的概率越高;越是垄断的行业、部门和单位,越容易发生这种非传统腐败。在一些特殊部门,如教育、科学、医疗等非经济领域,由于经济发展的外溢作用,同样会诱发各种非传统腐败。

特别值得高度重视的是我国日益增长的具有"合法"外衣的非传统腐败。随着经济社会的快速发展,中国的社会结构正在发生深刻、根本性的变化,一个以利益集团为主体的政治博弈时代正在降临。特别是精英强势群体正在迅速地进行结盟,组建涉及立法、行政、司法、理论、舆论等各个方面的利益集团,导致普通群体,特别是生产第一线的劳动者日益弱势化、底层化,而我们的有关部门对此却陷入盲目失察状态,漠然置之,这是非常危险的。

三、非传统腐败对执政党形成新挑战

改革开放以来,我国非传统腐败越来越多。非传统腐败是与"发展"相伴共生的腐败现象,它并非今日才有,也并非改革开放以来才有。但是,作为一种与发展相伴生的腐败现象,无疑在改革与发展过程中得到了最适宜的滋生环境。

从改革开放的历程来看,这种非传统腐败几乎伴随着整个改革和发展的过程,并随着改革和发展的进程越来越突出,越来越严重。

在20世纪80年代的改革初期,腐败仍然是以传统的腐败形式居多。因此,当时的腐败分子大多是基层企业单位直接管钱管物的厂长、经理、采购员、推销员、会计、出纳员等,或者是政府部门中直接为老百姓"办事"的第一线公务人员。随着改革和发展的提速,领导干部因腐败涉案的人数越来越多。据统计,1993年至1997年5年间,全国共查处县处级领导干部2903人,平均每年580人;查处厅级干部265人,平均每年53人。1998年至2002年5年间,共查处县处级领导干部11907人,平均每年2381人,是前5年的4倍多;查处厅级干部816人,平均每年163人,是前5年的3倍多。1993年至1997年查处省部级干部7人;1998年至2002年查处省部级干部25人,是前5年的3.5倍。[1] 为什么领导干部的腐败案件越来越多,解释可能有各种各样。一种解释是党和政府反腐败力度在不断加大,但这种解释是有问题的,它以实际的腐败在不同年份是大体一样多为前提,这个前提显然是荒谬的。另一种解释是随着改革的深入,腐败行为主体逐渐由基层向中层和高层官员蔓延。这种解释虽然符合改革以来腐败案件发生的实际,但没有阐明其中的原因。各级领导干部,特别是中高级领导干部越来越多地涉及腐败,正是中国经济社会快速发展的伴生现象。这种领导干部涉及的腐败,除了部分案件仍属于传统的腐败以外,大多数都属于"非传统腐败"。它不是传统的"权力寻租"过程,而是"权力经营"过程。正因为如此,腐败所涉及的金额越来越大,大到传统的寻租性腐败无法比拟的程度。

非传统腐败与传统腐败相比,在腐败的社会后果与影响上有很大的不同。传统腐败是一种"吏治腐败",主要发生在为服务对象"办事"的过程中,所损害的是当事人的利益,因而容易被老百姓所知情和认识,容易损害"口碑"和引发民愤;而非传统腐败是一种"政务官腐败",主要发生在"发展"过程中,损害的是国家和社会的利益。由于在这种腐败过程中当事人双方都是得利者,因此具有极大的隐蔽性,非当事人不容易知晓,也不容易引起公众的关注和激起民愤。我们通常看到某些官员被查处后,不仅没有引起老百姓的共鸣,反而被认为"有点冤枉",甚至还有些地方常常怀念这些官员能干大事,有魄力等。之所以出现这种情况,主要是普通老百姓通常是从传统腐败的视角来看待官员腐败的,主要关

---

[1] 参见姜德志:《反贪骁将披露大要案:堕落从道德败坏开始》,《检察日报》2006年12月1日。

注的是官员贪污多少,受贿多少等,而对那些给国家和社会造成巨量损失的非传统腐败行为却往往不加注意;加上媒体报道的限制,老百姓更不易获取相关信息,只能凭借传统的经验体会或道听途说来进行评价。换句话说,传统腐败是直接从老百姓的口袋里获取利益,必然容易引发民愤,而非传统腐败是从国家和社会这口大锅内获取利益,往往容易被老百姓所忽视。由于这种腐败具有极强的隐蔽性,由于不涉及民生问题,"没有被害人",缺乏民愤,腐败官员的内心负罪感也轻得多。因此,这种腐败不容易暴露,不容易被举报。同时,在这种腐败主体的家庭内部也不易形成抑制机制。有一些官员的家庭是反对官员从事传统腐败的,但对官员从事非传统腐败则容易接受,甚至被认为是脑子活,有门路。"君子爱财,取之有道"。很多腐败者在这种腐败中自认为是取之有道,感到不失君子身份,没有"小人"之困。因此,这种非传统腐败对执政党来说,是一个全新的、更严峻的挑战,涉及的体制因素更多,治理起来更加困难。

干部腐败行为的社会心理初探

"腐败行为"是一种出于私利(个人的和小团体的)而对公共权力的不正当使用。它是世界各种政治机体中普遍存在的恶性肿瘤,直接威胁着各国的政治秩序和政治稳定。我国近年来由于受国内外各种因素的影响,腐败问题也日益突出。而反腐败的重要性正如江泽民同志所说:"这关系到党在人民群众中的声誉和威望,关系到政治的稳定和经济的发展,关系到我们执政党的生死存亡和社会主义事业的安危成败。"[1]因此,反腐败既是世界性的课题,也是中国政府面临的一个紧迫课题,需要我们进行广泛而深入的研究。本文试图从社会心理的角度,对干部腐败行为进行初步的探索。

社会心理是一定的社会群体基于直接的社会经验产生的"生活意识"(布哈林),是"某种风气和精神状态"(普列汉诺夫),是经过人们的相互作用、相互影响自发形成并自发起作用的精神力量。社会心理是社会行为的必要准备,社会行为是社会心理的外显实现。在干部腐败行为的背后,同样潜藏着一定的社会心理过程,它反映了各种腐败分子对腐败行为、腐败现象的社会认知、情感和基本态度。如果否认这种腐败行为背后的社会心理,那么各种腐败行为的发生就是不可理解的。导致干部腐败行为的社会心理复杂多样,这里将其初步归纳为三类。

一、"合理化"类

"合理化"是一种犯罪的心理防卫机制,指犯罪者在缓和失败,减少认知的不协调,减轻不安,保护心理上的创伤等自我危机时,故意以各种理由欺骗自己、

原载于《安徽师大学报(哲学社会科学版)》1995年第4期。
[1] 江泽民:《和国防大学学员座谈时的讲话》,《解放军报》1993年6月6日。

歪曲现实,表明自己行为的正当性、合理性,从而逃避心理不安,逃避社会批判。这种"合理化"心理防卫机制在各种腐败行为发生过程中普遍存在,并且对腐败行为的滋生、蔓延起着十分重要的作用。

"腐败行为"是一种特殊的社会行为。这种社会行为的特殊性表现在:其一,腐败行为的主体是各级领导干部和国家机关、企事业单位的公职人员。他们都身负某一方面的责任,具有一定的职权,享有较高的社会地位,属于所谓的"白领"阶层;其二,腐败行为的性质是一种越轨行为。"腐败"本指有机体由于受微生物的作用而破坏。于是人们用来借喻政治机体由于某些官员出于私利滥用公权而遭到的破坏。广义的腐败行为包括各种公权的不正当使用。但不管是何种程度、何种性质的腐败行为,都是一种越轨行为,包括违纪行为、违法行为乃至犯罪行为。这些具有一定社会地位的特殊阶层要从事越轨行为,必然要在心理上寻求一种自我平衡的"理由"和"解释",从而形成一种"合理化"的心理防卫机制。既贪占,又做假,是这种心理的本质特征。

"合理化"心理反映的是腐败者对腐败行为的一种社会认知。从中国当前的实际情况和各种具体的腐败现象来看,这种合理化心理防卫机制有以下几种具体表现:

第一,补偿心理。这种心理认为,中国国家干部和机关公职人员待遇太低,仅靠正当工资收入无法养家糊口和维持一种体面的与公职地位相适应的生活方式。只有靠一些不正当的灰色收入才能予以补偿。在这种思想和心态支配之下,一些人把各种灰色收入看作是必要的和不可避免的,甚至把各种灰色收入作为进入仕途的追求目标之一。

第二,可接受性心理。这种心理认知把腐败行为分为两个等级:一类是可以接受的,一类是不可以接受的,并自己给自己设立一个杠杠,认为只要自己的行为不越过"分寸"就行。至于这一"分寸"或"格"是什么,各人所见不同。有的只收受礼品,不收受现金;有的只收小钱,不收大额贿赂;有的只收有"合法"名目的钱,不收有明显贿赂嫌疑的钱;有的只收"靠得住"的人送的钱,不收陌生的人或靠不住的人送的钱。不论属何种情况,他们都只从事可接受的腐败行为。这听起来有点荒唐,但在实际生活中却很常见。比如,有的干部的心目中,就有一个自己预先设定的"格",只收礼品,不收现金,并且认为,收受礼品不仅是可以接受的行为,而且是必要的,否则不能得到别人的理解,甚至会被认为不近人情。有的干部的"格"就是不干太违法的事,至于一般违法行为似乎是可以为之的。

第三,为公无过心理。这种心理在合理化心理防卫机制中更显得突出和理直气壮。他们认为,不管什么腐败不腐败,只要不入自己的腰包,没有什么行不行的。在这种心理支配下所产生的腐败行为,主要是利用公权谋取地方利益、团体利益和单位利益,而损害的却是人民利益、国家利益和民族利益。一些党政机关借改革之名,为谋本单位或小群体私利,凭借权力"合法"经商。这些"权力倒爷""权力公司"的主谋者、责任者通常都知道自己行为的"腐败"性质,但却以并不直接入私人腰包而自我欺骗。一些银行、税务、工商、计划部门,甚至执法机关纷纷兴办所谓的"第三产业",在各自的"势力范围"内大显神通,垄断经营,大发其财。还有一些地方政府虽然属于贫困地区,却对上级主管部门和上级政府主管领导送礼行贿。这些地方政府的领导人并非不知道这种行为属非法的腐败行为,但却理直气壮,公开、经常地进行。其理由就是他们的动机是好的,是为地方争工程项目,争扶贫基金、财政补贴或财政追加,争救灾款物等,在他们的心目中,只要为公,自然无过。

二、"集体安全"类

"集体安全"心理是腐败行为的另一种心理防卫机制。这种心理防卫机制与"合理化"心理防卫机制不同,"合理化"心理防卫机制反映的是腐败行为者在罪与非罪上的心理认识误区,而"集体安全"心理则是在对腐败行为有一定认识的基础上,力图通过责任分散化来达到逃避惩罚目的的一种心理。这种集体安全心理可以分为两种类型。

(一) 法不责众心理

法不责众心理是许多敢于从事腐败行为者的心理屏障,在他们心目中,任何腐败行为,只要已是大家普遍为之的,即使是违法出"格"的,也是安全的。因为法律不可能把众多的触犯者都加以惩罚,所以,从事这种腐败行为自然也就没有任何危险了。许多政府官员、公职人员卷入腐败行为的泥淖之中不能自拔,都是源于这种心理的支配。细加区分,法不责众心理可以按其性质分为两种:从众心理和乘众心理,前者是被动的,后者是主动的。

1. 从众心理

从众心理指个人在群体压力下,放弃自己的独立性,在知觉、判断、信仰以及行为上采取与大多数人一致的社会心理现象。从众心理本身无所谓好与坏,主要取决于从众行为本身的性质和社会意义。在政治腐败行为发生的过程中,从众心理和从众行为是一种普遍的现象,并对腐败现象的蔓延起着非常重要的作用。"现在的问题是,禁止收受礼金必须防患于未然,必须把它制止在萌芽状态。等到人多面广,法不责众,赠送的一方以为非如此便办不成事,收受的一方也根本无法拒绝,歪风就难以制止了。"[1]

2. 乘众心理

如果说从众心理支配下的腐败行为者,在主观上对自己的行为以及周围这种腐败之风还有厌恶和不安的话,那么乘众心理则反映了某些官员主动从事腐败行为的一种心理状态。这些人深谙法不责众之妙,既要谋取私利,又要逃避法纪惩处,便希望把水搅混,把社会风气搞坏,方好浑水摸鱼。同时,他们一旦发现有较多的人从事某种腐败行为,便乘机大肆为之。

(二) 集体决策心理

集体决策是某些腐败行为者精心策划的一种腐败策略。这种腐败行为、腐败策略的出现和流行,源于集体决策罪责扩散心理。他们认为,只要是集体研究决定的,便不需要个人负责,即使是违法违纪的行为,也没有任何风险。因为犯罪行为是大家共同决定、共同从事的,大家都有责任,即使出了问题,也不能只追究一个人。这种集体决策、罪责扩散心理导致腐败者在从事腐败行为中较少顾虑,往往会干出单个人不敢干的违法犯罪的严重腐败行为。集体决策的腐败行为大多数都是一种法人犯罪和团体犯罪,例如1989年之后,国家审计署对全国引人注目的五大公司审计结果表明,五大公司普遍存在违反国家外汇管理规定私自买卖外汇、逃汇套汇、倒买倒卖国家重要生产资料等问题。

三、"能避险"类

所谓"能避险"心理,指腐败行为者明知其行为是一种严重的腐败行为,已触犯了党纪国法,但由于各种原因,他们自认为能够逃避惩罚。这种心理的作用和支配,使得他们格外胆大包天,为所欲为。根据其赖以避险的原因可以把避险

---

[1]《吃喝风、送礼风也应刹住——反腐倡廉采访札记之二》,《社科信息文荟》1993年第15—16期。

心理划分为三种情况:

(一) 有恃无恐心理

所谓有恃无恐,就是有所依仗而不害怕,毫无顾忌。对于腐败者来说,他所依仗的是什么呢?无非是权力、靠山、关系。

1. 依靠手中权力,称霸一方,无所顾忌

总以为在自己的权力范围之内,便是自己的天下,做了什么或不做什么,都没有人敢于揭发,即使有人敢于"太岁头上动土",也是枉费力气,"蚍蜉撼大树,可笑不自量"。一些蛀虫依仗自己所掌握的手中权力,有恃无恐,在腐败的道路上越走越远。

2. 依仗"靠山",胡作非为

所谓"靠山",其实也是一种权力,只不过是他人的权力,这种权力之大,足以威震一方,给腐败者以一种强烈的安全感,以为有了这样的权力庇护,干一些见不得人的事也没关系,"天塌下来有别人撑着"。许多人就是在这种心态下堕入腐败犯罪的泥淖。这些靠山之所以对腐败行为给予大力庇护,原因不尽相同,有的出于亲情,为私忘公,有的本身就不干净,甚至是更大的腐败者。因此许多腐败者都开始上行下效,觉得跟着领导干,不会有问题。也有许多腐败者变着法子把上级拉下水,从而为自己制造出一个"靠山"。

3. 依仗"关系网"

许多腐败者为了自身安全,多方精心编织"关系网"以求保护。这种庞大的"关系网"给腐败者心理上带来了巨大的安全感,以为如此便可无忧。

(二) 避风头心理

一些腐败犯罪分子在从事腐败犯罪行为过程中,不断窥测、研究党和政府反腐败的政策、措施,从中发现"规律""空隙",以便乘机利用。其中经验之一就是要避风头。在他们看来,中国共产党和国家监察机关在反腐败问题上还没有摆脱过去搞运动那一套运作程序,虽说是常抓不懈,但经常是一阵风一阵雨的,不是靠法治机制自动作用,而是要靠领导下决心才集中打击一次。这样,风头一来,犯罪者、腐败者胆战心惊,风头一过,依然故我。久而久之,腐败者则形成一种特殊的心理状态:只要避开风头,就可获得安全,就不会被发现。在这种心理支配下,一些腐败者不断伺窥国家和中央的政治风向,以便掌握行情,据以决定自己腐败行为是处于活跃时期还是处于蛰伏时期。

（三）侥幸心理

侥幸心理是一切犯罪分子的共同心理特征，也是一切蜕化变质的腐败分子的共同心理特征，这种心理的基本特点是明知其行为是触犯党纪国法的犯罪行为，一旦败露，就要受到党纪国法的严厉制裁，但仍然要为之，原因在于他们寄希望于侥幸过关而不被暴露。各种最严重的经济犯罪行为都是在这种心理支配下发生的。侥幸心理的产生和形成有以下几种情况：其一，以往的经历中，有过违法行为而未被发现的经验；其二，在企图犯罪者的周围有过违法犯罪案件未被破获，作案者未受到惩罚的现象；其三，有利用职权或合法身份掩护的便利条件。

干部腐败行为的社会心理，在最终做出腐败行为以及在整个社会上导致腐败现象的严重恶化方面，起着极其重要的催化作用。它通过心理互动、心理沟通，使各种消极的社会心态和腐朽意识在干部队伍中不断滋生蔓延，从而你影响我，我影响你，形成一种共同的心理尺度和社会心理环境。因此，要廉政肃贪，消除社会的腐败现象，不仅要注意及时打击各种腐败行为，而且要注意消除上述种种导致腐败行为最终发生的"腐败心理"。只有这样才能收到事半功倍、防患于未然的结果。

1. 在理论上要对干部角色进行社会定位

干部在我们这个社会里应当处于什么位置？尽管长期以来，我们强调干部是人民的公仆，要全心全意为人民服务，但是这种思想教育无法与长达几千年之久的传统政治文化抗衡。"官本位"意识在我们这个社会中仍然根深蒂固。在这种官本位意识作用下，许多人认为，干部就应该高人一等，属"人上人"，他们在待遇上也应该比其他阶层高。但是在市场经济条件下，这种官本位意识遇到严重挑战。他们看到那么多市场"弄潮儿"成了"大腕"，甚至一些不如自己的人也发了财，心理上便愤愤不平，总感到"吃亏"了。于是便很容易滋生各种"补偿"心理，"有权不用，过期作废"。要克服这种消极心理，就必须围绕社会主义市场经济，对干部角色重新进行社会定位。在现代社会里，特别是在我们的社会主义国家里，干部作为为公众服务的公职人员，理当享有较高的社会地位和社会声誉，但在收入分配上，他们不可能居于最高收入层，这是市场经济机制的必然结果，也是市场经济条件下维持社会秩序的必然要求。在我们这个社会里，国家干部、公职人员的收入不能和企业界人士攀比,否则只会导致思维参照系的错位,自取"烦恼"。在社会主义市场经济条件下,在收入分配中独占鳌头的必然是经济主战场上的"弄潮儿",而不是政府官员。公职人员必须安于自己的工薪阶层生活方式。只有端正了这一认识,才能使他们心理平衡,免于非分之想。

2. 要在党纪国法上对腐败行为作出更明确、更严格的具体界定,并做到有腐必打,决不姑息迁就

现在有一种说法,即我们在廉政肃贪上"只打苍蝇,不打老虎",这是从腐败者的身份地位上说的。可是如果从腐败行为本身来看,我们现在更突出的问题是"只打老虎,不打苍蝇"。一些贪污腐化分子由于数额够不上"标准"而逃过法网,一些人不要金钱,但却乐于请吃请喝,收受礼品。这种大量存在的腐败现象常常被归结为"不正之风"轻轻一笔带过。这些到处存在的腐败现象正是群众所直接感受到并深恶痛绝的,但由于不上"杠"却拿它们没办法,而这些腐败"小苍蝇"却专从事这些"可接受的"腐败行为。因此,必须立法严格,彻底否定任何"可接受"或"可容忍"的腐败行为,才能杜绝可接受心理,做到防微杜渐,廉政清风。

3. 在廉政肃贪中,要敢于法能责众,有贪必肃

要明确制定国家公职人员和各级干部的廉政行为标准,作为公务人员最低资格。一旦触犯,立即取消其公职资格,永不录用。任命提拔任何级别的政府官员,都必须公开审查其廉政资格,接受社会的公开监督,特别是发挥大众媒体的监督作用。做到任何政府官员和公职人员的任何腐败记录都可能断送其一生的政治前程,从而增大腐败犯罪的风险成本,消除其从众心理、冒险心理、侥幸心理。对于集体决策的腐败行为,不能责任分散承担,而要责任重复承担,即所有参与决策的人都要重复承担其腐败行为的违纪违法责任后果。最后拍板人承担全部责任,其他参与人可部分承担,从而消除集体决策罪责扩散心理。

4. 要建立有效的廉政肃贪机构,形成健全的法治机制,不能搞运动式的肃贪

风头一来,从严从重,风头过后皆可过关,从而助长某些腐败分子专门躲风头心理。此外,在肃贪工作方式上,不能消极处理,等待腐败行为的自然暴露,而要主动出击,定期定比按概率抽样的方式,对各级干部和关键部门的公职人员进行廉政审查,彻底消除各种可避险的腐败心理。

总之,只有采取各种有效措施,消除各种导致腐败行为产生的腐败心理,才能有效地杜绝腐败行为的发生,才能使各级干部和公职人员在心理上形成健康的内在行为规范,达到自我审视、自我监督的效果。

第 11 章
DI SHI YI ZHANG

中国刑事犯罪60年：犯罪与社会的互动

——兼论当代犯罪现象的历史分期

当代中国犯罪的研究不仅需要对各种具体的犯罪类型和犯罪行为进行研究，也需要对中国犯罪进行长时段分析。犯罪与社会是一种互动的关系，从犯罪与社会的互动视角入手，对犯罪史进行恰当的历史分期是对犯罪史进行研究的必要前提，它对于探讨犯罪与社会的互动规律，总结不同历史时期刑事政策的经验教训和制定遏制犯罪的刑事政策，都具有重要的理论与现实意义。本文是对当代中国犯罪史分期的初步探索。

一、当代中国犯罪时段划分的不同观点

目前中国犯罪史学界并未提出建立当代中国犯罪史的研究命题和研究任务，因此，也没有专门探讨当代中国犯罪史阶段划分的论著和明确的学术观点。[1] 但是，一些学者在对当代中国犯罪的研究中，无论是直接还是间接涉及当代中国犯罪史的历史分期或阶段划分问题，比较明显的有三种意见，这就是以当代中国政治经济分期为基础的"五时期论"、以重大历史事件和社会转型为基础的"四阶段论"和以犯罪率的变动为基础的"五高峰论"。

（一）以政治经济历史分期为依据的"五时期论"

康树华在《新中国成立以来的犯罪发展变化及其理性思考》一文中认为，犯罪

原载于《安徽师范大学学报（人文社会科学版）》2012年第5期。
[1] 近年来涉及当代中国犯罪史分期的论著有：康树华的《新中国成立以来的犯罪发展变化及其理性思考》（载王牧主编：《犯罪学论丛》第一卷，中国检察出版社，2003年）、冯树梁的《中国刑事犯罪发展十论》（法律出版社，2010年）和张小虎的《当代中国社会结构与犯罪》（群众出版社，2009年）等。

不是孤立的,是随着政治、经济的变革而变化的。新中国成立以来,我国犯罪随着我国的政治形势、经济变革和社会治安情况等的变化而变化。因此,新中国成立以来的中国犯罪大致可分为五个时期。[1]

1. 基本完成社会主义改造时期的犯罪(1949—1956年)

1950年全国发生刑事案件51万起,按当时全国5.5亿人口计算,立案率为9.3‰,1952年比1950年下降50%以上,立案率只有4.2‰,1955年为3.7‰,1956年为2.8‰,总体呈现出急剧下降的态势。在此期间,每年平均发生刑事案件29万起,立案率为4.15‰。把犯罪减少到如此令人惊奇的程度,体现了社会主义制度的优越性,创造了世界奇迹。

2. 开始全面建设社会主义时期的犯罪(1957—1965年"文革"前夕)

这一时期的犯罪形势呈现出起伏态势。如刑事案件立案率1959年为2.98‰,1960年为3.2‰,1961年为6.4‰,1964年为3.5‰,1965年为3.3‰,1966年为2.4‰。

3. "十年动乱"时期的犯罪(1966—1976年)

由于公检法机关被砸烂,致使社会秩序大乱,刑事犯罪猖獗,1973年犯罪率为6‰,当年发案数为54万起,这种状况一直持续到1978年,形成了新中国成立后的第一个青少年犯罪高峰。

4. 粉碎"四人帮"到1983年"严打"期间的犯罪

粉碎"四人帮"后,刑事案件出现了急剧上升的势头,按当时人口计算年立案率,1980年为7.7‰,1981年为8.9‰,1982年为7.4‰。这一时期的突出特点是青少年犯罪日益突出,在整个刑事案件中的比例高达70%—80%。[2]

5. 改革开放以来的犯罪(1979年以后)

改革开放以来,我国犯罪一反常态,1979年刑事案件总数首次突破60万起(当年为63.6万起),10年后的1989年更达到197万起。1991年更是达到263万起,立案率为20‰,实属罕见。

这是我国犯罪学界对新中国成立以来的中国犯罪问题首次进行的长时段考察。通过这种长时段分析,总结我国当代犯罪的演变规律,无论在学术上,还是对实际部门都具有重要的价值和意义。但是,如果将其作为当代中国犯罪史的历史分期尚不够科学。主要存在的问题有以下几点:第一,直接以社会的政治

---

[1] 康树华:《新中国成立以来的犯罪发展变化及其理性思考》,第409—436页。
[2] 参阅中国青少年犯罪研究学会编委会:《中国青少年犯罪研究年鉴(1987·首卷)》,春秋出版社,1988年,第40页。

经济分期作为刑事犯罪历史分期的依据值得商榷。毫无疑问,社会政治和经济事件肯定会对刑事犯罪有直接或间接的影响,但这种影响是复杂的,不能简单地对接。第二,在时间上存在重叠现象。第四个时期从粉碎"四人帮"到1983年严打,而第五个时期又从1979年开始。由于作者主要想突出20世纪80年代初期的青少年犯罪,专门设置了这样一个历史时期。但这显然是不合适的。第三,这种历史分期对我国各个时期的犯罪缺乏理论解释力。对犯罪史进行历史分期,不仅在于帮助人们掌握当代中国犯罪的总体形势,了解不同历史时期犯罪的特点,更在于形成对不同历史时期犯罪的解释,找出不同历史时期犯罪背后的重大社会背景因素及其社会根源,从而帮助我们总结当代中国犯罪的规律。而这种简单地将犯罪与社会政治、经济事件相联系并未达到这一效果。

(二)以"文化大革命"和社会转型为依据的"四阶段论"

张小虎的《当代中国社会结构与犯罪》一书对当代中国犯罪的历史阶段也进行了自己的划分。他认为,根据社会变迁的特点,可以将中国大陆1949年以来的犯罪划分为四个阶段:新中国成立后至"文化大革命"前(1950—1965年);"文化大革命"后期至改革开放前(1972—1977年);改革开放后的社会转型初期(1978—1987年);改革开放后社会转型深化期(1988年至今)。但在实际分析与论述中,作者有两个小的变动,一是在该书第六章的引言部分提出,这四个阶段的前三个阶段犯罪率波动不是很大,而第四阶段即改革开放后的社会转型深化期的阶段犯罪率呈持续增长的态势。依此论述,似有将前三阶段合并从而形成两个阶段之含义;但是,在以后的具体论述中,作者仅将前两阶段放在一节中统一归为"改革开放前"的犯罪进行讨论,形成"改革开放前""社会转型初期"和"社会转型深化期"三个历史阶段的分析格局。显然,这种犯罪历史时期的划分自身有一定的矛盾和混乱。

为此,我们综合该书的论述,认为张小虎的犯罪历史阶段划分可概括为两个大的历史时期和四个具体的历史阶段。首先以改革开放为标志,将1949年以来中国的犯罪划分为改革开放前和改革开放后两个大的历史时期,然后在此基础上,将改革开放以前进一步划分为"文化大革命"以前和"文化大革命"两个阶段。将改革开放后划分为社会转型初期和社会转型深化期两个历史阶段。

如果将"四阶段论"作为一种当代中国犯罪史的一种历史分期来看待的话[1],

---

[1] 张文的重点是分析中国社会转型期的犯罪率态势,并不是专门探讨当代中国犯罪史的分期问题。因此,将其作为一种分期的观点进行分析有失公允。

它存在的主要问题有两个：第一，分期的标准不统一，这里既有重大历史事件，又有社会转型。更重要的是社会转型概念的内涵具有不确定性。这里的社会转型初期和社会转型深化期完全是作者的主观认知，很难形成没有争议的起迄时间节点。以"文革"为历史分期的标志性事件虽然在理论上说并无不可，但作为中国刑事犯罪的历史分期标志在统计学上并不典型。第二，在时间上没有全覆盖，其中并未涉及"文革"前期，即1966—1971年，主要原因当然是由于这一时期公检法机关受到破坏，没有相应的统计数据。但作为一种客观的历史分期，并不能因为没有统计数据就完全跳过。第三，这一历史分期过于重视犯罪的统计数据，即只看犯罪率，而忽略了中国不同年度的犯罪率可能包含着完全不同的意义，更重要的是对犯罪背后深层次社会经济背景缺乏发掘。

（三）以犯罪统计数据为依据的"五高峰论"

"五次犯罪高峰论"是目前国内学术界最为流行的描述新中国成立以来犯罪演变过程的观点。几乎所有的著作在谈论新中国成立以来的犯罪演变过程时，都会提到1949年以来中国犯罪的五个高峰。其中介绍最为具体、论述最为系统的是冯树梁的《中国刑事犯罪发展十论》一书。根据冯先生的介绍，"五高峰论"源于国家哲学社会科学"七五"规划重点课题《中国现阶段犯罪问题研究》，由于这个课题是由公安部领导牵头，并由最具实力的中国人民公安大学承担，因此在获得统计数据上具有天然的优势。课题组正是根据公安部历年的犯罪统计资料为主要依据，对我国从新中国成立初期到改革开放头10多年（1990年）的40年间犯罪的起伏变化现象，系统地进行了分析研究，提出了五次犯罪高峰的论点。[1]

"第一个犯罪高峰期"发生在新中国成立初期（1949—1956年）。1949年中华人民共和国成立，1956年年底，我国社会主义改造基本完成，这是我国从新民主主义向社会主义过渡的时期。峰值在1950年，当年立案53.1万起，立案率为9.3‰。

"第二个犯罪高峰期"发生在1959—1961年的"三年经济困难时期"，但"祸积有素"，这一时期要从1957年说起，峰值在1961年。当年立案42.2万起，突破了1951年以来每年发案在20万—30万起之间浮动的格局，立案率高达6.4‰。

---

[1] 据冯树梁介绍，当时还有四次高峰论、三次高峰论和两次高峰论等不同观点，但最后统一于五次高峰论。参见冯树梁：《中国刑事犯罪发展十论》，第1—2页。

"第三个犯罪高峰期"发生在"文化大革命"期间,时间跨度为1966年5月到1976年10月,峰值在1973年。当年立案53.6万起,突破了1950年的立案数,当年立案率为6.037‰。由于这一时期公检法机关被砸烂,统计资料残缺不全,究竟发生了多少犯罪是个未知数,真正的犯罪可能并未统计,而列入统计的却可能是冤假错案。有统计表明,这一时期的冤假错案达31万余起。公安部课题曾作出这样的推断,"实际上这次犯罪高峰远远超过了前两次高峰"。

"第四个犯罪高峰期"始于1978年,当年立案53万起,峰顶则在1981年,当年立案89万起,立案率为8.9‰。前三次高峰虽然在统计学上存在,但人们并不觉得是一个严重问题,而这次犯罪高峰却引起了全党、全社会的关注,成为一个严重的社会问题。1978年中国进入改革开放新时期,1979年的犯罪案件突破60万起大关,当年发案63.6万起,此后再也没有回落到以前的水平。这次犯罪高峰出现两个新特点:一是青少年犯罪占到70%—80%;二是新的犯罪类型不断涌现,既有旧社会的沉渣泛起,也有境外黑社会的渗透。

"第五个犯罪高峰期"发生在1989年以后,峰顶是1991年,当年立案236万起,立案率为20‰。第五次犯罪高峰是在改革开放逐步深入,商品经济迅速发展,各种社会矛盾明显暴露的背景下出现的。时间持续之长,案件上升幅度之大,犯罪类型、手段之繁多,危害之严重,都是前几次犯罪高峰所不可比的。更值得关注的是,根据公安部的调查,这一时期的实际情况更加严重,发案数早在1985年而不是1988年就已经突破了200万大关。1991年后也不像统计数据那样处于回落状态,而是一个持续的不断上升的态势。

"五个高峰期论"是对新中国成立以来的犯罪演变过程的最直观、简明的描述。但是,将其作为当代中国犯罪史的历史分期却有明显的不足。一是过于重视统计数据的立案率,忽略了统计数据背后的实质性内容。如立案标准、犯罪性质和情节等因素。可以说这种划分过于微观、琐碎,缺乏概括性。二是无法反映不同历史时期刑事犯罪背后的社会经济体制性根源。犯罪的波动越大,越形成所谓"犯罪高峰",反过来,政府职能部门对刑事犯罪间歇性地进行"严打"也会制造出一个又一个"犯罪高峰"或"犯罪低谷",但它并没有真实地反映这个时期的刑事犯罪实情。

二、当代中国犯罪史历史分期的划分依据

犯罪与社会是一种互动关系。犯罪的峰谷波动背后必有经济、政治和社会

因素的作用和影响。只有深入社会变迁的内部分析影响当代中国犯罪的主要因素,才能真正把握当代中国犯罪史的演变趋向,形成真正科学的历史分期。1949年以来,影响中国犯罪的因素大体上可以归纳为以下四类:

第一类:政治因素。主要有:(1)新政权的建立;(2)历次政治运动,如"镇压反革命""三反五反""反右""四清""文化大革命"等;(3)社会政策和刑事政策,如上山下乡、知青回城、"严打"等。

第二类:经济因素。主要有:(1)所有制形式的变动,改革以前实行单一的公有制形式,改革以后逐步确立以公有制为主体的多种经济共同发展的基本经济制度;(2)经济体制,改革以前实行的计划经济体制,改革以来逐步建立起社会主义市场经济体制;(3)经济状况,新中国成立以来大体经历了短缺经济和极端困难时期(如"大饥荒")、经济的快速成长与过剩经济等几种情况。

第三类:社会因素。主要有:(1)社会变革,如"土改"、合作化、改革开放等;(2)社会组织化和开放度,如改革以前的单位社会,改革以后的人口流动等;(3)社会转型,如工业化、城市化、信息化、网络化、全球化等。

第四类:文化因素。主要有:(1)意识形态;(2)文化传统;(3)社会思潮;(4)社会心理;(5)教育普及;(6)科技进步等。

广义上说,这些因素的变化都会对社会的刑事犯罪产生直接或间接的影响,因而都能从一个侧面作为划分犯罪历史分期的依据。但当这些因素综合地存在着的时候,就有必要进一步分析,哪些因素是长期起作用的,哪些因素是短期起作用的;同时,还要分析这些因素之间的关系,它们各自处于哪个层次。只有综合地考虑到这些因素,找出在过去60年内对中国刑事犯罪的影响最具本质意义的因素,才有可能提出比较科学的当代中国犯罪史的历史分期。以前的一些学者的观点主要看重的是政治因素,有的甚至以政治历史分期代替刑事犯罪的历史分期,也有的干脆以重大历史事件作为刑事犯罪历史分期的主要依据。本文通过对这些不同因素的分析,认为首先需要重视的是经济体制。

第一,经济体制较为客观,是一种相对稳定的社会因素。在过去60年中,影响中国社会的只有两种经济体制,即计划经济体制和市场经济体制,它们各自分别存在了几十年,对人们的社会生活产生了广泛而深刻的影响,也是影响当代中国社会刑事犯罪最具本质意义的体制性因素。

第二,经济体制的内涵单一,形成与退出的时间比较明确。以经济体制作为划分历史分期,在内涵上没有大的争议,并且有比较明确、容易识别的起讫时间。

其他类似因素如社会转型,虽然在当代中国社会中也是一个长期起作用的社会因素,但其内涵比较复杂,且其起讫时间不易识别。

第三,经济体制相对于其他因素来说是更深刻的因素,它广泛地影响到人们的价值观念、社会心理和行为模式。[1]

在此基础上,还要考虑一些特殊的但具有明确的阶段性标志的因素,如新政权的建立。虽然它只是在一个短期内起作用的因素,但却是一个特殊的、独立的重大因素。没有新政权的建立,计划经济体制根本就无从谈起。另外一个特殊时期就是两种经济体制的交替时期。从计划经济体制到市场经济体制是一个带有根本性的体制转轨,不是一朝一夕就能完成的,无论新体制的建立还是旧体制的退出都是一个复杂的过程,这个过程必然会在刑事犯罪领域有所反应,并使这一时期的刑事犯罪带有明显的阶段性特征。因此,这样一个此消彼长的过渡时期,不适于放在旧体制或新体制内进行讨论,需要单独设置一个新旧体制过渡时期。

综合以上两方面的因素及其对当代中国刑事犯罪的具体影响,我们认为,当代中国犯罪史可以划分为四个历史时期:新政权建立时期的刑事犯罪、计划经济体制下的刑事犯罪、新旧体制过渡时期的刑事犯罪和市场经济体制下的刑事犯罪(见表1)。当然,在此基础上,我们还可以再考虑根据其他因素将各个历史时期再划分出若干小的特殊阶段。

表1 当代中国犯罪史历史分期的四种观点

康树华 "五时期论"	张小虎 "四阶段论"	冯树梁 "五高峰论"	吴鹏森 "四时期论"
基本完成社会主义 改造时期 (1949—1956年)	"文革"以前 (1949—1965年)	第一个高峰期 (1949—1956年) 峰顶:1950年	新政权建立时期 (1949—1952年)
全面建设社会 主义时期 (1957—1965年)	"文革"后期 (1972—1977年)	第二个高峰期 (1959—1961年) 峰顶:1961年	计划经济体制时期 (1953—1977年)

---

[1] 康树华曾写过一篇《两种经济体制下中国犯罪状况与治理》的论文,专门分析了中国两种不同经济体制下刑事犯罪的状况与治理。但这篇文章并未深入讨论为什么不同经济体制下的刑事犯罪会有完全不同的情况。参见《南都学坛》2003年第5期和《中国刑法学精萃(2004年卷)》,高等教育出版社,2004年。

续 表

康树华 "五时期论"	张小虎 "四阶段论"	冯树梁 "五高峰论"	吴鹏森 "四时期论"
"十年动乱"时期 （1966—1976年）	社会转型初期 （1978—1987年）	第三个高峰期 （1966—1976年） 峰顶：1973年	新旧体制 过渡时期 （1978—2001年）
粉碎"四人帮"到 第一次"严打" 时期（1977—1983年）	社会转型深化期 （1988年— ）	第四个高峰期 （1978—1984年） 峰顶：1981年	市场经济体制时期 （2001年— ）
改革开放后 新时期（1979年— ）		第五个高峰期 （1989年— ） 高峰持续	

笔者提出的四个历史时期的划分不仅在理论上能够得到比较科学的说明，也得到了相关统计资料的印证。据公安部刑侦局的资料，新中国成立以来，我国刑事犯罪活动大致经历了三个阶段：第一个阶段是低发案阶段，从新中国成立初期至20世纪70年代末，全国刑事立案每年保持在16万至50多万起；第二个阶段是刑事犯罪快速增长阶段，从80年代初至90年代末，全国刑事立案每年从50多万起快速增长到300多万起；第三个阶段是高发案阶段，从2000年以来，全国刑事立案每年保持在400多万起以上。虽然它不是一种理论观点，但新中国成立以来的刑事犯罪活动的统计数据的确在印证着，中国刑事犯罪活动发展的三个阶段是和经济体制相联系的，计划经济体制下的刑事犯罪处于一种低发案状态，市场经济体制下的刑事犯罪处于一种高发案状态，而在这两种状态之间的刑事犯罪快速增长状态恰恰是处于新旧两种体制的转换过程中出现的现象。

中国刑事犯罪在统计数据上的峰谷波动恰恰说明，刑事犯罪历来是各种社会矛盾和社会消极因素的综合反映，它与中国社会经济的发展历程相关，特别是和经济体制的演变具有高度的相关性。因此，把新中国成立以来的刑事犯罪发展过程划分为低发案阶段、快速增长阶段和高发案阶段，不仅符合客观实际，而且也反映了中国刑事犯罪在经济体制变动的大背景下发展变化的客观规律。但是，公安部刑侦局的材料只是提供了统计数据，并没有对其提出系统的理论解释，因而它还不是一种理论观点。单纯的统计数据尚不能作为划分中国刑事犯罪历史分期的依据，必须要有系统的理论解释，讲清统计数据变动背后的社会经济根源,才能对当代中国刑事犯罪60年的变化作出科学的全景式扫描。另外,这种阶段划分没有考虑到新政权建立时期是一个特殊历史时期,需要单独作为一个历史时期进行说明。

三、当代中国犯罪的分时段分析

(一) 新政权建立时期的犯罪(1949—1952年)

新中国刑事犯罪的第一个历史阶段是新政权的建立时期,时间为1949年至1952年。1949年中华人民共和国成立是中国历史上翻天覆地的大事件。中华大地上这一次国家政权的更迭,不同于以往中国历史上任何一次改朝换代,它在中国历史上建立了一个全新的政治体系、社会制度,并建构了全新的社会秩序。这就不可避免地会遇到各种各样的抵抗,政府为了实现自己的政治目标,也会对这些势力及其抵抗行为实施最严厉的打击。因此,这个时期中国刑事犯罪的基本特点,就是普通刑事犯罪与反革命犯罪交织在一起。以新中国成立初期上海某监狱在押人员的成分为例,当时社会犯罪人员中的政治因素所占的比重很大。1952年12月,上海某监狱在押人员中,"反革命犯"占全部在押人员的52%,主要成分包括恶霸、特务、土匪、反动会道门、反动党团,以及叛徒、汉奸、伪军政人员等。由此可以大体上看出当时全国的刑事犯罪的总体概貌。具体来说,新政权建立初期的刑事犯罪除了一般的刑事犯罪(其实很少)外,主要由两部分构成。

第一,建立和巩固新政权必须要坚决打击各种抵抗力量。中华人民共和国虽然在1949年10月1日已经建立,但在巩固新政权的过程中不可避免地会遇到强大的阻力,遭到旧政权残余势力的抵制、破坏与捣乱。大量资料表明,中华人民共和国成立之初,社会治安形势非常严峻。国民党政权在大陆溃败前实施"应变计划",留在内地的各类武装人员多达200多万,潜伏特务、反动党团约120万人,还有大量坚持原来立场的各种旧政权留下的军、政、警、宪人员。例如,1950年1月至10月,全国共发生以颠覆新生政权为目的的武装暴动816起,西南地区曾被匪特攻打、攻陷的县城达100座以上,1950年,全国有近4万名干部和群众积极分子惨遭匪特杀害。[1]

---

[1] 中共中央党史研究室:《中国共产党历史》第二卷(1949—1978)上册,中共党史出版社,2011年,第45页。

第二,建构新型社会秩序必然会遭遇强烈的社会抵抗。新中国不仅意味着政治秩序的重建,同时也是社会秩序的重建,它是一个历史上从来没有过的全新的社会秩序。许多在旧社会被认为是正常的社会现象以及那些虽被否定但却认为无法去除的社会现象,在新社会中都被确定为必须扫除的对象。他们中的许多人总是企图抵制这种改造,进行各种破坏活动。因此,新政权在镇压旧政权残余势力反抗的同时,也在努力扫除旧社会遗留下来的污泥浊水,严厉缉捕各种盗匪,禁绝烟毒,取缔妓院,收容游民。1952年,根据中央指示,在全国各地1 200多个禁毒重点地区集中破案,共查出制造、贩卖、运送毒品的毒犯36.9万余人,逮捕8.2万余人,其中判刑、劳改、管制5.1万余人,处决罪大恶极的毒犯880人。[1] 基本禁绝了过去100多年来为害中华民族的烟毒灾害。与此同时,全国各地查封了所有大大小小的妓院,彻底埋葬了旧中国长期存在的娼妓制度,对其重要成员和为恶分子进行了必要的刑事打击。

在建立新型社会秩序过程中,特别值得一提的是,新中国在改革婚姻制度中所涉及的刑事犯罪问题。1950年,中央人民政府颁布了《中华人民共和国婚姻法(草案)》,这是新中国成立后制定的第一部基本法律。[2] 但这部法律却受到旧势力的强烈抵制,包括一些干部都不能正确理解,认为"婚姻法"是"离婚法""妇女法"。在一些地区出现了虐待妇女的现象,因婚姻问题被逼自杀甚至被杀的刑事犯罪案件不在少数。例如,据1952年1月至11月的不完全统计,安徽境内[3]因婚姻而自杀、被杀者804人,其中男36人,女768人,自杀765人,被杀39人。[4] 对于这些虐待虐杀妇女以及干涉婚姻自由造成严重后果的刑事犯罪分子,新政权当然要予以坚决打击。[5]

随着新生政权的巩固和社会新秩序的建立,刑事犯罪发案率急剧下降。统计资料表明,1950年是这一时期刑事犯罪的峰值年,当年立案数为51.3万起,立案率为9.3‰。1951年,立案数下降到33.2万起,立案率下降到5.9‰。1952年,立案数进一步下降到24.3万起,立案率也进一步下降到4.2‰。这些数据的

---

[1] 中共中央党史研究室:《中国共产党历史》第二卷(1949—1978)上册,第110—111页。
[2] 这部法律的根本内容在于彻底废除包办强迫、男尊女卑、漠视子女利益的封建主义婚姻制度,实行男女婚姻自由、一夫一妻、男女权利平等、保护妇女和子女合法利益的新民主主义婚姻制度,禁止重婚、纳妾、禁止童养媳、禁止干涉寡妇婚姻自由、禁止任何人借婚姻关系索取财物。
[3] 当时安徽分别建有皖南、皖北两个行政区。
[4] 安徽省地方志编纂委员会:《安徽省志·民政志》,安徽人民出版社,1993年,第262页。
[5] 中共中央党史研究室:《中国共产党历史》第二卷(1948—1978)上册,第107页。

变化表明,新政权已经得到彻底地巩固。

新中国第一阶段的刑事犯罪具有明显的时代特征,它典型地反映了新政权建立时期的刑事犯罪特点。这一时期的刑事犯罪中,90%以上的犯罪主体都是"旧社会的残渣余孽",普通老百姓犯罪很少,更鲜见青少年犯罪。[1]

(二)计划经济体制下的犯罪(1953—1977年)

新中国建立后,我们在经济建设上全面学习苏联。实行单一的公有制,建立计划经济体制,被认为是社会主义制度的本质特征。与计划经济体制相联系,国家还实施了一系列与之相适应的社会政策和社会制度。通过所有制改造,实现了单一的公有制经济制度;逐步实施了严格的户籍管理制度;在城市逐步形成了"单位社会",在农村使千百万农户走上了集体化道路。通过这一系列的制度安排,使计划经济体制逐步显现出独特的社会控制功能。正是这种极强的社会控制功能保证了整个计划经济体制时期的中国刑事犯罪形势整体上维持在一个较低的水平(见表2)。

表2 1953—1977年中国刑事犯罪统计

年 份	人口数(万)	立案数	立案率(起/10万人)
1953	58796	292308	49.71
1954	60266	392229	65.08
1955	61465	325829	53.01
1956	62828	180075	28.66
1957	64653	298031	46.09
1958	65994	211068	31.98
1959	67207	210025	31.25
1960	66207	222734	33.64
1961	65859	421934	64.07
1962	67295	324639	48.24
1963	69172	251226	36.32

[1] 康树华:《新中国成立以来的犯罪发展变化及其理性思考》,第410页。

续 表

年 份	人口数(万)	立案数	立案率(起/10万人)
1964	70499	215352	30.55
1965	72538	216125	29.79
1966	74542	…	…
1967	76368	160000	…
1968	78534	…	…
1969	80671	…	…
1970	82992	…	…
1971	85229	…	…
1972	86727	402573	46.42
1973	88761	535820	60.37
1974	90409	516419	57.12
1975	91970	475432	51.69
1976	93267	488813	52.41
1977	94524	548415	58.02

从 1953 年到 1977 年,中国的刑事犯罪立案数整体维持在 55 万起以下,最低年份为 16 万起,最高年份为 54.8 万起。立案率最低年份为 2.9‰,最高年份为 6.5‰。平均每年发案数不到 30 万起,这对于几亿人口的大国来说,不能不说是个奇迹。

但是,在计划经济体制时期,虽然我国的刑事犯罪率总体上维持在很低的水平上,但另一方面却表现出比较明显的起伏波动,主要表现为四个小的波峰,它们分别体现在 1954 年、1957 年、1961 年和 1973 年,每一次波动起伏的背后都有一些特殊的社会历史背景(见图 1)。

第一,1954 年的"小高峰"。1952 年,随着新政权的巩固,我国的刑事犯罪下降到历史最低,当年发案数只有 24.3 万起,立案率为 4.22‰。1953 年、1954 年、1955 年又出现了一个小高峰,3 年刑事案件立案率分别为 4.97‰、6.508‰、5.30‰。以 1954 年为峰顶,从立案率来看,它甚至超过了 1961 年。造成这一小

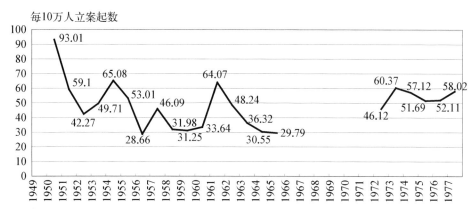

图1　计划经济体制下的中国刑事犯罪立案统计

高峰期的原因是非常复杂的,有自然因素,如1954年的重大水灾等,但主要原因还是新经济制度的建立和计划经济体制的施行。为了对所有制进行社会主义改造,维护国家经济建设新秩序,新政权在此期间针对经济领域里的犯罪活动进行了坚决打击。

第二,1957年的"小小高峰"。这次小小高峰与反右运动有很大关系。第一个五年经济计划顺利进行,"一化三改造"的顺利实现,党的"八大"胜利召开,使得整个国家形势走上了一条坦途。1957年夏季,形势陡变,出现了反右运动,全国有55万知识分子被戴上"右派"帽子,其中一些人遭到刑事处罚,这是导致当年刑事立案不正常增加的重要因素之一。

第三,1961年的"大高峰"。在整个改革开放前的30年内,1961年是中国刑事犯罪的一个"高峰",发案数达到42.19万起,仅次于1950年新政权建立时期的高峰。当年立案率为6.4‰。通常认为,这是三年经济困难时期(1958—1961年)"大饥荒"的反应。全国因饥荒引发的疾病而非正常死亡人口急剧增加,为了生存,许多人被迫越轨,从而使侵财性犯罪,特别是盗窃罪明显增多,犯罪动机在于获得基本的生活来源。[1]但以笔者当年的亲眼所见,问题还不仅于此,除了因为经济困难,迫使人们为了生存不得不冒险越轨外,还有在特殊时期为了保证社会秩序而加大打击力度以及降低刑事立案标准的问题,后者在形成所谓

---

[1] 参见俞雷主编:《中国现阶段犯罪问题研究》总卷,中国人民公安大学出版社,1993年,第40—41页。

"犯罪高峰"的过程中作用可能更大。

第四,1973年的"小高峰"。经过三年大饥荒以后,国家对国民经济实行"调整、巩固、充实、提高"八字方针,使经济重新走向了复苏的道路,1965年全国粮食产量接近1957年水平,维持人民最低生活需要,从而也导致刑事犯罪的形势根本好转,刑事犯罪案件迅速回落。1962年至1965年,全国发生的各种刑事案件分别为32万起、25万件、21万起、21万起,连续4年稳中有降。全国刑事案件总数,按人口平均立案率都降到了接近1956年和1960年的水平。以上海为例,这个人口近1 000万的城市,1965年发生的刑事案件只有3 500起,比新中国成立初期下降90%以上,真可谓"夜不闭户,路不拾遗"。[1] 但是,很快"文化大革命"爆发了,中国从此进入长达10年的"大动乱"时期。大动乱必然会对中国的刑事犯罪产生深远的影响。由于"文革"前期的造反高潮,全国公检法机关被砸烂,没有了犯罪数据,只有1967年的16万刑事立案记录。然而,正如冯树梁所说,这一时期究竟发生了多少犯罪案件实在是一个未知数。更重要的是,在是非颠倒的情况下,真正的犯罪案件可能并未列入犯罪统计,而列入犯罪统计的可能是冤假错案。有资料表明,这一时期的冤假错案达到31万余起,有32.6万人蒙冤。[2] 而真正的犯罪,甚至是大规模的群体性犯罪却可能隐没在茫茫历史尘埃之中。近年来民间发掘的资料表明,在此期间,广西、湖南、江西、北京等地都曾发生过大规模的集体迫害事件,它表明这一时期的历史真实的刑事犯罪非常复杂。

1972年以后,我国的刑事案件统计恢复正常。从1973年到1977年是刑事犯罪的一个新的高峰期,其中1973年为峰值年份,当年立案数为53.58万起,立案率达到6.0‰。更重要的是,这5年间,全国刑事案件立案数一直在50万至60万之间,在当时处于一个算是比较稳定的高位态势。这表明,"文化大革命""十年动乱"的后果开始从政治领域波及社会领域,最终在刑事犯罪方面反映出来。

(三) 新旧体制过渡时期的犯罪(1978—2001年)

1976年"四人帮"被打倒后,中国经过短暂的徘徊后进入改革开放新时期,1978年党的十一届三中全会的召开,是这一历史转折的标志。中国改革开放最

---

[1] 康树华:《国成立以来的犯罪发展变化及其理性思考》,第414页。
[2] 冯树梁:《中国刑事犯罪发展十论》,第14页。

重要的内容,就是将我国的经济体制从计划经济体制向市场经济体制转轨,1978年,安徽凤阳小岗村秘密包干到户标志着农村经济对传统计划经济体制的脱离,但中国计划经济体制的主体在城市,1984年,党的十二届三中全会正式启动城市经济体制改革。1992年,中央宣布要建立社会主义市场经济体制,1993年,中央正式作出建立社会主义市场经济体制的决定,对建立社会主义市场经济体制进行了规划,提出了在"九五"期间建立社会主义市场经济体制的目标,2001年,中国加入WTO,标志着中国社会主义市场经济体制的基本建成。这是一个长达20余年的新旧体制此消彼长的漫长过渡期。这样一个新旧体制过渡期在刑事犯罪领域必然会有反应,其直接的表现就是我国的刑事犯罪的急剧增长。有关部门称这一时期为刑事犯罪的快速增长期。

新旧体制过渡时期的刑事犯罪可以区分为前后两个大的阶段和几个小的高峰期。从1978年到1991年是新旧体制过渡的前期,在这一时期,旧体制的因素所起作用更大一些;从1992年到2001年是新旧体制过渡的后期,在这一时期,新体制的因素所起作用更大一些。

1. 1981年"犯罪高峰"和"第一次严打"

1976年"文化大革命"结束以后,我国刑事犯罪不仅没有随之好转,反而呈现快速增长态势,特别是1978年到1981年的4年间,刑事犯罪甚至呈直线上升趋势,每年以9%—12%的速度递增。1981年全国刑事犯罪立案数达到89万起,不仅远远超过改革以前刑事犯罪的最高年份,而且也远远超过了新政权建立初期的最高年份——1950年的立案数。特别值得注意的是,在这一轮刑事犯罪快速增长过程中,刑事犯罪主体悄然发生了重大变化,青少年犯罪在刑事犯罪中的比重快速上升,14—25岁的青少年案犯一般要占到70%左右。这些青少年犯罪和以前的刑事犯罪有明显不同,犯罪情节特别恶劣,经常在光天化日之下寻衅滋事、聚众斗殴、抢掠财物、强奸妇女。他们胆大妄为,无恶不作,严重扰乱社会正常秩序,对人民群众生命财产构成极大威胁。为此,1983年8月25日,中共中央作出《关于严厉打击刑事犯罪活动的决定》,要求各地在3年内组织3个战役,依法将犯罪分子逮捕一大批,判刑一大批,劳教一大批,注销城市户口一大批,并且杀掉一批有严重罪行、不杀不足以平民愤的犯罪分子。同年9月2日,第六届全国人大常委会通过了《关于严惩严重危害社会治安的犯罪分子的决定》《关于迅速审判严重危害社会治安的犯罪分子的程序的决定》,把故意伤害、流氓、强奸等罪行的法定最高刑上升至死刑,而且要求从严、从快、从重处理,为"严打"提供法律根据。在3年的"严打"期间,全国共抓获170余万名各类犯罪分子。据最高人民法院统计,1983年8月至1986年12月,全国各级法院共审结刑事案件140余万件,判处罪犯172万多人。其中判处5年以上直至死刑的重刑占4成(39.65%),5年以下有期徒刑、拘役、管制和免除刑罚的占6成(59.65%),宣告无罪的占0.7%。[1] 虽然"严打"在学术界长期以来存有极大的争议,但在当时的特定历史条件下,的确初步遏制了改革以来快速增长的刑事犯罪势头。

从"第一次严打"所揭示出来的刑事犯罪类型看,这一波的"犯罪高峰"仍是"文化大革命"的消极后果,它所涉及的各种犯罪类型并不具有市场经济条件下的刑事犯罪的典型特征。人们也注意到,虽然"严打"显现出一定的成效,总体立案数和立案率都有一定程度的下降,但主要是盗窃等侵财类案件有较大的下降,而这一时期最为突出的青少年犯罪的比重并未明显下降,与青少年犯罪相联系的重特大恶性案件比重也没有明显下降。相反,这两项指标在此期间都还有较大的上升(见表3)。

表3 1981—1987年我国刑事案件中恶性案件分布与青少年犯罪比率增长情况

年 份		1981	1982	1983	1984	1985	1986	1987
刑事案件立案率(起/10万人)		89.40	73.70	60.00	49.40	52.10	51.90	54.12
其中	杀人	0.96	0.92	…	0.88	1	1.04	1.25
	伤害	2.16	2	…	1.41	1.5	1.74	2.06
	强奸	3.09	3.48	…	4.33	3.63	3.53	3.53
	抢劫	2.24	1.63	…	0.71	0.85	1.09	1.8
青少年犯罪比率(%)		64.0	65.9	67.0	63.3	71.3	72.5	74.4

资料来源:冯树梁:《当代中国犯罪问题研究》,中国人民公安大学出版社,1993年,第238页;张小虎:《当代中国社会结构与犯罪》,群众出版社,2009年,第196页。

2. 20世纪80年代中期的虚假回落与1991年的"犯罪高峰"

经过第一次严打之后,从1982年到1988年的80年代中期,在犯罪统计上出现了一个明显的下降与回落曲线,曲线的谷底是1984年,当年的立案数为

---

[1] 参见《中国法律年鉴(1988)》,法律出版社,1989年,第636页。

51.43万,立案率为49.9‰。1988年以后,我国刑事犯罪形势再次出现恶化,刑事案件立案数开始大幅攀升。1988年,全国刑事立案数为82.7万起,1989年一下子升至197.1万起,1990年再升至221.6万起。1991年更是达到这一时期的峰值236.5万起,刑事案件立案率达到20.97‰(见表4)。

表4 1978—1991年我国刑事犯罪案件统计

年 份	立案数(万起)	立案率(起/每十万人)
1978	53.56	55.91
1979	63.62	65.53
1980	75.71	77.05
1981	89.02	89.4
1982	74.84	73.7
1983	61.04	60.0
1984	51.43	49.9
1985	54.20	52.1
1986	54.71	51.9
1987	57.04	54.12
1988	82.75	77.41
1989	197.19	181.49
1990	221.69	200.90
1991	236.57	209.71

这样,在20世纪80年代中期,在犯罪统计图表上就出现了比较明显的刑事犯罪"U型"回落曲线(见图2)。这其中固然有第一次严打的"成效"在其中所起的作用,但主要还是其他一些特殊的因素造成的,这就是所谓的"立案不实"的问题。冯树梁在《中国刑事犯罪发展十论》一书中专门用一节的篇幅对此有详细的介绍。[1] 至于立案不实的原因,书中语焉不详,但我以为,主要是在"严打"过程中的政治压力和考核方式造成的。严格的考核指标和背后的政治压力导致一些基层派出所为了提高破案率,采取"不破不立"的态度来对待立案,导致"立案不实"情况日益严重。时任公安部部长公开承认:"近几年统计数字不

---

[1] 冯树梁:《中国刑事犯罪发展十论》,第32—37页。

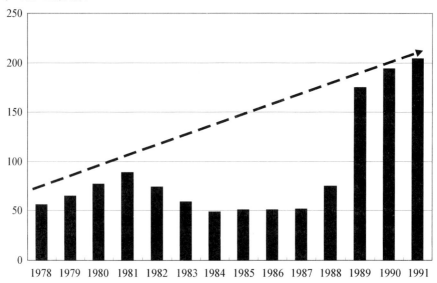

图 2　新旧体制过渡时期的刑事犯罪立案数（1978—1991 年）

实的问题越来越突出,数据资料已不能正确地反映治安形势和公安机关的真实工作量。"[1]为此,公安部《中国现阶段犯罪问题研究》课题组进行了为期 3 年的立案不实问题调查,每年调查 300 多个派出所。最后的调查结果主要有两点:第一,总体立案情况可概括为"三三制",即发案后群众没有报案的大约占 1/3,报案后公安机关没有列入统计的占 1/3,真正被公安机关立案并统计上报的大约占 1/3。[2] 第二,一般案件的"立案不实"问题更严重一些,而重大刑事案件"立案不实"情况要好一些。据对湖北某县的 31 个派出所的调查,1987 年的重大刑事案件的立案真实程度为 73.84%,杀人案件的立案率基本上没有水分。[3]课题组根据全国人口及抽样调查的城乡真实的平均发案率加以计算表明,早在 1985 年而不是 1990 年,我国的刑事案件就已经达到 200 万起。因此,20 世纪 80 年代中期的统计立案率的回落是不真实的。1991 年的新高峰也不是真实

---

　　[1]　转引自冯树梁:《中国刑事犯罪发展十论》,第 32 页。
　　[2]　据《中国现阶段犯罪问题研究》课题组的抽样调查,抽样地区刑事案件总量的立案真实程度,1985 年平均只有 32.6%,1987 年为 19.42%,1988 年为 30.64%。也就是说,每年有多达 2/3 的刑事案件未进入刑事立案统计。即使是重大刑事案件的真实立案率也只有 60%—70%。参见俞雷主编:《中国现阶段犯罪问题研究》总卷,第 106—112 页。
　　[3]　冯树梁:《中国刑事犯罪发展十论》,第 35—36 页。

的高峰,更不是突兀而来的高峰。但是,我们还是看到一些悄悄的变化,这就是随着计划经济与市场经济的此消彼长,市场因素在人们社会生活中所起的作用越来越大,犯罪的类型也在悄悄地发生变化,单纯的打架斗殴、寻衅滋事案件不断减少,侵财性案件越来越多。在诈骗、抢劫、凶杀、伤害四类犯罪案件中,以侵财为目的的抢劫和诈骗的增长明显超过了凶杀和伤害的增长情况(见图3)。

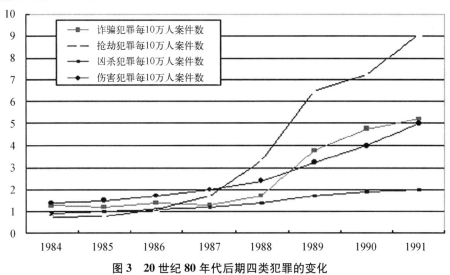

图3　20世纪80年代后期四类犯罪的变化

造成这一现象的原因是多方面的,最根本的原因还在于社会主义市场经济体制的建立和改革的深化带来人们价值观的变化在刑事犯罪领域的反映。随着改革的深入,市场经济的社会效应不断扩大,在一定程度上动摇了新中国成立后在人民中培养起来的核心价值观念。追求物欲享受,追求一夜暴富,推动着侵财类刑事案件的不断增长。同时,随着商品经济的迅猛发展,带来人财物的大流动,特别是城乡隔离机制的突破,导致大规模的农村人口向城市流动。社会的开放和流动为侵财性犯罪的增长提供了更多的机会。这说明,影响中国刑事犯罪形势的社会原因正在发生重大变化,新旧体制交替的影响将永久地改变中国社会犯罪图景,与市场经济相联系的各种犯罪类型的增长将成为中国刑事犯罪的主要趋势。这也预示着在市场经济条件下形成的新一轮刑事犯罪的增长不同于以前的历次"犯罪高峰",它将不再有高峰之后的下滑趋势,而是继续向新的"高峰"挺进,再也不会回落逆转了。

3. 新旧体制过渡后期的刑事犯罪(1992—2001年)

1992年注定要成为中国历史上的转折之年,无论是中国改革开放史、中国经济发展史还是中国刑事犯罪史,都无法摆脱这个关键年份的影响。这一年,邓小平发表了重要的"南巡讲话",极大地推动了中国的改革开放进程。随后,党的十四大召开,明确了经济体制改革的终极目标是建立社会主义市场经济。在十四届三中全会上,中共中央最终作出关于建立社会主义市场经济体制的决定,标志着计划经济体制在中国最终将退出历史舞台,中国将逐步建立社会主义市场经济体制。社会主义市场经济体制必将对中国社会生活的各个方面产生广泛而深远的影响,包括对刑事犯罪的影响。从此,中国的刑事犯罪也进入一个新的历史时期。单从统计资料看,与之前几年相比,1992年的刑事犯罪似乎有一个较大的回落(见图4),然而实际上,1992年以后的中国刑事犯罪立案数和立案率的大幅下降也是一个不真实的现象,它是公安部门提高盗窃罪刑事立案标准的产物。1992年,公安部将盗窃数额的立案标准由原来的价值人民币城市80元、农村40元,调整为一般地区300—500元,少数经济发展较快地区为600元。[1] 按照新的立案标准,1992年当年的刑事案件立案数为158万多起,立案率为13.86‰,分别比1991年下降了49.5%和51.3%。这一局面差不多一直维持到1997年,当年的立案数为161.36万起,立案率为13.39‰。

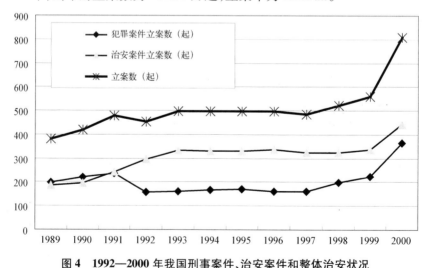

图4 1992—2000年我国刑事案件、治安案件和整体治安状况

〔1〕 张小虎:《当代中国社会结构与犯罪》,第202页。

在我国,盗窃案历来是刑事犯罪的主体部分,通常要占到刑事立案总数的70%左右。因此,盗窃案立案标准的变化必然会带来整个刑事立案总数和刑事立案率的大幅变动。但从真实发案情况来看,无论是来自课题组的研究,还是来自公安部刑侦局的信息都表明,1992年以后的中国刑事犯罪一直处于高位维持并持续上升态势。[1] 还原这一过程的办法很简单,因为那些未被立案的盗窃等案件可能进入治安处理渠道了。如果我们将这一时期的刑事案件和治安案件合在一起,就可以看出它的总体趋势是否有下降的迹象。然而,图4清晰地告诉我们,这一现象并未出现。尽管立案标准大大提高了,但到1998年以后,刑事案件还是进一步抬头,当年的刑事案件立案数攀升至198.60万起,立案率为16.46‰,分别增长了23%和22.7%。1999年和2000年又连续两年出现大幅跳跃式上升。2000年,首次跨越300万大关,当年刑事立案数达到363.73万起,刑事立案率为29.67‰。

表5　1992—2000年主要刑事犯罪立案数的增长情况

	盗窃	诈骗	抢劫	凶杀	伤害
1992	114.25	4.69	12.50	2.41	5.99
1993	112.21	5.06	15.21	2.53	6.45
1994	113.36	5.77	15.92	2.65	6.78
1995	113.27	6.40	16.44	2.73	7.22
1996	104.39	6.96	15.11	2.54	6.89
1997	105.81	7.82	14.15	2.60	6.90
1998	129.69	8.30	17.51	2.76	8.08
1999	144.73	9.31	19.86	2.74	9.27
2000	237.36	15.26	30.98	2.84	12.07

表5、图5分别反映了我国两种经济体制过渡期的后期,或者说是市场经济建立初期的主要刑事犯罪类型的立案数和立案率的变化情况。

在这9年时间内,盗窃案立案数增长了107.75%,诈骗案增长了225.37%,抢劫案增长了147.84%,而凶杀案只增长了17.84%,作为暴力犯罪类型的伤害

---

[1] 冯树梁:《中国刑事犯罪发展十论》,第19页。

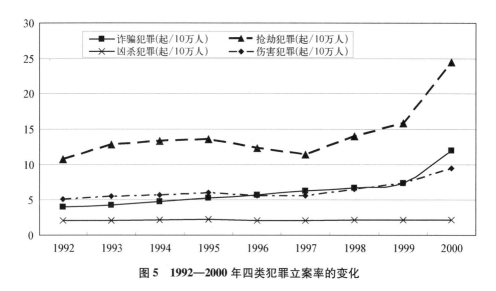

图5 1992—2000年四类犯罪立案率的变化

案也增长了101.5%,但深入分析就会发现其中许多案件是以侵财为目的的暴力伤害。这说明在中国迈向社会主义市场经济体制的过程中,刑事犯罪已经完全不同于改革开放以前的计划经济体制下的刑事犯罪,也与新旧经济体制过渡初期的刑事犯罪有很大的不同,它不仅表现出快速增长的特点,更重要的是它和改革初期以寻衅滋事为特点的"文革"后遗症式刑事犯罪完全不同,主要表现为侵财性犯罪的快速增长。应该说,从20世纪90年代开始,市场经济因素已经开始对中国刑事犯罪发挥基础性和长远性的影响。

(四)社会主义市场经济体制下的刑事犯罪(2001—2009年)

2001年,中国正式加入了WTO,不仅标志着中国经济进一步融入全球化进程,而且也表明中国正在进入一个比较典型的市场经济体系。由此,中国的改革和发展也进入新一轮快速增长期。中国人均GDP在2003年超过1 000美元后,仅仅用了3年时间,就在2006年超过了2 000美元,2008年又超过了2 000美元,到2010年达到了4 000美元。中国终于彻底摆脱了不发达状态,进入中等收入国家的行列。[1] 经济持续快速的增长对刑事犯罪产生了某种程度的抑制作

---

[1] 20世纪60年代,联合国把人均GDP 3 000美元定义为"现代化国家"的标志。考虑通货膨胀、美元贬值等因素,现在这个标准约相当于8 000—10 000美元。因此,中国虽然突破了人均4 000美元大关,但仍属于"中低收入国家"。

用,使得这一时期的刑事犯罪并没有像2001年以前那样的急速增长,相反,刑事犯罪增长势头在这一时期内开始趋缓,从2001年到2008年一直在400多万的高位维持(见图6)。

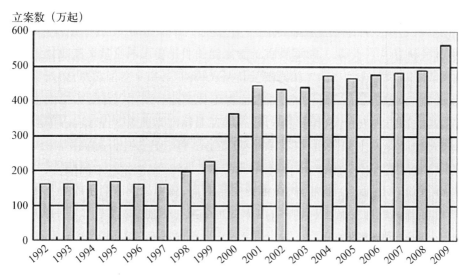

图6　社会主义市场经济体制建立期与完善期的
刑事犯罪立案数增长情况(1992—2009年)

这一现象至少说明了两个方面的问题。一方面,市场经济已经是影响当代中国刑事犯罪的最重要、最基础性的因素,在发育比较成熟的市场经济背景下,刑事犯罪不可能像计划经济体制下通过一两次"严打"就可以回落,"高峰论"已经无法解释当代中国的刑事犯罪变动过程了。另一方面,当市场经济发育比较成型以后,各项社会管理就会慢慢跟上来,逐步形成与社会主义市场经济体制相适应的社会管理体系,从而导致刑事犯罪的快速增长势头开始趋缓。为了更好地理清当代中国犯罪史的历史分期及其演变规律,我们将中国刑事犯罪60年的变动轨迹模型化,可以帮助我们更清晰地看出,中国当代刑事犯罪从计划经济体制下的犯罪到社会主义市场经济体制下的犯罪的"S"形变动轨迹(见图7)。

图7显示,中国过去60年的刑事犯罪变动完全不同于流行的"犯罪高峰论",它的总体趋势与经济体制的转轨相契合,并清晰地反映了中国过去60年来的刑事犯罪与社会经济变迁的互动关系。它告诉我们,必须要以客观的、科学的态度来正视市场经济条件下的刑事犯罪问题。

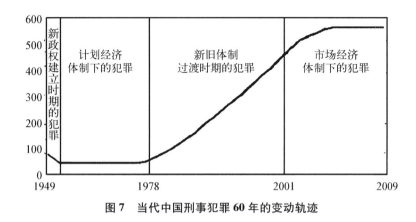

图 7　当代中国刑事犯罪 60 年的变动轨迹

市场经济条件下的犯罪与计划经济条件下的犯罪是完全不同的,不能简单地用"高峰论"来概括,以为经过"严打"就可以削峰为谷。随着社会主义市场经济体制的确立,刑事犯罪的高位维持将是一种常态,要改变这一态势,仅仅依靠高压的刑事政策是不可能做到的,必须要从发展转型与社会政策调整入手,在科学发展观的指导下,实现包容性发展,通过社会结构调整,缩小贫富差距,建设公平公正和谐的社会,才能从根本上缓解社会紧张,化解社会矛盾,将犯罪控制在一定的范围内,从而保持社会基本秩序的稳定。

四、结论与展望

犯罪是人类文明的阴影,犯罪与社会是一种持续地互动关系,它随着社会的变动而变化,同时,犯罪形势的变化也在一定程度上影响到社会的演变。只有从犯罪与社会的互动过程中,才能深入了解当代中国犯罪的变动趋势和演变规律,才能从中总结中国刑事政策的经验教训。通过对中国刑事犯罪 60 年的分析,我们发现,经济体制是影响当代中国刑事犯罪的第一位因素。在计划经济体制下,刑事犯罪虽有小的波动起伏,但总体上呈现低位平稳特征,而在社会主义市场经济建立过程中,刑事犯罪以一种不可逆的势头持续快速增长。随着社会主义市场经济体制的最终建立与完善,刑事犯罪的起伏重归平稳,但将长期处于高位维持状态。除了经济体制这个主要的、长期起作用的基础性因素外,各种政治运动、经济危机、社会动乱、刑事政策变动等都在一定程度上影响到当代中国的刑事犯罪态势。正是这些因素导致中国刑事犯罪在几个大的历史时期内出现一些小的起伏波动。

中国从计划经济体制进入社会主义市场经济体制是一个不可逆转的历史进程。因此,市场经济是研究未来中国刑事犯罪的一个常在环境。在这样一种历史条件下,今后对中国刑事犯罪的未来走向如何进行历史分期,需要确立新的历史坐标。以现代化进程中的人均国民收入水平进行分期是一种可行的选择。未来研究中国的刑事犯罪问题要特别关注人均 GDP 水平在低收入阶段、中低收入阶段、中高收入阶段和高收入阶段的刑事犯罪变动情况,并以此为基础来讨论中国现代化不同发展阶段的社会政策和刑事政策。

改革开放以来的中国城市化与犯罪变化

——基于一种比较的视角

美国犯罪社会学家路易丝·谢利在《犯罪与现代化——工业化与城市化对犯罪的影响》一书中认为,现代化是一个过于抽象的概念,应该以工业化、城市化作为现代化的指标来观察城市犯罪,因为城市化和工业化是现代化的两个最重要的成果。[1] 谢利通过对世界各国过去 200 年来犯罪的历史和数据的研究发现,工业化、城市化对犯罪的影响主要表现在四个方面:犯罪率、犯罪类型、犯罪人口和犯罪空间分布。这种"犯罪的严重程度、犯罪的方式、犯罪的地区分布以及犯罪人口的性质是根据几个不同的社会学的发展尺度来考察的,即城市化进程的范围和速度,工业化的程度,国家的社会结构的变化以及刑事司法制度的影响"[2]。现代化过程中,尤其是现代化的起始阶段,往往伴随着迅猛推高的刑事犯罪率。现代化导致犯罪类型的变化,就是暴力犯罪的减弱和侵财类犯罪的大幅增长;导致犯罪分布的变化,就是城市、城郊和农村不仅犯罪率不同,而且各有自己的特色;导致犯罪人口的重要变化,就是青少年犯罪、女性犯罪、白领犯罪明显增长。

改革开放以来,中国城市化进程加速,特别是进入 21 世纪以来,城市化进入了快速发展期,城市化率每年增加一个百分点。但是,人们在享受城市化的积极成果的同时,也不得不面对城市化给中国社会带来的诸多负面后果,犯罪便是其中之一。本文沿着谢利的研究路线,基于比较的视角,对中国城市化进程中的犯

原载于《江苏行政学院学报》2012 年第 6 期。

[1] 路易丝·谢利:《犯罪与现代化——工业化与城市化对犯罪的影响》,何秉松译,中信出版社,2002 年,第 18 页。

[2] 同上书,第 3 页。

罪问题进行初步的分析。

一、城市犯罪的快速增长

中国改革开放初期,城市人口比重不到18%,居住在2万人口以上规模的城镇居民不到总人口的15%。与之相联系的是中国的犯罪率也很低。1978年,中国刑事立案率每10万人口为55.9起。但是,到20世纪80年代初,刑事犯罪立案率急剧上升,1981年达到每10万人口89.4起,由此引起了整个社会的不安和中央高层的震惊,也导致中央下决心开展第一次"严打"。从统计数据上看,"严打"似乎取得了一定的成效,到1984年,刑事犯罪立案率下降到每10万人口49.9起。但实际情况并非完全如此,导致刑事立案率的下降既有某些犯罪在严打背景下的临时降温,更与"严打"背景下基层"立案不实"有关。经过职能部门的实时调研与纠正,真实的犯罪形势立刻还原本相,到1989年,刑事犯罪立案率一跃达到每10万人口181.49起,是严打前最高年份(1981)的两倍。更重要的是,此后的中国刑事犯罪虽经公安部门多次"严打"和"专打",但仍一直处于持续高速增长态势。在90年代初对立案标准进行了大幅调整的情况下,刑事犯罪立案数仍然保持了节节攀高的势头,1999年突破了200万大关,2000年突破了300万大关,2001年突破了400万大关,此后一直在高位维持,2009年又突破了500万大关。

改革开放以来,中国的城市化水平增长了2.6倍,而刑事犯罪立案数增长了10.4倍,刑事案件立案率增长了7.48倍。城市化率平均每增加一个百分点,意味着刑事犯罪立案数增加17.7万起。中国城市化进程中犯罪率的变化和世界各国城市化过程中的犯罪没有什么重大不同,都出现了较快的犯罪增长趋势。进一步分析中国城市化和城市犯罪的年增长率情况发现,两个指标的波动情况都比较明显。城市化年增长率起伏较大的是改革初期,整个20世纪80年代可以说是一波三折。进入90年代,除个别年份由于市管县的体制因素引发的重大变动以外,增长速度逐年回落,总体呈现出平稳增长态势。与此同时,犯罪率除了个别年份由于立案标准的调整而有所下降以外,总体上呈现出快速增长态势,在80年代末和20—21世纪之交呈现出两个急剧增长的高峰阶段。

二、城市犯罪类型的变化

城市化对犯罪的另一个重要影响,就是犯罪类型的变化。"工业革命的到来表示与旧的社会秩序的决裂,代之以新的生活方式,结果就出现了各种不同的犯罪类型。"[1] 从世界各国城市化进程来看,总体趋势是暴力犯罪持续下降,而财产犯罪持续上升。正如路易丝·谢利所说,在工业化、城市化过程中,"侵犯财产的犯罪,无论就其总数或个别种类而言,都远远超过侵犯人身的犯罪。在发达国家中,财产犯罪占犯罪总数的82%。其次是侵犯人身罪和有关毒品的犯罪"[2]。在发达国家,财产罪和暴力罪是最主要的犯罪类型,此外,还出现了与现代社会有关的一些新的犯罪,包括计算机犯罪、汽车和航空系统的犯罪,有组织的犯罪,白领犯罪和环境犯罪。[3] 在发展中国家,工业化、城市化过程中的犯罪类型的变化同样如此,财产犯罪已经成为社会秩序最严重的威胁,在联合国关于世界犯罪类型的研究报告中,发展中国家的盗窃罪和抢劫罪的增长是"大量的和严重的"[4]。

改革开放以来,中国刑事犯罪类型的变化和世界各国工业化、城市化过程中犯罪类型的变化趋势基本吻合。首先,财产犯罪占犯罪的绝大多数。历年统计资料表明,中国的犯罪构成中,财产犯罪始终占80%—90%。财产犯罪的具体形式多种多样,盗窃、抢劫、诈骗是最常见的财产犯罪形式,此外还有拐卖人口、走私贩私、制售假币,等等。财产犯罪中最突出的是盗窃犯罪。改革开放之初,盗窃犯罪是最突出的侵犯财产犯罪,占80%左右。到20世纪90年代初,盗窃犯罪的比重开始有所下降,从80%左右下降到不到70%。但这并不代表中国的盗窃犯罪减少了,只是由于立案标准提高了,导致一部分盗窃行为因涉案金额达不到立案标准,转而由公安机关进行治安行政处罚,如行政拘留、劳动教养和社区矫正等。尽管如此,盗窃犯罪仍然有增无减。2009年,盗窃罪占比再次逼近70%。如果我们将新中国成立初期的犯罪构成与今天的中国犯罪构成进行比较就会发现其变化之大。新中国成立初期的中国刑事犯罪最突出的是反革命罪,而今天中国的刑事犯罪和世界各国城市化过程中犯罪类型的变化没有太大的差别,主要表现为财产性犯罪,即使是其他犯罪也带有浓厚的侵财性目的。

其次,传统犯罪和暴力犯罪趋缓,新型犯罪增长迅速。谢利认为,在工业化、城市化过程中,传统乡村中经常发生的与家族有关的犯罪开始消失,有组织犯罪

---

[1] 路易丝·谢利:《犯罪与现代化——工业化与城市化对犯罪的影响》,何秉松译,第39页。
[2] 同上书,第106页。
[3] 同上书,第108页。
[4] 同上书,第68页。

也随着城市化的推进而减少。在中国,这一现象有所不同,中国在大规模的城市化进程开始之前,中国共产党已经在集体化时代对传统的乡村社会进行了深刻的改造。旧中国普遍存在的隐秘社会,如青洪帮、哥老会、大刀会等已经得到根治,卖淫嫖娼、毒品犯罪、车匪路霸、拐卖人口等传统犯罪基本灭绝。改革开放以后,中国在计划经济时代已灭绝的许多犯罪类型如卖淫嫖娼、毒品犯罪、车匪路霸、拐卖人口等开始死灰复燃并急剧蔓延,在经济比较富裕、第三产业发展较快的中心城市表现得尤为突出。中国传统的有组织犯罪也在一定程度上死灰复燃,中国虽然还没有出现普遍性的隐秘社会现象,但类隐秘社会或准隐秘社会的确大量存在,团伙犯罪更是青少年犯罪中非常普遍的现象。

中国的暴力犯罪在改革初期比较突出,但它主要是"文化大革命"的后遗症。改革开放以后,随着中国城市化进程的推进,暴力犯罪在中国刑事犯罪中占比不大,特别是2000年以后,无论是凶杀、伤害还是抢劫,都有一定程度的下降。在2010年前后,受到高度关注的六类犯罪类型中,除了财产诈骗和拐卖人口等谋财性犯罪有所上升外,其余各项犯罪都有不同程度的下降。与此同时,各种新型犯罪大量出现。一是环境犯罪大量增加。如污染水体、大气的犯罪,盗伐、滥伐森林的犯罪,毁坏耕地的犯罪,破坏性采矿的犯罪等。据有关专家研究,我国每年由于环境犯罪造成的经济损失高达2 000亿元以上,远远超过其他各种刑事犯罪造成的经济损失的总和。二是计算机犯罪发展迅猛。互联网的普及与网络社会的到来,为各种网络犯罪提供了便利条件,使犯罪分子可以不受时空限制地隐蔽作案,作案成本减少,作案速度加快,以计算机为手段进行的智能型犯罪增长迅速,特别是各种电信诈骗案件急剧增长。三是危害公共安全犯罪日益突出。20世纪90年代左右,我国危害公共安全的严重暴力犯罪比较猖獗。像持枪暴力犯罪、重大爆炸犯罪、带有恐怖色彩的谋杀、绑架人质犯罪时有发生,特别是边疆地区的"三种势力"进行有组织的恐怖主义犯罪,对社会治安和人民群众的生命财产安全构成严重威胁。对危害公共安全犯罪活动的防范和打击,确保人民群众的生命财产安全是一项非常突出的任务,特别是如何防范恐怖主义犯罪已经成为极为重要的课题。

三、城市犯罪人口的变化

传统社会的犯罪以成年男子为主,但从发达国家的犯罪经历来看,这种以成年男子为主体的犯罪人口特征在工业化、城市化过程中发生了重要变化。青少年犯罪和女性犯罪从根本上改变了各国犯罪的人口学特征。"在许多发达国家,当少年和妇女的犯罪率以前所未有的速度增长时,长期是犯罪者缩影的成年男子的犯罪率实际上在下降。"[1]

中国的犯罪人口在城市化过程中也在悄悄发生变化。这种变化既有与世界各国相同的趋向,也有中国自身的特点。相同的方面是青少年犯罪、女性犯罪、白领犯罪和老年人犯罪都有较大的增长,而流动人口犯罪,特别是进城农民的犯罪则是中国特有的犯罪人口学现象。

(一)青少年犯罪的迅速增长

无论是资本主义国家还是社会主义国家,也无论是发达国家还是发展中国家,青少年犯罪的增长似乎是不可避免的现象。所不同的是,青少年犯罪在发展中国家主要是偷盗,而在发达国家主要是暴力滋事和"肆无忌惮地破坏"。它们的共同特征是喜欢以团伙作案的形式出现。即使是发达国家中犯罪率较低的国家,如日本、瑞士等国,青少年犯罪的上升也是突出的现象。导致这一现象的社会历史背景是工业化、城市化延长了社会成员受教育的过程,并推迟了其进入社会的时间,从而造就了一个所谓的"青少年群体"。这样一个数量庞大的青少年群体的存在,一旦与家庭解体、教育失衡和失业率增长等一些特定因素结合在一起,就会使青少年犯罪不可避免地成为普遍性的社会问题。正如谢利所说,由于缺少传统的家庭环境和有效帮助青少年适应社会环境的学校教育,工业化、城市化过程中的青少年难以成长为受到社会欢迎的人。

中国在工业化、城市化过程中,同样出现青少年犯罪日益突出、未成年人犯罪持续增长的问题。20世纪50年代初期,中国的青少年犯罪率极低。1956年,青少年犯罪仅占全部罪案的18%,1957年增至32.3%。这个百分比一直维持到1965年。"文化大革命"期间,青少年犯罪率大约为总犯罪率的40%—50%。1979年,全国青少年犯罪在总犯罪数中占47.6%。改革开放以后,青少年犯罪进一步上升。到1988年,青少年犯罪已经达到75.7%。1977年18岁以下的未成年犯罪在总犯罪率中仅占1.4%,到1985年达到23.8%,并且青少年犯罪的初次犯罪年龄急剧下降。

---

[1] 路易丝·谢利:《犯罪与现代化——工业化与城市化对犯罪的影响》,何秉松译,第119—120页。

进入20世纪90年代,中国的青少年犯罪处于较为稳定时期,并在整体上出现了下降趋势。[1] 其中1993年、1997年和2002年出现了三次波谷。青少年罪犯占全国罪犯的比重从1990年的57.35%下降到2000年的36.7%,下降幅度超过20个百分点。进入21世纪以后,这一比例进一步下降到2002年的31.05%。但2003年以后开始逐步回升,到2008年达到这一阶段的高峰,2008年以后又开始下降。

然而,在青少年犯罪总体呈现下降趋缓过程中,不满18岁的未成年犯罪却有一定的增长。1994年,全国法院判决未成年罪犯38 388人,2004年达到70 086人,10年间增长了83%,增幅远远超过青少年犯罪及全国罪犯的总体增长情况。[2] 2008年以后,未成年犯罪也出现了下降的趋势,统计数据显示,全国法院判处未成年罪犯人数总体在减少。2008年判处88 914人,2009年判处77 604人,同比下降12.7%,是1997年以来的首次下降。2010年判处68 193人,同比又大幅下降12.13%。[3]

但是,对于青少年犯罪下降的解释却有不同的观点:一种观点认为,这是近年来实行宽严相济刑事政策对未成年人刑事案件发挥作用的结果;另一种观点则认为,近年来中国青少年犯罪比例的下降主要是人口结构变动造成的,青少年人口在总人口中的比例下降是青少年犯罪比例下降的根本原因。[4] 其实,除了这两方面因素外,还有一个因素值得重视。青少年的"犯罪"很多都属于数额较小的盗窃行为,由于立案标准的提高,这些"犯罪"便被排除在立案范围之外,从而导致青少年犯罪比重的下降。

(二)进城农民犯罪的快速增长

在西方发达国家,人们常常关注的是移民犯罪问题。但是,大量研究表明,移民的犯罪普遍低于当地居民,无论是客籍工人还是永久性定居者,虽然不同种族移民群的犯罪率有一定差别,但总体上都低于当地居民。通常人们所关注的文化冲突并没有导致他们在新移居的国家发生更多的犯罪。谢利特别提醒人们要注意两点:一是在发达国家,司法官员由于普遍的敌视,更倾向于愿意逮捕那

---

[1] 鞠青:《中国青少年犯罪演进的定量分析》,《青少年犯罪问题》2007年第5期。
[2] 同上。
[3] 冯树梁:《中国刑事犯罪十论》,法律出版社,2009年,第122页。
[4] 鞠青:《中国青少年犯罪演进的定量分析》,《青少年犯罪问题》2007年第5期。

些有外国背景的人;二是移民大部分是青年男子,这是一个更容易犯罪的年龄群体。但是,这两大类因素都没有影响移民群体保持着比当地居民更低的犯罪率。另外,移民群体的生活和工作条件是更容易导致犯罪的,如居住条件十分拥挤,不能和家人生活在一起,干的是最不愿意干的工作,劳动报酬上常常受到歧视,等等。然而,所有这些都没有影响移民的低犯罪率。[1]

1949年以来,中国虽然有过多次大规模的移民,但这些移民都是有组织的迁移行为,并没有引发突出的犯罪问题。与西方移民犯罪相对应的是中国的流动人口犯罪问题,特别是流动人口的主体——进城农民的犯罪问题引起了犯罪学家的格外关注。

改革开放以前,我国实行严格的二元社会制度,改革开放以后,这一结构被部分打破,出现了一个庞大的进城农民群体,从而引发了我国特有的犯罪人口现象,进城农民的犯罪比例越来越大。20世纪80年代末,我国流动人口7 000多万,流动人口在盗窃、诈骗、抢劫三类案件中已经占到70%以上,在流窜犯中,上述三类案犯占到90%。[2]

到20世纪90年代,我国大城市及沿海城市外来人口的犯罪在全部犯罪中所占比例急剧上升。上海、北京等大城市均在50%以上,广州高达80%,深圳更达97%。[3] 据天津市的统计,1984年新收犯中,农民犯的比例为27.5%,到了1993年达到56.4%。[4] 据公安部的统计,2004年抓获流动人口刑事案件作案成员60.4万人,占全部抓获刑事案件作案成员总数的40%。[5] 深圳市1980年外来人口犯罪只占全部刑事犯罪的26%,1983年增长到50%左右,1997年达到95.1%。外来人员已经成为中国城市化进程中犯罪的最大群体。

进入21世纪以来,外来人口的犯罪问题更加突出,并引起各界的高度关注。据广州市社会科学院课题组2006年的研究显示,广州市每年抓获的犯罪嫌疑人近80%是外来人员,他们中的人90%以上在落网前居住在出租屋。这些外来人员的犯罪形式多为"两抢一盗"。外来人口犯罪占刑事立案的61.7%。

---

[1] 路易丝·谢利:《犯罪与现代化——工业化与城市化对犯罪的影响》,何秉松译,第132—133页。
[2] 冯树梁:《中国刑事犯罪十论》,第122页。
[3] 中国警察学会编:《社会主义市场经济与公安工作论文选》上篇,群众出版社,1996年,第264页。
[4] 熊一新:《试论城市外来农民犯罪的特点、原因与对策》,《公安大学学报》1997年第2期。
[5] 孙春英:《流动人口违法犯罪居高不下,出租屋成为治安盲点》,《法制日报》2005年7月5日。

（三）女性犯罪人口的快速增长

在世界各国城市化过程中，女性犯罪的数量和种类都在增加，发展中国家妇女的犯罪率增长更快。国际警察组织提供的资料，在1960年到1972年的12年中，法国妇女的犯罪率增长了155%，而同期的男子犯罪率只增长了51%。[1]发达国家的妇女犯罪比例在20世纪相当稳定，在各国的犯罪总数中始终保持在1/8到1/5的比率。[2]

在中国，女性犯罪率也在逐年上升，女性的犯罪类型以财产犯罪和性犯罪最为突出。改革开放初期，在公安机关查获的全部作案人员中，男性占绝大多数，通常在97%以上，女性约为2%—3%。但是，改革以来，女性犯罪的绝对数一直在增长。1982年至1989年，女性犯罪增长了72.82%，平均年递增8.13%。[3]在犯罪类型上，女性犯罪出现了男性化的趋势，女性杀人案比男性更加突出。据各地抽样调查资料，女性犯罪正在从过去的盗窃犯罪、性犯罪为主向参与或直接进行暴力杀人、结伙抢劫、诈骗及拐卖人口等严重刑事犯罪活动的方向发展。[4]由于女性犯罪的统计数据较青少年犯罪的数据更加不系统，我们无法找到比较系统的女性犯罪人口的资料，这里以监狱在押人员的数据来看女性犯罪的变化情况。2003年到2009年，在我国监狱全部在押服刑人员中，女性所占的比例从4.3%上升到5.23%。

（四）上层阶层的犯罪大量增加

传统的犯罪被认为主要是下层社会所为，但随着工业化、城市化进程的推进，大量中高社会阶层被卷入犯罪过程。上层阶层或白领犯罪的增加正是城市化进程中犯罪人口变化的一个重要方面。所谓白领犯罪是指"上层的社会经济阶层人员在其职业活动的过程中触犯刑律"，它包括协议压价、欺诈、贪污、偷税漏税、损害信托原则、行贿受贿、在广告和推销中弄虚作假，操纵股票交易等诸如此类的犯罪。[5] 白领犯罪已经成为发达国家中盛行的然而又是"最被低估了

---

[1] 路易丝·谢利：《犯罪与现代化——工业化与城市化对犯罪的影响》，何秉松译，第129页。
[2] 同上书，第128页。
[3] 冯树梁：《中国刑事犯罪十论》，第103页。
[4] 同上书，第105页。
[5] 路易丝·谢利：《犯罪与现代化——工业化与城市化对犯罪的影响》，何秉松译，第109—110页。

的犯罪",它已经对发达国家的社会秩序和社会繁荣构成了一定威胁。中国同样如此,改革开放以来,破坏社会主义市场经济秩序罪快速增长。而这种犯罪主要是上层阶层或白领阶层所为。此外,白领还是计算机犯罪和网络犯罪的重要主体。在城市化过程中,涉及大量贪污、贿赂等腐败犯罪,在城市的建设与改造、基础设施建设、征地拆迁、土地拍卖等部门和领域,在项目审批、工程立项、土地征收、土地批准征用等环节,也是白领犯罪的多发领域。

除了以上几类犯罪人口外,大学生犯罪、老年人犯罪、残疾人犯罪等不同类型的犯罪人口都有不同程度的增长,这种犯罪人口多元化趋势是和整个社会的变迁趋势相一致的。

四、城市犯罪空间的变化

从世界各国城市化进程来看,城市犯罪空间的变化主要表现在以下几个方面:一是犯罪区域的相对集中,贫民窟与犯罪社区的普遍出现;二是郊区城市化导致中心城区犯罪率的升高;三是高层建筑的普遍化导致传统邻里的瓦解和犯罪的增加。但是,我国由于政治体制、社会文化传统、城市化的道路等方面与西方国家的国情迥异,城市犯罪空间的变化也表现出很大的不同。

(一) 刑事犯罪的地区分布

无论是发达国家还是发展中国家,犯罪的地区分布都有大体相同的规律。城市总是聚集犯罪的大本营。但城市与城市之间的犯罪还是有很大的差别,城市犯罪具有很强的地域特点。美国中心城市的犯罪率通常都远远高于其周边地区。2005年人口超过25万的城市的暴力犯罪率几乎是城郊郡县的3倍,是乡村地区的4倍。[1]

中国和世界各国一样,城市犯罪大大高于农村犯罪。但中国与其他国家也有不同。中国的城市化是一个政府主导型城市化,政府的社会政策、经济政策和刑事政策对刑事犯罪的影响很大。中国又是一个地域广袤的国家,地区发展很不平衡,不同地区的自然条件、人文环境和经济发展水平的差异甚至比一些国家之间的差别还要大。因此,中国城市犯罪空间的变化,首先表现在不同区域上的

---

[1] Paul A. Jargowsky Yoon-hwan Park:《原因抑或后果:美国大都市区的郊区城市化与犯罪》,包松涛译,中国社会学会2011年年会论坛。

差异。沿海经济较发达地区同时也是我国刑事犯罪的高发地区。例如,20世纪80年代,东南沿海各省犯罪增幅最大,其中又以广东居首位,1990年比1985年增长近6倍。因此,中国的犯罪空间与经济发展空间的变化步调是一致的。

(二) 城市内部的犯罪分布

世界各国犯罪学家都非常重视对城市犯罪空间分布的研究。中国城市化过程中犯罪的空间分布与其他国家有相同点,但更多地表现出自己的不同点,而这种不同主要是由中国的特殊国情造成的。

首先,中国城市没有出现发展中国家普遍存在的贫民窟现象,因而也没有出现其他发展中国家的所谓"犯罪社区"。按照谢利的说法,贫民窟之所以犯罪率高,是因为人们由农村进入城市后,"农业社会特有的紧密结合的家庭结构和以亲属关系为基础的交往方式都在城市贫民窟中消失了",这些农民进入城市后,不论有无工作都容易犯罪。找到了工作的人挣到钱后不知如何花,容易走上赌博、嫖宿之类的无被害人犯罪以填补失去传统生活方式而产生的空虚;没有找到工作的人又会通过非法手段获取生活来源。由于失去了往日的熟人环境和已有的社会资源,他们很容易成为城市犯罪的主体。[1] 但中国各地出现了类似贫民窟的"城中村"现象,在这些城中村,大量外来人口的聚集,社会治安管理的难度很大,而我国的城市警力配备是以户籍人口为依据的,这就造成许多城市"城中村"治安恶化的问题。

其次,中国城市化过程中也没有出现发达国家城市中心区犯罪高于郊区的犯罪空间现象。在发达国家,犯罪活动多在商业区、繁华街道等公共场所。由于郊区城市化,富人大量向郊区转移,在这种"逆城市化"过程中,中心城区由于人口的密度过大和质量下降,导致市中心的住宅区趋于冷僻、空荡,形成所谓"灰区"。[2] 随着城市中心区的衰落和郊区的快速发展,中心城区成了犯罪率较高的城区,而城市郊区却是犯罪率较低的区域。中国在城市扩张过程中,由于中心城区被优先开发、改造而获得新生,犯罪率并未出现上升现象。相反,由于二元社会政策,导致大量农村人口进入城市后无法永久在城市生活,从而形成一个规模庞大的流动人口群体。这些人中的大部分由于收入水平、消费观念和共同的

---

[1] 路易丝·谢利:《犯罪与现代化——工业化与城市化对犯罪的影响》,何秉松译,第92页。
[2] 伊藤滋:《城市与犯罪》,夏金池、郑光林译,群众出版社,1988年,第18页。

生活处境,大多聚居在各个城市的城乡接合部。在这些流动人口聚集区,一些潜在的犯罪者混迹其中,一旦时间、空间和条件具备,他们随时都可能实施犯罪,从而导致这种城乡接合部逐渐成为中国城市犯罪的高发区域。

五、对城市化与犯罪关系的简要分析

城市化与犯罪之间到底是一个什么样的关系,学术界长期存在争论。在美国犯罪学家看来,它们之间与其说是因果关系,不如说是相互作用关系。城市化从积极的方面来看,能刺激改革、生产和商业贸易,因而能改善人们的生活水平;城市还能为消费者提供丰富多样的商品与服务。然而,城市也是各种社会经济问题积聚的温室。在美国,大都市区的郊区城市化持续几十年的快速发展,住宅和商业活动都逐渐向空间大、人口少的地方转移。中上层社会大量流向郊区,一方面将穷人、移民和其他弱势群体"遗弃"在城市中心的贫民区,另一方面也削弱了市中心解决社会和经济问题的财政能力,从而导致城市贫困的集中化、区域化,使得城市中心区的贫民将犯罪作为一种平常的生存方式,并诱导更多的年轻人走上犯罪的道路。研究显示,美国大城市的郊区城市化不仅重新分配了犯罪行为与受害者,而且促成了水平更高更全面的犯罪活动。在城市化进程影响犯罪的同时,犯罪也在影响着城市化的方向。内城区治安环境的恶化被认为是导致中产阶级撤离的诱导性因素之一,人们总是对犯罪率高的地方"敬而远之",这也成为美国大城市郊区城市化迅速发展的重要因素。

中国城市化的道路和政府的城市化政策与西方有根本的区别,这就必然导致中国城市化过程中的犯罪也与西方国家不同。中国的社会转型并非是从一个传统的社会向现代社会转型,而是从计划经济社会向市场经济社会转型。中国改革开放前的暴力犯罪也不是传统社会中的暴力犯罪,而是"文化大革命"后遗症。改革开放后,以侵财为目的的犯罪不断增长,暴力犯罪相对减少,这是城市化、市场化共同作用的后果,是中国改革开放大环境所引发的观念变迁在刑事犯罪领域的反映。追求物欲享受,追求一夜暴富的拜金主义、享乐主义观念,在一定程度上推动着财产犯罪的增长。

如果说市场化强化了人们犯罪的动机的话,那么,城市化主要是弱化了对个人行为进行社会控制的传统机制。在城市生活中,个人之间的关系和接触往往是肤浅的、单向度的。在城市家庭中,传统的社会化机制遭到毁灭性损害,父母忙于工作往往不能对子女进行适当的照料,而子女由于父母未能给予适当的指导,就会容易接受外界大量不良刺激,从而走上犯罪的道路。从社区的视角来看,现代城市社会只是具有不同观念和利益的人群聚集,社区生活有名无实,居民根本不关心自己的邻居,人们在工作中面临各种各样的精神和物质压力,这种精神上、心理上的疲劳和不安日积月累,使人们对自己的行为不能及时进行理性的思考和调适,这些都容易导致犯罪的增加。

考察中国城市化与犯罪的关系还必须要考虑到中国城市化高度时空压缩的特点。西方历史上的城市化进程大约160年,它是一个渐进的传导与扩散过程,城市化过程中不断产生的利益冲突、结构失衡、制度矛盾等,可以在这个相对宽松的时空过程中释放、缓解和修复。而中国改革开放以来所发生的城市化进程只有30年时间,与西方城市化进程相比,时空分别压缩了5.3倍和3.9倍,卷入的人口则从9.8亿增加到13.4亿。在这样一个高度挤压和紧张的时空中实现城市化,不可避免地导致"历时性矛盾共时性承受",从而催生大量可以预料和难以预料的问题、矛盾和风险。[1] 犯罪的快速增长便是其中之一。

此外,分析中国城市化与犯罪的关系还必须考虑"第三变量",即大量并不必然需要出现的一些宏观因素对城市化进程中犯罪的影响。其中最突出的是整个社会的贫富差距迅速扩大,社会保障和社会福利缺失,流动人口规模庞大,社会管理落后等。

居高不下的收入差距,既增加了对高收入群体实施犯罪的机会与收益,又降低了低收入群体实施犯罪的风险和成本。研究表明,过高的收入差距往往会导致更高的犯罪率。城市化进程伴随着收入差距的不断扩大,必然会对城市化进程中的犯罪问题有放大效果。

原有城市人口的社会保障体系解体和新增城市人口的社会福利与社会保障制度缺失,是影响中国城市化进程中犯罪问题的另一个重大因素。中国的经济改革虽然催生了持续的经济高增长,但同时将教育、医疗、住房和社保等公共产品与服务过快推向市场,导致中国城市居民的社会福利和社会保障水平远远落后于经济增长水平。对于新增的城市人口,特别是那些来自农村的流动人口来说,几乎没有任何社会福利和社会保障措施,使得这些来自农村的流动人口在城市生活中基本不具备抵御各种社会风险的能力,在遭遇无法抵抗的社会风险时,就会有一些人选择铤而走险通过"非法"途径寻求生存之道。更差的劳动条件

---

[1] 叶小文:《城镇化是"天大的问题"》,《当代贵州》2011年第16期。

和社会福利条件,意味着更低的犯罪成本;对外来劳动者的不公平政策,也不可避免地会在犯罪等领域得到反映。

社会管理落后也是中国城市化进程中犯罪问题突出的一个重要影响因素。改革开放后,中国社会的开放性、流动性大大加强,导致城市大量外来流动人口聚集。但是,中国城市的社会管理总体上仍然沿袭着计划经济时代的模式。例如,在城市警力配备上,长期以来都是以户籍人口为依据进行配备的,导致许多外来流动人口集中的社区警力严重不足,无法进行有效社会管理;在一些主要由外来人口构成的新兴城市,警力根本无法维持基本的社会秩序,不得不大量依赖"民间力量"进行社会管理;等等。所有这些必然会影响到中国城市化进程中犯罪的走向。

总之,中国城市化进程中的犯罪与世界其他国家,包括发达国家和发展中国家相比,既有共同点,也有不同点。解决中国城市化进程中的犯罪问题必须要从中国的国情出发,制定与中国城市化道路和中国城市化进程中的社会政策相适应的刑事政策。

新中国刑释人员社会政策的历史演变

一、导言

刑释政策就是有关刑释人员的社会政策。刑释人员在国外被称为"出狱人"。国内学术界对刑释人员概念的界定有狭义和广义之分。狭义上是指被判处有期徒刑以上刑期的罪犯服刑期满后的释放人员;广义上泛指各类刑释解教人员,包括刑满释放人员、假释人员、保外就医人员和解除劳动教养人员,也就是曾被国家行刑机关依照法律执行过剥夺自由刑而被释放的人员。本文所讨论的刑释人员采广义说。

刑释人员是一种具有双重属性的特殊社会群体。一方面,刑释人员存在弱势性。由于长期入狱服刑或强制劳动教养,脱离了社会发展的正常轨道,使得他们出狱后很难适应社会。另一方面,刑释人员又常被标记为社会危险群体。由于服刑中受监狱亚文化的影响,导致刑释后刑罚对其威慑性降低,遇上特定社会环境,先前已有的犯罪心理结构和犯罪行为模式易受激发而被唤醒,从而诱发新的犯罪。因此,制定什么样的刑释人员社会政策,如何对刑释人员进行必要的教育和社会保护,对于维护政治与社会稳定,帮助刑释人员自身顺利回归社会都极为重要。

我国从法律上制定具有近代意义的刑释人员社会政策,最早见之于1910年的《大清监狱律草案》。民国时期,国民政府先后公布了两份文件和一部法律,即1920年的《出狱人保护事务奖励规则》、1922年的《出狱人保护会组织大纲》和1946年的《监狱行刑法》。然而,清末修法并未实施,民国时期由于战事频

原载于《学术月刊》2016年第7期。

繁,社会动荡,出狱人的社会保护也只能停留于一纸法律条文。我国建立、实施并不断完善现代意义上的刑释政策是在新中国建立以后。

新中国成立60多年来,我国刑释人员社会政策的演变大致经历了从"多留少放""四留四不留""分类去留"到全面社会安置帮教的政策演变过程,其基本理念经历了从国家维稳本位向个人权利本位的转变过程。

二、1949—1964年:从"强制劳动"到"多留少放"

1949年10月1日,中华人民共和国正式宣告成立,标志着中国历史进入新纪元。新中国成立初期,各地监狱在罪犯刑满后仍然是按期释放,有的监狱在罪犯刑满前10天,集中进行出监教育,释放时还发给回家路费。[1] 然而,这种国家政权的更替,必然会在犯罪与刑罚这个特殊领域有所体现,犯罪的类型、犯罪的规模、犯罪的结构等,都会与和平时期有所不同。作为一个经历了多年国内战争才建立起来的新生国家政权来说,不仅接收了旧政权的全部监狱及其在押人员,而且在战争中俘获了大量的战犯和旧政权的军警特宪人员,在巩固新生政权的剿匪战斗中俘获了大量的"土匪",以及旧中国长期存在的并与新政权为敌的"反动会道门""反动党团""恶霸"等。这些成分复杂、性质各异的"罪犯"有一个共同的名称,这就是"反革命犯"[2]。

面对手中多达百万以上的"罪犯"如何处理?这对刚刚夺取全国政权的执政党来说是一个政治智慧的考验。如果像战争年代那样,对这些人进行简单的教育后释放,必然对社会秩序甚至对新生的人民政权构成威胁;如果像旧中国那样,将其进行常规的监狱关押,其狱政管理的成本必然高昂。为此,中央决定,根据《中国人民政治协商会议共同纲领》第七条之规定,将通过强制劳动的方式对大批在押人员进行劳动改造。[3]

1951年5月,中共中央在批转第三次全国公安会议《关于组织全国犯人劳动改造问题的决议》的通知(1951年5月22日)中指出:"全国各地羁押的反革命犯和普通犯,已超过百万,这是一个很大的劳动力。为了改造这些犯人,为了

---

〔1〕 麦林华主编:《上海监狱志》,上海社会科学院出版社,2003年,第216页。
〔2〕 据上海某著名监狱1952年在押人员统计,反革命犯占到52%,一般刑事犯罪约占48%。反革命犯的主要成分包括恶霸、特务、土匪、反动会道门、反动党团以及叛徒、汉奸、伪军政人员等。参见吴鹏森:《中国刑事犯罪60年:犯罪与社会的互动》,《安徽师范大学学报(人文社会科学版)》2012年第5期。
〔3〕 《中国人民政治协商会议共同纲领》第七条规定,要惩罚一切反革命犯和其他刑事犯,并且强迫他们在劳动中改造自己,成为新人。

解决监狱的困难,为了不让判处徒刑的犯人坐吃闲饭,必须根据惩办与改造相结合的原则,并适应全国各项建设的需要,立即着手制定通盘计划,组织劳动改造工作。凡有劳动条件的犯人,应一律强迫其参加。关于犯人劳动改造的组织和管理工作应由县一级、专署一级、省市级、大行政区一级和中央一级共五级分工负责。""组织犯人劳动,从事大规模的水利、筑路、垦荒、开矿和造屋等生产建设事业,此事极为艰巨,又极为紧急,必须用全力迅速地加以解决。"[1]强制在押人员进行劳动,把惩办与改造有机结合起来,通过劳动将罪犯改造成为新人,是新中国的狱政管理与旧政权狱政管理的根本区别。

之所以采取这一政策,既与新政权的性质以及相应的政治经济制度有关,也与当时特定历史因素有关。第一,国民经济处于恢复时期,各项事业百废待兴,基础设施建设需要大量劳动力。在押人员中有不少人拥有一定的文化技术知识,通过劳动和教育改造,可以充分发挥其技术专长为国家建设作贡献。第二,朝鲜战争爆发后,国民党残留在大陆的各种敌对势力一时气焰嚣张,大肆散布谣言,进行种种破坏和捣乱活动,甚至袭击政府机关,残害干部、群众。为了巩固政权,保卫人民群众安全,全国开展了大规模的镇压反革命运动。在这种特定的历史时期,将这些在押人员放归社会显然是不合适的。第三,当时正值土地改革运动前后,在押人员中有一些地主恶霸类犯罪分子,民怨极深,若是释放回原籍,必为当地群众所不容。进行强制劳动改造不仅能促使这部分人改造成为自食其力的劳动者,也是对他们自身人身安全的一种保护。

1952年6月,第一次全国劳改工作会议,在罪犯的监管生产、教育改造已经走上正轨的情况下,进一步明确提出了"政治改造与劳动改造相结合、惩罚与改造相结合"的管教方针[2],从而将新中国成立初期对大批在押人员强制劳动的政策进一步制度化,使之成为新中国狱政管理的基本方针和基本特色。

对政权更替时期出现的百万在押人员进行强制劳动改造,虽然还不是正式的刑释人员社会政策,但它包括如何制定刑释人员社会政策的基本理念,并成为新中国制定刑释人员社会政策的一个重要历史起点。

1953年12月,第二次全国劳改工作会议作出决议:"为贯彻劳动改造政策,巩固社会治安,对刑期届满罪犯,应依照不同情况分别进行处理。""决定在今后

---

[1] 中共中央批转第三次全国公安会议《关于组织全国犯人劳动改造问题的决议》的通知(1951年5月22日),参见《建国以来重要文献选编》第二册,中央文献出版社,1992年。
[2] 栾永超、于同良:《监狱工作方针的历史沿革》,载《政法论丛》1997年第6期。

四、五年内对刑期届满的罪犯采取多留少放的原则。"1954年8月26日,政务院第二百二十二次政务会议通过了《中华人民共和国劳动改造条例》,这是新中国建立后至改革前的30年内颁布的唯一一部监狱法规。《中华人民共和国劳动改造条例》(以下简称《条例》)和同时通过的《劳动改造罪犯刑满释放及安置就业暂行处理办法》(以下简称《办法》)的颁布,标志着新中国第一个正式的刑释人员社会政策——"多留少放"政策的最终形成。这一政策的重点在"留",即在押人员刑满释放后,基本上留在劳改农场就地安置就业,不允许返回原籍或者流入社会自行就业。

根据《条例》和《办法》所确定的"多留少放"原则,对劳动改造罪犯服刑期满人员,70%左右留队就业,30%左右释放回家[1],要求对反革命犯、惯盗、惯窃犯应多留,对一般刑事犯和刑期2年以下的反革命犯应少留;远离原地调往外区的犯人除个别具有特殊情况的以外应全部留下;对思想确有悔改,已养成劳动习惯并有家可回有业可就的,可按期释放回家。[2] 具体来说,反革命犯和惯盗犯、惯窃犯85%的人留队,一般刑事犯65%留队。[3]《办法》第二条明确指出"留"的对象与条件:(1)自愿留队,且为劳改机关所需要的人员;(2)没有就业渠道、没有家庭可回的人员;(3)在地广人稀地区接受劳动改造期满后,需要结合移民就地安家立业人员。"留"的具体办法有二:一是在劳动改造管教队内安置就业,并且按照他的劳动条件或者技能评定工资;二是由劳动改造农场划出部分土地或在劳动改造农场附近划出一部分土地,组织集体生产,建立新村。《办法》第五条明确提出"放"的对象和条件:劳动改造效果较好,有生产技能,为社会生产企业部门所需要的人员。"放"的具体办法也有二:一是自行就业;二是由劳动改造机关和劳动部门介绍职业。[4]

"多留少放"政策的形成,既有将新中国成立初期对在押犯人进行强制劳动改造政策进行社会性延伸之意,更是基于当时特定的社会历史背景。第一,由于当时国民经济刚刚恢复,大规模的经济建设刚刚开始,社会难以承受日益增多的刑释人员就业压力。第二,将一些职业性盗窃惯犯留场就业安置,可以避免这些

---

[1] 杨世光、沈恒炎主编:《刑满释放人员回归社会问题专论——回归社会学研究》,社会科学文献出版社,1995年,第25页。
[2] 同上。
[3] 麦林华主编:《上海监狱志》,第221页。
[4] 《劳动改造罪犯刑满释放及安置就业暂行处理办法》,1954年8月26日政务院第222次政务会议通过批准。

人的重新犯罪。第三,鉴于当时以反革命犯占多数的特定罪犯构成,将一大批严重的反革命犯留场安置,显然有利于新生政权的稳定。

总之,20世纪50年代确立的"多留少放"政策,通过将一批可能威胁政治稳定的反革命犯和可能威胁社会秩序的盗窃惯犯留场安置,最大限度地减小了社会不稳定因素,保证了"三大改造"的顺利进行和社会主义过渡时期平稳度过,同时,也与刚刚建立的计划经济体制和国家统一分配就业岗位的计划型就业模式相适应,因此,刑释人员"多留少放"政策于1953年确立后,一直持续到1964年。[1]

三、1964—1978年：从"四留四不留"到"分类去留"

(一) 20世纪60年代中期的"四留四不留"

20世纪60年代中期,中央对刑释政策进行了重大调整,将"多留少放"政策,调整为"四留""四不留"政策。这一重大政策调整主要基于两个方面因素的变化：一是当时的社会历史背景的变化,包括新生的人民政权已经巩固,特别是经受了三年困难时期的严峻考验,国内社会秩序相对稳定,国民经济发展形势向好,社会就业容量扩大,尤其是安置就业的能力在不断提高；二是在押人员成分的根本变化,反革命犯所占的比例已经只占极小部分,劳动人民出身的普通刑事犯占绝大多数,且这些犯刑事案的在押人员中家居农村的又占绝大多数。因此,"多留少放"政策已经明显不能适应当时的主客观环境的变化。为此,1964年,在中共中央批转的公安部党组《关于第六次全国劳改工作会议情况报告》中指出,"过去,劳改罪犯绝大多数是一些老反革命和其它刑事惯犯,在刑满以后,对他们实行'多留少放'的政策,留场就业,这是完全正确的。这几年,犯人的成分发生了很大变化,劳动人民出身的占百分之八十左右"[2],他们释放回家后是可以自食其力成为新人的。由此,第六次全国劳改工作会议对刑释人员社会政

---

[1] "多留少放"政策在初期并未严格执行。据上海监狱志记载,1953年,上海监狱系统罪犯刑满4 084人,放回社会的有2 816人,占69%。1954年,罪犯刑满4 740人,放回社会的有2 516人,占53%。1955—1957年,罪犯刑满13 966人,释放回归社会的8 914人,占63.8%。但1958年后开始严格起来。1958—1962年间,上海监狱系统共刑满罪犯11 179人,放回社会的有3 740人,只占33.5%,其余由政府安置在农场和劳改队就业。参见麦林华主编：《上海监狱志》,第216—217页。

[2] 中共中央批转公安部党组《关于第六次全国劳改工作会议的情况报告》(一九六四年八月十一日)。

策作了较大的调整,"今后,服刑期满的犯人,凡是重大的反革命犯和重大的刑事犯、惯犯,除少数确实改造好了的外,仍然应当留场就业,继续改造。劳动人民出身的一般刑事犯和人民内部犯法分子,刑满后原则上应当释放回家"[1]。具体来说,就是将过去的"多留少放"政策调整为"四留""四不留"政策。"四留"的对象包括:(1)改造不好的;(2)无家可归又无业可就的;(3)家在边境口岸、沿海沿边县和大城市的;(4)放出去有危险本人不想回的。"四不留"对象包括:(1)改造好的;(2)家在农村的(包括在大城市郊区的);(3)家中需要本人的或本人要求坚决的;(4)老弱病残丧失反革命活动能力的。[2] 由此可见,从"多留少放"到"四留""四不留",并不是留放标准本身有多大的变化,原来要留的重大反革命犯和重大刑事犯、惯犯仍然要留场就业和接受继续改造,只是因为这些人在罪犯构成中的比例大幅减少而导致"多留"不成立而已。另外,"多留少放"政策强调的是数量和比例,而"四留四不留"则强调的是留放的具体标准。因此,实施"四留四不留"政策并不意味着"放"的比例就一定会超过"留"的比例。例如,1964—1979年期间,上海监狱系统共计刑满罪犯21 374人,释放回归社会8 595人,只占40.21%。安置在农场和劳改队就业的12 779人,占59.79%。[3]

(二)"文化大革命"初期的"留场保护"

但是,"四留""四不留"政策形成后不到2年,"文化大革命"爆发了。由于"文化大革命"初期国内政局的极大混乱,公安、检察、司法机关被"彻底砸烂","大批劳改工作干警遭到残酷迫害,全国劳改单位被砍掉一半,有些地区几乎被砍光"[4],民主法制荡然无存,社会秩序十分混乱。[5] 一些释放人员回到社会遭到严重的人身迫害或歧视性监管,他们的人身安全、生活就业得不到保障,很多人被批斗,甚至被迫害致死。为此,1966年10月14日,公安部发出了《关于在文化大革命期间劳改单位暂停释放犯罪分子的通知》。通知指出:"各地劳改单位对服刑期满的犯人和期满的劳动教养分子,原则上暂停释放回籍。已经留场就业的人员也暂停清理遣送。某些特殊情况必须放回的,应当经省市公安厅、

---

[1] 中共中央批转公安部党组《关于第六次全国劳改工作会议的情况报告》(一九六四年八月十一日)。
[2] 公安部党组《关于第六次全国劳改工作会议的情况报告》(一九六四年八月五日)。
[3] 麦林华主编:《上海监狱志》,第217页。
[4] 参见《第八次全国劳改工作会议纪要》。
[5] 席宣、金春明:《"文化大革命"简史》,中共党史出版社,1996年,第316页。

局批准,并且要同当地公安机关首先联系好,安置落实,派干部遣送。"这一措施从表面上看似乎是对"四留""四不留"政策的调整,仿佛重新回到了"多留少放"政策轨道,但实际上,这是在"文化大革命"初期国内政局极度混乱情况下的特殊措施,是对刑释人员在特定历史时期的一种特殊保护。[1]

(三)"文化大革命"后期的"分类放留"

到了"文化大革命"后期,随着国内混乱局面的结束和社会基本秩序的恢复,有关刑释人员社会政策变动回归原有轨道,尽量减少刑满释放后的留场劳动。但由于当时中国社会的特殊性,尤其是城市就业压力仍然较大的事实,对于历史遗留下来的战犯和城乡不同来源的刑释人员,采取了不同的政策。一是对于历史遗留的战犯全部进行特赦。1972年12月6日,《最高人民法院、公安部关于继续执行对特赦、刑满释放战犯管理工作有关规定的通知》,要求继续贯彻执行《关于特赦释放战犯安置问题的几项通知》和《最高人民法院、公安部关于加强释放战犯管理工作的联合通知》。到1975年,根据全国人大常委会《关于特赦释放全部在押战争罪犯的决定》,最后一批293名战犯全部被释放并妥善安置。这种对战犯的特赦既有人道主义因素,也有统战的因素。因此,并不属于刑释人员的社会政策的重大调整范畴。二是对于来自农村的一般刑事犯"基本不留",在刑满释放后全部遣送回乡,交给地方政府和基层组织进行监管。三是对于来自大中城市的犯罪人员在刑满释放后,大部分强制留场就业,也有少数遣送回老家农村进行群众监管。这主要是因为当时城市的就业压力大,知识青年都要上山下乡,根本无法解决城市犯罪人员刑释后的就业问题。

四、1978—1984年:从"基本不留"到"全面社会安置"

1978年,中国共产党召开了十一届三中全会,标志着中国进入改革开放和社会主义现代化建设的新时期,国家开始对刑释人员的社会政策进行调整,以服务于新时期改革开放总方针、总政策的必然要求。

(一)调整留场政策

新时期刑释政策调整首先表现为给过去刑满留场人员落实政策。主要内容

---

[1] 杨世光、沈恒炎主编:《刑满释放人员回归社会问题专论——回归社会学研究》,社会科学文献出版社,1995年。

包括:(1)给刑满留场就业有关人员全部摘掉"四类分子"帽子,全部恢复其公民的政治权利。(2)将刑满留场就业人员转为正式工人或农工。对年龄超过转工条件,但享有政治权利,就业五年以上的,参照职工退休退职办法处理,使其老有所养。(3)对刑满留场的知识分子,根据其所学专长,由劳改、就业单位向原工作单位或有关部门联系予以录用。劳改、就业单位需要的,经考核评定相应的技术职称和工资级别,正式录用或聘用为劳改企业干部。对有真才实学,担任厂长、总工程师、科长、车间主任职务的,享受同级干部待遇。在住房、工资、技术津贴、奖金分配以及解决夫妻两地分居等方面,均按照中央和当地政府规定,予以照顾。(4)留场就业人员中的归国华侨,按照国家侨务政策,根据本人要求和实际可能,有的回家,有的转地方企业工作,有的到华侨农场劳动。(5)清理释放和安置原国民党县团级以下党政军特人员。此项政策涉及 4 237 名在押人员和 5.5 万多名原在劳改单位就业人员,全部得到释放安置。(6)对一般留场就业人员落实政策,将劳改单位的劳动力管理纳入国家劳动力管理的统一轨道。对 1981 年以前的刑满留场就业人员,能回家的动员回家,确实无法回家的,按照四种形式逐人明确经济待遇:符合转为正式工人条件的,转为正式工人,享受与社会工人同等待遇;年龄超过转工规定,享有政治权利,就业五年以上,参照工人退休退职办法处理;有劳动能力,因表现不好,不具备工人条件的,按临时工对待,但享有劳改单位就业人员的福利待遇;丧失劳动能力的老、病、残人员,不够退休退职条件的,由劳改单位养起来。

(二)从严控制留场

根据新时期在押人员罪错性质及犯人构成的巨大变化,为了适应新的形势,国家对刑后安置政策再次进行了调整,除极少数人员强制留场就业外,均放回捕前所在地或直系亲属所在地,当地公安机关凭释放证明给予落户,由原工作单位、当地劳动部门、街道或社、队负责安置就业。

少数因特殊原因采取暂时留场就业,主要包括三种情况:一是原在大中城市,刑满时确实无家可归、无亲可投的;二是案情特殊,或罪恶大民愤大苦主不谅解,回家后可能引起严重后果的;三是因公致残,完全丧失劳动能力,家属不愿接回的。对这些人可以暂时留场安置,待具备社会安置条件时,再动员回社会安置。对具有工程师、技术员或四级技工以上水平,劳改生产确实需要的,经劳动部门批准,录用为正式工,评定相应技术职称和工资等级。但其属于社会录用性质,不再属于原来的留场劳动性质。

1981年,第八次全国劳改工作会议根据人大常委会的决定,对罪犯刑满释放安置办法和留场就业人员的政策再次进行了微调。凡是属于人大常委会决定中提出的需要留场就业的人员,刑满释放后予以强制留场就业。根据《关于处理逃跑或者重新犯罪的劳改犯和劳教人员的决定》,对户口原在大中城市的罪犯,刑满释放时具有下列情形之一的予以强制留场就业:劳改犯逃跑后又犯罪的;劳改犯刑满释放后又犯罪被判处有期徒刑的;劳教人员解除教养后3年内犯罪、逃跑后5年内犯罪被判处有期徒刑的;没有改造好的。但对户口原在农村或小城镇的劳改犯,刑满释放时除没有改造好的惯盗、惯窃外,原则上不留场就业。

关于劳改犯在服刑期满时仍然没有改造好的标准是:一贯坚持反动立场,反对党的领导,攻击社会主义制度,诋毁党的路线、方针、政策,态度顽固,情节恶劣,屡教不改的;经常违反监规纪律,拉帮结伙,打架斗殴,抗拒劳动,或传授犯罪伎俩,策划哄监闹事,或有其他违法犯罪行为,经多次警告、记过、禁闭或加刑后没有显著悔改表现的;罪证确凿,不认罪服法,长期无理取闹,严重扰乱改造秩序,影响很坏,屡教不改的;重大反革命犯和严重危害社会治安的刑事惯犯,在服刑期间没有显著悔改表现,刑满后有继续犯罪可能的。对以上几条"没有改造好"的标准,应严格掌握,根据罪犯在改造过程中,有曲折、有反复的实际情况,要全面考察,重点留那些不思悔改,放到社会上有重新犯罪可能的反革命犯和刑事惯犯。

劳改犯刑满后需要强制留场就业的,须经省(市、自治区)司法厅劳改局审核批准。对依法强制留场的人员,根据原案情、刑期和服刑期间的表现,确定一至三年的监督考察期限。考察期满后,分别情况,区别对待。(1)对不属于"一律留场不得回到大中城市"的强制留场人员,期满后,经省(市、自治区)司法厅劳改局批准回原大中城市。(2)对属于"一律留场不得回大中城市"的强制留场人员,期满后作如下处理:表现突出或有重大立功表现,事实证明已改造好了的,经省(市、自治区)司法厅劳改局审核,提请原住地公安机关批准,恢复其城市户口,回原大中城市;在小城市、农村或城镇有亲属愿意接收的,经当地公安机关批准,给予落户。(3)有下列情形之一的,经所在地公安机关同意,可回城落户:老、病、残人员已丧失危害社会可能,需要亲属照料的;家庭生活确有实际困难,需要本人回家照料的;当地或其他地区有单位愿意承担帮教并给予安置就业的。(4)对不具备社会安置条件的人员,经批准留劳改场所就业,符合工人条件的,做合同制工人。

（三）落实社会安置

在从严控制留场的同时,通过一系列政策进一步将刑释人员的社会安置落到实处。1983年5月5日,公安部、劳动人事部、农牧渔业部、教育部、商业部联合颁布了《关于犯人刑满释放后落户和安置的联合通知》,加上同年公布的《最高人民法院、最高人民检察院、公安部、司法部关于劳改犯刑期满后和劳教人员教期满后留场就业的暂行规定》《最高人民法院、最高人民检察院、公安部关于宽大释放和转业安置工作中几个有关政策性问题的通知》等文件,进一步明确了刑满释放人员的落户和安置政策。

1. 落户安置

在中国,落户是公民回归社会的重要环节,为了不使刑释人员因落不了户而流离失所,必须给予刑释人员落实户籍。1983年公安部、劳动人事部、农牧渔业部、教育部、商业部等五部委根据中共中央、国务院审阅同意的《第八次全国劳改工作会议纪要》,联合下发《关于犯人刑满释放后落户和安置的联合通知》,提出今后犯人刑满释放,除强制留场就业的以外,均应放回捕前所在地或直系亲属所在地。当地公安机关凭释放证给予落户。1984年7月16日发布的《国务院办公厅关于做好犯人刑满释放后落户和安置工作的通知》,明确提出,"各级人民政府,并督促各部门、企事业单位、街道、社队,都要从社会治安综合治理的全局出发,提高政策法制观念,统一认识,密切配合,认真做好刑满释放的落户安置和社会帮教工作",从而使刑满释放人员的落户问题有了法律依据。[1]

根据上述几项文件精神,凡1983年5月5日后,犯人刑满释放,除强制留场就业的以外,均应放回捕前所在地或直系亲属所在地。当地公安机关凭释放证给予落户,并对原系农村户口、城市户口、上山下乡的知识青年和下放农村的城

---

〔1〕 1958年公安部《关于执行户口登记条例的初步意见》规定:被逮捕的人犯和被劳动教养的人,根据逮捕机关和劳动教养机关的通知或者家属的申报给予注销户口。1981年,全国人大常委会《关于处理逃跑或者重新犯罪的劳改犯和劳教人员的决定》规定,劳教人员解除劳动教养后三年内犯罪,逃跑后五年内犯罪的,从重处罚,注销本人城市户口,期满后除确实改造好的以外,一律留场就业,不得回原大中城市。其中情节轻微、不够刑事处分的,重新劳动教养或者延长劳动教养期限,并且可以注销本人城市户口,期满后一般留场就业,不得回原大中城市。1983年,《关于严厉打击刑事犯罪活动的决定》再次提出,对七个方面的犯罪分子注销城市户口。1984年,公安部与司法部《关于劳动教养和注销劳教人员城市户口问题的通知》进一步明确规定,审批决定劳教时可以同时宣布注销城市户口。

市居民,以及原系北京、天津、上海三大市(不含所属的县)户口和香港、澳门地区户口的刑满释放人员的落户措施进行了不同的规定[1],从而在户口制度上保障刑释人员的社会安置。

2. 就业安置

落户是前提,就业是根本。对刑释人员进行社会安置的关键是就业安置。根据新的文件精神,对刑释人员实行原籍安置就业,即由原工作单位、户口所在地劳动部门、街道或社、队负责安置就业。由此开始打破了20世纪五六十年代,由国家包分配的计划经济思想的束缚,将刑释人员的安置就业责任由中央转到基层。根据1981年至1984年由国务院办公厅、公安部、司法部、农业部、商业部、教育部、劳动人事部等部门单独或联合下发的有关刑释人员安置就业的文件通知,就业安置的具体方式主要有四种:劳改单位建议安置、原工作单位附条件接收安置、个体工商户方式安置、农业承包方式安置。

对少数在服刑期间保留职工身份的,刑满释放后原单位应予以安置。对已被原单位开除或除名,但改造表现好又符合下列五种情形之一的人员,劳改单位在其刑满释放前,应向原单位提出重新安排工作的建议。原单位如有增人或补员指标,同意接收,经考核合格,可以录用。这五种情形包括:(1)原系大专院校毕业生,或者具有真才实学的科技人员,犯一般刑事罪的;(2)过失犯、渎职犯,或者罪行轻微、刑期在3年以下的一般刑事犯;(3)释放时年龄在30周岁以下的青年;(4)捕前系支内职工、支边青年或已经分配工作的下乡知识青年,家居三大市但不符合回家条件的;(5)服刑期间有重大立功表现的。

捕前无职业或者不符合回原单位安置条件的刑满释放人员,回城后与一般就业人员同样对待,由劳动部门或街道按照现行就业政策,开辟多种渠道,采取各种形式予以安置,如安排做临时工,或由劳动服务公司安排职业技术培训,边学习边劳动等,也可经工商行政管理部门核准,发给营业执照,自谋职业,从事个体工商经营。刑满释放人员回农村的,由所在乡(镇)或社队安置。

3. 生活安置

一是口粮供应。刑满释放人员刑释回归途中,由劳改单位免费发放口粮。回归后由劳改单位所在地和刑释人员户口所在地的粮食部门相互配合办理口粮供给转移手续,由此来保证刑满释放人员回归社会后最基本的生活所需。

---

[1] 1983年五部委联合下发的《关于犯人刑满释放后落户和安置的联合通知》。

二是对于刑释后丧失劳动能力的,由其直系亲属或其他亲友赡养。确有困难的,由当地政府予以适当补助。

4. 就学安置

原系在校学生,刑满释放后,符合学龄规定、现实表现好并经考试合格的,允许复学,并可按规定报考高等院校、中等专业学校、各类职业学校或业余学校。这不仅保证了刑满释放人员的"受教育权",也使教育在刑释人员回归社会过程中开始发挥重要的作用。

根据几个大城市的抽样调查,北京市刑释人员安置率从1983年至1990年平均为83.4%,1988年达90.2%;上海市1982年至1986年平均安置率为79%,其中安置在国营企业和集体企业的占42.6%,从事个体经营的占26.9%,其他占9.5%。天津市平均安置率为85%。[1]

五、1984—2004年:社会安置与帮教相结合

1984年11月5日,公安部、司法部下发《关于加强对刑满释放和解除劳教人员教育管理工作的通知》,强调要在党委、政府的统一领导下,组织各方面的力量,通过承包责任制的方式对刑释人员实施就业、教育的帮教。所谓承包,就是要对刑释人员包管、包教、包思想转化。责任制的形式可以建立帮教小组,也可以责成专人负责。帮教小组由当地公安派出所和本单位保卫组织、街道、社队等基层单位负责建立。帮教的主要内容为落户就业、安置就学、思想教育等。帮教的主要对象为刑满释放人员、被清理遣返的留场就业人员以及解除劳教人员[2]。然而,这种受农村改革中家庭承包思路的影响而制定的刑释人员帮教承包办法,实践效果并不理想[3]。但是,这一文件中所提出的安置与帮教并举的思想仍然在后来一段时期的政策中得到延续和肯定。它标志着我国刑释人员社会政策开始由单纯的社会安置转向安置与帮教相结合的综合性方向发展。

1991年3月2日,全国人大常委会通过了《关于加强社会治安综合治理的

---

〔1〕 参见1992年8月中华人民共和国国务院新闻办公室发布的《中国改造罪犯的状况》白皮书。

〔2〕 1983年的《关于犯人刑满释放后落户和安置的联合通知》中并没有明确20世纪80年代刑释人员安置帮教对象包括解除劳动教养的人员。但在1984年由公安部、司法部下发的《关于加强对刑满释放和解除劳教人员教育管理工作的通知》中明确指出:国务院办公厅《关于做好犯人刑满释放后落户和安置工作的通知》(国办发[1984]55号文件)和1983年公安部等五部委联合下发的《关于犯人刑满释放后落户和安置的联合通知》同样适用于解除劳教的人员。

〔3〕 该文件已于2002年废止。

决定》,明确规定,要加强对违法犯罪人员的教育、挽救、改造工作,妥善安置刑满释放人员,减少重新违法犯罪。1992 年,我国开始确立社会主义市场经济体制,计划经济时期国家统一分配和安置就业,对刑释解教人员实行指令性安置办法无法继续,开始被"政府指导,社会参与,自谋职业、自主择业"的刑释解教人员社会政策所取代,并逐步建立起安置市场化、帮教社会化、管理信息化、职责规范化的安置与帮教并举的新模式。1994 年,中央社会治安综合治理委员会、公安部、司法部、劳动部、民政部、国家工商行政管理局等六部委公布《关于进一步加强对刑满释放、解除劳教人员安置和帮教工作的意见》(以下简称《意见》)提出,在建立社会主义市场经济体制的新形势下,原有的某些安置和帮教措施已不完全适用,要对刑满释放或解除劳教 3 年之内,没有生活出路和有重新犯罪倾向的人员进行重点安置和帮教,通过安置、帮教工作,力争使大多数刑释解教人员增强改过自新的信念和就业能力,在就业、上学和社会救济等方面不受歧视,实现生活有着落,就业有门路。这是我国在实行社会主义市场经济体制下如何保证刑释人员能够顺利回归社会的重要措施,也是我国刑释人员社会政策的重大进步。根据 1994 年的文件精神和后续几个文件的内容,逐步完善了安置帮教工作的性质、对象、工作内容和工作方法。

第一,明确安置帮教措施的非强制性。20 世纪 50 年代的留场就业安置、60 年代"四留"人员的国家分配政策都具有继续改造性质,80 年代安置帮教的扶助和管理仍然具有强制性。1994 的《意见》明确了安置帮教的引导、教育属性和非强制性,是对特定对象进行的一种非强制性的引导、扶助、教育、管理活动。

第二,强调安置帮教对象的特定性。1984 年 11 月 5 日,公安部、司法部下发的《关于加强对刑满释放和解除劳教人员教育管理工作的通知》规定,刑释人员、解教人员及被清理遣返的留场就业人员均属于我国安置帮教的对象。1994 年的《意见》明确指出,该项工作的对象仅限定在有重新犯罪倾向的和生活出路有困难的刑满释放或解除劳教 3 年之内的人员。将安置帮教对像严格限定在有限范围内的原因有三:一是因为安置帮教的性质已经从一种强制性行政管理措施转变为是一种非强制性的帮扶活动;二是因为安置帮教的目的是帮助回归社会有困难的刑释人员顺利回归社会,而不是针对所有刑释人员;三是因为我国经济持续快速的发展,就业机会的增多,大多数刑释人员已经能够自行回归社会。

第三,确定了安置帮教工作基本框架。1994 年的《意见》明确将安置帮教工作的内容确定为技能培训、就业帮扶、生活帮助、思想教育、犯罪预防、安置帮教衔接六个方面。这六个方面内容可以归结为四个环节:(1)释放前的教育与培训。通过释放前监所内的思想、技能等的教育和培训,为其释放后更好地适应社会做准备。(2)释放过程中的帮教衔接。做好档案及相关材料等在监所和刑释人员户籍所在地公安机关、接收单位之间的移交等工作。(3)释放初期的生活与就业帮扶。通过引导、扶助其生活就业问题,使其顺利渡过回归初期的不适应期。(4)释放后的重新犯罪预防。研究、落实预防刑释人员重新犯罪的措施。

第四,实现了安置帮教工作方法的根本转换。由行政手段为主逐渐向法律手段、经济手段为主转变;由部门行为为主逐渐向政府行为、社会行为为主转变;由引导、提倡为主逐渐向制定工作目标、落实工作责任为主转变。通过这些转变着眼于激发安置帮教对象奋发向上、自强自立的精神,化消极因素为积极因素。

第五,明确了安置帮教工作的责任主体。由司法部基层工作指导司负责组织指导对刑满释放人员和解除劳动教养人员的安置帮教工作。[1]将刑释人员安置帮教工作纳入社会治安综合治理的组织体系。各级政府特别是基层政府及基层政法组织如乡镇、街道公安派出所、人民法庭等政法基层组织、基层自治组织如村(居)委会、人民团体和群防群治队伍,及其他社会组织是实施帮教工作的重要责任主体,基本结束了20世纪80年代以来对刑释人员安置帮教有政策无组织实施的窘境。

六、2004—2014年:从"二维支柱"到"四维支柱"

进入21世纪以来,由于社会主义市场经济的深度发展和城市化进程的加速推进,改革以来所建立起来的社会安置帮教工作体系的前提与基础已经发生了重大变化,改革以来逐步形成的社会安置帮教工作面临着严峻挑战。一方面,由于就业形势严峻,刑释人员就业的完全市场化意味着对刑释解教人员最有吸引力、关乎其切身利益的就业安置已名存实亡;刑释解教人员前来求助,安置帮教机构既无安置基地支持,又无帮扶经费保障,因而解决不了实际问题。另一方面,由于城市化建设加速,部分刑释人员原居住地被拆迁,造成人户分离,按原户籍地址查找回归人员十分困难。部分刑释人员被判刑时登记的居住地为租住地,租赁关系因被判刑而终止。这些人刑释后既不到公安机关落户,也不到安置帮教机构报到,只见档案不见人,按原先的地址去查找往往失去线索,必然使安

---

[1] 参见1998年《国务院办公厅关于印发司法部职能配置、内设机构和人员编制方案的通知》。

置帮教工作陷于被动而无法落实。

为了更好地解决刑释人员的社会回归,形成符合国情并有中国特色的刑释政策,中央开始在改革以来所形成的安置与帮教并举的工作体系基础上,进一步探索加强刑释人员的社会保障与人权保护问题,从而将我国的刑释政策从安置与帮教的二维支柱推进到安置、帮教、保障和保护四维支柱。

首先,努力探索建立健全刑释人员的社会保障体系。2004年,中央综合治理委员会、司法部、公安部、劳动和社会社会保障部、民政部、财政部、国家税务总局、国家工商行政管理总局联合下发了《关于进一步做好刑满释放、解除劳教人员促进就业和社会保障工作的意见》,提出要适应国家就业政策和社会保障工作的发展变化情况,积极探索促进就业和社会保障工作的新途径。在帮助和引导刑释人员依靠自身努力实现就业的同时,制定并落实积极的政策措施,使他们获得相应的社会保障或临时社会救济。对城市籍的刑释解教人员其家庭人均收入低于当地最低生活保障标准的,纳入当地政府低保范围,实现"应保尽保"。符合条件的,享受、恢复失业保险金、养老保险金。农村籍的刑释解教人员,在刑满释放、解除劳教回原籍居住地后,应及时落实责任田(山、地)。因无生活来源造成生活困难的,可领取地方政府临时社会救济。城市(含城镇)户籍的刑释解教人员在服刑、劳教前已参加失业保险或正在领取失业保险金,其刑满释放或解除劳教后,符合条件的,可以按规定享受或恢复失业保险待遇。对被判刑或劳教前已经参加企业职工基本养老保险的刑释解教人员,重新就业的,应按国家有关规定接续养老保险关系,按时足额缴纳养老保险费;达到法定退休年龄的,按规定享受相应的养老保险待遇。对被判刑、劳教前已领取基本养老金的刑释解教人员,可按服刑或劳教前的标准继续发给基本养老金,并参加以后的养老金调整。

2008年《国务院办公厅关于印发司法部主要职责内设机构和人员编制规定的通知》指出:司法部基层工作指导司对刑满释放人员和解除劳动教养人员帮教安置工作应起到指导监督的作用。

其次,进一步加强刑释人员的人权保护。早在20世纪50年代初,有关部门就在探讨刑释人员的复权问题。改革开放以后,随着司法理念的转变,对于刑释人员的权利保护越来越重视,强调要对刑满释放人员不歧视、不嫌弃,做好他们的就业安置工作,给他们参加学习、工作、劳动的机会,促使他们顺利回归社会。1994年12月,全国人大常委会通过的《中华人民共和国监狱法》,明确规定刑释人员依法享有与其他公民平等的权利。1999年颁布的《预防未成年人犯罪法》规定:"依法免于刑事处罚、判处非监禁刑罚、判处刑罚宣告缓刑、假释或刑罚执行完毕的未成年人,在复学、升学、就业等方面与其他未成年人享有同等权利,任何单位和个人不得歧视。"

对刑释人员的权利保护更重要地体现在少年司法保护制度的建立与完善方面。自1991年通过《未成年人保护法》后,中国开始在立法和法律适用上加强对未成年人的司法保护,积极探索未成年人犯罪的前科消灭制度。2003年12月,河北省石家庄市长安区法院在全国率先提出了《"未成年人前科消灭"实施办法》;2006年11月,上海市人民检察院宣布,全面推广试行未成年人刑事案件"污点限制公开制度";2007年5月,四川彭州市人民法院颁布了《关于"前科消灭"制度的实施意见(试行)》;2010年7月,江苏省徐州市贾汪区人民法院等10部门颁布了《关于建立未成年人犯罪"前科消灭"制度的暂行规定》。此后,山东德州、福建南平等地也先后出台了未成年人犯罪"前科消灭"制度。在各地积极探索的基础上,新修订的《中华人民共和国刑法》第六十五条规定,不满18周岁的未成年人在5年内重新犯罪的,不作为累犯从重处罚;第一百条规定,被判处5年有期徒刑以下刑罚的未成年人,免除前科报告义务。这标志着我国少年司法保护制度向前大大推进了一步,从而为构建统一的未成年人犯罪前科消灭制度奠定了基础。

至此,我国的刑释政策从安置和帮教并举的二维体系进一步推进到由就业安置、思想帮教、生活保障和权利保护的四维体系,初步形成了符合社会主义市场经济环境要求的有中国特色的刑释人员社会政策体系。

七、结束语

纵观中国刑释政策60多年的演变历史,可以发现其变动的基本轨迹是与中国社会宏观环境的变动相适应的。无论是改革前后两个历史时期刑释政策的重大差别,还是每个历史时期内刑释政策许多小的调整,都和整个中国社会的政治变迁紧密相连。在改革开放前,对刑释人员的社会政策主要是通过"文件"来规范的,在依法治国作为一项基本国策确立下来后,对刑释人员的社会管理逐步纳入法治轨道。在60多年的刑释政策演变中,既有变的一面,也有不变的东西。始终坚持不变的是"给出路",这一条的长期坚持反映了我国刑释政策的基本性质和基本精神。从变的角度来看内容很多,但最根本、最关键的是制定刑释政策的出发点,开始从国家和社会的维稳本位向公民权利本位的转换。在过去几十年的刑释政策中,无论是"放"还是"留",包括改革开放初期的社会安置与帮教,其政策的出发点主要是维护政治与社会的稳定,较少考虑刑释人员的公民权利。刑释人员虽然已经刑满释放,但仍然被当作"危险分子"看待,常以"社会隔离"和"看紧看牢"待之。经过改革开放以来持续不断地思想解放和法治洗礼,特别是建设社会主义法治国家的目标的确立,制定刑释政策的基本理念也开始转变。在一个法治社会,必须坚守罪刑相适应的基本原则。一个人犯了罪,就要受到相应的刑法处罚,但是,当其刑满释放后,他就成了一个自由人,理当恢复其应有的公民权利。社会不能为了预防其重新犯罪,将其继续作为"罪犯"进行隔离或监管。唯一可行之路是通过社会的安置帮教和必要的生活保障与权利保护,使其顺利回归社会。正因为如此,我们有理由相信,虽然中国现行刑释政策还有这样那样的问题需要不断加以完善,但随着中国法治进程的推进与社会文明程度的提升,中国刑释人员社会政策一定会与时俱进,变得更加科学合理。

第 12 章
DI SHI ER ZHANG

史学范式的转换与中国近代社会主要矛盾新说

改革开放以来,中国的史学研究发生了翻天覆地的变化。在中国近代史研究中,一个突出的表现是从革命范式向现代化范式的转换。从现代化的角度来看中国近代史,无论是"改良"还是革命,无论是中体西用还是西体中用,无论是以农立国还是以工立国,无论是走西方式民主道路还是走苏联式集权道路,在本质上都是中国在全球性现代化浪潮中对中国如何走向现代化道路的一种选择。一个多世纪以来,在中国历史舞台上上演的大剧与小剧,长剧与短剧,悲剧与喜剧,闹剧与丑剧,无不打上了"现代化"的烙印。于是人们把这种研究称之为"现代化范式"[1],并将先前的以阶级斗争和政治革命为主题的近代史研究称之为"革命范式"或"阶级斗争范式"。"现代化范式"的理论核心是"一元多线历史发展观"[2],它与过去的"革命范式"相比,不仅有其独立的理论品格,而且有一套特有的概念和话语系统。[3] 更重要的是,这种研究范式的转换,大大扩展了中国近代史研究的理论视野。[4]

"史学的新进展"国际研讨会(扬州,2006)会议论文,原载于《南京师大学报(社会科学版)》2007年第1期。

[1] 董正华先生认为,将这种新的研究视为一种"现代化"的史学"范式",缘起于美国学者德里克的专论"中国近代史研究中的当代危机"。参见德里克:《革命后的史学:中国近代史研究中的当代危机》,《中国社会科学辑刊》1995年春季卷。

[2] 罗荣渠:《现代化新论》,北京大学出版社,1993年,第52—80页;罗荣渠:《现代化新论续篇》,北京大学出版社,1997年,第52—57页。

[3] 罗荣渠先生提出了一系列的概念与命题,例如,"现代化"还是"近代化","四个趋势论""三种矛盾说""三次模式转换说",等等。尽管对这个概念和命题可以有不同的认识,但它确是研究范式转换带来的新话语。

[4] 但是,对于这两种研究范式的关系尚存在争论,学术界大多将其并列为两种不同的研究范式。本人更主张将革命范式包容在现代化范式之中。

本文正是在这种现代化范式引导下,重新探讨中国近代社会的主要矛盾,在分析传统革命范式下的中国社会主要矛盾理论的基础上,提出中国近代社会主要矛盾的新说,以期引起学术界的批评与讨论。

一、革命范式下中国近代社会主要矛盾的判断及其困惑

关于中国近代社会的主要矛盾问题,过去我们主要从革命的思维出发进行思考,认为帝国主义和中华民族的矛盾、封建主义与人民大众的矛盾是近代中国社会的主要矛盾,因此,中国革命的任务就是反帝反封建。这样一种认识可以追溯到20世纪20年代,当时,中国共产党虽然成立不久,但已经开始根据中国的国情,在列宁和共产国际的帮助下提出了这个近代中国社会主要矛盾的观点。如果说中国共产党在第一次代表大会上还没有能力把反对帝国主义、反对封建军阀的民族民主革命同消灭一切剥削、消灭私有制的社会主义革命区别开来,那么,党在第二次全国代表大会上就已经认识到这个问题了。因为当成立不久的中国共产党真正投身于中国革命后,在现实的政治运动中很快发现,在半殖民地半封建的社会条件下,中国人民迫切需要的不是社会主义革命,而是民族的独立和解放。帝国主义势力的侵略、封建军阀的统治,像两座大山一样压在中国各民族、各阶层人民的头上,中国革命不首先推倒这两座大山,国家就不能独立,人民就不能解放,社会主义、共产主义的理想更加谈不上。[1] 所以中国共产党在1922年6月15日发表的《中国共产党对时局的主张》中就提出,必须用革命手段打倒帝国主义和封建军阀,建立民主政治。在随后召开的党的二大上,进一步提出了党的最低纲领。这表明,中国共产党在这时已经认识到了当时中国社会的主要矛盾问题,其后逐步形成了近代中国社会主要矛盾的理论。这个理论有效地指导了中国共产党如何正确地制定中国革命的纲领和一系列路线、方针和政策,为中国革命指明了正确的斗争方向,使中国革命得以不断走向胜利。因此,关于中国社会主要矛盾的理论是中国革命理论的重要组成部分,是中国共产党制定路线方针政策、制定中国革命的战略和策略的理论基石之一。

但是,对于这样一个关于中国社会主要矛盾的认识,历来就有许多争议。这种争议主要反映在这一主要矛盾的具体解释上。争论的中心问题是:一个社会为什么有两个主要矛盾?如何理解这两个主要矛盾的关系?纵观学术界历年来

---

[1] 中共中央党史研究室:《中国共产党历史》上册,人民出版社,1991年,第68页。

的讨论,大体上有三种不同的观点。

第一种观点认为,在近代中国社会的两大主要矛盾中,帝国主义和中华民族的矛盾是最主要的矛盾。这一观点认为,近代中国之所以贫穷落后,不能从封建制度发展到资本主义制度,难以生长和发展民族资本,其根本原因就在于帝国主义的侵略和压迫。"中国人从来就是一个伟大的勇敢的勤劳的民族,只是近代落伍了。这种落伍,完全是被外国帝国主义和本国反动政府所压迫和剥削的结果。"[1]他们认为,半殖民地半封建中国的反动政治势力,主要就是帝国主义及其支持和操纵下的封建军阀、地主阶级和官僚买办阶级。而帝国主义又是统治中国的中心势力,是维护封建关系和阻止资本主义的主要原因。封建势力是帝国主义统治中国的社会基础,帝国主义是封建势力维护其反动统治的靠山,两者相互利用和勾结,共同主宰中国,残酷地剥削和压迫中国人民,这乃是造成中国内战不断和长期贫穷落后的总根源。正如毛泽东曾在《中国革命和中国共产党》一文中明确指出的:"帝国主义和中华民族的矛盾,封建主义和人民大众的矛盾,这些就是近代中国社会的主要矛盾……而帝国主义和中华民族的矛盾,乃是各种矛盾中的最主要的矛盾。"[2]这种观点曾经影响很大。

第二种观点认为,在近代中国社会的两大主要矛盾中,封建主义和人民大众的矛盾才是最主要的矛盾。第一,毛泽东在《中国革命和中国共产党》一文中提出帝国主义和中华民族的矛盾是最主要的矛盾的说法,只是毛泽东和中国共产党人在当时抗日战争特殊条件下的一种认识,它并不符合毛泽东同志本人的一贯思想。第二,这种观点是一种外因论,不符合马克思主义哲学的基本原理。造成近代中国落后的主要原因,特别是1840年以前的原因主要是封建主义。毛泽东在同一篇文章中也说道:"地主阶级这样残酷的剥削和压迫所造成的农民的极端的穷苦和落后,就是中国社会几千年在经济上和社会生活上停滞不前的基本原因。"[3]封建主义和人民大众的矛盾属于内因,帝国主义和中华民族的矛盾属于外因,帝国主义利用中国封建主义造成中国的落后而入侵中国,并通过中国的封建主义来统治中国人民,因此把帝国主义与中华民族的矛盾作为最主要矛盾是违背马克思主义的唯物辩证法的。人们常说,"落后就要挨打",这说明挨打只是结果,而非原因,落后才是原因。第三,从近代中国人民反帝反封建的整个

---

[1]《毛泽东选集》第5卷,人民出版社,1976年,第5页。
[2]《毛泽东选集》第2版第2卷,人民出版社,1991年,第631页。
[3] 同上书,第624页。

过程来看,中国人民斗争的锋芒主要是指向封建主义。太平天国、戊戌维新、辛亥革命、大革命运动、土地革命、解放战争等都是以封建主义为斗争目标或以封建主义总代表的军阀为目标,这些斗争占了近代中国历史的大部分时间。可见从总体上看,封建主义与人民大众的矛盾是近代中国社会最主要的矛盾。[1]

除了上述两种基本观点之外,还有一种观点认为,这两个矛盾不能说哪一个是最主要矛盾,但也不是说两大矛盾是完全平行的、并列的、不分主次的,从总体上说,这两大矛盾构成了近代中国社会的主要矛盾,但具体到某一个历史时期,则只有一个最主要的矛盾。近代中国社会不同时期有不同的最主要矛盾。如鸦片战争和甲午战争、八国联军战争和抗日战争时期,帝国主义与中华民族的矛盾就是最主要矛盾,在这些时期,除少数叛国分子外,国内各阶级、各阶层都能暂时团结起来,反对帝国主义侵略,封建主义与人民大众的矛盾也都暂时地降到次要和服从的地位;而近代中国的其他时期,如太平天国、洋务运动、戊戌维新、辛亥革命、国民革命、土地革命、解放战争等时期,则是封建主义和人民大众的矛盾成为最主要的矛盾。近代中国的历史表明,虽然两大矛盾都存在,但在每一时期却只有一个最主要矛盾。正因为在不同时期有不同的最主要矛盾,所以中国人民革命斗争的矛头在不同时期有不同的指向。持这种观点的人还特别指出,把帝国主义与中华民族的矛盾作为最主要的矛盾还犯了一个宏观概括与微观叙述之间的逻辑混乱,并陷入自相矛盾。如有些中国近代史著作前面把帝国主义与中华民族的矛盾当作近代中国社会的最主要矛盾,后面在抗日战争时又说帝国主义与中华民族的矛盾"上升"为最主要矛盾。既然已经或一贯是最主要矛盾,何来最主要矛盾的"上升"呢?[2]

以上三种观点各自立场鲜明,针锋相对,争论激烈。但是我们也要看到,这三种观点虽然立场不同,却有一个共同点,就是都承认帝国主义与中华民族的矛盾、封建主义与人民大众的矛盾是近代中国社会的主要矛盾,而且这三种观点的目标是相同的,都是想克服一个理论问题:为什么一个时代有两个主要矛盾?其分歧只不过是解释这一理论难题的观点不同而已。

但是,无论上述哪一种观点都无法帮助人们摆脱面临的理论困惑。因为这三种观点在理论上都是有缺陷的。它们既要承认近代中国社会有两大主要矛

---

[1] 王付昌:《对近代中国社会主要矛盾的思考》,《中山大学学报(社会科学版)》1993年第1期。
[2] 同上。

盾,又要论证在一个时代只能有一个主要的矛盾,这就使它们陷入一个无法自拔的逻辑悖论。至于其各自不同的具体观点不过是它们想解脱这一困境所提出的不同方法。前两种观点的方法是在两个"主要矛盾"中指定一个矛盾具有更高层次性,赋予其"最主要矛盾"性质;后一种观点的方法则是把主要矛盾所发挥作用的历史时期加以细分,将统一的近代中国社会的主要矛盾变成了在每个具体历史时期甚至是具体历史事件中的主要矛盾。

应该说,从方法论上讲,这两种方法都是错误的。前一种方法实际上是在玩文字游戏。主要矛盾是相对于次要矛盾而言的,主要矛盾就是能够左右当时社会其他矛盾的矛盾。按照唯物辩证法的观点,"在复杂的事物的发展过程中,有许多的矛盾存在,其中必有一种是主要的矛盾","其他则处于次要和服从的地位"[1]。把社会矛盾区分为主要矛盾与非主要矛盾(或次要矛盾),是社会实践的需要。正如毛泽东同志所说,抓住了主要矛盾,就抓住了当时工作的重心,也就是抓住了"牛鼻子","捉住了这个主要矛盾,一切问题就会迎刃而解了"[2]。如果还有一个什么"最主要矛盾",主要矛盾也就不存在了,即使存在也不能称其为主要矛盾了。否则我们还可以在最主要矛盾前面再加上"最最主要矛盾",这岂不陷入"文化大革命"时期的"最最最"文字游戏现象中去了吗?

后一种观点玩的是一种偷换命题的逻辑游戏。任何一种主要矛盾的运行都具有鲜明的时效性,即每种历史矛盾总是与一定的历史时期相联系的,如果改变矛盾的历史时期,必然也就使矛盾的性质发生变化。例如中日两国之间侵略与反侵略的矛盾只能存在于日本侵略中国期间,不可能在之前或之后。而近代中国社会的主要矛盾,就是指在近代中国社会整个历史时期内一直起作用的矛盾。如果将矛盾的作用时间从整个近代中国社会分解到近代中国的各个具体的历史时期,显然是偷换命题,这在逻辑上是错误的。如果按照这种方法,我们可以将主要矛盾任意进行改变,例如可以说在红军长征途中的主要矛盾是纠正党内的错误路线和确立正确领导,在 1941 年抗日战争最困难时期的主要矛盾是生产自救等,从而使主要矛盾不断地转换。把历史时间段划分得越短,则所谓的主要矛盾也就越多。显然,用近代中国历史中某些事件发生过程中的主要矛盾来说明近代中国社会长期存在的主要矛盾是不成立的。

---

[1]《毛泽东选集》第 2 版第 1 卷,人民出版社,1991 年,第 320、322 页。
[2] 同上书,第 322 页。

上述几种观点之所以存在缺陷,关键是囿于成见,把"帝国主义与中华民族的矛盾、封建主义与人民大众的矛盾是近代中国社会的主要矛盾"这样一个理论和观点当作不可怀疑的表达形式和既定前提。在必须承认两个主要矛盾同时存在的前提下,论证主要矛盾只有一个,只能采取玩文字游戏或偷换命题的手法。

二、现代化范式与近代中国社会主要矛盾新说

为了摆脱这一方面理论研究面临的困惑,必须跳出上述逻辑陷阱。如果我们从革命范式转向现代化范式,从现代化的视角来审视近代中国社会所面临的时代主题以及所面临的主要任务,就会得出全新的判断和结论。

不可否认,近代中国社会确实存在着帝国主义与中华民族之间、封建主义与人民大众之间的两大矛盾。但是这两种矛盾为什么会发生呢?关键是近代以来,世界已经发生了前所未有的变化,一种新型文明已经悄然改变了整个世界。工业革命完成以后,现代化作为一种以工业化为基础的新型文明在欧洲兴起,并以历史上从未有过的速度向全世界扩张。世界各国或迟或早、或主动或被动、或积极或消极,都被卷入现代化的潮流之中。一切与之相关的历史都要用现代化这个坐标来进行衡量和评估。中国的近代社会不是一个自身孤立发展的历史,也不是一个中国与列强的"双边"关系史,而是人类文明史上全球化和现代化进程中的一个重要组成部分。处于这一过程中的中国所发生的一切重大现象,都必须放到全球化和现代化的历史进程中才能得到全面理解。

在这一世界历史阶段,中华民族面临的最大课题是如何适应时代潮流,实现自身的现代化。中华民族曾经创造过灿烂的古代文明,当现代文明遍行世界之时,中华民族必然要提出现代化的要求。中国人民希望在这一历史大变迁中能够掌握自己的命运,能够变被动为主动,迎头赶上世界潮流,尽快实现中华民族的现代化。但是,近代中国的现实恰恰相反,不仅不能适应世界的潮流,而且自身在急剧地衰落和解体。上层统治集团腐败无能,整个社会在迅速沉沦,其社会整合能力和凝聚能力都在迅速下降,使中国当时的政府和整个政治体系完全丧失了现代化的领导能力。同时,帝国主义出于自身的利益需要,又千方百计要扼杀和阻止中国的现代化进程,企图把中国永远变成外国的原料产地和商品倾销市场。因此,中国人民要实现中华民族的现代化,必须扫除上述两股阻碍现代化的势力,由此就形成了帝国主义与中华民族之间、封建主义与人民大众之间的两

大矛盾。可以说这两大矛盾实际上是同一时代矛盾的两种具体表现形式。

由此可见,反帝反封建是为中华民族的现代化创造必要前提的两大历史任务,中华民族只有扫清了前进道路上的这两大障碍,才能进行现代化建设。实际上,在20世纪30年代,有的中国学者已经指出,中国现代化不成功的真正原因在于"封建传统和外来强权","要根本上排除中国现代化的困难和障碍,是应从打倒帝国主义、推翻现存社会制度入手"[1]。从这个意义上说,中华民族要求实现现代化和各种阻碍中华民族现代化的势力之间的矛盾才是近代中国社会的主要矛盾。简言之,现代化与反现代化才是近代中国社会的主要矛盾。在这个主要矛盾中,中华民族为了适应世界潮流的变化,要求实现中华民族的现代化是矛盾的主要方面,各种阻碍中华民族现代化的因素构成了矛盾的另一方面。帝国主义、封建主义以及后来的官僚资本主义和买办资本主义,都是由于成为中华民族实现现代化的阻碍因素,才成了中国人民的斗争对象。因此,更准确地说,推翻帝国主义、封建主义以及官僚资本主义是中国要进行全面现代化建设之前必须完成的历史任务。不完成这些历史任务,中国就缺乏进行现代化建设的政治前提,只有推翻了这些反动势力,中国才可能建立起领导全国人民一心一意进行现代化建设的政治体系。

三、近代中国社会主要矛盾新说的理论意义

把中华民族追求现代化与各种阻碍中华民族现代化的势力之间的矛盾作为近代中国社会的主要矛盾,有助于我们克服在近代中国社会主要矛盾问题上长期困扰理论界、学术界的逻辑混乱,并且具有十分重要的理论意义。

对近代中国社会的主要矛盾作出新的判断,可以帮助我们自觉地将近代中国社会放到全球化和现代化大背景中来认识和分析。近代中国社会的演变已经完全不同于中国历史上的王朝更替,它是"世界历史"的一部分,是席卷全球的现代化浪潮在推向中国过程中所激起的特定的"浪花",是由中国特殊的国情所决定。罗荣渠教授提出近代中国的四个趋势论,对于研究中国近代社会具有很强的指导意义。但这四个趋势是什么关系仍是一个值得商榷的问题。从现代化的角度来看,主线显然是现代化。从现代化的视角重新审视中国近代史研究,可以带来一系列全新的认识和理论创新。

---

[1] 罗吟圃:《对于中国现代化问题的我见》,《申报月刊》1933年第7期。

第一,如何评价西方资本主义列强在中国近代社会变迁中的作用。按照传统观点,帝国主义与中华民族的矛盾是最主要的矛盾,西方列强成了中华民族的头号敌人。但是,这显然是一种简单化的认识。实际上,在中国走向现代化的过程中,西方资本主义是起着双重作用的。西方列强用坚船利炮轰开了中国的大门,一方面,通过武力强迫中国签订了1 000多个不平等条约,把中国从世界最辉煌的文明古国和世界最大的经济体迅速推向半殖民地半封建社会,使中华民族蒙受了历史上从未有过的屈辱。另一方面,西方资本主义列强把近代工业文明展现在古老的中华民族面前,强行将中国卷入全球性的现代化潮流之中。正如马克思所分析的那样:"资产阶级,由于开拓了世界市场,使一切国家的生产和消费都成为世界性的了。""过去那种地方的和民族的自给自足和闭关自守状态,被各民族的各方面的互相往来和各方面的互相依赖所代替了。"〔1〕"资产阶级,由于一切生产工具的迅速改进,由于交通的极其便利,把一切民族甚至最野蛮的民族都卷到文明中来了。它的商品的低廉价格,是它用来摧毁一切万里长城、征服野蛮人最顽强的仇外心理的重炮。它迫使一切民族——如果它们不想灭亡的话——采用资产阶级的生产方式;它迫使它们在自己那里推行所谓文明制度,即变成资产者。一句话,它按照自己的面貌为自己创造出一个世界。"〔2〕显然,西方列强在近代中国社会变迁中所产生的影响具有两重性。它在什么时候、在哪些方面成为中华民族的首要敌人或最主要的矛盾对立面,是有条件的〔3〕,应对西方资本主义列强在中国实现现代化进程中的作用进行具体分析。中华民族在近代提出的打倒帝国主义的口号中的"打倒"的含义,并非是将其彻底消灭或完全赶走,只是要争取与之平等相处的权利。对于西方资本主义促进中国现代化的一面,我们不仅不能"打倒",还要加以利用。〔4〕

第二,如何评价太平天国与义和团运动。近年来,对太平天国和义和团的重新评价已经成为一种学术时髦。传统的评价是完全肯定,时下有些学者又对其完全否定。两种评价孰是孰非似乎难以判断。但如果我们用近代中国社会面临的主要矛盾的新判断来分析,就比较容易。关键看它是促进了中国的现代化进

---

〔1〕《马克思恩格斯选集》第2版第1卷,人民出版社,1995年,第255页。
〔2〕 同上。
〔3〕 日本也许是个例外,它在中国走向现代化的过程中所加给中华民族的灾难是空前的。
〔4〕 近年来,人们在讨论中国改革开放过程中对待外资的态度问题实际上是与此有关的。有人甚至认为,我们花了几十年才将帝国主义赶走,现在又积极创造条件引进外资。其实这是误解。我们现在正是在利用资本主义有利于中国现代化的一面。

程还是阻碍了中国的现代化进程。如果再具体一些,就要看其在哪些方面促进了中国现代化进程,在哪些方面阻碍了中国现代化的进程。[1]

第三,如何评价洋务运动、戊戌维新、清末新政和辛亥革命。从传统的观点看,这些事件是一个否定一个,特别是洋务运动和清末新政直接是由维护封建政治体制的政治势力主导的,更要加以否定。但从现代化的角度来看,这些历史事件似乎又是一个继承一个,具有中华民族在走向现代化的征程中前赴后继、不屈不挠的精神品质和行为特征。[2]

第四,如何评价北洋政府与南京国民政府。在传统的分析框架中,北洋政府和南京国民政府都是革命的对象。北洋政府是国共合作时期的革命对象,南京国民政府是国共分裂后的革命对象。特别是到了解放战争时期,"两座大山"变成了"三座大山",两大主要矛盾变成了三大主要矛盾。对此,只有从现代化的视角才能得到合理的解释。

第五,如何评价中国共产党所领导的中国革命。从意识形态角度看,共产党和共产主义是马克思根据欧洲的实际情况,为了解决资本主义社会矛盾而提出的解决方案,共产党的政治纲领就是要实现共产主义。而从历史的实践来看,中国共产党在领导中国革命的长期实践中,从中国的实际情况和发展要求出发,在坚持共产党的最高纲领的同时,及时提出了符合中国国情的最低纲领,使得中国共产党在中国历史进程中成为领导中华民族迈向现代化的中坚力量,并始终立于不败之地。

由此可见,关于近代中国社会主要矛盾的新判断,可以使我们建立一个更好的分析框架,以此深入探讨和客观评价近代中国所发生的各种重大事件和各种社会力量。对西方列强、起义农民、封建制度、民国政府等社会势力,不能简单地归之于敌或我的二分阵营。当它们成为促进中国现代化的力量时,就要对它们进行肯定;当它们成为阻碍中国现代化的势力时,就必须加以否定。当它们在某

---

[1] 这里特别要指出的是,评价一个农民起义是一回事,评价其领导人又是另一回事。不可以其领导人的个人品质简单地否定其领导的一场运动。

[2] 应该说,洋务运动本来的名称就叫自强运动,这是中国人自己主动追求现代化的第一次尝试。尽管由于它自身的缺陷,导致其必然失败。但正是它启发和激励了后来者。戊戌维新运动正是吸取洋务运动的教训,开始把中国的现代化从经济领域引向政治领域。戊戌维新运动虽然很快地失败了,但其精神不死,八年后,正是镇压戊戌维新运动的政治势力又全盘接过其改革方案,导演了一幕"清末新政"。辛亥革命在某种意义上,也可以说是在君主立宪的努力彻底失败后的时代反应。这样看来,这些历史事件之间,就不是一个持续的否定过程,而是一个历史继承过程,是一个民族在现代化的征程中前赴后继、奋斗不息的过程。

些方面促进了中国现代化进程时,我们就要肯定它;当它们在另一些方面阻碍了中国现代化进程时,就要毫不犹豫地否定它。总之,中华民族走向现代化是不可阻挡的历史潮流,一切阻碍中华民族走向现代化的势力都将被扫进历史的垃圾堆。这就是对近代中国社会主要矛盾的新认识所带给我们的重要启示。

传统社会主义理念与农业合作化运动

——对农业合作化运动动因的再认识

农业合作化运动是中国共产党继土地改革运动之后发动的又一场导致农业和农村发生重大变革的运动。这场运动因其规模巨大、影响广泛、过程跌宕起伏,以及对中国农村经济、社会各方面后续影响深远,使之成为中华人民共和国国史、中国共产党党史和农村经济社会史等学科研究的重点之一。特别是对农业合作化运动的历史动因,理论界更是众说纷纭,莫衷一是。

应该说,与其他许多复杂的历史事件一样,农业合作化运动的发动是由多种力量共同作用的结果。但是,在这些综合因素中,到底哪一种力量对其最初的发动、后来的发展和最终的命运具有决定性的影响呢?本文结合目前学术界较具代表性的理论观点,对此再次进行深入考察与理论反思,认为主导中国农业合作化运动的根本原因不是当时农村社会生产力发展的客观要求,也不是为了实施工业化战略的一种配合行动,而是中国共产党在传统社会主义理念支配下,追求一种"社会主义的"农村发展道路的主观选择。

一、农业合作化运动与农村生产力的发展

目前的主流观点认为,农业合作化运动的首要动因,源于农村生产力发展的客观要求。他们认为,土地改革运动之后建立起来的小而分散的小农经济无法实现生产力的进一步发展,需要组织起来进行合作化,以增产粮食、发展农业生产。[1] 农业合作化运动正是适应了农村生产力的发展要求,对不适应生产力发

原载于香港中文大学《二十一世纪》网络版第二十七期(2004年6月30日),与佘君合作完成。

[1] 中共中央文献研究室:《关于建国以来党的若干历史问题的决议(注释本)》,人民出版社,1983年,第17页。

展的小农经济进行改革,以进一步充分调动农民的积极性而开展的。这种观点在理论界相当流行。当时在宣传和发动农业合作化运动时,也正是从这一点着手的。"建立在劳动农民的生产资料私有制上面的小农经济,限制着农业生产力的发展,不能满足人民和工业化事业对粮食和原料作物日益增长的需要"[1],因此,必须组织起来走合作化道路。

这种观点其实隐含了两个理论假设:第一,土地改革运动后建立起来的小农经济已经严重阻碍了农村经济的发展,成为农村社会生产力发展的桎梏;第二,通过农业合作化运动引导农民走向集体化以后,能够有力地推动农村社会生产力的发展。只有这两个假设在理论和实践上都得到验证,上述观点才能成立。遗憾的是,这两个假设并不存在。

新中国成立后不久,中国共产党领导全国人民发动了土地改革运动,在中国历史上彻底废除了封建土地制度。对此,无论是从经济角度还是政治角度来看,理论界的评价都是极高的。土地改革运动之所以成功,正是由于它顺应农村社会生产力发展的需要,代表了最广大人民群众的根本利益,彻底摧毁了封建剥削的制度基础,建立了农民个体土地所有制,从而激发了农民巨大的劳动热情,极大地解放和发展了生产力。新中国成立初期农村经济的快速恢复和发展也以事实证明,这种以家庭为单位的农村经济制度不是"限制"而是促进了生产力的发展。例如,1952年,中国粮食产量达到16 290万吨,比1949年增加了44.8%。棉花产量达到120万吨,比1949年增加了193.7%。[2]

可惜的是,当时的理论家和决策者却无视这些成就。他们对于土地改革运动中建立的这种小农经济制度,在土地所有权相对稳定的形势下,能否持续促进农业生产的发展、推动国家的工业化进程持怀疑态度。直到今天,有些学者还坚持认为:"土改后农村生产力的水平还是很低的,缺乏耕畜、农具、生产资金是普遍现象,农民在生产上困难很大,不仅不能扩大再生产,甚至简单再生产也很难维持。"[3]似乎只有通过农业合作化才能克服这些困难,才能进一步促进农业生产的发展、适应工业化发展的需要。

---

[1]《当代中国农业合作化》编辑室:《建国以来农业合作化史料汇编》,中共党史出版社,1992年,第165页。

[2] 董辅礽主编:《中华人民共和国经济史》上卷,经济科学出版社,1999年,第95—96页。

[3] 孙瑞鸢:《家庭联产承包责任制与农业合作化》,《教学与研究》1985年第6期;高化民:《农业合作化与家庭联产承包为主的责任制》,《当代中国史研究》1996年第2期。

对于这个问题,我们可以从理论和实践两个角度进行分析。首先,从理论上看,土地改革通过没收地主的土地,按人口平均分配给无地或少地的农民,实现"耕者有其田",建立了现代自耕小农制,从而使小农经济与土地改革之前相比较有了本质的区别。在这种经济形式中,农户既是土地的经营者也是所有者,农户对土地投入的劳动与其收益直接联系在一起。这一制度存在着有效的激励和竞争机制,鼓励农民通过精耕细作来提高土地的生产率。同时,这种所有权与经营权的统一,也有利于农民在土地上的长期投入,改变掠夺式经营态度,引进先进经验与技术,兴修水利,改良土壤,以求长远发展。所有这些归根到底都是因为这种土地家庭所有制调动了亿万农民的生产积极性,这正是推动农业生产快速恢复和持久发展的根本动力所在。对于这一点,以毛泽东为代表的党的领导人早在民主革命时期就有了较为清醒的认识。1931年2月,中共苏区中央局发出的《土地反富农政策》的通告指出,"保守和私有"是农民的天性,他们参加土地革命的目的"不仅要取得土地的使用权,主要的还是要取得土地的所有权"。同时对党的历史上的第一部土地法——《井冈山土地法》(1928年12月颁布)进行了修改,将原来土地所有权归政府所有改变为土地所有权和使用权归农民所有。这说明,对于小农经济对农业生产力的解放与促进作用,党的领导层是早有认识的。

其次,从实践看,农业合作化运动也不是在农业生产力遭受严重破坏的情况下提出的,恰恰是在土地改革后农业生产力得到极大释放的情况下提出的。提出农业合作化的直接理由也不是因为农业生产水平的下降,而是为了解决土地改革以来出现的"中农化"和"富农化"趋势。大量事实证明,土地改革运动以后,中国农业生产得到了迅速的恢复和发展,这已经在一定程度上说明这种农村土地制度是适应农村社会生产力发展水平的。至于这种制度是否能够长期保持对农村生产力的促进作用,由于这种小农经济制度在随后不到3年的时间里被逐步动摇和完全否定,已经无法验证。但是我们可以通过另外两个途径来考察以家庭为单位的小农经济制度是否能够推动农业的长期增长。第一,借鉴外部经验,特别是东亚其他国家和地区农业发展的经验来重新思考这一问题。20世纪50年代以后,韩国也进行了"土地改革运动",在实现平均地权基础上建立了现代小农制。韩国的农民主要是由占有土地不到3公顷的小农户组成,但正是在这种小农制的基础上,实现了韩国在20世纪60年代之后的经济起飞,完成了由传统农业社会向现代工业社会的转型。在这一过程中,韩国的农业也和其他国家的农业一样,以其高速增长的生产力和农产品产量,为工业化、现代化作出了巨大的贡献。[1] 第二,中国新时期的农村改革也可以证明,以家庭为单位的小农经济,并不必然地成为农业生产力发展的桎梏。改革开放以来,以家庭联产承包经营为特征的农村改革,有力地促进了中国的农业生产,为新时期的城市改革和国家的工业化、现代化建设奠定了坚实的基础。可以说,没有新时期的"包干到户",就不可能有成功的城市经济改革和发展。这些案例都说明,以家庭为单位的小农经济并不必然会阻碍生产力的发展,相反,只要为小农经济的发展创造必要的社会环境,它便会表现出惊人的生命力。

因此,认为土地改革之后农村个体经济已经束缚生产力发展,需要开展农业合作化运动的观点,是没有科学依据的。薄一波曾对此作了较为深刻的反思,他在《若干重大决策与事件的回顾》一书中写道:"如果土改后不急于立即向社会主义过渡,不立即动摇私有制,而是继续实行新民主主义政策……那样,不仅对生产力的发展可能更有利些,而且也可能不至于搞成后来那样千篇一律的农业集体化模式。"[2] 这段话更有助于我们今天对这一问题的认识和理解。

二、农业合作化运动与农民互助合作积极性

在当时的决策者和后来的研究者中,论证实行农业合作化的必要性的第二个理由,便是当时农民自身有走向互助合作的巨大积极性。《中共中央关于农业互助合作的决议(草案)》把农民在土地改革之后产生的生产积极性归结为两个方面:一是个体经济的积极性,二是互助合作的积极性,并指出互助合作的积极性是主要方面。[3] 这样,农民要求互助合作的积极性,便被等同于要求走农业合作化和集体化的积极性,并成为开展农业合作化运动的主要依据。这也成为后来毛泽东批判"小脚女人"远远落后于群众和加速农业合作化运动的主要原因。但是,我们应该如何认识土地改革以后农民群众中所形成的互助合作积极性呢?农村自发地出现各种互助合作经济组织,与农业合作化运动追求的目标模式是不是一回事?农业合作化运动到底是不是应这种积极性的要求而开展的?不解决这些问题,同样不能解开农业合作化运动兴起之谜。

---

[1] 罗荣渠、董正华编:《东亚现代化:新模式与新经验》,北京大学出版社,1997年,第110页。
[2] 薄一波:《若干重大决策与事件的回顾》上卷,中共中央党校出版社,1991年,第206页。
[3] 中国科学院经济研究所农业经济组编:《国民经济恢复时期农业生产合作资料汇编(1949—1952)》上册,科学出版社,1957年,第3页。

传统社会主义理念与农业合作化运动 ❖

在回答这些问题之前,首先有必要对"合作经济"和"农业合作化运动"这两个概念作出简单的辨析。众所周知,"农业合作化运动"是新中国成立初期在农村进行的以实现农业生产集体化为目的的群众性政治运动,它用"合作化运动"之名,创造了从互助组、初级社再到高级社的过渡形式,但其最终目标是实现以土地为主的农业生产的集体所有制,其"发展前途就是农业集体化或社会主义化"[1],从其目标模式和基本性质看,农业合作化就是农业集体化。"合作经济"则是一种经济组织形式,其本质特征就是生产与交易的联合[2],它与生产资料所有权没有必然联系。实际上,农业合作经济由来已久,早在国民政府时期就有一些学者在中国农村试办农业合作组织;在抗日根据地和解放区,中国共产党也曾引导农民组织互助组、合作社,对抗日战争和解放战争的胜利起到了积极的作用。从世界范围来看,初具规模的合作社和较为成熟的合作理论,最早是在西方资本主义发达国家产生的。由此可见,农村合作经济与农业合作化运动是两个完全不同的概念。然而,尽管两者在本质上是不同范畴的概念,但直到今天,仍然经常被人混为一谈。这无论对于正确地理解和认识当代中国史上的"农业合作化运动",还是对于认识中国当前刚刚起步的农村合作经济,都是不利的。

土改后,亿万农民实现了"耕者有其田"的社会理想。经过多年战乱之后的农民分到了祖祖辈辈期盼的土地,他们最大的愿望就是搞好生产,在党的领导下过上梦寐已久的幸福生活。在当时中国农村生产力很不发达的情况下,一些农民特别是缺乏劳动力、农具和资金的农民,为克服个体经营中存在的困难,沿袭换工合作的传统,自发地组织起来建立互助组,不失为一种理性的选择。这样一方面可以集中使用有限的农具,弥补单家独户农民生产资料的不足;另一方面也可以汇聚个体力量,抵御各种自然灾害。数据表明,土改后农村互助合作组织的发展相当迅速,"1950年全国已有272万个农业互助组,参加的农户为1100万户,约占全国农户总数的11%","1952年我国共有农业互助组802.6万个,参加互助组的户数为4536.4万户,入组农户占全国总农户的比重,已经由1951年的19.2%,增加到39.9%"[3]。互助组数量的大量增加,能够说明互助组等初级农

---

[1] 高化民:《农业合作化运动始末》,中国青年出版社,1999年,第46页。
[2] 韩俊:《关于农村集体经济与合作经济的若干理论与政策问题》,《中国农村经济》1998年第12期。
[3] 江红英:《试析土改后农村经济的发展趋势及道路选择》,《中共党史研究》2001年第6期。

业合作经济组织,在一定程度上符合农村生产力发展的需要,符合广大人民群众的要求。但是互助组仅仅是建立在土地私有制基础上的劳动合作经济组织,与农业合作化运动所追求的农业集体化目标有本质的区别。农民自发组织的各种互助组在农村的发展,并不表明土地家庭所有制这种经济制度已经不适应农村生产力发展的需要,也不证明需要对土地家庭所有制进行集体化改造,恰恰相反,正是由于二者的有机结合,推动着广大农民在自觉自愿的基础上,实行在私有基础上的互助合作,在生产和流通领域建立起各种各样代表自己利益的组织。这种在农民完全自愿的基础上所形成的合作经济组织,既能够充分激发劳动者的生产积极性,又能够使这种积极性以有效的社会形式得到持续的释放,促进生产力的不断发展。

但是,农民自发组织起来的各种互助合作经济,并不能用来说明以实现农业集体化为特征的农业合作化的根本原因。农民是一个非常现实的社会阶层,他们强烈希望发展生产,早日摆脱贫困,过上小康生活,这是亿万农民的生存理性和长期梦想。在农民那里,他们既希望维持以家庭为单位的单干形式,又希望在需要的时候能够形成互助合作的机制,以克服一家一户的不足。我们今天重新审视农业合作化的动因问题,不能不注意到这一点。

三、农业合作化运动与国家工业化战略

一些学者认为,农业合作化运动是为了配合国家大规模工业化的需要而展开的。也就是说,他们把国家的工业化,特别是重工业优先发展的战略作为发动农业合作化运动的动因,实际上是把农业合作化运动看作国家工业化战略的一个配套"行动"。那么,这样一种观点是否能够成立呢?

中国共产党早在新民主主义革命时期就提出,要把中国由落后的农业国变为先进的工业国。1950年颁布的《中华人民共和国土地改革法》也指出:土地改革的目的是要废除地主阶级封建剥削的土地所有制,实行农民的土地所有制,借以解放农村生产力,发展农业生产,为新中国的工业化开辟道路。1952年,党中央提出了过渡时期总路线和总任务,即要在一个相当长的时期内,逐步实现国家的社会主义工业化,并逐步实现国家对农业、手工业和资本主义工商业的社会主义改造。1953年,中国进入第一个五年计划建设时期,正式实施优先发展重工业的工业化战略目标。在计划经济体制下实施这样一个庞大的工业化战略,必然要求其他部门予以相应的配合,需要农业这一传统产业在其中发挥前提、基

础和支持作用。[1] 作为"后发"现代化国家,当时的中国,无论是国际环境还是国内经济基础,都决定了实施工业化战略所需要的大量资金只能依靠国内积累,且只能从农业部门中来,工业化建设的需要与不发达的传统农业之间的矛盾日益尖锐。如何有效地从农业中积累工业化所需要的资金,如何在短时期内更快地发展农业经济、提高农业产量,确实成为当时中国工业化建设迫切需要解决的问题。

从直接后果看,以实现农业集体化为目标的农业合作化运动,也确实为"一五"期间的大规模工业化建设作出了巨大的贡献。首先,农业合作化运动在短时间内确保了统购统销政策的顺利实施。随着工业化规模的不断扩大,城市人口不断增多,国家对粮食、棉花等农产品的需求日益增加,导致市场供应不足,出现混乱。为克服这一困难,中央推出了统购统销政策。国家通过统购统销政策垄断了主要农产品的收购和销售,在生产、流通和消费领域以集中、统一的国家计划代替商品经济和市场机制,从而使粮食等农产品的收购和销售基本达到平衡,保证了工业化的需要。其次,由于统购统销政策的实施,相应地导致市场经济的衰退,农产品与工业品的价格不再由市场决定,而是由国家来指导、调节,这样就使国家得以通过农产品与工业品价格的"剪刀差"来强制形成农业剩余,使农业资金大量流入工业领域,支持工业建设。据有关专家估计:"1953—1978年,从价格分配中转移出去的农业资金达5 100亿元。这几乎相当于80年代初国有企业固定资产原值的总额。"[2] 再次,农业合作化运动把亿万分散的个体农民,简化成几十万个由农民党员和农民积极分子领导的合作社,确保了国家农业政策有效的实施,在一定程度上降低了农村社会管理的成本,并能在较长的时间内维持农村的社会稳定。最后,农业合作化运动的完成,最终把农民固定在集体经济组织内进行农业生产,从而有效地阻止了农民进城,减轻了城镇的就业压力,避免了其他发展中国家"过度城市化"所带来的种种社会问题。

然而,所有这些只能说明农业合作化运动所产生的客观效果,而不能用来说明农业合作化运动自身的动因问题。

第一,从时间上看,工业化建设与农业合作化运动二者之间不存在时序上的先后,因而无法形成逻辑上的因果关系。从概念上讲,"一化三改造"与农业合

---

[1] 杨德才:《工业化与农业发展问题研究》,经济科学出版社,2002年,第5页。
[2] 李成贵:《1953—1978年:国家工业化与农业政策选择》,《教学与研究》1997年第3期。

作化几乎是同时提出的。但实际上,进行合作化的酝酿要更早一些。对于新中国成立后中国农业要走社会主义发展道路,建立苏联式集体农庄,这一点在党内早已达成共识。但是在如何实现向社会主义过渡这一具体问题上,党内的认识有一个变化过程。以1951年山西发展农业生产合作社问题引起党内争论为分水岭,在这以前,刘少奇的观点占主导地位,认为要在农业和工业有很大发展的基础上,才可以考虑向社会主义过渡的问题,也就是"先机械化后集体化";而在这以后,毛泽东支持山西省委提出的把互助组织提高到更高一级形式以逐步动摇和否定私有基础的观点,认为可以在没有机械化的情况下走向农业社会主义。此后不久,中共中央召开了全国第一次农业互助合作会议,并通过了《中共中央关于农业生产互助合作的决议(草案)》,明确了通过互助组、初级社和高级社这三种形式逐步实现农业社会主义的思想。从1951年冬到1952年春夏,农业互助合作在全国迅速发展,参加农业互助合作的农户比例由19.2%上升到40%(其中互助组39.9%,初级社0.1%)。因此,无论是农业合作化运动的理论还是实践,都早在过渡时期总路线提出之前就已经存在,而以"一五"计划为主要内容的工业化战略的提出和实施,却是过渡时期总路线提出之后的事。说后者是前者的原因,不符合历史发展的逻辑。

第二,从工业化自身的发展来看,实行农业合作化运动对国家工业化的利弊,是一个非常复杂的问题。就直接效果看,农业合作化对国家的工业化战略产生了一定的积极作用。农业集体化有利于国家对农产品实施"剪刀差",最大限度地形成农业剩余,并迅速有效地转移到工业部门;农业集体化还有助于国家统一收购工业化建设所需的原材料和农产品,从而确保工业化战略的有效实施。但是,从长远来看,以合作化保证工业化是以牺牲农民利益、阻碍农业经济发展、延缓农村现代化进程为代价的。农业合作化导致亿万农民失去经营自主权和身份自由,从根本上挫伤了农民的生产积极性,导致农业生产的停滞和农村消费市场的萎缩,最终不利于国家工业化战略的实现。这一点在20世纪60年代初期的国民经济调整中就已明显地表现出来。由于农业无法为工业化建设提供充足的农产品,国家不得不一再调整工业生产规模,降低基本建设投资,精减职工和城市人口。

第三,从农业合作化运动之后的经验来看,农业的集体化和"社会主义化"并没有对工业化战略的实施和顺利完成起到理想的作用。农业合作化运动虽于1957年结束,但随后开展的人民公社化运动到1962年又回到"三级所有,队为基础",与此前合作化运动时期的初级社的规模相当,并且直到实行家庭联产承包责任制之前都保持了这种制度。因此1957年之后的农村发展也基本上能体现农业合作化运动的后续作用。考察农业合作化运动的影响,就必须延伸到人民公社化时期的农村发展情况。1953—1978年,中国"农业总产值年均增长率为2.7%,农民的家庭人均纯收入从1952年的57元增加到1978年的133.6元,平均每年增长不到3元"[1]。到改革开放前,中国仍有2.5亿农村人口没有解决温饱问题。实行农村家庭承包经营责任制以后,1978—1996年,中国农业总产值年均增长4.68%,比改革开放前26年平均增长速度将近高一倍,农民人均纯收入则由134元增至1 926元,增加了13倍多。[2] 因此,农业合作化运动之后,低速增长的中国农业和农村经济,对国家工业化和现代化并未起到理想的作用。如果单从提高农业生产力的角度来看,并不需要对其进行集体化改造。实际上,中央早就意识到了农业政策中存在的种种缺陷,但囿于传统社会主义理论所形成的意识形态障碍,这种农业集体化政策却延续了几十年一直没有被动摇。这也表明,实施国家工业化战略的需要,对于中国农业的发展道路问题,至多只起到加速或延缓的作用,而不是决定性的因素。即使没有国家工业化战略,农业合作化运动或者对农业的社会主义改造运动也一样会发生。

四、农业合作化运动与传统社会主义理论

农业合作化运动的动因既不是源于农村生产力发展的必然要求,也不是源于国家工业化建设的配套措施,更不是亿万农民自己的互助合作需要,那么,这样一场声势浩大,对中国农业、农村和农民产生了极其深远影响的合作化运动,到底是由什么因素主导的,又是什么力量在推动着这一社会运动不可避免地发生? 我们认为主要是传统社会主义理念对党的农村政策支配的结果。也就是说,坚持搞农业合作化运动,是党在传统社会主义理论指导下的一种主观选择。

首先,在传统社会主义理论中,首要一条就是消灭私有制。这也是中国共产党建立之日起就确立的最高纲领。新中国成立之初,中国共产党领导全国人民开展土地改革运动,建立起农民个体土地所有制,完成了反封建的民主革命任务。但这与中国共产党在传统社会主义理念下的奋斗目标是有很大距离的。从

---

[1] 李安增、陈招顺:《对农业社会主义改造的再评价》,《经济评论》1998年第6期。
[2] 同上。

某种意义上说,这是中国共产党在广大农民群众支持下夺取国家政权后,对农民渴望获得土地的一种政治回报或暂时性的政治迁就。建立以单一公有制和按劳分配为基础的"社会主义"农村土地制度才是最终选择。对此,早在1934年毛泽东就清楚地表明[1]:在农民群众方面,几千年来都是个体经济,一家一户就是一个生产单位,这种分散的个体生产,就是封建统治的经济基础,而使农民自己陷于永远的穷苦。克服这种状况的唯一办法,就是逐渐地集体化;而达到集体化的唯一道路,依列宁所说,就是经过合作社。

经过土地改革、"三反""五反"后,中国在短短不到3年的时间里实现了国内政治和社会的稳定,国际威望也得到了极大提高。这大大增强了中国共产党建设社会主义的信心和决心,鼓舞了党领导人民走社会主义集体化道路的政治热情。可以说,对农业进行社会主义改造是中国共产党建设社会主义社会的题中应有之义,只要有适当的历史条件和现实基础,它便会发生。

其次,传统社会主义理论导致党对土改后的农村形势作出错误的估计,决定要立即实行对农业的社会主义改造。当时在已经进行土地改革的老解放区出现了一些新情况:一是中农化趋势,"由于农村经济的恢复和发展,战争时期的劳、畜力困难已不再是严重的问题,一部分农民已达到富裕中农的程度"[2],贫农数量逐渐缩小,中农逐渐增加,有新富农产生;二是出现土地买卖现象;三是农村开始出现贫富分化的苗头。这些新情况都是客观存在的,问题是如何认识这些新情况、新形势?如何正确对待农村中出现的中农化趋势和新的富农问题?显然这就与党观察问题、分析社会形势背后的理论有着密切的联系。设想一下,如果是今天的党和国家领导人看到这种形势,高兴还来不及呢。因为它表明,农村经济形势开始好转了,农民开始脱贫致富了。尽管只有一部分人富裕起来,也比大家都普遍贫穷要好呀。至于农村出现的土地买卖和贫富分化现象,完全可以在新的形势下通过其他途径来创造性地解决这些问题。正如薄一波所指出的那样:"土改后的农村出现两极分化是难以避免的,它是商品经济发展的必然结果。两极分化的出现,虽有消极的一面,但在当时的情况下主要的还是有利于推进生产力的发展。"[3]

但是,在传统社会主义理念下,人们不可能有这样的思维方式。相反,面对

---

[1] 李成贵:《中国农业政策:理论框架与应用分析》,社会科学文献出版社,1999年,第50页。
[2] 高化民:《农业合作化运动始末》,第24—48页。
[3] 薄一波:《若干重大决策与事件的回顾》,第207页。

农村经济形势的好转,面对农民有了自己的土地后迅速致富的"中农化""富农化"情形,人们不是欣喜,反而忧心忡忡,担心革命的成果很快将会丢失,担心消灭了一个封建主义,却带来一个资本主义。因为所有这些都与当时党的理想和追求是格格不入的。土改后农民向往致富,存在雇工、贸易、借贷、租地等现象,正好验证了列宁"小生产是经常地、每日每时地、自发地和大批地产生着资本主义和资产阶级"的论断。为此,1951年,党内围绕山西发展农业生产合作社问题,就是否要开展农业社会主义改造展开了一次争论。毛泽东指出,对于农村的阵地,社会主义如果不去占领,资本主义就必然会去占领。[1] 通过这次争论,党内高层形成共识,必须想办法制止农村这种趋势。为了避免农村形势进一步"恶化",避免农民自发地走向资本主义,为了实现"共同富裕"的目标,中央最终决定"趁热打铁",对农业进行社会主义改造,引导农民通过互助组、初级社和高级社三种形式,逐步实现集体化或社会主义化。

最后,传统社会主义理论关于生产力与生产关系的错误认识,导致党片面强调调整农村生产关系对农村生产力具有的促进作用,使党在致力于农村生产关系的不断变革的过程中,人为地强制农村"进入社会主义",希望以此达到发展农村生产力的目的。这也是农业合作化运动得以开展和不断加速的重要因素。土改后党内一致认为:"就目前的需要与可能来说,增加农业产量的主要办法,无疑是实现农业生产的合作化。只要把分散的小农经营组成几十户或者更多户的联合经营,就能使个体农民难单独进行的多种增产措施得以实现。"[2]这种论断的理论根据和实践依据是什么?并没有人进行深入的研究和具体的试验。唯物史观确实告诉我们,当生产力发展到一定程度,与它相应的生产关系就会表现出阻碍其发展的一面,此时对生产关系进行变革,就会带来生产力的解放。但是,这种新的生产关系的出现只能来自社会自身的创造,而不是来自先知先觉者的强行注入。传统社会主义理论恰恰在这一点上陷入主观主义和英雄史观,认为农村生产关系的变革不能指望从"旧的生产关系"中自发地产生农村新生产关系。正是这一认识,导致党在农村变革中不顾农村发展的实际,不管农民的切身感受与要求,人为地不断对生产关系进行变革。而对于农业合作化道路到底能不能适应中国的具体情况,能不能达到发展生产的目的,并没有人去做艰苦细

---

[1]《毛泽东文集》第6卷,人民出版社,1999年,第299页。
[2] 薄一波:《若干重大决策与事件的回顾》,第206页。

致的理论研究和社会试验。特别是土地改革之后农村生产的迅速恢复和发展，使党进一步相信变革生产关系的巨大作用，进而以为公有化程度愈高就愈能促进生产力的发展，于是农业合作化运动被"提前"开展，并在极短的时间内由初级社变为高级社，再向"一大二公"的人民公社化方向不断推进，所有这些不能不说与这种传统社会主义理论有关。

五、结束语：并非题外的题外话

重新认识农业合作化运动的动因，并不单纯为了理清农业合作化运动的动因问题，更重要的是为了理解中国共产党在今天的农村政策，为了更好地认识今后中国农村的发展道路。为什么农村在实行家庭联产承包经营之后，能在几年时间内一举扭转中国农业合作化以来几十年都无法改变的粮食和农副产品短缺的局面？为什么中央提出要稳定家庭联产承包制度，要30年不变、30年以后也不要变？以家庭为单位的农业经营制度能否成为中国农村长期的经济制度？今后中国农村经济进一步发展的路径在哪里？解决"三农"问题关键是什么？所有这些，都要求我们必须深刻地进行理论反思与历史反思，对农业合作化运动的动因问题进行再认识。

我们之所以把发动农业合作化运动的主导性因素归结到传统社会主义理论和传统社会主义理念上来，是因为中国共产党不同于当今世界上其他任何政党，它不是一个实用主义的政党，不是选举体制下"跟着选民走"的政党，它有自己的理念，每个重大的政策制定与调整，都有坚实的理论基础。对于中国共产党来说，理论的作用太重要了。因此，邓小平特别强调要搞清楚"什么是社会主义，如何建设社会主义"的问题。

具体到农业、农村和农民问题上来，传统社会主义的一个重大误区，就是认为农民不代表新的生产力，家庭经营是一种没有出路的小农经济形式。然而，20多年的农村改革实践告诉我们，农村改革成功的关键恰恰在于尊重农民的意愿，坚持家庭联产承包经营制度，把土地经营的自主权还给了农民。正是这样一个观念转变，充分调动了农民的生产积极性，解放和发展了农村生产力。农民是可以变的，传统的农民可以转变为现代农民，转变为用现代科学技术武装起来的农民。因此，今后农村发展的关键不是追求生产关系的变化，而是要不断提高农民质素，让农民接受教育，用科学技术武装农民，让农民参与市场经济，在市场经济大潮中脱胎换骨，不断创造新的社会组织形式。其中最根本的一条，就是要充分尊重农民的意愿,尊重农民的首创精神。

  家庭经营制度更是具有无限的生命力,只有家庭经营制度才适合农业经济的特色。现代农业需要适当的规模经济,但并不等于要放弃家庭经营。就当今发达国家而言,农业现代化的道路大致有三条:其一是美国式道路,包括美国、加拿大、澳大利亚等,其特点是人均耕地多;其二是欧盟式道路,包括法国、荷兰、德国、意大利等,其特点是人均耕地少于或接近世界平均水平;其三是日本式道路,其特点是人均耕地极少,远远不及世界平均水平。但不管是哪种道路,有一点是共同的,那就是始终维持农业的家庭经营制度。美国由于耕地多,家庭农场平均规模为200公顷以上,即户均经营耕地超过3 000亩。欧洲家庭农场规模也较大,户均耕地约20公顷,即300亩左右,约为美国家庭农场的1/10。日本家庭农场规模较小,户均耕地少于1公顷,即不超过15亩,略大于中国目前农户的平均耕地规模。这说明,家庭经营制度对农业经济具有普适性,它可以适应不同发展程度的农业生产力水平和不同规模的农业经济。中国农业自然资源情况介于欧盟和日本之间,更接近日本的情况。今后中国农业的现代化道路怎么走,如何解决中国当前日益突出的"三农"问题,既是一个重大的理论问题,也是一个重大的实践问题。一般而言,"三农"问题的根本出路在于农民非农化、农村城市化、农业现代化。这里我们暂不涉及"非农化"与"城市化"问题,单就农业现代化而言,关键还在于坚持家庭经营制度。在坚持家庭经营制度长期不变的前提下,为农民提供科技支持与市场服务,减轻农民负担,加强农业保护,走集约化农业发展之路,决不能老想着如何引导农民重新走向集体化。这就是我们从对农业合作化运动动因的反思中得出的根本启示。

第13章
DI SHI SAN ZHANG

论邓小平的治国新思维

一、引言：问题的提出及其意义

20世纪70年代末，中国结束了"文化大革命"之后，再一次面临着重大的历史转折。在新的历史背景下，"中国向何处去"的老问题再一次被提出。邓小平以其坚强的毅力、睿深的智慧和广泛的政治影响力，迅速上升为第二代领导集体的核心，成为世界瞩目的政治强人。在10多年改革开放和现代化建设过程中，邓小平以古稀之年，一直站在中国改革大潮的前沿，组织、领导和推动了一场巨大的社会变革，使中国从动乱走向稳定，从"革命"走向改革，从封闭走向开放，从停滞走向发展，把党、国家和整个民族的注意力从扑朔迷离的"阶级斗争"怪圈与旋涡中转移出来，转向现代化这个当代中国最大、最紧迫的时代主题上来。在这不平凡的10多年岁月中，邓小平以他的博大精深和高瞻远瞩，不断排除来自"左"的、右的各种干扰，确保了中国这只现代化之舟全力向着"富强、民主、文明"的现代化目标扬帆奋发，充分展示了他作为党和国家的一代领导核心的中兴才略和政治风采。

1992年1月，邓小平又以年近九旬的高龄，视察南方的武汉、深圳、珠海、上海等地，发表了一系列重要讲话，激起全国乃至世界的巨大反响，推动中国再次掀起改革开放的热潮。人们在学习邓小平"南方谈话"的时候，不能不为这位老人不老的思想、不老的激情所悦服。那么，邓小平为什么能够做到思想不老、见解常新，在改革开放大潮中一直走在最前列，不受任何传统东西的困扰呢？如果

中国社会学年会（深圳，1993）会议论文，原载于《社会科学战线》1993年第2期，《新华文摘》1993年第7期转载。

再追溯一下邓小平的一生,为什么他能够在任何艰难困苦的环境下都能做到胸有成竹、临变不惊、刚柔相济、始终一贯呢?全党和全国人民怎样才能真正领会和掌握邓小平治国思想,使其变成全党和全国人民的政治财富呢?笔者认为,关键在于要认识和掌握邓小平治国理政的思维方式。大量的思想理论和革命实践表明,邓小平具有一种与前人不同的新的治国思维。正是这种独特的治国思维,为邓小平提供了一以贯之的治国思想和治国方略,只有认识和掌握了邓小平的治国新思维,才能深刻领会和全面掌握邓小平的治国思想,才能不为各种表面的浮躁所困扰,透过各种浮云迷雾,得见邓小平治国思想的真谛。

二、出发点和参照系:邓小平治国新思维的基本框架及其特点

思维是人们认识外部世界的一种心理活动和心理过程。思维方式并不是人们思维活动本身,而是为人们进行具体思维活动提供的一种思维框架、思维结构和思维模式。人的任何思维活动都必须从一定的、既成的思维模式出发,按照一定的思维程式和思维定势进行。思维方式的确立与形成,关键在于思维出发点和思维参照系的确立。同样,思维方式的更新也有赖于思维出发点的转换和思维参照系的变更。

所谓思维的出发点问题,也就是思维主体在思维过程中的立场问题,即我们站在什么"角度"、什么"立场"上思考问题。思维出发点的确立和转换,对于思维方式的形成与更新具有首要的意义。不同的思维出发点,会产生根本不同的思维方式。例如,在哲学上,是从物质出发还是从意识出发,会产生两种根本不同的哲学思维方式;在政治上,是从君本位出发,还是从民本位出发,会产生君主主义和民主主义两种不同的政治思维方式;在经济上,从市场出发,还是从计划出发,会产生两种不同的经济思维方式;在社会生活中,是从个人出发,还是从集体出发,也会产生两种不同的道德思维方式。马克思和黑格尔的哲学区别,或者说马克思的哲学革命,就是通过把黑格尔的头脚倒置的哲学思维方式颠倒过来而实现的,马克思的经济学和社会学革命则是通过阶级立场的转变实现的,即把思维出发点由资产阶级立场转向无产阶级立场。从维护无产阶级及其广大劳动人民的根本利益出发,是建立全部马克思学说的首要环节,也是理解全部马克思学说的关键。没有这一思维出发点的转换,马克思的任何学说都不可能完成。

所谓思维的参照系,也就是思维指向问题,即我们在思维过程中以什么为参照物来衡量思维对象,或对思维对象进行价值判断。参照系的确立是进行正确

思维的必要条件,没有参照系,就无法进行思维。思维参照系的变换主要是通过对思维时空范围和方向的调节实现的。在时间指向上,既可以是过去指向,也可以是未来指向。如祖先崇拜就是一种过去指向的思维方式。思维空间的调节,既可以表现为思维空间大小的调节,也可以表现封闭与开放的调节。

邓小平正是通过上述的思维出发点和参照系,实现了中国共产党历史上治国思维方式上的重大变革,形成了一种与过去以阶级斗争为纲的思维方式根本不同的新型治国思维。

在思维出发点上,邓小平始终站在民族利益立场上,坚持民族本位的思维方式。这是和党内长期以来特别是"文革"时期的以阶级斗争为纲的思维方式根本对立的。我国是社会主义国家,无产阶级是国家政治生活中的领导阶级,但是,我国在如何制定各项工作的大政方针方面,必须从整个民族的根本利益出发,而不是从某个阶级、某个政党或某个社会集团利益出发。关于这一点,邓小平虽无明确的阐述和论证。但从邓小平大量思想理论和实践活动中都很明确地体现出来。邓小平始终强调,我们的目标是建设一个富强、民主、文明的社会主义现代化强国。早在1975年,他就提出了"全党讲大局,把国民经济搞上去"的号召,指出,"把我国建设成为具有现代农业、现代工业、现代国防和现代科学技术的社会主义强国。全党全国都要为实现这个伟大目标而奋斗"[1]。党的十一届三中全会以后,邓小平更是把建设一个现代化强国、实现中华民族的崛起和腾飞作为首要的奋斗目标,他的关于中国迈向现代化分三步走的战略,充分反映了他那振兴中华民族的宏伟设想。可以说在邓小平的政治品质中,首先是作为一个伟大的爱国主义者出现的。读一读邓小平的著作、文章,扑面而来的第一个感受,就是他强烈的民族自豪感、民族危机感、民族紧迫感和民族责任感。"凡是炎黄子孙,不管穿什么服装,不管其立场是什么,起码都对中华民族有自豪感。"[2]"中国人民有自己的民族自尊心和自豪感,以热爱祖国,贡献全部力量建设社会主义祖国为最大光荣,以损害社会主义祖国利益、尊严和荣誉为最大耻辱。"[3]

邓小平坚持从民族出发、从祖国出发的新思维,不仅体现在他所提出的奋斗目标上,而且体现在他一系列改革、开放、发展的大政方针方面。在改革开放政策上,邓小平之所以超过别人,敢为天下先和能为天下先,就在于他是从民族利

---

[1] 《邓小平文选(1975—1982年)》,人民出版社,1983年,第4页。
[2] 邓小平:《建设有中国特色的社会主义》,人民出版社,1984年,第31页。
[3] 同上书,第3—4页。

益和民族的未来发展出发，认为不改革、不开放，无法使中华民族繁荣昌盛、兴旺发达。他多次尖锐地指出："如果现在再不实行改革，我们的现代化事业和社会主义事业就会被葬送。"[1]"不改革，就没有出路。"[2]"任何一个国家要发展，孤立起来是不可能的，闭关自守是不可能的。要实现我们的第一步目标和第二步目标，不开放不行，不加强国际交往不行，不引进发达国家的先进经验、先进科学技术成果和资金不行，关起门来是不行的。"[3]对于祖国的统一大业，对于港澳回归、台湾与大陆如何统一的政治构想，更是体现出邓小平从民族利益和民族立场出发的新思维。有人说，"一个国家，两种制度"是一种新的政治哲学，那么，这种新的政治哲学是如何形成的？从阶级立场出发，是不可能形成"一国两制"构想的。只有从中华民族的利益出发，站在全民族的立场上，才能设想和接受"一国两制"的统一构想。因为"一国两制"是"要在中华人民共和国内，大陆十亿人口实行社会主义制度，香港、台湾实行资本主义制度"[4]，谁也不吞掉谁。有人说，邓小平"一国两制"构想，反映了一种超意识形态的人类利益原则，使人类利益原则恢复了本来的权威。我们认为"一国两制"构想首先是从民族利益出发，反映的是一种祖国统一和民族利益至上的大原则。

即使在社会主义制度问题上，邓小平也是从民族本位的立场上加以阐述和理解的，他强调，中国实行社会主义，并不是为了什么原则、理想故意搞出来的，而是历史本身的选择。中国走了几十年资本主义道路，走不通，如果不是走社会主义道路，中国可能还是四分五裂。"人们说，你们搞什么社会主义！我们说，中国搞资本主义不行，必须搞社会主义。"[5]"不坚持社会主义，中国的小康社会形成不了。"[6]

在思维参照系上，邓小平始终坚持面向现代化、面向世界、面向未来。中国传统的思维方式是一种封闭的、夜郎自大的思维方式和祖先崇拜的思维方式。即使在新中国建立以后，我们也仍然陶醉于面向过去的思维方式所形成的心理定势，动辄就是拿现在和新中国成立前比。这种思维方式只能导致我们故步自封、自我满足。邓小平明确强调，要从现代化的角度、世界的角度、未来的角度看

---

[1] 《邓小平文选(1975—1982年)》，第140页。
[2] 《邓小平的重要谈话(1987年2月—7月)》，人民出版社，1987年，第32页。
[3] 邓小平：《建设有中国特色的社会主义(增订本)》，人民出版社，1987年，第105页。
[4] 同上书，第92页。
[5] 同上书，第135页。
[6] 同上书，第37页。

待中国的现实问题。1983年10月1日,他为景山学校题词:教育要面向现代化、面向世界、面向未来。[1] 邓小平这一重要题词,不仅反映了他对我国教育事业的殷切希望,而且充分体现了他本人的现实主义新型思维特征。在邓小平的文章和讲话中,我们很少看到那种满足于超过历史的"优势感"和"满足感",处处显示出他从现代化的角度、世界的角度、未来的角度来分析中国的现实问题,处处显示出他对中华民族的危机意识和忧患意识。邓小平认为,当代中国面临的最大问题不是阶级斗争问题,而是民族的发展和出路问题,是如何摆脱贫穷落后、实现民族振兴的问题。新中国成立40多年,我们在经济建设方面和过去相比可以说取得了很大成绩,但从世界的角度看、从现代化的角度看,民族的出路问题并未解决。"几亿人口搞饭吃,粮食问题还没有真正过关,我们钢铁工业的劳动生产率只有国外先进水平的几十分之一。新兴工业的差距就更大了。"[2] "同发达国家相比,我们的科学技术和教育整整落后了二十年。"[3]

同样,邓小平对中国未来的规划与筹谋,也始终瞄着世界发达国家。他在谈到20世纪末翻两番的意义时指出:"翻两番还有个重要意义,就是这是一个新的起点。再花三十年到五十年时间,就可以接近经济发达国家水平。"[4] 即使在一些具体问题上,邓小平也总是以面向未来的思维方式予以对待。在"文革"结束后,面对各种错误需要清理时,他不是局限于算历史的旧账,而是要求"一切问题向前看",即使是解决历史问题也是为了建设未来。从大处着眼、从未来着眼的思维特征,在邓小平的思想和实践中处处呈现出来。

总之,从民族的根本利益出发,坚持面向现代化、面向世界、面向未来,是邓小平治国新思维的基本框架和基本内容。它的新颖之处,是和"文革"中盛行的阶级斗争思维和以前的闭关自守、夜郎自大、面向过去的思维方式相比较而言的。综合邓小平治国新思维的基本内容,我们可以发现,邓小平的治国新思维具有鲜明的务实性、时代性、开放性、战略性特点。

所谓务实性,就是一切从实际出发、从现实出发,把客观现实作为行动的基础,不搞形式主义、本本主义、教条主义,同时,以客观现实的社会实践作为检验真理的唯一标准,以人民群众的根本利益作为检验真理的根本标准。所谓"不管白猫、黑

---

[1] 邓小平:《建设有中国特色的社会主义(增订本)》,第21页。
[2] 《邓小平文选(1975—1982年)》,第87页。
[3] 同上书,第37页。
[4] 邓小平:《建设有中国特色的社会主义(增订本)》,第59页。

猫,捉到老鼠就是好猫"的"猫论",就是他的新思维务实性的典型表现和集中反映。这里的"捉到老鼠"之谓,就是指把国民经济搞上去,实现民族的崛起与振兴,建设一个现代化的富强国家。这种"猫论"上升到理论高度,就是坚持生产力的最终标准。1979年,邓小平就提出:"我们的政治路线就是搞社会主义现代化建设。'四人帮'提出'宁要穷的社会主义,不要富的资本主义',社会主义如果老是穷,它就站不住。"[1]1983年,他指出:"总之,是否有助于建设中国特色的社会主义,是否有助于国家的兴旺发达,是否有助于人民的富裕幸福,作为衡量我们各项工作做得对或不对的标准。"[2]1984年,邓小平又进一步深刻指出:"社会主义阶段的最根本的任务就是发展生产力。社会主义的优越性就是体现在它的生产力要比资本主义发展得更高一些,更快一些,社会主义要消灭贫穷。贫穷不是社会主义,更不是共产主义。"[3]1987年,邓小平指出,"坚持社会主义,首先要摆脱贫穷落后的状态,大力发展生产力。"[4]1992年1月,他在著名的"南方谈话"中再次强调,姓"社"姓"资"的标准,应该主要看是否有利于发展社会主义社会的生产力,是否有利于增强社会主义国家的综合国力,是否有利于提高人民生活水平。这些重要的论述,充分反映了邓小平治国新思维的务实性特点。

所谓时代性,就是紧紧扣住时代的主题,具有鲜明的时代特色。邓小平治国新思维的时代性就在于他始终抓住了现代化,这个当代中国最重大、最紧迫的时代主题,以现代化作为思维的重要坐标,思考中国的一切,规划中国的一切。早在1975年,邓小平第二次复出时,就不顾当时险恶的政治环境,强调必须以现代化为大局。他指出:"现在有一个大局,全党要多讲。大局是什么?……把我国建设成为具有现代农业、现代工业、现代国防和现代科学技术的社会主义强国。……这就是大局。"[5]粉碎"四人帮"以后,邓小平深有感触地说:"近三十年来,经过几次波折,始终没有把我们的工作重点转移到社会主义建设方面来……现在要横下心来,除了爆发大规模战争外,就要始终如一地、贯彻始终地搞这件事,一切围绕着这件事,不受任何干扰。……我们全党全民要把这个雄心壮志牢固地树立起来,扭着不放,'顽固'一点,毫不动摇。"[6]"文化大革命"结

---

[1] 《邓小平文选(1975—1982年)》,第176页。
[2] 邓小平:《建设有中国特色的社会主义(增订本)》,第12页。
[3] 同上书,第2页。
[4] 《邓小平的重要谈话(1987年2月—7月)》,第21页。
[5] 《邓小平文选(1975—1982年)》,第4页。
[6] 同上书,第213页。

束以后,邓小平更是率先提出,要把全党的工作重心转移到现代化建设上来,并对中国现代化的发展战略、发展道路、发展模式,进行深刻的分析和探讨,提出要"走出一条中国式的现代化道路"。

邓小平治国新思维的开放性特点首先通过国家开放的政治主张表现出来。人类社会发展到今天,已经成为高度一体化的时代。现代国家不开放,就会被时代所淘汰。邓小平从现代化的角度、世界的角度、未来的角度思考中国的现实问题,必然要提出和坚持对外开放政策。他指出:"中国的经济开放政策,这是我提出来的。"[1]1978年,邓小平在全国科学大会开幕式讲话中强调:"任何一个民族、一个国家,都需要学习别的民族、别的国家的长处。"他指出:"我们坚定不移地实行对外开放政策,在平等互利基础上积极扩大对外交流。"[2]"经济上实行对外开放的方针,是正确的,要长期坚持,对外交流也要长期发展。"[3]"如果说有什么不足之处,就是开放得还不够。我们要继续开放,更加开放。"[4]邓小平所主张的开放,不仅包括对外开放,而且包括对内开放,是一种全方位的、空前的开放思路。"开放有两个内容,对内开放和对外开放。"[5]"对内搞活也就是对内开放,实际上都是叫开放政策。"[6]对外开放,是对世界上所有国家开放。"所以,对外开放是三个方面,不是一个方面。"[7]

邓小平关于国家的开放政策和开放思想,源于他的开放型思维方式。由于邓小平的治国新思维是以民族为本位,以现代化、世界和未来为参照系,因而具有一种开放型立体思维结构。在这种思维结构下,人的思想永远是"解放"的,只要是有利于民族振兴、国家富强,有利于祖国统一和现代化大业,一切都是可以接受的,这正是邓小平的思想没有禁区、永远"解放"或开放的根源所在。开放性意味着创造性,正因为邓小平的思维方式是开放型的,没有禁区,所以显示出极强的创造性思维品质。能够做到一切从实际出发,独立思考、独立判断,创新求异,见人所未见,具有无限广阔的思维空间。

邓小平治国新思维还有一个特点,那就是战略性和全局性。邓小平的一生,

---

[1] 邓小平:《建设有中国特色的社会主义(增订本)》,第65页。
[2] 同上书,第3页。
[3] 同上书,第31页。
[4] 同上书,第160页。
[5] 《邓小平的重要谈话(1987年2月—7月)》,第26页。
[6] 邓小平:《建设有中国特色的社会主义(增订本)》,第160页。
[7] 同上书,第87页。

做过许多具体性和局部性工作,在戎马倥偬的战争年代,他以高超的组织指挥能力把毛泽东同志的战略思想化为一个个战役和战术行动,在担任西南军政领导期间,在身系全党建设重任的总书记任内,在协助周总理日理万机的国务活动中,他都做了大量的、具体的事务性工作。但他的思维空间并未因此被束缚,他始终不是一个事务主义者,而是一个战略家、思想家,想问题、办事情,都能从全局出发,从战略出发,即使在做具体的工作,也能大处着眼、小处着手,做到高屋建瓴、运筹帷幄。他是一个小个子,但他比谁都站得更高、看得更远,正是这种战略性思维方式,使他能比别人早见、多见、高见,使他成为改革开放和现代化建设的"总设计师",成为第二代领导集体的核心。

三、邓小平治国新思维形成的历史必然性和内在根据

邓小平的治国新思维是如何形成的?它的历史必然性和理论的正确性表现在哪里?我们当然不能归因为"天才论",也不能简单地归结为他的政治权威。邓小平治国新思维的形成,是一系列历史和现实、主观和客观的因素相互作用的结果。

首先,邓小平治国新思维是中华民族100多年来争取民族振兴的思想结晶。中国是一个历史悠久的伟大国家,在历史上,它曾经创造出灿烂夺目的文化,曾经对世界文明的发展作出过巨大的历史贡献,曾经在世界历史上长期居于领先地位。但是,在近代,她却一下子衰落下来,成为人类文明队伍中的落伍者。鸦片战争一声炮响,闭关自守几百年的沉重国门被洞开,笼罩在中华泱泱帝国头顶上的光环一下子消散无踪,中国成了列强口中的一块肥肉,任人宰割。西洋、东洋,侵略者从四面八方拥入中国。从此,中国历史进入最屈辱的一个世纪,中国人民也进入了空前的反抗压迫、反抗侵略,争取民族振兴、民族解放的一个世纪。洋务派的洋务运动、康梁的"戊戌维新"、孙中山的辛亥革命,在社会性质上根本不同。但是,从争取民族振兴、民族解放的角度看,它们之间又有共通之处。即它们都是中华民族现代化冲动的一种反映,都是时代发出的一种吼声与绝唱。它们之间有着内在的承前启后联系。没有洋务运动的破产,就没有"戊戌维新"的尝试,没有戊戌维新的失败,就没有辛亥革命的成功。因此,100多年来,中华民族面临着一个共同的主题,这就是现代化和通过现代化实现民族振兴。在这个时代主题下,汇聚了无数的志士仁人,进行着前仆后继的奋斗牺牲。因此,中国共产党领导的伟大革命,虽然在性质上与之前不同,但同样是这一时代主题的

续写篇章。马克思列宁主义、社会主义学说在中国的传播和发展,首先不是作为解决阶级问题的药方,而是作为解决民族问题的一种方案被接受的。中国共产党的领导、社会主义制度之所以被中国人民所接受,首先也是作为解决民族问题而被认同的。1949年10月,毛泽东在天安门城楼上说的第一句话,不是无产阶级从此站起来了,而是"中国人民从此站起来了"。当天安门前矗立起第一座纪念碑时,毛泽东要上溯到1840年以来的革命先烈,予以一视同仁的纪念,正是这一大背景,孕育了一种新的思维方式,这就是一切从中华民族的根本利益出发,一切为了实现中华民族的现代化,实现中华民族在世界民族之林的崛起与腾飞。1949年只是革命的成功,只是为中华民族的腾飞奠定了政治基础,中华民族的崛起与强盛,这一历史任务并未完成。邓小平治国新思维正是这一历史红线的继续,或者说,邓小平治国新思维正是由这种文化发育而成。

其次,邓小平治国新思维是在对中国现实国情深刻分析的基础上形成的。国情是一个综合的、广泛的概念,可以说国情包括了一个国家的全部历史与现实,因此,100多年来,中国人民为民族振兴所作的奋斗和牺牲,是中国国情的重要组成部分。但是,邓小平的治国新思维不仅是近现代中国社会演变的思想结晶,而且也是中国当代社会现实的客观的、科学的总结和反映,前者是历史背景,后者是现实的根基。邓小平的治国新思维始终扎根于中国的现实国情。坚持从国情出发,从当代中国的现实出发,也必然要求确立邓小平的治国新思维。中国的国情当然包括中国的优势和劣势。过去我们对优势讲得过多,盲目乐观,对劣势视而不见,见而不认。邓小平则特别强调,认识国情,不仅要看到自己的优势,更要看到自己的劣势。"中国既是大国,又是小国。"我国的劣势是人口太多、增长太快,而且"其中百分之八十是农民"。"在生产还不够发展的条件下,吃饭教育和就业就都成了严重的问题。"[1]由于人口过多,我国的资源弱点暴露出来,我国资源人均占有量大大低于世界的平均水平。同样,我国人口数量虽多,但质量却不高,科学文化素质较低,"远不能适应现代化建设的需要"[2]。我国这些劣势集中到一点,还是"底子薄",即发展落后。"由于底子薄,现在中国仍然是世界上很穷的国家之一。"[3]正因为如此,中国社会的主要矛盾,不是阶级斗争,而是民族振兴,是民族的生存和发展问题,是民族的落后现实与民族要崛起

---

[1] 《邓小平文选(1975—1982年)》,第150页。
[2] 同上书,第87页。
[3] 同上书,第149页。

腾飞的强烈期望之间的矛盾,这个矛盾的一般社会表现是生产力的相对落后与人民不断增长的物质与文化需要之间的矛盾。这个主要矛盾的性质和特点,决定了中国人思考一切问题必须要从民族利益出发,从民族的发展出发,从现代化的角度、世界的角度、未来的角度思考中国、检视中国。一句话,必须确立和维护邓小平的治国新思维。

再次,从当代世界发展的状况看,整个人类社会的发展,已经高度地一体化。这种一体化主要表现为各个民族、各个国家、各个地区的相互联系空前密切,每个民族、每个国家、每个地区都不可能孤立的、封闭的发展,每个民族、每个国家、每个地区都必须站在现代化的角度、世界的角度、未来的角度来衡量自己的发展,而不能仅仅满足于自己在原有水平上的进步。正如邓小平在1992年1月南方谈话中所说:"现在,周边一些国家和地区经济发展比我们快,如果我们不发展或发展得太慢,老百姓一比较就有问题了。……低速度就等于停步,甚至等于后退。"而当代世界发展的高度一体化,并没有改变各个民族相互竞争的国际关系格局。世界的一体化,在某种意义上,产生了一些高于任何民族、国家、地区的人类利益,如人口、环境、能源、粮食、核威胁等。但是,今天的世界关系的本质仍然是以民族国家为单位而展开的全球性竞争,而且这种民族竞争比任何时候都要激烈、都要尖锐,忘记了这一点,我们就要犯大错误。而邓小平治国新思维的形成正是得力于他始终牢记和坚持这一点。

最后,邓小平治国新思维是在总结中国共产党正反两个方面的经验教训基础上形成的。当代中国历史发展最重大、最伟大的事件,是产生了中国共产党和中国共产党所领导的中国革命与中国建设,它占据了中国20世纪的大部分时间,是中国20世纪巨大社会变迁的主体内容。在这样既漫长又短暂的历史中,中国共产党领导中国人民走过了艰难曲折的革命历程,创下了惊天动地的丰功伟业。成就是空前的和伟大的,教训也是惨重的和深刻的。总结中国共产党正反两方面的教训,千条万条归根到底是一条,即什么时候真正站在民族的立场上思考问题,制定自己的路线、方针、政策,什么时候就能真正成为民族的核心,得到全民族的拥护和支持。什么时候离开民族的立场,忘记了或忽视了民族重任,就会陷入"阶级斗争的旋涡",使革命和建设事业受到损失和挫折。前面曾经说过,马克思列宁主义,社会主义学说传播到中国来,发生了一个重大的、根本性的变化,就是在西欧它是为解决阶级问题而创立的。而到了中国,它是作为解决民族问题的方案被接受的。但是,在中国共产党人中,并不是所有人都意识到这一点,更很少有人从理论上清醒地认识到这一点。正因为如此,在中国共产党70多年历程中,"左"的错误一犯再犯,难以根除。第一次大革命的失败,原因是复杂的。其中有一个重要方面一直被人们忽视,这就是在行动上的过"左",即在工人运动和农民运动中,过于强调阶级斗争,因而出现了许多过火行为,激化了阶级矛盾,没有做到有理、有利、有节。这个问题直到抗日战争爆发才得以解决。日本侵华、民族危亡,中国共产党认识到民族矛盾已上升为主要矛盾,才放弃了"以阶级斗争为纲",高举起抗日大旗,既取得了国内政治上的主动权,又促成了第二次国共合作,从而使中国共产党在政治上和军事上日益强大起来,并得到了全民族的拥护,推翻了"三座大山",建立了新中国。如果说过早过快的"三大改造"是从经济角度发生的立场转移,那么,"反右""文化大革命"就是从政治角度发生的立场转移。"文化大革命"与"反右"不同的是把"以阶级斗争为纲"从党外用到了党内。因此,阶级斗争为纲的思维方式并非自"文革"始,也非以"文革"终。这种正反两方面的教训,不能不对邓小平产生深刻的影响和触动。或者说,邓小平正是在总结了中国共产党正反两方面经验教训之后才形成了自己的治国新思维。

总之,邓小平治国新思维的形成,有其深刻的历史必然性和内在根据,它是邓小平在深刻分析中国现实国情、深刻分析当代世界发展状况和发展规律的基础上形成的思想结晶,是中华民族100多年来争取民族振兴的主旋律的自然延续,是邓小平以其一生坎坷曲折的生活体验为底蕴,对中国共产党正反两方面经验教训进行深刻反思的结果。

四、邓小平治国新思维的理论价值与实践意义

思维方式是价值判断的内在基础,不同的思维方式,对相同的社会现象和社会事实会产生不同的价值判断。思维方式的更新,必然会带来人们认识上的巨大飞跃和实践上的伟大创造。因此,深刻认识和理解邓小平的治国新思维,具有重大的理论价值和实践意义。

第一,邓小平的治国新思维是理解邓小平全部治国思想的基础。前面说过,邓小平的治国新思维具有高度的一贯性和一致性,特别是在重大原则问题上很少有前后相互矛盾之处。这种高度的一贯性和一致性,正是来自其思维方式的稳定性和成熟性。掌握了邓小平的治国新思维,就能准确地、全面地、系统地理解邓小平的治国思想,就能深刻领会邓小平治国思想的精神实质和精髓所在。

第二,邓小平治国新思维是理解党的基本路线的一把钥匙。党的十一届三中全会把全党工作重心转移到社会主义现代化建设上来以后,邓小平就指出,要走出一条中国式的现代化道路。经过10年探索和实践,到党的十三大,终于第一次比较全面系统地阐明了我国社会主义初级阶段理论,并在此基础上制定了党建设有中国特色社会主义的基本路线,从而解决了我国社会主义现代化建设的道路问题。这条基本路线概括地说,就是"一个中心,两个基本点"。邓小平对此曾有很高的评价,认为"概括得很好"[1]。在1992年1月的南方谈话中,邓小平又一次强调,"要坚持党的十一届三中全会以来的路线、方针、政策,关键是坚持'一个中心,两个基本点'";"基本路线要管一百年、动摇不得",否则"只能是死路一条"。这就证明,十三大所确定的党的基本路线,不仅是全党多年实践经验的科学总结,而且也是邓小平治国思想的集中体现。

但是,如何正确地、全面地理解党的基本路线,并不是件简单的事。几年来的事实证明,总是有人从"左"的或右的角度歪曲它,割裂它,给理论和实践都造成了混乱。我们认为,只有从邓小平的治国新思维出发,才能全面地、深刻地理解党的基本路线。党的基本路线不是别的,就是实现中华民族崛起和腾飞的一条路线,它要解决的是中国实现现代化的道路问题。中国要搞现代化建设,要实现从传统社会向现代社会跃迁,就必须要始终坚持以经济建设为中心,把国民经济搞上去。只有实现了经济腾飞,走上富国强民的道路,中华民族才能真正自立于世界民族之林而毫无愧色,才能和我们的大国的地位相称。可以说以经济建设为中心,是一种从民族振兴出发,先患寡再患不均的思维方式。

第三,邓小平治国新思维是解放思想,彻底反"左"的锐利思想武器。学习邓小平的著作和讲话,一个深刻的体会和印象,就是邓小平的思想总是走在别人的前面,总是处于解放状态,没有束缚,从不僵化。可以说,邓小平的重要贡献,不仅表现在他对中国现代化建设的设计方面,更重要地表现在他帮助人们解放思想方面。10多年来,中国人的观念,从领导到群众,都发生了根本性的变化,经历了几次质的飞跃。在每一次大的观念转变过程中,总是邓小平带头做启蒙工作、推动工作。他不仅是改革开放的总体设计师,而且是名副其实的思想启蒙

---

[1]《邓小平重要谈话(1987年2月—7月)》,第40页。

师。解放思想是和反"左"分不开的,中国人的解放思想,具体地表现为如何摆脱"左"的束缚。"左"的思想在中国共产党内可以说源远流长、根深蒂固。这些"左"的人物"左"的思想,有真假之分。所谓假左,其实不是左,而是为了自己的特权利益和既得利益拒绝社会变革,或者是在权力斗争中服从派系斗争的需要而维持"左"的面孔和"左"的形象。另一个是真"左",真"左"又可以分为两种类型:第一种是经验型的"左",这种"左",主要来自人们的思维惯性,他们之所以"左",是因为他们过去一直这样干,习惯了,因而反对一切新的东西和不习惯的东西。这种"左"比较好"反",只要培养起他们新的习惯就行了。第二种是理论型的"左"。就是说这种"左"不是来自习惯,而是来自理论思维,他们往往有一套理论,并且能自圆其说,振振有词,"左"得头头是道。要反这种"左",可不容易,要彻底消除它,更是难事。只有邓小平的治国思维方式才是彻底根除这种"左"的锐利武器。因为这种理论型的"左"的重要根源,在于他们坚持阶级斗争为纲的思维方式,一切从阶级斗争立场出发思考问题。因此,批判和根除这种"左"的思想、"左"的行为,最关键的是要纠正他们的思维出发点,只有把他们的思维出发点从阶级斗争立场转移到民族振兴的立场上来,才能彻底纠正这种理论型的"左"。

第四,邓小平治国新思维可以帮助我们进一步深化对党的思想路线的理解和掌握。我们知道,中国共产党有一条正确的思想路线,这就是实事求是,一切从实际出发。"实事求是"是中国的古老格言,语出《汉书·河间献王传》:"求学好古,实事求是。"唐朝学者颜师古把这句话批注为"务得事实,每求真也"。毛泽东同志善于古为今用,把它确立为中国共产党的思想路线,并对其重新阐释,赋予全新的内容。"'实事'就是客观存在的一切事物,'是'就是客观事物的内部联系,即规律性,'求'就是我们去研究。"[1]实事求是就是从实际情况出发,从中引出规律性,作为我们行动的向导。邓小平特别重视党的实事求是的思想路线,并对此作了大量的、深刻的阐发,认为它是毛泽东思想的基本点,是无产阶级世界观的基础,是马克思主义的思想基础。但是,如何深刻理解实事求是的思想路线,在实践中坚持实事求是的思想路线,并非是件易事。我们知道,毛泽东同志一贯提倡实事求是的原则,但在实践中,偏离实事求是原则的事还是时有发生,特别是毛泽东同志本人晚年也违背了自己一贯倡导的思想原则,脱离实际,

---

[1] 《毛泽东选集》第2版第3卷,人民出版社,1991年,第801页。

脱离人民,脱离国情,犯了一系列错误。为什么一生倡导实事求是的人也会违背实事求是原则呢?这说明实事求是本身还有不够明确的地方。实事求是的基本含义是一切从实际出发,寻找事物的规律性,用以指导人们的实践。那么实际是什么?这是个关键点。在具体问题上,比较好解决,就是从具体事实出发。但对治理一个国家这样宏观的整体性问题来说,"实际"是什么?就比较难以把握。它要求人们必须先认清什么是全局,什么是局部,什么是根本,什么是具体,什么是主要矛盾,什么是次要矛盾。所谓理论型的"左",并不能说完全是本本主义,他们也可以举出许多"事实",也可以说他们是从实际出发。譬如说,他们认为,改革开放以来,中国社会差别有所扩大,西方文化影响日益加深,人民思想时有混乱等,这些不能不说是"事实",不能不承认他们也是"从实际出发"。这说明,仅仅从实际出发,还不足以解决党的思想路线问题。还必须把它和邓小平的治国新思维联系起来,也就是说,中国共产党思想路线所说的从实际出发,就是从如何振兴中华民族这个实际出发,这个实际是指中国当代的主要矛盾、中华民族的主要任务,而不是任何一个俯拾皆是的"事实"。只有明确了这一点,才能真正地、长久地坚持和贯彻实事求是的思想路线。邓小平正是以自己的治国新思维为基础,因而能比其他人更正确、更一贯地贯彻和执行实事求是的思想路线。

五、结束语:为了中华的崛起和腾飞

20世纪的历史帷幕正在徐徐落下,21世纪即将来临。值此世纪交替之际,每个民族、每个国家都在奋力完成这部风云激荡、气象万千的世纪雄文。中国,曾在20世纪后期世界改革大潮中占有先行之利,如今,她又怎样能够桑榆守拙、临变不惊,稳渡20世纪90年代世界变幻莫测的时代风云,顺利地跨入21世纪呢?中国改革的成绩是巨大的,中国的经济发展是当今世界上最有生机的。但是,中华民族的崛起和腾飞,决非等闲易事,它面临着一系列来自外部和内部的压力和困境,面临着一系列艰难的甚至是痛苦的抉择。但笔者认为最关键、最重要的一条,是要首先确立邓小平的治国新思维在党、国家和民族思维中的地位,使其成为全党和全国人民的共同政治财富,成为中国迈向21世纪的主导性思维。邓小平在南方谈话中指出:"基本路线要管一百年,动摇不得。只有坚持这条路线,人民才会相信你、拥护你。""即使没有新的主意也可以,就是不要变……有了这一条,中国就大有希望。"拳拳之心、殷殷之望,溢于言表。只有使

邓小平的治国新思维成为中华民族的主导思维,才能保证邓小平所开创的改革开放路线长期坚持下去,只有按照邓小平的治国新思维去治理国家,才能保证中国在21世纪顺利达到邓小平所设想的现代化第三步的战略目标,完成中国社会从传统向现代的蜕变跃迁,实现中华民族的崛起和腾飞。

从"纠偏论""补缺论"到"本质论"

——和谐社会理论的内涵拓展与科学定位

和谐社会理论是党中央在十六大以后提出的具有重大战略意义的理论创新成果。江泽民同志在十六大报告中论述全面建设小康社会时,已经初步提出了社会和谐的问题。十六大报告指出,"我们要在本世纪头二十年,集中力量,全面建设惠及十几亿人口的更高水平的小康社会,使经济更加发展、民主更加健全、科教更加进步、文化更加繁荣、社会更加和谐、人民生活更加殷实";"努力形成全体人民各尽其能、各得其所而又和谐相处的局面"[1]。党的十六届四中全会在《中共中央关于加强党的执政能力建设的决定》中,首次完整地提出了"社会主义和谐社会"的概念,并将构建社会主义和谐社会正式列为中国共产党全面提高执政能力的五大能力之一。党的十六届六中全会,更进一步系统地阐述了"构建社会主义和谐社会"问题,并提出,和谐社会是中国特色社会主义的本质特征。在党的十七大上,和谐社会建设理论再次得到正式确认。胡锦涛同志在十七大报告中指出:"深入贯彻科学发展观,要求我们积极构建社会主义和谐社会。社会和谐是中国特色社会主义的本质属性。""构建社会主义和谐社会是贯穿中国特色社会主义事业全过程的长期历史任务,是在发展的基础上正确处理各种社会矛盾的历史过程和社会结果。"[2]这是对和谐社会理论的最新概括和最新肯定。

原载于《探索与争鸣》2007 年第 11 期。

[1] 江泽民:《全面建设小康社会,开创中国特色社会主义事业新局面——在中国共产党第十六次代表大会上的报告》,《人民日报》2002 年 11 月 18 日。

[2] 胡锦涛:《在省部级主要领导干部提高构建社会主义和谐社会能力专题研讨班开班式上的讲话》,《人民日报》2005 年 2 月 20 日。

实现社会和谐,建设美好社会,始终是人类孜孜以求的一个社会理想,也是中国共产党长期不懈的追求。正因为如此,和谐社会理论一经提出,立即获得举国上下,从政府决策部门到普通百姓的普遍认同,也在理论界掀起了经久不衰的研究热潮。不同学科的学者,从各自不同的角度对和谐社会理论进行了研究和阐释,提出了各种不同的观点。但我认为,和谐社会理论自提出以来,从党的十六大到十七大,人们对它的内涵拓展和理论定位的认识,大体上经历了"纠偏论""补缺论"到"本质论"三个阶段,最终完成了社会主义和谐社会理论的科学定位。

一、纠偏论:让失衡的社会重归平衡

中国自改革开放以来,经过 20 多年的快速发展,在 21 世纪初期达到了总体小康的历史水平,综合国力实现了历史性突破。在这样一个历史时刻,中共中央提出要建设和谐社会的理念,这是党中央审时度势,根据国内外的形势发展,特别是中国自身的发展形势及其存在的问题,经过深思熟虑后提出的重大历史任务。

2003 年,我国国内生产总值达到 1.4 万多亿美元,人均 GDP 首次突破 1 000 美元,这标志着中国正在进入一个新的历史时期,即所谓人均国民收入 1 000 美元—3 000 美元这个阶段。根据世界各国的现代化经验,这个阶段往往是机会与挑战并存,既是"发展的黄金期",也是"矛盾的凸显期"。所谓发展的黄金期,就是进入这样一个发展阶段以后,发展的基础日臻完善,发展的条件越来越好,传统的低发展水平下难以解决的问题比较容易解决了,一些过去想做但没有能力做的事情在这个阶段开始有能力做了;所谓矛盾凸显期,就是随着经济社会的发展,一些过去所没有的新的矛盾开始比较集中地显现,发展的环境日益复杂,各种新的社会矛盾开始激化。在这个阶段,人民群众的物质与文化需求日益多样化,需求的层次不断提高,给政府提出了更高的要求,带来了日益增大的压力和越来越大的挑战。

在这样一个重要的发展阶段,作为执政党的中国共产党面临着重要的战略选择,必须对自己过去几十年的发展过程进行认真的总结,对世界上其他国家所走过的道路进行评估、借鉴,在回顾、反思、借鉴的基础上确定自己今后的发展道路怎么走,选择什么样的发展战略,制定什么样的发展政策。任何战略选择的失误,都会带来历史性的错误。如果战略和政策得当,就可以带领人民平稳地、甚至是大踏步地跨过这一历史时期;如果我们头脑发热,战略和政策失误,则会激化矛盾,造成社会动荡,阻碍经济与社会发展。"东亚模式"和"拉美现象"从正反两个方面为我们提供了经验教训。

站在这样一个历史的高度,来反思和审视我们过去20多年的发展历程,我们不能不看到,在这20多年的发展过程中,中国的改革开放和现代化建设事业在取得了举世瞩目的巨大成就的同时,也存在和暴露出诸多不足与问题。

第一,城乡差距不断拉大,城乡发展很不平衡。农业、农村、农民问题日益突出和严峻。能否解决好"三农"问题,历来事关党和国家发展的全局。从城乡收入来看,20世纪80年代由于农村实行家庭联产承包制,城乡收入差距缩小到1:1.8,而到90年代就扩大到1:2.5,到了2003年,城乡差距已经扩大到1:3.2,超过了3倍。如果将城乡居民收入的计算方式、税赋负担、社会保障、基础设施等因素综合考虑,城乡差距就远不是3倍,而可能会有6倍以上。城镇居民与农村居民实际收入差距过大,显然不利于城乡和谐。

第二,地区差距越来越大,区域发展很不平衡。我国东部沿海地区较西部地区自然条件好、经济基础好,改革开放起步早,特别是中央政府对东部的发展给予了巨大的政策倾斜,发展的速度和效益远远高于中、西部地区。尽管相继实施了西部大开发、中部崛起、振兴东北老工业基地等战略,但是东中西部的相对差距仍呈扩大趋势。区域发展差距的持续扩大显然不利于社会的和谐稳定。

第三,贫富差距越来越大,分配不公比较突出。从国际上公认的基尼系数来看,我国的基尼系数,虽然不同部门的数据不尽一致,但是暴露出来的收入差距问题确实已经比较突出。收入差距拉大的问题,是前进中存在的问题,但是如果不能够予以正确解决,也会危及稳定。尤其是分配不公、非法致富,一些人靠钻政策和体制漏洞而获得暴利,一些部门和单位靠垄断而获取超额利润,这对群众的情绪是一种严重的伤害。如果这些问题解决不好,必将妨碍社会的和谐。

第四,经济与社会发展脱节,社会发展严重滞后。经过20多年的改革开放,我国的经济高速发展,GDP总量增长了10倍,平均发展速度为9.4%,这是世界经济史上的一个奇迹。但与此同时,我国的社会发展相对滞后,人文发展指数不进反退。社会发展滞后在2003年的非典考验中暴露得尤为充分。

第五,就业难题日益加大,劳资关系越来越紧张。由于人口的压力、产业的调整、市场的竞争,我国始终面临严峻的就业问题的挑战。城市失业下岗问题还未完全解决,现在又出现大学毕业生的就业难题,农村还有1亿多富余劳动力需要转移。外部就业压力的存在,加上劳动与社会保障政策的缺失,必然导致企业内部的劳资关系紧张。劳动者普遍缺乏职业安全感,不仅没有社会主义制度下的主人翁意识,有的甚至连劳动者的起码尊严都得不到保证。职业伤害、矿难事故不断出现,引起国人的极大愤慨。劳动者的相对剥夺感不断增长,必然威胁到社会稳定,损害社会的和谐。

第六,生态、环境问题日益突出,人与自然关系越来越紧张。我国的生态环境形势十分严峻。长期积累的问题尚未解决,新的问题又不断产生。生态破坏和环境污染等问题已经严重危及人与自然的和谐。

第七,"中国威胁论"噪声日益升高,国际压力越来越大。世界多极化和经济全球化趋势日益深入,大国之间综合国力的竞争日趋激烈,影响中国和平与发展的不稳定和不确定因素不断增多,遏制中国发展的国际势力加速集聚。这些因素都将直接或间接地对我国的国家安全、社会稳定产生不利影响。

在这些因素的影响下,我国的社会稳定和国家安全受到了前所未有的威胁和挑战。特别是在改革开放过程中,没有形成比较完善的"共建共享"机制。农民和工人等一些为改革发展作出巨大贡献和牺牲的社会群体,没有得到应有的补偿。没有建立完善的机制来保证社会的弱势群体能够分享改革开放和现代化建设的物质成果,严重伤害了工人、农民等人民群众的感情,破坏了党的执政基础,损害了党和政府与人民群众的关系。

上述这些不和谐的社会现象和因素,引起了党和国家的高度重视,在进入新世纪以后,先后提出了一系列措施,试图对这些问题加以解决。党的十六大报告提出要使社会更加和谐,新一代领导集体提出要树立科学发展观,加强党的执政能力,构建社会主义和谐社会,等等,说明党中央站在历史的制高点上,已经充分认识到我国已进入改革发展的关键时期,经济体制深刻变革,社会结构深刻变动,利益格局深刻调整,思想观念深刻变化。在这种空前的社会变革过程中,必须采取切实措施,既坚持改革开放以来正确的发展方向,又根据改革发展过程中暴露出来的问题,适当调整发展思路,缓和社会矛盾,促进社会和谐。

显然,在和谐社会理论提出的初期,人们对社会和谐的认识,带有明显的"纠偏论"色彩,认为提出和谐社会的目的就是要通过发展观的适当调整,对各种不和谐现象予以遏制与纠正,以保证我国的改革开放和社会主义现代化建设事业能够沿着正确的航向继续向前推进。这种"纠偏论"认识和定位虽然未必准确,但在我国社会出现了许多不和谐现象与不和谐因素的形势下,形成这种认识也是非常自然的,更重要的是,它是和谐社会理论获得全国人民热烈拥护与大力支持的社会心理基础。

二、补缺论:完善社会主义初级阶段建设理论

随着对我国改革以来各种不和谐现象的梳理和纠正,特别是对种种不和谐现象和不和谐因素的原因的发掘,人们开始认识到这些不和谐现象的出现与我们过去的社会主义初级阶段建设理论的缺失有关。这样,和谐社会理论就从第一阶段的纠偏思想演变为社会建设理论,从而使社会主义初级阶段的建设理论得以完善。

早在改革开放初期,党中央提出把工作重心转移到社会主义现代化建设上来,实现了党的工作重心的历史性转移。到党的十三大,最终形成了一切以经济建设为中心,坚持改革开放,坚持四项基本原则的"一个中心,两个基本点"的基本路线。针对一切以经济建设为中心可能会在实践中带来的消极影响,邓小平及时提出,要注意"两手抓"的问题,要在一手抓物质文明建设的同时,另一手要认真抓好精神文明建设,而且两手抓,两手都硬。20世纪90年代,随着改革开放的深入发展,建设社会主义民主政治的任务日益突出,消除政治腐败的社会压力越来越大,加强党的建设的呼声日益高涨。在这一背景下,中央提出要在加强物质文明和精神文明建设的同时,还要加强政治文明建设,这样就形成了经济建设、政治建设和文化建设"三位一体"的社会主义初级阶段的建设纲领。

在这种"三位一体"的社会主义初级阶段的建设纲领指引下,我国的政治体制改革和政治文明建设取得了重要进展,特别是在反腐败和党风廉政建设方面,在加强党内民主建设方面,在促进人民群众政治参与和加强基层民主选举方面都取得了长足的进步。但是,在此期间,随着改革开放的深入和城市化进程加快,各种社会矛盾开始凸显。由于分配不公和收入差距的拉大,城市低收入群体开始成形;由于城市改造和征地拆迁,失地农民的利益受损问题日益突出;由于户籍制度和其他相关政策调整滞后,进城农民工的权益受损问题日益严重……总之,在社会领域里的各种社会矛盾开始突出出来。人们在解决这些社会矛盾和社会问题过程中,意识到社会主义初级阶段的建设纲领,不仅仅应包括经济、政治和思想文化三个方面,社会领域同样不能忽视。党的十六届四中全会正是在这样一个理论基点上,根据实践的发展与时代的要求,从加强党的执政能力的角度,提出了构建社会主义和谐社会的历史任务,把构建社会主义和谐社会作为

党执政的重要目标和执政能力的重要方面。这是党的历史上第一次明确提出社会主义和谐社会的概念,实现了社会主义现代化建设的总体布局由发展社会主义市场经济、社会主义民主政治和社会主义先进文化"三位一体"向包括经济建设、政治建设、文化建设和社会建设在内的"四位一体"的社会主义和谐社会飞跃。这是党为了适应当前中国社会结构和社会生活深刻变化的需要而提出来的,它标志着中国共产党对社会主义现代化建设的指导思想和中国共产党执政治国的理念有了新的重要发展。它也标志着人们对和谐社会理论的认识和定位从"纠偏论"进展到"补缺论",这是对和谐社会认识的重要深化和提升。

其实,把人类的社会生活分为经济、政治、文化和社会四个领域,并不是今天才开始的。马克思早就说过,"物质生活的生产方式制约着人们的社会生活、政治生活和精神生活的过程"[1]。在这里,马克思非常明确地提出了人类的社会生活可以区分为经济、社会、政治和文化四个领域。与之相应,人类的文明建设也应该在四个领域展开。只是由于认识的偏差,我们在改革开放以后的一个时期内主要关注的是物质文明和精神文明建设,后来才开始注意到政治文明建设问题。现在,人们通过实践经验的总结,终于认识到,在进行经济建设、政治建设、文化建设的同时,还存在社会建设问题。通过对社会建设理论的补全,使社会主义初级阶段的基本纲领更加完整,社会主义初级阶段的建设理论更加完善。

2005年2月19日,胡锦涛同志在省部级主要领导干部提高构建社会主义和谐社会能力专题研讨班开班式上的讲话中指出,构建社会主义和谐社会,是我们党从全面建设小康社会、开创中国特色社会主义事业新局面的全局出发提出的一项重大任务,它适应了我国改革发展进入关键时期的客观要求,体现了广大人民群众的根本利益和共同愿望。要在推进社会主义物质文明、政治文明、精神文明发展的历史进程中,扎扎实实做好构建社会主义和谐社会的各项工作。因此,构建社会主义和谐社会,同建设社会主义物质文明、政治文明、精神文明已经成为一个统一的整体,它们之间既有不可分割的紧密联系,又有各自的特殊领域和规律。发展社会主义市场经济,建设社会主义物质文明,是和谐社会建设的物质基础和前提;社会主义和谐社会建设,为物质文明建设创造有利的社会条件。发展社会主义民主政治,建设社会主义政治文明,是构建社会主义和谐社会的政治保证;社会主义和谐社会建设,为社会主义政治文明建设创造适宜的社会环境。

---

[1] 《马克思恩格斯选集》第2版第2卷,人民出版社,1995年,第82—83页。

发展社会主义先进文化,建设社会主义精神文明,为和谐社会建设提供思想保证、精神动力和智力支持;构建社会主义和谐社会,能够对精神文明建设产生巨大的促进作用。

三、本质论:从和谐社会到和谐社会主义

十六届四中全会以后,已有学者提出,作为一种社会理想,"和谐社会"应该是广义的。把建设和谐社会与经济建设、政治建设、文化建设并列,是"和谐社会"的狭义运用。"和谐社会"不仅是指几大建设任务之一的狭义的"和谐社会",还指几大建设实现综合、协调和可持续发展的最终目标与结果。所谓广义的和谐社会是指社会作为一个有机整体同一切与自身相关的事物保持着一种协调状态,包括社会与自然环境、社会同经济政治文化之间的协调等,当然也包括社会内部各个层面、各个环节、各个因素以及各种机制之间的相互适应、彼此协调。因此,广义的和谐社会,所拓展的内涵不在于"和谐",而在于"社会",这里的社会已经不是与经济、政治、文化并列的狭义的社会,而是包括经济、政治、文化的广义的社会。

社会主义和谐社会是一个与经济建设、政治建设、文化建设并列的具体概念,还是指包含几大建设综合协调的理想目标的广义范畴,是指社会主义社会的一个领域,还是指社会主义社会本身,这是事关和谐社会最根本的理论问题,因此必然会引发学术界的热烈讨论。正是在这一讨论中,人们对于和谐社会的认识开始进一步深化,由"补缺论"上升到"本质论"。

"本质论"是对和谐社会理论的最新定位。所谓本质论,就是认为和谐社会不仅仅是一种社会政策,也不仅仅是一种社会状态,而是社会主义社会的本质属性和本质特征。也就是说,和谐社会理论已经远远超出了具体的社会范畴,它已经上升到整个社会主义社会的层面。建设社会主义和谐社会实际上就是建设和谐的社会主义社会。

关于社会主义的本质问题,我们党过去主要受苏联的影响,将社会主义的本质归结为公有制、按劳分配和计划经济等内容。后来经过我国自身的社会主义探索,特别是在改革开放过程中,我们逐步认识到,计划经济、市场经济等经济体制都只是手段而不是目的,并不属于社会主义的本质范畴。同时,我们党逐步形成了自己对社会主义本质的认识。邓小平提出,社会主义的本质就是"解放生产力,发展生产力,消灭剥削,消除两极分化,最终实现共同富裕"。这一论断简

单明了地揭示了社会主义制度发展过程的内在要求,兼顾了社会主义国家当前发展的现实与人们对社会主义的制度期待和前景期待。后来,江泽民同志又把"努力实现人的全面发展"引进社会主义本质范畴,进一步丰富了党对社会主义本质的认识。以胡锦涛同志为总书记的党中央提出"社会和谐是中国特色社会主义本质属性"的科学论断,是我们党对社会主义本质认识的进一步深化,也是我们党在理论上不断创新的生动体现。

从"共同富裕论"到"人的全面发展论"再到"社会和谐论"是从不同的角度对中国特色社会主义的本质概括,它们之间是内在统一的整体。邓小平关于社会主义本质的科学论断的提出,不仅把人们对社会主义的认识提高到一个崭新的境界,而且也历史地隐含着社会主义和谐社会的理论命题。如果一个社会真正做到既能解放和发展生产力,又能消灭剥削、消除两极分化、实现共同富裕,则此社会必然是一个和谐的社会,一个能够实现人的全面发展的社会。同样,一个真正实现和谐的社会,必然是能够促进生产力的解放和发展,能够促进人的全面发展的社会。如果说共同富裕论是从生产力和生产关系的角度对社会主义本质的概括,人的全面发展论是从人的解放的角度对社会主义本质的概括,那么,和谐社会论则是从社会结构与社会关系的角度对社会主义本质的概括。从这个意义上说,和谐社会不仅是中国特色社会主义的本质特征,也是中国特色社会主义的形态表现。有的同志认为,和谐社会只是一种社会状态,不是一种社会形态。这种认识是不全面的。和谐社会不仅仅是一种社会状态,它首先要在社会形态上表现出来。一个社会要和谐,必须首先体现在社会制度和社会结构层面上,通过制度和结构安排,保证社会利益的均衡;只有社会利益结构的均衡化,才能理顺社会关系,优化社会结构,推动社会达成一种和谐状态。因此,从这个意义上讲,中国特色社会主义就是一种和谐社会主义。离开了社会主义的本质要求,和谐社会是无法真正实现的,即使社会达到了某种程度的和谐,也绝不是社会主义和谐社会。

和谐社会理论不仅反映了中国特色社会主义的本质属性,进一步揭示了社会主义本质的丰富内涵,而且为我们科学认识社会主义基本制度的优越性提供了新的参照系。一个社会制度是否优越,不仅仅体现在是否能够促进生产力的发展,还要体现在是否这种生产力发展能够惠及千千万万的普通劳动者,让人民能够及时分享社会发展的物质与文化成果。只有当一个社会真正实现共建共享,才能做到社会和谐,才能体现其制度的优越性。

和谐社会理论还为我们揭示了社会主义社会矛盾的根本特征,提出了解决社会主义社会矛盾的基本途径。社会主义和谐社会绝不是没有矛盾、没有斗争的社会,恰恰相反,构建社会主义和谐社会是一个不断化解社会矛盾的持续过程。和谐社会理论告诉我们,社会主义社会的社会矛盾,绝大多数都属于人民内部矛盾,对于这种人民内部矛盾决不能简单地采取阶级斗争的办法来解决,而要通过协商的办法和兼顾各方利益的原则进行处理,通过着力解决人民群众最关心、最直接、最现实的利益问题,努力形成一个全体人民各尽所能、各得其所、共建共享、和谐相处的社会。

建立平等、互助、协调的和谐社会,一直是人类的美好追求,也是历代社会主义思想家们的一贯追求。在社会主义思想发展史上,傅立叶把他设计的理想社会制度叫作"和谐制度",欧文把他在美国试验的共产主义公社称作"新和谐公社",魏特林更专门写了一部著作——《和谐与自由的保证》。这一切都说明,空想社会主义者已经自觉地将和谐社会作为理想社会模式进行追求。马克思、恩格斯虽然对空想社会主义进行了深刻批判,并将社会主义从空想变成科学。但是,马克思和恩格斯对空想社会主义者"提倡社会和谐"的主张仍然作了充分的肯定,认为这是"关于未来社会的积极的主张"。当然,马克思、恩格斯认为,只有到了共产主义社会,人类才能实现真正的社会和谐。但是,实践证明,和谐社会并不是以共产主义的实现为前提的。实际上,每一种社会形态下都有社会和谐与否的问题。中国古代的太平盛世在某种意义上是一种封建主义制度下实现的社会和谐,今天的北欧福利国家可以看作是一种资本主义制度下的社会和谐。我们今天要建立的和谐社会是社会主义制度下的和谐社会。中国特色社会主义就是一种和谐的社会。从社会和谐的角度来认识中国特色社会主义,能够帮助我们进一步深化对中国特色社会主义科学内涵的认识,促使我们进一步转变思维方式,更新执政治国的理念,彻底摒弃阶级斗争思维,全面推进中国特色社会主义建设。只有通过和谐社会的构建,中国特色社会主义的社会主义本质才能得以逐步实现,社会主义制度的优越性才能得以充分发挥。同时,只有把和谐社会上升到社会主义本质属性的高度,才能真正理解和谐社会的丰富内涵。也正因为如此,我们才认为,党的十六届六中全会和党的十七大提出的"社会和谐是中国特色社会主义的本质属性"这一重要论断,标志着人们对社会主义和谐社会理论的科学定位最终完成。

和谐社会主义是中国特色社会主义理论的成熟形态

构建社会主义和谐社会,是党的十六大以来,以胡锦涛同志为总书记的党中央领导集体从全面建设小康社会、开创中国特色社会主义事业新局面的全局出发提出的重大战略思想,也是新时期中国共产党根据中国特色社会主义实践的最新发展所作的重大理论创新。构建社会主义和谐社会的实践活动正在我国红红火火的开展,但社会主义和谐社会的理论研究才刚刚开始,还有许多重大的理论问题需要深入研究。

一、和谐社会的科学内涵与理论定位

和谐,在哲学上是一种关系范畴,指不同事物之间关系的协调、均衡、有序状态。事物之间的"和谐",就字面意义上说有两层含义:第一,它强调和承认事物的多样性和多元化的存在;没有多样性和多元化,就无所谓"和谐"问题;第二,它强调这些多样性、多元化事物之间的相互适应性、共生性,彼此"配合得适当和匀称"。如果不同事物之间只是处于恶斗和相克状态,当然也谈不上和谐问题。和谐社会同样具有两个基本内涵:首先是承认和尊重社会的多样性和多元化,在社会的所有制结构、社会利益结构和社会组织结构等社会的各个领域、各个部分、各个层次和各个方面,承认和尊重社会发展的基本规律,不搞强制性的一体化和同质化;其次强调社会各个组成部分之间关系的协调与和谐,强调社会利益结构的平衡,强调社会发展的均衡和稳定,强调社会的公平和有序。社会主义和谐社会,应当是社会各方面利益关系有效协调,社会管理体制健全完善,社会发展状态稳定有序的社会,也就是一种民主法治、公平正义、诚信友爱、充满活

论文首发于 2007 年中共中央党校中国特色社会主义理论网。

力、安定有序、人与自然和谐相处的社会。

和谐社会与社会和谐是两个既相区别又相联系的不同概念。社会和谐反映的是一种社会存在和发展状态,即组成社会的各种要素、各个部分相互适应,处于一种彼此协调的状态;而和谐社会则是指一种社会类型,它反映的是社会的整体性质、结构形态、制度特征和发展状况。社会和谐有可能是暂时的,但和谐社会却是一种制度化、结构化的社会类型,由于它的背后有一种合理的制度与利益安排,因而比较容易形成一种"和谐"状态。因此,社会和谐不等于和谐社会,但和谐社会比较容易实现社会和谐。

追求社会的和谐是历代执政治国的统治者所期盼的,也是一切有作为的政治家所奉行的基本治国理念。但是,在传统社会里,要实现社会的和谐非常困难,中国历史上的几个所谓"太平盛世"勉强可以称得上实现了社会的"和谐",但它在几千年的历史长河中,不过是几朵瞬息而逝的浪花。传统社会之所以难得实现社会的和谐,关键在于这种社会本身是建立在一个不合理、不和谐的基础之上的,它不仅是一种建立在剥削和压迫制度之上的不平等的社会,而且是一个没有民主和法治的人治社会。因此,一切以剥削和压迫制度为基础的社会虽然在特定的历史条件下也可能实现短暂的社会"和谐",但它不可能建立真正的和谐社会。一个真正的和谐社会,必须是建立在人人平等、公平正义、民主法治、利益均衡、生态协调的基础之上,必然是一个以人为本的社会,一个人民能够真正当家作主的社会,一个对弱势群体有着制度化安排和人道化对待的社会,一个社会差别适当、利益结构均衡的社会,一个社会风气纯正、道德水准和文明程度较高的社会。

从本质上讲,只有社会主义社会才能真正建成和谐社会,真正的社会主义社会也一定是一个和谐社会。我国还处于社会主义社会的初级阶段,正在探索中国特色社会主义的发展道路。和谐社会不仅反映了中国特色社会主义的本质特征,也是中国特色社会主义的科学理论形态。社会主义和谐社会理论的提出,是中国特色社会主义长期探索的最重要理论成果,构建社会主义和谐社会是中国特色社会主义的最伟大社会实践。因此,中国特色社会主义就是和谐社会主义。

对于和谐社会理论的科学定位,人们的认识也是逐步深化的。概括起来,我们对和谐社会的认识大体上经历了"纠偏论""补缺论""本质论"三个阶段。[1]

---

[1] 吴鹏森:《从"纠偏论""补缺论"到"本质论"——和谐社会理论的内涵拓展与科学定位》,《探索与争鸣》2007年第11期。

党的十六大以来,人们对和谐社会理论的认识正在从"纠偏""补缺"走向"本质"。如果说"纠偏论"可以称之为社会和谐论,"补缺论"可以称之为和谐社会论,那么,"本质论"则可以称之为和谐社会主义论。从一般地追求社会和谐,到构建社会主义初级阶段的社会建设理论,再到和谐社会主义社会理论,不仅反映了人们对和谐社会的三种不同的认识与观点,更反映了人们对和谐社会认识的不断提升与升华。

二、和谐社会主义是中国共产党的一贯追求

和谐社会理论是和中国特色社会主义理论分不开的,和谐社会主义的探索也是与中国特色社会主义道路的探索密切联系在一起的。从新中国成立以来,我们党在中国特色社会主义道路上进行了长期不懈地探索,而这种探索正是围绕着社会的和谐展开的。在追求中国特色的和谐社会主义过程中,我们既有宝贵的经验,也有惨痛的教训。纵观整个过程,大体上可以区分为五个阶段,但这五个阶段在政治、经济、文化等几个领域的时间节点并非完全吻合,不同领域的阶段划分有交叉、重叠。

第一个阶段是新中国建立之初到20世纪50年代中期。在这个阶段,中国共产党根据中国的基本国情和中国革命的特殊经历,在政治上、经济上和文化上都实行了与苏联、东欧社会主义国家不同的政策和策略,建立了具有中国特色的政治、经济和文化发展模式。在政治领域,实行中国共产党领导下的多党合作与政治协商制度,大量吸收党外民主人士参政议政;在经济领域,实行多种所有制并存,鼓励民族资本主义经济的健康发展;在文化领域,实行"百花齐放、百家争鸣"的方针。在社会领域,实行了一系列关注民生的政策,城市迅速解决了失业问题,农村通过土地改革解决了土地问题,极大地调动了人民的积极性。与此同时,通过强有力的手段,彻底消除了旧社会的种种陋习和丑恶现象。在中国共产党内部,实行"团结—批评—团结"的方针,加强和改善党的领导等。正是这一系列正确的方针政策,使新中国在建立之初迅速地治愈了战争的创伤,恢复了国民经济,稳定了社会秩序,缓和了社会矛盾,促进了社会和谐,使新生的人民共和国赢得了人民群众的衷心拥护,为中国共产党的长期执政奠定了牢固的社会基础。可以说,在新中国成立初期,我们不仅取得了国民经济快速恢复的伟大成就,而且真正做到了政治清明廉洁,党风政风优良,社会稳定有序,思想文化活跃,人民充满理想和激情。这样一种政通人和的局面正是社会和谐的生动体现。

第二个阶段从 20 世纪 50 年代中期到 60 年代中期。在这个阶段,我国已经通过"三大改造",完成了社会主义单一公有制改造,进入了以苏联模式为蓝本的传统社会主义阶段。如何在传统社会主义体制下实现社会和谐,是毛泽东在这一阶段探索中国特色发展道路的重点。

从 20 世纪 50 年代中期开始,中国共产党通过赎买的方法解决了城市工商业的社会主义改造问题,在农村通过合作化的道路引导农民走上了集体化道路。虽然这种单一的公有制经济结构未必适合当时的中国国情,但它是当时人们对社会主义认识的必然产物。与苏联、东欧国家的社会主义改造过程相比,中国的所有制改造过程和方法总体来说是温和而平稳的,不仅没有对社会生产力造成大的破坏,反而促进了生产力的大发展。

随着疾风暴雨式的阶级斗争的结束,我国社会矛盾的性质与发生的领域出现了重大变化。大量的社会矛盾主要产生于分配、就业、教育、政府工作作风等方面。这些新的社会矛盾甚至引发了工人罢工、学生罢课、农民退社等诸多不和谐因素。如何认识这些社会矛盾是社会主义国家面临的重要理论和实际问题。毛泽东同志立足中国当时的社会发展实际,努力摆脱苏联模式的影响,提出了正确处理人民内部矛盾的问题。毛泽东强调,矛盾是普遍存在的,社会主义社会同样存在矛盾。社会和谐不等于没有矛盾,关键是要重视矛盾而不能回避矛盾,用正确的方法去化解矛盾而不能激化矛盾,在化解矛盾中求得社会的和谐发展。这与过去苏联在出现矛盾时简单地归结为外部敌人的破坏,将人民内部矛盾当作敌我矛盾来处理形成了鲜明的对照。毛泽东着重强调,解决人民内部矛盾,要用民主的方法、讨论的方法、批评的方法、说服教育的方法来解决,而不是用强制的、压服的方法来解决。"以后凡是人民内部的事情,党内的事情,都要用整风的方法,用批评和自我批评的方法来解决,而不是用武力来解决。""我们主张和风细雨……这样就很得人心,就能够团结全国人民,调动六亿人口中的一切积极因素,来建设社会主义。"[1]

为了解决我国社会主义经济政治建设中的结构不平衡问题。毛泽东同志进行了大量的调查研究工作,发表了著名的《论十大关系》的讲话。毛泽东认为,十大关系就是十对矛盾,把这十对矛盾解决好了,就能把党内外、国内外的积极性调动起来。毛泽东指出:"工业化道路的问题,主要是指重工业、轻工业和农

---

[1]《毛泽东选集》第 5 卷,人民出版社,1977 年,第 328 页。

业的发展关系问题。我国的经济建设是以重工业为中心,这一点必须肯定。但是同时必须充分注意发展农业和轻工业。"[1]毛泽东提出的不同于苏联工业化道路的具体途径,使我国在20世纪50年代中期比较好地处理了农轻重的比例关系。在分配上,提出必须兼顾各方利益,"国家和工厂,国家和工人,工厂和工人,国家和合作社,国家和农民,合作社和农民,都必须兼顾,不能只顾一头"[2]。在经济管理体制上,反对中央集权过多,主张给地方和企业以适当的权力。对于中央与地方的关系,"应当在巩固中央统一领导的前提下,扩大一点地方的权力,给地方更多的独立性,让地方办更多的事。……有中央和地方两个积极性,比只有一个积极性好得多"[3]。并指出,"处理好中央和地方的关系……有些资本主义国家也是很注意的。它们的制度和我们的制度根本不同,但是它们发展的经验,还是值得我们研究"[4]。这些认识不仅在于试图突破苏联单一社会主义公有制的固定模式,而且对于促进经济社会的和谐发展也具有重要的意义。

在思想文化领域,毛泽东提出了"百花齐放,百家争鸣"的方针。"双百"方针彻底摒弃了教条主义和文化专制主义,体现了思想文化领域内的社会主义民主原则。毛泽东主张,"艺术上不同的形式和风格可以自由发展,科学上不同的学派可以自由争论"[5],"艺术和科学中的是非问题,应当通过艺术界科学界的自由讨论去解决,通过艺术和科学的实践去解决,而不应当采取简单的方法去解决"[6]。利用行政力量,强制推行一种风格、一种学派,禁止另一种风格、另一种学派,会有害艺术和科学的发展。[7] 毛泽东特别强调,贯彻"双百"方针,不应当是"只能放香花,不能放毒草"。历史上新的正确的东西、好的东西,一开始往往并不被承认是香花,有时甚至会把它们当作毒草。哥白尼的学说、达尔文的进化论,都曾经被看作是错误的东西遭受过打击和压制。[8] 毛泽东认为,对于科学和艺术上的是非、香花和毒草的辨别应当慎之又慎,提倡自由讨论,在争论

---

[1] 《毛泽东选集》第5卷,第400页。
[2] 同上书,第275页。
[3] 同上。
[4] 同上,第276页。
[5] 同上,第388页。
[6] 同上。
[7] 同上。
[8] 同上书,第389页。

中辨别是非;判断正确的东西或错误的东西,需要在实践中经受时间的检验。

第三个阶段是对和谐治国方略的破坏阶段。这一阶段的时间界限比较复杂,在政治、经济和文化领域起始点有所不同。从思想文化领域来说,大体上是从反右扩大化开始的,由于反右运动发生了严重地扩大化,导致思想文化领域里所提倡的"双百"方针事实上无法落实。在政治领域,主要是从重提阶级斗争问题开始的,尤其是到了"文化大革命"时期达到顶峰。完全以阶级斗争的政治模式取代了新中国成立初期倡导的和谐政治模式。在经济领域,应该说,靠单一的公有制模式就已经脱离了和谐社会的要求,但导致经济领域里出现严重问题是"大跃进"时期,尔后在整个20世纪60—70年代,都未从根本上摆脱这一模式。这说明在新中国的建设过程中,在如何摆脱苏联社会主义模式过程中,尽管毛泽东花了很大的气力,进行了艰辛的探索,但令人遗憾的是,这种探索并未一以贯之。特别是反右斗争严重扩大化后,大量人民内部矛盾被当作敌我矛盾来处理,"百花齐放、百家争鸣"也成了"引蛇出洞"。到了"大跃进"、人民公社时期,经济社会发展的不平衡、不和谐问题越来越突出,最终走向"文化大革命"的极端状态。历时10年的"文化大革命",不仅彻底地改变了新中国成立以来所追求的和谐发展局面,而且也将传统的社会主义体制以浓缩的形式推向极端,使中国陷入了一场持续10年之久的社会大动荡。

第四个阶段是改革开放以来到党的十五大期间,这是对中国特色社会主义进行全面探索阶段,也是对和谐社会实现途径进行新探索的阶段。党的十一届三中全会以后,我国进入改革开放的新时期。邓小平为我们所制定的改革开放路线,彻底终结了从"大跃进"到"文化大革命"的错误路线,为中国找到了一条符合中国国情、顺应时代潮流、体现人民意愿的中国特色社会主义道路。中国特色的社会主义道路,不单纯是纠正了"文革"时期的路线与政策,而且在很大程度上恢复了新中国成立初期的许多政治和经济发展路线,同时又根据新的历史形势,创造性地发展出许多具有中国特色的改革与发展举措。在经济上,确立了以公有制为主体、多种经济成分共同发展的社会主义初级阶段的基本经济制度;在政治上,进一步发展与完善共产党领导的多党合作、政治协商的社会主义民主制度;在社会领域,鼓励一部分地区、一部分人先富裕起来,适当拉开社会的收入分配差距;等等。通过这些措施,极大地调动了人们的积极性与创造性,提高了社会的生机与活力,增强了社会发展的动力。

通过这条道路,我们实现了由解决温饱到总体上达到小康的历史性跨越,从计划经济到社会主义市场经济的历史性转变。20多年来,中国经济保持了年均9.7%的快速增长。人均国内生产总值由1978年的226美元增加到2006年的2 000多美元。2006年,国内生产总值超过20万亿元,居世界第四位;对外贸易总额17 607亿美元,居世界第三位;外汇储备超过1万多亿美元,居世界第一位。

但是,在改革开放过程中,特别是20世纪90年代以来,在我国经济社会发展中也暴露出许多严重的问题。总体来说,改革使中国发展的动力增强了,社会发展的活力激活了,社会创新的机制形成了。但是,在如何维护社会的公平、增强社会的内在凝聚力、促进社会的和谐方面,面临着过去所没有的挑战。特别是以下几个方面的新变化需要我们引起高度重视:

第一,社会领域出现了许多结构性矛盾和深层次问题。城乡、区域、经济社会发展不平衡的现象日益凸显,就业、社会保障、教育、医疗、住房、安全生产、社会治安等关系群众切身利益的问题比较突出,收入分配差距扩大引起广泛关注,各种形式的人民内部矛盾大量出现。

第二,政治领域出现了新形势和新挑战。经济成分的多样化导致许多新的社会阶层出现,这些新的社会阶层虽然都来自传统的三大阶层,但一个新的社会阶层一旦形成,必然会在政治上提出自己的利益诉求,寻求自己利益的政治代表。在没有合法的途径时,他们就会通过非法的途径,寻求和保护自己的利益。一个突出的现象就是某些新的阶层成为"积极的行贿主体",通过行贿方式,把大批官员拉下水,成为自己利益的保护伞。

第三,经济增长面临着结构性和生态性制约。劳动、资本、自然资源、技术这四大生产要素的相对价格正发生很大变化。自然资源的约束全面强化,生态环境的压力日益加大。经济结构变化对劳动力的素质提出了新的要求,劳动力总量过剩和结构性短缺的矛盾非常突出。

第四,思想文化的多元化和社会心理新变化。人们思想活动的独立性、选择性、多变性、差异性明显增强,人民群众的参与意识、维权意识普遍增强,对民主法治的要求和变革社会管理体制的要求十分迫切,对保护财产权和各项公民权利的要求日益强烈。与此同时,市场经济的负面影响不可忽视,一些社会成员心理失衡、诚信缺失、道德失范,整个社会的心理不和谐因素不断增加。

第五,国际环境的变化与和平发展面临新挑战。随着我国经济的崛起,国内经济发展对国外资源和市场的依赖程度日益提高。我国经济的快速发展和综合国力的全面提升,对世界经济的影响也在逐步扩大。所有这一切都在国际上引起了越来越多的焦虑和敌视,各种"中国威胁论"一波又一波地涌来。我国的和平发展明显受到大国势力的制约,各种国际敌对势力的渗透破坏活动也威胁着国家安全和社会稳定。

这些社会的不和谐现象和不和谐因素,有些是新的历史条件下的产物,是改革开放所必然要承受和付出的代价;有些是改革和开放过程中缺乏经验导致的结果;有些是我们在改革开放初期即能够预见到的;有些是完全出乎我们的主观意料之外的。不论原因为何,都要求我们必须从制度建设上入手,构建和谐的社会结构、社会制度和社会秩序,这是中国特色社会主义的必然要求。

第五个阶段是党的十六大以来,这是我国对和谐社会理论和实践全面构建的阶段。进入21世纪以后,中国的改革开放进入新的历史阶段,同时也是中国社会主义现代化建设进入关键的历史时期。在这个历史阶段,改革不仅在广度上扩大到经济、政治、文化等所有领域,而且在深度上触及人们的根本利益。国际经验表明,当一个国家人均GDP进入1 000美元到3 000美元的时期,既是黄金发展期,也是矛盾凸显期。我国目前正好处于这个历史阶段,经济持续高速增长,社会利益关系日益多元化,人与自然关系愈加紧张,社会风险越来越大,各种不和谐现象越来越突出。为了避免可能出现的经济社会问题,巩固改革发展的成果,推动经济可持续发展,必须高度重视社会的不和谐状态和不和谐因素,积极维护社会稳定,完善社会结构,调整社会关系,化解各类矛盾和问题,努力实现经济与社会的协调发展。

综上所述,社会和谐是中国共产党执政以来的不懈追求,也是中国社会发展到一定阶段的客观要求。如果说,新中国成立初期追求的就是新民主主义社会的和谐,20世纪50年代追求的是传统社会主义体制下的社会和谐,那么,在新时期所追求的就是社会主义初级阶段的社会和谐。党的十六大以来,我们党提出的和谐社会理论,既涵盖了改革开放以来中国特色社会主义的探索,也涵盖了新中国成立以来对社会主义社会和谐的长期追求及其所取得的成果;既是对新中国成立以来追求和谐发展理念的继承与发展,更是中国共产党对改革开放以来现代化建设实践经验的总结和应对经济全球化时代社会发展新趋势的理论概括。因此,我们今天所说的和谐社会已经超越了一般具体的社会建设理论,逐步形成为中国特色社会主义的整体形态和整体特征,从而使中国特色社会主义找到了自己的理论形态——和谐社会主义。和谐社会主义是中国特色社会主义理论的成熟形态。

三、和谐社会主义的基本特征与实现条件

通过以上分析我们知道,中国特色社会主义就是和谐社会主义。和谐社会主义的基本内容和基本特征涵盖社会主义社会的各个领域,但其重点是经济、政治、思想文化、社会生活、生态环境和国际关系六大领域。

1. 经济领域:以公有制为主体的多种经济成分共同发展,和谐共荣

社会主义经济制度必须是单一的公有制,这是很长一段时期内在社会主义国家所奉行的不可更改的铁律。但是,迄今为止的所有社会主义国家的实践都证明,单一的公有制无法实现社会主义社会解放和发展生产力的历史任务。中国近30年的改革实践证明,只有实行以公有制为主体、多种经济成分共同发展的基本经济制度才是中国特色社会主义不断发展的根本制度保证。在中国特色社会主义伟大实践中,如何保证公有制经济与其他经济成分和谐相处、共存共荣,是构建社会主义和谐社会首要的和根本的制度要求。

2. 政治领域:中国共产党领导的多党合作与政治协商体制健全完善,和谐执政

政治是经济的集中表现。随着经济成分的多元化,每种社会利益主体都必然地要在政治上寻找自己的利益代表。作为执政党,必须要通过适当的制度安排,尊重这种政治发展的基本规律,满足不同社会阶层的利益要求和政治诉求。中国特色社会主义政治必须适应社会的发展,不断完善中国共产党领导的多党合作和政治协商制度,坚决实施依法治国的基本方略,确保社会各阶层人民的权益得到切实保障。发展社会主义民主政治,把坚持党的领导、人民当家作主和依法治国有机统一起来,使广大人民群众能够依法参与经济、政治、文化和社会管理。

3. 文化领域:奉行"百花齐放、百家争鸣"方针,促进思想自由、文化繁荣

思想自由、文化繁荣是和谐社会的重要且必要的条件,也是社会发展和健康向上的最根本的精神动力。任何思想钳制、舆论一律、新闻控制,都是民主社会、法治社会的大敌,都是与和谐社会的要求背道而驰的。只有坚定不移地奉行"双百"方针,才能促进思想观念的不断更新,使整个民族都能够保持一种解放思想、实事求是、与时俱进的思想境界,才能不断推出理论创新成果,才能孕育出无限的生机与活力。

4. 社会领域:保持利益平衡,促进共同富裕,建立与完善发展成果的分享机制

在社会结构层面上,将各种重大利益关系都保持在一个合理的范围内。特

别是要将城乡、区域、行业的发展差距和不同社会阶层的收入差距有效控制在适当的范围内。要形成合理有序的收入分配格局,完善按劳分配为主、多种分配方式并存的社会主义分配制度,使财富的分配结果趋于合理,保证全体社会成员的人均收入水平普遍提高,并能够及时分享社会发展的物质与文化成果,从而使社会主义共同富裕原则得到真切地落实。要实现社会就业比较充分,覆盖城乡居民的社会保障体系基本建立,家庭财产普遍增加,人民过上更加富足的生活。

5. 生态环境领域:实施可持续发展战略,维护生态平衡,促进人与自然的和谐

人与自然的关系、人与资源的关系、人与环境的关系不断紧张的局面得到缓解,生态文明特色越来越鲜明,资源利用效率显著提高,生态环境明显好转。广大人民群众喝上干净的水、呼吸上新鲜的空气、享用上安全的食物,在建设资源节约型、环境友好型社会方面取得新的进展。

6. 国际关系领域:坚持和平发展,促进睦邻友好,推动世界民主,敢担国际责任

坚持走睦邻、安邻、富邻之路,消除世界各国特别是周边邻国对中国发展的顾虑,和广大发展中国家以及周边国家走共同发展之路,为世界的繁荣发展作出自己的贡献。

概括来讲,要实现社会主义和谐社会,关键是要做到以下四点:第一,坚持中国共产党的领导,坚持中国特色社会主义道路,这是构建社会主义和谐社会的最根本保证。坚持社会主义共同富裕的核心价值,在经济成分多样化、社会阶层多元化的历史条件下,兼顾社会各阶层利益,突出弱势关怀是构建中国特色社会主义和谐社会的基本执政理念。第二,建立健全社会的民主法治机制,和谐社会必须要民主法治才能保证。要通过民主机制,让人民真正能够当家作主,让各种权力真正掌握在人民手中。将人民的意志有序地转化为各种法律,通过法律规范全体人民的社会行为。第三,要构筑牢固的社会公平正义基础。和谐社会只能建立在公平正义基础之上。要确保立法公平、司法公正。通过科学的制度安排,保证机会公平、程序公正、结果合理。要建立有效的机制,确保政府和官员的廉洁。第四,必须建立和发展与和谐社会相适应的和谐文化,推行和谐的社会价值观,培育健康和谐的社会心理,形成良好的道德风尚、和谐的人际关系和人人为我、我为人人的社会风气。

四、和谐社会主义的理论价值与实践意义

（一）和谐社会主义的提出标志着中国特色社会主义形成了成熟的理论形态

在世界共产主义运动史上，曾经出现过种种不同的理论形态，既有马克思的科学社会主义，也有社会民主党人的民主社会主义，还有戈尔巴乔夫的人道社会主义，还有其他种种不同旗号的社会主义。中国共产党既要坚持马克思主义的科学社会主义，又要适合中国国情和顺应时代潮流，走出自己的特色。这个中国特色到底是什么？党在不同历史时期曾经对其进行过一些概括，但这些概括都还是比较具体的，没有上升到一个统一的完整的高度，没有形成一个简洁的、标志性的名称。党的十五大曾把中国特色社会主义命名为邓小平理论。这虽然反映了邓小平在探索中国特色社会主义过程中的伟大历史作用，也有利于党高举邓小平理论的伟大旗帜，但是，这一概括也存在某些不足：一是没有反映毛泽东等第一代领导集体对中国特色社会主义的探索及其理论成果；二是无法反映后来的中国共产党人在中国特色社会主义探索中的新成果；更重要的是，它无法直观反映中国特色社会主义的具体内容和基本特征。如今，经过几十年的不懈追求与探索，从毛泽东在新中国成立初期的和谐建政，到20世纪50年代中期对中国特色发展道路的探索，再到邓小平对中国改革开放的总体筹划和分阶段实践；从"大跃进"和"文化大革命"两大惨痛教训到改革开放以来的某些矫枉过正，几代人的艰辛探索和正反两个方面的经验教训，使我们得以站在更高的理论高度对中国特色社会主义进行理论概括。中国特色社会主义就是和谐社会主义。邓小平理论就是中国特色社会主义理论，就是和谐社会主义理论。

（二）和谐社会理论是对传统社会主义理论的重大突破

和谐社会理论是对马克思主义理论的重要丰富和发展，是坚持和发展马克思主义的最新成果。中国共产党提出"和谐社会理论"、构建社会主义和谐社会的战略任务、提高构建社会主义和谐社会的能力等命题是对传统的社会主义理论的重大突破，是我们党对什么是社会主义、怎样建设社会主义的又一次理论升华。它包含了党自十一届三中全会以来对社会主义的全部新认识和新思考，是在实践中不断深化对社会主义本质认识的结果，它在经济和政治等各个领域都

丰富和发展了马克思主义科学社会主义理论。

在传统社会主义理论中,认为社会主义社会必须实行单一的公有制经济,必须实行计划经济。而在中国的改革开放过程中,我们走出了一条中国特色的社会主义道路,形成了以公有制经济为主体、多种经济成分共同发展的社会主义初级阶段的基本经济制度。同时,我们又通过和谐社会建设,通过制度安排,减小贫富差距,坚持走共同富裕的发展道路,建立社会发展物质成果的分享机制,让全体社会成员都能从发展中受益,建构和谐的劳动关系,形成合理的社会利益结构。这样既突破了传统社会主义的单一公有制模式,又保证了社会主义核心价值理念的贯彻落实,从而为实现经济和谐提供了保障。

在传统社会主义理论中,强调共产党的单独领导,强调无产阶级的政权独享,实行单一的无产阶级专政。而在我国的改革过程中,不仅完全恢复了新中国成立初期的政治模式,而且进一步健全完善,实行中国共产党领导下的多党合作模式,实行政治协商的民主政治发展模式,使中国共产党不仅成为中国工人阶级的先锋队,而且成为中华民族的先锋队。同时,大量吸收各新兴社会阶层的优秀分子加入中国共产党,把新时期的统一战线扩大到所有社会主义事业的建设者,这就为建立中国特色的和谐政治奠定了基础。

在传统社会主义理论中,强调意识形态的纯洁性和思想文化的单一性。和谐社会主义则将中国特色社会主义的思想文化赋予丰富多样的内容,提倡思想自由,鼓励学术创新,促进文艺繁荣,这是和谐社会主义区别于传统社会主义的重要标志。

(三)和谐社会的提出标志着我国发展观的重大调整

邓小平在中国改革开放之初,就曾经高瞻远瞩地对中国改革开放全程做过全景式的建构:在改革的前期,要适当拉开差距,让一部分地区、一部分人先富起来,先发展起来,然后在进入21世纪后,回过头来,带动后进地区和其他社会成员走向共同富裕。如今,经过20多年的努力,我国的改革开放已经取得了巨大的成就,整个国家的动力发动起来了,社会活力激发起来了。在这样的历史条件下,正是对我国的改革开放布局进行适当调整的最佳时机。对我国过去偏重发展速度的发展观进行适当调整是非常必要的,也是非常及时的。党的十六大提出科学发展观,十六届六中全会又进一步把构建社会主义和谐社会提到确保党的事业兴旺发达和国家长治久安的战略高度来思考,放在中国特色社会主义事业总体布局中来谋划,作为全面建设小康社会的重大现实课题来部署,正说明我们党能够根据社会的发展和环境的变化,对我国的发展观和发展战略进行及时调整,以顺应时代潮流。它反映了我们党对共产党执政规律、社会主义建设规律和人类社会发展规律认识的深化,反映了中国共产党执政能力的不断提高。

和谐社会是科学发展观对社会发展的目标要求。发展是实现社会和谐的根本途径,以人为本是实现社会和谐的根本方针。有什么样的发展观,就有什么样的发展道路、发展模式、发展战略和发展结果。全面协调、可持续地发展既是科学发展观的要求,同时也是和谐社会的基本要求。科学发展观是构建社会主义和谐社会的指导思想,构建社会主义和谐社会是贯彻科学发展观的实践要求。只有遵循科学发展观,才能真正建成中国特色社会主义和谐社会。

(四)和谐社会理论为中国共产党如何执政、如何提高执政能力提供了理论指导

如何加强和改善党的领导,提高党的执政能力,有效遏制消极腐败现象?如何把发挥党的领导核心作用与调动广大人民群众的积极性更好地结合起来?如何在非公经济中建立党的组织并发挥党组织和党员的作用,使其在非公经济组织中代表工人群众的利益,合理解决劳资之间的矛盾与问题,是我们党在新的历史条件下面临的重大理论问题和实践挑战。和谐社会理论为解决这些问题提供了重要的理论指导和工作方法。党加强执政能力建设的关键是提高构建社会主义和谐社会的能力,按照和谐社会的总要求建设中国特色社会主义,形成全体人民"各尽所能,各得其所而又和谐相处的社会"。这是我们党所承担的历史使命,也是坚持党的性质、宗旨和纲领,巩固党的执政地位,实现党所肩负的历史使命的必然要求。

社会主义和谐社会能否建立和建立的好坏,直接反映我们党执政能力的强与弱。中国共产党要"使党始终成为立党为公、执政为民的执政党",必须充分发挥执政党的优势,不断适应我国经济社会的深刻变化,按照构建社会主义和谐社会的总目标、总要求,不断激发社会活力,培固社会的公平正义,加强社会的民主法治,促进社会的安定团结,唯有如此,才能实现全面建设小康社会的宏伟目标,把我国真正建设成为富强、民主、文明、和谐的社会主义现代化国家。

在兼顾各阶层利益的基础上突出弱势关怀

随着改革开放和社会主义市场经济的深入发展,我国社会加速转型。社会的深刻转型引发了社会结构的急剧变化,带来了阶层之间矛盾的激增和社会利益主体的多元化。在新的社会结构中,中国共产党如何体现执政党的宗旨与性质,在多元利益结构中取得综合平衡,最大限度地代表广大人民群众的根本利益,推动中国社会的发展与进步,是对党的执政能力的考验,它直接关系到党的执政基础和执政地位的巩固。

一、中国共产党执政为民理念的强化

所谓执政理念即一个政党在掌握政权的过程中所持的宗旨、基本准则和价值目标。所谓执政思维就是在如何实现执政理念问题上,所遵循的基本思路和思维方式。思维方式的不同,就会导致执政党在如何治理国家,如何制定自己的路线、方针和政策问题上得出完全不同的结论。[1] 中国共产党执政理念和执政思维的重大转变是建立在明确而清醒的执政意识基础之上的。所谓执政意识就是清醒、自觉地认识到自身是一个执政党以及作为执政党所应担负的历史使命。确立党的执政意识,就是想问题、做决策、干事情,都始终从党是一个执政党这个基本事实出发,尊重客观规律,驾驭历史潮流,追求党的理念,推动社会发展。

1949 年中华人民共和国成立,不仅标志着中国革命的成功,而且标志着中国共产党从一个领导人民进行革命斗争的革命党转变为一个要领导几亿人口的大国进行社会主义建设的执政党。但是,由于在长期革命斗争中所形成的惯性

原载于《毛泽东邓小平理论研究》2004 年第 7 期,与吴海红合作完成。

[1] 关于执政党执政思维的更新对执政党治国实践的重要影响,参见吴鹏森:《论邓小平的治国新思维》,《社会科学战线》1993 年第 2 期,《新华文摘》1993 年第 7 期转载。

思维和传统社会主义本身的理论缺陷,党的理念、思维和意识未能及时转变到执政轨道上来。

中国共产党在革命成功的时候,应该说是有一定执政意识的。毛泽东在带领中央进驻北京时,曾以"进京赶考"来描述和表达自己的心情,在党的七届二中全会上,毛泽东更是对全党提出了"两个务必"的要求。这说明,毛泽东对革命成功以后,党的性质和地位所发生的变化以及这种变化将要带来的可能后果是有清醒认识的。甚至后来毛泽东所犯的一系列错误,都与他在主观上力求避免党在长期执政过程中可能变质的担心有关。

党的执政意识的真正觉醒是在改革开放以后。通过反省新中国成立以来一系列重大失误,邓小平向全党提出了这样一个尖锐的问题:"执政党应该是一个什么样的党,执政党的党员应该怎样才合格,党怎样才叫善于领导?"[1]这说明,新中国成立几十年来,我们还没有深刻地意识到自己已经是"执政党"以及如何才能做好"执政党"的问题。但是,当时摆在中国共产党面前的首要问题,是要搞清楚"什么是社会主义、怎样建设社会主义"这一重大的理论问题和实践问题。因为这个问题不解决好,中国的改革开放就无法找到正确的方向,无法形成正确的思路。同时,不解决"什么是社会主义,怎样建设社会主义"的问题,执政党的建设问题也就无从谈起。经过不断探索,以邓小平为核心的党的第二代领导集体对"什么是社会主义,怎样建设社会主义"这一最重大、最根本的问题提出了一系列新的论断,为中国的改革开放和社会主义现代化建设找到了一条正确的道路,党的执政地位和执政角色问题才得到有效解决。

20世纪80年代以来,一些社会主义国家长期执政的大党、老党先后丢掉了政权,特别是执政74年的苏联共产党一夜之间垮台,中国共产党面对着一个非常严肃的问题:作为社会主义国家的执政党应该怎样执政,如何才能长期执政?国内环境经过20多年的改革开放也发生了巨大变化。经济成分和利益关系日益多元化,社会阶层不断分化和组合,人民的民主意识不断增强,人们思想活动的独立性、选择性、多样性和差异性不断加大等,所有这些,都要求执政的中国共产党重新思考自身的建设问题和如何执政的问题。"三个代表"重要思想正是在这样的国际、国内背景下提出来的,它创造性地回答了"建设一个什么样的党、怎样建设党"这一重大的理论问题,因而也就从根本上回答了在充满机遇和

---

[1]《邓小平文选》第2版第2卷,人民出版社,1994年,第276页。

挑战的 21 世纪,中国共产党如何执政的问题。

"三个代表"重要思想具有丰富的内涵,但其最突出的贡献在于它给社会主义国家的执政党在执政理念、执政思维和执政意识方面带来了一系列重大突破,尤其强化了执政为民的理念。第一,使党对自己的执政合法性有了更清醒、更科学的认识。任何一个政党的执政合法性只能来自人民的支持,"人心向背"是决定一个执政党命运最根本的因素。"一个政权也好,一个政党也好,其前途与命运最终取决于人心向背,不能赢得最广大群众的支持,就必然垮台。"[1] 第二,使党对自己的执政目标有了更清醒的认识。由过去盲目地追求一种脱离实际的阶级理想,转变为追求中华民族迫切需要实现现代化的现实目标上来。实现共产主义是中国共产党的最高纲领,但共产主义社会的到来,必须建立在社会发展规律的基础之上。在现时代,中国共产党的执政目标就是要把中国建设成为一个社会主义现代化国家,实现中华民族的伟大复兴。为此,中国共产党就必须充分调动社会各阶层和最广大的人民群众参与实现这一宏伟目标的积极性。第三,使党对自己的执政基础有了更全面的理解。社会结构是多元的,执政党必须承认并尊重这种社会结构的多元性,仅仅依靠一个阶级或阶层的支持是不够的。作为社会主义国家的执政党,必须把自己的执政基础奠定在整个社会之上,获得社会各个阶级、各个阶层的支持。

二、执政党与社会结构的关系:苏联共产党教训

革命和执政是无产阶级政党在两个不同历史时期的两种不同表现形态。由于所面临历史任务的不同,在不同的历史阶段,无产阶级政党在处理社会不同阶级之间的关系上有所不同。在夺取政权的革命斗争过程中,无产阶级政党是一个革命党,它所面临的历史任务是夺取国家政权,革命是它的主要表现形式。在革命过程中,它的主要策略是以工人阶级为基础,联合其他一切被压迫阶级,打破现有的社会秩序,推翻代表没落腐朽势力的统治阶级。在革命成功以后,无产阶级政党已经由一个革命党转变为一个执政党,因此,它在意识形态领域必须要淡化阶级对立,强调社会的团结与整合,最大限度地扩大自己的执政基础,稳定自己的执政地位。也就是说,作为执政党,它的执政基础必须与社会结构高度地统一起来,以整个社会作为自己的执政基础。

---

[1] 江泽民:《论"三个代表"》,中央文献出版社,2001 年,第 72 页。

无产阶级政党在革命成功以后如何实现执政党的执政基础与社会结构的统一、不断巩固自己执政地位的问题上,苏联共产党的历史教训是惨痛而深刻的。苏联共产党在革命成功以后,通过暴力手段将其他社会阶级全部消灭,实现整个社会的"工人阶级化",从而使党的阶级基础与社会基础完全统一,提出了所谓"全民国家、全民党"的神话。

苏联的阶级结构主要是在斯大林时期,通过生产资料社会主义改造后,发生了根本性的变化。1936年,斯大林在作宪法草案的报告中,描述了苏联阶级结构变化的情况:地主阶级已经因国内革命战争胜利结束而完全消灭了,其他剥削阶级也遭到了与地主阶级同样的命运。在工业方面已经没有资本家阶级了,在农业方面已经没有富农阶级了,在商品流转方面已经没有商人和投机者了,社会只剩下了工人阶级、农民阶级和知识分子。苏联的社会主义改造,不是在社会发展基础上的客观进程,而是教条式地理解马克思主义社会发展理论,过度运用国家暴力来实现的。就拿消灭富农阶级来说,"20年代末苏联解决富农问题的方式,是在社会主义和平建设时期,人为地加剧社会动荡,人为地激化阶级斗争,人为地造成社会经济的破坏"[1]。对其他阶级的改造同样或多或少地存在这样的问题。苏联社会就在这种扭曲的社会结构中,一路高歌前进。1960年,基于社会阶级结构的人为变化,苏联在国家和政党理论上推出惊人的创举:"由于社会主义在苏联的胜利,由于苏维埃社会的一致的加强,工人阶级的共产党已经变成苏联人民的先锋队,成了全体人民的党,在社会生活的各个方面扩大了自己的指导作用。""作为无产阶级专政的国家而产生的国家,在新的阶段即现阶段上已变为全民的国家,变为表达全体人民的利益和意志的机构。"这就是著名的"全民党、全民国家"理论。这种不顾社会发展的客观规律,人为地消灭其他社会阶级,强行实现党的执政基础与社会结构相统一的做法,必然在实践中带来灾难性的后果。

事实上,苏联并没有成为全民国家,苏联共产党也没有成为全民党。当苏联共产党将其他各种社会阶级人为地消灭以后,最终发现,它自身已经成为一个特殊的利益集团,一个只为自己利益服务的并与人民利益对立的特殊社会集团。到戈尔巴乔夫时期,正是这个集团的成员利用改革和转轨的机会,相互勾结,大肆侵吞国有资产,与人民的距离越拉越远。1990年6月,《西伯利亚报》针对"苏

---

[1] 周尚文等:《苏联兴亡史》,上海人民出版社,2002年,第350页。

共在苏联社会中的作用"做了一项民意调查。在这份调查中,当人们被问及"你认为苏共的政策代表谁的利益"时,回答代表苏共党员的人占调查人数的11%,回答代表全体人民的只占7%,回答代表工人阶级、农民、知识分子的均为2%,而回答代表党的机关工作人员的竟占85%,还有13%的回答为除此之外的"其他集团"。[1] 也就是说,绝大多数的苏联人民并不认为苏共是他们利益的代表。在这种情况下,人们自然不会再有当年保卫苏维埃政权和社会主义祖国那样的政治热情和奋不顾身的精神,对苏共的垮台冷眼相看,并把他们的选票投向了与苏共对立的反动派,因为他们认为这才是自己利益的代表。历史无情地证明,不顾社会发展规律,人为地改变社会结构,让客观服从主观,最后只能遭到规律的惩罚,被历史所淘汰。

苏联的教训告诉我们,人民是否拥护一个政党执政是一个不断选择的过程,也就是说,任何一个政党的执政合法性只能是历史的。人民在特定历史条件下选择一个政党,并不代表人民永远选择它。当苏联布尔什维克推翻资产阶级临时政府时,它曾经获得了广大人民的支持和拥护,从而得到了执政的合法性。但是,苏联共产党执政以后,它原先所获得的合法性并非一劳永逸。当苏联共产党逐步演变为一个凌驾于人民之上的特殊利益集团时,它的执政合法性也就随之流失。从某种意义上说,正是苏联党群关系的首先破裂,才导致了苏共和苏联自身的解体。

中国共产党也有过同样的历史教训。新中国建立以后,在社会主义革命、改造和建设中,人为地改变社会客观结构,在各种利益无法兼顾的情况下,执政党进一步突出"代表"工人阶级的利益,结果导致社会利益结构失衡,引发一系列社会问题。所幸的是,中国以浓缩的方式将不合理的体制快速推向极端,率先进入改革开放时代,避免了苏东国家共产党的悲剧。[2]

苏联共产党给我们提供的历史教训与启示是发人深省的。第一,共产党作为执政党,必须尊重社会发展的客观规律,不能动辄人为地消灭与自己理念不同的阶级或阶层,任何一个阶级或阶层被历史所淘汰都应该是社会发展规律作用的结果。第二,共产党作为社会主义国家唯一的执政党,必须站在全社会的立场上,维护社会的公平、公正和社会利益结构的均衡,不能运用国家权力片面向某

---

[1] 王长江:《现代政党执政规律研究》,上海人民出版社,2002年,第175页。
[2] 吴鹏森:《论"文化大革命"的潜在历史影响》,《安徽师大学报(人文社会科学版)》2002年第4期。

个社会阶层进行利益倾斜,人为地制造社会的结构性不平等,甚至只追求自身的特殊利益,使自己成为一个特殊的利益集团。否则,就会导致党的执政资源的流失,执政合法性的丧失,最终被人民所抛弃。

三、兼顾社会各阶层利益,维护社会利益结构的均衡

20多年的改革开放和社会主义市场经济的发展,不仅带来了经济结构的重大转变,而且也使我国的社会结构发生了深刻的变化。原有的工人阶级、农民阶级和知识分子"两大阶级一个阶层"的划分方法已不能涵盖和准确描述我国今天的社会结构状况。虽然理论界至今还没有统一的阶层划分标准,但是我国社会阶层的多样化已是不争的事实。[1] 工人阶级发生了分化,农民阶级出现了流动,各种新的社会阶层正在不断涌现和崛起。改革开放引发了空前规模的社会阶级、阶层的大分化和新组合。对此我们应该采取实事求是的态度,承认并接纳这些不同的社会阶层。同时,我们还要清醒地看到,社会阶层的分化必然带来利益的分化,不同阶级阶层在总体利益一致的情况下,又形成了各自不同的具体利益。在我国,利益主体多元化结构已经形成。这种利益的分化,既有来自经济层面的、社会层面的,也有来自政治层面的。例如,在国有企业改制、兼并和破产中产生的失业下岗工人,他们急需解决最基本的生活保障和再就业问题;农村大量富余的劳动力,在向城市转移成为农民工后,他们迫切要求与城市市民享受同样的社会待遇;私营企业主阶层在经济地位稳定以后,必然要在政治上提出自己的诉求;等等。因此,中国共产党作为执政党,要兼顾社会各阶层的利益,把维护社会利益结构的均衡作为党和政府制定政策的基础,应该成为执政党在新的历史条件下进行执政的基本理念。

第一,特殊的政党生态环境,决定中国共产党必须代表社会各阶层的利益。

利益表达是政党的基本功能之一。政党总是要代表一定阶级、阶层或社会集团的利益的。把这些阶级、阶层或集团的利益、愿望和要求表达出来,是它的基本职能。执政党的利益表达比一般政党要有更广泛的包容性,这是它获取民众支持得以执政的基本条件。在西方的多党制国家,尽管每一党派代表的利益主体不同,但它可以通过政党轮换来达到长远的利益平衡。同时,为了能够取得

---

[1] 如2000年中央党校"当前党政干部关注的深层思想问题"课题组研究报告把中国社会划分为十六个阶层,陆学艺主编的《当代中国社会阶层研究报告》将当前中国的社会结构划分为十大阶层五个等级。

执政地位，各个政党都必须尽量扩大自己政策的包容性和模糊性，努力取得多数选民的支持。一旦他们不能代表不同阶层的利益，也就意味着给在野党制造了上台执政的机会。

中国共产党的执政性质与执政地位与西方国家的政党有本质的不同。这不仅表现为社会制度的根本不同，而且表现在政党的生态环境的不同。中国是"一党执政、多党参政"的政党生态，这种政党体制决定了其外部不存在任何有能力与之竞争的"在野党"或"反对党"。但是，这并不表示它可以置其他阶级、阶层的利益于不顾。面对中国社会日益复杂的社会结构，如果中国共产党不能自觉主动地公平代表社会各阶层的利益，就很难实现代表最广大人民群众的根本利益的政治理念。特别是在阶层结构大分化、利益主体多元化的今天，各阶层都需要有自己利益的表达渠道。中国共产党作为执政党，"也就意味着各个利益群体在很大程度上'共享'一个政治代表，各个群体的利益、愿望和要求都通过一个政党来表达。在这种情况下，势必要求执政党有广泛的包容性，能够容纳各种不同利益。如果执政党只代表狭隘的利益，那么其他不同利益群体就会设法通过其他途径寻求自己的利益代表。如果执政党既不代表这些群体的利益，又不允许它们有自己的政治组织，那就等于埋下了社会冲突的根子，社会不稳定就在所难免了"[1]。

第二，"两个先锋队"的性质决定了中国共产党必须兼顾社会各阶层利益。

中国共产党是中国工人阶级的先锋队，同时也是中国人民和中华民族的先锋队。作为工人阶级的先锋队，它的最终目标和最高纲领是要实现共产主义；作为中国人民和中华民族的先锋队，它要首先率领全国人民团结奋斗，完成中国的社会主义现代化，实现中华民族伟大复兴的宏伟目标。前者是一个遥远的社会理想，后者是当前面临的时代任务。这就决定了中国共产党在它的执政过程中，首先必须从现实出发，完成时代赋予自己的历史任务。在完成中华民族先锋队历史使命的同时，它也为实现自己的社会理想创造了历史前提。马克思早在《共产党宣言》中就明确指出，工人阶级作为先进生产力的代表，其革命目的不仅是要解放自己，更重要的是要解放全人类，并以解放全人类为实现自己最终解放的前提。这就决定了中国共产党越是要坚持自己的阶级性，就越是要首先成为整个劳动阶级和全体人民的代表。因此，党的阶级性和党的人民性、社会性必

---

[1] 王长江：《现代政党执政规律研究》，第182—183页。

须内在地高度统一起来,在执政过程中具体表现为兼顾社会各阶层的利益,充分体现阶级利益和社会普遍利益的统一。

执政党要实现自己执政基础与社会结构的有机统一,必须通过以下三个方面来体现:(1)党的路线、方针和政策的出发点和落脚点,不应是具体的某一个阶级,而应是全体人民,以最大多数人民群众的利益为最高利益,党所代表的阶级利益应服从全社会的最高利益;(2)党所执掌的国家政权必须是一个向全社会开放的政治体系,必须全面推行民主政治,让所有公民享有平等的政治权利;(3)中国共产党不仅是工人阶级一个阶级的政党,它同时应该是向全社会开放的党,社会上各个阶层中符合党的要求的优秀分子都应被吸纳到党内来。[1]

党在执政过程中,兼顾各阶层的利益,维护社会结构的利益均衡,在社会主义初级阶段具有特殊的意义。建设中国特色社会主义,实现中华民族的伟大复兴,需要全社会各个方面的力量共同推进。对为祖国富强贡献力量的社会各阶层都要团结,对他们的创业精神都要鼓励,对他们的合法权益都要保护,对他们中的优秀分子都要表彰,只有这样,才能形成全体人民各尽其能、各得其所、相互合作、共同奋斗的社会良性运行和协调发展新格局。

四、突出弱势关怀,把普通劳动者的利益放在更加突出的位置

兼顾社会各阶层利益,维护社会结构的均衡,并非简单地"一视同仁",没有任何价值倾向性。在中国共产党的执政理念和执政思维中,必须要在兼顾社会各阶层利益的前提下,优先考虑工人、农民等普通劳动者的利益,突出执政党在执政理念和执政思维中的"弱势关怀"特征。[2]

首先,这是由中国目前的社会结构所决定的。西方发达国家的社会结构是一种橄榄形结构,在这种社会结构中,上层和底层都是少数,庞大的"中产阶级"代表了社会的大多数。一个政党只要赢得广大"中产阶级"的支持,就能获得稳定的执政基础。中国的社会结构目前仍然是一个金字塔形结构,没有一个发达的中间阶层,处于金字塔底部的是占人口绝大多数的普通劳动者。江泽民同志

---

[1] 林尚立:《中国共产党执政方略》,上海社会科学院出版社,2002年,第36—37页。
[2] 对于"弱势"一词的理解是多种多样的。通常讲的弱势人群是相对于正常人群而言的。它主要指残疾人、退休者、失业下岗职工、进城农民等。也有的学者将弱势人群进一步限定为残疾人、儿童、妇女、老人等。我们认为,从社会结构的角度讲,普通劳动者都属于"弱势群体",他们相对于企业主阶层、知识阶层、管理阶层等社会精英阶层而言,明显地处于弱势地位。

多次强调,最大多数人的利益是最紧要和最具有决定性的因素。

其次,这是由中国共产党自身的性质和宗旨决定的。马克思在《共产党宣言》中指出:"过去的一切运动都是少数人的或者是为少数人谋利益的运动。无产阶级的运动是绝大多数人的、为绝大多数人谋利益的独立运动。"[1]中国共产党自诞生之日起,就把实现中国人民的根本利益作为党的价值取向和奋斗目标。革命战争年代,中国共产党领导人民进行革命斗争的主要目的,是为了贫苦大众的翻身解放。今天,中国共产党领导人民进行改革开放和现代化建设的根本目的,就是要通过发展社会生产力,努力满足人民群众日益增长的物质文化需要,要让普通劳动者都能享受到社会发展的物质文化成果。

再次,这是维护社会利益均衡的要求。优先关怀社会的普通劳动者和其他弱势群体,与过去"以阶级斗争为纲"年代那种人为的利益倾斜,在性质上完全不同,它是在兼顾社会各阶层利益的前提下进行的弱势关怀,是维护社会公平、公正的重要举措。因为工人、农民等普通劳动者虽然是建设中国特色社会主义的主体力量,但作为个体,他们在市场经济大潮中又处于明显的弱势地位。优先考虑他们的利益和要求,不仅不会破坏社会公平的原则,反而有助于维护社会结构的均衡。

邓小平曾说过:"社会主义的目的就是要全国人民共同富裕,不搞两极分化,如果我们的政策导致两极分化,我们就失败了。"[2]因此,执政党有理由也有责任在兼顾社会各阶层利益的前提下,充分发挥社会公共权力的调节功能,防止贫富两极分化。这并不是要侵害强势群体的利益,在某种意义上正是为了维护他们的利益。因为,当社会出现严重的贫富差距,必然引起社会的动荡,到时受到损害的不仅是社会的底层,社会上层的利益损害可能更大。

突出弱势关怀,在当前就是要关心社会的弱势群体,努力解决他们的各种实际困难,切实维护他们的利益。当前这些弱势群体主要包括贫困地区尚未脱贫的农民、进城打工的农民工、城市自身的失业下岗职工、残疾人和部分早期退休者,以及其他一些由于各种原因而陷入困境的群体。西方发达国家一般都建立有一套较为完善的针对弱势人群的社会保障和救济制度,以最广大人民根本利益为价值追求的社会主义中国更应如此。胡锦涛在"三个代表"重要思想理论

---

[1]《马克思恩格斯选集》第2版第3卷,人民出版社,1995年,第283页。
[2]《邓小平文选》第3卷,人民出版社,1993年,第110—111页。

研讨会上也明确提出,要时刻把群众的安危冷暖挂在心上,对群众生产生活面临的这样那样的困难,特别是对下岗职工、农村贫困人口和城市贫困居民等困难群众遇到的实际问题,一定要带着深厚的感情帮助解决,切实把脱贫解困的各项政策措施落到实处。这充分体现了党的根本宗旨和"三个代表"重要思想的本质要求,也是中国共产党在中国社会结构发生重大变化的历史条件下实现执政创新的具体体现。

后 记

1977年,由于邓公的远见卓识和果断决策,使得中国在"文革"结束不久恢复了高考,我也因此幸运地从一个地地道道的乡村农民和偏远村小的民办教师走进了大学校园,成为恢复高考后的首批大学生。大学毕业后,我又幸运地被留校做了高校教师,并由此与社会学结下了不解之缘。

2019年4月,我像一名超龄服役的老兵,终于完成了自己人生的职业生涯,进入退休人员的行列。回顾44年的工作历程,除了3年乡村小学教师的经历外,我一直在高校任职,先后在安徽师范大学、华东师范大学和上海政法学院从事社会学的教学研究工作。我感谢这几所高校提供的舞台,使我能够从事可以自由支配自己人生的职业。

40多年的高校教师职业生涯,最大的收获当然是看到一届又一届学生从校园走向社会并不断成长。除此之外,就是在闲暇时写了几本小书和百余篇文章。我不是一个勤奋的人,更喜欢独自在家安静地阅读与思考,觉得未必要把所有的想法都写出来。因此,收入本文集的许多文章都是会议论文或应邀写作的。

自感欣慰的是,这些文章虽然是在过去30多年的时间里先后完成的,但绝大部分文章都还能经得起时间的检验,有些观点还是在全国率先提出,并受到各方的关注和肯定。例如,1993年,我在《论邓小平的治国新思维》一文中提出,要实现中华民族的伟大复兴,必须将我国的治国理念从阶级本位转换为国家(民族)本位。1994年,我在《光明日报》发表的《围绕社会主义市场经济重建公平》一文中提出,公平正义在任何时代都是治理国家和社会的理论基础,中国必须要把改革的伟大实践与全新的治国理论统一起来,不能把自己否定的东西贴上"公平"的标签,而将自己的创新与改革置于"不公平"的境地。1995年,我提出反腐败必须标本兼治,既要打"老虎",也要拍"苍蝇",因为,"老虎"是由"苍蝇"

后 记

成长起来的,就像一个国家体育运动项目普及与提高之间的关系一样,一个国家如果政治风气不正,到处"苍蝇"横飞,必然会导致"大老虎"层出不穷。1996年,我对中国"民工潮"现象提出新的解释,认为西方经济学家刘易斯的"推—拉"理论无法解释中国的"民工潮"现象,中国之所以出现世界少有的"民工潮",是城乡二元结构下城市对进城农民实施"经济吸纳"与"社会拒绝"双重政策的结果。正是由于这种双重政策,让中西部为东部的经济快速发展承担了巨大的社会成本。2013年,我对中国的高考改革提出新的思路和新的方案,也受到各方关注。此外,在如何制定进城农民的社会保障政策、如何避免歧视进城农民工,如何减轻农民负担和取消农业税等方面,我也是积极的呼吁者和倡导者,自认为尽了一个来自农村、出身农民的学者应尽的社会责任。最近10多年,我的主要研究领域转向社会稳定与犯罪社会学研究,虽然部分文章被认为不适合收入文集,但所收的几篇文章还是能够反映本人在这一领域的研究心得。

恰值新中国成立70周年,又是上海政法学院35周年校庆之际,学校要我出版一本自选集,使我有机会将这些旧时文章一篇篇翻出来重新审视。这些文章内容非常宽泛,涉及当代中国社会的诸多方面,这既与社会学的学科特点有关,也与自己的工作经历及个人兴趣有关。但总体来说,它们都是本人作为一个社会学学者,以现代化的视角对中国社会进行观察与思考的产物。

感谢上海政法学院有关部门的周到安排,感谢复旦大学出版社的大力支持。

最后需要说明的是,因时间仓促,书中不可避免地存在种种不足和错误,敬请学界同仁见谅和赐教。

吴鹏森
2019年9月15日于丁香苑

图书在版编目(CIP)数据

吴鹏森学术自选集/吴鹏森著. —上海:复旦大学出版社,2019.10
ISBN 978-7-309-14645-5

Ⅰ.①吴… Ⅱ.①吴… Ⅲ.①社会科学-文集 Ⅳ.①C53

中国版本图书馆 CIP 数据核字(2019)第 220571 号

吴鹏森学术自选集
吴鹏森 著
责任编辑/方尚芩 黄 丹

复旦大学出版社有限公司出版发行
上海市国权路 579 号 邮编:200433
网址:fupnet@fudanpress.com http://www.fudanpress.com
门市零售:86-21-65642857 团体订购:86-21-65118853
外埠邮购:86-21-65109143
江阴金马印刷有限公司

开本 787×960 1/16 印张 36.25 字数 581 千
2019 年 10 月第 1 版第 1 次印刷

ISBN 978-7-309-14645-5/C·385
定价:158.00 元

如有印装质量问题,请向复旦大学出版社有限公司发行部调换。
版权所有 侵权必究